D1665698

Schwarzmondnacht

Erste Umschlagseite:
„Schwarzmondnacht – Potsdam 1944"
Tafelbild von Karl Hofer, Berlinische Galerie,
Landesmuseum für Moderne Kunst, siehe Seite 6 ff.

Dem Andenken meiner Mutter
Ingeborg Thimme

© HENTRICH & HENTRICH Berlin/Teetz
und der Autor

Kein Teil dieses Buches darf ohne schriftliche Genehmigung
des Verlages in irgendeiner Form, weder durch Fotokopie,
Mikroverfilmung, Digitalisierung, Einspeisung in Datenbanken
oder Online-Dienste noch durch irgendein anderes Verfahren,
reproduziert oder in eine von Maschinen, insbesondere von
Datenverarbeitungsmaschinen, verwendbare Sprache
übertragen oder übersetzt werden.
Sollten Rechteinhaber nicht ermittelt worden sein,
bitten wir um Verständnis und nachträgliche Mitteilung
an den Verlag.

Druck: Brandenburgische Universitätsdruckerei und
Verlagsgesellschaft Potsdam mbH

1. Auflage 2009
Printed in Germany
ISBN 978-3-938485-96-5

SCHWARZMONDNACHT

Authentische Tagebücher berichten
1933–1953

Herausgegeben und kommentiert von Roland Thimme

HENTRICH
&HENTRICH

Inhalt

Kapitel I

Hans Thimme
Von kritischer Distanz zur Ablehnung des nationalsozialistischen Regimes

Kapitel II

Die brutale Wirklichkeit der sowjetischen Eroberung Ostdeutschlands 1945

Karl Hofer: „Schwarzmondnacht – Potsdam 1944"

Einleitung

Das Gemälde „Schwarzmondnacht" hat Karl Hofer[1] in einer hoffnungs-
losen Situation gemalt und mit dem Zusatz „Potsdam 1944" versehen.
Im August 1943 war er, nach Zerstörung seiner Berliner Wohnung, nach
Babelsberg in das Privatsanatorium Dr. Sinn ausgewichen. Fast seine
gesamten Bilder der Jahre 1933-1943 waren durch Bombenschäden vernichtet worden. In diesem Nachtbild scheint die Seherin zusammen mit
den anderen Figuren auf der Flucht zu sein vor einem Unheil. Der ent-
flammte Himmel erinnert an den Krieg. Die Darstellung warnt vor
unmittelbar bevorstehendem Unglück. Eine bleiche Frau, seiner „Kassandra" von 1936 ähnlich, steht im Mittelpunkt der Szene. Die Rolle des
Künstlers als Visionär und Mahner wird hier offenbar. Die Seherin als
Unheilsprophetin weist auf das Schicksal zahlloser Frauen hin, die Opfer
der nationalsozialistischen Macht- und Eroberungspolitik und ihrer
Folgen wurden. Das Bild, heute im Bestand der Berlinischen Galerie –
Landesmuseum für Moderne Kunst, ist als Symbol für die in diesem Buch
aufgenommenen Kriegs- und Nachkriegsschicksale zu verstehen.

Einem Pfarrer schrieb Hofer 1944, ihm bleibe „nur die Erkenntnis,
daß die Welt Satan ausgeliefert ist, der die Seinen schützt, und an
irgendeinem Gottesreich werden wir nicht teilhaben können."[2] Ende
des Jahres zieht er die Bilanz:[3] „Wieder ist ein Jahr des Elends um, und
ein elenderes beginnt, das uns vielleicht in die Tiefe der Kloake stößt.
Ich glaube, ich schrieb Ihnen nach dem letzten Neujahr, wie am Neu-
jahrsmorgen der östliche Himmel flammenrot war, wie von einer gewaltigen Feuersbrunst, wie ich es nie gesehen habe. Es war mir eine
Vorahnung" und es war symbolisch für das, was kam. Im März 1945
ergänzte er:[4] „Die große Nacht naht, und wir sitzen von allen und allem
verlassen, denn jeder hat mit sich selbst zu tun. [...] Wie sehr hing ich
am Leben, und Todesgedanken waren mir fern. Gern wäre ich 90 oder
100 Jahre alt geworden, aber nun habe ich die Wahl zwischen Bom-
bentod, Hungertod oder dem Tod durch die Russen. Die in den Zeitungen gemeldeten Bestialitäten sind leider keine Greuelmärchen."[5]

---

1 Karl Hofer (1878–1955) hatte das Wort „Schwarzmondnacht" in Leopold Zieglers Buch:
   Überlieferung, Leipzig 1936, S. 15 gefunden. Leopold Ziegler (1881–1958), ein Freund
   Hofers, war Philosoph.
2 Hofer, Malerei hat eine Zukunft. Briefe, Aufsätze, Reden, hrsg. von Andreas Hüneke,
   Weimar 1991, S. 242f., Brief an Pfarrer Grieshammer, 13. 1. 1944.
3 Hofer, Malerei hat eine Zukunft, S. 244f., Brief an Bruno Leiner, 28. 12. 1944. Hofers Sohn
   Hansrudi war im April 1944 in ein Straflager gebracht worden. Ihm glückte im Herbst die
   Flucht, er konnte sich in Potsdam-Wildpark verbergen.
4 Hofer, Malerei hat eine Zukunft, S. 247f., Brief an Bruno Leiner, 25. 3. 1945.
5 Hofer wird im September 1945 als Leiter der Hochschule für Bildende Künste vom
   Magistrat der Stadt Berlin bestätigt. Um seine Wiedergutmachungsansprüche mußte er

Gleich nach Kriegsende, in Erinnerung an stattgehabtes Leid und angesichts fortwährenden Unrechts, schrieb er einen Brief an den sowjetischen Stadtkommandanten von Berlin, Generaloberst Nikolai E. Bersarin. Er beklagte „Plünderungen, Raubüberfälle und Vergewaltigungen" als schrecklichen Dauerzustand und äußerte seine Enttäuschung über das Verhalten der Sieger.[6]

Hofer war 1920 an die Berliner Kunsthochschule berufen worden, im folgenden Jahr erhielt er eine Professur. Schon 1931 hat er öffentlich „gegen den Faschismus, dieses Gemisch aus irregeleitetem Idealismus, entgleister Bourgeoisie und dunkelster Reaktion"[7] polemisiert. Nach der „Machtergreifung" durch die Nationalsozialisten 1933 machten ihn die Themen seiner Bilder zum Vertreter der nun offiziell verhaßten und verfolgten „Systemkunst". Er wurde zu den „destruktiven marxistisch-jüdischen Elementen" gezählt, die das Kunstschaffen der Jugend „geradezu verheerend" beeinflußt hätten.[8]

1934 wurde Hofer aus politischen Gründen aus dem Lehramt entlassen. Im selben Jahr schrieb er an einen Freund:[9] „Was ist zu hoffen von einer Macht, die den cynischen Mut aufbringt, auf verantwortungsvolle Posten notorische Schweinehunde zu stellen, die jede, aber auch die allerletzte Talentlosigkeit ermuntert und prämiert. Wer will diesen Augiasstall ausmisten, wenn die, so die Pflicht dazu hätten, sich im Mist wohlfühlen". Wie manch anderer Zeitgenosse glaubte er im Januar 1934 noch, Hitler sei die „einzige große Persönlichkeit", dessen Wille und Absicht „rein und bedeutend" ist. Durch seine „Satelliten" werde „alles vermanscht" und „ins Gegenteil verkehrt".

Die Ausstellung „Entartete Kunst" in München 1937[10] zeigte acht Bilder Hofers, insgesamt sind 159 seiner Werke aus öffentlichem Besitz beschlagnahmt worden. 1938 wurde er aus der Reichskulturkammer[11]

---

mit dem Entschädigungsamt Berlin kämpfen. Die Anerkennung als politisch Verfolgter wird 1953 abgelehnt, siehe Christine Fischer-Defoy, Kunst, Macht, Politik. Die Nazifizierung der Kunst- und Musikschulen in Berlin, Berlin 1988, S. 237.

6   Hofer, Malerei hat eine Zukunft, S. 249ff., Brief vom Juni 1945, siehe hierzu S. 93f.
7   Karl Hofer, Malerei hat eine Zukunft, S. 189f.
8   Fischer-Defoy, Kunst, Macht, Politik. S. 86f., 329f., Schreiben des Präsidenten der Reichskammer der bildenden Künste an den Präsidenten der Reichskulturkammer, 9. 3. 1938.
9   Andreas Hüneke: Leopold Ziegler, Karl Hofer. Briefwechsel 1897–1954, Würzburg 2004, S. 121f, Brief vom 11. 1. 1934.
10   Die Ausstellung „Entartete Kunst" wurde am 19. Juli 1937 in München eröffnet und umfaßte 650 konfiszierte Kunstwerke aus 32 deutschen Museen.
11   Die Reichskulturkammer war ein Instrument der nationalsozialistischen Kulturpolitik zur Gleichschaltung des Kulturlebens und konnte Berufsverbote aussprechen. Jeder Kulturschaffende mußte der für ihn zuständigen Einzelkammer angehören. Nur wer nicht als „artfremd" Künstler galt und zudem den Ariernachweis erbringen konnte, wurde aufgenommen.

unter Vorsitz von Reichsminister Joseph Goebbels[12] und der Berliner Akademie der Künste ausgeschlossen, der er seit 1923 angehörte. Er erhielt Ausstellungsverbot. Als die Scheidung von seiner jüdischen Frau Mathilde, von der er getrennt lebte, rechtskräftig geworden war,[13] konnte er ab 1939 seinen Beruf als Maler wieder ausüben.[14]

Unsere Vorfahren haben durch ihre Wahlentscheidungen 1932/1933 die NS-Diktatur möglich gemacht. Anders verhielt es sich mit der „Volksdemokratie" der SBZ/DDR. Sie konnte nur mit Hilfe der sowjetischen Besatzungsmacht durchgesetzt werden. In beiden Diktaturen war es kaum denkbar, etwas Wesentliches gegen das herrschende System zu unternehmen, der Handlungsspielraum des einzelnen Bürgers war äußerst gering. Widerständiges Verhalten gegen die Hegemonie der NSDAP bzw. der SED wurde kriminalisiert, die Folge war eine Lähmung des politischen Selbstbehauptungswillens.[15]

Der verhängnisvolle Lauf der Geschehnisse von 1933 bis 1950 in der Potsdamer Region wird in den hier vorgestellten Tagebüchern teils in reflektierter, teils in direkter Wahrnehmung sichtbar. Die privaten Niederschriften vermitteln einen ungefilterten Einblick in die geschickte Propaganda und den Terror der diktatorischen Systeme. In signifikanter Weise spiegeln sich in den Chroniken neben Alltäglichkeiten zentrale Aspekte deutscher Geschichte wider. Zeittypische Fehleinschätzungen der politischen Lage unterstreichen das Authentische der Texte. Der Zerfall überkommener Lebenswelten durch die Machtausübung des Nationalsozialismus und Realsozialismus wird deutlich erkennbar. Der Lebensbereich der bürgerlichen und familiären Ordnung wurde durch die autokratischen Herrschaftsformen bedroht und vielfach zerstört. Dargestellt werden die Brüche der Lebensplanungen durch politische Willkürherrschaft.

---

12 Joseph Goebbels (1897–1945 Selbstmord), ab 1933 Reichsminister für Volksaufklärung und Propaganda.

13 Fischer-Defoy, Kunst, Macht, Politik, S. 329f., Schreiben des Präsidenten der Reichskammer der Bildenden Künste an den Präsidenten der Reichskulturkammer, 9. 3. 1938. Mathilde Hofer wurde 1942 im KZ Auschwitz ermordet. Hofer heiratete 1938 Lisbeth Schmidt.

14 Fischer-Defoy, Kunst, Macht, Politik, S. 290. Hofer wurde wieder in die Reichskulturkammer aufgenommen.

15 Siehe hierzu Roland Thimme, Rote Fahnen über Potsdam 1933–1989. Lebenswege und Tagebücher, Berlin/Teetz 2007: Gesichtspunkte des Diktaturvergleichs, S. 315–325. Der Autor, geb. 1931, studierte nach dem Abitur 1950 (Helmholtzschule, ehemals Viktoria-Gymnasium) in Berlin und Freiburg i. Br., 1959 Promotion, 1960 wissenschaftlicher Referent an der Evangelischen Akademie Loccum, 1961 Referent im Politischen Archiv des Auswärtigen Amts, Mitherausgeber der „Akten zur deutschen auswärtigen Politik 1918–1945" in der Internationalen Historikerkommission, 1984–1996 Geschäftsführender Herausgeber bzw. deutscher Hauptherausgeber, Officier dans l'Ordre des Palmes Académiques.

In der Zeit des Nationalsozialismus hatte das Tagebuchschreiben eine politisch-moralische Entlastungsfunktion, die Eintragungen waren der Kontrolle des allgegenwärtigen Staats entzogen. Eine Chronik läßt uns teilhaben an unangepaßten Reflexionen und dadurch gefährdeten Leben in der NS-Diktatur. Vier andere Tagebuchaufzeichnungen beschäftigen sich vor allem mit der siegreichen Roten Armee und dem Verhalten der sowjetischen Soldaten gegenüber der deutschen Zivilbevölkerung. Sie reihen sich ein in die Berichte aus dieser geschichtlichen Periode, die gedruckt vorliegen.[16] Der Leser wird eingebunden in eine Abfolge von Begebenheiten, die die deutsche Katastrophe auf ihre Weise beleuchten. Wir erfahren von intensiven Bemühungen der Bewohner, in einer zerstörten Stadt zu überleben. Die außergewöhnliche Situation wurde für viele Familien durch das erzwungene Zusammenleben mit der Besatzungsmacht zusätzlich belastet. Hauptsächlich sind die von der Gewalt der Sieger betroffenen Frauen als Tagebuchschreiberinnen tätig geworden. Sie haben ihre Erlebnisse mit unmittelbarer Authentizität festgehalten. Aus ihrer Perspektive werden abnorme Situationen beschrieben, die an Ereignisse des Dreißigjährigen Kriegs erinnern.[17] „Das Geschehen dieser einzigartigen Monate" war dramatisch, in dieser Deutlichkeit kann es nur durch autobiographische Zeugnisse wieder lebendig gemacht werden.

Ergänzend vermitteln Berichte über Ereignisse nach dem Einmarsch der russischen Truppen in verschiedenen Gemeinden und Potsdamer Stadtbezirken ein prägnantes Bild von den damaligen Zuständen, deren

---

16 Hanna Grisebach, Potsdamer Tagebuch, Heidelberg 1974; Heinrich Breloer (Hrsg.), Mein Tagebuch. Geschichten vom Überleben 1939–1947, Köln 1984; Ingrid Hammer und Susanne zur Nieden, Selten habe ich geweint. Briefe und Tagebücher aus dem Zweiten Weltkrieg von Menschen aus Berlin, Zürich 1992; Susanne zur Nieden, Alltag im Ausnahmezustand. Frauentagebücher im zerstörten Deutschland 1943 bis 1945, Berlin 1993; Hermann Kasack, Dreizehn Wochen. Tage- und Nachtblätter. Aufzeichnungen aus dem Jahre 1945 über das Kriegsende in Potsdam, hrsg. von Wolfgang Kasack, mit einem Nachwort von Günter Wirth, Berlin 1996; Hans-Werner Mihan, Die Nacht von Potsdam. Der Luftangriff britischer Bomber vom 14. April 1945. Dokumentation und Erlebnisberichte, Berg am Starnberger See 1997, darin S. 163–175: Die Pfarrchronik des Küsters der Katholischen Kirche St. Peter und Paul, August Burda, vom 14./15.4. bis 9.5.1945; Anonyma, Eine Frau in Berlin. Tagebuchaufzeichnungen vom 20. April bis 22. Juni 1945, Frankfurt a. M. 2003; Eleonore von Heeringen, Die Russen in Sanssouci. Das Ende des Zweiten Weltkriegs in Potsdam. Aufzeichnungen aus dem Park von Sanssouci 1945, hrsg. von Gerhard Knoll, Bremen [2004]; Potsdam 1945. Persönliche Aufzeichnungen und Erinnerungen. Veröffentlichung des Potsdam-Museums, Nr. 39, Potsdam 2005; Ingeborg Jacobs, Freiwild. Das Schicksal deutscher Frauen 1945, Berlin 2008.

17 Der Dreißigjährige Krieg (1618–1648) war ein Hegemonialkrieg zwischen den europäischen Mächten und zugleich ein Religionskrieg. Als Folgen waren Verrohungen der Menschen und beispiellose Zerstörungen zu beklagen.

vollständige Aufarbeitung mit der ideologischen Konzeption der DDR-Geschichtsschreibung nicht vereinbar war.

Die Familien, deren Aufzeichnungen nachfolgend veröffentlicht werden, sind, wie zahlreiche andere auch, in den Jahren von 1949 bis 1953 nach Westdeutschland bzw. Westberlin umgezogen. Die sich verschärfenden Gegensätze zwischen Ost und West, wie auch die Gewaltherrschaft der sowjetischen Militäradministration bzw. des SBZ/DDR-Systems, zwangen sie, ihre Heimat aufzugeben.

Aus meinem Buch „Rote Fahnen über Potsdam 1933–1989. Lebenswege und Tagebücher" sind die Biographische Einführung und die Tagebucheintragungen Hans Thimmes (überarbeitet) ebenso wie die Tagebücher Marianne Vogts und Ellen Gräfin Poninskis übernommen worden.

Erstmals veröffentlicht werden die Tagebuchaufzeichnungen 1944–1950 von Katharina Wille, die Aufzeichnung „Erlebtes 1944–1945" von Hans Chemin-Petit und der Anhang: „Die Russen in Potsdam" von Werner Schrank.

Die einführenden Textbeiträge zu Kapitel II über die Eroberung Ostdeutschlands wurden dem Forschungsstand angepaßt.

Auslassungen und Ergänzungen werden durch eckige Klammern kenntlich gemacht.

Kapitel I

Hans Thimme
Von kritischer Distanz zur Ablehnung des nationalsozialistischen Regimes

Biographische Einführung[18]

Auszüge aus Thimmes Tagebüchern vermitteln einen anschaulichen Eindruck über die Zeit des Nationalsozialismus, wir erfahren, wie sich ein Beamter, der den Treueid auf Hitler geleistet hatte, mit der Nazi-Herrschaft auseinandersetzte. Es war ein privates Rückzugsgebiet, da man sich öffentlich nicht frei äußern konnte. Der Prozeß der inneren Distanzierung und die Abwendung vom verbrecherischen System erfolgten nach immer erneuten Rückfällen. Seine Lagebeurteilungen waren weitgehend von den jeweiligen politischen Entwicklungen abhängig, das gilt besonders für die Außenpolitik.

Thimmes Denkweise war idealistisch, er hatte sich eingehend mit dem deutschen Idealismus und der Romantik befaßt.[19] Auf alles „Materialistische", den „proletarischen Sozialismus", „die Despotie der Wirtschaft und des Kapitalismus", auch auf die christliche leibliche Auferstehung, wird herabgeblickt: „Der Fortschritt der Geschichte vollzieht sich in der blutigen Auseinandersetzung von Individuen, Staaten und Ideen, die um ihr Leben kämpfen müssen." Thimme sucht nach einer Erklärung für Gottes Walten in der Geschichte: „Das Kommen des Reiches Gottes ist ein beständiges unaufhörliches." Er war der Überzeugung, daß die Selbstoffenbarung Gottes in Geschichte sichtbar wird und somit auch Hitler ein Werkzeug der göttlichen Vorsehung sei. In diese Richtung geht der Eintrag vom 13. Januar 1942: „Einer der stärksten Gottesbeweise ist die moralische Tendenz der Weltgeschichte. Weltgeschichte als Weltgericht."

---

18 Der Nachlaß des Historikers und Bibliothekars Hans Thimme (1889–1945) befindet sich im Bundesarchiv Koblenz, darunter seine handschriftlichen Tagebücher (1915–1945), insgesamt knapp über 100 Hefte, Signatur N 1579/47-50. Ausgewertet wurde sein „Reichsarchiv-Tagebuch 1931–1942" von Walter Vogel in: Der Kampf um das geistige Erbe. Zur Geschichte der Reichsarchividee und des Reichsarchivs als „geistiger Tempel deutscher Einheit", Bonn 1984.

19 Hans Thimme (Hrsg.), Deutscher Volksgeist in der Zeit des Idealismus und der Romantik, Stuttgart 1925.

Seine Überlegungen zum Verhältnis von Staat und Gewissen mündeten in die Einsicht: Wenn die Regierung sich des Vertrauens als unwürdig erweisen sollte, sei man berechtigt, eine andere, bessere Regierung an ihre Stelle zu setzen. Denn man müsse sich einer ungerechten und grob unmoralischen Politik nach Kräften widersetzen. Angesichts der Unfaßbarkeit der Kräfte, die an der Gestaltung der Weltverhältnisse am Werk waren, versuchte Thimme in immer neuen Anläufen, zu einer überzeugenden Einordnung der Ereignisse zu gelangen, um eine Sinngebung des anormalen Geschehens zu erreichen. Die zunächst positive Bewertung der Person Hitlers, die auch bei dem Nazigegner Karl Hofer zu finden ist, war eine Fehleinschätzung, die mehr auf Wünschen basierte als auf Rationalität. Wir erfahren von seinem nicht immer einleuchtenden Bemühen, Hitler in das Weltgeschehen einzufügen. Er verglich seine Mission mit charismatischen Personen der Vergangenheit, um so für sein Wirken eine geschichtliche Rechtfertigung zu gewinnen. Der englische Historiker Alan Bullock[20] urteilte später: „Hitler stellte beständig die Gewalt über die Macht der Ideen [...]. Die Leidenschaften, die Hitler beherrschten, waren niedrig: Haß, Rachsucht, Herrschsucht und, wo er nicht herrschen konnte, Zerstörungslust. Seine Laufbahn diente nicht der Erhöhung, sondern der Erniedrigung des Menschendaseins." Im Verlauf des Zweiten Weltkrieges gewann bei Thimme die Überzeugung Oberhand, daß wegen des verbrecherischen Krieges, insbesondere wegen der „Ausrottung der Juden", der „Unterjochung des Ostens" und der „Unterdrückung der Selbständigkeit nationalstolzer Völker" ein Anspruch Deutschlands zur Führung Mitteleuropas für lange Zeit nicht mehr erhoben werden konnte. Er sah aber auch Schuld auf der Gegenseite.

Auffallend ist, daß er sich gleich nach der „Machtübernahme" der NSDAP ungewöhnlich offen mit den Schandtaten des „Dritten Reichs" beschäftigte. Einige brisante Notizen hat er in kyrillischen Buchstaben geschrieben, die aber leicht zu entziffern sind. Aus humanistischem Empfinden und dem Gefühl für Gerechtigkeit hat er, als zur Loyalität verpflichteter Beamter, Gedanken zu Papier gebracht, die damals hochverräterisch waren. Offensichtlich befürchtete er nicht die Entdeckung seiner Eintragungen, die ihm, aber auch anderen, hätten äußerst gefährlich werden können. Es tauchen konspirative Gedanken auf, bis hin zum Tyrannenmord. Insofern sind diese unvorsichtigen Tagebücher

---

20 Alan Bullock, Hitler. Der Weg zum Untergang, Frankfurt a.M. 1964, S.848. Siehe auch: Rainer Zitelmann, Hitler-Bild im Wandel, in: Karl-Dietrich Bracher, Manfred Funke, Hans-Adolf Jacobsen (Hrsg.), Deutschland 1933–1945. Neue Studien zur nationalsozialistischen Herrschaft, Bonn 1992, S. 491ff.

eine Rarität. Die ausgewählten, z. T. widersprüchlichen Textstellen lassen aber auch erkennen, wie schwierig es für unsere Vorfahren war, politische Ereignisse richtig einzuordnen und zu beurteilen.

Ein zentraler Punkt seiner Überlegungen befaßte sich mit dem Schicksal der jüdischen Bürger, in zahlreichen Notizen hat er über die Bestimmung des jüdischen Volks philosophiert. Die Verfolgung und Vernichtung der Juden verurteilte er scharf: „Das zu Tode quälen einer ganzen Rasse ist ein Verhalten, das sich rächen muß."[21] Die rassistisch begründete Feind- und Vernichtungspolitik des „Dritten Reichs" hat ihn immer wieder zu neuen Auseinandersetzungen herausgefordert.[22] Weiter beschäftigte er sich kritisch mit dem Verhalten der nationalsozialistischen Funktionäre, der Wehrmacht, der Unterdrückung der besiegten Völker, dem Kriegsverlauf und der Neuordnung Europas.

Der Kommunismus „als Konstruktionsform der menschlichen Gesellschaft" schien ihm „am Klarsten die tiefe Wirklichkeit der Einheit alles menschlichen Seins" durch die Forderung der brüderlichen Gesinnung widerzuspiegeln. Durch die „erbarmungslose Ausrottung zahlloser Menschen" und den Geist des Fanatismus im Namen des Glücks der Menschheit sei diese Ideologie aber zu einer zerstörenden Kraft geworden.[23] Den Kampf gegen den Bolschewismus bewertete er vor allem als kulturelle Aufgabe und verglich ihn mit den religiösen Glaubenskriegen. Bei allen Vorurteilen gegen die Zivilisationskultur der westlichen Länder ist Europa für ihn der Hort gemeinsamer Werte, allerdings mit Deutschland als Führungsmacht. Als Ziel bezeichnete er die Überwindung des Nationalismus, zunächst in Europa.

Über sich selbst schrieb er im Juli 1941: „Ein empfindliches Freiheitsgefühl ist die Grundlage meines Wesens. Wenn mir Raum und Zeit zur Verfügung steht, bin ich stets glücklich. Alle Einengung ist mir gräßlich. Daher von jetzt den ganzen Tag über laufenden Bürostunden niedergedrückt. Die Familiengeschichte eine Erweiterung meines geistigen Raumes nach rückwärts. Die Bildersammlung ein kümmerlicher Ersatz für Reisen. Daher der Wunsch nach Pensionierung. Es ist dies ein Thimmesches freies Bauerngefühl.[24] Daher wünschte ich mir schon als kleiner

---

21 Tagebuch Hans Thimmes, künftig: Tagebuch, Eintrag 6.1.1936.
22 Siehe hierzu: Raul Hilberg, Die Vernichtung der europäischen Juden, Frankfurt a. M. 1999. Es gelang Hans Thimme, eine jüdische Großmutter seiner Frau im „Arier-Nachweis« zu verbergen. Erst im Februar 1945 klärte er seine Kinder über die jüdische Verwandtschaft und die Judenmorde auf.
23 Nachlaß Hans Thimme, Zitate aus den Typoskripten: Vater unser im Kriege (1944) und Gedanken zur Politik nach zwei Weltkriegen (1945).

Haus Eichenallee 22 (Mörikestraße), Bergholz-Rehbrücke 1936

Junge einen Beruf, wo es nicht viel zu tun gab um Freiheit zu behalten. Ich ging auf Schule und Universität stets eigene Wege, wäre nie in [eine] Verbindung eingetreten. Ging in Doktorarbeit eigene Wege. Aus dem Archiv zog ich mich von den Direktorialgeschäften zurück, ließ sie neidlos Helmuth Rogge[25], um mich in eigener Arbeit zu vergraben. Dies ist ein individualistisches, antisozialistisches Prinzip. Gegen den Krieg, weil er den höchsten Zwang bedeutete. Atmete auf 1919, trotz stärksten Drucks. Daher fremd gegen Stahlhelm[26], Nationalsozialismus. Eher dem englischen System geneigt, dem System des geringsten Zwangs, der Freiheit des Individuums. Sozialismus ist ja notwendig wegen der Überfüllung mit Menschenmassen, aber ein notwendiges Übel. Ich paktiere mit ihm, damit er mich möglichst in Ruhe lasse. Bei politischem

---

24 Hans Thimme, Aus der Vergangenheit Hannoverscher Pastorenfamilien, Witten 1959, S.104ff.: „Die Timmische Familie ist rein bäuerlichen Ursprungs." Die ersten urkundlichen Nachrichten über bäuerlichen Besitz bei Salzgitter setzen 1523 ein. Die absichtliche Änderung der Namensform erfolgte um 1830.

25 Helmuth Rogge (1891–1976), Oberarchivrat im Reichsarchiv, 1933 Eintritt in die SS (Schutzstaffel, vom Internationalen Militärtribunal in Nürnberg 1945/46 zur verbrecherischen Organisation erklärt). Rogge war nach 1945 Leiter der Abteilung Archiv und Bibliothek im Presse- und Informationsamt der Bundesregierung.

26 Der Stahlhelm, Bund der Frontsoldaten, war Gegner der Weimarer Republik, er wurde 1934 aufgelöst.

System würde ich immer ausgehen von der Organisierung der möglichst großen Freiheit, gegenseitig." So schätzte ihn auch Otto Korfes[27] ein, er meinte, Thimme sei der „Typ des Niedersachsen, eine Republik für sich, stets auf dem eigenen Kopf bestehend, ohne die Möglichkeit sich einzuordnen", mit solchen Leute kann man keinen Staat bilden.[28]

Im September 1944 notierte Thimme: „In meinem Leben spielt der materielle Druck eine deutliche Rolle. Druck der Eltern, das Examen verfrüht zu machen, zwingt zur Überarbeitung. Als Student wagte ich es nicht, in ein Konzert, kaum ins Theater zu gehen. Zwang, das Lehrerexamen zu machen. Kümmerliche Stellungen anzunehmen, wie bei Mallinckrodt[29]. Einschränkung im Essen vor 1914. Sparen in Rehbrücke, um das Haus abzahlen zu können."

Thimme hat über sich und den gesamten Familienverband zahlreiches Material zusammengetragen. Man darf annehmen, daß er diese Unterlagen auch zu einer Lebensbeschreibung auswerten wollte, einzelne separate Ausarbeitungen deuten darauf hin. Er hat immer wieder versucht, sich über seinen vom ihm als problematisch empfundenen Charakter und über seine Beziehung zur Umwelt Klarheit zu verschaffen. So ist auch eine Notiz vom 11. April 1930 zu verstehen, hier formulierte er, was er an sich beobachtet hatte: „Die Deutschen haben die Art, immer unzufrieden vorwärts zu streben. So verfließt ihnen das Leben, ehe sie es merken, daß es lebenswert gewesen wäre. Stets denken sie, die Hauptsache müsse noch kommen."

Ausgehend von der Ideengeschichte beschäftigen sich seine historischen Analysen vor allem mit der deutschen Nationalgeschichte, in die europäische und universalgeschichtliche Aspekte eingearbeitet werden. Betrachtungen über sozialgeschichtliche Prozesse, gesellschafts- und wirtschaftsgeschichtliche Strukturen sind kaum vorhanden.

Seine außenpolitischen Ideen hatten Elemente, die in die Zukunft weisen, während er auf innenpolitischem Gebiet nichts Wesentliches für den Neubeginn hätte beitragen können.

---

27 Otto Korfes (1889–1964), Hauptmann a. D., 1923 Archivrat im Reichsarchiv, 1937 Reaktivierung als Offizier, 1943 als Generalmajor in sowjetischer Gefangenschaft, Vorstandsmitglied des Bundes Deutscher Offiziere, 1948 Antifa-Schule, 1948/49 Leiter des Zentralarchivs Potsdam, 1952–1956 Generalmajor der KVP. Zu Korfes siehe: Thimme, „Otto Korfes" und „Otto Korfes (NDPD)", in: Rote Fahnen, S. 158ff., 297ff.

28 Tagebuch, Eintrag 26. 2. 1934.

29 Hans Thimme arbeitete ab Juni 1913 im Kölner Stadtarchiv an St. Gereon für monatlich 200 Mark, er ordnete das Depositum der Familie Mallinckrodt. Sein Bruder Hermann war dort wissenschaftlicher Mitarbeiter von 1910 bis 1913. Hans ging im Mai 1914 als Volontär nach Berlin und bestand am Preußischen Geheimen Staatsarchiv im August das Notexamen als Archivar.

Wer sich wie Thimme verhielt, geriet zwangsläufig ins gesellschaftliche Abseits. Er versuchte, eine Kooperation mit der Herrschaftselite zu vermeiden und dem Unrecht so weit wie möglich zu widerstehen. Ein derartiges Verhalten verlangte Verstellung auch gegenüber den eigenen Angehörigen. Seine religiös und philosophisch geprägte Haltung gibt eine Antwort auf die Frage, warum er sich mit der Rolle des Beobachters und Zuschauers begnügte. Hinzu kamen die Sorge um seine Familie und ein labiler Gesundheitszustand.

Viele Formen widerständiger Haltung haben heute einen Vorbildcharakter. Der amerikanische Historiker Fritz Stern hat darauf hingewiesen, wie wichtig es für eine Stärkung des deutschen Nationalgefühls sein könnte, wenn man „diejenigen, die in beiden deutschen Diktaturen Widerstand geleistet haben, in größerem Maße ehrte".[30]

Hans Thimme, geb. 1889 in Schmedenstedt (Provinz Hannover), verbrachte seine Kindheit in einem niedersächsischen Pastorenhaushalt.[31] Unter seinen Geschwistern war er der jüngste, er besuchte die Volksschule, wurde aber meistens vom Vater oder einer Schwester unterrichtet. 1903 kam er aufs Gymnasium in Goslar. Im Luthertum mit dem Gefühl der Sündhaftigkeit aufgewachsen, bemühte er sich, die starren Rituale des elterlichen Pfarrhauses abzustreifen. 1908 begann er mit dem Universitätsstudium in Freiburg. Sein Bruder Friedrich[32] besuchte im selben Jahr Professor Friedrich Meinecke[33] in Freiburg, Hans begleitete ihn. In den folgenden Jahren hörte er, zusammen mit Siegfried A. Kaehler,[34] Vorlesungen bei Meinecke und besuchte seine Seminare. 1912 wurde er mit einer Arbeit über „Das Kammeramt in Straßburg, Worms und Trier" vom deutschnationalen Historiker Georg von Below[35] in Freiburg promoviert. Im April 1913 bestand er das Staatsexamen an der Universität Kiel.

---

30 Fritz Stern, „Fünf Deutschlands sind ein bißchen viel", in: Der Tagesspiegel, 19. 6. 2005, S. 7. Fritz Stern, geb. 1926 in Breslau, war bis 1997 Professor am Institute for Advanced Study in Princeton. Er erhielt 1999 den Friedenspreis des Deutschen Buchhandels und 2005 den Nationalpreis der Deutschen Nationalstiftung.
31 Wilhelm Thimme, Die elf Geschwister in kurzen Lebensbildern, Typoskript 1962, darin: Hans, S. 121ff.
32 Friedrich Thimme (1868–1938), Historiker und Publizist. Leiter der Bibliothek des Preußischen Herrenhauses, Mitherausgeber der Aktenpublikation des Auswärtigen Amts: Die Große Politik der Europäischen Kabinette 1871–1914. Vgl. Annelise Thimme (Hrsg.), Friedrich Thimme 1868–1938. Ein politischer Historiker, Publizist und Schriftsteller in seinen Briefen, Boppard am Rhein 1994.
33 Friedrich Meinecke (1862–1954), ab 1906 Professor für Neuere Geschichte in Freiburg, ab 1914 in Berlin, 1932 emeritiert, 1948–1952 Rektor der Freien Universität Berlin.
34 Siegfried Kaehler (1885–1963), 1921 Archivrat im Reichsarchiv, ab 1923 Professor an verschiedenen deutschen Universitäten.
35 Georg von Below (1858–1927), Universitätsprofessor, Verfassungs- und Wirtschaftshistoriker.

Hans Thimme 1927

Bei Ausbruch des Ersten Weltkriegs meldete er sich freiwillig zum Kaiser-Alexander-Garde-Grenadier-Regiment Nr. 1. Nach Einsätzen an der Ost- und Westfront wurde er als Leutnant der Reserve 1918 entlassen. Die Verbindung zu seinen alten Waffenkameraden, die auch nach 1933 eher monarchistisch als nationalsozialistisch dachten, riß nicht ab.[36] Nach einer unglücklichen Zeit als Lehrer in Hildesheim und

---

36 Tagebuch, Eintrag 21. 12. 1935: „Zur Hauptversammlung und Weihnachtsfeier nach Ruhleben. Beim Alexandermarsch Eintritt in den Saal zum Essen, alte Erinnerungen, Alexandergeist, das Gefühl, das Beste vom Besten zu sein, die äußerste Spitze der moralischen Exklusivität und rassischen."

Geestemünde wurde er vom Berliner Geheimen Staatsarchiv übernommen. 1920 fand er als Archivrat im Potsdamer Reichsarchiv auf dem Brauhausberg eine Anstellung und im Ananashaus im Park von Sanssouci eine Wohnung. 1927 heiratete er die Berlinerin Ingeborg Gladisch,[37] sie wohnten zunächst in der Marien-, dann in der Ruinenbergstraße. 1932 erfolgte der Umzug nach Bergholz-Rehbrücke in eine Doppelhaushälfte, die Thimme für 20.000 Reichsmark vom Rechtsanwalt Udo Rukser[38] gekauft hatte. Einen Teil der Summe bekam er von Verwandten geliehen, ein anderer Teil bestand aus einem Bankkredit. Thimmes Kollege und Freund Wilhelm Solger,[39] verheiratet mit einer Engländerin, wohnte ab 1926 in Rehbrücke, er hatte ihn auf diesen Ort aufmerksam gemacht.

Im Reichsarchiv war er mit Wilhelm Dieckmann[40] und Otto Korfes freundschaftlich verbunden. In der Potsdamer Gesellschaft fand er schnell gute Freunde. Im seinem Tagebuch ist vielfach von Bällen im Casino und von Tennisbekanntschaften die Rede. Von seinem Kollegen Karl Heinrich Schäfer und seiner Frau Barbara[41] wurde er in ihr Haus in der Sophienstraße eingeladen, wo sich Persönlichkeiten des Potsdamer Bildungsbürgertums trafen. Schäfer hatte wie Thimme bei Professor Georg von Below studiert.[42]

---

37 Ingeborg Thimme (1906–1981), nach Besuch der Höheren Handelsschule des Lette-Vereins Berufstätigkeit im Deutschen Wäscherei-Verband und Auswärtigen Amt (Kanzleidienst) bis 1927. Nach dem Tod ihres Mannes Hans 1945 Leiterin eines Kindergartens und Lehrerin, dann in verschiedenen Anstellungen. 1952 verließ sie die DDR mit offizieller Abmeldung und Umzugsgut und zog nach Bremen. Dort arbeitete sie mit behinderten Kindern u. a. in der Hans-Wendt-Stiftung bis 1971.

38 Udo Rukser, geb. 1892 in Posen, gest. 1971 in Chile, Rechtsanwalt, wohnte von 1922 bis 1932 in Bergholz-Rehbrücke. Er war verheiratet mit einer jüdischen Frau und hatte selbst jüdische Vorfahren. 1933 verweigerte er die verlangte Trennung von seinen jüdischen Mitarbeitern und gab seine Berliner Kanzlei auf. Er zog an den Bodensee, wo er ein landwirtschaftliches Gut bewirtschaftete und seine bedeutende Kunstsammlung betreute. 1939 emigrierte er nach Chile. Über ihn ist eine Arbeit von Martin Schumacher (Bonn) zu erwarten.

39 Wilhelm Solger (1876–1945 vermißt), Oberstleutnant a. D., ab 1920 Archivrat im Reichsarchiv. 1938 Direktor in der Kriegsgeschichtlichen Forschungsanstalt des Heeres.

40 Wilhelm Dieckmann (1893–1944), Leutnant a. D., 1920 Hilfsarchivar im Reichsarchiv, 1926 Archivrat, 1944 als Mitwisser des Attentats auf Hitler ermordet.

41 Karl Heinrich Schäfer (1871–1945), 1920 Archivrat im Reichsarchiv, 1934 Versetzung in den Ruhestand, vorausgegangen war die Denunziation eines Kollegen wegen eines politischen Witzes. 1942 wurde Schäfer „wegen planmäßig organisierter Zersetzungsarbeit" verhaftet, er hatte „Feindsender" abgehört. Im Januar 1945 starb er im Konzentrationslager Sachsenhausen. Vgl. Felix Escher, Bekenner in der Diktatur. Zum Leben und Sterben von Karl Heinrich Schäfer, in: Gert Adler (Hrsg.), Bekenntnis zu Potsdam, Stahnsdorf 1997 und Günter Wirth, Zum Gästebuch von Karl Heinrich Schäfer, in: Potsdamer Neueste Nachrichten, 15. 8. 2002.

42 Tagebuch, Eintrag 1. 11. 1925.

Ingeborg Thimme 1928

Über Thimmes dienstliche Tätigkeit sind zwei Beurteilungen überliefert. 1935 schrieb Ernst Müsebeck, Direktor des Reichsarchivs[43]: „Die sichere und zuverlässige Handhabung der archivarischen Methode, seine Kenntnisse in der Archiv- und Aktenkunde, seine wissenschaftlichen Forschungen, sowie die Festigkeit seiner Lebensauffassung befähigen ihn zu einer leitenden Stelle in jeder Archivverwaltung."[44] Nach Übernahme der Forschungsabteilungen und der Bibliothek des Reichsarchivs durch die Kriegsgeschichtliche Forschungsanstalt des Heeres 1935/37 wurde Thimme Leiter der Bibliothek, er war damit ab 1. April 1937 Wehrmachtsbeamter. So konnte er dem Direktorat eines überzeugten Nationalsozialisten im Reichsarchiv entgehen, der zeitweise auch

---

43 Ernst Müsebeck (1870–1935), 1920–1935 Direktor der Archivabteilung des Reichsarchivs, 1934–35 kommissarischer Direktor.
44 Nachlaß Thimme, hier: Dienstzeugnis 30. 5. 1935.

Kreisamtsschulungsleiter der NSDAP für Beamte war.[45] Damit gab er seinen geliebten Beruf als Archivar auf und verzichtete auf beruflichen Aufstieg im Reichsarchiv. Obwohl er der NSDAP nicht beigetreten und seine reservierte Haltung der Partei gegenüber bekannt war, wurde er im Oktober 1937 zum Oberregierungsrat ernannt.

Der Präsident der Forschungsanstalt des Heeres, Oberstleutnant a. D. Wolfgang Foerster,[46] kam 1938 in einem Befähigungsbericht zu einem anderen Urteil als der Zivilist Ernst Müsebeck: „Durchschnittliche geistige Begabung, unbeholfene Umgangsformen, gutmütig, von vornehmer Gesinnung, etwas trockene Natur, ohne rechten Schwung, schriftstellerische Begabung, sprachbegabt." Thimme, in Unkenntnis dieser Einschätzung, notierte 1943 über den Ludendorffanhänger[47] Foerster: „Er ist einer der Mitschuldigen an der Kriegsschuldlüge und Machtvergötterung. Ich habe ihn bekämpft, solange ich konnte."[48] Gegen die nationalistische Kriegsgeschichtsschreibung der Forschungsanstalt hatte er die schwersten Bedenken: die Wahrheit über den Ersten Weltkrieg werde unterdrückt.

Wie viele der Teilnehmer am Weltkrieg und als Bildungsbürger hatte er ein distanziertes Verhältnis zur Weimarer Republik, insbesondere zu den Parteien. Am Tag der Wahl des Reichspräsidenten 1925 findet sich folgender Eintrag: „Ich werde mich freuen, wenn Hindenburg gewählt wird, denn das heißt, Festhalten des deutschen Volkes an sich selbst, Wiedergutmachen eines Teiles der schwarz-rot-goldenen Schmach. Ich würde mich, wenn Marx[49] gewinnen wird, aber auch über das freuen, daß sich die Alldeutschen[50] und Nationalisten und Junker

---

45 Ernst Zipfel (1891–1966), 1923 Archivrat im Reichsarchiv, 1932 Mitglied der NSDAP, 1936 Direktor des Reichsarchivs, 1938 Generaldirektor der Preußischen Staatsarchive, 1940 Kommissar für den Archivschutz.

46 Wolfgang Foerster (1875–1963), Militärhistoriker und Publizist, 1931–1935 Direktor der Kriegsgeschichtlichen Abteilung des Reichsarchivs, 1935–1937 der Kriegsgeschichtlichen Forschungsanstalt des Heeres, zuletzt ihr Präsident bis 1945.

47 Erich Ludendorff (1865–1937), im Ersten Weltkrieg Erster Generalquartiermeister. Er war Propagandist einer Verschwörungstheorie, durch die die Niederlage des Deutschen Reichs 1918 vor allem auf die Sozialdemokratie abgewälzt werden sollte. 1923 beteiligte er sich am Hitlerputsch. Zusammen mit Generalfeldmarschall Paul von Beneckendorff und von Hindenburg (1847–1934), Chef der Obersten Heeresleitung, hat er eine Nebenregierung gebildet, die 1917 den Sturz des Reichskanzlers Theobald von Bethmann Hollweg (1856–1921) erzwang. v. Hindenburg wurde 1925 und erneut 1932 zum Reichspräsidenten gewählt, er ist seit 1933 Potsdamer Ehrenbürger.

48 Tagebuch, Eintrag 23. 1. 1943.

49 Wilhelm Marx (1863–1946), 1923–1925 und 1926–1928 Deutscher Reichskanzler. 1925 Kandidat des Zentrums bzw. des Volksblocks für die Reichspräsidentenwahl.

50 Der Alldeutsche Verband vertrat seine aus Adel, Besitz- und Bildungsbürgertum kommenden Mitglieder. Er verfolgte einen nationalistischen und antisemitischen Kurs und wurde 1939 aufgelöst.

21

ärgern."[51] In einem Zeitungsaufsatz schrieb er 1926: „Die Parteien traten als die bestimmenden Faktoren zwischen Volk und Reichstag, sie verselbständigten sich und verloren die Fühlung mit den Wünschen des Volkes. Das Volk kann nicht mehr die Männer seines Vertrauens wählen. Es ist der Parteimaschine, der Parteipresse hilflos ausgeliefert und empfindet ein lebhaftes Unbehagen. [...] Wesentlich ist allein, daß der Wille des Volkes zur Ausführung kommt, alles andere ist zufällige und wechselnde Erscheinung. Der Parlamentarismus, den wir heute haben, entspricht dieser Anforderung nicht. Nicht die Entscheidungsgewalt der Volksvertretung an sich ist zu bekämpfen, sondern nur der Mißbrauch des Namens des Volkes für die egoistischen Zwecke der Parteien." Er forderte Reformen wie Stärkung der Verantwortlichkeit der Abgeordneten, Aufhebung der Listenwahl, Abschaffung des Fraktionszwanges, Unterstützung einer selbständigen Presse,[52] und die Befreiung von der „Gold- und Zinsknechtschaft der internationalen Finanz"-Welt.

Aufgewachsen im Wilhelminischen Deutschland, konnte er sich nur schrittweise von Großmachtträumen lösen. Zum sich abzeichnenden Vertrag von Locarno 1925,[53] der Deutschland wieder in den Bund der westlichen Völker eingliederte, bemerkte er: „Zur Zeit begeht das deutsche Volk die zweite nationale Würdelosigkeit seit dem Kriege. Die erste war die Annahme des Versailler Friedens[54] trotz Auslieferungsbedingungen, die zweite ist das freiwillige Anerbieten des Verzichts auf Elsaß um momentaner geringer Erleichterungen willen."[55]

Im März 1932 unterzeichnete Thimme einen Aufruf deutscher Gelehrter zur Reichspräsidentenwahl für Paul von Hindenburg[56] zusammen mit den Historikern Ludwig Dehio,[57] Siegfried A. Kaehler, Fried-

---

51 Tagebuch, Eintrag 26. 4. 1925.
52 Hans Thimme, Parlamentarismus und Gegenwart, in: Der Stahlhelm, 8. Jg., Nr. 30, 25. 7. 1926. Diese Ansicht Thimmes war bis in die Reihen der sog. Vernunftrepublikaner anzutreffen. So schrieb Friedrich Meinecke in der Vossischen Zeitung Nr. 489 vom 12. 10. 1932: „Die Ausartung von Parlament und Parteien kann nun freilich nur bekämpft werden durch Stärkung von Recht und Macht des Reichspräsidenten und durch Schaffung einer wirksamen Gegeninstanz gegen den Reichstag durch ein wirkliches Oberhaus." Friedrich Meinecke, Werke, Bd. II, Politische Schriften und Reden, Darmstadt 1958, S. 474.
53 Die Locarno-Verträge wurden am 1. 12. 1925 in London unterzeichnet.
54 Der Friedensvertrag von Versailles vom 28. 6. 1919 beendete nach dem Ersten Weltkrieg den Kriegszustand zwischen dem Deutschen Reich und den Mächten der Entente.
55 Tagebuch, Eintrag 27. 3. 1925.
56 von Hindenburg hatte im ersten Wahlgang 49,6 Prozent der abgegebenen gültigen Stimmen erhalten, Hitler erhielt 30,1 Prozent. Hindenburg wurde im zweiten Wahlgang gewählt.
57 Ludwig Dehio (1888–1963), Archivar und Historiker, 1946–1954 Direktor des Marburger Staatsarchivs.

rich Meinecke, Hermann Oncken[58] und anderen. Weihnachten 1932 fühlte sich Thimme herausgefordert von einem Vortrag von Hans Grimm,[59] abgedruckt in der Deutschen Allgemeinen Zeitung. Grimm hatte andere Nationen für minderwertig erklärt. Thimme legte „entschiedenen Protest" ein gegen diese „grobe politische Taktlosigkeit". Er schrieb: „Viele Leute können es noch immer nicht begreifen, daß man national gesinnt sein kann, ohne das französische oder polnische Volk, mit denen wir auf gespanntem Fuße leben, in Bausch und Bogen für minderwertig zu erklären und bei jeder Gelegenheit herabzusetzen. Sie vergessen, daß man sich selbst nicht ehrt, wenn man seinem Gegner geflissentlich schlecht redet. Die Theorie des Herrenvolkes artet zu leicht in eine verletzende und ungerechte Herabsetzung der Nachbarvölker aus. [...] Wer die Abneigung der Völker gegeneinander schürt, der sät den Wind, aus dem er, und leider er nicht allein, sondern wir alle, Sturm ernten werden."[60]

Nach der „Machtübernahme" durch Hitler erwartete er, dieser werde den Versailler Vertrag friedlich revidieren, die Reichsreform mit dem Ziel einer straffen Staatsaufsicht durchführen und eine Volksgemeinschaft ohne Parteien herstellen, beruhend auf gemeinsamer Verpflichtung und Verantwortung, aber mit Gewissensfreiheit. Am Beginn eines neuen Zeitalters schien ihm ein hartes Durchgreifen auch gegen die Kommunisten und Juden hinnehmbar. Letztere beurteilte er „als Volk" kritisch, wobei er jüdische Bekannte schätzte und achtete. Charakteristisch für diese Haltung ist ein Satz aus dem Jahr 1922, der sich in seiner Betrachtung des Verlaufs der Feier zum 60. Geburtstag Friedrich Meineckes mit seinen ehemaligen Schülern befindet. Zur Ansprache von Dietrich Gerhard[61] schrieb er: „Rede Gerhard (Arbeit über Nie-

---

58 Hermann Oncken (1869–1945), Neuzeithistoriker, 1935 Entlassung aus dem Hochschuldienst aus politischen Gründen.

59 Hans Grimm (1875–1959), Schriftsteller. Für den Klassiker des Blut- und Boden-Schrifttums war Lebensraum das Allheilmittel für alle sozialen und politischen Probleme der Deutschen. Sein Buch: Volk ohne Raum, München 1926, enthält antisemitische und rassistische Aussagen. Es wurde Pflichtlektüre in den Schulen NS-Deutschlands. Grimm stand den rechtsintellektuellen Zirkeln nahe, die in der unter dem Begriff der „Konservativen Revolution" zusammengefaßt werden. Diese Bünde völkischer und nationalistischer Gesinnung waren Feinde der parlamentarischen Demokratie der Weimarer Republik. Zu Grimm vgl.: Annette Gümbel, „Volk ohne Raum". Der Schriftsteller Hans Grimm zwischen nationalkonservativem Denken und völkischer Ideologie, Marburg 2003.

60 Hans Grimm auf Abwegen, Typoskript im Nachlaß Hans Thimme. Ob dieser Beitrag veröffentlicht wurde, ließ sich nicht feststellen.

61 Dietrich Gerhard (1896–1985), 1935 Emigration in die USA, Professor an der Washington University St. Louis, 1955 Professor in Köln, 1961 Direktor am Max-Planck-Institut für Geschichte in Göttingen.

buhr), ein origineller, feiner Mensch, wenngleich Jude." Dieser Zusatz unterblieb bei der Wiedergabe der Ansprache von Hans Rothfels, der ebenfalls „Nichtarier" war, den er aber schätzte.[62]

Er lehnte die NSDAP strikt ab, dazu trug das brutale Vorgehen der Partei gegen die Juden bei. Hinzu kam, daß sie ihre Mitglieder bewußt bei der Neubesetzung von Stellen bevorzugte, was die Atmosphäre im Archiv beeinträchtigte. Thimme erkannte aber nicht in vollen Umfang, daß ein Staatsterrorismus sich etabliert hatte, der vor Willkür nicht zurückschreckte und den Rechtsstaat zerstörte.

Schon zu einem frühen Zeitpunkt hatte er Bekanntschaft mit den Einschüchterungsmethoden der Nationalsozialisten gemacht. Am 18. Juli 1933 notierte er: „Vertreter der Geheimen Staatspolizei bei mir (im Reicharchiv). [...] Apokalypse. Durch welche Mittel arbeitet die Geschichte!" Später machte er die Entdeckung, daß während eines Urlaubs sein abgeschlossener Schreibtisch aufgebrochen worden war, in der Schublade fand er absichtlich hinterlassene Zigarettenrückstände. Während einer Reise fotografierte er aus dem Zugfenster, er wurde denunziert, es folgte eine kurzzeitige Haft.

Sein 1932 veröffentlichtes Buch „Weltkrieg ohne Waffen. Die Propaganda der Westmächte gegen Deutschland, ihre Wirkung und ihre Abwehr" wurde 1934 von der Reichsstelle zur Förderung des deutschen Schrifttums im Reichsüberwachungsamt der NSDAP mit der Begründung abgelehnt, daß es neben der Darlegung der Feindpropaganda die gleichzeitige innere Zersetzung nicht berücksichtigt habe.[63] Im selben Jahr begann er mit den Vorarbeiten zu einem Werk über die Wirkung der bolschewistischen Propaganda im Ersten Weltkrieg. Sie sind durch die Zerstörung des Archivgebäudes 1945 verloren gegangen. Ein weiteres Buch, das er schreiben wollte, „sollte zeigen, wie der Sozialismus nach dem [1.] Weltkrieg seine gewaltige Chance, die Sehnsucht der Menschen nach dem Besseren, verpaßt hat, indem er unter der Form des Bolschewismus in Tyrannei und Seelenmord ausartete. [...] Das Buch, hätte es geschrieben werden dürfen, wäre wichtig und zeitgemäß, als Lehre für die nächste Zukunft gewesen."[64]

Ob Thimme seine Kritik an Hans Grimm noch bewußt war, als er ihn im August 1938 im „Herrenhaus" des ehemaligen Benediktinerklosters

---

62 Aufzeichnung vom 31. 10. 1922 zum 60. Geburtstag Friedrich Meineckes, im Nachlaß Hans Thimme. Hans Rothfels (1891–1976), Archivrat am Reichsarchiv, 1926–1934 Professor für neuere Geschichte in Königsberg. Emigration über Großbritannien in die USA, ab 1952 Professor in Tübingen.
63 Gutachten der NSDAP vom 25. 9. 1934, Nachlaß Hans Thimme.
64 Tagebuch, Eintrag 2. 10. 1941.

in Lippoldsberg an der Oberweser besuchte?[65] Im Lauf der Zeit hatten sich andere Prioritäten in den Vordergrund geschoben. So kreiste das Gespräch um Nationalsozialismus und Verantwortungsbewußtsein des Einzelnen. Thimme vermerkte, der Hausherr habe Hitler und die Partei völlig preisgegeben, nicht aber den Nationalsozialismus. „[Grimm:] Es sei nur er und ganz wenige, die den Nationalsozialismus, der etwas wirklich Gutes sei, verständen und ausübten." Thimme entgegnete, die nationalsozialistische Theorie, „daß man um seines Volkes willen etwas Unanständiges tun dürfe", sei der Grundfehler. Grimm: „Die heutige verkehrte Richtung [werde] nur von einzelnen wenigen getragen, die sterben aus, dann wird der Nationalsozialismus in seiner Reinheit erscheinen. [...] Ich: Nein, es ist die Theorie, die falsch ist, die Propaganda, die von oben her gemacht wird und sich an die schlechten Instinkte wendet. [...] Er: Die Besserung von innen her wird eintreten, ich glaube es, weil ich es glauben will. [...] Er: Wer hat das Positive denn gemacht. Wir, ich und die Oberschlesienkämpfer, die dafür gefallen sind. Ich: Wenn Ihr es gemacht habt, warum laßt Ihr dann jetzt die Verführung zu? Warum laßt Ihr jetzt Euer Blut nicht fließen? wie damals. Damals seid Ihr Führer gewesen, heute seid Ihr es nicht mehr, weil Euer Blut nicht mehr fließt.[66] Heute ist es Niemöller,[67] der vor der Geschichte groß dastehen wird und alle, die dastehen und sagen, auf diesem Fleck laß' ich mich totschlagen, ehe ich von der Wahrheit abweiche. Ich kenne solche, es gibt solche. Auch Hitler war ein solcher, sonst hätte er es nicht erreicht. Er: Hitler ist nicht ein solcher, ich kenne ihn. Ich: Das Traurige, daß es nicht wenige sind, die schlecht sind, die Schuld haben, sondern viele, alle die aus Karrieresucht ihr Gewissen gröblich verleugnen [...]. Sie dürfen ja nicht sagen, was sie denken. [...] Er: Ich billige Wiechert[68] nicht, der gesagt hat, ich will mit diesen Leuten nichts mehr zu tun haben, ich wende mich ab von diesem Volke. Was kann der Einzelne tun? Anständig bleiben und Wahrheit hochhalten." Das Resü-

---

65 Tagebuch, Eintrag 8. 8. 1938.
66 Welche Beziehung Grimm zu den Oberschlesienkämpfern (Selbstschutzverbände und Freikorps) hatte, die 1919–1921 polnischen Aufständischen entgegengetreten waren, ist nicht bekannt.
67 Martin Niemöller (1892–1984), 1931–1937 Pfarrer in Berlin-Dahlem, 1933 Mitbegründer des Pfarrernotbundes, ein Zusammenschluß oppositioneller Pfarrer gegen die Deutschen Christen. 1938–1945 im KZ Sachsenhausen und Dachau, 1947–1964 Präsident der Hessisch-Nassauischen Kirche. Niemöller war ab 1934 im Reichsbruderrat der Bekennenden Kirche, eine theologisch heterogene oppositionelle Bewegung in der evangelischen Kirche gegen die Deutschen Christen und die NS-Kirchenpolitik.
68 Ernst Wiechert (1887–1950), deutscher Schriftsteller. Er lehnte den Nationalsozialismus ab und wurde 1938 vorübergehend inhaftiert. Anschließend erhielt er Schreibverbot.

mee Thimmes lautete: „Ein echter Dichter und leidenschaftlicher Deutscher und Patriot, eine prachtvolle Persönlichkeit, die man sofort lieb hat, ungeheuer warmherzig. Aber es fehlt ihm an Denkkühnheit und Mitleidlosigkeit, an Denkhärte, wenn er [an] kompromittierende Dinge kommt, fängt er an, ganz leise zu reden." Warum führte Thimme mit Hans Grimm ein hochpolitisches und gefährliches Gespräch? Hatte er erwartet, daß Grimm sich vom Nationalsozialismus distanziert, weil ihm dessen Differenzen mit den Machthabern bekannt waren? Wollte er Grimm ein aktives Auftreten gegen den Nationalsozialismus nahelegen?[69]

Bereits 1939 erkannte Thimme die Gefahr, daß Deutschland durch den begonnenen Krieg zugrunde gehen werde. Vom kämpfenden Heer im Osten erreichten ihn Briefe ehemaliger Kollegen, zumeist über die großartigen Erfolge. Er schaltete regelmäßig den verbotenen „Feindsender" BBC und Radio Beromünster ein. Seine Empfindungen waren im Krieg gespalten, einerseits wünschte er den Fortbestand des Deutschen Reichs, andererseits wußte er, daß nur durch die Niederlage Deutschlands der Untergang des NS-Systems zu erreichen war. Zunehmend äußerte er seine Ablehnung der Behandlung der Juden, Polen und Russen, die gegen sie gerichtete Vernichtungspolitik verurteilte er entschieden. Für die Zeitgenossen, die sich offen gegen den Nationalsozialismus aussprachen, empfand er Hochachtung: „Die freiesten und geradesten Leute sind die Gegner der heutigen Weltanschauung."[70]

Im Juni 1941 nahm Thimme an einer zweiwöchigen Reise von Offizieren der Forschungsanstalt durch das besetzte Belgien und Frankreich teil. Besucht wurden die Plätze der Schlachten des Ersten Weltkriegs, zahlreiche Vorträge, u. a. von Dieckmann und Solger, beleuchteten das damalige Frontgeschehen. In Brüssel fiel Thimme auf: „Alle sehen kühl an dem deutschen Offizier vorbei. Abends bei Falkenhausen[71] zum Essen. [. . .] Die Geistlichkeit, Universität, Jugend am feindlichsten." In Frankreich wurde er vom Militärbefehlshaber Otto von Stülpnagel[72] eingeladen. „Fabelhafter weißer Burgunder, Sekt etwas herb, sehr gutes

---

69 1935 ist Grimm aus dem Amt der Präsidialmitgliedschaft der Reichschriftstumskammer entlassen worden. Am 3. 12. 1938 wurde er von Goebbels scharf zurechtgewiesen, vgl. Elke Fröhlich (Hrsg.), Die Tagebücher von Joseph Goebbels, Bd. 3, München 1987, S. 541–542. Grimm war der NSDAP nicht beigetreten, nach Kriegsende verteidigte er den Nationalsozialismus der Zeit vor 1939.

70 Tagebuch, Eintrag 27. 4. 1939.

71 General Alexander Freiherr von Falkenhausen (1878–1966), 1940–1944 Chef der Militärverwaltung im besetzten Belgien.

72 General Otto von Stülpnagel (1878–1948 Selbstmord im Pariser Gefängnis), 1940–1942 Militärbefehlshaber Frankreich.

Essen, fabelhaft zubereitet." Er erfährt, daß die Franzosen sich gern uns anschließen wollen, aber die deutsche Politik sei zu sprunghaft.

Nach Teilnahme an einem Lehrgang 1942 in der Deutschen Heeresbücherei Berlin mit Abschlußprüfung bescheinigte ihm am 11. April 1945, vier Tage vor seinem Tod, der Direktor dieser Behörde Günther Gieraths: „Herr Dr. Hans Thimme besitzt die selten vereint zu findende Vorbildung und Erfahrung in Theorie und Praxis des höheren Archivdienstes und des höheren wissenschaftlichen Bibliotheksdienstes und ist zur Leitung einer wissenschaftlichen Bibliothek in jeder – sowohl sachlicher als persönlicher – Beziehung uneingeschränkt geeignet."[73]

Zu Kollegen, die dem NS-Regime kritisch gegenüberstanden, hatte er gute Kontakte. Freunde und Bekannte vertrauten ihm, so daß er erstaunlich gut über die Verbrechen der Nationalsozialisten unterrichtet war. Im April 1943 informierte ihn Hans Wender, Bibliothekar im Auswärtigen Amt,[74] daß „800.000 Juden in Deutschland gewesen sein" sollen, „davon gilt die Hälfte als liquidiert". Im selben Monat erfuhr Thimme von seinem Neffen Jürgen,[75] man habe die Juden anfangs mit Maschinenpistolen erschossen, daß man sie nun aber bei vorgeblicher Entlausung vergase. Er notierte am 5. Juni, ein aus der Gegend von Minsk zurückgekehrter Soldat habe von Judenmorden erzählt: „Angeblich 18.000. Viele mußten sich [ihr] Grab graben. Der Betreffende sah [wie] eine junge schwangere Jüdin sich nackt ausziehen und in den Graben legen mußte." Am 11. Juni 1943 findet sich der Tagebucheintrag: „Aus der Synagoge [Berlin] jetzt auch die letzten Juden weggeschafft, soweit nicht mit Arierinnen verheiratet. Das Jüdische Archiv, Rassenunterlagen, versiegelt. Die Züge gehen von Deutschland aus nach Theresienstadt in die Slowakei. Dort die Stadt geräumt, vom alten Theresienwall umgeben. Man hat aus der Stadt ein jüdisches Konzentrationslager gemacht. Die Züge werden gleich in Tunnel gefahren und vergast!"[76] Am 18. Juni schrieb er: „Jürgen erzählt: SS habe sich geweigert, weitere Juden zu erschießen, daraufhin Vergasung."

Im Juli 1943 war er zur Erholung in Schloß Elmau. In seinen Gesprächen mit Gästen kamen die deutschen Verbrechen an den Juden im Osten zur Sprache, aber auch das Schicksal der russischen 3,5 Millionen Gefangenen, von denen nur noch 800.000 leben sollen, „die anderen verhungert und erschossen. [. . .] In Kiew allein 100.000 Juden erschos-

---

73 Nachlaß Hans Thimme.
74 Hans Wender, Mitglied der NSDAP ab 1937.
75 Jürgen Thimme, 1942 U-Boot-Kommandant, Sohn des Historikers Friedrich Thimme.
76 Ab Oktober 1942 fuhren Züge von Theresienstadt in das Vernichtungslager Auschwitz.

sen, in Minsk 80.000. Man hat sie in der Ukraine in die Schluchten getrieben, auf Stellen, die unterminiert waren, sie sich dann nackt ausziehen lassen, dann gesprengt. In Polen alles Privateigentum beschlagnahmt, die Polen mit Handköfferchen herausgejagt." Ein Gesprächsteilnehmer meinte, man müsse Hitler töten. Demgegenüber war Schloßherr Johannes Müller[77] in einer Ansprache an die Gäste noch der Ansicht, Hitler sei „das Wunder Deutschlands".

Am 25. Dezember 1943 heißt im Tagebuch: „Die Schuld 4 Millionen toter Juden noch nicht beglichen.[78] [...] Wenn Berlin ein Aschenhaufen ist, können wir uns wieder sehen lassen. Haben wir ehrlich bezahlt, so gibt uns Gott vielleicht wieder einen ungeahnten Ausweg ins Freie. Aber jeder muß bereit sein, mit dem eigenen Leben zu zahlen." Im Januar 1944 hörte er in seiner Behörde von einem Gewährsmann, „wie im Osten 3000 Juden erschossen. In 3er Kolonne Anmarsch, Todtleute mußten Spalier bilden. Am Ende mußten sie sich ausziehen, Männer nackt, Frauen bis aufs Hemd, und dann an langen Gräben von SS mit Maschinenpistolen erschossen. Anfangs schreien sie, werfen Ketten und Schmuck weg, dann aber still und stumm lassen sie sich schlachten!"

Thimme erhielt auch Mitteilungen von der Hausschneiderin aus dem Warthegau über die brutale Aussiedlung der Polen. In Schlesiersee erfuhr seine Frau Ingeborg Anfang 1943 in einer Privatunterkunft von der Wirtin von den Pogromen an der Grenze, Juden seien vor Gruben niedergeschossen worden. So waren auch ganz gewöhnliche Deutsche über die Verbrechen des NS-Regimes unterrichtet, sie scheuten sich nicht, ihre Informationen weiterzugeben.[79]

Mit dem Attentat auf Hitler am 20. Juli 1944 hat sich Thimme eingehend auseinandergesetzt, ohne zu einer positiven Wertung zu kommen. Die Nachricht erreichte ihn in Oberschreiberhau, die erhoffte Erholung schlug fehl, es folgte ein Kuraufenthalt in Bad Nauheim.

Die überwiegende Einstellung der Bevölkerung zum Umsturzversuch schildert Wolfgang Schollwer[80] rückblickend: „Besonders bedrückend empfinde ich die Tatsache, daß wir damals fast alle in Deutschland mit Unverständnis auf die Ereignisse des 20. Juli reagiert haben. [...] Ich kann

---

77 Johannes Müller (1864–1949), leitete ab 1916 das Hotel, das eine „Freistätte des persönlichen Lebens" im Sinne der Ethik Jesu sein sollte.

78 In Europa wurden über 6 Millionen Juden Opfer der Vernichtung.

79 Peter Longerich, „Davon haben wir nichts gewußt". Die Deutschen und die Judenverfolgung 1933–1945, München 2006, S. 7ff., 313ff. Der Autor weist nach, daß die Judenverfolgung im Deutschen Reich in aller Öffentlichkeit stattfand. Das NS-Regime habe ab 1941 immer wieder Hinweise auf die Vernichtung der Juden gegeben.

80 Wolfgang Schollwer, Potsdamer Tagebuch 1948–1950. Liberale Politik unter sowjetischer Besatzung, München 1988, S. 41.

nicht einmal behaupten – jedenfalls erinnere ich mich dessen nicht mehr – daß uns die Nachricht vom Attentat auf Hitler besonders beeindruckt hätte. Unser enger politischer Horizont ließ uns lediglich eine gewisse Befriedigung darüber empfinden, daß der Anschlag mißglückt war." Thimme vermerkte am 9. August 1944: „Ein unerfreuliches Bild mangelnder moralischer Begriffe! Alle nehmen den Standpunkt ein, Zweck heiligt die Mittel, oder den des blinden Gehorsams dem Vorgesetzten. Man sieht, wieweit die öffentliche Moral in Verwirrung geraten ist. Doch schließlich geht alles auf mißverstandenen Nietzsche,[81] den angeblichen Zerstörer der Moral, zurück." Im Juli notierte er: „Der Satz, Zweck heiligt die Mittel, ist Hybris, Mensch setzt Gottes Gebote selbstherrlich außer Kraft, will sein wie Gott."

Ab Februar 1945 durchlief er als Oberstleutnant der Reserve, wie seine Kollegen, eine Schieß- und Nahkampfausbildung in Potsdam. Es wurde auch gezeigt, wie man sich am wirkungsvollsten selbst töten kann. Er gehörte zur Alarmeinheit 5, die von Oberst Schneider geführt wurde. Diesem unterstanden ca. 100 Mann vom Heeresarchiv, die Angestellten trugen die Volkssturmbinde.[82] Wegen erhöhter Alarmbereitschaft wurde Thimme am 12. April nach Potsdam befohlen. Am Abend besuchte er Erika Dieckmann, die Witwe seines Kollegen Wilhelm Dieckmann.[83] Er ahnte, daß er das Kriegsende nicht überleben würde. Seine Manuskripte und wichtige Papiere hatte er in seiner Offizierskiste aus Metall, Geschirr und die als wertvoll erachteten Gebrauchsgegenstände in Holzkisten im Garten vergraben. Seine Bibliothek, die er mit Leidenschaft zusammengestellt hatte, ungefähr 2.000 Bücher, waren aus den Regalen entfernt und im Keller aufgestapelt worden. Im letzten Augenblick, am 20. Februar, hatte er seine 16-jährige Tochter Ulrike[84] zu seinem Bruder Wilhelm[85] nach Iburg geschickt.

---

81   Friedrich Nietzsche (1844-1900), deutscher Philosoph.
82   Der Volkssturm war eine durch Führererlaß vom 25. 9. 1944 gegründete örtliche bzw. regional gebundene Truppe von bisher nicht eingezogenen Männern zwischen 16 und 60 Jahren unter politischer Verantwortung der NSDAP und des Reichsführers SS Heinrich Himmler. Die Wehrmacht wurde ausgeschaltet.
83   Erika Dieckmann, Schwester von Gudrun Korfes. Siehe auch: Günter Wirth, Nach dem 20. Juli 1944. Im Potsdamer Gestapo-Frauengefängnis. Die Erinnerungen von Erika Dieckmann, geb. Mertz von Quirnheim, in: Mitteilungen der Studiengemeinschaft Sanssouci e.V., 13. Jg., Potsdam 2008, Heft 1, S. 12–29.
84   Ulrike (1929–2000), Nachlaß in den v. Bodelschwinghschen Anstalten Bethel, Hauptarchiv und Historische Sammlung.
85   Wilhelm Thimme (1879–1966), Universitätsprofessor in Münster und Pfarrer in Iburg, schloß sich der Bekennenden Kirche an. Von der Gestapo wurde er für vier Tage im Untersuchungsgefängnis Osnabrück inhaftiert, weil er einem als Bibliothekar abgesetzten jüdischen Bekannten einen mitfühlenden Brief geschrieben hatte.

Am Ende seines Lebens gewann die Einsicht Vorrang, daß man Hitler und „seine Bande" hätte verjagen müssen, daß man schuldig geworden sei. Der vorhersehbare Untergang des „Dritten Reichs" wird nun als gerecht empfunden. Vor Kriegsende war er der Mehrheit der deutschen Bevölkerung in der vorbehaltlosen Anerkennung deutscher Schuld voraus. Angesichts des absehbaren Kriegsendes war er der Überzeugung, daß der Irrweg des Hasses ein Ende gefunden habe. Nach einer Periode der Läuterung auf deutscher Seite müsse das Heil und die Versöhnung von Deutschen und Juden ausgehen: „Indem sie sich versöhnen und als Brüder betrachten, wird das Prinzip der Liebe für die ganze Welt siegreich und vollendet."

Am 14. April 1945 wurde er auf dem Brauhausberg, dem Dienstsitz des Reichs- und Heeresarchivs sowie der Kriegsgeschichtlichen Forschungsanstalt des Heeres in Potsdam (heute Brandenburger Landtag), beim Luftangriff auf Potsdam im Keller „von den herabfallenden Heizungsrohren und den nachstürzenden Gebäudetrümmern erschlagen".[86]

---

86 Bernhard Poll an Ingeborg Thimme, 6. 8. 1945, Nachlaß Hans Thimme. Bernhard Poll (1901–1981, ab 1927 wissenschaftlicher Angestellter im Reichsarchiv, 1935 Übertritt zum Heeresarchiv Potsdam, 1945/46 Angestellter des Deutschen Zentralarchivs Potsdam, 1948 Direktor des Stadtarchivs Aachen.
Vgl. Hartmut Knitter, Zum Bombenangriff der Royal Air Force auf Potsdam 14./15. April 1945, in: Beiträge zur Potsdamer Geschichte, Veröffentlichung des Bezirksheimatmuseums Potsdam, H.17, 1969 und Heiger Ostertag, Vom strategischen Bomberkrieg zum sozialistischen Bildersturm. Die Zerstörung Potsdams 1945 und das Schicksal seiner historischen Gebäude nach dem Kriege, in: Bernhard R. Kroener (Hrsg.), Potsdam: Staat, Armee, Residenz, Frankfurt a. M. 1993, S. 501ff.

Tagebücher 1933–1945 (Auszüge)

Es folgen in chronologischer Reihenfolge ausgewählte Passagen aus den Tagebüchern Hans Thimmes, mit zeitbedingten Gedankengängen, die sich vornehmlich mit Nationalsozialismus, Bolschewismus, Christentum und der Bestimmung des jüdischen Volks sowie dem Kriegsgeschehen beschäftigen.

In seinen letzten Lebensjahren hat er die Tagebücher durchgesehen und einige Stellen unleserlich gemacht, der Text blieb jedoch unbearbeitet. Jedem Heft ist eine Übersicht mit Seitenzahlen vorangestellt, sie verweist auf Personen, politische Entwicklungen und Überlegungen, philosophische und religiöse Betrachtungen, Reisen, Tagesereignisse, die Familie etc.[87]

18. Februar 1933
„Die Sozis haben nicht begriffen, daß man gegen Versailles[88] protestieren muß aus moralischen Gründen, sie waren durch ihre internationale Vergangenheit belastet. Dagegen Nazis: natürliche Reaktion. In Zukunft wird die internationale Einstellung vielleicht als Reaktion gegen die Nazis den Sozis noch einmal zustatten kommen und Aufschwung geben."

26. Februar 1933
„Der Rundfunk wird von den Nazis in noch nie dagewesener Weise für Propaganda ausgenützt. Die Wahlpropaganda des Zentrums wird behindert. Bürgerkrieg droht. Die Minister drohen, den Marxismus ausrotten zu wollen. Eigentlich Schritt in die Illegalität schon geschehen durch Heranziehung der SA zu Polizeidienst und das ist eine direkte Vorbereitung der Machtergreifung durch Gewalt. Staat ist Parteistaat geworden."

28. Februar 1933
„Nachdem Göring[89] die SA[90] als Hilfspolizei einberufen, Polizei mit Hackenkreuzbinde ausgestattet, durch Schießerlaß Kommunisten als

---

87 Siehe z. B. das Tagebuch Nr. 97 (26. 1. – 23. 3. 1944), „Vater unser, Luftangriffe, Krieg, Inland, Georgs Tod, Kriegsursachen, Juden, Jürgen, Politik, Totaler Krieg, Transport der Bücherei, Propaganda, Krieg, Lenin und Kommunismus, Russen, Berti, Liebe zur Wirklichkeit, Sinn des Lebens, Besetztes Gebiet, Warum Krieg verloren, Rehbrücke, Bombenzerstörungen unmoralisch, Stalingrad, Luftangriffe, Bolschewismus" etc.
88 Gemeint ist der Friedensvertrag von Versailles vom 28.6.1919.
89 Hermann Göring (1893-1946 Selbstmord), ab Januar 1933 nationalsozialistischer preußischer Innenminister, ab April preußischer Ministerpräsident und Reichsminister für Luftfahrt, 1939 zum Nachfolger Hitlers bestimmt, 1940 Reichsmarschall.
90 SA = Sturmabteilungen, eine paramilitärische, braun uniformierte Truppe der NSDAP.

vogelfrei erklärte, hatte Staatsstreich eigentlich schon begonnen. [...]
Nun die gesamte sozialdemokratische Presse auf zwei Wochen verboten. Das heißt soviel wie faschistischer Staatsstreich."

3. März 1933
„Die Nazis reden von Aristokratie, sie mobilsieren zugleich die Verbrecher. Was hat die Demagogie von Göring mit Aristokratie zu tun
oder der Maulheld Goebbels?"

10. März 1933
„Göring: Wir haben doch jahrelang gesagt, ihr dürft abrechnen. Jetzt stehen wir zu unserem Wort. Wildes Ressentiment. Abgrund von Haß. Spitze der Demagogie. Erstklassige Schauspieler. Er wird die Warenhäuser
nicht schützen. Lieber ich schieße ein paar Mal zu kurz oder zu weit, aber
ich schieße. Resultat: Jude vogelfrei. Wir sitzen auf einem Pulverfaß."

11. März 1933
„Hitlerrede.[91] Eine Sehnsucht, den international eingestellten Arbeiter
zum Volk zu bekehren, ehrlicher Kerl, vertrauenswürdig, ernster Nach-
denker, bei ihm kein Haß mehr, kein Ressentiment. Er will keine Rache
an Juden, aber, daß die, die verantwortlich sind für die Schäden,
Deutschland verlassen. Also, doch Haß hier oder festgefrorenes Vorur-
teil. Utopist, glaubt an goldenes Zeitalter."

3. April 1933
„Die Maßnahmen der Nazis gegen Juden sind verwerflich und unklug,
weil sie die Einheit der Nation zerstören, einen falschen Rassebegriff
anstelle der Nation setzen, zwei Klassen von ungleich berechtigten
Staatsbürgern schaffen. Nation ist vielmehr, was Nation sein will. Mit
der Klassifizierung untergräbt man die Festigkeit des Staates."

18. April 1933
„Entwicklung Diktatur nach bewährtem Muster. Im Gefolge Gesin-
nungslosigkeit erheblich. Zum 1. 5. wegen übergroßen Andrangs Partei
geschlossen wie in Rußland! Wahrheit zu sagen unmöglich. Presse ge-
knebelt. Anonyme Anzeigen an der Tagesordnung. Im Archiv eine Reihe
von Offizieren denunziert. [...] Wird auch eine Art von GPU[92] einge-

---

91 Max Domarus, Hitler. Reden und Proklamationen 1932–1945, Bd.I, Würzburg 1962,
    S. 219ff., Wahlrede in den Berliner Ausstellungshallen.
92 GPU = Sowjetische Geheimpolizei bis 1934.

führt? Man muß den Rücken steif halten, lernen die Wahrheit mit Vorsicht zu sagen. Zeiten der demokratischen Republik vorüber. [...] Wer entscheidet jetzt in Deutschland? Die blinde Masse von Kleinbürgern, die ihre antisemitischen Instinkte und Konkurrenzneid austobt. [...]

Die Nazis haben, um zur Macht zu kommen, die Massen gegen die Juden gehetzt, jetzt müssen sie den aufgepeitschten Massen nachgeben. Trotzdem hätten sie maßvoller handeln können, Maßregeln nur gegen nach 1918 eingewanderte Ostjuden und spezielle Unerwünschte richten sollen. Jetzt sind die Nazis ein Opfer ihrer bewußt groben Propaganda geworden, die den Erfolg über die innere Ehrlichkeit stellte."

7. Mai 1933
„Hitlers Aufgabe und Leistung ist die deutsche Einheit. Die ihr entgegenstehenden Fossilien konnten nur durch Revolution weggeräumt werden, Parteien, Länder und Klassen. Die Revolution war notwendig, ist zu bejahen, wie jede Revolution. Denn keine Revolution wird künstlich gemacht."

18. Mai 1933
„Wer jetzt gegen den Strom auftritt wie Spranger, Bertram, Kohlrausch[93], der hat die Ehre. Auch Hitler hat es 1918/19 getan. Aber seine Bewegung hat einen faulen Fleck und der ist die Erregung des Konkurrenzneides und des Haßinstinkts gegen die Juden. Die heutigen Emigranten wie Thomas Mann,[94] Einstein[95] werden Ehre haben, wie einst die 48er Demokraten.[96] Beide gegen finstere Reaktion. Heute gegen die Reaktion der verhetzten Straße, vertreten [sie] die Menschheit gegen blinden Nationalismus. Für die Austreibung der 48er hat Deutschland schwer gebüßt durch das Bismarcksche System und den Weltkrieg. Auch heute wird es für Ungerechtigkeit des engstirnigen und egoistischen Nationalismus büßen, vielleicht durch erneute Auslieferung an seine Feinde."

---

93 Eduard Spranger (1882–1963), Philosoph und Pädagoge, Professor in Berlin, Ernst Bertram (1884–1957), Germanist, Professor in Köln, Eduard Kohlrausch (1874–1948), Strafrechtslehrer, Professor in Berlin, er trat für jüdische Wissenschaftler ein. Gemeint ist die Haltung der Universitätsprofessoren zur NS-„Bücherverbrennung" im Mai 1933.

94 Thomas Mann (1875–1955), deutscher Schriftsteller, Nobelpreisträger für Literatur, emigrierte 1933 in die Schweiz, dann USA, ab 1954 lebte er wieder in der Schweiz.

95 Albert Einstein (1879–1955), Physiker, 1913 Professor in Berlin, Direktor des Kaiser-Wilhelm-Instituts für Physik. 1921 Nobelpreisträger für Physik. Wegen jüdischer Abstammung 1933 Emigration in die Vereinigten Staaten.

96 Deutsche Revolution von 1848, die zur Eröffnung der Nationalversammlung in der Frankfurter Paulskirche am 18. 5. 1848 führte.

7. Juli 1933

„Die Zusammenfassung und Härtung Deutschlands ist notwendig. Es ist nur ein tragisches Zusammentreffen, eine neue tragische Epoche in Deutschlands Geschichte, daß diese Härtung, die mit einem Sichverschließen gegen die anderen Nationen identisch ist, in eine Zeit fällt, wo die Weltaufgabe, mindestens die Aufgabe Europas, eine friedliche Einigung der europäischen Völker und ihre Zusammenarbeit ist. Der Nationalsozialismus von Deutschland aus gesehen richtig und notwendig, vom europäischen Standpunkt aus entsteht die Gefahr der Reaktion im Verhältnis zum ‚Zeitgeist' und seinen Aufgaben. Diese Diskrepanz bedroht Deutschland mit Verderben. Das Positive und Negative steckt so zugleich in der nationalsozialistischen Bewegung."

9. Oktober 1933

„In Deutschland nach der Revolution 1918 keinerlei Zucht. Für alle Verbrechen fand man eine Entschuldigung. Wertordnung überhaupt in Frage gestellt. Umkehr bringt Hitler, der im Krieg Pflicht über Tod gestellt hat. Abkehr vom materialistischen Nihilismus."

6. November 1933

„Großartige Rede Hitlers,[97] ergriffen und daher ergreifend. Hitler fast zu sehr vom Gefühl und Leidenschaft überwältigt, als daß man ihm einen klaren, kritischen Blick für das eigene Parteigetriebe zumuten kann. Jedenfalls kein kühl blickender Caesar. Im hohen Grade der Besessenheit liegt seine Größe und zugleich ein Mangel, eine Einseitigkeit."

28. Januar 1934

„Müller[98] hat als Landesbischof den Arierparagraphen[99] eingeführt. Frage, gibt es ‚Deutsches Christentum' von Barth[100] scharf verneint. Mit

---

97 Domarus, Hitler, Bd.I, S. 326, Rede in Kiel. Thimme hat sich auch den folgenden Jahren durch Hitlers Reden beeindrucken lassen. Der britische Historiker Alan Bullock schrieb über Hitlers Redetalent in: Hitler. Der Weg zur Macht, Frankfurt a. M. 1964, S. 381ff.: „Eines der Geheimnisse seiner Gewalt über eine große Zuhörerschaft war sein instinktives Einfühlen in die Stimmung der Masse, seine feine Witterung für ihre verborgenen Leidenschaften, Ressentiments und Sehnsüchte. [. . .] Hitler war tatsächlich ein vollendeter Schauspieler. [. . .] Hitler war ein Meister in der Lenkung der Gefühle der Masse." Der amerikanische Historiker John Toland spricht von Hitlers „magnetischer Persönlichkeit" und seinem „fanatischen Willen", in: Adolf Hitler, Bergisch-Gladbach 1977, S.152.

98 Ludwig Müller (1883–1945), Pfarrer in Westfalen, 1931 Eintritt in die NSDAP, ab August 1933 preußischer Landesbischof und Reichsbischof. Er vertrat als Oberhaupt der Deutschen Christen, die von der religiösen Grundorientierung des Nationalsozialismus überzeugt waren, das Führerprinzip innerhalb der evangelischen Kirche. 1935 verlor er seine Befugnisse.

Recht. Die Deutschen Christen haben die Kirchengewalt usurpiert.
Pfarrernotbund soll 7000 umfassen, Führer Niemöller. Mag die Opposition der Deutschen Christen auch noch so ungereimt erscheinen, es
liegt eine Reaktion gegen die Schwäche der Kirche zugrunde. 1) Die Kirche ist nicht offen in dem Fallenlassen unmöglicher Dogmatik, Dogmen
von der leiblichen Auferstehung etc. Sie ist zu feige. 2) Die Kirche klammert sich an den Staat in Geldsachen, wagt deshalb nicht zu opponie-
ren. Infolgedessen vergewaltigt sie der Staat mit Recht."

30. März 1934
„Der Totalitätsanspruch des Staates ist vom religiösen Standpunkt eine
Irrlehre. Der Arierparagraph ebenso eine Irrlehre. Mindestens, wenn er
soweit geht, daß er die Juden aus der Gemeinde ausstoßen will. Der
Nationalsozialismus lehrt offiziell Aristokratie der Tüchtigen. Es besteht aber in der Praxis ein Gegensatz: Die Massen werden begünstigt,
ebenso die Parteianhänger. D. h. Partei wird als geistige Aristokratie
gesetzt, ohne Rücksicht auf Leistung und Leistungsfähigkeit."

15. April 1934
„Eigentliche Pflicht jedes anständigen Menschen, gegen jede Gemein-
heit zu protestieren, wo er sie findet im privaten und öffentlichen
Leben. Wer es nicht tut, macht sich mitschuldig, wer es tut, wird bald
genug verstoßen und wahrscheinlich im Gefängnis oder Irrenhaus
enden. Wer heute protestiert gegen das, was ihm nicht gefällt im öffentlichen Leben, an seinem Vaterland, kommt nicht weit als freier Mensch.
Die Wahrheit kann man nicht zu Ende sagen. Man wagt es nicht in einer
Selbstbiographie. Ja, wer den Mut hätte, es ist der Mut, sich selbst seine
respektable Existenz zu vernichten. [...] Richtig am Nationalsozialismus die Abkehr vom eudämonistischen Pazifismus. Er streift hart an
der Wahrheit vorbei, irrt aber ab in das ausgefahrene Gleis der alldeutschen Selbstgerechtigkeit und Brutalität."

1. Mai 1934
„Die Länder bleiben anscheinend erhalten. Preußische Polizei dem
Ministerpräsidenten Göring weiter unterstellt, nicht verreichlicht, wie

---

99   Erstmals im Gesetz zur Wiederherstellung des Berufsbeamtentums vom 7. 4. 1933 for-
     mulierte Bestimmung zur Ausschaltung von „Nichtariern".
100 Karl Barth (1885–1986), 1921–1930 Professor für evangelische Theologie in Göttingen
     und Münster, ab 1930 in Bonn. Als er 1935 den Beamteneid auf Hitler nur mit einem ein-
     schränkenden Zusatz leisten wollte, wurde er in den Ruhestand versetzt und ging in die
     Schweiz. Er war ein Kristallisationspunkt des Kirchenkampfes der Bekennenden Kirche
     gegen die Deutschen Christen.

Anfang des Jahres Hitler versprochen hat. Geheime Staatspolizei bleibt weiter dem preußischen Ministerpräsidenten unterstellt."

27. August 1934
„Deutschlands Parteiwesen, sozialdemokratische Mißwirtschaft, politische Länderorganisation so unmöglich und korrupt, daß Ordnung geschaffen werden muß durch Diktatur. Deshalb Hitler. Er ist aber für Außenpolitik eine gewaltige Belastung, weil alle vor seinem alldeutschen Programm Angst haben, besonders Franzosen, dann die Russen. Die Italiener schwenken von uns ab, da Hitler die Nazis in Österreich stützt und Anschluß will. [...] So bereitet sich eine Einkreisung vor, schlimmer als 1914. Wie soll das anders enden als in Krieg und Desaster?"

29. August 1934
„Man könnte sagen, bei Deutschlands total isolierter Lage heißt es, sich mit offenen Augen in den Abgrund stürzen, aber wer kann denn sicher wissen, wie die Zukunft aussieht, kann es nicht besser ausgehen, als der Verstand annehmen muß?"

3. Februar 1935
„Der Nationalsozialismus hervorgegangen aus dem alldeutschen, nationalistischen Lager, heroisch, eigentlich heidnisch eingestellt, verlangt von der Kirche, daß sie ebenfalls nationalistisch sei, etwas Wesensfremdes. Beide können nicht friedlich zusammen leben, ohne sich zu ändern."

4. Februar 1935
„Unglaubliche Redeleistung von Hitler, übergießt die Feinde mit Kübelgüssen von Haß und Spott. Vollkommen packend. Ein gewaltiger Redner. Meister der Ironie. Fanatismus. Biegsamer Wechsel."[101]

23. März 1935
„Die radikalen Bekenntnisleute wollten eine Erklärung von der Kanzel verlesen, daß Idee des absoluten Staates und der zu höchst stehenden nationalen Ehre und Freiheit heidnisch und widerchristlich sei. Da hat man vorher 800 festgesetzt.[102] Die Erklärung auch anfechtbar, denn Ehre

---

101 Nach Domarus, Hitler, Bd.I, S. 480, war Hitler am 4. Februar bei der Eröffnung des „größten Filmarchivs der Welt" im Berliner Harnack-Haus.
102 Am 17. 3. 1935 wurden wegen einer regimekritischen Kanzelabkündigung der Bekennt-

und Freiheit sind für eine Nation allerdings ‚höchste Güter' und hängen irgendwie mit dem Göttlichen zusammen."

26. März 1935
„Heute in zweifacher Ausführung an Parteikreisleitung gemeldet, welche Zeitung abonniert, welche außerdem regelmäßig gelesen werden. Abonniert: Potsdamer Tageszeitung, Nuthebote."

28. April 1935
„Als Nichtbezieher des Völkischen Beobachters erhalte ich beinahe täglich scharfe gedruckte und ungedruckte Mahnungen. [...] Völkischen Beobachter heute bestellt."

4. August 1935
„Evangelische Kirche erwartet vom Staat Bezahlung, Schutz etc. Eine solche Art Kirche hat mit Christentum sehr wenig zu tun. Radikale Trennung, das einzig Saubere. Und auch dann dürfte Kirche kein Vermögen erwerben, sondern nur durch milde Gaben der Zugehörigen laufend erhalten werden."

12. August 1935
„Den Juden muß man die Faust aufs Auge halten. Zu Hause, unter sich, in Armut, sind sie höchst achtenswerte Leute, von einer ergreifenden Menschlichkeit, religiös. Verlieren sie aber den Halt ihrer jüdischen Frömmigkeit, unterliegen sie der Lockung des Reichwerdens und es ist aus mit ihnen."

18. August 1935
„Die Frage, die so viele hatten, woher kommt das viele Geld, das für Arbeitsdienst, Kasernen, Flugzeuge, Tanks ausgegeben wird, ist gelöst. Die Regierung hat es einfach den Banken und Sparkassen (ohne natürlich die Privateigentümer zu fragen) genommen, indem sie zwangsweise die kurzfristigen Anleihen in dauerfristige konvertiert hat. Das Geld – das Volksvermögen – ist ausgegeben."

7. September 1935
„In Hitler, wie gesamtem Nationalsozialismus, krankhafte Steigerung gegen die nationale Schmach von 1918. Man geht auf den Massenmord des Krieges zu oder wird darin enden."

---

nissynode der Altpreußischen Union gegen NS-Rassenideologie und „Neuheidentum" über 500 evangelische Pfarrer inhaftiert.

3. Oktober 1935

„Ich hatte gewagt, bei der Anfrage, ob ich monatlich 40Pfg. für Beamtenschulungskurse beitragen wolle, mit nein zu beantworten. Das Formular kommt zurück mit Aufforderung, die Gründe schriftlich anzugeben und der Drohung, eine Weigerung könne sich dahin auswirken, daß ich das Reichsbürgerrecht nicht erhalten würde. Natürlich zu Kreuze gekrochen."

4. Januar 1936

„In der Tat hat die Politik gegen die Juden die Folge, nicht nur sie in die gehörenden Schranken in Deutschland zurückzuweisen, sondern ihnen auch das geschäftliche Leben in Deutschland unmöglich zu machen. Sie dürfen im Haushalt nur Mädchen über 45 Jahre halten. [...] Die Geschäftsleute werden ruiniert, dadurch, daß das Kaufen bei Juden verpönt ist. Überall werden in der Presse Listen von arischen Geschäften veröffentlicht, mit der Maßgabe, allein bei ihnen zu kaufen. Bürgermeister Sahm[103] vorübergehend aus der Partei ausgeschlossen, weil seine Frau beim Juden gekauft hat. Das beste Schuhgeschäft in Potsdam, Hammerstein, ist schon fast verödet. So werden die Juden durch diese Nadelstiche schließlich zur Auswanderung gezwungen. Beim Auswandern müssen sie aber wieder auf einen großen Teil ihres Geldes verzichten."[104]

7. März 1936

„Mächtige Rede von Hitler.[105] Verzicht auf europäische Eroberungen, Kündigung des Locarno-Pakts. [...] Also das ehemalige Programm des Raumnehmens in Osten erledigt. [...] Aus dieser Rede besonders klar, daß das Nationale in Vordergrund steht, das Soziale nur als Hilfsmittel und aus Staatsnotwendigkeit getan wird. Man kann und muß zustimmen, besonders da das gute Europäertum so stark betont wird. Eine große Leistung."

27. März 1936

„Gewaltige Rede Hitlers in Essen.[106] Man sieht an den Hörern, wie er sie

---

103 Heinrich Sahm (1977–1939), 1920–1931 Senatspräsident der Freien Stadt Danzig, 1931–1935 Oberbürgermeister von Berlin, danach Gesandter in Oslo.
104 Gemeint ist die „Reichsfluchtsteuer", ein Instrument zur Ausraubung der auswandernden Juden. Der Steuersatz betrug 25 % des Gesamtvermögens, ausgezahlt wurde nur ein Bruchteil der verbleibenden Summe.
105 Domarus, Hitler, Bd. I, S. 582ff., Ansprache im Reichstag.
106 Domarus, Hitler, Bd. I, S. 612ff.

packt. Niemand kann sich dem entziehen. [...] Und seit den letzten Reden die europäische Mission. Wie er bisher zwischen den Klassen Deutschlands Frieden gestiftet hat, so jetzt zwischen den Völkern Europas auf Grund der Selbstachtung und Selbstbestimmung. [...] Der neue europäische Führer ist da. Und man muß ihm folgen."

28. März 1936

„Rede Hitlers.[107] Ergreifend. Ein großer Mensch, große Seele, ganz reif geworden. [...] Sein Ziel ist eigentlich dasselbe wie Wilsons.[108] Selbstbestimmung, Völkerbund, demokratischer Frieden. [...] Hitler redet sich in eine Erregung, ja Ekstase hinein. Reißt seine Hörer ohne weiteres mit."

9. Juni 1936

„Wenn man sich über die Zensurierung der Wahrheit durch die Regierung beklagt, muß man nicht vergessen, daß nationalsozialistische Bewegung zwei Wahrheiten, die man bisher nicht sagen durfte, ans Licht gebracht hat: 1. Die jüdische Weltmacht und ihre Mißstände, 2. Die katholische Weltmacht. Prozesse gegen Klöster und Geistlichkeit wegen Devisenschiebung und Paragraph 175."[109]

12. September 1937

„Der letzte Krieg verloren durch Nachteil in Material und Propaganda. In beiden stehen wir heute nicht besser da, wir können uns knapp im Frieden ernähren, die Weltmeinung scharf gegen uns. Verbündete haben wir weniger als 1914. Das Volk ist weniger einig als 1914, Kirche – Partei. Wir sollten alles tun, um den Krieg in solcher Lage zu vermeiden. Trotzdem haben wir uns mit Italien verbündet, das England tödlich bedroht. Mit Rußland tödlich verfeindet. Es steht Front gegen Front in der Welt. Rußland, England, Frankeich, Kleine Entente, Polen gegen Deutschland, Italien, Japan. Das ist eine fatale Lage. Der Kampf ist in Spanien eigentlich schon aktuell."

9. Dezember 1937

„R. erzählt von Konzentrationslagern, sie seien grauenhaft. Die Insassen

---

107 Domarus, Hitler, Bd. I, S. 614ff., Wahlrede in Köln.
108 Woodrow Wilson (1856–1924), US-Amerikanischer Präsident (1913–1921). Sein 14-Punkte-Programm (1918) sah u. a. das Selbstbestimmungsrecht der Völker und die Schaffung eines Völkerbundes vor.
109 Der Paragraph 175 des Strafgesetzbuches stellte sexuelle Handlungen zwischen Personen männlichen Geschlechts unter Strafe.

dürfen sich die ersten Jahre nur im Trab bewegen, auch bei schwerer Arbeit. Arbeit von 5 Uhr morgens bis 11 Uhr abends. Viele gehen daran zugrunde."

4. Mai 1938

„Die Juden glaubten nicht an Auferstehung. Zu materialistisch. Daher waren die Jünger nach Jesu Tod verzweifelt, meinten es sei aus. Als sie auf irgendeine unerklärliche Weise zu der Überzeugung kamen, Jesu sei noch lebendig, nahm diese Überzeugung die Form an, Jesus sei leiblich auferstanden und dann in den Himmel gefahren. Wesentlich nur, daß er in dem Sinn lebendig, daß ich mit ihm geistig in Beziehung treten kann. Wie mit allen geliebten Toten und für mich gestorbenen Lebenden."

24. September 1938

„Allerhand Lügen in der Zeitung, allgemeine Vernebelung der deutschen Leser. Ich versuche die Pläne Hitlers zu kombinieren, ich glaube sie sind umfassend. Er scheut den Weltkrieg nicht, sondern führt ihn herbei. Den Westen in Ruhe lassen, im Osten eine neue Weltmachtstellung suchen. [. .] Ich denke mir, daß Hitler zu Chamberlain[110] gesagt hat: Wir wollen mit euch in Freundschaft leben, aber überlaßt uns den Osten. Wir wollen die Welt vom Bolschewismus befreien. Kreuzzug. Eine großartige und begeisternde Konzeption. Der Kernpunkt ist aber, ob man verstehen wird, die Freiheit und Freiwilligkeit der Völker, ihre Selbstbestimmung zu achten, die moralische Seele nicht zu verletzen. Also nicht Unterjochung, Austreibung, sondern Organisation nach Grundsätzen der moralischen Freiheit."

12. November 1938

„Als Vergeltungsmaßnahme für den Mord an vom Rath[111] sind allen jüdischen Geschäften in Deutschland die Scheiben eingeschlagen, z.T. von uniformierten SA-Männern in einer Nacht.[112] Synagoge verbrannt etc. Goebbels nimmt das in Schutz als berechtigte Empörung, leugnet Anregung von oben. [...] Bailly erzählt: [...] Geheime Staatspolizei

---

110 Arthur Neville Chamberlain (1889–1940), britischer Premierminister 1937–1940. Auf der Bad Godesberger Konferenz (22.–24. 9. 1938) forderte Hitler die Zustimmung zum sofortigen Einmarsch in die Tschechoslowakei, die Konferenz scheiterte.

111 Ernst vom Rath (1909–1938), Diplomat an der deutschen Botschaft in Paris, wurde am 7. 11. 1938 durch ein Attentat des 17-jährigen Juden Herschel Grünspan verwundet.

112 Sog. Reichskristallnacht 9./10. 11. 1938. Pogrom der NSDAP gegen Juden im Deutschen Reich. Ca. 1.400 Synagogen wurden in Brand gesetzt, Geschäfte jüdischer Einzelhändler wurden verwüstet und zahlreiche Juden verschleppt, etwa 1.300 ermordet.

habe das Plündern verhindert, aber auch Leute, die ihrer Empörung Luft machten, gleich abgeführt und abtransportiert. 6000 Juden seien in Berlin als Repressalie verhaftet und z. T. in Konzentrationslager gebracht, meist angesehenere Leute. – Wird die Welt sich nicht gegen uns zusammenschließen? Wird F. W. Foerster[113] sich nicht gerechtfertigt fühlen."

14. November 1938
„Juden aus deutschen Schulen ausgeschlossen, dürfen Theater, Film, nicht besuchen, dürfen in Theatern keine deutsche Stücke und Kompositionen spielen! Keine Geschäfte mehr haben, nur noch produktiv arbeiten."

23. November 1938
„Goebbels kündet eine radikale Lösung der Judenfrage in Deutschland an, sie sollen alle ausgewiesen werden oder zwangsarbeiten. Man kann die Juden im Falle eines Krieges als unerwünschtes Element betrachten und ausweisen. Auf jeden Fall setzen wir uns von vornherein ins Unrecht durch das taktlose Einschlagen sämtlicher Fensterscheiben [...]. Die Ausweisung der Juden wäre ein kühner, großartiger politischer Zug. Juden ohne Geld auszuweisen, hat schon einen bösen, unangenehmen Beigeschmack. [...] Die Ausweisung der Juden soll schon vor dem Mord an v. Rath geplant gewesen sein, da sich die Gelegenheit gerade bot, hat man sie benutzt."

26. August 1939
„Gandhi[114] fordert sich für den Krieg gegen Deutschland einzusetzen, da Deutschland die Juden ausgetrieben habe und ächte. Auch die Juden hätten das Recht, in ihrem Geburtsland zu leben, wie Inder in Afrika. Darüber kann man anderer Ansicht sein, aber die moralische Ächtung sämtlicher Juden [ist] zweifellos ein großes Unrecht und wird unsere Hand selbst lähmen. Es hat schon entscheidend die Haltung Englands und Amerikas beeinflußt, direkt zur heutigen Kriegsdrohung wesentlich mitgewirkt. Die Skrupellosigkeit zeigt sich besonders hier (Stürmer)[115] und sie ist der Anfang des Übels. Die Ziele sind großartig und wurden vom ganzen Volks getragen, soweit sie heute ausgesprochen

---

113 Friedrich Wilhelm Foerster (1869–1966), deutscher Philosoph und Pazifist. Er stand auf der ersten NS-Ausbürgerungsliste.
114 Mahatma Gandhi (1869–1948), Führer der indischen nationalen Bewegung, trat für gewaltlosen Widerstand ein.
115 Der Stürmer, antisemitische Wochenzeitung, 1938 Auflage von etwa 400.000 Exemplaren.

sind: Kolonien, Korridor,[116] Einheit und Größe, Wehrkraft. Die Polen mit ihrem polnischen Imperium sind dem Größenwahn verfallen."

13. November 1939
„Gefahr, daß die Flut von Haß Deutschland erstickt. Wird sich Deutschland dann in die Verbrüderung mit Rußland ‚Nationalbolschewismus' retten? Gefahr, daß man den Krieg steigert und an ihm zugrunde geht."

4. November 1939
„Der erste Sündenfall. Über die Rücknahme der alten polnischen Provinz Posen hinaus haben wir den Regierungsbezirk Kalisch[117] eingemeindet. Das ist die erste Annexion von klar Fremdstämmigen und ein Vergehen gegen das erklärte Prinzip des Volkstums."

8. Dezember 1939
„In diesem Krieg wäre es sehr schön, England niederzuringen. Die Möglichkeit ist aber sehr zweifelhaft, eher unwahrscheinlich. Die Hauptsache ist aber, den Kontinentalblock aufrechtzuerhalten und zu verteidigen. [...] Behauptet sich der Kontinentalblock Deutschland – Rußland, so ist der Krieg gewonnen."

11. Januar 1940
„Die große Zeitenwende meines Lebens und meiner Generation brach im Weltkrieg auf. Bis zum Weltkrieg eine aristokratisch-ästhetische Kultur einer kleinen Gesellschaftsschicht (Hoffmannsthal – George – Rilke – Münchhausen). Charakteristisch die Abschließung der höheren Stände, des Offizierskorps. Die Revolution äußert sich als Revolution gegen das Offizierskorps und die bevorrechteten Stände. Nivellierungsprogramm der Sozialdemokraten. Kleinbürgerlich. Das wird überholt durch das bolschewistisch-faschistische Massenprogramm. Damit verbunden die Brutalisierung der Welt."

21. März 1940
„Die Juden das materialistischste und egoistischste Volk. Mit ihrer scharfen, zersetzenden Skepsis zersetzen sie die Werte. Die Unzufriedenheit treibt sie in die Selbstsucht. Die Juden dürfen nicht herrschen, sonst versinken sie im Materialismus wie vor 1933. Die Nazis haben

---

116 Der polnische Korridor war ein 30–90 km breiter Landstreifen zwischen Pommern und Westpreußen.
117 Der Landkreis Kalisch (polnisch Kalisz) bestand 1939–1945.

sie daraus gerissen, sie zu Elenden, Grüblern wieder gemacht und vielleicht zur Besinnung getrieben."

12. August 1940
„Wir versuchen die polnische Oberschicht auszurotten, das ist mehr als unmoralisch, unklug."

27. November 1940
„Rußland sitzt am kriegsentscheidenden Ende. Das bedeutet stete Drohung mit dem Bolschewismus und Druck, Forderung gegen England nicht zu überspannen."

14. Januar 1941
„Es ist die Aufgabe der Menschheit, die Schranken der Moral und Wahrheit künftig gegen den Moloch Staat besser aufrecht zu erhalten. Nur so bleiben die Würde des Menschen und der Sinn des Lebens gewahrt. Zugleich ist auch eine Erhaltung der Würde der Einzelpersönlichkeit notwendig. Polen, Schweiz, Holland etc."

16. Januar 1941
„Die Unfähigkeit, Versöhnung zustande zubringen, wird den Erfolg der deutschen Waffen vernichten. Man kann nicht immer auf Bajonetten sitzen. Man müßte nach dem Sieg über Frankreich ein neues, besseres Europa organisieren, das willig gefolgt wäre. Zugeständnisse machen. Deutschland hat sich durch Zerschlagung Frankreichs, Auslöschung Polens, den ungerechten Schiedsspruch gegen Rumänien,[118] überall Feinde gemacht. Das kann schon die Niederlage bedeuten. Unsere Fehler, daß wir in Polen das Bärenfell zu schnell verteilt haben, in einer untragbaren Weise, die gegen das Naturrecht verstößt, daß wir nach dem Sieg über Frankreich nicht verstanden haben, daraus einen großen diplomatischen Sieg zu machen, sondern es zur Ohnmacht herabdrückten."

25. Januar 1941
„Bösartige Witze gehen um. Hitler als Chauffeur verkleidet geht zur Wahrsagerin. Sie sagt: Leider nichts Gutes. Im Frühjahr geht Ihr Benzin aus, im Sommer Achsenbruch, im Herbst wird Ihnen der Führerschein entzogen."

---

118 Durch Schiedsspruch der Achsenmächte vom 30. 8. 1940 verlor Rumänien Gebiete an Ungarn und Bulgarien.

12. April 1941

„Die Zeit von 1920–1933 eine Zeit des Kampfes zwischen einer friedlichen, internationalen, zivilisatorischen Tendenz (Paneuropa, Völkerbundsversuche) und der nationalistischen vaterländischen Verbände, Hitler. Ich stand auf der friedlichen Seite, wünschte die kulturelle Verständigung und gegenseitige Anerkennung der Völker, eine Propaganda der Wahrheit. Von den nationalistischen Lügen war ich vom Weltkrieg her absolut degoutiert."

27. April 1941

„Staat muß genauso handeln wie Individuum, nicht allein seinen materiellen Vorteil verfolgen, sondern moralische Höhe anstreben. Darf rücksichtslos vorgehen, wo er sich moralisch im Recht glaubt, aber keine schmutzigen Mittel gebrauchen, weil diese ihm die Erreichung seines moralischen Ziels unmöglich machen. Zweck heiligt keineswegs alle Mittel. Einen großen Zweck setzte sich Napoleon:[119] modernes Europa, Hitler: geeinigtes Deutschland und Europa. Welches unerlaubte Mittel sind, kann man im Einzelnen nicht definieren, es entscheidet das Gewissen, allgemeine Richtlinie ‚Recht'. Zweck wie Mittel müssen beide diesen allgemeinen Richtlinien genügen. Daran unterscheidet man große Politiker von Verbrechern."

24. Juni 1941

„Der Krieg gegen Rußland bedeutet doch, daß ein absoluter Sieg gegen Rußland, Amerika und England nicht erfochten werden kann, man muß froh sein, wenn Europa sich behauptet."

2. September 1941

„Kirche und Militär bisher die letzten beiden Widerstandblocks. Viele Soldaten, die von der russischen Front zurückkehren, seien ganz verstört, weil sie gezwungen waren, viele russische Gefangene zu erschießen."

8. September 1941

„Nachmittags Dehios. Er schon schamlos triumphierend über kommende angelsächsische Weltherrschaft. Ich: Ebenso gut kann Kontinentalherrschaft eines eurasischen Blocks kommen, Bündnis Deutschland – Rußland. Das verblüffte ihn. Die Demokraten wittern Morgenluft."

---

119 Napoleon (1769–1821), Kaiser der Franzosen 1804–1814/15.

13. September 1941
„Die ungeheure Industrialisierung Rußlands zeigt die ungeheuren
Kräfte dieses Reiches. Deutschland wird ihm auf die Dauer nicht widerstehen können. Naturgemäß wird Rußland einmal die Herrschaft über
Europa zufallen. Europa wird sich entscheiden müssen zwischen dem
angelsächsisch-amerikanischen und dem russischen Großreich. Der
Versuch Hitlers, ein Europa unter deutscher Führung aufzustellen, ist
eine Überschätzung der vorhandenen Machtmittel. Es setzt die Zerschlagung Rußlands voraus."

23. Oktober 1941
„Hitler hat Größeres geleistet als Napoleon, insofern er die geistige Revolution, von der sich Napoleon als ihr Nutznießer nur tragen ließ,
selbst hervorgebracht hat. Er hat genial allen Gärungsstoff der Zeit,
nationalen und sozialen, auf seine Mühlen geleitet."

6. Dezember 1941
„Das 3. Reich hat den Fehler des 2. Reiches wiederholt, als es Metz an-
nektierte. Man hätte endlich einmal Ruhe in Europa schaffen müssen,
indem man die Sprachgrenze als Staatsgrenze festsetzte. Würde das
Elsaß deutsch, so könnte man Korsika und Nizza nach Italien geben.
Frankreich könnte nichts sagen und brauchte nicht an die verletzte Ehre
zu appellieren. Alle drei könnten auf stabiler Grundlage ein neues
Europa gründen. Alles ist verpaßt und wir sind vom neuen Europa weit
entfernt."

8. Dezember 1941
„Krieg Japan-Amerika. Gefühlsmäßig stehen die Sachen nicht gut. Wenn
der Krieg nicht gut ausgeht, wird es zwei diplomatische Ursachen haben:
Unfähigkeit sich mit Frankreich nach dessen Niederlage durch großzügi-
ges Programm zu einigen und Unfähigkeit Japans, sich mit China friedlich zu einigen. Wieder würde dann die Diplomatie verderben, was das
Schwert gut gemacht hat. Bremer und Hamburger Kaufleute würden die
Fehler nicht gemacht haben, Niedersachsen nicht. Es muß die slawisch-
polnische fanatische Mischung sein."

19. Dezember 1941
„Das Problem dieses absoluten Krieges. SS-Standpunkt gegen natürliche Menschlichkeit. SS fordert und übt aus Vernichtung der Juden,
Kommunisten, Dezimierung der minderwertigen Slawen. Diese furchtbare Härte der Rassenüberlegenheit stößt auf die ebenso offensive Härte

des kämpfenden materialistischen Weltproletariats. Ein phantastischer Ideen- und Glaubenskampf zweier heidnischer Mächte, der die Formen wildester Zerstörung, kältester Grausamkeit annimmt. Unzählige Personen, die mitzumachen gezwungen werden, werden auf beiden Seiten seelisch zerbrochen und verstört."

5. Januar 1942

„Hitler hat den Fehler allein im Dolchstoß[120] der Juden und Sozialdemokraten gesehen, gemeint, ohne diese würden wir den Krieg damals [1. Weltkrieg] gewonnen haben. Deshalb alle Kraft auf ihre Vernichtung angesetzt. Als sie gelungen, glaubte er sich vorbereitet für den endgültigen Sieg. Sah nicht, daß der Krieg durch militärische und politische Überspannung verloren war. Hätte er mein Buch[121] verstanden, würde er klüger gewesen sein. Stattdessen hat er seine Verbreitung verbieten lassen, ganz folgerichtig."

21. Januar 1942

„Judenzüge gehen sogar bei dieser Kälte nach Osten ab. Das mögen viele nicht überleben. Die angedrohte Vernichtung des Judentums in Europa. Wenn die Juden nicht nur den Rachekrieg gegen Deutschland führten, sondern in sich gingen, und ihre ungewöhnlichen Gaben einmal statt für Haß und Zersetzung für Liebe und positive Völkerverständigung einsetzten, dann könnten sie der Welt noch etwas Wichtiges geben. Wozu sie durch die Zerstreuung doch berufen scheinen."

26. Januar 1942

„Wir leben in einer harten aber großartigen Zeit. Es geht wieder um Ideen. Auf innerer Zuversicht beruht das Leben. Sie ist wieder da, mehr als im Weltkrieg. Etwas von der Wildheit der Glaubenskriege bei dem Kampf gegen den Bolschewismus.[122] Jedenfalls ist Hitler ein besserer Führer im Ideenkampf als Roosevelt.[123] Ob wir mit Rußland im Sommer

---

120 Die Dolchstoßlegende war eine Verschwörungstheorie, die die Schuld an der militärischen Niederlage vor allem auf die Sozialdemokratie abwälzen sollte. Sie besagte, das deutsche Heer sei im Ersten Weltkrieg „im Felde unbesiegt" geblieben und habe erst durch oppositionelle „vaterlandslose" Zivilisten aus der Heimat einen „Dolchstoß von hinten" erhalten.
121 Hans Thimme: Weltkrieg ohne Waffen.
122 Auch Pfarrer der Bekennenden Kirche, wie Hans Thimme (1909–2006), sahen 1941 in der Abwehr des Bolschewismus eine klare Notwendigkeit und versahen in dieser Überzeugung ihren Dienst an der Ostfront. Hans Thimme war 1969–1977 Präses der evangelisch-reformierten Kirche von Westfalen.
123 Franklin Delano Roosevelt (1882–1945), Präsident der USA 1933–1945.

ganz fertig werden, ist zweifelhaft. Bleibt die russische Front, so frißt die Anstrengung unser Heer allmählich auf. Wir siegen uns zu Tod. Ein Ende des Krieges sehe ich nicht in militärischen Siegen, sondern nur in Erschöpfung. Diese ist aber auf unserer Seite leider zuerst zu fürchten."

27. März 1942
„Die Tatsachen stehen für die Achsenmächte Deutschland, Italien, Japan auf die Dauer ungünstig (180 Millionen gegen 670 Millionen). Lebensmittel, Öl und Rohstoffe überwiegend auf der feindlichen Seite. Mangel an Arbeitskräften. Gegner ist zwar vielfach geschlagen, kann aber mit Recht auf Zeit hoffen."

11. April 1942
„Nach dem Krieg soll Zensur und Lenkung des Schrifttums wie bisher beibehalten werden. Eine Clique arbeitet für sich und für Antichrist. Und doch darf man den Krieg nicht verlieren. Es wird so kommen müssen und so kommen, das Elend so groß werden, daß das Volk in sich geht, begreift, was Recht ist und was Unrecht. Und dann müßte noch die Kraft sein, Steuer herum zu werfen, Reform gegen innere Feinde. Und zwar muß allen Völkern Sinn für Umkehr aufgehen, daß es so nicht weitergeht. Dämonen erkennen und verjagen. Sich einigen und verbrüdern. Neue Welt anfangen. Das ist die einzige Lösung. Alles ausrichten, aber nach Gott. Freie Wahrheitsforschung, kein Kirchenregiment. Weder Papst noch Nationalsozialismus. Die Frage, wer regieren soll, ist unlösbar. Liebe und Gerechtigkeit, Selbstzucht. Aber wie sie verkörpern?"

2. Mai 1942
„Für zwei Tage nach Zehlendorf übergesiedelt. Morgens bei Meinecke.[124] Seine Schwächen werden mir immer mehr offenbar. Die Jahre 1925–29 wären doch ein schöner Aufstieg gewesen! Schrecklich, daß ein Mann alles habe verderben können!! Die typische Geschichtsauffassung der Aufklärung vom bösen Mann. Stalin[125] sei gar nicht so eine offensive Gefahr gewesen, vielmehr immer mehr russisch geworden. In der Systemzeit sei er ganz deutschfreundlich gewesen. Erst Hitler habe den Krieg mit Rußland unvermeidlich gemacht. Roosevelt sei eine glückliche Mischung von Idealist und Realist, er habe ihn in Harvard sprechen

---

124 Der Name Meineckes ist im Tagebuch unkenntlich gemacht worden. Am 9.5.1942 notierte Thimme: „M[einecke] hofft, daß Opposition nicht zu spät kommen werde. Deutschland kann keinen langen Krieg führen. Dagegen ist Amerikas Lage glänzend."
125 Jossif Wissarionowitsch Stalin (1879–1953), ab 1927 Alleinherrscher in der Sowjetunion, Diktator.

hören und er sei sehr angenehm gewesen. Auch Churchill[126] sei Englands größter Mann. England – Amerika werde wohl siegen. Da sei zu wünschen, daß wir England nicht zu schlecht behandeln. Wir müßten rechtzeitig uns selbst aktiv zeigen. Ich: Das kann man nur durch Aufsichnehmen von Gefängnis und Erschießen. Er: Ja, das hat aber auch keinen Zweck. Ich: Märtyrer haben wohl Zweck. Ich sei Optimist prinzipiell, glaube an gesunden Kern und Leistung des deutschen Volkes, daher auch an bessere Zukunft. Er: Deh[io] predige Notwendigkeit der Fremdherrschaft. Ich: Ein Deutscher kann und wird das am wenigsten ertragen. Er: In der SS viele Auslanddeutsche aus Ungarn, Rumänien eingestellt. Ein Soldat habe sich in Brief beklagt über schlechte Ernährung an seine Frau. Die sei damit zum Ernährungsamt gelaufen. Soldat erschossen. Ich: Beste Hoffnung, daß Deutschland und Rußland sich einmal freundlich verbünden, nachdem Extreme beiderseits abgestoßen."

22. Mai 1942
„Die parlamentarische Demokratie, insbesondere weil sie verjudet und der Geldwirtschaft sich unterworfen hat, war verfault und durch heroische Lebensansicht zu ersetzen. Hitler stellt dem die rassische Regeneration entgegen. Er macht England den Vorschlag der Teilung und Zusammenarbeit. Deutschland zerschlägt den Bolschewismus, garantiert England sein Überseereich. England lehnt ab, weil es mit niemand teilen will. Bruderkrieg, weil Deutschland den Weg auch ohne England beschreitet. England ruft nicht nur Amerika zu Hilfe, das auch halb jüdisch regiert wird, sondern verbündet sich auch mit dem kulturfeindlichen, niederrassigen Bolschewismus gegen seine Rassebrüder. Dafür läßt Deutschland Englands Empire durch die Japaner zerschlagen. Im Rassenwahnsinn dieser Krieg widersinnig, geht auf Kosten der weißen Rasse. Die Gegner sagen, Nationalsozialismus als europäische Basis unmöglich, weil er die anderen Nationen ihres Eigenrechts beraubt. Polen, Russen. Wegen der angewandten Methoden, die nur Haß erzeugen, Erfolg nicht möglich."

3. Juni 1942
„Das System der moralfreien Gewaltmethoden wird uns vielleicht entscheidend schaden. Überall Haß erweckt. Ein solches System darf man nicht öffentlich proklamieren, grober Fehler. Die politischen Fehler im Krieg: Bedrohung der Polen mit Knechtschaft, der Franzosen mit Zerstückelung. Löschung ihrer Großmachstellung. Militärische Fehler: Un-

---

126   Winston L.S. Churchill (1874–1965), britischer Premierminister 1940–1945,1951–1955.

terschätzung Englands, Rußlands. Überspannung. Unfreudigkeit bei Beginn des Krieges. Katholische Kirche reserviert. Innen und außen zu viel Feinde: Juden, Kirche, Haß in Holland, Norwegen, hungernde russische Gefangene. Auf Bajonetten kann man schwer sitzen. Ein gewisses Maß an Freiheit braucht der Einzelne. Nationalsozialismus hält sich nicht an sein Programm: Positives Christentum, Schonung und Achtung fremden Volkstums. Damit verliert er seinen Propagandawert. Die angelsächsische Propaganda entwickelt sich zum Weltprogramm. Korruptionserscheinungen in der Partei nicht genügend energisch ausgemerzt."

5. Juni 1942
„Die Entwicklung geht auf Bildung von autarken Großräumen. Amerika, Europa, Ostasien. Daran wird das britische Weltreich zerbrechen."

17. Juli 1942
„Ich habe den lebhaften, innersten Wunsch, daß wir siegen, zum mindesten uns siegreich behaupten und daß daraus für die Besiegten auch durch Zucht und Ordnung eine höhere Stufe des Daseins entspringt."

18. September 1942
„Nachmittags Besuch bei Pastor Röbbelen,[127] aus Hemelingen strafversetzt. Er erzählt, daß in Lemberg schon ca. 100.000 Juden ‚erstickt' seien, in Kiew 40.000 etc. etc. Man rotte sie nach Hitlers Prophezeiung systematisch und kaltblütig aus. Von den Mördern haben sich schon welche selbst erschossen. Ich: Man müßte eigentlich laut protestieren als Mensch, Staatsbürger und Deutscher. Er: Jesus ging durch die Welt ohne sie moralisch bessern zu wollen, er sah, daß sie schlecht war und brachte bloß das Evangelium. Wir hatten bloß vergessen, wie böse die Welt ist, der Liberalismus, Fortschritt. Der Krieg deckt die Blöße auf."

24. November 1942
„Toll die Nachrichtensperre. Man hört nichts über die wahre Lage. Die zum Überdruß wiederholten Rundfunkredensarten wecken allgemein Ekel, viele Leute können keine Nachrichten mehr hören Das Volk verliert das lebendige Interesse, man distanziert sich unbewußt."

---

127 Ernst Karl Röbbelen, Pfarrer in Bremen-Hemelingen bis Februar 1937, seine Kirchengemeinde gehörte damals zur Kirchenprovinz Hannover. Wegen einer Äußerung gegen den Nationalsozialismus wurde er nach Langenholzen, Kreis Alfeld, versetzt, vgl. Bremer Pfarrerbuch. Die Pastoren der Bremischen Evangelischen Kirche seit der Reformation, Bd. 2, Bremen 1996, S. 146.

25. Dezember 1942

„Im verelendeten Europa sowieso nur Sozialismus möglich. Es bestehen ungeheure Chancen für den Kommunismus, wo der nationalistische Götze in Trümmer stürzt. Amerikas und Englands Sorge, daß von Deutschland und Rußland keiner siegt. Was tun? Man muß vom Ziel ausgehen. Das Ziel ist die Überwindung des Nationalismus, zunächst in Europa. Jedes Land, gegliedert nach der Sprache, muß innere Freiheit besitzen. Westeuropa zusammenarbeitend ist imstande, sich gegen Rußland zu behaupten, mit dem es in Frieden leben muß, um Rohstoffe zu bekommen. Polen wiederaufgerichtet und entschädigt, ebenso Ukraine. Idee diese beiden dauernd zu unterdrücken, unmoralisch, weil unmöglich. Dagegen hat Deutschland das Recht, alle Deutschen zu vereinigen, aufs äußerste zu verteidigen. Hat durch Leistungen gezeigt, daß es allein in der Lage, Kernmacht Westeuropas zu sein. Aber immer liberal."

6. Januar 1943

„Mißstimmung im Volk beginnt zuzunehmen. Ich nahm bisher an, es müsse doch diesmal etwas Neues kommen. Die Geschichte von 1918 könne sich doch nicht wiederholen. Damals Weltunkenntnis und Sturheit Ludendorffs. Heute Fehler aus der gleichen Ecke. So liegt denn die Ursache des Elends darin, daß damals die moralische und intellektuelle Ursache unserer Niederlage nicht begriffen ist. Ich darf von mir sagen, daß ich etwas zum Verständnis getan habe."

19.[?] Januar 1943

„Unendliche Ungeistigkeit, Dummheit und Beschränktheit Kennzeichen der Militärs. Das ist Militarismus. Der Irrtum: Wir hätten den [1.Welt-]Krieg nur durch die Schuld der Juden verloren, ist Hitlers geistiger Ausgangspunkt. Vertreibt die Juden, so ist euch der Sieg über die ganze Welt sicher. So hat die Blindheit des Judenhasses ihn zu Fall gebracht und mit ihm Deutschland. Das ist die beste und wirksamste Rache der Juden."

24. Januar 1943

„Auch das Pressen unschuldiger junger Leute zum SS-Polizeidienst, besonders Auslandsdeutschen, Zwang zum Judenmord. Wer solches veranlaßt, ist selbst des Todes schuldig. Wir sind alle mitschuldig und sollten uns nicht sträuben, das ganze Leben lang wiedergutzumachen. [. . .] Insbesondere die Wehrmacht dadurch erniedrigt, daß sie bedingungslos mitgearbeitet hat. Als ich zur Wehrmacht übertrat, war noch

Selbständigkeit in ihr, Beck, Fritsch.[128] Seitdem hat sie das Prinzip der eigenen Ehre verloren. Wenn es wieder freie Meinungsäußerung in moralischen Dingen gibt, will ich gern jede Arbeit tun. Man ist dauernd in schwerstem Konflikt in diesem Krieg, kann weder Sieg noch Niederlage wünschen."

4. Februar 1943

„Trauer angesagt wegen Stalingrad.[129] Das Offizierskorps hat schon längst abgedankt, damit Tradition und Heer verraten. Augenscheinlich Stalingrad nicht geräumt aus Propaganda."

11. Februar 1943

„In Stalingrad hat die Propaganda, das Prestige, der Bluff über sachliche Erwägung der Kriegführung gesiegt. Mit katastrophalem Ausgang. Zurzeit eine wilde Haß- und Angstpropaganda um das Letzte aus dem Volk herauszuholen."

4. März 1943

„Der Überfall durch Deutschland und die Verteidigung der Heimat geben den Russen moralisches Übergewicht. [...] Uns lähmt das Gefühl der Ungerechtigkeit gegen die Juden und Polen und läßt viele einen vollen Sieg nicht wünschen. Innerlich viele bereit, Elend oder gar Niederlage als moralisch gerecht zu ertragen."

11. März 1943

„In den Psalmen die Erkenntnis ausgesprochen: Gottes fürchterliche Größe, die Menschen nur Staub. Aber ein Pferdefuß darin, ein echt jüdischer: Bin ich demütig und gerecht, so wird es mir auch äußerlich wohl ergehen. Gott versucht dadurch, daß er arm macht, aber schließlich muß der Gerechte auch äußerlich triumphieren. Weil der Jude kein ewiges Leben kennt, muß hier im irdischen Leben alles ausgeglichen und belohnt werden, der Jude eben Materialist. Hat kein Gefühl für das Tragische. Daß das Edle oft untergeht und doch innerlich siegen kann. Diesen Fortschritt macht erst Jesus, erst das Christentum kann den Tod und Untergang überwinden."

---

128 Werner Freiherr von Fritsch (1880–1939), preußischer Offizier, 1935 Oberbefehlshaber des Heeres, Generaloberst, 1938 wegen Opposition gegen Hitlers Kriegspolitik entlassen.
129 Sowjetische Stadt an der Wolga. Nach Einkesselung der eingedrungenen deutschen Streitkräfte durch die Rote Armee kapitulierten Ende Januar, Anfang Februar der Nord- und der Südkessel der Wehrmacht. 91.000 Soldaten gingen in die Gefangenschaft.

12. März 1943

„England propagiert dauernde und vollständige Entwaffnung Deutschlands, Wiederherstellung Österreichs, d. h. Zerschlagung Deutschlands.
Das kann man nicht freiwillig auf sich nehmen. Es ist im Grunde
Knechtschaft, Unfreiheit, solange als auch die anderen nicht abrüsten.
Dem ist Freiheit im Elend vorzuziehen. Also lieber kommunistisch werden und mit Rußland die Waffen behalten und heroisch leben, als pazi-
fistisch und als Sklaven. Lieber mit Rußland die angelsächsische Arro-
ganz zerschlagen. Das wird England durch seine sogen. ‚Gerechtigkeit‘
erreichen und durch seine kaltblütige Zerstörung der deutschen Kul-
turwerte durch Bomben."

28. März 1943

„Man muß nach Recht und Moral urteilen, aber das Genie bedarf auch
einer besonderen Beurteilung. Man wird Hitler wohl als dauerndes
Verdienst anrechnen, instinktiv gegen den Bolschewismus vorgegangen
zu sein. Er wollte ja eigentlich nicht nach Westen kämpfen, sondern nur
nach Osten. Aber der Westen wollte nicht mitmachen, ebenso Polen
nicht. Daß der Bolschewismus so unheimlich und drohend war, hat niemand gewußt, das hat sich erst nach und nach durch den deutschen
Präventivangriff gezeigt. Es war vielleicht wirklich die Rettung Europas."

3. April 1943

„Die Juden teilweise nicht wegen ihrer schlechten Eigenschaften verfolgt, sondern als Pazifisten und internationale Weltbürger, weil ihre
menschliche und weltbürgerliche Gesinnung sich am wenigsten mit
Krieg und Nationalismus verträgt."

5. Mai 1943

„Der Krieg wird ungeheure Auswirkungen haben. Man darf ihnen voll
Vertrauen entgegensehen. Die moralischen Erkenntnisse werden sich
unerhört vertiefen. Über das materielle Elend brauchen wir uns als
Idealisten ja weniger zu beklagen. Das Schicksal geht einen äußerst
wuchtigen Gang, dem man nur voller Ehrfurcht zusehen kann."

22. Mai 1943

„Jede Nacht jetzt Störfliegeralarm. Die Engländer wollen offenbar die
Nerven der Berliner mürbe machen. In 24 Stunden 4 mal Alarm. Sie hoffen, daß unser Heer und das russische sich gegenseitig aufreiben und
daß sie uns mit der Luftwaffe fertig machen können. [...] Seit einiger

Zeit die Judenhetze so systematisch aufgenommen, daß man befürchten muß, daß davon kaum welche in den besetzten Gebieten übrig bleiben werden."

26. Mai 1943
„Wir sehen unsere historische Schuld ein. Gegen ein gerechtes Gericht möchte man sich nicht wehren. Was Gott verhängt, nehmen wir willig an, sei es Bomberverwüstung oder ev. Tod. Wir sehen aber auch die Schuld auf der Gegenseite. Von ihr ist keine Gerechtigkeit zu erwarten. Daher sind wir weit davon entfernt, uns ihrem Urteil zu unterwerfen und etwa die Waffen niederzulegen. Wir kämpfen und wehren uns solange, bis wir gerechte Bedingungen sehen. [...] Unsere Kriegsdummheit liegt in der Überschätzung unserer Macht. Speziell aus dem falschen Satz der Alldeutschen und Offiziere: Wir haben den [1. Welt-] Krieg nicht militärisch verloren, sondern nur durch die überstaatlichen Gewalten, Kirche und Judentum, Freimaurerei, durch den Dolchstoß von innen. Unsere Schuld liegt in der Anerkennung des Satzes: Zweck heiligt die Mittel. Auf die Dauer kommt es auf das Gesamtpotential an und das lag auf der Gegenseite.

Unsere Schuld also 1) in den Gewaltzielen, Unterjochung des Ostens und Kolonisation von Polen und Ukraine, d. h. Unterdrückung der völkischen Selbständigkeit und des Selbstbestimmungsrechts großer und nationalstolzer Völker. 2) In den Methoden. Nachahmung bolschewistischer Methoden. Ausrottung der Juden. Unterdrückung der Presse und freien Meinungsäußerung, Unfreiheit, Terror als Mittel bewußt eingesetzt.

Trotzdem müssen wir weiterkämpfen, denn wir wollen noch lieber von der eigenen Regierung uns Unrecht tun lassen, als von fremden. Adolf Hitler ein genialer, aus den Volkstiefen erwachsener Kraftblock. Fanatischer Wille. Gewisse grundlegende Bedürfnisse einer neuen Zeit brechen in ihm als Erkenntnisse auf. Er setzt sie mit Fanatismus durch, Volksgemeinschaft in Deutschland, soziale Einheit. Wertung des gesunden Bluts und Rasseerbes, des bäuerlichen Elements. Befreiung von der Gold- und Zinsknechtschaft der internationalen Finanz, Rückkehr zum autarken Leben.

Aber er übertreibt im Fanatismus. Aus Befreiung der eigenen Nation wird Knechtung anderer, fremder. Er erkennt ebenso wenig wie Mussolini,[130] daß Deutschland keine Basis bietet zur Weltherrschaft, zum min-

---

130 Benito Mussolini (1883–1945), 1922–1943 Ministerpräsident und faschistischer Diktator Italiens.

destens nicht einer unterdrückenden. Durch Unterdrückung fremder Völker, speziell gegen die internationalen Juden, bringt er die ganze Welt gegen sich in Aufruhr."

30. Mai 1943
„Die Zukunftsaussichten, die die Angelsachsen anzubieten haben, sind nicht verlockend. Ewige Entwaffnung, Vorherrschaft der Sowjets über Europa, Ernährungszuteilung nach Belieben durch den angelsächsischen jüdischen Konzern. Da lohnt es, sich bis zum Äußersten zu wehren."

9. Juni 1943
„Die Juden schreien zwar nach Gleichberechtigung, allgemeinem Menschenrecht, sie sind aber nicht gewillt, Nichtjuden wie Juden zu achten und zu behandeln. Also heuchlerisch und gefährlich, äußerst überheblich! Juden haben prinzipiell eine doppelte Moral. Sie ist im Alten Testament durchgängig. Juden sind Lehrmeister der Intoleranz, schreien öffentlich nach Toleranz. Rosenberg[131] hat recht. Die Unverträglichkeit der Juden geht schon aus ihrer Feindschaft gegen das Christentum hervor. Die Katastrophe, die sie jetzt erleiden, ist nicht unver-schuldet."

14. Juni 1943
„Man kann den Krieg mit Recht den ‚Jüdischen Weltkrieg' nennen. Juden haben ihn gewollt und als den ihren erklärt. Sie werden kaum Freude daran haben, abgesehen von befriedigten Rachegefühlen. Denn die antisemitische Propaganda hat weltweite Verbreitung erfahren, das Problem der ganzen Breite und Tiefe nach aufgerollt und kann nicht mehr vertuscht werden. Die Wahrheit muß ans Licht und sie ist für die Juden auch bitter. Beide Teile müssen in sich gehen. Auflehnen der Deutschen gegen jüdische plutokratische angelsächsische Weltherrschaft."

9. Juli 1943
„Der Eroberungs-, Annexions- und Kolonialkrieg gegen den Osten nicht mein Fall. Jetzt, wo es sich um Verteidigungskrieg handelt und um Bildung eines neuen Europas, werde ich eifriger und wärmer. Gerade

---

131 Alfred Rosenberg (1893–1946, in Nürnberg hingerichtet), er versuchte sich als NS-Chefideologe zu profilieren. 1934 Beauftragter des Führers für die Überwachung der gesamten geistigen und weltanschaulichen Schulung und Erziehung der NSDAP, 1941 Reichsminister für die besetzten Ostgebiete.

nach [den Luftangriffen auf] Barmen und Düsseldorf. Durch die großen Leiden werden wir hoffentlich geläutert und von der Idee eines Mongolenkrieges geheilt. Sie werden unsere Kriegsziele auf ein vernünftiges Maß hoffentlich herabdrücken und uns lehren, auch andere leben zu lassen. Durch diesen Terrorismus der Angelsachsen wird die Waage des Schuldkontos ins Gleiche gebracht und wir dürfen den Kopf wieder hochtragen. Jetzt nur nicht schlappmachen, wer am meisten erduldet und erträgt, kommt ins moralische Plus."

24. Juli 1943
„Deutsche haben sich unfähig erwiesen, Welt zu regieren, durch ihre Methoden, also muß man es wieder Angelsachsen überlassen. [...] Die Engländer haben ihre moralische Überlegenheit erwiesen."

31. Juli 1943
„Wenn man der russischen Orientierung und Herrschaft über Europa durch eine deutsche zuvorkommen wollte, brauchte man zwei Voraussetzungen: 1. Billigung durch England, Amerika, 2. Mitarbeit der anderen europäischen Staaten. Nicht erreicht wegen der brutalen Methoden der Nationalsozialisten und der Unterdrückung der anderen Nationalitäten. Zu gleicher Zeit plant Rußland die Ausdehnung der bolschewistischen Macht über Europa. Zwei Offensiven stoßen aufeinander."

5. August 1943
„Nicht die Zielsetzung, Vormacht in Europa ist falsch, aber die Methode: Knechtung der Nationalitäten, Vernichtung der Freiheit (Ukraine, Polen, Lothringen). Deutschland leidet an Maßlosigkeit, alles auf einmal wollen, ohne warten zu können. Das kommt von mangelnder Menschenkenntnis, mangelndem Wirklichkeitssinn. Deutsche Träumer, können nur aus dem eignen Ich herausspinnen. Gedichte, aber keine Romane schreiben, wie es die Franzosen und Angelsachsen können. Hitler, Nietzsche, Metaphysiker, Mystiker, Schwärmer. Die Angelsachsen praktisch, wirklichkeitsnah."

17. August 1943
„Rußland hat in diesem Krieg wieder Furchtbares durchgemacht. Seine Menschenopfer wohl größer als die deutschen, der Hunger wütete. In Petersburg allein 1 Million Verhungerter. Der totale Krieg dort mit ganz anderem Ernst und Grausamkeit durchgeführt als bei uns. Viele Soldaten noch in deutscher Gefangenschaft umgekommen."

21. August 1943

„Es besteht die unerhörte Tatsache, daß Deutschland Europa im Interesse von England – Amerika gegen bolschewistisches Rußland schützt, während Deutschlands Kraft zu gleicher Zeit von den Angelsachsen zerschlagen wird. Das läßt allerdings die letzte Wirklichkeit erkennen, daß die Angelsachsen unter jüdischem Regime ihre selbstzerstörerische Politik führen. Die Unabhängigkeit der kleinen europäischen Mittelstaaten haben sie bereits trotz Atlantikcharta[132] preisgegeben. Der Vorkämpfer der Preisgabe Europas ist der Jude Lippmann.“[133]

9. September 1943

„Zu bekämpfen ist die christliche Geschichtsauffassung, die das diesseitige Leben entwertet als einen traurigen Übergang, während Gott und die Ewigkeit auch hier schon ist. [...] Wir sind an der Europaaufgabe der Deutschen (Hohenstaufen, Karl der Große[134]) gescheitert, durch die reaktionäre und ganz unzeitgemäße Idee des Völkischen. Heute braucht man weltweite tolerante Ideen. [...] Nationalsozialismus dünkte sich revolutionär, war rückschrittlich, revolutionär noch nicht mal im Sozialen. [...] Heute die Zeit der Nationalstaaten vorbei, der Einzelstaaten. Es kommt die Zeit der Weltstaaten. Dieser großen Aufgabe haben wir nicht genügt.“

15. September 1943

„Wir alle haben uns zu wenig um die Politik gekümmert. Jeder muß seine Meinung haben, sie frei heraus vertreten und sich einsetzen. Kirche hatte Pflicht gehabt gegen Judenmorde zu protestieren, was übrigens Papst und katholische Kirche auch nicht offiziell gemacht haben.“

17. September 1943

„Kirche muß in Wort und Predigt Stellung nehmen, protestieren gegen Judenmorde, Mord Schwachsinniger, Haßpredigt. [...] Nachts Traum Judenrache, Juden hetzen mich und schlagen mich tot, wie schon einmal Polenrache. Der gräßlichste Traum, den ich habe. Jesus sagt: Den gleichen Tod müßt ihr leiden wie ich. So müssen wir allerdings gefaßt und bereit sein, eines schrecklichen Todes zu sterben und müssen das als unseren Anteil an der Weltschuld hinnehmen.“

---

132 Churchill und Roosevelt verkündeten am 14. 8. 1941 ihre Vorstellungen über die zukünftige Welt-Friedensordnung nach der Niederlage der Achsenmächte (Atlantikcharta).
133 Walter Lippmann (1889–1974), einflußreicher amerikanischer Journalist.
134 Karl der Große (747–814), König des Fränkischen Reiches, römischer Kaiser.

24. September 1943

„Hitlers Politik auf Trennung Englands und Rußlands gerichtet, gescheitert. Hitler hätte Ostplan bei der erklärten Feindschaft der Angelsachsen infolge der Judenaffaire aufgeben müssen. Das brachte er nicht übers Herz, da es seine tiefsten und letzten Pläne waren. Also scheitert er an der Unmöglichkeit, sich selbst zu bändigen. Seine Träume sind ihm wichtiger und verdrängen die Wirklichkeit: Ein Illusionspolitiker wie Karl der Kühne[135] und Karl XII.[136] [...] So Hitler gescheitert an der Überspannung. Gegen sein eigenes Programm, nicht den Zweifrontenkrieg heraufzubeschwören, verstößt er. Das allein, auch ohne die Methoden, schon entscheidend. Der endgültige politische Sündenfall, Kriegsbeginn gegen Rußland 1941."

11. Oktober 1943

„Die bevorstehende Konferenz in Moskau[137] wird den weiteren Verlauf des Krieges entscheiden. Stalin in der besten Position, er hat am meisten geleistet und kann drohen, sich mit den Deutschen zu vertragen. Also darf er hohe Forderungen stellen und hat schon den Balkan und Polen halb und Iran angemeldet. England bereit, alles zu bewilligen. Amerika scheint noch zu zögern. Eigentlich tritt der Kampf gegen Deutschland schon zurück hinter größeren Konturen, der asiatisch-europäische Block gegen die Angelsachsen. Rußland braucht Deutschland, es kalkuliert es bereits als kommunistisch ein und will es daher nicht vernichten. [...] Das Blut der ermordeten Juden schreit zum Himmel, wer begreift das in Deutschland? Wenige. Wie viele Leute in England – Amerika haben ihre Angehörigen verloren. Wer's getan hat, muß sich als gehetzten Eber fühlen, 1000 Mal mehr als Macbeth.[138] Daher höchste Chancen bei den Bolschewisten, die ihnen nichts vorzuwerfen hätten."

26. November 1943

„Wir haben die Theorie des absoluten Krieges erfunden, Engländer haben sie durchgeführt, hüten sich aber von ihren gottlosen Taten zu reden. Während wir mit unseren gottlosen Plänen geprahlt haben. Das ist der Unterschied zwischen nordischer und gemischter Rasse."

---

135 Karl der Kühne (1433–1477), Herzog von Burgund.
136 Karl XII. (1682–1718), König von Schweden.
137 Die Außenminister Chinas, Großbritanniens, der Sowjetunion und der Vereinigten Staaten tagten in Moskau vom 19. bis 30. 10. 1943. Sie faßten Beschlüsse, die die europäische Zukunft betrafen. Die Bemühungen um eine gemeinsame Deutschlandpolitik scheiterten.
138 Tragödie von William Shakespeare, beschreibt den Aufstieg von Macbeth zum König von Schottland und seinen Fall.

16. Dezember 1943

„Man soll sich hüten, die Schuld des deutschen Volkes zu übertreiben. Hybris kam ebenso wie Grausamkeit bei allen Völkern vor. Wir sind jetzt nur das Schuldbeispiel der Welt. [...] Bolschewistische Regierungsweisheit: Ein halbverhungertes Volk läßt sich leichter regieren. Man muß nur eine zu allem entschlossene privilegierte Herrenschicht haben und eine alles durchdringende Propaganda und Bespitzelung. Das sind die bolschewistischen Methoden, die leider Nachahmung gefunden haben. Im Namen dieser verelendeten Volksmasse geschieht angeblich alles. Sie muß den Namen hergeben zur eigenen Unterdrückung. Und der ganze Zustand wird als modernstes, fortgeschrittenstes Ideal angepriesen."

25. Dezember 1943

„Woher kommt gerade in Deutschland der Glaube an die Macht, die Verachtung der Moral? Die Hegelsche Philosophie[139] der Vernünftigkeit des Seienden. Die Geschichte (List der Vernunft) schreitet durch Unglück, Blut, Verrat etc. fort. Wie Gott, so darf auch ich mich dieser Mittel bedienen. Also im tiefsten Grunde die Hybris der Gleichsetzung des Ichs mit Gott. Staatsmänner und Soldaten glauben sich über Privatmoral erhaben, zu bösen Mitteln berechtigt. Ähnlich wie Jesuiten zum guten Zweck. Bolschewisten, Inquisition, Kreuzzüge, Gott will es. Man beschlagnahmt Gott für sich. Kennzeichen des Irrwegs: Verachtung der menschlichen Gefühle. Dem Menschen, der selbst voller Gebrechen steckt, ist so etwas nicht erlaubt. Zum Realismus führen in Deutschland die harten geschichtlichen Erfahrungen. 30-jähriger Krieg, Zersplitterung, Machtlosigkeit. So wurde in angeblicher Nachahmung Bismarcks allen Deutschen nach 1870 der Machtglaube gepredigt (Meinecke). Bei den westlichen Völkern gab es ein Korrektiv: Der Glaube an den friedfertigen Fortschritt, Optimismus aus Aufklärung entstanden und durch glückhafte Geschichte bekräftigt.

Luthertum mit seinem Pessimismus und Quietismus gibt den Weg für den Tyrannen und Gewaltherrscher frei. Denn 1.) die Welt liegt im Argen, 2.) dem Tyrannen als Obrigkeit von Gott muß gehorcht werden, 3.) die nordische Rassentheorie, 4.) das Neuheidentum, bewußte Ablehnung des Christentums, des Schuldgefühls, Nietzsche. Das Gefühl der eigenen Schuld ist ein maßgebendes Element des Christentums und der Menschlichkeit. Allein das Christentum vermittelt der Welt die Wahrheit und es bedingt auch die Forderung, die Welt der erkannten Liebe und Gnade entsprechend einzurichten. Bewußte Feindschaft gegen

---

139 Georg Wilhelm Friedrich Hegel (1770–1831), deutscher Philosoph.

Christentum kann nur in Barbarei enden. Hier liegt die tiefste Wurzel des deutschen Versagens."

21. Januar 1944
„Dieser Krieg ist ein letzter Versuch, den Osten unter den Westen zu unterwerfen. Eine neue Zeit zieht herauf, verlagert das Schwergewicht nach Moskau. [. . .] Der größte Halt des Nationalsozialismus der, daß die kleinen Leute merken, es geschieht etwas für sie, die Zeit der Bourgeoisie ist um. Es ist eine volkstümliche Regierung, den Instinkten des Volks angepaßt."

14. Februar 1944
„Es sieht so aus, als ob der Krieg endlich die Schranke zwischen Deutschland und Rußland niederreißen würde, das wäre erfreulich und von weittragenden Folgen."

15. Februar 1944
„Wir hatten mindestens zwei Gelegenheiten den Krieg zu gewinnen: 1) wenn wir Frankreich 1940 für uns gewonnen, 2) wenn wir im Herbst 1941 den Bauern der besetzten Gebiete das Land gleich zugeteilt hätten."

21. Februar 1944
„Churchill – Eden[140] wollen Deutschland wider seinen Willen zerstückeln, Österreich abtrennen, Ostmarken zugunsten Polens, ohne auf Selbstbestimmung Rücksicht zu nehmen. Eden schließt Deutschland ausdrücklich von Atlantikcharta aus. Daher hat Krieg für Deutschland einen Sinn bekommen. Es wehrt sich heut mit Recht. England ist zum Angreifer geworden."

24. Februar 1944
„Rede Churchills, Atlantikcharta, findet auf Deutschland keine Anwendung, vielmehr sei Prinzip der militärisch notwendigen Grenze anzuwenden. England hatte Polen ganz garantiert. Heute spricht es Rußland den östlichen Teil zu. Fühlt sich verpflichtet, Polen durch deutsches Gebiet (Ostpreußen, Pommern) zu entschädigen. Militärgrenze à la Ludendorff. [. . .] Der dritte Weltkrieg zeichnet sich deutlich ab. Dabei würde Deutschland zerrissen in eine östliche und westliche Front, räumlich und innerlich."

---

140 Anthony Eden (1897–1977), britischer Politiker, 1935–1938, 1940–1945 und 1951–1955 Außenminister, dann bis 1957 Premierminister.

9. März 1944

„Die Absonderung der Völker hatte einen solchen Grad eingenommen, daß der Krieg als natürliche Krisis schon eine Wendung zum Besseren andeuten kann. Die amerikanischen und russischen Parolen auf die ganze Welt ausgedehnt, international gedacht, daher der deutschen, der nur nationalen, überlegen. Denn die überscharfe Betonung des nur nationalen, des nationalistischen, heute reaktionär, wo Weltwirtschaft und Weltpolitik, Völker- und Weltenbund die natürliche Aufgabe geworden sind, nachdem die Technik die letzten Distanzen überwunden hat."

14. März 1944

„Eigentlich war Hitlers Kampf notwendig, wenn es weiterhin eine selbständige Großmacht Deutschland geben sollte. Sie war nur möglich, wenn sie eigenes Öl und Nahrungsmittelfreiheit hatte. Daher mußte er versuchen, das rumänische, möglichst auch das russische Öl zu kontrollieren. Das alles lag klar zutage und das ist der Grund, daß das deutsche Volk Hitler auf seinem Weg gefolgt ist. Wollte Deutschland nicht abhängig sein von Amerika, England, Rußland, mußte es ihnen Rohstoffe wegnehmen. Naheliegende Folge: Koalition der wirklichen Großmächte gegen ihren kleinen, aber gefährlichen Angreifer. In ähnlicher Lage wie Deutschland: Italien, Japan."

24. Mai 1944

„Der Krieg verfolgt mich in die Träume: Triumphierender Einzug der Juden, Rache der Polen, Verlesen der Friedensbedingungen."

26. Mai 1944

„Churchill verkündet ganz schamlos, die vier siegreichen Weltmächte sollen Weltbund bilden zur Niederhaltung von Deutschland und Japan. Deutschland soll territorial zerstückelt werden zur Sicherung der militärischen Lage. Also rohe Gewalt und Heiligsetzung des dann neu geltenden Rechts. Ein äußerst zynischer und hybrider Plan. Dabei geht die Dummheit der Engländer soweit, daß sie die Russen auffordern, die Freiheit Europas zu respektieren."

23. Juli 1944

„Die Theorie vom stellvertretenden Erlösungstod ist Unsinn, denn jeder muß ja selbst die Strafe der allgemeinen Schuld, den Tod tragen. Die unbezweifelbaren Tatsachen des Christentums, Jungfrauengeburt, Auferstanden, sind Unsinn. Das Johannisevangelium vergöttlicht Jesus, unsympathisch, wenn Jesus wirklich so gesprochen hätte, was nach dem Urevangelium so gut wie ausgeschlossen."

22. Juli 1944
„Abends Nachricht vom Attentat [auf Hitler]. Im Rundfunk: Graf Stauffenberg,[141] 2 Generale, 4 Helfer."[142]

14. August 1944
„Die Witzleben,[143] Beck[144] etc. waren nicht die richtige Regierung. Die Paulus,[145] Seydlitz,[146] Korfes sind es auch nicht, die richtige Regierung ist die, welche nach dem Willen Gottes fragt in erster Linie, in zweiter Linie, die Liebe zum eigenen Volk und zu allen anderen Völkern wie zum eigenen lehrt. So müssen wir allerdings eine christliche Regierung und einen christlichen Staat verlangen [. . .]. Wieweit der Einzelne gegen unchristliche Maßregeln seiner amtierenden Regierung zu protestieren hat und protestieren darf, ist wiederum seinem Gewissen überlassen. Denn hier streiten zwei Pflichten miteinander, die Pflicht des Gehorsams (um der Anarchie zu entgehen) und die Pflicht, für die göttliche Wahrheit und Recht einzutreten. Ein inneres Recht der Macht, der Staatsraison gibt es überhaupt nicht, außer dem, das Leben zu erhalten und also auch das

---

141 Claus Schenk Graf von Stauffenberg (1907–1944), Oberst, Stabsschef beim Befehlshaber des Ersatzheeres führte das Attentat auf Hitler aus, der Umsturzversuch scheiterte, Stauffenberg wurde erschossen.

142 Zum Stand der Forschung vgl. Peter Steinbach, Johannes Tuchel, Der Widerstand gegen die nationalsozialistische Diktatur, in: Peter Steinbach, Johannes Tuchel (Hrsg.), Widerstand gegen die nationalsozialistische Diktatur 1933–1945, Bonn 2004, S. 21: „In seiner Orientierung an den Prinzipien des Menschenrechts und der Menschenwürde verkörperte der Widerstand die einzige historische Alternative zum NS-Regime."

143 Erwin von Witzleben (1881–1944), Generalfeldmarschall, war nach gelungenem Attentat auf Hitler als Oberbefehlshaber der Wehrmacht vorgesehen. Er wurde vom Volksgerichtshof verurteilt und am 8. 8. 1944 erhängt.

144 Ludwig Beck (1880–1944), zuletzt Generalstabschef des deutschen Heeres. Er nahm im Oktober 1938 als Generaloberst Abschied von der Wehrmacht, er kritisierte Hitlers Kriegsvorbereitung. Als anerkanntes Haupt des militärisch-konservativen Widerstands veranlaßte ihn das Mißlingen des Anschlags auf Hitler zu einem Selbstmordversuch, er wurde erschossen.
Beck hatte im August 1938 Offiziere und Beamte der Militärgeschichtsforschung eingeladen, Thimme war auch dabei. Man traf sich im Offizierskasino des Infanterieregiments 9 „bei Rehbraten und gutem Wein", vgl. Tagebuch, Eintrag 3. 8. 1938.

145 Friedrich Paulus (1890–1957), Generalfeldmarschall, Oberbefehlshaber der in Stalingrad eingekesselten 6. Armee. Er trat in sowjetischer Gefangenschaft dem Bund Deutscher Offiziere und dem Nationalkomitee Freies Deutschland bei.

146 General Walther von Seydlitz-Kurzbach (1888–1976) übernahm den Vorsitz des am 12. 9. 1943 gegründeten Bundes Deutscher Offiziere. Der Bund arbeitete auf eine Beendigung des NS-Regimes und des Krieges hin. von Seydlitz war auch Vizepräsident des Nationalkomitees Freies Deutschland.

Hans Thimme 1944

Volksleben. Aller weiterer Machtdrang ist satanisch, Verabsolutierung des Menschen oder des Staats, beides gleich widergöttlich. Also Hegel satanisch, Nietzsche ebenso. Bei Nietzsche schon die Vergötterung der nordischen Rasse drohend. Vergötzung des Übermenschen, das heißt, des von Gott abgefallenen Menschen, Albernheit. Gerade seinen kleinen Staat zu vergotten, wie der polnische Chauvinismus, der deutsche Ludendorffs. Ja, Hybris auch die Hitlerische Ansicht, daß Deutsche bestimmt, Zucht und Ordnung in der Welt zu verbreiten. [...] Es ist eine große Irrlehre und Ketzerei der Barth und Genossen, daß der Staat nichts mit dem Christentum zu tun habe, daß die Welt der Politik notwendig schlecht sei und der Christ sich davon fern halten müsse. Das hängt mit dem jüdischen und Zeitvorurteil Jesu zusammen, der eschatologischen Anschauung, als ob die Welt demnächst untergehen müsse. Seine Voraussagungen haben sich nicht erfüllt. Er hat zwar gesagt, mein Reich ist nicht von dieser Welt, aber Gottes Reich ragt hinein in diese Welt und ist und will nicht sein ohne Einfluß auf diese Welt. Hier herrschen verhängnisvolle Unklarheiten. Jesus verlangt ein moralisches Handeln vom Einzelnen. Das Kommen des Reiches Gottes ist ein beständiges, unaufhörliches. Jesu zeitbedingter Irrtum war, daß er dies ewige Kommen mit seinen Zeitgenossen ansah unter dem Aspekt des einmaligen Geschehens in der Zeit. Daher hat die Kirche, diesem Fehler folgend, eine falsche Stellung zum Staat eingenommen. [. . .] Gott mit dem Menschen verbündet, so bereitet sich das Reich Gottes vor auf Erden. Daß es stets nur kommend ist, dafür sorgt der irdische Teil des Menschen, die Erbsünde. Aber eine neue freudige Zukunft, man muß nur an sie glauben. Ein ganz neuer Humanismus. [. . .] Wo das satanische Prinzip aufgerichtet ist, Staatsraison, das ewige Volk, die nordische Rasse, da greift Gott ein und schlägt den Turmbau zu Babel zu Boden, da setzt das Weltgericht ein. Ein ewiges, immer wiederkehrendes Jüngstes Gericht, dem wir alle schaudernd beiwohnen. Dieses hat Jesus, der Zeitanschauung folgend, in die Zeit hinein verlegt, als Abschluß der Welt. Das ewige Gericht ist die Offenbarung Gottes in der Geschichte."

1. September 1944
„Deutsche Träumer und Prinzipienreiter, Systematiker, daher zum Regieren und Herrschen nicht geeignet. Dazu bedarf es moralischer Grundsätze, der Menschlichkeit, des Wirklichkeitssinns, der sich in einer gewissen Anpassungsfähigkeit, Nachgeben gegen die reale Lage, Opportunismus im guten Sinn äußert. Die kleinen Egoisten machen die Masse des Volkes aus, besonders in Deutschland. In England mehr selbständiges Denken."

13. September 1944
„Es bleibt nichts, kein Halt, als sich ergeben in den unbekannten gewaltigen Willen, der so furchtbar drohend auftritt. Man ist in den Staub erniedrigt wie der Psalmist, ja tiefer, und kann nur hoffen, der mich vernichtet, wird schon wissen, wozu. Ich lasse los, jeglichen irdischen Halt, strecke die Hand stützend nach oben und rufe, Gott, in Deine Hände befehle ich meinen Geist, den Körper habe ich aufgegeben. So erlebte Jesu das Kreuz."

9. Oktober 1944
„Krieg wird solange weiter wüten, bis die Fehler dieser Krankheit erkannt sind, Rassen und Klassen. Abhilfe Gottesfurcht, Erkenntnis der menschlichen Kleinheit und Grenzen, der menschlichen Pflicht, für Gott zu arbeiten und nicht für sich. Brüderlichkeit aus der Erkenntnis der Einheit und Liebe."

10. Oktober 1944
„Die Deutschen haben die als Bestien verschrienen Russen als gutmüti-

ge, friedliche, gastfreie Leute (allgemeines Urteil der Front), die Frauen als anständig, moralisch hochstehend, kennengelernt. Ähnlich wird es den Amerikanern gehen, wenn sie nach Deutschland kommen. Den Kriegshetzern (in Amerika die Juden) wird damit das Geschäft verdorben durch das allgemeine Kennenlernen. Schließlich wird sich ein 2. Krieg entwickeln, der anständigen Leute gegen Lügner, Propagandisten und Kriegshetzer. Er darf ruhig erbarmungslos sein."

12. Oktober 1944

„Deutschland hat den Krieg bewußt herbeigeführt in einem romantischen und brutalen Willen zur Führung in Mitteleuropa. Gegründet auf ein mit Rassegedanken unterbautes Überlegenheitsgefühl. Daraus entstand Brutalität gegen Minderheiten, Haß und Abwehr. Zugleich Angst der Großmächte. Sie schlossen sich zusammen und schlugen Deutschland nieder. Damit aber der deutsche Grundgedanke nicht ad absurdum geführt. Vielmehr hat sich gerade in diesem Kampf die ungeheure kriegerische, organisatorische und auch gedankenmäßige Kraft Deutschlands überwältigend gezeigt und die Annahme bestätigt, daß es als das stärkste Mittelvolk Europas zur Führung berufen sei. Hybris, Romantik und Brutalität freilich muß es ablegen. Die siegreichen Großmächte werden alles tun, um Deutschland zu lähmen und verstümmeln. [...] Es wird ihnen nicht gelingen. [...] Ebenso wie Rußland durch Abgründe von Leid sich durchgesetzt hat, wird sich auch Deutschland einst an den ihm gebührenden Platz setzen dürfen. Aber um welchen Preis. Vernichtung der 1000-jährigen Kulturgüter!"

14. Oktober 1944

„Seelenmörder: Bolschewismus, Nationalsozialismus, Katholizismus und Antichristen. Stalin, Hitler und Papst haben wahrscheinlich recht: Gewaltige Reiche kann man nur mit Duldung von Unrecht gründen. Durch ergebene Parteien, unbedingten Gehorsam, Haßpropaganda, d. h. Lüge. Bei Ausnutzung menschlicher Schwächen und Fehler. Ehelosigkeit der Priester. [...] Luther mit seinem Glauben, seiner Angst um die eigene Seligkeit höchst egoistisch. Dieser Egoismus hat die lutherische Kirche infiziert."

16. Dezember 1944

„Churchill hat in Teheran[147] schon mit Stalin Abtretung Ostpreußens

---

147 Konferenz von Teheran 28. 11. – 1. 12. 1943. Die Regierungschefs von Großbritannien, der UdSSR und der USA waren sich u. a. über Westverschiebung Polens und die Aufteilung Deutschlands einig.

ausgemacht. Stalin verspricht den Polen, Ostpreußen von Deutschen zu räumen. Churchill sagt, Polen dürfen ihre Grenzen beliebig nach Westen ausdehnen. Stalins Lubliner polnischer Sowjet[148] fordert darauf die Odergrenze."

Ende 1944
„Erst nach dem radikalen Abschied vom eigenen Willen, vom Leben selbst, wird der Blick frei für den gnädigen Willen Gottes. Das Loslassen führt zur Aufnahme in die große Ordnung Gottes, die den Untergang des Irdischen mit umfaßt wie der weite Himmelsbogen die Erde. [...] Der Christ sieht hinter dem Tode den ewigen Sieg der Liebe. Da wird der notwendige Untergang bedeutungslos vor der Freude der Rückkehr in die Heimat, die stets unverminderte Fülle Gottes."[149]

23. Januar 1945
„Das Tannenberg-Nationaldenkmal[150] von uns bei Rückzug gesprengt. Von dieser Stimmung Verzweifeltes zu erwarten. Das Denkmal war ein Symbol des deutschen Ostdranges auf historischem Kampfboden. Sein Fall läßt die Slawen frei fluten wie ein Meer. Und die mittelalterlichen Eroberungen Deutschlands scheinen ganz und gar verloren. Die Friedlicheren und Passiveren haben durch ihre Masse gesiegt."

26. Januar 1945
„Wir sind alle schuldig, hätten laut protestieren müssen gegen die Massenvernichtung, haben es aus Feigheit nicht getan, so kommt das Blut mit Recht über uns. Es waren unsere Nächsten."

28. Januar 1945
„Morgen soll unsere Wehrmachtsbeamtenausbildung an Panzerfaust etc. im Lustgarten beginnen. [...] Durch die rasenden, noch nie da gewesenen Erfolge der Russen sind wir alle überrascht. [...] Wenn der Egoismus die größte Hemmung auf Erden ist, und die brüderliche Liebe das größte Ziel, so ist diejenige politische Idee die beste, die auf diesen Weg führt. Und wenn der Ausdehnungsdrang mit Gier und Angst das größte Übel, so Einschränkung dieses Drangs (Großgrundbesitz und

---

148 Im Juli 1944 hatte sich in Lublin das „Polnische Komitee der Nationalen Befreiung" konstituiert. Das prosowjetische Komitee erklärte sich Ende des Jahres zur Provisorischen Regierung Polens.
149 Nachlaß Hans Thimme, aus dem Typoskript: Vater unser im Kriege.
150 Das Tannenberg-Nationaldenkmal, errichtet 1924–1927, erinnerte an die 1914 gegen russische Truppen errungenen Siege.

Kapitalismus) des übergreifenden Eigentums am wichtigsten. Führt in die Richtung des Urchristentums zurück, in die Richtung des Kommunismus, der ja keineswegs das Privateigentum ganz ausschalten will. Man muß die richtigen Grenzen finden. Vorwiegend muß aber sein die brüderliche Gemeinsamkeit. Dafür die Russen mehr prädestiniert als die Germanen."

3. Februar 1945
„Im Archiv laufen Soldaten mit Gewehren herum. Klares Wetter. 450 schwere Kampfflugzeuge fliegen hoch über uns hinweg, blitzend und strahlend in der Sonne. Die grausamen Triumphatoren des Krieges. [...] Potsdam sieht frontmäßig aus. Junger Volkssturm in mit Tarnfarben überzogenen Kombinationen. Kompagnien von 17–18-jährigen kindlichen Soldaten. [...] Dem Weltgericht beizuwohnen ist großartig, aber auch schrecklich."

12. Februar 1945
„In Potsdam, Nahkampfausbildung. Strube[151] zeigt verschiedenen Leuten, wie man sich praktisch erschießt [...]. Auch mir scheint's angenehmer in Potsdam unter wirklichem Militärkommando zu stehen, als hier unter Parteiführung im Volkssturm. [...] Werde durch Krise und anschließende Strapazen und Hunger kaum lebendig hindurch kommen, nun, ich habe gelernt zu sagen, wie Gott will. Ich werde auch dann nicht verloren gehen. [...] Juden und Deutsche, jetzt unendlich verfeindet, müssen sich auf tieferem Grunde versöhnen und die Welt endgültig in Ordnung bringen. Vorerst haben die Deutschen aber gründlich verspielt und müssen erstmal zu Erkenntnis kommen."

15. Februar 1945
„Nach Hegel die Deutschen und die Juden am weitesten gegangen in der egoistischen Absonderung. Indem sich nun letzthin die Deutschen gegen die Juden wandten und über sie herfielen, vollendete sich ein Kampf äußerster, unüberbietbarer Grausamkeit. Der furchtbare Irrweg

---

151 Tagebuch, Eintrag 9.6.1943: „Oberst von Strube: ‚Er habe in der Ukraine bei Jüdin gewohnt. Eines Nachts wird Tür aufgerissen, ein Polizist steht mit angelegter Maschinenpistole vor seinem Bett, wird vom zuspringenden Adjutanten davor bewahrt als Jude erschossen zu werden.' Strube hat Ukrainer-Miliz als Absperrung bei Judenerschießungen stellen müssen, sich geweigert, Soldaten zu stellen. Alle alten aktiven Offiziere als reaktionär nach Haus geschickt. Strube: Ein SS-Mann rühmt sich, 500 Juden eigenhändig erschossen zu haben. Andere tiefsinnig, gequält, sehen die blutenden Kinder vor sich."

des Hasses ist damit zu Ende gegangen. Bis zum Abgrund. Dadurch sind aber auch der Irrtum und die Sünde klar erkennbar geworden. Umkehr auf der ganzen Linie ist nötig. Versöhnung durch Liebe, der noch nie so ins Gesicht geschlagen wurde wie hier. Der tiefste Abstieg in der Weltgeschichte. Tiefer geht es nicht, und deshalb kann und muß es wieder aufwärts gehen. Die Erkenntnis ist bitter erkauft durch Millionen unschuldiger Opfer. Wer die Krankheit am tiefsten durchgemacht hat, der kennt auch die Heilmittel und die Überwindung. Deshalb müssen das Heil und die Versöhnung von den Deutschen und Juden ausgehen. Indem sie sich versöhnen und als Brüder betrachten, wird das Prinzip der Liebe für die ganze Welt siegreich und vollendet."

18. Februar 1945
„Wir wollen Ulrike nach Iburg schicken, ich war gestern in Berlin auf der Reisescheinstelle. [...] Seit gestern hört man den leise rollenden Kanonendonner von Frankfurt. Die starke Sperre vor unserem Garten fertig. Am Mühlenberg Bunker für S.M.G.[152] mit Stellungen nach allen Himmelsrichtungen. Inge hat daran geschippt und Ulrike. Roland dauernd auf Soldatenschreibstube gebraucht, so kann und will er nicht fort.

Wer seine Ruhe und Sicherheit bei Gott hat, braucht keine weiteren Vorbereitungen zum Tode, er ist jederzeit fertig und fähig, sich auf seinen Standpunkt zurückzuziehen So empfand der Urgroßvater Brackebusch auch. Die Ruhe empfinden wohl am leichtesten alte Leute, die gewiß sind, alle werterfüllten und wahrhaft lebendigen Erinnerungen ihres Lebens (wertvoll, weil sie Göttliches im irdischen Gewand erlebten) bei Gott wiederzufinden und mit ihren liebsten Menschen wiedervereinigt zu werden. Am leichtesten muß es dem werden, der das Leben am innigsten und tiefsten liebt und gelebt hat schon hier. [...] Die Grenzgebiete des deutschen Ostens sind ein Land des Todes geworden. Wie es in Ostpreußen zugegangen ist, wird man sich schwer vorstellen können. [...] Die Verschickung Ulrikes habe ich gegen Inge und Ulrike durchgesetzt."

23. Februar 1945
„Merkwürdig, daß man jetzt noch ruhig in seinem gefüllten Haus sitzt und klar den Feind kommen sieht, der einem wahrscheinlich alles wegnehmen und zerstören wird. [...] Flüchtlinge aus Samland erzählen, daß Russen im Dorf Männer erschlagen haben, Frauen tagelang einge-

---

152 S.M.G. = Schweres Maschinengewehr.

sperrt und sich abends soviele Mädchen geholt haben, wie sie brauchten. [...] Die offizielle Abkehr von der Bibel in Deutschland in der neuesten Zeit zeitigte die heutige Lage und machte alle Wolfsinstinkte frei. [...] Das Rehbrücker Haus hat etwas auf den ersten Blick Ansprechendes, Gemütliches, Märchenhaftes. Die kleine Diele mit dem Blick durch die zwei Haustüren und das Treppenfenster in die Bäume der Eichenallee. Der Durchgang in das kleine quadratische Eßzimmer, in das so dicht die Zweige des Birnen- und Sauerkirschenbaumes von beiden Seiten hereinschauen. Mein größeres, ebenso ländlich-bäuerliches Zimmer mit den geweißten Wänden, der Chaiselongue, von der man ebenfalls in den Garten nach hinten heraussieht bis auf die Linde des Nachbarn, die ich jedes Jahr zurückschnitt. Von allen Seiten winken drinnen die buntgefüllten Bücherregale. Die Hauptseite am weißen Kachelofen ganz in ein Bücherbretterschachbrett aufgeteilt. In der Nähe dröhnen die Detonationen der Panzerfaust zu Übungen."

7. März 1945
„Das schwarze Haus wird umfestigt. Es hat mehr Festigkeit und ein gutes Schußfeld. Wenn ich abergläubig wäre, würde ich's für kein gutes Omen ansehen, daß Frau Breysig[153] von hier aus abgeführt ist. Auch unser Häuschen ist in die Gefahrenzone einbezogen. Gasbadeofen plombiert. Nachts allerhand Bomben in der Nähe. Der Ort füllt sich mit Volkssturmleuten und Soldaten. Sie gehen in Tarnumhängen, bunt wie Indianer. Überall Postenlöcher, auch Stellungen gegen Wilhelmshorst, Krieg rückt näher. Frau Lappat voller Wut auf die Soldaten des Ostheeres, die ohne zu schießen sich als Versprengte nach rückwärts absetzten. Nur, wo sie eingeschlossen seien, kämpfen sie. Im Westen ergeben sie sich massenhaft. Nur die 18-jährigen zeigen Eifer."

29. März 1945
„Das Potsdamer Bataillon 9 rückt mit Musik zum Bahnhof. In jeder Kompagnie zuerst Leute mit Panzerfaust, dann leichte MGs und Maschinenpistolen, dazwischen wenige nur mit Gewehr."

2. April 1945
„Gottes guter, gnädiger Wille ist die Wiedervereinigung in der Liebe. Sie ist aber voll möglich erst jenseits des irdischen Lebens. Das irdische

---

153 Gertrud Breysig, geb. Friedburg, jüdischer Abstammung, Ehefrau von Professor Kurt Breysig (1886–1940), Historiker. Sie überlebte das Konzentrationslager Theresienstadt. Siehe Gertrud Breysig, Kurt Breysig, Ein Leben des Menschen, Heidelberg 1967.

Leben ist nicht Selbstzweck, sondern nur zur Erlösung und Bewußtwerdung Gottes da. Nicht um des Menschen willen, sondern um Gottes willen. Die Menschen müßten sich dagegen empören, wenn sie nicht im tiefsten Grunde mit Gott identisch wären. Die Wesenseinheit hat Jesus aufgezeigt und gelehrt. Damit hat er in der Tat den Tod überwunden. Seine Auferstehung ist keine leibliche. Sie als leibliche zu deuten ist die gröbste Irrlehre. Denn gerade das leibliche Prinzip ist ja das empörische und von Jesus überwunden. Ein grausames Spiel der Selbstverbrennung ist unser Leben, wie die Weltgeschichte. Erst schafft Gott das Individuum, dann muß es durch tausend Qualen und Kummer aus dem falschen Prinzip sich zur Einheit wieder durcharbeiten, und der Leib muß unter tausend Qualen zugrunde gehen. [...] Den Parallelismus zwischen individuellem Leben und Weltgeschichte zeigt Berdjajew.[154] Das Schicksal vollzieht sich in Gott wie im Menschen. "

12. April 1945
„Mittags ruft Reymann[155] an, erhöhte Alarmbereitschaft. Solger und ich nach Potsdam. Ich gebe Roland meine zweite Uhr und Drehbleistift. Nach allem Überlegen muß man doch Hals über Kopf davon. Inge bringt mich mit dem Rad. Abends bei Frau Dieckmann. Die Gärten schon in Blüte! Zarter warmer Frühling, so früh im Jahr. Bett aufgeschlagen im Magazin. 10–12 Alarm. Bomben sausen mit schwerem Druck links und rechts, Fenster splittern, ein Blumentopf fällt. Die Engländer mit starkem Motorgeräusch halbe Stunde lang über Kopf. Hier ist's andere Sache als in Rehbrücke und eine Nervenprobe. Ich bin sicher der Einzige im Gebäude im Bett."

13. April 1945 [letzter Eintrag]
„In Truppenverpflegung. Gute Erbsensuppe. Wenn man eine Nummer als Soldat ist, gelebt wird nach fremdem Willen. Letztlich dem höheren, Gottes Willen, da eigener ausgeschaltet ist. So gewinnt das Leben sofort einen eigenartigen geheimen, hintergründigen Reiz. Alles überraschend, und da es stärker ist als der eigene Wille, gewaltig. Das Leben wunderbar, jeder günstige Zufall wird genossen. Wenn man sich selbst das Leben einrichtet, wird sofort alles absichtlich, egoistisch, flach, reizlos. Das Gelebtwerden läßt die Lebendigkeit des Lebens so tief empfinden, weil man selbst nichts macht und sich doch so viel ereignet. [...]

---

154 Nikolai Berdjajew (1874–1948), russischer Philosoph.
155 Generalleutnant Helmuth Reymann war bis zum 23. 4. 1945 Kommandant des Verteidigungsbereichs Berlin.

Oft klammert man sich an Kleinigkeiten und empfindet ihren Verlust besonders schwer. Und dann sieht man halb erleichtert, es geht auch so, ja, in mancher Beziehung wird man freier und sorgenloser. [...] So kann der Mensch alles bis zum Tod ertragen und der Tod kommt gewiß meist schwungloser und einfacher als er es sich gedacht hat."[156]

Aus „Gedanken zur Politik nach zwei Weltkriegen", März 1945[157]

„Heute haben die Schrecken zweier Weltkriege wie noch nie zuvor alle Völker auf einmal erfaßt. Noch niemals waren sie alle zugleich derartig in ein leidvolles Schicksal verflochten. Vielleicht wird sie das zu dem Entschlusse drängen, die Politik der Absonderung durch eine solche der Zusammenarbeit abzulösen. Wenn dieses Ergebnis je erreicht werden sollte, so ist es nicht das Verdienst weitblickender Staatsmännern, sondern der Erfolg einer höheren Gewalt, errungen auf dem Wege des Zwanges. Der verborgene göttliche Wille hat die Völker über die Schlachtbank der Kriege dem Endzweck zugetrieben, ebenso wie auch der Einzelne durch Schuld und Unglück zur Gotteserkenntnis gezwungen wird. [...] Die Regierung ist der Beauftragte des Volkes. Daraus folgt, daß das Volk, wenn die Regierung sich des Vertrauens als unwürdig erweisen sollte, berechtigt ist, eine andere, bessere Regierung an ihre Stelle zu setzen. [...] Es ist ein stolzer Anspruch des Individuums, ein Subjekt der Politik zu sein, verantwortlich an ihr mitzuarbeiten. Daraus erfolgt weiterhin die Pflicht, einen Anteil an der Kontrolle und Kritik des eigenen Landes auf sich zu nehmen. Einer ungerechten und grob moralischen Politik muß man sich nach Kräften widersetzen, geschähe es auch nur dadurch, daß man seine Meinung darüber offen ausspricht, auf die Gefahr hin, von der Regierung verfolgt zu werden. [...] Wer gegen das Unrecht protestiert und dafür leidet, muß als Märtyrer der guten Sache betrachtet werden. Wer zu protestieren versäumt, macht sich mitschuldig. Eine Regierung,

---

156 Hans Thimme wurde erst am 6. 8. 1945 im Keller des Reichsarchivs gefunden. Die Beerdigung fand mit einer Ansprache des Bergholz-Rehbrücker Gemeindepfarrers Kurt Müller statt: „Wir danken Gott dem Herren, daß wir seinen Sarg nach so langem Warten hier unter uns haben in dem Raum der Gemeinde, zu der er gehört hat und die er geliebt hat und daß wir ihn betten dürfen auf unserem Friedhof, wo unsere lieben Gemeindemitglieder ruhen und er mit ihnen vereint nun harren darf der Auferstehung der Toten [...]."

157 Friedrich Meinecke befürwortete im Juni 1947 einen Druck der Schrift Thimmes (38 Seiten): „Denn sie enthält in edler und klarer Form einen gerade für heute und für die Zukunft des Abendlandes wichtigen Inhalt wertvollster und beherzigenswertester Gedanken und Forderungen an die Staatsmänner."

die die Möglichkeit der freien Meinungsäußerung von vornherein aus-schaltet, ist ohne weiteres als eine Tyrannische anzusehen. [. . .] Ein unein-geschränkter Anspruch auf Privateigentum wächst sich schnell auf Ko-sten der Mitmenschen aus. Er kann daher nur in engen Grenzen Geltung finden. [. . .]

Die Zeit der Kriege ist noch nicht abgelaufen. [. . .] Voraussichtlich werden einst die Kriege ein Ende nehmen. Gewalt und Not werden jedoch nie ein Ende haben. Sie sind mit der Welt unauflöslich verbun-den. [. . .] Allmählich wird sich die Erkenntnis durchsetzen, daß die Menschheit eine innere Einheit darstellt, und daß das allgemeine Wohl den Vorrang hat vor allen Sonderinteressen. [. . .] Es wird sich dann aus-weisen, daß eine Politik der Liebe und Brüderlichkeit, wie sie schon Dostojewski[158] gefordert hat, der wahren Wirklichkeit besser entspricht, als sogenannte und heute noch so beliebte Realpolitik des dezidierten Egoismus. Echte Politik, die sich auf der Höhe der Zeit befindet, kann heute nur noch im Weltmaßstabe betrieben werden. [. . .]

Wir sehen die Welt in raschem Tempo enger zusammenrücken, wir sehen die Verantwortung sich ausdehnen und eine Gemeinsamkeit sich formen, von der sich niemand mehr ausschließen darf. Wir sehen auch die verschiedenen Ideen für die endgültige Organisation wetteifern, Ideen, die bis zum Schluß hin konvergieren müssen, weil es nur eine endgültige Wahrheit und einen rechten Zielpunkt aller Entwicklung gibt, der durch die Erkenntnis der wahren Einheit gegeben ist. [. . .] Die Prinzipien der Einheit und der Freiheit sind weiterhin für das Fort-schreiten maßgebend. Sie müssen einander harmonischer durchdrin-gen, als es bisher möglich gewesen ist. Es kann aber auf der Erde kein Zustand des ungetrübten Glücks eintreten, ebenso wenig, wie es Gene-rationen strahlender Übermenschen geben wird. [. . .] Der Prozeß der Selbstverbrennung und Läuterung in der Weltgeschichte geht weiter. [. . .] Denn der Sinn der Geschichte selbst ist ein überweltlicher: die Ewigkeit. So verwandelt sich jede Gegenwart im richtigen Sinne erfaßt in die Ewigkeit."

---

158 Fjodor Dostojewski (1821–1881), russischer Schriftsteller.

Kapitel II

Die brutale Wirklichkeit der sowjetischen Eroberung Ostdeutschlands 1945

Vorbemerkung

Das Verhalten der Roten Armee nach der Besetzung Ostdeutschlands muß als eine Folge der von Deutschen in der Sowjetunion begangenen Verbrechen gewertet werden. Nach jahrelangen Diskussionen ist es weitgehend unbestritten, daß, bis auf wenige Ausnahmen, die Wehrmachtsführung gegen völkerrechtswidrige Befehle nicht protestiert hat und damit ein Instrument der NS-Kriegsführung zur Verwirklichung des rassischen Vernichtungskriegs und zur Eroberung von Lebensraum im Osten war. Die Bevölkerung großer Teile der europäischen Sowjetunion sollte bis auf einen Rest brauchbarer Sklaven ausgerottet werden.[159] In der Erinnerung der Deutschen kommen Russen selten als Opfer der nationalsozialistischen Gewaltherrschaft vor.

Die Dimension der deutschen Greueltaten war so ungeheuerlich, daß sie von der Bevölkerung weitgehend nicht erfaßt werden konnte. Im Frühjahr 1945 betrachtete sich das deutsche Volk mehrheitlich, mit oder ohne genauere Kenntnis der Taten des NS-Regimes, selbst als Hauptopfer Hitlers: „Schweigende Verbitterung war an die Stelle der Führerbegeisterung getreten."[160] Für die öffentliche Meinung war es ein verlorener Krieg und eine Niederlage, allein das Ende wurde mit Erleichterung wahrgenommen. Die Einsicht in die verübten Untaten fehlte zunächst fast vollständig. Schuldgefühle wurden in der Bundesrepublik Deutschland deutlicher erst in den sechziger Jahren und danach öffentlich thematisiert. Man war mit dem Überleben und der Abwehr der Anklagen von alliierter Seite beschäftigt. Für die Judenvernichtung wurden Entlastungsargumente gefunden, Hitler wurde als der große Verführer dargestellt.

---

159 Vgl. Alexander Dallin, Deutsche Herrschaft in Rußland 1941–45, Düsseldorf 1981; Paul Kohl, Der Krieg der deutschen Wehrmacht und der Polizei 1941–1944. Sowjetische Überlebende berichten, Frankfurt a. M. 1998; Magnus Hirschfeld, Sittengeschichte des Zweiten Weltkrieges. Die tausend Jahre von 1933–1945, Hanau 1968, S. 341ff.; Christian Hartmann, Verbrecherischer Krieg – verbrecherische Wehrmacht? in: VfZ, 52. Jg., München 2004, S.1ff. Christian Hartmann, Johannes Hürter, Ulrike Jureit (Hrsg.), Verbrechen der Wehrmacht. Bilanz einer Debatte, München 2005.

160 Ian Kershaw, Der Hitler-Mythos. Volksmeinung und Propaganda im Dritten Reich, Stuttgart 1980, S. 193.

Vor allem in den Ostprovinzen, wo die Bevölkerung am meisten zu leiden hatte und vertrieben wurde, dürfte nur eine Minderheit die Eroberung als Befreiung empfunden haben.

Aber auch in Potsdam lebende Familien, deren Angehörige durch die Gestapo[161] verfolgt worden waren und die, wie Christian Schwarz-Schilling[162] schreibt, in der NS-Zeit in „einer feindseligen Umgebung lebten" fühlten sich nicht befreit: „Mehr und mehr nahmen die Kommunisten das Zepter in die Hand, und, siehe da, viele der kleinen ehemaligen Nazis fanden sich dort wieder. Ob nun Gestapo, deutsche Polizei oder jetzt russische GPU: Die Angst nahm kein Ende."[163] Der Potsdamer Schriftsteller Hermann Kasack[164] erinnerte sich rückblickend: „Nein, wir spürten keine Erlösung vom Kriege, vom sinnlosen Blutvergießen, vom Leid der Erde, von Haß und Grausamkeit in den Bewegungsfeldern der Menschen."[165]

Die Deutschen hatten, abgesehen von vereinzeltem Widerstand, wenig unternommen, um sich selbst von der nationalsozialistischen Diktatur zu befreien. Die Alliierten, die Sowjetunion mit den größten Opfern, zerschlugen das verbrecherische System.

Zu den Kriegsverbrechen von Wehrmachtsangehörigen gehören auch Vergewaltigungen durch deutsche Soldaten: „Sexuelle Gewalt wurde sanktioniert und bestraft, aber auch bagatellisiert, geduldet und teilweise im Rahmen der Bordelle für militärische Zwecke institutionalisiert. [...] Für die systematische Anwendung wie auch für die strategische Funktion solcher Übergriffe und damit für deren Einordnung in die deutsche Kriegsstrategie ist trotz gleichlautender Thesen bislang aber noch kein wissenschaftlicher Nachweis erbracht." Das Ausmaß

---

161 Gestapo = Geheime Staatspolizei, als Reichsbehörde ein wesentliches Element des nationalsozialistischen Terrorsystems.

162 Christian Schwarz-Schilling, geb. 1930, bis 1945 Schüler des Viktoria-Gymnasiums, 1976–2002 Mitglied des Deutschen Bundestags, 1982–1992 Bundesminister für das Post- und Fernmeldewesen, 1995–2004 Internationaler Streitschlichter für Bosnien und Herzegowina, 2006–2007 Hoher Repräsentant und EU-Sonderbevollmächtigter für Bosnien und Herzegowina. Siehe Karl Hugo Pruys (Hrsg.), Bequem war er nie. Christian Schwarz-Schillings Leben für die Politik, Berlin 2000, darin: Roland Thimme, Schulfreund, S. 204ff.

163 Werner Filmer, Heribert Schwan (Hrsg.), Besiegt, befreit ... Zeitzeugen erinnern sich an das Kriegsende 1945, München 1995, darin: Christian Schwarz-Schilling, Die echte Befreiung kam später, S. 307ff.

164 Hermann Kasack (1896–1966), Schriftsteller, 1933 wurde ihm jegliche Mitarbeit am Rundfunk verboten, 1949 verließ er Potsdam aus politischen Gründen und übersiedelte nach Stuttgart, 1953–1963 Präsident der Deutschen Akademie für Sprache und Dichtung in Darmstadt.

165 Kasack, Dreizehn Wochen, S. 181.

der tatsächlich erfolgten Verbrechen lasse sich aber derzeit nicht angeben.[166]

Die deutschen Vergehen können die Übergriffe, die die Rote Armee in Deutschland begangen hat, verständlicher machen, aber nicht rechtfertigen. Die völkerrechtswidrige deutsche Kriegsführung im Osten hatte Auswirkungen, die sich nach dem Einmarsch der Roten Armee auf deutsches Gebiet zeigten. Aufrufe der sowjetischen Militärführer wie der von G. K. Schukow[167] waren dem Rache- und Vergeltungsgedanken gewidmet: „Die Zeit ist gekommen, mit den deutsch-faschistischen Halunken abzurechnen. Groß und brennend ist unser Haß! [...] Für den Tod, für das Blut unseres Sowjetvolkes sollen die faschistischen Räuber mit der vielfachen Menge ihres gemeinen schwarzen Blutes bezahlen."[168] Die Anwendung von sexueller Gewalt ist von der sowjetischen militärischen Führung zumindest toleriert worden. Sie gehörte damit zu den militärischen Zielsetzungen in den letzten Kriegsmonaten. In Ungarn wurden nach der Einnahme Budapests tausende Frauen vergewaltigt und auch die polnischen Verbündeten blieben nicht verschont. In Ostpreußen „erfolgten die Vergewaltigungen sowohl auf systematische als auch auf außerordentlich brutale Weise. [...] Ohne Zweifel hat Moskau die Taten der Männer gefördert, wenn nicht gar gesteuert."[169] Als sich herausstellte, daß durch diese Exzesse die Disziplin der Soldaten ernsthaft unterminiert wurde, sind die Rotarmisten von ihrer Heerführung wiederholt aufgefordert worden, sich ehrenhaft zu benehmen, diese Appelle hatten aber wenig Erfolg.

In der Untersuchung von Manfred Zeidler über das „Kriegsende im Osten"[170] heißt es: „Gegen das Überhandnehmen der sinnlosen Gewalt-

---

166 Birgit Beck, Wehrmacht und sexuelle Gewalt. Sexualverbrechen vor deutschen Militärgerichten 1939–1945, Paderborn 2004, S. 334f. Im besetzten Frankreich wurden Vergewaltigungen von der Wehrmachtsjustiz streng geahndet, „soweit die Militärstellen noch eine gewisse Autonomie gegenüber einem Hitlerregime bewahren konnten", vgl. Jean-Paul Picaper, Ludwig Norz, Die Kinder der Schande. Das tragische Schicksal deutscher Besatzungskinder in Frankreich, München 2005, S. 27.

167 Georgi K. Schukow (1896–1974), 1942 stellv. Vorsitzender des Nationalkomitees für Verteidigung und stellv. Oberster Befehlshaber, Juni 1945 – März 1946 Oberbefehlshaber der sowjetischen Besatzungstruppen in Deutschland und Oberster Chef der Sowjetischen Militäradministration in Deutschland (SMAD), Marschall der Sowjetunion.

168 Manfred Zeidler, Kriegsende im Osten. Die Rote Armee und die Besetzung Deutschlands östlich der Oder und Neiße 1944/45, München 1996, S. 126.

169 Catherine Merridale, Iwans Krieg. Die Rote Armee 1939 bis 1943, Frankfurt a. M. 2006, S. 342, 344.

170 Zeidler, Kriegsende im Osten, S. 167, 209. Am 20. 4. 1945 verlangte Stalin in Direktive Nr. 11072 von den Truppen, mit den Deutschen besser umzugehen und ein humaneres Verhältnis herzustellen. Vgl. Elke Scherstjanoi (Hrsg.), Rotarmisten schreiben aus Deutschland. Briefe von der Front (1945) und historische Analysen, München 2004, S. 145.

74

taten und Disziplinlosigkeiten auf deutschem Boden griff die Führung mit Gegenbefehlen, disziplinarischen Maßnahmen und ernsten Ermahnungen an die Truppe ein. Auch der militärische Justizapparat wurde mobilisiert. Ein wirksames, auch mit den propagandistischen Mitteln der Massenpresse betriebenes Umschwenken erfolgte jedoch erst mit dem Kurswechsel Moskaus in seiner Deutschlandpolitik im Laufe des März 1945. [...] Die propagandistische ‚Umsteuerung' weg von den Haß- und Vergeltungsparolen Ehrenburgs[171] zurück zum klassenbrüderlichen Geist des Internationalismus kam für nicht wenige Armeeangehörige zu spät." Die sowjetische Führung scheint sich zumindest um die Einhaltung der üblichen kriegsrechtlichen Regeln bemüht zu haben.[172]

Die Einstellung der Rotarmisten zum deutschen Zivilleben begann „äußerst haßerfüllt", diese Grundhaltung verflog auch nicht mit dem Kriegsende. Es wurde „rücksichtslos gestohlen und zur Herausgabe genötigt". Die fremden Wohnungseinrichtungen wurden „nicht nur zerstört, sondern demonstrativ mit Fäkalien und Unrat beschmutzt. [...] Von der als gerecht empfundenen Gewalt über fremdes Leben und fremdes Eigentum ging ein Rausch der Zügellosigkeit aus, dem politisch-moralische Appelle nicht gewachsen waren. Leicht erreichbarer Alkohol potenzierte ihn. [...] Mitleid setzte äußerst verhalten, zu höchst unterschiedlichen Zeitpunkten und sehr situationsabhängig ein."[173]

Silke Satjukow meint, daß der Anblick des Feindeslandes für die meisten Soldaten und Offiziere ein Kulturschock gewesen sein dürfte. „Der vorgefundene Wohlstand schürte Verachtung und Zerstörungswut. Erstere resultierte aus dem Unverständnis darüber, weshalb diese reichen Deutschen den viel ärmeren Russen deren Lebensgrundlage geraubt hatten, letztere verwies auf ein allgemein menschliches Phänomen: Die fremdartige Kultur mußte im Interesse der eigenen Selbstbehauptung verhöhnt und gedemütigt werden. [...] Aus der Perspektive der Besatzer stellte die eroberte Zone in diesen ersten Jahren eine ‚terra nullius' dar: Sie handelten in dem archaischen Verständnis, daß alle Räume, Stadt und Land, Haus und Stall, ohne weiteres frei verfüg-

---

171 Ilja G. E(h)renburg, Kriegskorrespondent der Armeezeitung Roter Stern, russischer Schriftsteller. Nach einem Besuch der sowjetischen Truppen in Ostpreußen Anfang 1945 sprach er vor hohen Offizieren von Marodeuren und Plünderern.

172 Jan Foitzik, Die Besetzung Ost- und Mitteldeutschlands durch die Rote Armee 1944/45 im Lichte des Kriegsvölkerrechts, in: Scherstjanoi (Hrsg.), Rotarmisten, S. 380ff.

173 Elke Scherstjanoi, „Wir sind in der Höhle der Bestie." Die Briefkommunikation von Rotarmisten mit der Heimat über ihre Erlebnisse in Deutschland, in: Scherstjanoi (Hrsg.), Rotarmisten, S. 206ff.

bar seien. Sämtliche Rechte daran waren durch die Kriegsschuld der Deutschen obsolet geworden."[174]

Das Verhalten der siegreichen sowjetischen Soldaten gegenüber der deutschen Zivilbevölkerung während der Kämpfe und unmittelbar danach wird als außerordentlich widersprüchlich bewertet:[175] „Angehörige der Roten Armee übten Vergeltung an denen, die vermeintlich Schuld hatten am Aufkommen des deutschen Faschismus, am Überfall auf ihr Land, am Leid der eigenen Familie. In nicht wenigen Fällen wurden in Potsdam Frauen und Mädchen vergewaltigt und Menschen völlig grundlos oder aus nichtigen Gründen erschossen. Betrunkene Rotarmisten zerstörten sinnlos wertvolle Güter und zogen plündernd durch die Straßen. Doch zugleich bemühten sich sowjetische Offiziere, diese Übergriffe außer Rand und Band geratener Soldaten und auch der befreiten Fremdarbeiter zu verhindern, bzw. schnell zu beenden, sie sorgten sich um die Herstellung geordneter Verhältnisse, um Lebensmittelversorgung und das Wiederingangsetzen von Wirtschaft und Kultur."

Über die Ereignisse nach der Besetzung Berliner Stadtteile und brandenburgischer Ortschaften durch die sowjetische Armee gibt es zahlreiche Berichte, die immer wieder dasselbe Thema in den Mittelpunkt stellen: Vergewaltigungen und Plünderungen. Konrad Loebl, ein „Mischling ersten Grades"[176] war von Oktober 1944 bis April 1945 als Zwangsarbeiter der Organisation Todt in das Arbeitslager Sitzendorf/Thüringen verschleppt worden. Nach Berlin zurückgekehrt, erlebte er die Eroberung der Stadt durch die Rote Armee. Er schreibt:[177] „Man könnte die russischen Soldaten nur als wilden Haufen beschreiben. Viele ka-

174 Silke Satjukow, Besatzer. „Die Russen" in Deutschland 1945–1994, Göttingen 2008, S. 54f., 63.

175 Kurt Arlt, Werner Stang, Kampf um Potsdam Ende April 1945, in: Werner Stang, Kurt Arlt (Hrsg.), Brandenburg im Jahr 1945, Studien, Potsdam 1995, S. 189f. Vgl. auch: Antony Beevor, Berlin 1945. Das Ende, München 2002 und Cornelius Ryan, Der letzte Kampf, München 1966.

176 Konrad Loebl, geb. 1924 in Berlin-Neukölln, seit 1949 in den USA. Die Nürnberger Rassegesetze vom 15. 9. 1935 definierten „Mischlinge ersten Grades" als Menschen mit einer teilweisen jüdischen Abstammung. Siehe hierzu Thimme, Die existentielle Bedrohung der „Mischlinge" in: Rote Fahnen, S. 138ff.

177 Konrad Loebl, My Journey through Life, Privatdruck 2006, nach Tagebucheintragungen. Zitate in Übersetzung, S. 68, 76. Siehe auch Berliner Morgenpost, 8. 5. 2005, Konrad Loebl, Kartoffeln im Hotel Esplanade, hier heißt es u. a.: „Am 1. Mai [1945] kommen drei Russen in unsere Wohnung. Meine Schwester verschwindet schnell aufs Dach, wo sie immer neben dem Schornstein sitzt." Annette Bergholz-Mattersdorff, deren Vater Ernst Mattersdorff ebenfalls wegen jüdischer Abstammung in Sitzendorf interniert war, gab dankenswerterweise den Hinweis auf Loebls Buch.

men aus der Mongolei, machten einen ungezügelten Eindruck, und niemand war vor ihnen sicher. Sie plünderten Häuser und raubten, was in den Geschäften noch vorhanden war, und es herrschte überall Chaos. Vergewaltigungen waren an der Tagesordnung, nicht unbedingt in der ersten Woche, aber nach der Ankunft jüngerer und weniger angepaßter Truppen, und dies trotz der Erklärung des örtlichen Kommandanten, daß er ‚Übergriffe' sofort bestrafen würde. Auch das hat nicht viel geholfen. [...] Die Vergewaltigungen von Frauen jeden Alters blieben weiterhin weit verbreitet, und man konnte oft die Schreie der Frauen in der Nacht hören."

Die absolute Recht- und Hilflosigkeit der Zivilbevölkerung war der Willkür der Sieger preisgegeben. Nach Elke Scherstjanoi ist an der Massenhaftigkeit organisierter und spontaner Vergewaltigungen durch Angehörige der Roten Armee im Frühjahr und Sommer 1945 nicht zu zweifeln: „Von Einzelfällen kann keine Rede sein."[178] Hierzu schreibt Norman M. Naimark: „Es blieb keine Ausnahme, daß sowjetische Soldaten in einem Dorf jede Frau und jedes Mädchen, das über dreizehn oder vierzehn Jahre alt war, vergewaltigten, ja viele umbrachten [...]".[179] Soweit noch deutsche Männer vorhanden waren, erlebten sie Stunden unerträglicher Demütigung, wenn ihren Frauen oder Töchtern Gewalt angetan wurde. In Fällen von Gegenwehr wurde nicht selten von der Schußwaffe Gebrauch gemacht.[180] Erich Kuby wirft der überwiegenden Mehrzahl der deutschen Männer vor, sie seien „unvorstellbar feige gewesen, sie wären vielfach in der Lage gewesen, Frauen vor Vergewaltigungen zu bewahren".[181] Diese Einschätzung ist für märkische Ortschaften nicht zutreffend, sie mag in einzelnen Fällen gerechtfertigt sein, verharmlost aber die Gefahrensituation, die real existierte. Viele Familien verübten Selbstmord, um dem Albtraum der vornehmlich nächtlichen Heimsuchung zu entgehen.[182]

Das Treiben der sowjetischen Sieger wird wie folgt beschrieben: „Frauen wurden in den Kellern, im Treppenhaus, in ihren Wohnungen,

---

178 Scherstjanoi, Rotarmisten, S. 223.
179 Norman M. Naimark, Die Russen in Deutschland. Die sowjetische Besatzungszone 1945 bis 1949, Berlin 1997, S. 95.
180 Vgl. Erika von Hornstein, Andere müssen bleiben, Köln, Berlin 1953, S. 49: „Wüste Haufen mit vorgehaltenen Maschinenpistolen dringen in die Häuser; Schreie vergewaltigter Frauen gellen heraus; Männer, die Frauen oder Töchter schützen wollen, werden geschlagen."
181 Erich Kuby, Die Russen in Berlin 1945, Bern, München 1965, S. 314ff.
182 Scherstjanoi (Hrsg.), Rotarmisten, Bericht des NKWD-Bevollmächtigten 8. 3. 1945, S. 115f. Zum Verhalten der sowjetischen Armee bei der Besetzung Berlins vgl. Margret Boveri, Tage des Überlebens, Berlin 1945, München 1968, S. 105ff.

auf der Straße von den Soldaten der Roten Armee überfallen und vielfach in brutalster Weise vergewaltigt. Auch während ihrer Zwangsarbeit, beim Aufräumen der Trümmer, der Demontagearbeiten, beim Kartoffelschälen für die sowjetischen Truppen waren sie Freiwild." In zahlreichen Fällen sei dieselbe Frau von mehreren Soldaten hintereinander vergewaltigt worden. Nur in einzelnen Fällen seien Vergewaltigungen geahndet worden.[183] In Berlin schätzen Zeitzeugen die Gesamtzahl der Opfer der Roten Armee auf mehr als 800.000 das sind 60–70 Prozent der weiblichen Bevölkerung, also mehr als die Hälfte der Frauen zwischen 16 und 60 Jahren.[184] Deutsche Zeugen, unter anderem Ärzte und Bürgermeister, erklärten dem amerikanischen Geheimdienst im März 1947, daß zwischen 30 und 90 Prozent der weiblichen Bevölkerung in Berlin und Brandenburg von den sowjetischen Truppen Gewalt angetan worden sei, was eine dauerhafte feindliche Haltung der Bevölkerung gegenüber den Russen zur Folge habe.[185]

Mit dem Tagebuch des sowjetischen Offiziers Wladimir Gelfand liegt erstmals ein „authentisches Zeugnis vom Kriegsende 1945 in Deutschland aus der Perspektive eines Rotarmisten" vor.[186] Das Verhalten seiner Kameraden im Kriegsgeschehen kommentiert er kritisch, er beobachtet, daß die einfachen Soldaten bis zum Vollrausch trinken, fremdes Eigentum rauben. Es wird sogar innerhalb seiner Kompanie „unvermindert gestohlen".[187] Die Offiziere, denen er unterstand, nötigten ihm wenig Respekt ab, er fand einen Offizier „tagtäglich betrunken" vor.[188] Gelfand berichtet, daß sich im Februar 1945 keine deutsche Frau mehr hat

---

183 Ingrid Schmidt-Harzbach, Eine Woche im April Berlin 1945. Vergewaltigungen als Massenschicksal, in: Helke Sander, Barbara Johr (Hrsg.), BeFreier und Befreite. Krieg, Vergewaltigungen, Kinder, München 1992, S. 21ff; vgl. auch den von Helke Sander hergestellten Film, Befreier und Befreite, edition Salzgeber, Berlin 1991/92.

184 Barbara Johr, Die Ereignisse in Zahlen, in: Sander (Hrsg.), BeFreier, S. 48, 55. Diese Zahl nennt auch Helke Sander, Erinnern und Vergessen, in: Sander (Hrsg.), BeFreier, S. 15. Eine Angabe der tatsächlichen Größenordnung ist nicht möglich.

185 BA Koblenz, OMGUS/ODI 3/429–3, Nr. 43, Special Intelligence Summary, Soviet Russia in Germany.

186 Wladimir Gelfand, Deutschland-Tagebuch 1945–1946. Aufzeichnungen eines Rotarmisten. Ausgewählt und kommentiert von Elke Scherstjanoi, Berlin 2005, S. 77ff, 315ff. Die Aufzeichnungen sind 1995 mit der Übersiedlung des Sohnes Vitali nach Berlin zurückgekommen. Wladimir Gelfand war seit 1942 als 19-jähriger bei der Armee. Nach zweieinhalb Jahren aktivem Kampfeinsatz hatte sein Pflichtbewußtsein nachgelassen. Es kam zu Reibereien mit anderen Offizieren, er wurde als Jude nicht gemocht. 1945 war er als Leutnant bei der Eroberung von Berlin dabei.

187 Gelfand, S. 23f, S. 26, Eintragungen Ende Januar und August 1945 (S. 128): „Vielen Offizieren sind schon Sachen abhanden gekommen, Diebe stehlen, was ihnen unter die Finger kommt."

188 Gelfand, Deutschland-Tagebuch, S. 23.

blicken lassen, „seit wir einer von ihnen den Körper mit einem Pfahl durchstoßen und sie nackt zu den deutschen Stellungen zurückgebracht haben." Mit erbeuteten Frauen seien „Experimente angestellt [worden], die auf Papier nicht wiederzugeben sind." Ein über zwanzigmal vergewaltigtes Mädchen bat im April in Berlin um seinen Schutz: „Mich, der ich allem Schönen zugetan bin, konnte sie leicht mit ihren glänzenden Äuglein für sich gewinnen, doch es entschied die Soldatenpflicht, die über allem steht [...]."[189]

In seinem Tagebuch tauchen zahlreiche deutsche und auch russische Freundinnen auf: „Meine Jugend kann nichts dafür, daß dieser Krieg stattgefunden und uns nach Deutschland verschlagen hat. Ich kann nun mal die Liebe nicht entbehren, ich brauche Zärtlichkeit, ich brauche Liebe".[190] Elke Scherstjanoi bilanziert:[191] „An Gelfands Begegnungen mit Frauen fällt besonders auf, daß offenkundig keine Gewalt im Spiel war. [...] An den Frauenerlebnissen Gelfands ist zu erkennen, daß es 1945/46 liebevolle Beziehungen zwischen männlichen Siegern und weiblichen Besiegten auch im Osten geben konnte." Sie entnimmt den Aufzeichnungen aber auch, „daß Vergewaltigungen damals auf Seiten der Siegermacht kein Thema von Analysen waren", sie seien verharmlost und strafrechtlich kaum behandelt worden.[192]

Der Autor beschreibt die Deutschen als „Menschenhasser", „Tiere", er hält sie für „dumm", „beschränkt" und „feige", sie sind „Räuber" oder sogar „Bestien", die Leiden verdient haben.[193] Die Häuser werden als häßlich und finster dargestellt, „die deutschen Ortschaften sind langweilig anzuschauen, sie gleichen alle wie ein Ei dem anderen. Aber innen sind die Wohnungen vortrefflich und komfortabel ausgestattet, wenn auch vom Aufbau identisch".[194] Im Juni fuhr Gelfand illegal nach Weimar, „die Stadt Goethes, die Stadt der Musen und Kunstdenkmäler". Sein Blick auf Deutschland wird nun positiver, er spricht von „einzigartiger Architektur" und prachtvoller Natur.[195]

Weitere Zeugnisse von sowjetischen Besatzungssoldaten liegen in russischen Archiven. So berichtet ein Soldat im Dezember 1945: „Ich diene in der Kommandantur, wo es nicht gerade viel zu tun gibt. Ich war noch

189 Gelfand, Deutschland-Tagebuch, S. 44, 62, 78ff.
190 Gelfand, Deutschland-Tagebuch, S. 185. Gelfand hat sich auch in Caputh vor der Schwielowsee-Apotheke und mit einer Freundin fotografieren lassen.
191 Gelfand, Deutschland-Tagebuch, S. 327, 339.
192 Gelfand, Deutschland-Tagebuch, S. 335.
193 Gelfand, Deutschland-Tagebuch, S. 28, 30, 74, 227.
194 Gelfand, Deutschland-Tagebuch, S. 227ff., Brief an seine Mutter, 21. 2. 1946.
195 Gelfand, Deutschland-Tagebuch, S. 271.

Soldaten der Roten Armee in Berlin 1945/46

nicht einmal auf Posten. Ich gehe zu ‚meiner Frau' schlafen, keinen kümmert das. Wohin Du Dich legen willst, leg Dich, wann immer Du aufstehen willst, steh auf. Trink den ganzen Tag und niemand wird Dich fragen, weshalb Du trinkst. [. . .] Die gesamte Truppe trinkt bis zum Umfallen – und das jeden verdammten Tag." In einem anderen Brief steht folgende Beobachtung: „Die Offiziere betrinken sich und gehen dann in die Wohnungen von deutschen Frauen, dort trinken sie weiter und kehren erst in den Morgenstunden nach Hause zurück."[196]

Die Opfer der Vergewaltigungen behielten das Geschehen möglichst für sich und redeten nicht darüber. Das trug dazu bei, daß diese Vorgänge bis heute nicht aufgearbeitet werden konnten. Jede Überlebende einer Vergewaltigung hatte an den Folgen zu tragen, die unter anderem körperliche Versehrtheit, Depressionen, Angstzustände bedeuten konnten.[197] Viele Frauen erkrankten körperlich und seelisch und trugen blei-

---

196 Satjukow, Besatzer, S. 54f. Beide Zitate aus dem Staatsarchiv der Russischen Föderation, Moskau.

197 von Hornstein, Andere müssen bleiben, S. 56, berichtet von ihrer damaligen „primitiven Urangst": „Sie ist furchtbar, qualvoll und erniedrigend und treibt mich bis in die letzten, dunkelsten Schlupfwinkel des Hauses."

bende Schäden davon, eine große Anzahl starb an den Folgen der Gewaltanwendung. Die Symptome der psychischen Störungen waren vielfältig: Scham- oder Schuldgefühle, Albträume oder Unfähigkeit, den Alltag zu bewältigen. Eine oft anzutreffende Folge war, daß die Familie auseinandergerissen wurde. Etwa 90 Prozent der schwanger gewordenen Frauen in Berlin hat abgetrieben, zehn Prozent der Frauen haben das Kind zur Welt gebracht,[198] für ganz Deutschland wird die Zahl der ungewollten Kinder mit 30.000 angegeben. „Die meisten Vergewaltigungskinder hatten Schlimmes zu ertragen: Viele Mütter lehnten die Kinder zeitlebens ab, gaben sie zur Adoption frei."[199] Die mißbrauchten Frauen waren Kriegsopfer, sie erhielten aber keine Entschädigungen und aus den offiziellen Trauerkundgebungen werden sie ausgeschlossen.

Im Tagebuch einer Berlinerin wird außer auf die massenhaften Vergewaltigungen auch auf einen anderen Aspekt hingewiesen: „Ich versuche mir vorzustellen, wie es den Russen angesichts all des schutzlos und herrenlos herumliegenden Gutes zumute sein muß. In jedem Haus gibt es verlassene Wohnungen, die ihnen völlig preisgegeben sind. Jeder Keller mit allem darin verstauten Kram steht ihnen offen. Nichts in dieser Stadt, was ihnen, wenn sie wollen, nicht gehörte. Sie übersehen die Fülle nicht mehr, greifen lässig nach blinkenden Dingen, verlieren oder verschenken sie wieder, schleppen manches Stück ab, das sie nachher als zu lästig wieder von sich werfen. [. . .] Und über jeder anderen Plünderbeute steht ihnen der Schnaps."[200] Über diesen Aspekt schreibt Catherine Merridale: „Hohe Offiziere requirierten Lastwagen, um das Beutegut in die Heimat zu schaffen. Später im Krieg setzten sie sogar ganze Sonderzüge ein."[201]

Bekannt ist, daß Lew Kopelew, ein überzeugter kommunistischer Offizier, sich gegen das Verhalten der sowjetischen Soldaten bei der Eroberung Ostpreußens gewandt hat. Im Gespräch mit einem Kameraden sagte er:[202] „Und stell dir vor, was wird später aus unseren Soldaten, die zu Dutzenden über eine Frau herfielen? Die Schulmädchen vergewaltigten, alte Frauen ermordeten? Sie kommen zurück in unsere Städte, zu unseren Mädchen. Das ist schlimmer als jede Schande. Das sind Hunderttausende von Verbrechern, künftigen Verbrechern, grausa-

---

198 Johr, Die Ereignisse, in: Sander (Hrsg.), BeFreier, S. 52.
199 Der Spiegel, Nr. 28, 1995, Kinder der Schande, S. 56ff.
200 Anonyma, Eine Frau in Berlin, S. 124f. Nach mehreren Vergewaltigungen blieb der Tagebuchschreiberin nur noch der Überlebenstrieb. Sie arrangierte sich mit sowjetischen Offizieren und bekam als Hungernde das Wichtigste zum Überleben: Lebensmittel.
201 Merridale, Iwans Krieg, S. 353.
202 Lew Kopelew, Aufbewahren für alle Zeit! Hamburg 1976, S. 129, 595ff.

me und dreiste mit den Ansprüchen von Helden." Kopelew wurde denunziert, der Vorwurf lautete: „Deutsche und ihre Habe gerettet und Mitleid mit den Deutschen gepredigt zu haben." Er wurde verurteilt und war von 1945 bis 1955 in Haft. Für die humanitäre Katastrophe machte er die kommunistische Führung verantwortlich.

Die sowjetische Militäradministration hatte zu wenig unternommen, um der fortgesetzten Neigung der Soldaten, ihre Rachegelüste an deutschen Frauen auszulassen, etwas in den Weg zu stellen. Der Militärstaatsanwalt der Ersten Belorussischen Front stellte am 2. Mai 1945 fest, daß Gewaltanwendungen gegen Frauen immer noch stattfinden, ebenso wie „Plundersammeln". Er schilderte mehrere „Ungeheuerlichkeiten" und die darauf folgende Bestrafung der Offiziere und Soldaten.[203]

Es gab jedoch auch Eliteeinheiten, die sich mustergültig benommen haben. Eine strengere Separierung der Besatzungstruppen begann Anfang 1946, ab Mitte 1947 wurden die Truppen kaserniert, um jeden Kontakt mit der deutschen Bevölkerung zu unterbinden. Durch ein Gesetz vom 4. Januar 1949 wurden Vergewaltigungen hart bestraft. Soldaten, die Beziehungen zu deutschen Freundinnen unterhielten, sind bis 1953 streng verfolgt worden, sie mußten die DDR sofort verlassen.

Vergewaltigt und geplündert wurde auch in Süd- und Westdeutschland durch Angehörige der amerikanischen und französischen Armee.[204] Nach amerikanischem Recht waren Vergewaltigungen Kapitalverbrechen, die zu Verurteilungen, bis hin zur Todesstrafe, führten.[205]

Die sowjetischen Soldaten galten in der SBZ/DDR offiziell als Befreier und Freunde, vor allem für die politisch und rassisch Verfolgten traf diese Einschätzung zu. Die Rote Armee nahm für sich in Anspruch, das deutsche Volk vom Faschismus und von der Knechtschaft des Kapitalismus errettet zu haben.[206] Mit den traumatischen Erfahrungen der Mehrheit der Bevölkerung war dieser „Befreiungsmythos"[207] aber nicht ver-

---

203 Scherstjanoi (Hrsg.), Rotarmisten, S. 165ff.
204 Über die Vergewaltigungen durch Angehörige der französischen Armee im März und April 1945 vgl. Ute Bechdolf, Grenzerfahrungen von Frauen: Vergewaltigungen beim Einmarsch der französischen Besatzungstruppen in Südwestdeutschland, in: D'une rive á l'autre: rencontres ethnologiques franco-allemandes = Kleiner Grenzverkehr, hrsg. von Utz Jeggle, Freddy Raphael, Editions de la Maison des Sciences de l'Homme, Paris 1997.
205 Helke Sander, Erinnern und Vergessen, in: Helke Sander, (Hrsg.), BeFreier, S. 34f., 487. – Amerikanische Vergewaltigungsfälle wurden vor Gericht in Heidelberg verhandelt.
206 Satjukow, Besatzer, S. 63.
207 Christoph Classen, Vom Anfang im Ende: „Befreiung" im Rundfunk, in: Martin Sabrow (Hrsg.), Geschichte als Herrschaftsdiskurs. Der Umgang mit der Vergangenheit, Köln 2000, S. 92ff.

einbar. Es gab keine unbeeinflußte Aufarbeitung der leidvollen Geschichte, der brutalen Erniedrigungen durch die siegreiche Rote Armee. Die notwendige Versöhnungsarbeit fand nicht statt. Eine neuere Untersuchung von Satjukow kommt zum Ergebnis, es sei angemessen, wegen des sowjetischen Hegemonialanspruchs und der fortbestehenden Besatzungsmentalität von einer Besatzungsgeschichte von 1945 bis 1989 zu sprechen. Sie schließt ihre Arbeit über die Beziehungsgeschichte der sowjetischen Streitkräfte in der DDR zur deutschen Bevölkerung mit dem Resümee: „Keinesfalls gelang es den beiden Völkern, eine offiziell gewünschte, genau besehen aber nur vermeintlich gewünschte tiefe Freundschaft zueinander zu schließen."[208] Erst nach dem Abzug der sowjetischen Truppen konnten einige Etappen zu diesem Ziel zurückgelegt werden, offizielle Versöhnungsgesten der Regierungen beider Länder sind zunehmend zu verzeichnen.

In sowjetischen Darstellungen zur Geschichte des Zweiten Weltkriegs wird von einem durchgehend humanen Verhalten der eigenen Soldaten gegenüber der deutschen Zivilbevölkerung gesprochen.[209] Die Sowjetunion hatte unter hohen Opfern entscheidend dazu beigetragen, daß das nationalsozialistische Deutsche Reich untergegangen war. Die stolze Erinnerung an die militärischen Leistungen verbindet die sowjetische Diktatur mit der russischen Geschichte. Der Sieg im „Großen Vaterländischen Krieg" rechtfertigte alles Schreckliche. In Rußland sind die Übergriffe bisher nicht dokumentiert worden, das Faktum der Vergewaltigungen wird tabuisiert. Unbeeindruckt von den internationalen und deutschen Forschungsergebnissen will die russische Historikerin Natalja P. Timofejewa im Jahr 2004 aufzeigen, daß sich die sowjetischen Soldaten bei der Eroberung Ostdeutschlands vorbildlich verhalten haben. Sie erweckt den Anschein, daß die Greueltaten von der deutschen Seite begangen worden sind. Dazu zitiert sie die Erinnerung des sowjetischen Oberstleutnants Adonjew, daß ein Deutscher in SS-Uniform eine Frau und ein Kind an Galgen aufgehängt habe und verallgemeinert: „Warum waren ihnen Frauen und Kinder im Wege?! Was sind das für Soldaten?"[210] Die Autorin versucht so eine abwegige Umkehrung der tatsäch-

208 Silke Satjukow, Sowjetische Streitkräfte und DDR-Bevölkerung. Kursorische Phänomenologie einer Beziehungsgeschichte, in: Hans Ehlert und Matthias Rogg (Hrsg.), Militär, Staat und Gesellschaft in der DDR. Forschungsfelder, Ergebnisse, Perspektiven, Berlin 2004, S. 225ff und Satjukow, Besatzer, S. 333f.
209 Zeidler, Kriegsende im Osten, S. 13.
210 Natalja P. Timofejewa, Deutschland zwischen Vergangenheit und Zukunft: Die Politik der SMAD auf dem Gebiet der Kultur, Wissenschaft und Bildung, 1945–1949, Einleitung, in: Horst Möller, Alexandr O. Tschubarjan (Hrsg.), Die Politik der Sowjetischen Militäradministration in Deutschland (SMAD): Kultur, Wissenschaft und Bildung, 1945–1949. Ziele, Methoden, Ergebnisse. Dokumente aus russischen Archiven, München 2005, S. 9f.

lichen Geschehnisse zu untermauern. Erst allmählich wächst das Bedürfnis in der postsowjetischen Geschichtsschreibung, sich auch mit dem Thema des Kriegsendes in Deutschland auseinanderzusetzen.[211]

In der SBZ/DDR war es nicht erlaubt, über die furchtbaren Erfahrungen zu sprechen, die die Bevölkerung als Folge des sowjetischen Einmarsches hatte erdulden müssen. Man übersah, daß Unrecht nicht ungeschehen gemacht werden kann und daß eine offene Benennung der Vorgänge für die Betroffenen eine befreiende Wirkung gehabt hätte. Das offizielle Verschweigen war auch ein Grund für die stark ausgeprägte Distanz der Bevölkerung zur KPD/SED und zu den sowjetischen Truppen, die letztlich unaufhebbar geblieben ist. Klaus Arlt,[212] in der sowjetischen Besatzungszone „ständig ansässig" gewesen, ergänzt,[213] „daß vor allem die scharfen Sicherheitsbedürfnisse des sowjetischen Militärs unkontrollierte Kontakte zur Bevölkerung einschränkten".

Naimark ist der Ansicht, daß ein erzwungener Gedächtnisverlust niemals gut für ein Volk sein kann, daß „die ‚neuen Bundesländer' noch manch schwierige Phase überwinden müssen, bevor sie sich in aller Offenheit und Ehrlichkeit mit ihrer Vergangenheit auseinandersetzen können". Weder in der Memoirenliteratur noch in der Geschichtsschreibung hätten die Vergewaltigungen eine angemessene Behandlung erfahren. Er schätzt die Zahl der Opfer in den Monaten vor der Kapitulation und danach auf bis zwei Millionen.[214] Bei seinen Studien in Archiven hat er eine Liste an Deutschen begangener Verbrechen gefunden, die von der Potsdamer Kommandantur Mitte 1946 zusammengestellt worden ist, Vergewaltigungen, Raub und illegale Enteignungen nehmen einen vorrangigen Platz ein. Die Ortskommandanten hätten kaum eine Kontrollmöglichkeit über die oft höherrangigen Offiziere der sich abwechselnden Kampfeinheiten gehabt. Die Trinksitten der Russen hätten eine ebenso signifikante Rolle wie ihr Rachedurst und ihr Deutschenhaß gespielt.[215]

1998 wurde von den Mitgliedstaaten der Vereinten Nationen ein Vertrag angenommen, der 2002 in Kraft trat. Danach werden Vergewal-

---

211 Ljudmila A. Mercalova, Andrej N. Mercalov, Rote Armee und deutsche Zivilbevölkerung am Ende des Großen Vaterländischen Krieges – ein vernachlässigtes Thema der sowjetischen und postsowjetischen Geschichtsschreibung, in: Scherstjanoi (Hrsg.), Rotarmisten, S. 396ff.

212 Klaus Arlt, Vorsitzender und Schriftleiter der „Mitteilungen der Studiengemeinschaft Sanssouci e.V.", Verein für Kultur und Geschichte Potsdams.

213 Klaus Arlt, Jahrbuch für Brandenburgische Landesgeschichte, Bd.59, Berlin 2008, S. 258f.

214 Naimark, Die Russen in Deutschland, S. 10, 111, 169f.

215 Naimark, Die Russen in Deutschland, S. 113, 118, 146. Die Trink-Exzesse der Soldaten beschreibt drastisch: von Hornstein, Andere müssen bleiben.

tigungen durch den Ständigen Internationalen Strafgerichtshof in Den Haag als Verbrechen geahndet. So wurden hohe Strafen gegen Angeklagte des Bosnienkrieges wegen Vergewaltigung und Mißhandlung von Frauen verhängt.[216]

Historisch betrachtet ist die Knechtung der Frauen durch kollektive Gewalt von Männern „weder ein neues noch ein ethnisches Phänomen, und weder ist es im Verlauf der Geschichte nur auf Kriege beschränkt gewesen noch auf einen Unterschichtmob". In patriarchalischen Gesellschaften werden Frauen auch vergewaltigt, um die vermeintliche Ehre der Männer zu zerstören.[217]

Von Potsdam und einigen Ortschaften in der Nachbarschaft sind Zeitzeugenberichte über die Ereignisse nach dem Einmarsch der sowjetischen Armee überliefert. Die mehr als ein halbes Jahrhundert zurückliegenden Gewalttaten und Erlebnisse können so, aus subjektiver Sicht, partiell rekonstruiert werden. Damit wird versucht, eine von der DDR gewollte Erinnerungslücke zu schließen.[218]

Kerzendorf bei Ludwigsfelde[219]

Lally Horstmann stammte aus einer jüdischen Familie. Ihr Vater Paul von Schwabach[220] war angesehener Bankier, er zählte zum Freundeskreis Kaiser Wilhelms II. Nach der Versetzung ihres Mannes Alfred in den Ruhestand 1933, er war zuletzt Gesandter in Lissabon, lebte die Familie im Schloß Kerzendorf mit Gutsbetrieb. Das gleichnamige Dorf gehört zum Kreis Teltow, 1939 zählte es 313 Einwohner.

Von ihren Erfahrungen mit der Roten Armee ab April 1945 berichten ihre Erinnerungen, die sie auf der Grundlage eines bisher unveröffentlichten Tagebuchs geschrieben hat: „Wir wurden Zeugen der natür-

---

216 Siehe Erica Fischer, Am Anfang war die Wut. Monica Hauser und Medica mondiale. Ein Frauenprojekt im Krieg, Köln 1997. Zum Forschungsstand „Sexuelle Gewalt im Krieg" vgl. Beck, Wehrmacht und sexuelle Gewalt, S.17ff.

217 Susan Brownmiller, Gegen unseren Willen. Vergewaltigung und Männerherrschaft, Frankfurt a. M. 1987, S. 203 und Martina Böhmer, Erfahrungen sexualisierter Gewalt in der Lebensgeschichte alter Frauen. Ansätze für eine frauenorientierte Altenarbeit, Frankfurt a. M. 2001.

218 Christel Panzig, Klaus-Alexander Panzig, „Die Russen kommen!" Deutsche Erinnerungen an Begegnungen mit „Russen" bei Kriegsende 1945 in den Dörfern und Kleinstädten Mitteldeutschlands und Mecklenburg-Vorpommerns in: Scherstjanoi, Rotarmisten, S. 340ff.

219 Kerzendorf ist 31 km von Potsdam entfernt.

220 Paul von Schwabach (1867–1938), Bankier, Mitinhaber der Firma S. Bleichröder. Sein Vater Julius Leopold hatte 1850 das Gut (403 ha) erworben.

lichen Folgen des Besiegtseins. Hier wurde der ‚Raub der Sabinerinnen'
noch einmal durchgespielt, eine Wiederholung der Bräuche aus den
Kriegen Griechenlands gegen Rom, aus uralten asiatischen Stammes-
fehden. Ritus und Symbol der Niederlage, die es den Männern ver-
wehrte, ihre Frauen zu verteidigen, und ihnen die Schmach auferlegte,
sehenden Auges zu erleben, wie sie dem Sieger als Beute zufielen. Was
sich in unserem Haus abgespielt hatte, war typisch für die Vorkomm-
nisse in allen anderen. Bauern und Dorfbewohner trugen uns am nächsten Morgen die gleichen Geschichten von Plünderungen und Vergewaltigungen zu."[221] Lally Horstmann hat in ihrem Tagebuch die
Niederschrift über die Ereignisse vom 23. April durch Streichungen
unkenntlich gemacht, sie waren „too terrible". Andeutungen lassen
erkennen, daß auch sie vergewaltigt worden ist.[222]

Den General, der auf dem Gutshof die Aufstellung der Panzer in
dichten Reihen überwachte, stellte Lally Horstmann zur Rede. Er
erwiderte:[223] „Wohnstätten sind in der ganzen Ukraine, wo ich herkom-
me, zerstört worden. Ich habe jede Spur von meiner Frau, von meinen
Kindern verloren. Ich weiß nur, daß sie aus unserem Dorf flohen, als das
Haus meiner Eltern, in dem ich geboren wurde, in Flammen aufging.
Warum sollte ich hier irgendjemanden oder irgendetwas verschonen?
Danken Sie Hitler und Ribbentrop[224] dafür." Weiter berichtet sie von
einer Reihe deutscher Männer in Ludwigsfelde, die sich gegen die ein-
dringenden Russen stellten, entschlossen ihre Frauen zu verteidigen
und die bereit waren, „zu töten oder getötet zu werden". Die Russen
zogen laut fluchend zum nächsten Haus. Ein Arzt der Stadt versuchte,
seine Frau zu verteidigen, hatte aber keinen Erfolg.[225] Sie beobachtete
aber auch, daß ein russischer Posten einem deutschen Soldaten, der
kaum mehr laufen konnte, sein Fahrrad übergab und ihm beim
Aufsteigen half.[226] Lally Horstmann erlebte die Gewaltanwendungen in
Kerzendorf bis in den Herbst; die Plünderungen, auch von Dorfbewoh-
nern, hielten bis zum Februar 1946 an.[227] Ihr Mann Alfred gehörte der

---

221 Lally Horstmann, Kein Grund für Tränen. Aufzeichnungen aus dem Untergang. Berlin
     1943–1946, Berlin 1995, hrsg. von Ursula Voß, S. 96f.
222 Horstmann, Kein Grund, S. 96f., 234.
223 Horstmann, Kein Grund, S. 102.
224 Joachim von Ribbentrop (1893–1946), seit 1932 NSDAP-Mitglied, 1938–1945 Reichsaußen-
     minister, vom Nürnberger Alliierten Kriegsverbrechertribunal 1946 zum Tode verurteilt
     und hingerichtet.
225 Horstmann, Kein Grund, S. 114f.
226 Horstmann, Kein Grund, S. 125. Detlev Cramer, Geschichten einer Gefangenschaft, Mün-
     ster 2000, hat die Hilfsbereitschaft der russischen Bevölkerung erfahren. Ohne deren Hilfe
     hätte er 42 Monate in harter sowjetischer Gefangenschaft nicht überleben können.
227 Horstmann, Kein Grund, S. 201f.

NSDAP nicht an. Er wurde am 2. März 1946 vom NKWD[228] verhaftet und in das Speziallager Nr. 7, Sachsenhausen/Oranienburg, gebracht, wo er 1947 verhungerte.[229] Nach der Inhaftierung ihres Manns verließ Lally Horstmann Kerzendorf für immer. Sie starb am 2. August 1955 vereinsamt in einem Hotelzimmer in Brasilien.

Saarmund

Über den Einmarsch der Roten Armee am 23. April in Saarmund gibt es einen Bericht des Ortspfarrers Kurt Müller[230] vom August 1945. 1939 hatte der Ort 1.311 Einwohner. Das Datum der Niederschrift weist aus, daß es sich hier um eine Quelle handelt, in der die Vorgänge noch weitgehend unreflektiert wiedergegeben werden.[231] Müllers Familie hatte sich zum Schutz gegen den Artilleriebeschuß im Eiskeller des Schlachters aufgehalten. Dort waren an die 30 Menschen versammelt, meist jüngere Frauen und viele Kinder. Er berichtet: „Nur wir drei Männer – außer mir der Bürgermeister Hübner und der ebenfalls benachbarte Ortsbauernführer Stoof[232] – konnten uns am Nachmittag frei bewegen. Ich habe da genau erfahren, wie es den Familien am Markt erging, und habe ein junges Mädchen, sowie eine Frau, die mehrmals vergewaltigt waren, zu uns in den Keller geholt. Das Pfarrhaus bot ebenso wie die anderen Häuser einen trostlosen Anblick. Es war alles durcheinandergeworfen und durchwühlt. Ein großer Teil der Gemeinde war schon geflüchtet und ist zum Teil erst nach Wochen zurückgekehrt. Je weiter der Abend vorrückte, desto mehr wurden wir durchsucht und ausgefragt. Schließlich wurden die jungen Mädchen festgestellt und unsere D. mit den Worten ‚gut für russische Soldaten' besonders aufs Korn genommen.

Sie können sich die Aufregung der Frauen vorstellen. Es war nahe daran, daß eine Panik ausbrach. [...] Bei Tagesanbruch stellte ich fest, daß der Marktplatz von Russen ziemlich frei war [...]. In dem Augen-

---

228 NKWD bzw. NKVD = Volkskommissariat für Innere Angelegenheiten.
229 Horstmann, Kein Grund, S. 199f., 215. Die Rehabilitierung Alfreds Horstmanns durch die Militärhauptstaatsanwaltschaft der Russischen Föderation erfolgte 1995.
230 Zu Kurt Müller (1895–1972) siehe Thimme: Kurt Müller, evangelischer Gemeindepfarrer, in: Rote Fahnen, S. 74–94.
231 Landeskirchliches Archiv Berlin-Brandenburg, Berlin, 15/1532, Schreiben Müllers vom 22. 8. 1945 an Oberkonsistorialrat Martin Kegel, Berlin.
232 Georg Hübner, seit 1933 in Saarmund Kirchenältester, seit Juli 1936 Patronatsältester. Stoof gehörte nicht der NSDAP an, die im Ort beschäftigten Fremdarbeiter traten für ihn ein, Verhöre der sowjetischen Besatzungsmacht brachten keine Belastungsmomente.

blick kam neue mongolische Infanterie in den Ort und durchsuchte Haus bei Haus nach jungen Mädchen. Ich werde deren Schreie und das Jammern der Eltern nicht wieder vergessen. Die noch vorhandenen Bewohner flohen ins Nuthetal. [...] Da standen wir im Morgennebel und erfuhren, was alles Schreckliches im Ort geschehen war. Während die anderen in ratloser Verzweiflung an der Nuthe standen – es waren noch 100 –150 Personen, von denen ich verschiedene noch abhielt, in die Nuthe zu springen – erklärte meine Frau, unter keinen Umständen mit den Kindern länger hier zu bleiben. [...] Ich konnte in diesem Augenblick nicht anders handeln und habe mich mit den Meinen auf den Weg begeben in der festen Absicht, nachdem ich sie in Sicherheit gebracht hatte, wieder nach Saarmund zurückzukehren. Unter mannigfachen Gefahren, in denen wir deutlich die bewahrende Hand des Herrn gespürt haben, trafen wir am 30. April in Pechau bei unseren Verwandten ein. [...] Nachdem ein Versuch, am 4. Mai über die Elbe zu kommen, mißlungen war, fielen wir am 5. Mai mit unserer ganzen Verwandtschaft erneut in die Hände der Russen. Was meine Familie da in drei Nächten erlebt hat, gehört zu dem Schwersten meines Lebens."

Seine Familie konnte schließlich über die Elbe flüchten, während Müller zweimal von den Truppen festgenommen und wieder entlassen wurde. Am 28. Juni 1945 traf er wieder in seiner Gemeinde ein: „Hier [in Rehbrücke] bin ich überall mit größtem Verständnis und ehrlicher Freude aufgenommen worden. Von Herrn Superintendenten D. Brandt[233] empfing ich auf mein Begehren nach abgelegter Beichte die Vergebung und Wiedereinsetzung in mein Amt. [...] Das Verständnis der Gemeindeglieder für meine Lage erklärt sich mit daraus, daß, wie ich erst jetzt erfuhr, noch weit mehr Familien geflüchtet und ähnliche Erlebnisse gehabt hatten, wie ich. [...] Die nicht kirchlich vollzogenen Beerdigungen der vielen Toten aus der ersten Zeit habe ich in besonderen Trauerfeiern nachgeholt [...]." Wenig später schrieb er an Oberkonsistorialrat Martin Kegel: „In Saarmund sind ca. 600 russische Offiziere einquartiert, von denen bis zu 8 außer den in unseren Möbeln wohnenden 5 Flüchtlingsfamilien im Pfarrhaus untergebracht sind. [...] Das ganze Haus mit Hof und Garten macht einen derartigen schmutzigen und verwahrlosten Eindruck, daß ich meiner Frau den Neuanfang hier gar nicht zumuten kann."[234]

Die Flucht des Pfarrers Kurt Müller war in seinem Sprengel bei Gemeindemitgliedern, die seine Hilfe nötig hatten, auf Unverständnis

233 Gemeint ist wahrscheinlich Pfarrer Günther Brandt.
234 Ev. Gemeindearchiv Bergholz-Rehbrücke, Pfarrer Kurt Müller 1930–1965, Nr.153, Brief 2. 9. 1945.

gestoßen. Sein Nachfolger Pfarrer Horst Dalberg, geb. 1924, von 1966 bis 1984 im Amt, beschrieb 1978 die damalige Situation: „Wenn viele heute meinen, die Kirche jener Tage habe ihre Stunde versäumt, so muß man entgegnen, daß wohl kaum einer den Weg wußte, daß alle voller Feigheit und Furcht, daß jeder hoffte, nur lebend, egal wie, über diese bitteren Tage zu kommen. Wir haben für die Gemeinde viele verloren, die damals auf der Suche waren, das stimmt. Aber diese Schuld trifft nie einen einzelnen."[235]

Potsdam-Rehbrücke

Am 23. A#pril 1945 wurde Bergholz-Rehbrücke von Truppen der 4. Ukrainischen Gardepanzerarmee erobert. Was sich danach im Ort ereignet hat, kann nur unzureichend beschrieben werden, vieles bleibt im Dunkeln. Die Mehrzahl der Betroffenen vermied es, über die schrecklichen Erlebnisse zu reden.

Besonders tragisch war das Schicksal von Walther Schmidt, der wegen seiner ablehnenden Haltung zum Nationalsozialismus im Zuchthaus Brandenburg einsaß. Er wurde am 24. April 1945 entlassen und erreichte zu Fuß am selben Tag Rehbrücke. Kaum zu Hause, drangen russische Soldaten in sein Haus. Bei dem Versuch, seine beiden Töchter zu schützen, wurde er erschossen, die Mädchen konnten fliehen. Dasselbe Schicksal erlitt am 23. April ein Familienangehöriger in der Hauptstraße, als er die Vergewaltigung seiner Schwester zu verhindern suchte und ein Fleischermeister, der sich vor seine Frau stellte. Ein Zeitzeuge berichtet von Vergewaltigungen in der Waldsiedlung am Bahnhof Rehbrücke und dem Versuch eines Soldaten, ein dreizehnjähriges Mädchen zu mißbrauchen. Daraufhin boten sich die Mutter und die Großmutter ohne Erfolg an, um das Kind zu schützen, worauf sich alle drei das Leben nehmen wollten und die Pulsadern aufschnitten, sie konnten gerettet werden.[236] Wie andere Frauen und Mädchen mußte die Tochter eines in Rehbrücke wohnenden Arztes vielfache Vergewaltigungen erleiden.

Nach Abzug der Kampftruppen wurde brachiale Gewalt seltener angewendet. So kam ein Offizier mit Lebensmitteln zu einer Familie, die er zum gemeinsamen Essen einlud. Danach mißbrauchte er die Tochter.

---

235 Ev. Gemeindearchiv Bergholz-Rehbrücke, Pfarrer Horst Dalberg in Bergholz-Rehbrücke, 1. 10. 1966 – 30. 5. 1984. Festvortrag aus Anlaß der 750-Jahr-Feier für Bergholz-Rehbrücke.
236 Klaus Menny, Aufzeichnung, 2001, Typoskript im Besitz des Herausgebers.

Andere Offiziere verschafften sich Eintritt in Häuser, durchsuchten die Räume und, wenn nur Frauen anwesend waren, vergewaltigten sie diese. Die Anwesenheit von Kindern störte dabei nicht. Solche Vorfälle sind dem Ortskommandanten zumeist unbekannt geblieben, sie waren selbst für die Nachbarn kaum zu erkennen.

Hans-Boris von Glasenapp besuchte im Januar 1946 Rehbrücke und schrieb an seine Schwägerin Helene über seine Eindrücke: „Völlig erschöpft erschien ich vor Eurer Wohnungstür. Türschild: E. Nest. Familie Bönicke kannte man dort nicht mehr. Sie sollen von russischen Soldaten erschossen worden sein, entweder, weil sie von einem ausländischen Dienstmädchen denunziert worden seien, oder weil sie Schmuck nicht herausgegeben haben sollen. Das ganze Haus soll völlig ausgeplündert sein, z.T. demoliert. 4 Flüchtlingsfamilien wohnen darin. Von Euren Sachen soll angeblich kein Stück mehr vorhanden sein."[237] Diese Schilderung ist insofern nicht zutreffend, als Adolf Bönicke und seine Frau Johanna vor Ankunft der russischen Truppen Selbstmord begangen hatten.[238]

Anfang Mai hielten mehrere Russen nachts mit einem LKW vor dem Haus der Familie Eltester, sie brachen mit Gewalt ein, suchten nach Beute und schossen auf den Hausherrn, ohne ihn zu treffen. Im Herbst wurde Walther Eltester[239] noch einmal von russischen Soldaten überfallen und verletzt, als er mit dem Fahrrad in Begleitung von Kurt Grünbaum[240] auf der Autobahn nach Berlin radelte.[241]

Schon Monate vor dem Einmarsch der sowjetischen Armee hatten Gemeindemitglieder Pfarrer Kurt Müller anvertraut, sie würden sich erschießen, bevor die Russen einrückten.[242] Der nationalsozialistischen Propaganda war es gelungen, das Volk gegen die auf deutsches Gebiet vorrückende sowjetische Armee mit Haß zu erfüllen, andauernde Hinweise auf deren Greueltaten sollten den Widerstandswillen stärken, führten aber auch zu Panikreaktionen.

---

237 Brief Hans-Boris von Glasenapps, 5.1.1946 aus Prerow, im Besitz des Herausgebers.
238 Mitteilung von Eva-Barbara Bönicke, 12. 9. 2005. Zur Geschichte der Familien Adolf und Gerhard Bönicke siehe Thimme, Denunziation und Vernichtung, in: Rote Fahnen, S. 121ff.
239 Walther Eltester, Dozent an der Friedrich-Wilhelms-Universität zu Berlin, ab 1945 Professor für Kirchengeschichte. Die Familie übersiedelte 1949 nach Marburg.
240 Kurt Grünbaum (1892–1982), ab 1923 im Dienst der evangelischen Kirche, ab 1928 als Ministerialrat im Preußischen Kultusministerium, später im Reichskirchenministerium. Zum Schicksal von Grünbaum in der SBZ/DDR siehe Thimme, Kurt Grünbaum (CDU), in: Rote Fahnen, S. 302ff.
241 Mitteilung von Hans-Herbert Eltester, 19. 4. 2001.
242 Tagebuch, Eintrag 21. 8. 1944.

Wie in vielen Städten und Gemeinden kam es vor der Besetzung durch die Rote Armee zu zahlreichen Freitoden. „Die hohe Zahl der Selbstmorde hier im Ort [Potsdam-Rehbrücke] spricht eine deutliche Sprache für die Ängste der Menschen. Viele haben ihre Häuser verlassen und sind in die Ravensberge oder sogar weiter in westlicher Richtung geflohen auf Grund von Schreckensmeldungen der aus dem Osten kommenden Flüchtlinge."[243] Die NS-Propaganda über die bestialischen sowjetischen Untermenschen trieb nach Schätzungen von Experten Zehntausende in den freiwilligen Tod, genaue Zahlen sind nicht bekannt.[244]

Befreit durch die Anwesenheit der sowjetischen Truppen fühlte sich der kommunistische Berliner Kunstmaler Otto Nagel.[245] Ab 1943 in Forst in der Lausitz lebend, fand er mit seiner Familie Anfang 1945 in Rehbrücke bei Bekannten eine Unterkunft. Seine Frau Walli (Walja), 1904 in Petersburg geboren, begrüßte auf der Straße einen einrückenden Panzerfahrer: „Und nun kommt dieser junge hübsche Mensch in den Luftschutzkeller: ,Na, was macht ihr hier? Alle gesund? Keine ansteckenden Krankheiten? Kinder?' Mit einmal greift er in seine Tasche, wirft Schokolade und Bonbons unter die Menschen. Noch nie zuvor habe ich gesehen, daß ein deutscher Mensch so schnell sein kann. [...] Er fuhr mit seinem Panzer weiter, winkte, bis die Luke sich schloß, und nun hatten wir wieder neue Freunde."[246] Nagel war zu dieser Zeit krank, er erhielt von sowjetischen Offizieren Pakete mit Lebensmitteln und einen Besuch von Oberst Sergej Tjulpanow.[247] Von den guten Beziehungen der Familie Nagel zu den Russen profitierten die Nachbarn, sie wurden

---

243 Vgl. Detlev Lexow, Das Kriegsende, in: Der Nuthe Bote, September 2002, mit folgendem Resümee: „Erschreckend hoch war in jenen Tagen die Zahl der Selbstmorde. Die der Front vorauseilenden Gerüchte und manche schrecklichen Erlebnisse in den ersten Tagen nach der Besetzung des Ortes trieben nicht nur Verfechter des NS-Regimes in den Tod." Kurt Baller, 62 Bergholz-Rehbrücker Rätsel-Biographien, Marwitz 2003, S.80, gibt nach Aussage einer Ortsbewohnerin an, Angehörige von 24 Familien hätten Selbstmord begangen. Dem Herausgeber sind 22 freiwillige Selbsttötungen und einige versuchte Selbstmorde bekannt.

244 Die Nacht von Wildenhagen, Arte 4. 5. 2005.

245 Otto Nagel (1894–1967), ab 1918 Mitglied der KPD. 1933 für wenige Tage Vorsitzender des Reichsverbands Bildender Künstler, 1934 Malverbot, 1936/37 KZ Sachsenhausen, 1945 Mitbegründer des Kulturbundes, 1946 Mitglied der SED, Abgeordneter des Landtags Brandenburg, 1948 Professor, 1950–1954 Mitglied der Volkskammer, 1953–1959 Vorsitzender bzw. Präsident des Verbands Bildender Künstler, 1956–1962 Präsident der Deutschen Akademie der Künste, 1965 Ehrenbürger Potsdams.

246 Walli Nagel, Das darfst Du nicht! Erinnerungen, Halle, Leipzig 1981, S. 185.

247 Sergej Tjulpanow (1901–1984), 1945 – September 1949 Chef der Verwaltung für Zensur und Propaganda/Information der Sowjetischen Militäradministration in Deutschland (SMAD).

nicht belästigt. Über die Übergriffe der Truppen schreibt Walli Nagel: „Natürlich passierten auch Schweinereien, so tauchten plötzlich Wlassow-Leute[248] auf, die sich die Uniformen toter russischer Soldaten angezogen hatten und durch ihre Schandtaten wie Plünderungen und Vergewaltigungen das Ansehen der Roten Armee schädigten. Aber mit solchen Dingen wurde sehr schnell Schluß gemacht."[249]

Hier wird das Vergewaltigungsproblem zwar angesprochen, aber auf das Bandenunwesen reduziert. Das entsprach der Sprachregelung der SED und der staatlichen Verwaltung. Schon die Berliner KPD-Führung hatte die Vergewaltigungen bagatellisiert. Sie wurden, ebenso wie die Morde und Plünderungen, Deserteuren, ehemaligen russischen Zwangsarbeitern und deutschen Banditen in Sowjetuniform in die Schuhe geschoben. Wer dieses Thema berührte, diffamierte nach Meinung der Kommunisten die Russen und trieb Antisowjethetze.[250]

Kleinmachnow

Kleinmachnow, eine Nachbargemeinde von Potsdam, mit 16.142 Einwohnern 1944,[251] wurde am 25. April von der Roten Armee besetzt. Peter Bloch,[252] ab 1938 Bürger des Ortes, war 1940 wegen „Wehrunwürdigkeit" aus der Wehrmacht entlassen worden, er war „Mischling ersten Grades". Er beschreibt die Situation im Ort 1945: „Sie [die sowjetischen Soldaten] waren unberechenbar: brutal wie Hunnen und zutraulich wie Kinder. Man wußte nie, woran man mit ihnen war. Sie konnten ungerührt Menschen totschießen und Frauen vergewaltigen, Kindern Schokolade schenken und vor einem Stall mit jungen Kaninchen lachend und bewundernd hocken. [...] In drei Tagen wurden über 200 Menschen sinnlos erschossen und zahllose Frauen vergewaltigt. [...] Selbstmorde waren an der Tagesordnung." Er berichtet von einem Deutschen, der sich den Soldaten entgegenstellte, um Frauen zu schützen, die Folge war, daß dieser und zwei Frauen umgebracht wur-

---

248 Andrej A. Wlassow, sowjetischer General, geriet 1942 in deutsche Gefangenschaft. Er versuchte mit einer Freiwilligenarmee aus russischen Kriegsgefangenen die bolschewistische Regierung zu stürzen, 1946 wurde er in Moskau hingerichtet.

249 Nagel, Das darfst Du nicht!, S. 186.

250 Naimark, Die Russen in Deutschland, S. 170ff.

251 Dieter Mehlhardt, Kleinmachnow, Geschichte und Entwicklung des Ortes, hrsg. vom Kulturbund zur demokratischen Erneuerung Deutschlands, Erfurt 1954, S. 44.

252 Peter Bloch, ab Februar 1946 Vorsitzender der Ortsgruppe der CDU in Kleinmachnow und Mitglied der Gemeindevertretung sowie stellv. Kreisvorsitzender in Teltow, 1947–1950 stellv. Landesvorsitzender der CDU Brandenburgs und Mitglied des Landtags.

den.[253] Als sich Ernst Lemmer[254] weigerte, Bürgermeister von Kleinmachnow zu werden, wurde er von einem sowjetischen Oberst durch dessen Griff an die Pistolentasche und die Worte: „Du Bürgermeister – oder . . . tott!" überzeugt, daß es besser sei, das Amt zu übernehmen. Von ihm erfahren wir, daß es kaum einen Tag gegeben hatte, an dem sich nicht schreckliche Szenen abgespielt hätten, viele Menschen seien umgekommen: „Damals habe ich tiefe Einblicke in das Elend der gepeinigten Menschen gewonnen."[255]

Potsdam-Babelsberg

Ruth Schramm, Oberin im Städtischen Krankenhaus Babelsberg, schildert ihre Erfahrungen mit sowjetischen Soldaten:[256] „Ich muß überhaupt noch schildern, daß Vergewaltigungen der Russen an der Tagesordnung waren. Und zwar schreckten manche vor kleinen Mädchen von 12 Jahren und alten Frauen über 60 nicht zurück. Zu uns kamen in den Tagen zwischen 400–500 zu Spülungen, die wir alle registrierten und zur Beobachtung auf eine eventuelle Geschlechtskrankheit wieder bestellten. Das viele Herzeleid, was durch diese schamlose Haltung der russischen Soldaten entstand, bei den jüngsten jungen Mädchen und Frauen, war unbeschreiblich. Ich fürchte, es wird bei manchen ein seelisches Drama fürs Leben nach sich ziehen. [. . .] Die Ansteckung ist wohl 40 Prozent, die Prozentzahl der Schwangerschaften ist noch nicht zu übersehen."

Der Maler Karl Hofer berichtet von seinen Erlebnissen in der Babelsberger Großbeerenstraße:[257] „Die Bullen verschwanden einer nach dem anderen, und der Russ war da. Viele, die sich wie Bestien benahmen, aber auch zivilisierte Menschen darunter. Unbeschäftigt, hatte ich begonnen russisch zu lernen, da ein Sprachlehrer in der Nähe war. So

253 Peter Bloch, Zwischen Hoffnung und Resignation. Als CDU-Politiker in Brandenburg 1945–1950, Köln 1986, S. 31, 34.
254 Ernst Lemmer (1889–1970), Journalist, 1924–1933 Mitglied des Reichstags (Deutsche Demokratische Partei/Deutsche Staatspartei), Mitbegründer der CDU der SBZ, 1947 als Zweiter Vorsitzender der CDU durch die SMAD abgesetzt, ab 1952 Westberliner Vertreter im Deutschen Bundestag, 1956–1965 Bundesminister.
255 Ernst Lemmer, Manches war doch anders. Erinnerungen eines deutschen Demokraten, Frankfurt a. M. 1997, S. 232.
256 Ruth Schramm, Die Bombennacht im Städtischen Krankenhaus Babelsberg, Aufzeichnungen vom 23. April und 11. Mai 1945, in: Potsdam 1945, S. 53–75. Ruth Schramm war von 1936 bis 1945 Oberin in Babelsberg, sie übersiedelte nach Hamburg.
257 Karl Hofer, Erinnerungen eines Malers, Berlin 1953, S. 228f. Siehe auch S. 6ff.

schrieb ich in cyrillischen Lettern ein Plakat mit dem russischen Worten für Irrenhaus, das die Sieger fernhalten sollte, denn schon war bekannt, was im Siegestaumel geschah. Eine uns bekannte Dame mußte es in einer Nacht achtzehnmal über sich ergehen lassen, und der Altersrekord widerfuhr einer einundachtzigjährigen buckligen Frau! Wir bleiben vom Gröbsten verschont, wohl dank der Anwesenheit Herriots[258] und der alten jüdischen Dame."[259]

Auch in dieser Situation verhielt sich Hofer vorbildlich. Er versuchte, auf das chaotische Geschehen Einfluß zu nehmen. In bedauernswerter eigener Situation schrieb er einen mutigen Brief an den sowjetischen Stadtkommandanten von Berlin, um ihn auf „die heute geschaffenen Verhältnisse" aufmerksam zu machen. Darin heißt es:[260] „Die Plünderungen, Beraubungen und Vergewaltigungen unserer Frauen haben wir hinnehmen müssen als immerhin begreifliche Handlungen, als eine Art Belohnung Ihrer Soldaten nach mittelalterlichem Kriegsrecht, wußten wir doch, welche Untaten die SS-Mörder sich in Ihrem Land zuschulden kommen ließen. Wir mußten es als Vergeltung hinnehmen, die Unschuldige traf. Wir hofften auf strenge Bestrafung der Schuldigen und auf Befriedung des Landes.

Statt dessen erleben wir zu unserer Verzweiflung, daß Plünderungen, Raubüberfälle und Vergewaltigungen zu einem Dauerzustand geworden sind, daß die wenigen Lebensmittel uns weggenommen werden, die Frauen nicht mehr wagen können, auf Feldern zu arbeiten, kaum noch jemand wagt, Lebensmitteltransporte zu unternehmen, da diese unterwegs überfallen und beraubt, ja selbst Pferde und Fuhrwerk weggenommen werden." Hofer äußerte, er habe vom neuen Rußland eine neue Moral, eine Menschlichkeit des Siegers erwartet. Stattdessen sei die Besatzungsmacht dabei, Unschuldige und Schuldige zu vernichten: „Die Selbstmorde aus Verzweiflung gehen in die Hunderte, bald werden sie in die Tausende gehen, ich selbst sehe bei diesem Hungerdasein kein anderes Ende vor mir."

---

258 Éduard Herriot (1872–1957), seit 1924 mehrmals französischer Ministerpräsident, 1944 von den Deutschen interniert, 1947 Präsident der Nationalversammlung.

259 Richard Sinn hatte eine Jüdin in seinem Sanatorium versteckt.

260 Hofer, Malerei hat eine Zukunft, S. 249ff., Brief vom Juni 1945 an Generaloberst Nikolai E. Bersarin.

Potsdam-Stadtmitte

Hermann Kasack hat die von ihm beobachteten Ereignisse der Eroberung Potsdams durch die Rote Armee in tagebuchähnlichen Notizen
aus der Zeit von April bis Juli 1945 festgehalten. Nach dem Abitur am
Viktoria-Gymnasium 1914 war er als Verlagslektor tätig, ohne sich vom
Nationalsozialismus vereinnahmen zu lassen. Am 27. April 1945 sah er
sowjetische Soldaten vor seiner Wohnung in der Kaiser-Wilhelm-Straße,
er empfand „Angst vor dem Unbekannten. [...] Die Vorstellung, daß
Russen oder Fremdarbeiter in Haus und Wohnung dringen könnten,
nimmt alle Unbefangenheit." Nach der Vergewaltigung einer ihm
anvertrauten Hausbewohnerin durch einen sowjetischen Offizier
notiert er: „Ich saß wie ein vor die Stirn geschlagenes Opfertier; welche
Ohnmacht! [...] Etwas von Versteinerung ging in mir vor. So war es,
gestorben zu sein, ohne daß sich der Tod vollzogen hatte. [...] Wir meinten, daß uns und unserm Haus so böse mitgespielt werde wie nirgends
sonst. [...] Wer beten kann, wird in solcher Lage gebetet haben, wer
über ein rasch wirkendes Gift verfügte, es genommen haben. [...] Nicht
der Tod war zu fürchten, sondern das Weiterleben. [...] Nachdem sich
herausgestellt hat, daß man weiter zu leben hat, schiebt sich die Sorge
um die materielle Grundlage des Lebens in den Vordergrund." Nach
einigen Tagen reflektiert Kasack über die „Jagd auf Frauen": „Seit alters
her ist es ein Recht des Kriegers, Frauen als Beutegut zu nehmen. [...]
Es wird sich niemals feststellen lassen, in wie vielen Fällen die Frauen
bewußt oder unbewußt die Situation herausgefordert oder zumindest
sich nicht unwillig in sie gefügt haben. [...] Feststellen läßt sich nur, daß
schon nach Ablauf weniger Wochen viele Frauen den russischen Soldaten nachgelaufen sind und daß sie es nicht nur um des Vorteils zusätz-
licher Lebensmittel willen taten."[261]
Diese Betrachtungsweise Kasacks über Frauen als Beutegut entsprach damals anzutreffenden Vorurteilen in der männlichen Bevölkerung. Außer Acht gelassen werden die negativen Auswirkungen, die
sexualisierte männliche Gewalt auf Frauen hat, die wegen der psychischen Verletzungen das Leben bis ins Alter beeinträchtigen kann.
1948, nach der Veröffentlichung des Romans „Die Stadt hinter dem
Strom",[262] wurde Kasack einem breiteren Publikum bekannt. Ein Jahr
später verließ er Potsdam fluchtartig, als sowjetische Funktionäre ihn zu
Spitzeldiensten verpflichten wollten.

---

261 Kasack, Dreizehn Wochen, S. 25, 28, 83, 93, 102, 122.
262 Hermann Kasack, Die Stadt hinter dem Strom, Berlin 1947.

Potsdam-Brandenburger-Vorstadt

Eleonore von Heeringen, geb. 1880, wohnte im Park von Sanssouci am Grünen Gitter. Sie schrieb am 28. Juni 1945 einen ausführlichen Brief an ihre Tochter Eva über ihre Erlebnisse. Als sie am 28. April aus dem Keller der Villa Illaire in ihre Wohnung zurückgekommen sei, fand sie dort etwa 30 Russen vor: „Sie hatten alle Schränke und Schubladen aufgewühlt, allen Inhalt heraus[genommen], die Uhren zerlegt und geklaut, es sah unbeschreiblich aus! Ich wünsche Guten Morgen, und sie sagten ‚Guten Morgen Matka', ließen mich durch alle Zimmer gehen, taten mir nichts. Sagten Hitler Scheiße! Immerhin deutlich, fraßen mein Eingemachtes, spukten die Kerne auf den Teppich! Lagen in meinen Betten, einem hob ich die Füße hoch und schob einen Lappen unter die Dreckstiefel, er ließ es lachend geschehen. Sie waren gutmütig wie die Kinder, da ich ihnen nichts fortnahm und mich auch sonst nicht gebärdete." In schwierigen Situationen erhielt sie Unterstützung von ihren Pudeln. Die Russen waren fasziniert von den Kunststücken, die die Hunde vorführten. „Die Pudelchen lagen dicht bei mir auf den Rohrsesseln. Sie waren mir dauernd eine Hilfe, immer wieder ein Schutz! Die Russen fanden sie zu schön. Leider auch manchmal begehrenswert. Am übelsten waren die nächtlichen Hausbesucher. Es donnerte an den Türen, machte man nicht auf, wurden sie eingeschlagen! Also aufmachen, und drin waren diese schrecklich besoffenen Kerle. Ich lenkte ihre Aufmerksamkeit immer auf die Hunde. Sie tanzten mit ihnen! Es war grauenvoll alles, weil man innerlich zitterte und äußerlich den Clown machen mußte. Während dem versteckten sich die jüngeren Frauen. [...] Es kamen Russen am laufenden Band, schlimme Brüder, und dann betrunken suchten sie Mädels, Frauen, wie Tiere gingen sie drüber her! Fünfmal bin ich gelaufen ums Leben und habe Hilfe bei Offizieren gefunden."[263]

Werner Schrank,[264] geboren 1929 in Berlin, Sohn des damaligen Chefarztes Hans Schrank[265] im St. Josephs-Krankenhaus, war 1945 mit

263 Heeringen, Die Russen, S. 31ff., 39. Die Autorin, geb. Freiin von Lersner (1880–1981), war verheiratet mit Oberstleutnant Kurt von Heeringen (gest. 1937). 1933–1963 wohnte sie im ehemaligen Gartenkassenhaus im Park von Sanssouci.

264 Werner Schrank, Kriegsende in Potsdam, in: Potsdam 1945, Persönliche Aufzeichnungen, 2005, S. 47ff. Sein Typoskript „Die Russen in Potsdam", ist als Anhang abgedruckt. Unveröffentlicht sind seine „Erinnerungen aus Kindheit und Jugend, Berlin und Potsdam, 1929–1945".

265 Hans Schrank (1899–1995), im Zweiten Weltkrieg Sanitätsoffizier, ab 1942 im „Stabsamt des Reichsmarschalls" Göring, auf dessen Befürwortung er, gegen den Willen des Gauleiters Stürtz, die Chefarztstelle für Chirurgie am St. Josefs-Krankenhaus wahrnehmen konnte. 1957 erfolgte seine Übersiedlung nach Westberlin.

seiner Familie in die Villa Liegnitz eingezogen. Nach dem Abitur am Viktoria-Gymnasium 1948 und Beginn des Medizinstudiums an der Humboldt-Universität übersiedelte er 1953 nach Tübingen. Als Arzt war er in Tübingen, Köln und Berlin tätig. Er erinnert sich, daß nach dem Eindringen der Russen in die Keller des Hauses sein Vater versucht hat, Flüchtlingsfrauen vor Vergewaltigung zu schützen. Ein Russe bedrohte ihn deshalb mit vorgehaltener Pistole, ein paar Worte russisch hätten ihm vermutlich das Leben gerettet. Anschließend sei er nur mit Mühe davon abgebracht worden, zusammen mit seiner Familie Selbstmord zu begehen. Schrank fährt fort: „Im Krankenhaus erschien bald eine Gruppe von russischen Offizieren, darunter auch Ärzte, die nach einem Gespräch mit meinem Vater baten, auch russische Verwundete zu versorgen. Das geschah umgehend. Und nun bildeten die schon am Eingang auf Notbetten untergebrachten russischen Patienten einen guten Schutz gegen unliebsame Besuche plündernder Kameraden. Am Morgen des zweiten Tages nach Ankunft der Russen flüchtete sich Frau von L[yncker], die Haushälterin,[266] ins Krankenhaus. Sie hatte sich die Nacht über in einem abgelegenen Raum der Villa Liegnitz eingeschlossen. Am Morgen erfuhr sie, welches Inferno die Frauen in den Kellern des Hauses durch die alkoholisierten ‚Befreier‘ erlebt hatten. Selbst eine gelähmte Frau wurde aus ihrem Rollstuhl gezerrt. Sie war am Morgen tot. Immer mehr Menschen aus der Stadt kamen in den nächsten Tagen auf der Flucht vor den plündernden und vergewaltigenden Soldaten ins Krankenhaus und fanden in den notdürftig hergerichteten Zimmern der oberen Stockwerke einstweilen Asyl, bis sich die Lage weitgehend beruhigt hatte."

Christa-Maria Schneider, 1920 geboren in Posen als Tochter eines Pfarrers, zog nach dem Tod ihres Vaters mit ihrer Mutter Dorothea 1928 nach Potsdam. Sie besuchte die Oberschule für Mädchen in der Waisenstraße. Nach dem Abitur 1939 schrieb sie sich an der Berliner Friedrich-Wilhelms-Universität zu Berlin ein. 1949 schloß sie ihr Theologiestudium ab, verließ Berlin und heiratete Knut Lyckhage, Hauptpfarrer in Göteborg. Ihre Tagebuchnotizen geben einen Eindruck von den Tagen vor und nach der Besetzung der Brandenburger Vorstadt am 30. April

---

266 Haushälterin des Prinzen August Wilhelm von Preußen, siehe hierzu Kapitel III, Ellen Gräfin Poninski.
267 Christa-Maria Lyckhage, Tagebuchnotizen 1945 [9. 4. – 11. 5. 1945], unveröffentlicht. Vgl. Beate Kosmala, Zuflucht in Potsdam bei Christen der Bekennenden Kirche, in: Wolfgang Benz (Hrsg.), Überleben im Dritten Reich. Juden im Untergrund und ihre Helfer, München 2003, S. 113ff., 321, Anm. 1.

1945 durch die Rote Armee.[267]

„Abends [23. April 1945] setzt starker Artilleriebeschuß ein, alles findet sich im Keller zusammen und richtet sich für die Nacht ein. Auch der nächste Tag, der 24., Dienstag, wird vorwiegend im Keller verbracht. Artillerie, Tiefflieger, Luftkämpfe, Brückensprengungen, man weiß nie, was gerade knallt und kracht, weiß nicht, ob Potsdam schon Insel ist, hört keine Nachrichten. [...]

27. Freitag. Russen schon in der Nauener Straße. Abends die ersten 3 Russen hier in der Straße, verhältnismäßig ruhige Nacht. Russen nächtigen hier in den Straßen- und Splittergräben.

28. Samstag. Ganzen Tag im Düstern. Brand Nähe Bahnhof Charlottenhof. Schuß im Haus gegenüber Fräulein Fritsch. Man wagt sich kaum nach oben, die Straßenkämpfe in unserer Ecke scheinen ums Proviantamt zu gehen. Artillerie, Maschinengewehre, peitschenknallartig die Gewehr- und Pistolenschüsse. Von der Gesamtlage weiß man längst nichts mehr, nicht mal mehr was in der eigenen Straße geschieht. Strom wird gar nicht mehr gegeben, auch Wasser ist wieder abgestellt, deutsche Sender wird es wohl ohnehin nicht mehr geben. In die Wohnung hinauf wagt man sich gar nicht, wäscht sich im Vorkeller oder geht in die Parterrewohnungen zu der provisorischen Kocherei. [...]

Es wird ein wirklich sonntäglicher Vormittag [29. April], die Schießerei nicht ganz so nah, nur viel Flieger unterwegs. [...]

Montag, den 30. Morgens sind lauter Pakgeschütze an unsern Häusern eingegraben. [...] Nach einer Weile kommen russische Flieger und bombardieren – wahrscheinlich das Proviantamt. Wir denken unser Haus brennt, schließlich scheint es das Seglerheim gewesen zu sein. Nach dem Bombardement fahren lauter russische Panzer unsere Straße entlang, wohl zum Sturm auf das Proviantamt.

Als der Sturm durch ist, wird Ruhe. Wie die Ratten aus ihren Löchern, kommen wir vorsichtig aus unseren Kellern zum Vorschein, sehen russische Autos und große Kraftwagen, auch Panzer, auch Pferdefuhrwerke friedlich durch unsere Siedlung fahren. [...] Abends wollen wir im Keller schlafen, sind gerade bei Krauses, um zu hören, was in den Anschlägen in der Stadt steht (Schreibmaschinen, Radios, Photoapparate abliefern, von 22 Uhr – 8 Uhr Haus nicht verlassen, kein Lichtschimmer darf aus den Wohnungen dringen; SS, SA und Leiter der Formationen sollen sich melden), als die ersten Russen hereinkommen und Herrn Krauses Papiere sehen wollen und nach Wohnungen fragen. Sie ziehen dann schließlich im Luftschutzkeller ein [...]. Alle Leute aus dem Hause sind der Verzweiflung nahe wegen ein paar durcheinander gewühlter (nicht mal gestohlener) Sachen. Aus meinem Morgenrock fehlt das Taschenmesser – bis jetzt der einzige Verlust. Auf des Herrn ehemaligen Oberbürgermeisters wohlgepflegten Rasenflächen weiden Pferde, was sie sehr gut kleidet. Zur Feier des 1. Mai kriegen sie [die Russen] einen Tagesbefehl verlesen, später besaufen sie sich, singen laut, einer schläft selig auf den Steinen neben dem Pakgeschütz, an dem er wachen soll. In Frau Wichmanns Wohnung, wohin der dort einquartierte Offizier die Leute eingeladen hat, tanzen sie mit viel Lärm, zerschlagen die Gläser, übergeben sich im Korridor. Aufzuräumen ist Frau Wichmann verpflichtet. Uns graut etwas vor der Nacht, die aber erstaunlich ruhig wird. Wahrscheinlich müssen sie erst ausschlafen."

Am 2. Mai wird von Vergewaltigungen berichtet, die Bekannte erlitten haben. Ein Umzug wird überlegt, aber nicht durchgeführt, „denn wo wäre man sicher? [...] Die Hausgemeinschaft stürzt sich gierig in den Keller, um aus dem unbeschreiblichen Dreck und Wirrwarr – nachmittags hatten die Ruskis ‚aufgeräumt‘ – ihre ramponierten Sachen zu retten. Wir stellen sie vorläufig auf die Treppe und wollen sie erst mal morgen mit dem Vergrößerungsglas mustern. Abends ziehen wir uns aus, zum ersten Mal seit wie viel Tagen? Ach sind wir glücklich. Das hält wie immer nicht lange an: an der Haustür und an den Fensterläden unten wird mit Hingabe geklopft. Damit um die Wette singt eine Nachtigall. Schließlich beruhigen sich beide und wir können schlafen."

Als die Tagebuchschreiberin am 5. Mai von Übergriffen in den Communs am Neuen Palais erfährt, ordnet sie das ein als „übliche Mädchengeschichte". Die Tage nach der Besetzung seien ausgefüllt mit der oft vergeblichen Suche nach Brot und anderen Lebensmitteln. Anzeichen für eine Rückkehr zur Normalität war ein Gottesdienst zu Himmelfahrt in der Christuskirche[268] am 10. Mai mit Pfarrer Günther Brandt.

---

268 Die altlutherische Christuskirchengemeinde gehörte zur NS-Zeit als „resistente Gemeinde" zur Bekennenden Kirche.

Kapitel III

Frauen im Ausnahmezustand
Erfahrungen mit sowjetischen Siegersoldaten

Vorbemerkung

Während die Männer vor allem ab Kriegsbeginn ihr Erleben in Briefen und Tagebüchern festhielten, haben Frauen häufiger erst zum Kriegsende versucht, die für sie gefährlichen Zustände niederzuschreiben. Themenschwerpunkte sind die Bombardierungen der Städte und die militärische Eroberung der Heimat, insbesondere die Begegnungen mit Soldaten der Roten Armee. Die meisten Autorinnen waren politisch nicht hervorgetreten, sie kamen überwiegend aus dem Bildungsbürgertum. Susanne zur Nieden beschreibt diese Zeugnisse als „Resultat des Alltags im Ausnahmezustand" und fügt hinzu, daß die erzählerische Verarbeitung des Geschehens dazu beitragen kann, die Angst, die mit der permanenten Lebensbedrohung einhergeht, zu mindern.[269]

Frauen in der sowjetischen Besatzungszone waren 1945/46 in einer Situation, die stets bedrohlich erschien, „wegen der allerorts lauernden Gefahr der Vergewaltigung". Die Gewalt der Siegersoldaten schien die Propaganda der Nationalsozialisten von den sowjetischen „Untermenschen" zu bestätigen. Manche Wertungen über das Verhalten und die Kultur der sowjetischen Eroberer sind nur aus der damaligen Situation zu verstehen. Deutsche Männer sind, falls sie überhaupt vorkommen, nur Nebenpersonen. Die Hauptlast der Verantwortung für Kinder, Mitbewohner und Nachbarn ruhte auf den Frauen, die ihre Aufgabe zumeist bravourös meisterten.

Die ersten Tage nach der sowjetischen Eroberung Ostdeutschlands werden in Frauentagebüchern überwiegend wie folgt beschrieben: „[Berlin, 25. 4. 1945] Furchtbare Stunden liegen hinter uns. Die Zeitungsberichte haben also nicht gelogen, ich mußte mich leider davon überzeugen.[270] Die Wirklichkeit war so furchtbar, daß ich mit vielen

---

269 Susanne zur Nieden, Chronistinnen des Krieges. Frauentagebücher im Zweiten Weltkrieg, in: Hans-Erich Volkmann (Hrsg.), Ende des Dritten Reiches – Ende des Zweiten Weltkriegs, München 1995, S. 843.

270 Die Zeitungsberichte beziehen sich auf die Greuelmeldungen über das Verhalten der vorrückenden Roten Armee, etwa im „Völkischen Beobachter, Kampfblatt der nationalsozialistischen Bewegung Großdeutschlands".

anderen gestern nahe daran war, mir das Leben zu nehmen."[271] Konnten Frauen die Russen längere Zeit beobachten, kam es zuweilen zu freundschaftlichen Beziehungen zu den Soldaten der Besatzungsarmee. So schrieb Erika von Hornstein nach dem Abzug einer sowjetischen Einheit: „Obgleich wir unter der Flut der russischen Besucher oft gestöhnt haben, vermissen wir sie jetzt. Wir vermissen den Strom menschlicher Wärme und vitaler Kraft, der mit ihnen kam. Die Maschinerie, die diese Russenmasse antreibt, hat uns fast zermalmt, aber der einzelne Russe in ihr hat uns bewußt niemals etwas Böses antun wollen, bis auf Ausnahmen, die wir zählen können."[272] Andere dachten so wie der Historiker Fritz Klein[273] über das gewalttätige Verhalten der sowjetischen Sieger: Es „spielte bei uns aber keine wesentliche Rolle." Die Exzesse seien „scheußlich und unverzeihlich, aber in ihrer Lage irgendwie zu verstehen".[274]

Die folgenden autobiographischen Texte über das Besatzungsverhalten der Roten Armee sind von den Tagebuchschreiberinnen in erster Linie zur Selbstreflexion verfaßt und später teilweise vervielfältigt worden, um die außergewöhnlichen Ereignisse auch für den Familienkreis und für Bekannte zugänglich zu machen. Die Eintragungen vermitteln einen authentischen Einblick in eine Zeit mit chaotischem Charakter in einer Intensität, über die der Historiker nicht verfügt.

Im Unterschied zu den zeitweiligen Chronistinnen in Krisenzeiten vermerkten die hier vorgestellten Autorinnen über viele Jahre ihres Lebens die Ereignisse in Notizbüchern. Die anomalen Erlebnisse des Kriegsendes 1945 und die Zeit der sowjetischen Eroberung und Besetzung der Stadt sind von ihnen ausführlicher beschrieben worden. Sie berichten von den chaotischen Zuständen, mit denen die Frauen nach der militärischen Niederlage des Nationalsozialismus konfrontiert wurden.

---

271 Angela Martin, Claudia Schoppmann (Hrsg.), Ich fürchte die Menschen mehr als die Bomben. Aus den Tagebüchern von drei Berliner Frauen 1938–1946, Berlin 1996, hier: Marta Mierendorff, S.108.

272 von Hornstein, Andere müssen bleiben, S. 293.

273 Fritz Klein ist 1945 der KPD beigetreten. Promotion 1952, danach stellv. Abteilungsleiter am Museum für Deutsche Geschichte, 1953–1957 Mitbegründer und Chefredakteur der Zeitschrift für Geschichtswissenschaft. 1970 Professor, 1973–1986 Leiter des Bereichs Allgemeine Geschichte am Zentralinstitut der Akademie der Wissenschaften, 1990–1991 Direktor des Instituts, 1979–1989 als IM [= Informeller Mitarbeiter] vom Ministerium für Staatssicherheit erfaßt, vgl. Fritz Klein, Drinnen und draußen. Ein Historiker in der DDR, Erinnerungen, Frankfurt a. M. 2000, S. 287ff.

274 Fritz Klein, Drinnen und draußen, S. 113. Kleins Frau und ihre Schwester sind in Berlin vergewaltigt worden, S. 105.

Von Marianne Vogt, Ellen Gräfin Poninski und Katharina Wille werden die Eroberer individuell und in unterschiedlichen Verhaltensweisen dargestellt, wobei auch sympathische Züge entdeckt werden. Vogt und Poninski fragen nicht nach den Ursachen, die sie als Frauen in die gefährliche Lage nach dem Untergang des „Dritten Reichs" gebracht haben. Auch wird mit keinem Wort erwähnt, daß sie sich von einem Terrorregime befreit fühlen. Der Untergang des nationalsozialistischen Deutschlands und die militärische Niederlage werden nicht reflektiert oder problematisiert. Die Nachkriegszeit wird nur insoweit beschrieben, wie die Tagebuchschreiberinnen selbst mit den neuen Verhältnissen konfrontiert worden sind. Gefangen in den Aufgaben ihrer Gegenwart, versuchten sie diese mit Unerschrockenheit und Anpassungsfähigkeit zu lösen. So überstanden sie die schwierigsten Situationen.

Allein Katharina Wille beschäftigt sich gelegentlich mit den politischen Verhältnissen nach der deutschen Kapitulation, sie geht auch marginal auf die Verbrechen der NS-Zeit ein, sieht aber, aufgewachsen in Wilhelminischer Tradition, Deutschland vor allem als Opfer der Siegermächte.

Der Wille zum Überleben war bei den drei Frauen der vorherrschende Antrieb, den Sturz aus gesicherten Verhältnissen in ein ungewohntes Chaos zu ertragen. Das bedeutete vor allem, sich Lebensmittel, Wasser und Heizungsmaterial zu beschaffen. Hierbei mußte das siebente Gebot „Du sollst nicht stehlen" vielfach übertreten werden. Die bürgerlichen Moralvorstellungen und gesellschaftlichen Normen wurden zeitweise beiseite geschoben. Der Verlust von Besitz und sozialem Status wird nicht beklagt. Ohne Selbstmitleid haben die Chronistinnen ihre Beobachtungen aufgeschrieben. Auch im Stadium der damaligen gesellschaftlichen Perspektivlosigkeit und Wertezerstörung durchlebten sie „Stunden wirklich innerer Fröhlichkeit".[275] Dominierend aber ist das Gefühl der eigenen Wehrlosigkeit. Die Besatzungsmacht herrschte uneingeschränkt, es war nicht vorhersehbar, wie sie sich am nächsten Tag verhalten würde.

Der Wert der Tagebücher bzw. Aufzeichnungen liegt in der Überlieferung zeitgenössischer Wahrnehmungen und Stimmungen, die den Nachgeborenen sonst verschlossen bleiben. Es sind subjektive Erfahrungen einzelner Menschen, die aber mit einem Umfeld verbunden sind, für das sie in eingeschränkter Weise als repräsentativ angesehen werden können. Nachlebende sind auf diese Quellen angewiesen, um

---

275   Ellen Gräfin Poninski, „Aufzeichnungen nach täglichen Notizen über die Jahre in Potsdam."

sich außergewöhnliche vergangene Zeiten zu vergegenwärtigen, deren Auswirkungen bis heute Spuren hinterlassen haben.

„Besser (und spannender) als durch Erlebnisberichte von Zeitzeugen ist eine Geschichte ‚von innen' und eine Geschichte der ‚Mentalitäten und Befindlichkeiten' gar nicht darstellbar. Vor allem: Nur so ist Geschichte auch einem breiten Publikum zu vermitteln."[276]

Marianne Vogt

Biographische Einführung

Das „Tagebuch 1945" von Marianne Vogt berichtet über die Zeit vom 22. April bis Ende Juli 1945. Anfangs werden die täglichen Ereignisse niedergeschrieben, ab 9. Juli 1945 wird aus der Retrospektive des Jahres 1946 berichtet. Die Autorin wurde am 13. Juli 1914 in Münster geboren, als drittes Kind des beamteten Bibliothekars Wilhelm Vogt und seiner Frau Emma. 1920 erfolgte der Umzug der Familie nach Göttingen, dort besuchte Marianne das Lyzeum, sie verließ die Schule ohne Abschluß und übernahm eine Stelle als Haustochter. 1933 bestand sie in Berlin das Abitur, um Chemie zu studieren. Sie änderte ihre Absichten nach der Heirat mit dem Fotografen Peter Josef Breuer, es folgten der Umzug nach Köln und die Geburt zweier Kinder. Bei Kriegsausbruch kehrte sie nach Göttingen zurück. Ihre Schwester Hannah war vier Jahre älter. Ab 1930 KPD-Mitglied, wurde diese im März 1933 verhaftet, ins KZ-Moringen gebracht, im Dezember amnestiert. Nach dem Krieg promovierte sie in Göttingen und trat 1962 in die SPD ein. Sie war Göttinger Ratsherrin und Vorsitzende der Gesellschaft für christlich-jüdische Zusammenarbeit.[277]

Wilhelm Vogt war wegen seiner politischen Einstellung vorzeitig pensioniert worden. Einblick in seine Überzeugungen gibt sein Brief an einen Freund, der in den Kriegsjahren in die NSDAP eingetreten war. Der Brief ist undatiert, aus dem Zusammenhang ergibt sich, daß er 1943 geschrieben sein könnte. Der Inhalt war für die damalige Zeit für Absender und Empfänger gefährlich. In ihm ist ein starkes Gefühl für Gerechtigkeit, Christentum und Humanismus sowie ein hohes Verantwortungsbewußtsein zu erkennen. Vogt bezeichnete sich als Gegner

---

276   Karl Heinrich Pohl, Geschichtswissenschaft in der DDR, in: Karl Heinrich Pohl (Hrsg.), Historiker in der DDR, Göttingen 1997, S. 8f.

277   Hannah Vogt ist Göttinger Ehrenbürgerin, eine Straße trägt ihren Namen. Vgl. Hans Hesse (Hrsg.), Hoffnung ist ein ewiges Begräbnis. Briefe von Dr. Hannah Vogt aus dem Gerichtsgefängnis Osterode und dem KZ Moringen 1933, Bremen 1998.

Marianne Vogt 1943 *Marianne Vogt 2001*

jeden Kriegs, der auf ein Großdeutschland nicht den mindesten Wert legt: „es klebt zu viel Blut daran". Er fährt fort: „Wenn all die ungeheuren Mittel, die von Staats wegen ausgegeben werden, um Propaganda für Rassen- und Völkerhaß, für die Aufrüstung und für den Krieg zu machen [...] aufgewandt würden, um in den menschlichen Herzen Propaganda für das Gute zu machen und die überall vorhandenen Keime der Friedfertigkeit, des Rechtsgefühls, des Mitleids und der selbstlosen Liebe zur Entwicklung zu bringen, wie anders sähe es in der Welt aus. [...] Ich muß aber sagen, daß es mir ganz unmöglich ist, mich in Gemeinschaft mit Menschen zu bewegen, die es für gut und richtig halten, andere Menschenbrüder, bloß weil sie geboren und angeblich minderer Rasse sind, zu verfolgen, zu quälen und ohne Gesetz und Urteilsspruch zu Tausenden zu töten! Wenn das arisch ist, so bin ich kein Arier, und wenn das deutsch ist, so schäme ich mich, ein Deutscher zu sein."

Im Oktober 1940 zog Marianne Breuer mit ihren Söhnen Peter und Imre nach Potsdam-Rehbrücke in das Haus der Witwe Annamaria Lenz,[278] die für die Kinder sorgte. Marianne fand Arbeit bei der Terra-

---

278 Annamaria Lenz, geb. von Hoßtrup, Gartenbauarchitektin, gehörte das Haus in der Wagnerstraße 6. Ihr verstorbener Mann Georg Lenz war Bibliothekar und Studienfreund von Mariannes Vater.

Filmkunst GmbH als Kontoristin, später als Filmgeschäftsführerin. Ihr Mann war 1941 eingezogen worden, er geriet 1944 in englische Gefangenschaft, die Entlassung nach Köln erfolgte 1947. Im selben Jahr erfolgte die Scheidung im gegenseitigen Einvernehmen.

1946 wurde Anna Katharina als „Russenkind" geboren. Nicht nur von ihren Verwandten wurde Marianne Vogt[279] die Frage gestellt: „Bist du verrückt, dieses Kind der Schande auszutragen?" Sie antwortete: „Ich habe zwei Brüder in Rußland verloren, jetzt hat mir Rußland ein Kind geschenkt." Peter und Imre begrüßten den Familienzuwachs von Anfang an, sie fühlten sich als Beschützer ihrer Schwester.[280]

Auch der Kleinmachnower CDU-Politiker Peter Bloch hat Fälle erlebt, daß durch Vergewaltigungen gezeugte Kinder besonders geliebt wurden.[281] Er berichtet von einer bekannten Filmschauspielerin, die 22mal vergewaltigt wurde, sie sei nicht verzweifelt gewesen, „sondern klopfte sich strahlend auf den Leib und sagte: ‚Ich freue mich auf den kleinen Iwan!'" In Potsdam-Rehbrücke hat es zumindest eine weitere Geburt aufgrund von Vergewaltigung gegeben. Einige Betroffene gingen den Weg „von stummer Beute zur handelnden Frau. Es bedeutete eine bessere Überlebenschance, sich einen Gönner mit möglichst hohem militärischem Rang als Beschützer zu nehmen, der sie mit den lebensnotwendigen Naturalien versorgte. Es gibt Schilderungen über Liebesverhältnisse und das galante, kultivierte Verhalten russischer Offiziere, mit denen manches Fest gefeiert und politisch diskutiert wurde."[282] Neuere Forschungen machen darauf aufmerksam, daß das Moment der sexuellen Begierde erst im Verlauf der Eroberung an Bedeutung gewann. Die Wahrnehmung von „Mütterlichkeit und hausfraulicher Mühe" weckten bei den Soldaten die Erinnerung an familiäre Geborgenheit.[283] Diese Überlegung wird durch Eintragungen im Tagebuch bestätigt.

Die Familie Vogt/Breuer lebte bis 1950 von erspartem Geld. Rückblickend schrieb Marianne Vogt 2001: „Außerdem habe ich fleißig die Russen beklaut und wie fast alle Leute damals ‚gehamstert und gescho-

279 Marianne Breuer führte nach der Scheidung 1947 wieder ihren Mädchennamen Vogt.
280 Der Spiegel, Nr. 28, 1995, Kinder der Schande, S. 64f. Über das Leben mit ihrer Tochter berichtete Marianne Vogt in der Sendung des ZDF, Mona Lisa, am 28. 5. 2000. Sie bekam erst ab 1956 vom Staat Alimente für ihre Tochter.
281 Bloch, Zwischen Hoffnung und Resignation, S. 61.
282 Schmidt-Harzbach, Eine Woche, S. 40f. und von Hornstein, Andere müssen bleiben, S. 79: Die Freundinnen der Russen „wollen ‚ihren Russen' für sich haben, er bringt Essen für die Kinder, sie nähen ihm seine zerrissene Uniform, er beschützt sie vor anderen Russen, und er ist ein wirklicher Mann, den sie solange entbehren mußten".
283 Scherstjanoi, Rotarmisten, S. 225.

ben'." Nach einer kurzen Tätigkeit beim Konsum arbeitete sie bei der DEFA[284] in der Kurzfilmabteilung erst im Archiv, dann als Schnittmeisterin. Sie hatte das in der DDR verbotene Buch von Grigorij P. Klimov, „Berliner Kreml",[285] verborgt. Ihr Kollege legte es bei der Rückgabe offen auf ihren Schneidetisch. Das wurde beobachtet, sie bekam eine vertrauliche Warnung, daß gegen sie etwas im Gange wäre. Infolgedessen entschloß sie sich 1953, so schnell wie möglich über Westberlin in die Bundesrepublik zu gelangen, sie konnte einigen Hausrat mit der S-Bahn in die benachbarte Stadt transportieren. Annamaria Lenz schloß sich ihr an, sie gab ihr Haus auf und blieb in Berlin. Als anerkannter Flüchtling fand Marianne Vogt in Göttingen Arbeit bei der Firma Filmaufbau. 1956 zog sie nach Berlin, ab 1962 war sie wieder in Göttingen und ab 1964 in Köln. 1967 beendete sie ihre Berufstätigkeit. Sie schrieb 2001, sie habe sich 1945 „auf den Wechsel zum Sozialismus gefreut", sei dann aber von den „Segnungen dieses Regimes restlos kuriert. Und ich machte auch keinen Hehl aus meiner Meinung."[286]

Vor ihrer Flucht aus Rehbrücke hatte sie ihre handschriftlichen Aufzeichnungen mit der Post nach Göttingen gesandt, dort sind sie nicht angekommen. Das Tagebuch war von einer Freundin abgeschrieben und mit zusätzlichen Fakten ergänzt worden, die sie aus den Gesprächen mit der Familie bei ihren Besuchen in Rehbrücke erfahren hatte. Diese Unterlage benutzte Marianne Vogt im September 1961, um ihre ursprüngliche Fassung wiederherzustellen. Am 15. Januar 2001 schrieb sie: „Ich kann aber mit gutem Gewissen sagen, daß die getippten Aufzeichnungen, die Sie haben, der Wahrheit entsprechen." Und am 7. Februar 2001 versicherte sie in einem Schreiben: „Ich kann mich für die richtige Wiedergabe der damaligen Ereignisse verbürgen."[287]

---

284 DEFA = Deutsche Film-AG.
285 Grigorij P. Klimov, Berliner Kreml, Köln 1951.
286 Marianne Vogt an den Herausgeber, 23. 1. 2001.
287 Marianne Vogt an den Herausgeber. Einige Namen, die im Tagebuch erwähnt werden, wurden anonymisiert.

Tagebuch 1945

Sonntag, 22. April
Die Front rückt näher, bei uns ist alles noch still, die Ruhe vor dem Sturm. Wir haben alle Fenster dem Frühling geöffnet. Ich schufte im Garten, das heißt, ich baue aus den schweren Steinen, aus denen ein Steingarten vorm Haus werden sollte, eine Mauer als Splitterschutz vor dem Kellerfenster. Es gibt überhaupt nur einen halbwegs sicheren Kellerraum in dem leicht-gebauten Landhaus. Im Hause selbst herrscht reges Kommen und Gehen. S. ziehen aus. Frau S. mit ihren drei Kindern wohnte seit einigen Wochen bei uns, aber in dieser Gemeinschaft fehlte die rechte Harmonie. Die Kinder klauten unsere Marmelade und Margarine – wir haben den gan-zen Krieg über nichts eingeschlossen –, das hätten wir ihnen verziehen, sie waren ein gutes Landleben gewohnt und sollten nun mit den kläg-lichen Kartenrationen auskommen, viel schlimmer war, daß sie ihre Garderobe in unseren Keller hingen. Der ganze Keller roch davon so penetrant nach Schweiß und ungewaschener Wolle, daß Harke[288] und mir übel wurde. Sie ziehen zu A., unserem Nachbarn, und wir bekommen dafür die Flüchtlinge, die bei A.s einquartiert sind, das Eisenbahner-Ehepaar Günter, schon ältere Leute. Um die Mittagszeit nehmen wir einen Kinderkreuzzug auf, zwölf Jungen im Alter von 14–16 Jahren unter Führung eines Lehrers. Sie kommen aus Luckenwalde von der Unter-offiziersschule, sind fünf Tage sinnlos hin- und hergeschickt worden und stehen nun total erschöpft vor unserer Tür. Das große Wohnzimmer wird für sie geräumt, soweit da noch etwas auszuräumen ist, denn alle unsere wertvolleren Sachen haben wir längst verpackt, vergraben, versteckt. Die Jungens sehen in den meist zu großen Uniformen besonders kindlich aus. Sie werfen sich auf den Teppich und schlafen. Harke, Peter, Imre und ich essen mittags noch einmal feierlich vom weiß gedeckten Tisch in der Diele. Nachmittags backen wir Kuchen, unsere Nachbarn auch, und bis zum Abend wandert ein Kuchen nach dem andern in unseren Gasbackofen, dem einzigen, der in der Waldsiedlung noch funktioniert. Wir wollen diesen Krieg festlich beschließen!

Montag, 23. April
Um halb fünf Uhr morgens erscheint Frau E. unter meinem Fenster und berichtet mit vibrierender Stimme, daß die Russen schon in Saarmund – 3 km von uns entfernt – seien. Alle Frauen und Kinder in der Siedlung sol-len sich in der Beethovenstraße sammeln und in einer Stunde in Richtung

---

288 Annamaria Lenz.

Caputh abmarschieren. Ich bin unausgeschlafen und infolgedessen grimmig, ich protestiere wütend. Wir bleiben hier! Immerhin macht mich der ferne Kanonendonner richtig wach; ich wecke Harke und dann die zwölf Jungens. Wir schicken sie mitsamt ihrem Lehrer fort, damit sie uns nicht noch gegen die Russen verteidigen. Danach füllen wir beide Badewannen und alle übrigen freien Behälter mit Wasser. Aus dem Süden, Südosten und Westen dringt ununterbrochen das Wummern der Geschütze. Schreckensnachrichten florieren, dazwischen das angenehme Gerücht, es gebe an der Bahn Kartoffeln. Der Lockung können wir nicht widerstehen. Auf dem Abstellgleis stehen zwei Güterwagen, drum herum eine Menschenmenge, die sich gierig über die heraus kollernden Kartoffeln hermacht. In der Luft sind Flugzeuge zu hören, und in der Erkenntnis, daß dies ein leichtes Ziel für Tiefflieger ist, kehren wir um. Auf dem Heimweg kommen wir an H.s Laden vorbei, es wird gerade Zucker verteilt, drei Pfund pro Kopf. Der Laden quillt über von Menschen. Dank ihrer Freundschaft mit dem russischen Ladenmädchen Tossa bringt Harke es fertig, H.s um zehn Pfund zu betrügen. Sie kommt mit 22 Pfund Zucker nach Hause. Die Kinder feiern Zuckerorgien, den Rest füllen wir in einen großen Steintopf und versenken ihn im Hühnerauslauf unter Mist. Auf der Landstraße von Saarmund nach Potsdam kreuzen sich die mit Kartoffeln beladenen Handwagen heimziehender Rehbrücker mit den aus dem Frontgebiet flüchtenden deutschen Soldaten und Zivilisten. Wir schlemmen zum Kriegsabschluß in Schokoladepuffern, zuckerüberladenen Omeletts und ähnlichen Herrlichkeiten. Oben im Haus richtet sich das Ehepaar Günter so gut es geht in dem kleinen Zimmer ein. Sie kommen aus Frankfurt/Oder, ich glaube, wir haben einen guten Tausch mit ihnen gemacht. Wir lüften den Keller und treffen unsere letzten Vorbereitungen. Alles Wichtige ist schon unten: Betten, Wasser- und Mundvorrat, Radioapparat, Nachttopf. Die wertvolleren Eßvorräte sind in kleinen und kleinsten Portionen im Haus und Garten versteckt. Meine Uhr, meinen Ehering und die anderen wenige Schmucksachen bringe ich in einem Vogelkasten draußen an der Kiefer unter. Harke tut ihre Perlenkette und dergleichen in eine Konservenbüchse und vergräbt sie unter einem Zaunpfahl. Gegen 17 Uhr werden wir regelrecht beschossen.

Vor wenigen Nächten haben wir heimlich die Löcher wieder zugeworfen, die zu unserer Verteidigung auf der Wiese vor unserem Haus vom Volkssturm ausgehoben worden waren. Jetzt versuchen ein paar Soldaten in aller Eile, sich dort einzugraben. Wir verbringen zwei nicht sehr angenehme Stunden im Keller. Peter hockt neben mir auf der Couch, Imre bleibt in Tuchfühlung mit Harke. Zwischendurch treibt uns die Neugier nach oben. Krolls Scheune und die Volkssturmbaracke links von uns brennen lichterloh. Gerade als wir alle aus dem Südfenster in Richtung Rehbrücke spähen, erhält A.s Haus rechts von uns einen Granattreffer, der das halbe Dach abdeckt. Wir flitzen in den Keller zurück. Um 19 Uhr hören wir durch das Wummern und Zwitschern der Geschosse den Tritt von Soldatenstiefeln über unseren Köpfen. Mit weichen Knien und „Nje streljatj"-Geschrei kommen wir die Kellertreppe herauf. Ein dreckiger, kleiner Rotarmist steht vor uns, er wird von einem Fremdarbeiter begleitet, der den Dolmetscher macht. Er sucht das Haus nach deutschen Soldaten ab und läßt sich Zigaretten von uns schenken. Der Beschuß hört auf, wir haben das Gefühl, den Krieg überstanden zu haben. Allgemeine Bewegung und nachbarliche Besuche. Unser Gas ist jetzt ebenfalls abgestellt, der elektrische Strom ausgeschaltet, die Wasserleitung leer. Herr C., unser Nachbar zur linken, hat die Russen mit seiner goldenen Uhr auf dem Bauch empfangen und ist nun erstaunt, daß er sie los ist. Jetzt endlich kommen ihm auch Bedenken, was mit seiner reizenden 15-jährigen Tochter geschehen könnte, und er fragt uns um Rat. Wir wissen keinen. Vor Wochen, als es noch möglich war, haben wir ihm zugeredet wie einem lahmen Gaul, seine Frau mit dem Mädchen nach Westdeutschland zu Verwandten zu schicken. Oh, diese brave, deutsche Untertanengläubigkeit!

22 Uhr, wir liegen alle vollständig angezogen auf unseren Pritschen im Keller, die Haustüren stehen auf Anweisung der Russen offen. Wieder tönen Schritte in der Diele über uns, ein Russe kommt zu uns in den Keller. Wir gehen zu dritt nach oben und durchs Haus. Es schickt Harke und Herrn Günter wieder in den Keller und ich habe ihn auf dem Hals. Er ist schüchtern und freundlich, ich schätze knapp 20 Jahre alt. Als er mich umarmen will mit der Pistole in der Hand, löst sich versehentlich ein Schuß, der meinen Mantel auf dem Rücken versengt. Die Kugel zertrümmert ein Dielenfenster. Ich gerate in Wut, und zu meinem Erstaunen werde ich ihn ohne Weiterungen los. Um Mitternacht kommt der zweite Besuch, wir hören sie in der Diele und in der Küche rumoren, am Morgen fehlt der Rest von unserem Kuchen aus dem Küchenschrank. Von nun an wird alles versteckt. Sie kommen in den Keller und leuchten uns mit einer Taschenlampe in die Gesichter. „Komm, komm, Frau!" es sind vier Mann. Alles geht schnell und unpersönlich, aber ich habe genug von dieser Art Liebe. Zitternd krieche ich hinter Peters Pritsche, und Herr Günter legt sich vorn im Keller auf mein Bett.

Dienstag, 24. April
An diesem Morgen herrschen überall tiefe Depression und Verzweiflung. Bei Frau E. in der Beethovenstraße waren vier Mann die ganze Nacht, sie haben sie alle halbe Stunde zu sich hereingeholt. In der Frühe

schneidet sie sich und ihren beiden Kindern die Pulsadern auf, ungenügend jedoch, so daß alle gerettet werden. Wir hören von weiteren Selbstmordversuchen in der Nachbarschaft. Mir ist hundsmiserabel zumute, nicht etwa, daß ich mich geschändet oder in meiner Ehre gekränkt fühle, keine Spur, ich habe ganz einfach Angst, Angst, es könnten nicht nur vier, nein vierzig sein. Darüber gehen schon die wildesten Gerüchte um. Wir müssen etwas tun gegen unsere innere Unruhe. So ziehen wir trotz heftigem Artilleriefeuer – die Batterie steht offenbar am Bahnhof Rehbrücke und beschießt Potsdam – und dauernder Fliegertätigkeit zu unserem nahebei gelegenen Gartengrundstück, um Kartoffeln zu legen. Die Sonne strahlt. Wir haben uns so scheußlich wie nur möglich angezogen. Eine neue Mode ist über Nacht entstanden. Man sieht Frauen in unbeschreiblicher Aufmachung. Harkes letzter Modeschrei überbietet alles, sie trägt die Kleider der Vogelscheuche vom Erdbeerbeet. Den ganzen Nachmittag über passiert nichts weiter, wir beruhigen uns und gegen Abend haben wir unseren Humor wieder aufgesammelt. Auf dem Gartengrundstück, wo wir Kartoffeln pflanzen, befindet sich eine Art Pfahlbau mit einem spitzen Dach, aus dem sicher mal ein Sommerhäuschen werden sollte. Man kann nur aus der Nähe sehen, daß unter dem Dach noch ein Zwischenboden ist. Wir beschließen, hier die zukünftigen Nächte zu verbringen.

Den ganzen Tag über arbeiten Russen an A.s Auto, was dort schon lange aufgebockt in der Garage steht. Für unseres, von dem wir die Räder abmontiert und vergraben haben, scheinen sie sich noch nicht zu interessieren. Dann und wann durchschreiten sie einzeln oder in Trupps unser Haus, verlangen Schnaps, den wir nicht geben und lassen uns im Übrigen in Ruhe. Für das russische Ladenmädchen bei H.s und zwei weitere Hausgehilfinnen aus der Ukraine ist jetzt eine glückliche Zeit angebrochen, sie sind die Herrinnen! Wir haben zum Abend ein Huhn geschlachtet und rupfen es auf dem Balkon vor meinem Zimmer. Peter steht Schmiere, bei Feindannäherung wandert das Huhn ins Kabuff, ein holzverkleideter Dachwinkel in meinem Mansardenzimmer. Ich klettere in diesem Fall eilends auf den Spitzboden zu Etuart (Traute!), unserer früheren Hausgenossin, die jetzt ein Zimmer in der Beethovenstraße hat und nun in panischer Angst dauernd dort oben sitzt. Auf der Straße rollen die Panzer in Richtung Potsdam. An das unablässige Schießen haben wir uns gewöhnt.

Bei unserem Nachbarn C. ist kurz vor dem Russeneinmarsch ein Käsegroßhändler eingezogen, der mit anderen Vorräten dort beträchtliche Mengen an Wein einlagerte. Dieser Wein wandert nun in den Taschen der Russen an unserem Haus entlang. Wir sind voll Zorn, da

110

wir die Folgen ahnen. Ein paar Mal im Laufe des Tages halten wir lange Palaver mit unseren Nachbarn. Bei C.s, deren Haus immer so sauber ist, daß man vom Fußboden essen könnte, haben die Russen in der vergangenen Nacht wüst gezecht und gefeiert, merkwürdigerweise ohne die Frauen zu belästigen. Sie können sich nicht entschließen, ihr Haus in dem nun wenig einladenden Zustand zu belassen, sie halten großen Hausputz, während Harke mit Fleiß in unserem Haus soviel Schmutz und Unordnung erzeugt wie möglich. Die Besenkammer wird abgeschlossen! Bei einbrechender Dämmerung Abmarsch der ganzen Familie mit Decken und Matratzen zu unserem neuen Quartier, natürlich nicht ohne vorher festgestellt zu haben, daß die Luft rein und keine Russen in der Nähe sind. Günters hüten das Haus. Harke findet den richtigen Namen für unser Nachtlager: Château sans amour.

25. April

Wir haben eng und warm, aber trotz Übermüdung schlecht geschlafen. Gegen Morgen macht uns eine schwere Kanonade munter. Offenbar sind größere Geschütze herangeholt worden, die Potsdam beschießen. Wir beginnen den frühen Tag mit allgemeiner Körperreinigung. Unser Auto wird von Russen besichtigt, von den Böcken gerissen, dann aber stehen gelassen. Harke hilft einem Soldaten beim Waschen in unserem unteren Badezimmer. Er verlangt mit Wasser beträufelt zu werden und fordert ein reines Handtuch. Er ist ungehalten, weil wir keinen Rasierapparat haben. Nachmittags gibt es beim Gärtner markenfreies Gemüse und Rhabarber. Harke erfährt Schauergeschichten aus Rehbrücke. Der Ortsgruppenführer und die Frauenschaftsführerin haben sich vor dem Einmarsch der Russen mit ihren Familien erschossen. Nachdem sie auf dem Heimweg einige geplünderte Wohnungen gesehen hat, ist Harke nun atemlos damit beschäftigt, unserem Haus das gleiche Aussehen angedeihen zu lassen. Was noch in den Schubladen ist, wird herausgerissen und auf dem Fußboden verstreut. Peter und Imre haben eine große Zeit, sie dürfen so viel Dreck machen, wie sie wollen.

26. April

Diese Nacht haben alle, Etuart, Harke, Peter und ich gut geschlafen. Wir haben uns im Château besser eingerichtet und so manchem Bedürfnis Rechnung getragen, wobei auch der Nachttopf nicht vergessen wurde. Imre schlief zu Hause unter Günters Schutz. Zu den Kindern sind alle Russen reizend, was ein großes Glück für uns ist.

Wir sind noch nicht zu Hause angekommen, als vorbeirennende Nachbarskinder uns erzählen, daß es bei H.s Kartoffeln und Zwiebeln gäbe. Der als Denunziant und brutaler Mensch verhaßte Ladeninhaber hat mit seiner Frau nachts das Anwesen verlassen. Die ganze Familie stürzt, der Raublust verfallen, zu dem bereits halb ausgeplünderten Geschäft. Wir stellen fest, daß unsere, nein überhaupt die Moral aller, auch der korrektesten uns bekannten Leute auf den Nullpunkt gesunken ist. Das eigene Leben und wie man es erhalten kann gilt, sonst nichts. Gegen Mittag besucht uns ein russischer Offizier, der die Frontlinie in unseren Atlas einzeichnet, dafür eine Umgebungskarte von Berlin mitnimmt. Es ist nun eine Woche her, seit wir die letzte Zeitung oder Rundfunknachrichten bekamen. C., der einen Akku zu seinem Radioapparat besitzt, berichtet uns von Kämpfen in Berlin und der fast vollständigen Einnahme Potsdams. Die scharenweise aus Potsdam Fliehenden, deren Habseligkeiten auf den sonderbarsten Handwagen und Gefährten verstaut sind, erzählen im Vorüberziehen, daß in der Provinzialverwaltung ein Russenlager untergebracht sei. Die Mädchen zu schützen, sei unmöglich, fünfzig Kerle in einer Nacht durchwanderten forschend die anliegenden Wohnungen.

Wir halten große Wäsche auf der Straße, bei Müllers in der Bachstraße ist eine Pumpe im Garten, da holen wir Wasser. Aus unserer Garage sind zwei Fahrräder gestohlen, die dort ohne Bereifung standen. Auch ohne Bereifung gondeln die Russen auf den Fahrrädern umher. Unser Nachbar Kahl, der als Volkssturmmann eingezogen war, ist wieder aufgetaucht. Sein Kompanieführer hat bei Annäherung der Russen die Truppe verlassen, um sich nach Weib und Kind umzusehen. In der allgemeinen Auflösung ließ er noch bekannt geben, daß sich die Truppe auf dem Bassinplatz in Potsdam wieder sammeln solle. Kahl, ein alter Herr von 60 Jahren, marschierte brav nach Potsdam, wurde aber nicht in die Stadt gelassen, weil er keinen Marschbefehl vorzeigen konnte. Da endlich langte es ihm, er schlug sich durch den Wald zurück nach Rehbrücke, zog Zivilkleider an und läßt sich nun einen Vollbart wachsen, da sein Rasierapparat gestohlen worden ist. Diese Apparate gehören mit den Uhren zu den begehrtesten Objekten der neuen Herren.

Abends sieht man Rehbrücker Frauen zum Schlafen in den Wald ziehen. Bevor wir im Château einschlafen, sprechen wir mit gedämpften Stimmen über die Ereignisse des Tages. Etuart erzählt, daß selbst die 65-jährige Frau F. aus ihrem Haus, platt und mager wie ein Plättbrett, vergewaltigt worden ist, und daß sich bei der gläubigsten Nazi-Familie unserer Siedlung in der ersten Nacht ein Kapitän der 20-jährigen Tochter bemächtigte, nachdem er den Vater gefangen gesetzt hatte. Dieser Kapitän verliebte sich so in D., daß er nun jeden Tag wiederkommt und das Mädchen sucht. Die sitzt, wie die meisten Frauen und Mädchen,

Tag und Nacht auf dem Spitzboden. Die Familie lebt trotz aller Gesinnung von den Lebensmitteln, die der verliebte Kapitän anschleppt.

27. April
Der Morgen verläuft ruhig, wir kramen um vom Keller zum Spitzboden. Für diese Spitzböden, die nur durch eine Luke mit Hilfe einer Leiter zu erreichen sind, haben die Russen kein Auge. Es herrscht schon seit Tagen das schönste Frühlingswetter. In dem Wald hinter unseren Häusern liegen zahlreiche gefällte Baumstämme, wir machen uns mit Axt und Säge auf, um das nötige Winterholz zu stehlen. Jetzt oder nie! Mittags holen wir uns Kartoffeln aus dem großen Silo an der Bahn. Dort lagern Hunderte von Zentnern, schon halb verfault. Wir klauben aus dem stinkenden Haufen alles noch brauchbare heraus. Das ist für die Bevölkerung ein glücklicher Umstand, da es in den ausgeplünderten Läden nichts zu kaufen gibt und die Bäcker kein Brot backen. Wir kochen schon morgens in Harkes großem Waschtopf Pellkartoffeln und essen sie mit Salz. Wir sparen unsere Vorräte, wer weiß, wie lange wir noch damit auskommen müssen. Die Tage verfliegen. Nachts hört man Artilleriefeuer, aber niemand weiß, wo eigentlich gekämpft wird.

Da die nächtlichen Besuche nachzulassen scheinen, will ich heute zu Hause bleiben und mit Peter und Imre im Balkonzimmer schlafen. Ich schleppe Wasser ins Badezimmer, wasche mich, beziehe mein Bett frisch und strecke mich wohlig darin aus . . . da wird unter mir wie toll an die Haustür gebummert. Ich sause mit allen Kissen und Decken im Nachthemd ins Kabuff. Herr Günter empfängt die Russen, sie kommen herauf und leuchten den Kindern ins Gesicht. Ich halte das Klavierschloß der Kabufftür von innen zu, während ein Russe von außen zieht. Ich bleibe Sieger. In dieser Nacht ist wieder überall Hochbetrieb. Weitere drei Patrouillen kommen zu uns, finden mich aber nicht in meinem Versteck. Dafür ist Frau A. nebenan ihr Opfer, sie wird von den widerlichen Kerlen mit gezogenem Revolver überwältigt. Bei C.s nehmen sie die noch immer offen herumstehenden Lebensmittel mit, in den anderen Häusern wird alles durchwühlt. Dank unserer vorbildlichen Unordnung büßen wir nur zwei Kerzen ein.

28. April
Der Tag fängt wieder mit Kartoffelholen an. Wir haben jetzt ungefähr acht Zentner herangeschafft. Für jede Mahlzeit kochen wir große Mengen davon auf unserem mit Holz zu beheizenden Küchenherd. Der Wunsch nach Abwechslung in der Kost treibt Harke und mich zu einer Gärtnerei, deren Inhaber geflüchtet sind. Wir wollen Porree und Rha-

barber klauen. Wir sind, wie nun schon üblich, wie Vogelscheuchen gekleidet. Während wir dabei sind, aus den Stauden die dicksten Rhabarberstengel herauszureißen, tauchen plötzlich drei Russen hinter uns auf. Sie müssen uns von der Landstraße aus gesehen haben, sie sind jung, blond und dreckig. Kaum 40 m entfernt steht eine Baracke, dahin bringen sie uns. Diesmal sage ich mir, jede Arbeit ist ihres Lohnes wert und fordere mit meinen paar kümmerlichen Brocken Russisch etwas zu essen. Dafür haben sie Verständnis, grinsen freundlich und nehmen mich mit zu einem Motorrad mit Beiwagen, was an der Straße steht. Ich bekomme eine Büchse Ölsardinen, ein großes Stück Brot und eine klebrige Tüte Bonbons. Unsere Moral ist unter den Nullpunkt gesunken, derartige Zwischenfälle nehmen wir nicht mehr tragisch. Ich gehe zurück, hole das Gemüse und den Rhabarber und warte dann auf Harke, die auf dem Heimweg noch eine Uniform und einen Soldatenmantel aufhebt. Wie wir so bepackt vor der Küchentüre stehen, brechen wir in schallendes Gelächter aus. Die Uniformen zerschneiden wir gleich und legen die brauchbaren Stücke weg.

Am Abend wird aus unserem großen Wohnzimmer eine Art Frisiersalon. Wir wissen nun, daß alle Russen Kinder gern mögen. Meine Söhne führen ein herrliches Leben, sitzen mit am Lagerfeuer, bekommen dort zu essen, helfen Pferde füttern und Wasser holen. Die Mädchen zwischen 11 und 15 könnten genau so leben, wenn sie wie Jungen aussähen. Und das wollen wir nun erreichen. Ich schneide die Zöpfe ab und kreiere mehr oder weniger gekonnte Jungensköpfe. Die Kleidung wird untereinander ausgeliehen und ab morgen gibt es in unserer Siedlung nur noch ganz kleine Mädchen. Wir schlafen wieder alle, auch Frau A. als Gast, in unserem Château sans amour. Frau A. wimmert nach ihren Kindern und bringt uns alle in Gefahr, weil sie bei dem hellen Mondschein die Leiter herunterklettern will und nach Hause. Pausenlos dröhnt das Rollen der Panzer und Lastwagen von der Landstraße herüber. Ob die Russen abziehen, ob neue kommen, wir wissen es nicht.

Sonntag, 29. April

Wir nehmen ein sonntägliches Frühstück ein, zu dem wir die Lebensmittel aus ihren vielen Verstecken hervorsuchen. Die Wurst aus der Ofenasche, die Butter aus dem Sandloch, den Speckrest aus dem Schornstein, das letzte kostbare Brot unter dem Kohlenhaufen und die Eier unter der Couch im Keller. Dazu gibt es echten Tee. Während wir friedlich beim Essen sitzen, werden wir von einem Russen gestört, der mit vorgehaltener Pistole die Reifen zu unserem Auto fordert. Wir machen ihm begreiflich, daß die Reifen schon vom Volkssturm abgeholt worden sind. Natürlich eine Lüge, aber ich bin dagegen, freiwillig etwas herauszurücken. Der Russe zieht murrend ab. Harke zertrümmert ihren schönen, mit rotem Samt ausgeschlagenen Silberkasten, weil es heißt, man müsse alles Silber abliefern. Das Silber ist längst versteckt, aber der Kasten könnte als Indiz gewertet werden. Es ist überhaupt wieder ein Tag der Gerüchte. Man erzählt sich, daß die Amerikaner jetzt mit uns zusammen gegen die Russen vorgingen und bereits im Anmarsch auf Potsdam wären, daß am Abend alle Leute die Häuser zu verlassen hätten, oder aber in einer anderen Version, daß in dieser Nacht sämtliche Frauen und Mädchen zwischen 13 und 30 Jahren verschleppt werden sollten. Nichts von alledem passiert, wir schlafen ausgezeichnet im Château.

30. April
Unser Familienleben wird zu jeder Tageszeit von Russenbesuchen unterbrochen. Viele von ihnen führt offenbar Neugier und das Bedürfnis, sich ein bißchen zu unterhalten, in die Häuser. Harke und ich laufen nach wie vor in den scheußlichen Kleidern herum, obwohl es gar nichts nützt und bei den neuen Herren schon viel Belustigung erregt hat. Neuerdings fordern sie in allen Häusern männliche Unterwäsche und versprechen, Brot dafür zu tauschen. Es finden sich auch immer wieder Menschen, die vertrauensvoll ihre Sachen hingeben. Wir begeben uns wieder mit Säge und Handwagen in den Wald, unser Holzvorrat wächst. Kohlen werden wir im nächsten Winter bestimmt nicht bekommen. Eine Truppe alter Frauen aus Rehbrücke – junge trauen sich nicht auf die Straßen – ist nach Potsdam marschiert, um Lebensmittel zu besorgen. Das Proviantamt ist geöffnet, es gab Kartoffelflocken (ein richtiges Schweinefutter!), Trockengemüse, Hafermehl und verdorbene Haferflocken. Während die Frauen ihre Körbe füllten, ging ein Bombenhagel von deutschen Flugzeugen[289] auf sie nieder, so berichten sie. Im Luftschiffhafen wird immer noch gekämpft.

1. Mai
Die Nachricht, daß Mussolini[290] hingerichtet ist, hat uns erreicht. Der erste Mai erfüllt alle Gemüter mit Schrecken, wird es wieder Saufereien und nächtliche Orgien geben? Zwei Moskowiter, von denen der eine mit einem blanken Seitengewehr spielt, setzen sich zu uns an den Mittagstisch. Aber unser armseliges Kartoffelmus kann sie offenbar nicht locken.

---

289 Es waren wahrscheinlich sowjetische Flugzeuge.
290 Mussolini wurde am 28. 4. 1945 erschossen..

Sie trampeln wieder durchs Haus, sagen laut: „Deutsche Schweine!", was beim Zustand unseres Hauses durchaus treffend ist, und ziehen ab. In Saarmund soll es 300 Gramm Brot pro Person geben. Günters machen sich auf und schließen sich einer Karawane von Menschen mit weißen Armbinden an, die auf dieses Gerücht hin nach Saarmund wandern. Ich frage, was die weißen Armbinden zu bedeuten haben und werde belehrt, es sei ein Zeichen dafür, daß man kein Spion sei! Günters kommen nach vierstündigem Marsch ohne Brot wieder nach Hause. Frau Jordy kommt und bittet uns, ihre beiden Jungens, 9 und 4 Jahre alt, zum Übernachten abgeben zu dürfen, da bei ihnen immer wieder die Mutter des kleinen Till gesucht würde. Sie sieht älter aus, als sie ist, und das hat sie bisher gerettet. Meine Kinder schlafen längst wieder zu Haus, da kommt es nicht drauf an, ob noch zwei mehr dabei sind. Für die Kinder natürlich sehr schön. Die alten Günters sind ein Segen, sie hüten die Kinder und das Haus, wir schlafen ungestört im Château.

2. Mai

Am Morgen weckt uns die gewohnte Schießerei. Peter und Imre marschieren nochmals mit Günters nach Saarmund zum Bäcker, kehren ohne Brot, aber dafür mit acht Paar groben, gefundenen Fausthandschuhen und einem ungeheuren Appetit zurück. Die Gegend um Saarmund war gesperrt, da der Wald erneut nach deutschen Soldaten durchgekämmt wird. Wir hocken wieder im Wald, zersägen die Stämme und transportieren sie mit dem Handwagen heim, da sehen wir plötzlich an der Bahn von Rehbrücke nach Wilhelmshorst Hunderte unseres geschlagenen Heeres entlang ziehen, gefolgt von vielen Zivilisten. Wir eilen nach Hause und sehen vom Fenster aus das Anrücken vieler Russen. Sie überfluten die Häuser. Sie wühlen den ganzen Nachmittag über in unseren Räumen und im Keller. Alle 10 Essigflaschen im Keller probieren sie, aber es wird kein Wein daraus. Ich fürchte für die Nacht. Im Château zu schlafen ist unmöglich, zu viele Russen in der Nähe, wir können nicht ungesehen hinkommen.

Viele freundliche und begehrliche Blicke haben mich schon erreicht. Die Angst ist wieder da, ich sitze in meinem Zimmer und heule. So findet mich ein Offizier, der etwas Deutsch kann, er versucht mich zu trösten und meint, die Deutschen in Rußland hätten sich nicht besser benommen. Ich betrachte ihn mir, er ist ein stattlicher, ausgesprochen asiatischer Typ mit leicht geschlitzten Augen und einem Pyramiden-Kopf, aber wenigstens gewaschen und sauber. Er fragt sogar, ob er am Abend kommen könne, und ich erwähle diesen einen, statt schutzlos vielen preisgegeben zu sein. Am Abend kommt er, bindet sein Pferd an

unseren Apfelbaum und bleibt. Ich bekomme 1.200 Mark und ein großes Stück Brot. Wahrscheinlich verdanken wir ihm, daß diese Nacht für
uns einigermaßen ruhig verläuft. Es wird dauernd in nächster Umgebung geschossen. Die Mädchen und jungen Frauen der Siedlung verbringen ihre Tage auf den Spitzböden. In unserem Haus wächst die
Unordnung ins Unerträgliche. Der Inhalt aller Schränke und Schub-
fächer liegt im Dreck der von vielen schmutzigen Männerstiefeln be-
trampelten Fußböden. Harke und Etuart klettern auf den Spitzboden
und etablieren sich dort für die Nacht zwischen Staub, Koffern und
Gerümpel. Ich bleibe unten, auch als mein Offizier mich verlassen hat,
da ich annehme, daß er wiederkommen wird. Aber ich warte vergebens.

3. Mai
Bereits um sieben Uhr morgens betreten neue Besucher das Haus. Harke und Etuart, die gerade den Spitzboden verlassen wollten, ziehen mit
fliegenden Händen die Leiter hoch. Abermals werden alle Räume
durchsucht, und während ich auf Imres Bettrand sitze, winkt mir ein
schlitzäugiger Mongole „Komm mit." Ich bleibe unbeweglich sitzen, bis
er abzieht. Es folgt ohne weitere Unterbrechung ein gutes Geburtstags-
frühstück für Peter, der heute elf Jahre alt wird. Am Gartenzaun vorbei
wandern Scharen müder, im Walde aufgestörter Flüchtlinge mit Bün-
deln, Koffern und Handwagen. Das Mitleid muß schweigen und unsere
Nächstenliebe erschöpft sich in guten Ratschlägen, denn wollten wir
allen abgeben – wir haben ja noch eine Menge Vorräte – dann wären wir
in einer Stunde so elend wie sie. An unsere unsichere Lebensweise ge-
wöhnen wir uns immer mehr. Trotzdem haben wir Angst, nackte Angst,
wenn wir bedroht sind. Geht aber die Gefahr vorüber, so ist alles
erstaunlich schnell vergessen und wir sind vergnügt wie eh und je. So
muß es wohl auch im 30-jährigen Krieg gewesen sein, von dem ich mir
immer als Kind so entsetzliche Vorstellungen gemacht habe. Die totale
Anarchie regt unsere Gemüter an, endlich können wir, Harke und ich,
einmal satt Indianer spielen.

Wir sind nur unglücklich darüber, daß wir uns wegen der allerorts
lauernden Gefahr der Vergewaltigung wenig aus dem Haus oder Garten wagen können. Und dabei gibt es soviel zu hamstern und zu ergat-
tern. Überall liegen Uniformen herum, die sich zu Hosen und Pantoffeln
verarbeiten lassen. Wir halten die Kinder an, uns solches Beutegut
heimzubringen. Aber sie interessieren sich mehr für das herumliegende
Kriegsgerät und haben ihre Buddelkiste schon in einen wahren Unterstand verwandelt, was wiederum das Mißtrauen der Russen erregt. Die
Kinder sind überhaupt selig. Peter kam am dritten Tag nach Haus und

sagte: „Ihr habt gesagt, es sei nicht schön, wenn die Russen kämen, aber es ist soooo schön!" Sie lassen sich regelrecht verwöhnen, essen Fettplinsen und fettige Suppen und berichten mir getreulich die Angebote, die die Soldaten immer wieder ihrer Mutter, also mir, machen lassen.[291] Unser schwarzer Schottenterrier „Pumpernickel" wandelt ebenfalls auf den Höhen seines Hundedaseins. Seit 10 Tagen hat er seinen Freßnapf nicht mal mehr angesehen und es vorgezogen, auswärts zu speisen. Sein Bauch schleift bereits die Erde, so wohlgenährt ist er. An das Schlafen auf den Matratzen im Château in vollständig angezogenem Zustand haben wir uns gewöhnt. Das Waschen morgens ist ein unbeschreiblicher Genuß, aber nur mit Schmiere stehen der Kinder zu bewerkstelligen. Unser treuer kleiner Herd, den wir kurz vor dem Russeneinmarsch aus einem zerbombten Haus in Potsdam geholt haben, spendet uns das nötige warme Wasser zum Waschen. Heute haben wir es sogar mit Hilfe einer ins Feuer gehängten Backhaube fertig gebracht, Peter einen Geburtstagskuchen aus Mehl, Kaffeesatz und Sirup zu backen. Es wird berichtet, daß ganz Deutschland kapituliert habe. Bald wird Friede sein!

13. Mai, Sonntag vor Pfingsten
Harke erscheint heute nach einer schlaflos verbrachten Nacht in der Küche mit der Frage: „Sagen Sie, Marianne, warum ist käufliche Liebe eigentlich unmoralisch? Ich kann die Gründe dafür nicht mehr finden." Ich bin nicht imstande, darauf etwas zu antworten, und wir finden beide, daß wir vollständig entgleist sind. Das bürgerliche Leben, dem wir seit einigen Tagen krampfhaft zustreben, hauptsächlich der Kinder wegen, ist kaum mehr darzustellen.

Die Tage nach Peters Geburtstag verliefen verhältnismäßig ruhig. Die Bäckereien in Rehbrücke und Bergholz fingen wieder an zu arbeiten. Wer am ersten Tag bis zu acht Stunden anstand, hatte das Glück, 300 g Brot zu erhalten. Da wir noch genügend Vorräte haben, verzichten wir auf solche Wartezeiten.

Am 5. Mai nahmen wir Berliner auf, die versuchen wollten, sich nach dem Westen durchzuschlagen, ihre Schilderungen der Zustände in Berlin veranlassen Harke, den Keller umzukramen und einen Schlafraum für Flüchtlinge herzurichten. Bettgestelle dazu liefert die halbverbrannte Volkssturmbaracke. An diesem Sonntag bezogen die Russen ein in

---

291 Vgl. von Hornstein, Andere müssen bleiben, S. 146: „Für alle Kinder sind die Russen eine unterhaltsame Selbstverständlichkeit geworden, sie gehören bereits zu ihrem Leben wie die Hühner im Garten, die Ziegen, die Gärtnersfrau, die gerade das Gemüse für die Küche bringt, als wäre es nie anders gewesen."

unserer Nähe errichtetes großes Lager, das ehemals für Fremdarbeiter und dann als Ausweichstelle für das Arbeitsamt gedient hat. Mehrere Familien aus der Siedlung müssen innerhalb von zwei Stunden ihre Häuser für die Offiziere räumen, auch B.s, unsere Obernazis, sind davon betroffen. Die Kinder stecken fast den ganzen Tag im Lager. Peter fragt eines Morgens bescheiden: „Darf ich heute mal hier frühstücken?" Was die Kinder im Lager nicht aufessen mögen, bringen sie nach Hause, und wir leben zum Teil nicht schlecht von den Brocken, die von der Herren Tische fallen.

Ich arbeite wieder in unserem Garten neben dem B.schen Haus. Die Offiziere gucken zu, und einer kommt an den Zaun, um sich mit mir zu unterhalten. Inzwischen habe ich einige Brocken Russisch gelernt und auch in der Zeichensprache Fortschritte gemacht. Ich beschwere mich über das Verhalten der Truppe, denn mit den 2.000 Mann im Lager hat der nächtliche Betrieb wieder begonnen, vor allem in der Beethovenstraße. Er verspricht, für Ordnung zu sorgen, und tatsächlich gegen 9 Uhr abends erscheint er mit zwei schwer bewaffneten Soldaten und überzeugt sich, daß überall Ruhe ist. Erleichtert gehen wir daraufhin endlich mal wieder ausgezogen in unsere richtigen Betten. Doch kaum liegen wir, da donnert es wieder in altbekannter Weise an die Haustür. Angstbeflügelt kommt Harke zu mir ins Balkonzimmer und wir quetschen uns gemeinsam ins Kabuff, während Herr Günter die Russen durchs Haus führt. Sie finden nicht, was sie suchen, und als wir sie unten das Haus verlassen hören, kommt uns die Situation im Kabuff dermaßen lächerlich vor, daß wir uns in einem langen Gelächter Luft machen. Aber trotzdem klettern wir reumütig wieder auf den Spitzboden.

Am Vormittag des 8. Mai holen die Russen aus allen Häusern Frauen zur Arbeit, sie wollen Benzinfässer im Wald halb eingegraben haben. Ich gehe mit, und bei dieser kurzfristigen Tätigkeit lerne ich Nikolai kennen, einen Sibirier besten Schlages, blond, groß und hübsch. Ich werde in Maruschka umgetauft. Seither erscheint Nikolai morgens, mittags und abends und ich radebreche Russisch mit ihm. Er versucht immer wieder, mir verständlich zu machen, daß ich ihm erlaube, nachts zu kommen. Hier versagt aber meine Auffassungsgabe für die russische Sprache, ich will nicht. Das Lager hält die Nachbarn in Atem, immer wieder wird versucht zu plündern. Wir halten unser Haus Tag und Nacht fest verschlossen, was während des ganzen Krieges nicht geschehen ist. Ich habe herausbekommen, daß Frechheit bei den Russen siegt, mit energischem Auftreten habe ich bei uns und auch bei den Nachbarn, die mich manchmal zu Hilfe holen, ungeahnten Erfolg. Bei uns wird nicht geplündert.

Beim Bäcker erhalten wir mit zwei Stunden Anstehen zum ersten Mal Brot. Ich räume mein Zimmer auf, mache sauber und ziehe mich wieder hübsch an. Als ich am B.schen Haus vorbei zum Garten gehe, sitzt der Kapitän auf dem Treppengeländer vorm Haus und klimpert auf einer Gitarre, er winkt mir zu und dann kommt er, um mir zu sagen, daß nun Frieden geschlossen sei und er diesen Frieden mit uns feiern wolle. Er kommt gegen Abend mit seinem Leutnant. Sie bringen Wein und Brot, Wurst und Kekse mit und wir stoßen an auf den „Friedensanbruch". Gegen elf kommt der Major der Truppe mit einigen Balten, jetzt ist die Verständigung leichter. Ich habe schon Sorgen, wie ich die ganze Gesellschaft wieder loswerden soll. Um 1 Uhr sage ich zum Kapitän: „Ja ustala, ja chotschu spatj" (ich bin müde, ich will schlafen) und das Wunder geschieht, er steht auf und komplimentiert die ganze Gesellschaft hinaus. Das gefällt mir, er auch, ich kann es nicht leugnen.

Am nächsten Morgen bringt er mir einen Schutzbrief, Brot, Reis, Schmalzfleisch und ein riesiges Stück Hirschfleisch. Gegen 6 Uhr abends erscheint statt des erwarteten Kapitäns der Major. Mir ahnte ja gestern schon nichts Gutes beim Anblick dieses üblen, proletigen Kerls. „Gib Kuß, Frau", sagt er und wird sofort zudringlich. Ich wehre mich schließlich mit Tränen, das hilft, er zieht fluchend ab. Langsam gehen einem diese direkten Angebote auf die Nerven. Erst fragen sie, ob ich verheiratet sei, dann wo mein Mann stecke, und wenn ich sage, in englischer Gefangenschaft, bieten sie sich als Ersatz an. Zu allem Überfluß bin ich mit meinen Eingeweiden in Unordnung geraten. Hoffentlich ist es keine Ruhr, die hier in der Siedlung jetzt häufig ist. Als es schon dunkel ist, erscheint Nikolai unter meinem Fenster, zwei ungebetene Freier an einem Abend, das ist zu viel, wütend schreie ich: „Paschol won". Aber Nikolai ist zäh, es dauert lange, bis er sein Maruschka-Rufen und Klopfen aufgibt.

Gestern zogen die Russen aus dem Lager ab, es ist auffallend still in der ganzen Gegend. Eigentlich vermisse ich das wilde Leben, die tollen Kampflieder, mit denen die Truppe vom und zum Lager marschierte. Der Vorsänger hatte eine wunderbare Stimme. Die Warschawianka habe ich noch nie so singen hören. Auf das Gerücht hin, die Engländer oder Amerikaner würden unser Gebiet besetzen, begannen wir sogleich mit der Säuberung des Hauses. Über diesen Arbeiten verging der Tag im Nu. Als wir gegen 9 Uhr abends bei Tisch saßen, kam Frau A. mit der Meldung, daß im Lager große Mengen Hafer von den Russen zurückgelassen worden seien. Harke und ich lassen unsere Kartoffelklöße im Stich, ergreifen die nächstbesten Gefäße und rennen los. Wir riskieren damit allerhand, denn für die Deutschen ist ab acht Uhr abends Ausgangssperre. In den verödeten Baracken des Lagers schleichen vereinzelt plündernde Deutsche herum. Wir finden 5 Säcke und füllen sie in aller Eile mit Hafer, der leicht angesengt riecht. Den Hühnern wird das wohl egal sein. Jordys Kinder sind auch mit Hafer-Einfüllen beschäftigt, gemeinsam schleppen wir unsere Beute in den dämmerigen Wald. Während Harke heimschleicht, um Wagen und Schubkarre zu holen, entdecken wir im Wald ein herrenlos herum streifendes Schaf. Ute Jordy und ich machen uns sofort auf die Jagd, und am Band meiner Dirndlschürze bringen wir es mit Stoßen und Schieben, wie bei Busch, zusammen mit dem Hafer heim.

Gegen Mitternacht steht wiederum Nikolai vor der Küchentür. Mit den süßesten Tönen versucht er, mich zu einer Abschiedsfeier zu verlocken, vergebens. Zwei Stunden später klopft mein Kapitän. Im ersten Morgengrauen verläßt er Rehbrücke, vor der Küchentür steht als Abschiedsgabe ein riesiger Sack Korn, fast zwei Zentner!

Wir sind wieder bei einer ungeheuren Kramerei, das Schaf weidet friedlich auf unserer Kommandobrücke, es sieht jämmerlich genug aus, offenbar ist es krank, denn die Wolle fällt in großen Flocken ab. Harke ergeht sich in wahren Milchmädchenträumen, sie sieht uns alle schon durch das Schaf ernährt und gekleidet werden. Ich betrachte es mehr als kleine Fleischreserve. Die allmähliche Verwandlung unseres Hauses in seinen alten Zustand ist eine wahre Lust. Aber das Schönste dieses Tages kommt noch – die Nacht! Wir stellen die Kerzen ins Wohnzimmer und gehen in den Garten, sehen voll Andacht, wie der Lichtschein durchs Fenster auf Rasen und Buschwerk fällt. Sehen in der Ferne die schwachen Lichter von Bergholz. Es ist der erste Abend ohne Verdunkelung!

3. Juni
Wir haben nun seit sechs Wochen russische Besatzung. Das Leben nimmt nach und nach wieder seine bürgerlichen Formen an. Der Kommandant von Rehbrücke ist ein wahrer Landesvater. Alle Frauen sind begeistert von ihm. Er tut und hilft, was in seinen Kräften steht. So hat er sich u.a. bereit erklärt, Flüchtlingen bei der Weiterreise behilflich zu sein. Er läßt sie mit LKW zum nächsten Bahnhof bringen, unsere Vorortzüge verkehren noch nicht wieder. Bei seinem „Regierungsantritt" mußten wir alle erscheinen und er hielt eine Ansprache an sein Volk. Das entbehrte nicht der Komik, denn kaum einer von uns spricht Russisch. Schließlich erbot sich jemand, wenigstens Bruchstücke zu übersetzen. In der Menge vor mir stand ein schlanker Mann in einem blauen Overall: Richard König von der Ufa! Ich hätte ihn fast nicht

erkannt, so verjüngt sah er aus, weil all sein Fett verschwunden war. Er hat eine abenteuerliche Flucht aus einem Gefangenen-Transportzug hinter sich, der schon hinter Küstrin auf dem Wege nach Osten war. Jetzt versucht er, hier in Rehbrücke sein leicht zerbombtes Blockhaus wieder in Ordnung zu bringen.

Der Dolmetscher übersetzt uns, daß die Plünderungen nun ein Ende haben sollten, da meldet sich eine Stimme aus der Menge: „In der Bergstraße sind sie mal wieder dabei!" Sofort wird ein Kommando dorthin geschickt und die Übeltäter verhaftet. Am andern Tag werden die Kühe von Krolls durch Soldaten abgetrieben, sie bekommen sie auf ihre Beschwerde beim Kommandanten hin wieder. Es geht sogar das Gerücht, daß er seine Soldaten erschießen ließ, weil sie sich wieder der deutschen Frauen bemächtigt hatten. Zeitweilig funktioniert der elektrische Strom und gestern zum ersten Mal seit sieben Wochen lief für eine Stunde das Leitungswasser.

Unser Auto hat uns einige unangenehme Stunden bereitet. Ein Offizier von der Kommandantur erschien mit einer Dolmetscherin in Uniform und verlangte, wir sollten das Vehikel innerhalb von 24 Stunden auf der Kommandantur abliefern. Wir zeigten ihm das Wrack ohne Räder und erzählten lange Geschichten, daß der Volkssturm die Räder abmontiert habe usw. Er ließ sich auf nichts ein und versicherte, wenn der Wagen mit Rädern nicht in 24 Stunden auf der Kommandantur sei, würde der Besitzer, in diesem Falle Harke, eingesperrt. Was nun? Harke wurde weich, zumal uns berichtet wurde, daß zwei Frauen wegen solcher Sachen schon eingesperrt seien. Dazu kam, daß unsere Nachbarn damals gesehen hatten, wo wir die Räder vergraben haben, und wir wußten nicht, ob sie dicht halten würden. Wir gruben also mit sehr gemischten Gefühlen die Räder aus, montierten sie und lieferten den Wagen bangen Herzens ab, weil wir ja so gelogen hatten. Aber es geschah nichts. Dann sollten wir abliefern: Schreibmaschinen, Fotoapparate, Radios. Jürgen A. trug alle diese Dinge brav für seine Familie zur Kommandantur, ich dachte gar nicht daran, ich war höchstens bestrebt, noch bessere Verstecke für sie zu ersinnen.

Ich bin trotz nachbarlicher Warnungen schon zweimal in Caputh gewesen mit dem Rad, um Obst zu holen. Wenn ich jetzt nichts heranschaffe, haben wir im Winter keine Vorräte. Mit der Versorgung sieht es trübe aus. Auf dem Papier erhalten wir ganz ordentliche Rationen, aber in der Praxis gibt es so gut wie nichts. Mit Spelzen durchsetztes, feuchtes Brot, minderwertiges Fleisch und sehr oft Austauschprodukte für Fett und Fleisch. Oder auch gar nichts. Bei der dritten Fahrt durch den Wald nach Caputh prügele ich mich mit einem wildernden Russen. Ich weiß nicht, hat er es auf mich oder auf mein Fahrrad abgesehen, die wahnsinnige Angst um mein Vehikel - es ist lebensnotwendig für uns bei den Entfernungen - verleiht mir ungeahnte Kräfte. Es gelingt, mit Rad und Körben zu entkommen.

13. Juni

Frau Jordy bekommt Nachricht von ihrem Mann aus dem Gefangenenlager in Trebbin. Er bittet um Lebensmittel, er sei krank und sie bekämen fast nichts zu essen. Herr Jordy ist pflichttreu am letzten Tag zum Volkssturm eingerückt. Frau Jordy ist nach einer kaum überwundenen Rippenfellentzündung viel zu schwach, um selber hinzufahren.

Trebbin liegt 20 km südlich von uns, eine Strecke, die mit dem Fahrrad leicht zu bewältigen, heute aber nicht ungefährlich ist. Allein wage ich es nicht, als Begleitung kommt nur die Krankenschwester Lembke in Frage, eine tüchtige etwa 30-jährige Person. Da sie auf halbem Wege nach Trebbin in Gröben Verwandte hat, nach deren Ergehen sie sich erkundigen will, beschließen wir, am frühen Morgen zu starten. Es ist ein herrliches Wetter. Wir vermeiden nach Möglichkeit die Hauptstraßen, weil dort Russen und Fremdarbeiter nach wie vor plündern, vergewaltigen und Räder wegnehmen. Das Dorf Gröben, wo wir rasten, wirkt in seiner entsetzlichen Verwüstung und Verarmung wie ein Bild aus dem Dreißigjährigen Krieg. Wir erreichen ohne Zwischenfälle Trebbin, auf dem Weg zum Gefangenenlager begegnen wir einer seltsamen Gruppe: etwa 20 gefangene Volkssturmmänner ziehen einen mit Brettern beladenen Autoanhänger an uns vorbei. Ob halbwüchsige Burschen oder alte Männer, ihre Gesichter sehen fast gleich aus, grau und tief eingefallen vor Hunger, ihre Schritte sind matt und schleppend, eine Qual anzusehen.

Wir bekommen die Genehmigung, Herrn Jordy in der Krankenbaracke zu besuchen, d. h. er ist auf und kommt zu uns auf den Hof. Auch er ist schwer gezeichnet von den Entbehrungen, aber er wirkt nicht so hoffnungslos, man spürt seine Energie auch jetzt. Wir sind sehr froh, ihm das Lebensmittelpaket übergeben zu können. Auf dem Rückweg ging es beinah schief, als wir um eine Wegbiegung kommen, stehen wir ganz dicht vor einem russischen Panzer, auf dem mindestens 20 Mann sind. Wir prallen zurück und wollen wenden, da ruft uns einer zu: „Warum fortlaufen, Frau, wir 20 Mann, wir nix tun!" Ich schaue mich um, und sein freundliches Grinsen gibt uns den Mut, an ihnen vorbeizuradeln. Sie schreien alle Mann „Doswidanja" und wir erleichtert „Spasibo". Ich bin kaum zu Hause und ruhe mich aus, da erscheint U. C. weinend in der Diele: Ihr Vater ist erschossen zwischen Wannsee und Kohlhasenbrück.

15. Juni

Es ist erstickend heiß. Herr C. liegt noch immer im Straßengraben bei Kohlhasenbrück im Wald. Die deutsche Polizei will die Leiche erst freigeben, wenn ein Totenschein ausgestellt worden ist, es findet sich aber kein Arzt, der zum Tatort fahren würde. Herr C. ist das Opfer eines Raubüberfalles geworden, sein Rad und seine Papiere fehlen. Das ist eine Ironie das Schicksals, ich fahre schon lange ohne jeden Ausweis durch die Gegend, wenn ich den Russen begegne, was ich allerdings nach Möglichkeit vermeide, ergibt sich folgender Dialog: „Gdje papje?" Ich antworte: „U menja njet papje, u menja tolko papirossa!" (Ich habe kein Papier, ich habe nur Zigaretten) und bis heute hat das gut geklappt. Herr C. wollte zur AEG in Berlin, wo er als Ingenieur tätig war, er wollte wissen, was aus dem Werk geworden ist. Er war zur Kommandantur und zur deutschen Polizei gegangen, hatte sich Dokumente und Begleitschreiben ausstellen lassen, um für alle Fälle gerüstet zu sein, es hat ihm nichts geholfen! Während Harke und ich der verstörten Frau C. bei der Arztsuche und Beerdigungsvorbereitung behilflich sind, kommt die Schreckensnachricht, daß unsere ganze Waldsiedlung aller Voraussicht nach für neu einrückende Truppen geräumt werden müsse. Wir sind sofort wieder in voller Tätigkeit, schleppen Matratzen, Betten, einen Ofen, meinen Radioapparat und anderes aus dem Haus, da wir vermuten, daß solche Dinge im Ernstfall nicht mitgenommen werden dürfen. Alles sonstige Lebensnotwendige wird griffbereit verpackt. Die alte schlimme Unordnung ist wieder da.

17. Juni, Sonntag

Wir packen immer noch. Fast bin ich gesonnen, alles aufzugeben und den Dingen ihren Lauf zu lassen. Aber da sind die Kinder, und die langsam zur Gewißheit werdende Vermutung, daß ich schwanger bin. Das Lager füllt sich mit Russen. Von Stunde zu Stunde warten wir auf die Nachricht, ob wir hinausgesetzt werden und wann und wie schnell das geschehen muß. Heute um halb drei wird Herr C. beerdigt. Harke sagt: „Das ist der erste anständige Sarg, den ich gesehen habe." Er besteht aus zehn rohen, ungebeizten Brettern.

20. Juni

Noch sind wir in unserem Haus. Von früh bis spät besuchen uns Russen. Meist sind es Offiziere, sie tun, als ob sie Quartier suchen, aber es ist deutlich zu merken, daß sie ganz was anderes wollen. Sie benehmen sich freundlich und anständig. Es ist immer noch dasselbe Volk, wie wir es aus Tolstois und Dostojewskis Werken kennen, gutmütig, primitiv, z.T. kindlich und alle unwahrscheinlich gesund. Ich habe bis jetzt nur drei Russen getroffen, die Spuren von Bildung aufwiesen: mein Kapitän, der Kommandant von Rehbrücke und ein schöner, dunkelhaariger Soldat, der im Zivilberuf Architekt ist und sich für unser Haus interessierte. Leider sind meine Sprachkenntnisse viel zu gering, um von den Soldaten Näheres über Rußland zu erfragen und zu erfahren. Aus Radkes großer Wiese rechts vor unserem Haus ist eine Pferdekoppel geworden, was bezaubernd aussieht. Abends jagen die Reiter mit Gesang und Geschrei unten am Gartenzaun vorüber. Im Wald hinter der Beethovenstraße ist ein richtiges Feldlager. Die Kinder leben wieder bei den Russen von Suppen, die so fett sind, daß Harke und ich uns mit Schaudern davon abwenden. Die halbe Beethovenstraße muß bis morgen früh um acht geräumt werden und wirkt wie ein aufgestörter Ameisenhaufen. Familie Steinbach zieht verabredungsgemäß zu uns, und eine Flut unordentlich zusammengerafften Hausrats ergießt sich in unsere mit eigenem Gepäck schon voll gestopfte Diele.

21. Juni
Harke, die bis spät in die Nacht geräumt und gepackt hat, schildert am Morgen begeistert, wie schön das Lager aus der Ferne mit seinen Feuern, der Musik und den russischen Zurufen gewirkt habe. Wir haben einen Kapitän als Einquartierung bekommen, der mir stolz erzählt, daß er von Beruf Chauffeur sei. Sein Bursche, der etwas deutsch spricht, macht den Liebeswerber für ihn, die Situation reizt mich zum Lachen. Die Einquartierung ist von kurzer Dauer, er hat wohl begriffen, daß es hoffnungsloses Bemühen ist und kommt nicht wieder. Iwan, sein Bursche jedoch, gibt nicht so schnell auf. Er bringt mir heute eine Uniform zum Waschen und bezahlt im Voraus mit einer Kilobüchse Schmalz, aber auch das macht mich nicht williger. Diese unzählbaren, mehr oder weniger aufdringlichen Werbungen gehen mir auf die Nerven, und schließlich, im Stillen, bin ich voller Mitleid. All diese jungen, unverbrauchten Männer stehen seit vier Jahren im Krieg, manche sind noch länger Soldat. Wenn ich sie frage, wann sie zuletzt zu Hause waren, wann sie Urlaub hatten, bekomme ich meist zur Antwort: „Nix domoi, nix Urlaub!" Sie wollen uns Frauen weder schänden noch quälen, sie suchen nur Erlösung aus ihrer eigenen Not.

Ich habe das Schaf geschlachtet, jawohl! Nach Harkes Ansicht habe ich damit unsere ganze zukünftige Landwirtschaft ruiniert. Nachdem ich sämtlichen in der Nachbarschaft wohnenden Männern, natürlich gegen entsprechende Fleischabgabe angeboten hatte, das Tier vom Leben zum Tode zu bringen, und überall eine Absage bekommen habe – dabei haben sie alle kaum was zu essen – bin ich mit einer Axt, einem geschärften Brotmesser und weichen Knien in der Stall gegangen und habe das Werk vollbracht. Erstaunlich, was man so fertig bringen kam. Das Fleisch schmeckt uns großartig.

1. Juli

Vor acht Tagen bin ich ein zweites Mal nach Trebbin zu Herrn Jordy gefahren. Er war voller Sorge um seine Familie und sagte, daß er Herrn C. beneide, der zu Hause sein könne. Ich habe ihm nichts von C.s Tod erzählt.

Den Russen gefällt unser Haus nicht. Wenn sie durch die weißgetünchten, fast leeren Räume gehen und die wenigen alten Möbel sehen, äußern sie voll Verachtung: „Nix modern." Das ist Musik in unseren Ohren. Sie bevorzugen Plüschsessel, polierte Nußbaummöbel und grelle Teppiche, all das ist in den Wohnungen der Beethovenstraße zu finden. Trotzdem sind wir nicht sicher, ob wir nicht doch noch räumen müssen. Unsere Beziehungen zu den Russen sind aber inzwischen die denkbar besten geworden. Wir tauschen im großen und kleinen Stil. Peter kommt eines Tages und berichtet von Mischa, dem Lagerkoch, der ihn dauernd nach Schnaps frage. Da wir noch welchen im Keller haben und Mischa sicher zahlungsfähig ist – natürlich in Naturalien – lasse ich ihm durch Peter ein Tauschgeschäft vorschlagen.

Man kann schon sagen, postwendend erscheint er, ein wahrer Hüne, in Begleitung von 4 anderen Soldaten, die alle Kochgeschirre voll Schmalz und Schmalzfleisch bei sich haben. Mischa selber trägt eine mittlere Waschschüssel voll Plinsen, das sind kleine, von Fett triefende Mehlpuffer. Sie lassen sich an dem runden Mahagonitisch in unserer Diele nieder, und wir beeilen uns, den versprochenen Schnaps zu holen und die Kochgeschirre zu leeren. Natürlich werden wir aufgefordert, mitzuhalten, und während sie den guten Kognak aus Biergläsern in sich schütten, verzehren wir soviel Puffer wie nur möglich. Die beiden Flaschen sind im Nu leer. Mischa verlangt mehr. Wir legen keinen Wert darauf, daß sie sich bei uns besaufen. Wir erklären energisch, daß es heute nichts mehr gibt, vielleicht morgen. Es dauert eine Weile, bis die fünf begreifen, daß es uns ernst ist. Grußlos und fluchend ziehen sie ab. Mischa schmettert die Dielentür zu, daß ich denke: Der kommt nie wieder.

Weit gefehlt, am nächsten Morgen um halb sieben, wir haben russische Zeit, also eigentlich erst halb fünf, klopft es sanft an die Küchentür. Ich fahre aus dem Bett und sehe zum Fenster raus, unten steht Mischa mit einem Genossen, beide wieder schwer beladen mit Lebensmitteln, Ich wecke in aller Eile Harke, die meint: „Ich habe mir meine Tätigkeit als Anstandsdame eigentlich anders vorgestellt." Als ich die Küchentür öffne, begrüßt mich Mischa mit offenen Armen, nur durch schnelles Ducken entgehe ich seinem Morgenkuß. Er wirft sich in den alten Rohrsessel in der Küche und sitzt da wie ein Koloß.

Harke leert das Schmalzgeschirr, ich hole Wein und Likör, Kognak haben wir nicht mehr. Beides findet bei Mischa keinen Anklang, er schiebt mir Glas und Flaschen über den Küchentisch zu, ich soll trinken. Aber zu so früher Morgenstunde habe ich keine Lust, ich lehne ab, da nimmt Mischa das volle Glas und schüttet den Inhalt gegen die Küchentür. Offenbar besänftigt ihn das, er fängt an, große Reden zu halten. Er macht uns klar, daß er eine sehr wichtige Persönlichkeit ist, er ist Pförtner im Kreml. Er will mich nebst Kindern, „Tante" (Frau Lenz) und Hund mit nach Moskau nehmen. Harke und ich können uns vor Lachen kaum halten. Ich antworte, daß ich sehr gern Moskau kennen lernen würde, darob gerät er in Begeisterung und fängt an zu singen. Es folgt die übliche Werbung, als ich die nicht annehme, zieht er schwer enttäuscht mit seinen Kumpanen ab. Einige Tage drauf treffe ich ihn auf der Straße, und er versucht wieder sein Glück. Ich beschimpfe ihn tüchtig, denn ich habe inzwischen erfahren, daß er dank seiner Lebensmittel zu den Glücklichen gehört, die „ein holdes Weib" errungen haben. „Du hast doch eine, was willst Du denn!", fahre ich ihn an. Da blinzelt er mich schlau und freundlich an und meint: „Aber du schöner!"

Aus unserer Garage ist eine Schuster- und Schneiderwerkstatt geworden, es sieht aus wie auf einem orientalischen Basar. Die drei dort arbeitenden Soldaten bleiben auch über Nacht und schlafen auf unseren Kartoffeln. Harke gibt ihnen Strohsäcke, die sie dankbar annehmen, tagsüber aber vor der Garage im Regen liegen lassen. Ihre Bedürfnisse verrichten sie auf unsere Tomatenpflanzen. Ich betrachte vom Balkon aus ihre Morgentoilette. Obwohl ein Wasserhahn direkt neben der Garagentür ist und die Wasserleitung inzwischen wieder funktioniert, benutzt der Schuster dazu einen halben Eimer schon recht schwärzlichen Wassers. Er seift sich Hände und Gesicht ein, spuckt ein paar Mal kräftig ins Wasser und spült sich dann den Schaum aus Ohren und Augen. Alle drei sind besonders nett. Pjotr, den jüngsten, habe ich sogar dazu bewegt, mir einige schwere Holzkloben zu spalten, was bei den Russen viel heißen will, freiwillig tun sie nichts. Harke hat ein gutes Fahrrad gegen eine Flasche Brennspiritus eingetauscht, und vor unseren staunenden Augen hat der Russe den Brennspiritus getrunken!

7. Juli
Schuster und Schneider rücken mit vielen anderen Soldaten aus dem Lager ab. Ihre Pferde sind schon auf eine andere Weide gezogen, es wird

wieder stiller in Rehbrücke. Der Bürgermeister gibt heute bekannt, daß die Räumungsgefahr behoben ist. Wir atmen auf.

9. Juli

An der Bahn wird gearbeitet, bald sollen wieder Züge laufen. Ich will versuchen, zu meinen Eltern nach Göttingen zu kommen, wir haben seit Kriegsende nichts voneinander gehört. Auch Harkes Verwandte in Hamburg will ich benachrichtigen. Mein Gepäck ist schnell fertig, ein leichter Rucksack, mein Sommermantel, ein Knirps und für Geld und Papiere eine Umhängetasche. Der erste Zug, der von Wannsee nach Dessau fahren soll, genaues weiß niemand, läuft in Rehbrücke ein, behangen mit Menschen auf den Trittbrettern, auf den Dächern, auf den Puffern. Ich finde noch einen Platz auf dem Kohlenwagen, unter mir werden die Briketts weggeschaufelt, und ich sinke während der Fahrt immer tiefer. Ich habe eine Vorortfahrkarte für 20 Pfennig, und mehr werde ich auch auf dieser Fahrt nicht für Fahrgeld ausgeben. Es ist herrlich, bei dem schönen Wetter so hoch oben durchs Land zu fahren. Der Lokomotivenqualm trifft mich nicht, er geht über mich hinweg. Gegen Mittag läuft der Zug in Roßlau an der Elbe ein, weiter geht es nicht, denn die Brücke über die Elbe ist kaputt. Ich folge dem langen Zug Menschen, der zum Fluß hinunter wandert. Auf den Wiesen am Ufer lagern Tausende und warten auf eine Gelegenheit, über den Fluß zu kommen. Ich frage einige, wie lange sie schon da sind und bekomme gesagt: Zwei Tage, vier Tage, ja manche noch länger. Die Leute sind von Hunger und Strapazen gezeichnet. Windeln hängen in den Weidenbüschen, Säuglinge schreien, es ist trostlos.

Ich gehe am Fluß entlang nach Norden, um mir Bretter für ein Floß zu suchen, ich bin, falls ich nichts finden sollte, fest entschlossen zu schwimmen. Dies Warten hier ist zu entsetzlich. Mein Entschluß kommt bald ins Wanken, denn eine männliche Leiche treibt nicht weit vom Ufer vorbei. Ich folge ihr mit den Augen und gewahre noch ein Stück weiter nördlich ein Paddelboot, das vom anderen Ufer zu uns herüber kommt. Ich renne so schnell ich kann auf die vermutliche Landestelle zu, ein junger Mann mit mir. Im Boot sitzen zwei halbwüchsige Jungens in Badehosen, sie haben zwei Menschen rübergebracht. Kaum sind sie am flachen Ufer, versinkt das Boot, denn es ist leck. Sie springen raus, kippen das Wasser aus dem leichten Boot und sind gern bereit, uns mit hinüberzunehmen. In 10 Minuten, wieder kurz vorm Absinken, erreichen wir das andere Ufer. Der junge Mann ist aus Dessau und nimmt mich mit. Er führt mich zu den Überbleibseln des Bahnhofs, vor einer winzigen Holzbude steht eine endlose Menschenschlange, sie wollen Fahrkarten kaufen. Ich versuche es gar nicht erst. Irgendwo in dem total zerstörten Bahnhof steht ein Zug unter Dampf, ich laufe einfach quer über die Gleise, quetsche mich von der falschen Seite rein in den Zug – von der richtigen wäre ich nicht mehr hineingekommen, denn da ist es schwarz von Menschen und kurz darauf setzt sich der Zug in Bewegung. Jetzt habe ich Zeit zu fragen, wohin ich fahre, man sagt mir nach Halle, also genau richtig.

In Halle erreiche ich mit derselben Frechheit einen Zug nach Sangerhausen, da ist es vorbei, erst am andern Morgen soll ein Zug nach Nordhausen fahren. Ich lasse mir den Zug zeigen, der schon auf einem Abstellgleis steht, und steige ein, um da zu übernachten. Ich bin keineswegs der einzige Fahrgast, der Zug ist schon fast voll. Ganz am Ende finde ich noch eine leere Holzbank, wo ich mich wenigstens etwas ausstrecken kann. Auf der anderen Bank liegt ein junger Mann und schläft. Früh am nächsten Morgen fährt der Zug tatsächlich nach Nordhausen. Der junge Mann hat dieselbe Absicht wie ich, er will zu seinen Eltern nach Frankfurt. Irgendwann in Ostpreußen ist er ausgerissen, hat sich lange verborgen gehalten bei Bekannten und zittert nun, noch im letzten Moment von den Russen erwischt zu werden. Er ist Mühlenbauer von Beruf.

In Nordhausen machen wir uns gemeinsam auf den Weg querfeldein in Richtung Bad Sachsa. Ich bin hungrig, mein Proviant ist fast zu Ende. An einem Erbsenfeld mit prallvollen Schoten mache ich Rast und esse mich satt. Ihn macht das verrückt, weil er möglichst schnell rüber will, aber er geht trotzdem nicht allein weiter. Zuweilen treffen wir Leute, die vom Westen nach Osten streben. Russen sind nicht zu sehen.

Wir kommen völlig unbehelligt in Bad Sachsa am Schlagbaum an, da steht ein englischer Soldat, der uns anhält und nicht durchlassen will. Ich frage ganz entsetzt: „What shall we do?" Da grinst er, zeigt auf den Garten rechts von der Straße, wo ein Steinpfad um das Haus herumführt und sagt: „Go on, turn left, turn left again and good-bye." Wir gehen um das Haus herum und kommen 20 m hinter dem Schlagbaum wieder auf die Straße, wo wir schnell in Richtung Osterhagen weitergehen. Todmüde erreichen wir in Osterhagen den Bahnhof, wir sind etwa 30 km gelaufen. Es geht sogar noch ein Zug bis Northeim, was ich gegen 9 Uhr abends erreiche. Nun sind es nur noch 20 km bis Göttingen, ich muß es noch schaffen! Ein LKW liest mich auf und nimmt mich bis Nörten mit. Ich biete ihm meine letzten 20 Zigaretten, wenn er mich bis Göttingen bringt, er blickt auf die Uhr und sagt: „Gut, acht Minuten noch". In acht Minuten sind wir kurz vor Weende, er stoppt, wendet und braust zurück. Ich stehe auf der leeren Landstraße und wundere mich. Was soll das, es ist noch nicht mal dunkel und erst knapp 10 Uhr. Bis nach Hause hab ich etwa eine $^3/_4$ Stunde zu laufen, ich schultere meinen Rucksack und gehe los.

10 Minuten drauf hält mich eine Streife an, was ich kurz nach 10 Uhr noch auf der Straße zu tun hätte, ob ich nicht wüßte, daß um 10 Polizeistunde und Ausgangssperre sei. Als sie hören, daß ich aus Berlin komme, werden sie sanfter, sie bedauern, daß sie mich nicht zu meinen Eltern bringen können, sondern mit in die Stadt zur Wache nehmen müssen. Sie versichern mir auch, daß mein Glück mich ihnen – einer deutschen Streife – in die Arme geführt hat, bei den Engländern würde ich für mein Vergehen sicher erst mal längere Zeit eingesperrt. So was kennen wir nicht unter russischer Herrschaft, um Polizeistunden haben wir uns in Rehbrücke nicht gekümmert. Ich muß tatsächlich die Nacht in der Wache zubringen, wo ich wie ein Wundertier bestaunt und nach den Zuständen in Berlin ausgefragt werde. Sogar ein höherer Offizier läßt sich herab, mich zu befragen. Erst spät in der Nacht finde ich auf einem großen, leeren Schreibtisch Platz und Ruhe zum Schlafen. Um sechs Uhr früh kann ich gehen, in 10 Minuten bin ich den Berg hoch und vor unserer Haustür. Es ist noch niemand auf. Ich rufe, und aus Mutters Zimmer kommt die verschlafene, ängstliche Frage: „Wer ist da?" und dann ein Freudenschrei.

17. März 1946
Seit meiner letzten Tagebuchaufzeichnung ist ein dreiviertel Jahr vergangen, wir haben den gefürchteten, langen Winter gut überstanden und warten auf einen neuen Frühling. Ende Februar wurde mein Russenkind Anna-Katharina geboren, „Klein Asien" wie Harke sie nennt. Heute haben wir eine Patenfeier gehalten und dabei einige Tassen starken echten Tee getrunken. Mein rosiges, gesundes Baby schläft im Waschkorb neben mir, und ich will, vom Teegenuß angeregt, meine Erzählung da wieder aufnehmen, wo ich sie im vergangenen Jahr abgebrochen habe. Die Freude über das Wiedersehen am Hainholzweg war groß. Vom verlorenen Krieg war kaum etwas zu spüren. Göttingen war in seiner Atmosphäre so gesichert und bürgerlich geblieben, daß ich oft glaubte, in einem Traum zu leben. Die Engländer sahen, im Gegensatz zu den Russen sauber und gepflegt aus. Die Einnahme der Stadt durch die Amerikaner war schnell und fast ohne Zerstörungen erfolgt, die Lebensmittelversorgung hatte nicht einen Tag ausgesetzt.

Meine Eltern bekamen als anerkannte Antifaschisten sofort ein „Off Limits"-Schild an die Tür geheftet. Die folgenden acht Tage, die ich zu Hause verlebte, standen alle im Zeichen der Frage: „Was, Sie kommen aus Berlin? Ach, erzählen Sie doch, wie es da aussieht!" Ich litt die ganze

Zeit an Heiserkeit, weil ich so viel reden mußte. Schließlich bestellte meine Mutter alle Neugierigen zu einer bestimmten Stunde zu uns in den Garten, da habe ich dann etwa 40 Menschen meinen Bericht gegeben. In Göttingen erhielt ich die ersten Briefe, mit der Bitte, sie doch in Berlin Freunden und Verwandten zuzustellen, denn die Post funktionierte noch nicht.

Am 17. Juli verließ ich Göttingen bei brütender Hitze mit dem ersten wieder planmäßig eingesetzten Eilzug in Richtung Hannover. Um 18 Uhr kamen wir dort an, eine Weiterfahrt nach Hamburg war nur mit unregelmäßig verkehrenden Güterzügen möglich. Der Bahnhof war zerstört, wie fast alle bisher passierten Bahnhöfe. Auf gut Glück bestieg ich mit etwa 20 aus der Kriegsgefangenschaft entlassenen Landsern einen Viehwagen, und fünf Minuten später rollte der Zug an. Ich hockte mich auf meinen Rucksack in eine Ecke und blickte über das Häufchen der aus allen Himmelsrichtungen zusammengewehten Menschen und durch die offene Wagentür in den schimmernden Abendhimmel. Gespräche wurden angeknüpft und drangen durch das Rattern der Räder in Bruchstücken zu mir. Ich fing Sätze auf wie: „Nein, das ist noch nicht aller Tage Abend." „Das läßt sich der Tommy nicht gefallen." „Es gibt bestimmt Krieg mit dem Iwan, und da helfe ich feste mit, ihn rauszuschmeißen." Haben wir denn noch nicht genug vom Krieg? In Ülzen endete der Zug.

Ich schlief im Wartesaal auf dem Boden, zwei Landser räumten mir einen Platz zwischen sich auf ihrer Zeltplane ein. Früh um fünf lief ein Brikettzug für Harburg ein. Wir rafften uns eilig auf und fanden uns oben auf den Kohlen wieder. Neben mir saß ein Einarmiger, ein Stückchen weiter ab ein Beinamputierter, beide aus russischer Gefangenschaft entlassen. Menschen mit vor Kälte und Unausgeschlafenheit grauen Gesichtern krönten den Zug vom ersten bis zum letzten Wagen. Ein geschlagenes Volk, nie zuvor war mir das so deutlich geworden. Schwerfällig setzte sich der lange Zug in Bewegung, so billig bin ich noch nicht gereist, hier gab es keine Fahrkarten und keinen Kontrolleur. Um acht erreichten wir Harburg, auf einer Rote-Kreuz-Station gab es Passierscheine für die Elbbrücken, für den [sic] ich geduldig anstand und den ich dann gar nicht brauchte, weil mich ein LKW mit in die Stadt nahm. Schon mittags war ich bei Harkes Freunden, wo ich mich sogleich waschen und ausruhen konnte. Ich verlebte zwei schöne Tage in Hamburg, das mit seinem vollauf funktionierenden Straßen- und Hochbahnverkehr den Eindruck des pulsierenden Lebens auf mich machte. Die Lebensmittelversorgung war knapp, erschien mir aber im Vergleich mit der unsrigen märchenhaft. Noch heute verkehrt bei uns keine Straßenbahn und alle Eisenbahnstrecken sind eingleisig. Die Verbindungsstücke der abmontierten Schienen liegen noch neben den leeren Strecken und verrosten.

Am 22. Juli setzte ich meine Reise fort. Mich hatte die Abenteuerlust gepackt, ich wollte nach Fehmarn, wo ich die letzten drei Sommer mit meinen Söhnen die Ferien verbracht hatte. Auf 10 verschiedenen Lastwagen erreichte ich noch am selben Abend spät die Insel, nachdem ich auf Schleichwegen zwei Sperren der Engländer umgangen hatte. Fehmarn und der Landkreis Stadt Oldenburg war ein großes, unter deutscher Verwaltung stehendes Kriegsgefangenenlager. Ich befand mich plötzlich in einem Gebiet Deutschlands, in dem es keine Besatzungstruppen gab und einem auf Schritt und Tritt deutsche Soldaten, leidlich genährt und unversehrt, begegneten. Auf den Weiden stand das Vieh in großer Zahl, auf den Höfen gab es noch dicke Menschen!

In Wissers Hotel auf Burg wurde ich mit großer Herzlichkeit aufgenommen. Die Tage auf der Insel verlebte ich wie im Paradies. Als ich mich einen Nachmittag zum Strand aufmachte, bat mich Anna Wisser, etwas zeitiger ins Hotel zurückzukommen, die Marineoffiziere, die auch in dem Hotel wohnten, würden gern einen Bericht aus dem russisch besetzten Gebiet hören. Ich sagte zu und fand mich am Abend zu meinem großen Erstaunen in einem festlichen Raum Offizieren in Galauniform und deren Damen im Abendkleid gegenüber. In dieser Gruppe wirkte ich wie ein Aschenputtel in meinem einfachen Sommerkleid, das ich seit drei Wochen ununterbrochen trug. „Darf ich mir erlauben, Herr Kapitänleutnant!" „Auf Ihr Spezielles". – Die Herren tranken Kognak, den Damen wurde Eierlikör eingeschenkt. Und da sollte ich vom Einmarsch der Russen berichten. Die Gegensätze waren zu kraß, hier war die Zeit stehen geblieben. Selbst mein sehr gemilderter Bericht wurde mit Erstaunen, Unglauben und leiser Mißbilligung aufgenommen. Es war wie ein Lauffeuer über die Insel gegangen, daß jemand aus Berlin da wäre und auch wieder dorthin zurückginge. Ich wurde mit Bitten überhäuft, dem einen Brief, dort eine Karte oder auch nur eine mündliche Botschaft zu übermitteln. Auf der Insel waren 18 000 Soldaten untergebracht, darunter natürlich viele aus Berlin.

Mein Rucksack war schwer wie die Tasche eines Briefträgers, als ich im Morgengrauen des fünften Tages Fehmarn verließ. Abends gegen neunzehn Uhr erreichte ich in Schlutup bei Lübeck die Zonengrenze. Ein Gutes gab es in dieser Zeit, die Hilfsbereitschaft! Jeder LKW und jedes Pferdefuhrwerk nahm die an der Straße winkenden Wanderer mit. Ich hatte auf dieser ganzen Reise oft das Gefühl, ganz Deutschland ist auf der Walz. Die Flüchtlinge aus den Ostgebieten suchten eine neue und die vielen Evakuierten ihre alte Heimat. Die Zonengrenze zog sich in Gestalt eines hohen Stacheldrahtes quer durch Wiesen hinunter zum Dassowschen Meer [Dassower See]. An der etwas höher gelegenen Landstraße standen einige Häuser, die von den Engländern besetzt waren und von denen aus man weit über die Wiesen und den See sehen konnte. Etwa in der Mitte des Drahtzaunes war ein Tor, das von einem englischen Soldaten bewacht wurde.

Am Ufer des Sees direkt vor dem Zaun lagerten etwa 12 Männer, denen man schon von weitem den gewesenen Landser ansah. Auf meine Frage, was sie hier täten, berichteten sie mir, daß sie auf die Nacht warteten. Ab 10 Uhr würde der Posten vom Tor zurückgezogen und dann wollten alle versuchen, über die Grenze zu ihren Familien im Osten zu gelangen. Ich konnte nur staunen: „Und dann sitzen Sie hier den ganzen Tag vor den Augen der Engländer! Wo wollen sie denn ab 10 Uhr bleiben, wenn die Sperrstunden anfangen?" Hein, ein blonder Bursche, führte mich zu einer kleinen Feldscheune, die zur Hälfte mit Heu gefüllt war. Der Bauer habe ihnen erlaubt, dort zu übernachten, sagte er. Ich war so müde, gleich links in der Ecke verkroch ich mich tief ins Heu, und den Rucksack unter dem Kopf schlief ich ein. Gegen 10 Uhr erwachte ich, die Männer kamen schwatzend, lachend und rauchend in die Scheune. Ein strahlender Vollmond stand über den Wiesen und sein Licht fiel hell in die Scheune.

Plötzlich draußen Schritte und Schüsse. Englische Kommandos vor der Scheune: „Hurry up, come on, you pig, you dog!" Ich konnte nichts sehen, denn ich war ganz von Heu bedeckt, aber ich hörte die Landser aus der Scheune rennen, einer schrie, vielleicht war er getroffen. Und dann wurde eine Serie von Schüssen dicht über mir im Bogen durch das Heu in der Scheune gefeuert. Ich hatte nur eine verzweifelte Idee: Nicht regen, nicht regen, wenn sie dich erwischen, kommt dein Kind hinter schwedischen Gardinen zur Welt. Die pedantischen Engländer verstanden keinen Spaß, die Beförderung von Briefen war strengstens untersagt. So schnell wie der ganze Spuk gekommen war, war er auch wieder verschwunden. Ich lag wie gelähmt vor Angst in meiner Ecke und gab alle Hoffnung auf, hier über die Grenze zu kommen.

Da eine leise Stimme: „Frau, bist du noch da?" Ich rappele mich hoch und flüstere: „Still, vielleicht sind sie noch draußen!" Aus der Ecke mir gegenüber kroch Hein und spähte, auf dem Bauch liegend, über die Wiesen. Er hatte genau wie ich im Heu gelegen und sich nicht gerührt. „Es ist keiner da, auch das Tor ist frei, komm', jetzt ist es Zeit." Ich kann mich nicht entschließen, aber Hein drängt: „Komm, los komm mit, Du mußt doch zu Deinen Kindern!" Wir binden unsere Sachen an uns fest und kriechen los. Bis zum Zaun gibt es keine Deckung, aber Hein mit seiner langjährigen Kriegserfahrung bringt mich sicher durch das Tor. Er hat sich am Tag genau informiert. Er weiß, daß der harmlose Draht da vor uns eine Alarmglocke auslöst, wenn man ihn anrührt. Mit aller Vorsicht kriechen wir drunter durch, noch 30 Meter und ein Roggenfeld nimmt uns auf. Wir sind kaum darin untergetaucht, da hören wir vom Feldrain die ersten russischen Worte. Sicher eine Grenzstreife. Drei Stunden marschieren wir querfeldein oder durch Wald. Mein Mantel ist bis zur Hüfte durchnäßt von dem Tau in den Feldern. Hein weiß, daß sich zur Rechten im Wald ein Munitionslager befindet, von Russen bewacht, und daß sich links ein Sumpf hinzieht. Im ersten Morgengrauen erreichen wir die Äcker vor Selmsdorf, wir haben es geschafft!

Hein macht aus Korngarben ein Lager, zitternd vor Kälte und Nässe kriechen wir hinein und schlafen erschöpft ein. Als wir aufwachen, steht die Sonne schon hoch am Himmel, ein Kaninchen sitzt äsend in den Stoppeln neben uns. Wir stärken uns mit den guten Sachen, die Wissers mir mitgegeben haben, und machen uns weiter auf den Weg. „Hein", sage ich, „mit deinem Stoppelbart siehst du wie ein Räuber aus, wie wär's mit Rasieren?" „Sehr schön", sagt er, „einen Apparat habe ich, aber keine Klinge." Die habe zufällig ich und am nächsten See baden wir und Hein schabt sich das Kinn. Er strebt zu seiner Frau, die in der Nähe von Schwerin bei ihren Eltern wohnt. Er ist von tiefem Mißtrauen gegen die Russen erfüllt und möchte am liebsten in die Erde versinken, wenn uns welche begegnen. Ich dagegen fühle mich nun wieder in gewohnten Gefilden und winke jedem vorbeifahrenden Laster, egal ob deutsch oder russisch. Zu Heins Schrecken, hält ein Russenwagen. Es bedarf meiner ganzen Redekunst, ihn zum Mitfahren zu bewegen. Daß der Wagen nach Grevesmühlen, d. h. 18 km weit fährt, macht ihn schließlich willig.

Der Bahnhof in Grevesmühlen ist von Militär besetzt, es verkehren nur Züge für die Russen. Mein Reiseinstinkt ließ mich mit Hein einem Trupp von Flüchtlingen mehrere Straßen weit nachgehen bis auf einen Hof, in dem ein großer Lastwagen mit Anhänger abfahrtsbereit steht. Er fährt nach Schwerin! Da wir kein Gepäck haben, kommen wir noch mit. In Schwerin trenne ich mich von Hein und mache mich auf die Suche nach einem Mädchen, dem ich einen Brief ihres Verlobten bringen soll. Kein Bote ist je freundlicher aufgenommen worden wie ich im Hause dieser Leute. Meine erste Bitte ist nach solch einer Fahrt: Waschen! Mich und meine Sachen. Dann bekam ich ein geradezu üppiges Mahl und ein gutes Nachtlager.

Der nächste Tag brachte mich in einem übervollen Zug in 17 Stunden nach Berlin. Vier Stunden standen wir vor Paulinenaue, fluchend vor Ungeduld, aber wir wurden ganz still, als wir in Paulinenaue erfuhren, daß der Zug vor uns von den Russen angehalten und aus ihm alle arbeitsfähigen Menschen herausgeholt und abtransportiert worden wären, keiner wußte wohin. Das hatte so lange gedauert. Wir kamen so spät in Spandau an, daß ich Rehbrücke nicht mehr erreichen konnte. Zum letzten Mal schlief ich auf dem Steinboden eines Wartesaales, meine Habseligkeiten wie gewohnt an mir festgebunden, den Rucksack unter dem Kopf. Die Stadtbahn brachte mich am andern Morgen bis Wannsee. Da der Vorortverkehr[292] noch immer unregelmäßig war, lief ich an der Bahn entlang in zwei Stunden bis Rehbrücke, beflügelt von der Sehnsucht nach meinen Kindern. Harke stand in der Küche und kochte Johannisbeersaft, als ich ankam, sagte sie: „Gott sei Dank, daß Sie wieder da sind, ab morgen wollte ich mich um Sie sorgen."

Nach drei Monaten Russen-Regierung haben wir begriffen, daß von allen Versprechungen in den Zeitungen höchstens die Hälfte erfüllt wird. Das heißt, auf dem Papier bekommen wir so viel Lebensmittel, das wir davon zwei Mahlzeiten am Tag bestreiten könnten, in Wirklichkeit aber nur eine. Wir rechnen aus, was wir für fünf Personen – wir sind nur vier, haben aber fast täglich einen Gast – an zusätzlichen Lebensmitteln beschaffen müssen, um den Winter zu überstehen. Wir werden aus unseren Gärten einiges an Kartoffeln und überraschend viel Zuckerrüben ernten, trotzdem muß Korn, Kartoffeln, Hülsenfrüchte, Zwiebeln, Mohrrüben, Hühnerfutter und natürlich auch Fett gehamstert werden. Und zwar jetzt im Herbst, nicht erst im Winter bei Frost, wo Reisen in den unverglasten Zügen entsetzlich sind.

Im August kommt Frau Volkers, eine Studienfreundin von Frau Lenz, und berichtet uns von Neuhaus an der Elbe, einer kleinen Stadt hinter Hagenow-Land in den Niederungen der Elbe gelegen, wo sie mit ihren Kindern bei Kriegsende hängen geblieben ist. Uns klingt das wie eine Botschaft aus dem Schlaraffenland, Gemüse frei, zwei- bis dreimal die Woche Pferdefleisch frei, Kartoffeln und Brot gegen Hilfeleistungen auf den großen Höfen ringsum usw. Auch Tauschmöglichkeiten seien dort sehr gut. Ich begleite sie, als sie heimfährt und kann nur bestätigen, was sie uns geschildert hat. Ich fahre mit dem Rad von Dorf zu Dorf, schöne, große Höfe gibt es da und freundliche Leute, man ist soweit weg von den Großstädten, hier sind die Höfe nicht verriegelt, um die Flut der Hamsterer abzuwehren. Ich vertraue all mein Hamstergut der Post an, die wieder einigermaßen funktioniert, nur drei lebende Junghennen nehme ich als Gepäck mit. Der Erfolg dieser ersten Fahrt macht mir Mut, und mein wachsender Leibesumfang mahnt zur Eile.

---

292 Der Vorortverkehr von Wannsee in Richtung Dessau wurde 1952 ganz eingestellt.

Bei der nächsten Fahrt bin ich schon unverschämter, ich schaffe große Mengen Korn, Hühnerfutter – wichtig für unsere Eiweißversorgung – und Fett heran. Mitte Oktober starte ich mit U. C. zusammen, um Kartoffeln aus Güterglück zu holen. Man kann dort die Kartoffeln kaufen, weil es ein ausgesprochenes Kartoffelanbaugebiet ist. Das Problem ist nur der Transport. Man darf die Kartoffeln nicht mit ins Abteil nehmen, höchstens einen kleinen Rucksack. Und was ist ein kleiner Rucksack Kartoffeln? Höchstens eine Mahlzeit! Man muß die Säcke im Packwagen abgeben und sie dort wieder abholen, wenn man aussteigt, was bei 99 % der Reisenden in diesen Zügen an der Endstation Wannsee geschieht. Dort spielen sich regelrechte Schlachten um die Kartoffelsäcke ab, und schon mancher hat dort sein mühsam erworbenes Hamstergut eingebüßt. Wir müssen in Rehbrücke, zwei Stationen früher raus, was eigentlich noch schlimmer ist, denn wie soll der Mann im Packwagen aus den Hunderten von Kartoffelsäcken während des kurzen Aufenthaltes unsere Säcke finden? All dies überlegen wir vorher und treffen unsere Maßnahmen. In Güterglück selbst gibt es keine Kartoffeln, aber in einem 8 km entfernten Dorf glückt es uns, 13 Zentner Kartoffeln, 2 Zentner Mohrrüben und einen Zentner Zwiebeln zu kaufen, und wir finden auch einen Bauern, der uns die ganze Fracht nach Güterglück zum Bahnhof fährt.

Da geht's los mit den Schwierigkeiten, wie sollen wir zwei Frauen 16 Zentner die steilen Treppen zum Bahnsteig hinaufkriegen, der jetzt zwei Stunden vor Abfahrt des Zuges schon schwarz von Menschen und Kartoffelsäcken ist! Ich wandere über den Bahnsteig und finde zwei junge Burschen, die nur je einen Rucksack haben. Gegen Zigaretten erklären sie sich bereit, die Säcke hoch zu schleppen. Aber wo wird der Packwagen auf dem ellenlangen Bahnsteig stehen? Wenn der Zug ankommt, heißt es schnell sein, denn es werden kaum alle mitkommen, die hier warten. Ich entdecke einen leeren Gepäckkarren, und wieder mittels Zigaretten bekommen wir die Erlaubnis, unsere Säcke darauf zu legen. Jeder Sack trägt ein großes, rosa Schild, ist also leicht von den andern zu unterscheiden. Der Zug läuft ein, U. bewacht die Rucksäcke unserer Helfer, ich besteche mit den letzten Zigaretten den Packwagenbeamten, damit er unsere Säcke gleich rechts neben der Tür lagert. Es klappt, als alle Säcke drin sind, ist der Zug schon so voll, daß wir nur noch durch ein Toilettenfenster hineinkommen, der eine Junge schiebt mich und der andere zieht, sonst wäre ich mit meinem dicken Bauch nicht mehr in den Zug gekommen. Es ist schon dunkel, als der Zug in Rehbrücke einläuft. Wird es mit dem Ausladen klappen? Ja, es geht wie geschmiert. Auf dem Bahnsteig sind meine Kinder mit dem Handwagen, wir müssen dreimal fahren, um alles heimzubringen.

Ellen Gräfin Poninski

Biographische Einführung[293]

Ellen von Douglas war schon als Kind eine glühende Anhängerin des Kaisertums, insbesondere verehrte sie Wilhelm II.,[294] sie schätzte seine „warmherzige, von echter Menschenliebe beseelte Art".[295] Mehrfach besuchte sie ihn, als er im Exil in Doorn lebte. Sie genoß eine märchenhafte Kindheit in Ralswiek auf Rügen mit vielen Reisen, ohne geregelten Unterricht. Die Familie Douglas stand in naher Beziehung zum kaiserlichen Hofstaat und zu den Familien der Minister, wenn sie im Winter in Berlin wohnte.

Das Geschlecht der Douglas of Arkland kam Ende des 17. Jahrhunderts von Schottland nach Ostpreußen. Hugo Sholto Douglas wurde 1837 als Sohn eines Grubenbesitzers und Bürgermeisters von Aschersleben geboren. Nach einem Studium der Chemie und Kameralwissenschaft erschloß er mehrere Braunkohlenlager und gründete das erste private Kali-Salzbergwerk Douglashall im Bezirk Magdeburg, das er 1881 verkaufte. 1882–1906 war er freikonservatives Mitglied des Preußischen Abgeordnetenhauses, ab 1902 Staatsrat. 1865 hatte er Jenny Reisner geheiratet, aus der Ehe stammen vier Kinder, Morton, Angus, Katharina und Ellen. Den späteren Kaiser Wilhelm II. hatte Hugo Sholto 1883 bei Jagden in Barby kennen gelernt. Ellen berichtet: „Vater brachte ihm allerlei Schriften und Anregungen über soziale Fragen, die den Prinzen brennend interessierten. Es entwickelte sich eine große Freundschaft daraus, die Vater in dem ihm eigenen Pflichtbewußtsein sehr ernst nahm."[296] An Bord der kaiserlichen Jacht „Alexandria" hatte er 1888 das Recht erhalten, sich preußischer Graf zu nennen. Im selben Jahr hielt er in Aschersleben eine „glühende Lobrede" auf den jungen Kaiser Wilhelm II. und die neue Ära.[297]

---

293 Das Tagebuch von Ellen Gräfin Poninski (1881–1974), geb. von Douglas, befindet sich im Hoover Institution Archives, Standford University (MsDD901/P8P79) und ist auch im Besitz ihrer Enkelin Karin von Grumme-Douglas. Ihr bin ich für die hilfsbereite Unterstützung meiner Arbeit zu Dank verpflichtet. Die Aufzeichnungen bestehen aus 56 Schreibmaschinenseiten.

294 Wilhelm II. (1859–1941), 1888–1918 deutscher Kaiser.

295 Ellen Gräfin Poninski, Hilfsexpedition für Aalesund, Typoskript.

296 Ellen von Grumme-Douglas begann 1927 ihre Lebensgeschichte aufzuschreiben, die sie 1962 abschloß. Diese Aufzeichnung (achtzig Seiten, maschinenschriftlich) wurde mir von Karin von Grumme-Douglas zugänglich gemacht, sie wird künftig als „Lebensgeschichte" zitiert. Die Verfasserin schrieb im Vorwort: „Auch möchte ich durch diese Aufzeichnungen ein Bild der Zeit meiner Kindheit und Jugend geben, einer Zeit, die der heutigen Generation fast wie ein Märchen erscheinen muß."

297 John C. G. Röhl, Wilhelm II. Der Aufbau der Persönlichen Monarchie 1888–1900, München 2001, S. 32ff., 136, 1187, Anm. 34.

Graf von Douglas begann 1893 mit dem Bau von Schloß Ralswiek auf Rügen im Neorenaissancestil, er wurde in drei Jahren beendet. Hier stiftete der Schloßherr das Fideikommiß mit Augustenhof und Gnies, Jarnitz mit Nipkenburg, Forst Näselow und Sabitz, Teschwitz mit Wall und Konitz, dem Gute Buschwitz, der Insel Putlitz, dem Rittergut Stedar und Burnitz. 1898 gründete er das Tropon-Werk in Mülheim bei Köln, in dem eine konzentrierte Eiweißnahrung hergestellt wurde. Er wollte damit nicht in erster Linie Geld verdienen, sondern glaubte, ein wertvolles Volksnahrungsmittel gefunden zu haben.[298] Als königlich-preußischer Major, Mitglied des Staatsrats, Dr. med. und Dr. theol. h.c., starb er 1912 in Berlin.[299] In einem Nachruf wird ausgeführt, sein Name sei „unverlöschbar in die Geschichte der sozialen Fürsorge und der Volkshygiene in Deutschland eingetragen". Als Gutsherr habe er „die Nöte jedes einzelnen Tagelöhners auf sein Herz" genommen und sei „ein demütiger Jünger seines Herrn geblieben".[300] Ellen schildert ihren Vater „als unendlich empfänglich für Freud und Leid", er habe ständig das Gefühl gehabt, „mit aller Kraft der Menschheit helfen zu müssen, und dies so sehr als seine Mission auf Erden empfunden, daß ihn das unabänderliche Menschenleid oft sehr niederdrückte".[301]

Eine bleibende Erinnerung an ihn sind seine 1910 erschienenen „Lebensbetrachtungen",[302] die er „Ihrer Majestät der Kaiserin und Königin Auguste Viktoria,[303] in tiefster Ehrfurcht" widmete. Das Buch läßt etwas von seinem Charakter erkennen, sein letzter Aphorismus lautet: „Der Humanitätsgedanke wird in seinem welterobernden Siegeslauf, trotz aller zersetzenden Bestrebungen und Hemmungen, immer weitere Kreise ziehen und so mit wachsender Liebesmacht eine Welt voll Haß und Lüge überwinden."

Ellen heiratete mit 19 Jahren auf Ralswiek den 40-jährigen, in Stockholm geborenen Ferdinand Grumme. Als Korvettenkapitän war er der einzige bürgerliche Flügel-Adjutant des Kaisers.[304] Am Tag seiner Heirat, am 9. August 1900, wurde er in den preußischen Adelsstand aufge-

---

298 Lebensgeschichte, S. 72.
299 Genealogisches Handbuch des Adels, Gräfliche Häuser B, Band I, Glücksburg 1953, S. 88 und Neue Deutsche Biographie, Berlin 1959, Bd. 4, S. 89 (Beitrag von Ellen Gräfin Poninski und Wolfgang Zorn).
300 Gedruckter Nachruf aus unbekannter Quelle, übersandt vom Raulff-Hotel, Schloß Ralswiek.
301 Lebensgeschichte, S. 22.
302 Hugo Sholto Graf von Douglas, Lebensbetrachtungen, Berlin 1910.
303 Auguste Viktoria, letzte deutsche Kaiserin und Königin von Preußen (1858–1921), seit 1881 mit Wilhelm II. vermählt.
304 John C. G. Röhl, Kaiser, Hof und Staat. Wilhelm II. und die deutsche Politik, München 1995, S. 91.

Ellen Viktoria Renate Jane von Douglas
ca. 1898

Ellen Gräfin Poninski,
80. Geburtstag, 1961

nommen. Ferdinand von Grumme war als Fideikommißherr des 1907
gekauften Gutes Rehdorf in der Neumark Mitglied des preußischen
Herrenhauses auf Lebenszeit.[305] Die Namensvereinigung in von Grumme-Douglas wurde 1912 vom Kaiser genehmigt. 1917 war von Grumme, nunmehr Konteradmiral a. D., Vorsitzender des Bundes der Land-
wirte der Provinz Brandenburg. 1927 schrieb er als Vorsitzender des
Kreises Königsberg/Neumark im Reichs-Landbund in der damaligen
national-konservativen Terminologie, die die gesellschaftliche Bedeutung des Landstandes überhöhte, folgenden Aufruf: „Wir vertreten den
Aufbau des Staates auf berufsständiger Grundlage bei Erhaltung des
Privateigentums und unter Verpflichtung zu Werte schaffender Arbeit.
Wir bekämpfen die Vernichtung des selbständigen Unternehmers durch

---

305 Genealogisches Handbuch des Adels, Adelige Häuser B, Band XVI, Limburg 1985,
S. 237f. 1939 hatte Rehdorf 292 Einwohner, vgl. Hans-Gottfried Bluhm (Redakteur), Kreis
Königsberg/Neumark. Erinnerungen an einen ostbrandenburgischen Landkreis, Bad
Münstereifel 1996, S. 317f.

den Staatssozialismus, wir bekämpfen aber auch die Versklavung der Werte schaffenden Arbeit durch das internationale unpersönliche Finanzkapital, das sich Selbstzweck ist. Wir sehen in der christlichen Weltanschauung und im nationalen Gedanken, in der Familie, in der Liebe zur Scholle und in der deutschen Kultur die Grundpfeiler des deutschen Staates. Wir erblicken im bodenständigen, leitungsfähigen und selbständigen Mittelstand in Stadt und Land die stärkste Stütze für die wirtschaftliche, soziale und sittliche Stärke Deutschlands. Wir wollen so auf vaterländischer Grundlage, ohne Rücksicht auf Besitzgröße, auf Parteizugehörigkeit und Glaubensbekenntnis alle Landbewohner sammeln und damit die deutsche Landwirtschaft stark machen zur Erfüllung ihrer Pflicht, das deutsche Volk aus eigener Kraft zu ernähren."[306] Ferdinand von Grumme-Douglas starb 1937.

Das junge Ehepaar hatte in seiner Berliner Wohnung „4 dienstbare Geister", „Reit- und Wagenpferde".[307] Für alle häuslichen Verrichtungen gab es Bedienstete, die Hausarbeit wird in Ellens Lebensgeschichte nicht erwähnt. 1904 schickte der Kaiser das Ehepaar nach Norwegen, um der im Januar durch ein Großfeuer abgebrannten Stadt Aalesund schnelle Hilfe zu bringen. Das Auswandererschiff Phönicia mit zahlreichen Hilfsgütern stellte der Generaldirektor der Hamburg-Amerika-Linie, Albert Ballin,[308] zur Verfügung. Voller Stolz berichtet Ellen Gräfin Poninski 1951, „wir waren mit unserer Rettungsaktion als Erste zur Stelle!" Die überwältigende Dankbarkeit der Norweger in Oslo „ergoß sich dann über uns Beide".[309] Aus der Ehe stammen zwei Kinder, Vendla (geb. 1903) und Wilhelm (geb. 1906).[310]

Ellen von Grumme-Douglas wohnte ab 1942 in Potsdam in der Beyerstraße 2, seit 1888 führte sie regelmäßig Tagebuch. Das Gut in Rehdorf bewirtschaftete ein Verwalter. Es wurde am 5. Februar 1945 von

---

306 Geschichtsverein Altreetz und Umgebung, Beiträge zur Heimatgeschichte Nr. 152, Januar 2000. Vgl. Stephanie Merkenich, Grüne Front gegen Weimar. Reichs-Landbund und agrarischer Lobbyismus 1918–1933, Düsseldorf 1998, S. 354: „Der RLB war an der vulgär-nationalistischen Umformung des alt-preußischen Konservatismus maßgeblich beteiligt und somit ein geistiger Wegbereiter nationalsozialistischer Ideologie."

307 Lebensgeschichte, S. 22, 68.

308 Albert Ballin (1857–1918), Hamburger Reeder. Siehe auch: Christian Schölzel, Albert Ballin, Jüdische Miniaturen Bd. 21, Berlin 2004.

309 Gräfin Poninski, Hilfsexpedition für Aalesund.

310 Wilhelm von Grumme-Douglas, Mitglied der NSDAP ab 1932, heiratete Annabel von Arnim, aus der Ehe stammen die Kinder Karin und Joachim-Ferdinand. Siehe Ulrich von Hassell, Die Hassell-Tagebücher 1938–1944, hrsg. von Friedrich Freiherr Hiller von Gaertringen, Berlin 1988. Hier wird von Grumme im August 1943 erwähnt im Zusammenhang mit dem deutschen Widerstand (S.382) und im Oktober d. Js. in Paris als Teilnehmer eines geistig hochstehenden Kreises deutscher Offiziere (S.397). Am 27. 1. 1944 kam von Grumme als Oberleutnant infolge eines Flugzeugabsturzes ums Leben.

der Roten Armee erobert und gehört heute zu Polen. Familienmitglieder beschreiben Ellen als sehr humorvoll, lustig und voller Ideen. Von Bekannten wird sie als eine strenge, standesbewußte Dame charakterisiert, die Widerspruch nicht gerne hörte. Sie haßte die Franzosen, was der Vater recht unchristlich fand.[311] In Potsdam erlebte sie den Einmarsch der sowjetischen Truppen.

Als Fünfundsechzigjährige heiratete sie 1946 unter schwierigen Bedingungen ihren Freund Bernhard Graf Poninski. Das polnische Adelsgeschlecht der Poninskis hatte 1774 die Fürstenwürde erhalten. Ein Zweig der Familie wanderte im 18. Jahrhundert in Preußen ein und wurde 1782 in den Grafenstand aufgenommen. Bernhard Graf Poninski war im Ersten Weltkrieg Oberstleutnant und in der Weimarer Republik preußischer Offizier in der Schutzpolizei. Als Leiter der Polizeiaktion, die den Aufstand des Kommunisten Max Hölz[312] 1923 in Mitteldeutschland unterdrücken sollte, sah ihn mancher Sozialdemokrat als Militarist und Reaktionär an. 1922 wurde er Leiter der Polizeischule in Brandenburg/Havel und 1926 im Rang eines Generalmajors verabschiedet. 1935 zog er nach Potsdam, wo seine erste Frau 1942 starb.[313]

1949 erlangte das Ehepaar Poninski die Genehmigung der sowjetischen und deutschen Dienststellen zu einer Besuchsreise zu Verwandten in Stockholm. Hier verfaßte Ellen Gräfin Poninski ihre Aufzeichnung nach Tagebucheintragungen: „ich will hier wörtlich das Tagebuch zitieren". Ihr Bericht beginnt am 15. April 1945 und endet am 13. Dezember 1949. Er ist ein aussagekräftiges Zeugnis über die Lebensbedingungen in der zerstörten Stadt Potsdam 1945/49 und über das Verhalten der sowjetischen Besatzungsmacht im täglichen Umgang mit der deutschen Bevölkerung.

Der Besitz des Fideikommisses auf Rügen ist 1945/46 von der Bodenreform erfaßt worden. Schloß Ralswiek wurde als Altersheim und Pflegeheim für geistig Behinderte genutzt. Nach der Wende 1989/90 übernahm das Rote Kreuz die Trägerschaft und die Verwaltung des Schlosses. Im Dezember 1999 wurde es vom Landkreis Rügen an Gerd Raulff, Kur-Immobilien OHG, Cuxhaven, verkauft.[314] Gleich unterhalb des Schlosses liegt die Freilichtbühne, wo jedes Jahr die Störtebecker-Festspiele stattfinden.

---

311 Lebensgeschichte, S. 22.
312 Max Höltz (1889–1933), deutscher Kommunist.
313 Erich Radecke, Bernhard Graf von Poninski. Ein Offizier im Dienst von Monarchie und Republik, in: Zeitschrift für Heereskunde, Nr. 384, 1997, S. 97ff. Graf Poninski sprach Englisch, Französisch und Russisch.
314 Der Rüganer vom 1. 12. 1999.

Aufzeichnungen nach täglichen Notizen über die Jahre in Potsdam (1945–1949)

Vorwort

Diese Aufzeichnungen machen nicht Anspruch darauf, ein „stilisiertes Buch" zu sein. Sie sollen nur ein nie aufhörender Dank für Euch alle sein und Euch zeigen, was Eure „Hilfsaktion", solange wir in Potsdam waren, für uns bedeutete – und was es für uns heißt, daß Ihr uns aus diesem Fegefeuer, in dem man dort oft lebte, errettet habt. Hättet Ihr nicht immer wieder geschrieben: „Durchhalten, wir schaffen's doch!", – ich glaube, ich hätte bei all den Schmerzen und Mühsalen schlapp gemacht.

Alles, was ich hier ganz nüchtern aufgeschrieben habe, soll Euch ein kleines Bild geben, wie das Leben war. Wohl weiß ich genau, daß unser Leben, am Schicksal anderer gemessen, noch unendlich viel Gutes hatte. Jeder auf seine Art hat eben alles durchgestanden: Vendla ihr Ausbomben, Annabel und die Kinder alles, alles Schwere!

Diese Aufzeichnungen sind das Einzige, was ich Euch schenken kann – und darüber steht in riesengroßen Lettern: Habt Dank!

15. 4. 1945. Nun war's zu Ende. Auch für den fanatischsten Optimisten der letzte Rest Hoffnung dahin. – Das Erleben in Sonderheit mit den Russen in diesen Jahren – ich schreibe jetzt, rückblickend im Dezember 1949 – will ich mit einzelnen Federstrichen festhalten, ohne die Phantasie walten zu lassen. Ich denke, für spätere Zeiten sind diese Schilderungen von Interesse.

Am 4. 4. [1945] Annabel mit den Kindern und Gerda auf den Treck. Sie wollten mich mitnehmen – es war ein schwerer Entschluß allein zurückzubleiben. [...]

Werner L. kam am 13. 4. zu mir, wir saßen die ganze Nacht zusammen, Pommery und Burgunder, die er mitgebracht hatte, hatten Herz und Zunge gelöst. Er weinte wie ein Kind mit dem Kopf in meinem Schoß und all die bittere Reue, trotz aller Warnungen an den „Führer" geglaubt zu haben, kam zu spät. Armer Kerl!

Am 14. 4. war der Untergang des „Alten Potsdam". [...] Um 9 Uhr begann der Angriff, um $^1/_2$12 kam Entwarnung. Man konnte mit der abgeblendeten Knipslampe durchs Haus und auf den Boden gehen. Wir hatten Glück gehabt, keine Brandbombe war ins Haus oder die Nachbarhäuser gefallen. Von meinem Balkon aus sah man das furchtbare

Bild: Potsdam in Flammen. Es hatte keinen Sinn, aber man handelt ja manchmal minutenweise marionettenhaft, und so liefen wir durch die Kapellenbergstraße zum Nauener Tor, von da ab stand alles in Flammen. Am Morgen, nachdem nochmals zwei schwächere Angriffe gewesen, lief ich allein los, um zu sehen, was aus allen Lieben geworden war. Glühend war es in den Straßen, ich konnte nur auf den gepflasterten laufen, da der Asphalt brannte. Grauenhafte Bilder, halbwahnsinnige Menschen, z.T. mit furchtbaren Wunden. Ich lief zur Villa Liegnitz – sie war erhalten geblieben. Charlotte Lyncker[315] ruhig und gefaßt, half, wo sie konnte. In das halbzerstörte St. Josefs-Krankenhaus wurden pausenlos Verunglückte eingeliefert. Ich versuchte von der Fähre aus zu Hugos zu kommen. Unmöglich! Den Tornow, Hugos reizendes Haus – alles sah ich durch den furchtbaren Qualm nur noch als rauchenden Trümmerhaufen, aus dem die Flammen loderten.[316] Über Sanssouci, das unversehrt geblieben, lief ich nach Haus. Von der Schloßterrasse konnte ich das furchtbare Bild sehen, keiner war dort, ich stand ganz allein an den Gräbern von den Hunden des großen Königs. [...]

Wir begruben den lieben Hasso [Hugo] am 22. 4., ich hatte tags zuvor, während die arme Inga [Hugo] auf einer Bank auf dem Friedhof saß, auf dem Platz vor dem Krematorium aus circa 450 Leichen Hasso und seine Mutter herausgesucht. Grauenhaft der Anblick all der dicht nebeneinander liegenden Leichen, meist fast schwarz, mit aufgerissenen Augen und Mündern. Ich wundere mich noch heute, daß ich ohne Herzklopfen, ganz ruhig durch diesen Jammerhaufen ging, immer in dem Gefühl, daß ein Heer von Engeln darüber schwebte. Särge gab es nicht. Endlos die Gruppen von Menschen, die ihre Toten zu den Gräbern trugen, oft nur zu zweit in einer Decke oder auf einem Brett. Als wir zu Hassos Grab kamen, sausten Tiefflieger, unter MG-Geknatter, über uns. Wir krochen unter dichtes Gebüsch, nahmen Deckung. Rings splitterten die Leichensteine und schrien die Menschen, die ihre Toten zu Grabe trugen.

Ununterbrochen das Rätselraten: „Wer kommt zuerst? Russen, Amis, Engländer?" Am 23. ein Auto in rasender Fahrt, plötzlich vor meinem Haus stoppend. Fritze Kr. und Werner L. kamen auf ihrer Flucht nach Westen, Abschied nehmen. Brachten mir Wurst, Brot, Butter, Kognak. Werner L. erklärte mir, daß er wie alle anderen SS etc. mit schnell wir-

---

315 Charlotte von Lyncker war Hausdame des Prinzen August Wilhelm von Preußen. Siehe hierzu: Schrank, Kriegsende in Potsdam, in: Potsdam 1945, Persönliche Aufzeichnungen, S. 47ff.

316 Hasso Hugo und seine Mutter starben in ihrem Haus in Potsdam-Hermannswerder.

kendem Gift gefüllte Gummikapsel im Munde hätte, die er nötigenfalls zerbeißen würde. (Er hat es nicht getan, wurde zu 20 Jahren Zuchthaus verurteilt und ist jetzt in Landsberg am Lech).

Am 27. früh das unheimliche Rollen endloser Panzer. Die Russen waren da! Der sinnlose Befehl von Hitler wurde auch jetzt noch befolgt: „Kämpfen bis zum letzten Mann." – Alle Bewohner blieben in den Häusern, man war ja auch mitten auf einem Schlachtfeld. Die letzten Deutschen wehrten sich „befehlsgemäß" bis zum Letzten, auf das der ganze Wahnsinn vollendet würde. Reiterlose Pferde jagten die Beyerstraße entlang, die Kugeln pfiffen vom Kapellenberg zur Weinmeisterstraße. Es war eine Situation, in der man eiskalt und ganz ruhig wurde. Da mir am Leben nicht das Geringste lag, war es auch kein Bravourstück, daß ich auf die Straße, trotz pfeifender Kugeln, heulender Tiefflieger, MG-Geknatter, ging, um bei den Nachbarn zu sehen, ob ich etwas helfen konnte. Mich hielt lediglich der Gedanke an Hugos, die ich nicht verlassen durfte. Als ich aus der Tür trat, kam ein über und über mit Dreck und Blut besudelter deutscher Soldat, der mich händeringend bat, seinen Kameraden, der hinter der Hecke mit Bauchschuß lag, zum Sanitäter zu bringen. Ich lief ins Haus, holte meinen Handwagen und wollte damit den Verwundeten holen und zum Lazarett, 20 Minuten von hier, bringen. Als ich noch mit dem Soldaten vor der Tür stand, kamen zwei russische Offiziere. – Die ersten, die ich sah. – Der arme Deutsche stand verzweifelt – Hände hoch – neben mir. Die Russen: „Was deutsche Frau hier machen?" Ich bedeutete ihnen durch Zeichensprache und einzelnen Worten: „Deutscher Kamerad Bauchschuß, hinter Hecke dort, Sanitäter, ich helfen", daß sie merkten, was ich meinte. Sie klopften mir auf die Schulter und sagten ganz freundlich: „Frau! Geh in Haus, wir das machen." Der arme Soldat stand immer noch, Hände hoch, dabei und ich glaube, sie haben Wort gehalten, als sie auf meine fanatische Bitte sagten: „Wir helfen", und mit dem Soldaten fortgingen.

Dieser Tag läßt sich schwer beschreiben. Es waren die letzten Zuckungen von all denen, die bis zum letzten Mann, einem Wahnsinnigen geopfert wurden. Ich hatte nachts einen weißen Plumeaubezug auf eine Stange genagelt und aus dem Fenster gehängt und auch eine kleine, weiße Fahne aus einem Handtuch zurechtgemacht. Manche fanden das „feige". Das ist mir egal. Ich trug die Verantwortung für viele Menschen in meinem Haus und es war gut so. – Das Straßenbild nach dem Kampf war schauderhaft in unserer Straße: Aufgedunsene, tote Pferde, zerschossene Autos, deutsche Stahlhelme und Waffen. Jammervoll, die reiterlosen, völlig verstörten Pferde, die noch tagelang, oft zu

144

15, 20 beieinander, vorbeijagten, mit angstvoll aufgerissenen Augen – kurz stoppten, wie irre kehrt machten. Man war eben auf einem Schlachtfeld! An Essen und Schlafen dachte man in diesen Tagen nicht, man blieb Tag und Nacht in derselben „schönen" Aufmachung: blaues Baumwollkopftuch, auf jeder Seite dünne, graue Zöpfchen aufgesteckt, zerrissene Schuhe und Strümpfe, schmutziges Gesicht, alte Schürze. Nach ein paar Tagen schälte man sich aus dieser Hülle wieder heraus. Die Frauen und Mädchen in meinem Hause, es waren inzwischen zwei Mütter mit Töchtern, dazugekommen, davon eine ein neugeborenes Kind nährte, versteckten sich hinter Schränken, unter Besenkammern etc. Es war eine Selbstverständlichkeit, daß man „verantwortlich" für das Haus und seine Bewohner blieb und alle Vertrauen hatten.

Also, die Russen waren da! Das gräuliche Getöse der Stalinorgel, das in den letzten Tagen Nerven und Trommelfell zerpeinigte, hatte aufgehört. Vom Balkon aus hatte man bis zuletzt die Einschläge der Brandbomben, die immer wieder auflodernden Flammen beobachten können. Am Ergreifendsten war es, die Heiligengeistkirche wie eine riesige Fackel zu sehen, bis die Balken, noch einige Zeit glühten, dann zusammenstürzten. Als die Garnisonkirche den Todesstoß erhielt, spielte in den Flammen noch ein letztes Mal das historische Glockenspiel „Lobe den Herren" und unter diesem Psalm brach die Kirche zusammen und stürzten die Glocken in die Glut hinab.

Als ich, dies Bild vor Augen und im Herzen, ins Haus zurückging, wußte ich, daß die Russen jetzt in die Häuser kommen würden. Die jungen Frauen waren versteckt, die beiden Männer – Schupo – über den Gartenzaun, in irgendein Gebüsch gekrochen. Inga Hugo, den Arm in Gips, das Gesicht durch das furchtbare Verschüttetwerden schwarz und blutunterlaufen bis zur Unkenntlichkeit. Bübchen,[317] voll Abschürfungen und verkrustetem Lockenhaar, immer dicht bei ihr in der Küche. – Ich nahm mein altes Spinnrad und setzte mich ins Treppenhaus, neben dem Entrée, und spann, was mir von je die größte Nervenberuhigung bedeutet. – Gegen Mittag: Aufreißen der Tür, Schritte mehrerer Männer. – Ich spann. – Dann standen sie alle plötzlich vor mir, ungefähr 6–8 Soldaten, mit aufgepflanzten Seitengewehren, Maschinenpistolen. Und vor ihnen, mit der grünen Mütze der gefürchteten Kommissare, ein anscheinend höherer Offizier, groß, schlank, typisch germanisch. – Ich spann. – Der Offizier trat zu mir: „Oh, Mutter spinnen! Spinnen gut! Aber mir sagen, ob deutsche Soldat im Haus." Ich: „Nein, hier ist kein

Soldat." Er: „Meine Mutter auch spinnen." Ich: „Ach bitte, hilf mir, Spinnrad in Ordnung zu machen." (Die Schnur war vom Rad abgesprungen). Er kniete nieder und brachte die Schnur in Ordnung.[318] Hätten die Soldaten nicht so stupide ausgesehen, würden sie wohl erstaunte Gesichter gemacht haben. So blieben sie „im Anschlag" stehen. Ich bedankte mich und spann.

Er legte die Hand an die Mütze und sagte: „Bitte entschuldigen. Ich mit Ihnen muß durch Haus gehen und suchen." Wir gingen die große Treppe herauf, er mit mir voran, die Soldaten hinterdrein. Auf dem Treppenabsatz stand die lebensgroße Büste von Kaiser Wilhelm II. Der Offizier blieb stehen, salutierte, sagend: „Zar Wilhelm gutt!" Ich stolz: „Ja, sehr gut. Mein Freund. Hat mich schon auf Knie gehabt, wie ich kleines Kind." – Dann ging er im Zimmer an einem Kruzifix aus Ebenholz und Elfenbein vorüber. Er blieb stehen und bekreuzigte sich. Nun war ich ganz ruhig, ging mit ihm und den Soldaten durch alle Räume vom Keller zum Boden. Zum Abschied fragte er, ob ich einen Wunsch hätte. Da bat ich ihn, mir schriftlich zu bescheinigen, daß er das Haus durchsucht und nichts Verdächtiges gefunden hätte. Er schrieb auf: „Dieses Haus ist durchsucht. Es wohnen gute Menschen darin und das Haus soll in Ruhe bleiben." Geradezu rührend war er zu Inga und Bübchen, als er von ihrem Schicksal hörte, schenkte Schokolade und Bonbons in Mengen. Beim Abschied gab ich ihm zum Dank einen kleinen, vergoldeten Mokkalöffel als Talisman. „Mutter gutt, Mutter nicht vergessen." Dann noch eine formvollendete Verbeugung und fort war er. – Es war ein Gnadengeschenk, daß dieser Mann als Erster kam. Sein Name muß wohl viel bedeuten, denn bei den vielen, vielen, die nachher, Tag und Nacht, einzeln und zu mehreren kamen, hat es fast immer eine große Wirkung gehabt, wenn ich ihnen gleich das Schriftstück zeigte und sehr viele machten dann gleich an der Haustür wieder kehrt. Von all den vielen Russen, die ich nachher kennen lernte, ist auch nicht einer annähernd gewesen, wie dieser war!

Bis zum 11. Juni wurde mein Haus noch nicht von Russen belegt. Es war auch randvoll! Ausgebombt, kamen meine lieben Pfarrer Wildes[319]

---

318 Ellen hatte mit zehn Jahren begonnen, das Spinnen zu lernen, vgl. Lebensgeschichte, S. 36f.: „Aber der Idee des Spinnens und Webens bin ich ja wirklich treu geblieben bis auf den heutigen Tag, genau so, wie ich den Menschen, Tieren, Dingen und Passionen, eigentlich allem, mein Leben lang treu geblieben bin, die [sic] ich damals liebte." In Doorn habe Kaiser Wilhelm II. „immer meine gewebten und gesponnenen Sachen" getragen.

319 Jochen Wilde, Pfarrer an der Garnisonkirche und seine Frau Lotte wohnten, nachdem ihr Haus durch Bomben zerstört war, zeitweilig bei Ellen von Grumme-Douglas.

zu mir, Jochen und Lotte, mit denen ich durch viele Bindungen befreundet. Er war bisher als Pfarrer der Garnisonkirche, Tag und Nacht beschäftigt, zu helfen, zu trösten, zu predigen, zu begraben. Lotte Wilde im Haus zu haben, war ein ganz großes Geschenk. Ein menschgewordenes Stück Nächstenliebe, Glaube, Musik, Verstehen und praktischer Sinn, innerlich und äußerlich ideal. Über ihr tragisches Ende, sie wurde von einem besoffenen Russen überfahren, schreibe ich noch später. Dann: Zitzewitz, alter Seeoffizier, Leiter der Privatbank in Potsdam mit seiner rührend guten, aber stocktauben Wirtschafterin, Fräulein Zeym. Ein Polizeioberleutnant, unangenehmster Sorte, mit Frau. Ein altes Ehepaar mit zwei Töchtern, die Mutter offene Beine und Thrombose, mußte dauernd gepflegt werden. Oft kamen hilfesuchende Frauen, die ich über Nacht unter Decken und Mänteln versteckte. Dann noch die Sekretärin General von D.s, mit Mutter und Schwester. Ständige Hausgenossen, die liebe Frau Zinniewski mit Mann (Polizei er, der in dieser Zeit, ebenso wie der Polizei-Oberleutnant, verschleppt wurde und verschollen geblieben ist) und ihre niedliche Tochter, Frau Oberleutnant Storz, mit süßem kleinen Bengel. Und dann: Sophie R., seit 1938 bei mir. Eine problematische Seele, die sich selbst in die traurigste Einsamkeit verbannte und in der Engel und Teufel um die Herrschaft stritten. Undurchsichtig, auf der Grenze von Verfolgungswahn, Minderwertigkeitskomplexe und Überheblichkeit, großzügig im Geben und Helfen, aber verhetzend, wo sie konnte, ohne einen Menschen, der sie liebte. Und doch kann ich sie nicht vergessen, sie hing auf ihre Art fanatisch mit einer Art Haßliebe an mir – und nur noch mit hingebender Liebe an unserem Kater Mulleputz, der untrennbar von allem Erleben 1943–1949 ist. Er wird noch oft in diesem Buch vorkommen.

Um den Rahmen für alles, was ich erzähle, vollständig zu geben, muß ich von „den lieben, alten Nachbarn Hesse" sprechen, die neben mir in einem lieben, kleinen Häuschen wohnten.[320] Der Garten voll altmodischer Blumen und Kräuter, liebevoll gepflegten Obstbäumen und 60 herrlichen Bienenstöcken. Die Bienen waren wirklich ein Himmelsvolk. Die beste Medizin waren ihre Stiche gegen allerlei Schmerzen und Gebresten, der Honig eine Gottesgabe, wenn man erschöpft war, wie ich es nie geahnt.

In dieser Zeit war es oft schwer, auch nur die nötigste Nahrung zu haben. Es ging uns ja allen gleich und keiner hatte eigentlich Mitleid mit sich selber und das war gut. Jetzt kamen mir meine Kräuterkenntnisse zugute. Ich konnte nicht nur Sophie und mich dadurch ernähren, son-

---

320 Beyerstraße 6.

dern noch viele andere – Wildes, Gurlands und vor allem „meinen Bernhard",[321] der damals noch gar nicht „mein Bernhard" war, sondern ein guter Bekannter, der mir in seiner grenzenlosen Einsamkeit leid tat. Kein Tag, an dem ich nicht vor 6 Uhr draußen war und Berge von Vogelmiere, Göschkraut und Brennesseln suchte. Sie wurden allerdings nur in Salz und eigenem Saft gekocht, aber wir waren glücklich, daß wir das alles hatten.

Anstrengender war die Beschaffung von Holz und Wasser. Wir hatten kein Brennmaterial, denn die Russen hatten meine Kohlen gleich genommen. Da mußte ich dann, oft mit Sophie oder Inga, täglich mit dem Rehdorfer Handwagen, in den man ungefähr 1 1/2 Ztr. laden konnte, Holz schaffen. Entweder wir schlugen Bäume am Pfingstberg, wobei auch Zitzewitz mithalf, oder ich zog mit dem Wagen mit Inga, deren Arm langsam heilte, zu der jammervollen Trümmerstätte von ihrem Haus auf dem Tornow, wo wir die Balken aus den Trümmern holten. Es war immerhin ein Anmarsch von mehr als einer Stunde und die Last war schwer. Die Wasserleitung war total in unserem Viertel zerstört, für Monate. Man durfte außerdem selbst zum Kochen und Abwaschen nur abgekochtes Wasser nehmen, da die Seen und Brunnen durch die ungezählten Leichen verseucht und eine schwere Typhusepidemie ausgebrochen war.[322] Das Holz holte ich auch oft von den geschichteten Klaftern im Wald, eine halbe Stunde hinter der Nedlitzer Brücke. Manchmal zweimal am Tage, oft bei glühender Hitze. Manchmal half mir der rührend gute Klavierstimmer [Adolf] Klawiter, der mir wie ein großer, treuer Hund überallhin folgte. Ich hatte ihn und seine Frau auch gleich am 15. 4. 1945 aufgenommen, sie waren total ausgebombt und hatten alles verloren. – Manchmal ging ich auch in Prinz Oskars Garten[323] zum Holzholen. Nie vergesse ich den Anblick, wie seine herrlichen, alten Möbel, die so viele Erinnerungen an schöne Stunden bargen, von Russen aus dem Haus auf ein Lastauto geschleppt wurden. Hinter dem Haus fand ich eines Tages einen stinkenden Müllhaufen, auf dem zerrissene Familienbilder und die wunderschöne Marmorbüste von Kaiser Wilhelm I. lagen. Drei räudige Pferde, wie sie herrenlos massenhaft herumliefen, schnupperten an dem Haufen und ein paar halbverwilderte, edle, skelettartige Hunde suchten nach Futter. – Das Wasserholen, immer zwei Eimer, war sehr anstrengend, immerhin waren es fast

---

321 Mit „Bernhard" ist Graf Poninski gemeint.
322 BLHA, Rep.203, Nr.1883, Bericht der Stadtverwaltung Potsdam. Auf S. 10 sind die Typhusfälle 1945 aufgelistet, eine Epidemie ist hieraus nicht zu erkennen.
323 Oskar Prinz von Preußen (1888–1858) wohnte in der Großen Weinmeisterstraße 46/47.

20 Minuten bis zur Wohnung von der berühmten Reiterin Wanda von Krieger. Ich muß damals doch eine Bombengesundheit gehabt haben, denn ich war nie müde, trotzdem man nachts höchstens drei bis vier Stunden Schlaf hatte. Elektrisches Licht gab es nicht und Kerzen steckte man nicht an, erstens weil man keine hatte und zweitens, weil man das Haus lieber in der Dunkelheit ließ. Wir alle, Zitzewitz, Wilde, Klawiter, Inga, hielten aber immer abwechselnd die Nacht durch schweigend an den Fenstern zum Garten oder zur Straße Wache und es war immer scheußlich, wenn man im Mondschein oder mit Knipslampen die Russen über den Gartenzaun steigen sah. Verschließen durften wir das Haus nicht.

Die Russen, die am Tage kamen, benahmen sich oft wie die Kinder. Rissen die Schränke auf, nahmen, was ihnen paßte, vor allem „Uri? Uri", gossen sich Parfümflaschen über den Kopf, puderten sich, gingen in die Regentonne im Garten, versuchten, ob „Wasser aus Wand" kam. Da es noch kein Wasser gab, waren sie enttäuscht, nahmen die Wasserhähne mit, um sie in Rußland „an Wand" zu machen. Als es wieder Wasser gab, waren sie sinnlos vor Freude, besonders das Klo begeisterte sie. Sie konnten endlos ziehen, wuschen in den Klobecken aber auch Kartoffeln und Heringe und wunderten sich, wenn sie wegspülten. Dagegen benutzten sie als Klo Vasen und Kochtöpfe, letztere mit Vorliebe. Da konnte man ekelhafte Dinge erleben!

Ein scheußlicher Tag war es, als der Befehl verkündet wurde: „Keiner darf die Straße betreten. Alle Fensterläden müssen geschlossen bleiben. Es kommen die rückflutenden Mongolen und Tartaren, die die Oberste Heeresleitung nicht mehr in der Hand hat." Zwei Tage saß man in dieser zermürbenden Erwartung. Die Horden hatten gottlob einen anderen Weg genommen, westlich Potsdams.[324] – Im großen und ganzen sind wir Gott sei Dank alle vom Schlimmsten verschont geblieben. Nur einmal, als ich der alten Frau, die mit Mann und Töchtern und neugeborenem Enkelkind unter der Treppe auf Matratzen und Säcken lag, ihr offenes Bein verbinden wollte, kam ein total besoffener Russe, packte die Wöchnerin – ein bildhübsches, junges Ding. „Frau, komm' mit!" Dieses grauenhafte Wort, vor dem sich noch heute jeder entsetzt. Er nahm das Kind, das sie gerade nährte, warf's in einen Korb. Ich wollte sie schützen und er gab mir einen Stoß, daß ich durchs Zimmer an die Wand flog, mir aber nichts weiter tat, wie ein paar blaue Flecke. – Die junge Frau nahm er auf den Boden mit.

---

324 Es ist fraglich, ob es einen derartigen Befehl gegeben hat. In Potsdam herrschte eine regelrechte Hysterie, die Schüler wurden vorzeitig nach Hause geschickt.

Das Straßenbild war allmählich etwas geordneter. Man sah nicht mehr so viele Waffen, Stahlhelme. Aber viele zerschossene deutsche Autos, die ausgebrannt, im Gebüsch, auf dem Trottoir oder an den Häusern halbumgestürzt, standen und in jedem Garten fast frische Gräber, zwischen den noch vor kurzem so gepflegten, blühenden Anlagen. In der Kapellenbergstraße waren in manchen Gärten 5 – 6 solcher Gräber. Man gewöhnte sich auch an diesen Anblick. Meist waren es Menschen, die freiwillig Schluß gemacht hatten, zum Teil ganze Familien. An Straßenrändern, Plätzen, überall diese armseligen, in Angst und Eile gegrabenen Hügel, manche mit einem Stahlhelm darauf, zum Zeichen, daß hier ein „unbekannter Soldat" liegt – oder mehrere Gräber zusammen, auf denen stand: „14 (oder 20) Hitlerjungen, die am letzten Tag fielen." – 9.000 Tote gab es in Potsdam bei dem Angriff am 14. 4.[325] und die unzähligen, kleinen Holzkreuze auf den Friedhöfen erzählen von all den Opfern. Und – wie viele liegen noch heute unter den Trümmern!

Aber ich will von der Zeit zwischen 14. 4. und 11. 6. erzählen. Allmählich krochen die Menschen aus den Häusern wie die Kaninchen nach der Treibjagd aus dem Bau. Man fing an, sich wieder zu besuchen (Telefon hat es privat nie wieder gegeben), erzählte sich gegenseitig das Erlebte. Man nahm es als selbstverständlich an, daß fast allabendlich Schüsse in nächster Nähe fielen. Vor allem aus der Gegend von Prinz Oskars Haus, das zu einer Art Konzentrationslager gemacht worden war, und wo die Menschen noch heute entsetzlich gepeinigt werden.[326] In ganz kurzer Zeit wurden fünf Personen aus unserer Straße erschossen. Ein 12-jähriger Junge, einziges Kind, der nachmittags an unserer Tür vorüberging und nicht gleich hörte, daß der Posten „Stoj!" („Steh!") rief. Der Junge war sofort tot, die Blutlache vor der Haustür hinterließ noch monatelang ihre Flecken. Es verging fast kein Abend, keine Nacht, in der man nicht jammervolle Hilfeschreie von Frauen, die auf der Straße oder in den immer unverschlossenen Häusern überfallen wurden, hörte. All diese Greuel sind sattsam bekannt. Man hat in glücklicheren Zonen damals vielleicht gedacht, die Beschreibungen seien übertrieben. Aber leider war es in Wirklichkeit wohl noch viel schlimmer und die Qualen, die Frauen und Mädchen, von 10 – 80 Jahren zu dulden hatten, brauche ich hier nicht wiederzugeben. Man kann nur tief dankbar sein, daß sie, die bei mir Zuflucht suchten (bis auf die eine junge Frau) und ich selbst vor allen Scheußlichkeiten bewahrt blieben. [. . .]

---

325 Neuere Forschungen gehen von rund 1.800 Toten als Folge des Bombenangriffs aus.
326 Gemeint ist vermutlich das NKGB/KGB-Gefängnis in der Leistikowstraße.

Mit das Schwerste war, daß ich nichts vom Verbleib von Annabel, den Kindern und Vendla wußte. Heute scheint es mir fast unglaublich, daß wir alle, die ganze Hausgemeinschaft, vor allem meine Inga, Wildes und ich Stunden wirklich innerer Fröhlichkeit zusammen hatten – eine Art innerer Ruhe, wie man sie wohl für Stunden nur in allerschwerster Zeit empfinden kann. – Eine für diese Epoche typische Sache war, daß man, um sich Essen zu beschaffen, manchmal fast täglich auf den „Schwarzen Markt" ging. Da traf man dann abends meist die Reste der alten Hofgemeinschaft, jeder bot irgendetwas von seiner übrig gebliebenen Habe an: Kleider, Bilder, Decken, Kissen, Schmuck, Kodaka, altes Porzellan, Schals - ach, man kann nicht alles aufzählen. Da stand man dann abends zwischen all den Russen, nicht gerade vertrauenserweckenden Deutschen und vielen alten und jungen, vornehmen Menschen. Taschendiebe gab es en masse, vor allem unter den „Halbstarken". So klaute mir ein infamer Bengel auch drei mühsam erworbene Schachteln Zigaretten, die ich gegen ein paar Lackschuhe getauscht hatte. Da stand man dann – bot Kleider, die an Glück und Glanz erinnerten, Reitstiefel, die vor 50 Jahren von „Breitsprecher"[327] oder „Priestap" gemacht waren und die man so unendlich oft bei herrlichen Ritten getragen, an. Die schmutzigen Russenfinger befühlten dann die Sachen, wollten sie's nicht, hörte man nur das nicht wiederzugebende, ablehnende Wort: „Njet!" Reflektierten sie auf das Angebotene, hieß es: „Komm mit!" – ein Wort, das einem immer durch Mark und Bein ging. Man mußte nun genau auf der Hut sein, daß man nur in irgendeinen Flur oder hinter eine Hausecke mit ihnen ging, aber nicht zu weit folgte. Die schwarzen Märkte, die ja noch jahrelang blieben, waren nämlich verboten und oft kam die russische Polizei und macht nicht gerade rücksichtsvoll Razzia. Alle liefen dann so schnell wie möglich in Seitenstraßen und aus der Menschenansammlung heraus. – Aber, was wollte man machen! Wie abscheulich, auch rein physisch, Hunger wehtun kann, vor allem abends, wenn er einen nicht einschlafen läßt, haben wir wohl fast alle kennen gelernt. War's dann einmal gelungen, ein Stück zu tauschen, meist gegen Brot und geräucherten Speck, der aber meist teuflisch stank und oft voll Maden war, dann fraß man das meist schon auf der Straße.

Einmal konnte es mir schlecht gehen: Es war gerade ein Tag, an dem wir eigentlich nichts, außer meinen Kräutern, zu essen hatten und ich wollte unter allen Umständen für Hugos und mich etwas schaffen. Zog also abends mit ein Paar goldenen Abendschuhen und einem Samtkleid

---

327   Firma für Maßschuhe in der Berliner Neuen Wilhelmstraße.

los. Der Markt war gerade vor der Garde du Corps Kaserne am Heiligen See. Ein paar Russen bewunderten meine Sachen, bedeuteten mir: „Du sooo viel Grütze und Nudeln haben", nahmen die Sachen, aber auch mich mit in die dunkle Kaserne und schlossen dahinter zu. „Mutter hier bleiben – trinken", der Eine gab mir ganz freundlich ein Glas Schnaps. Ich markierte aber darauf so drastisch und anschaulich, „Seekrankheit" (bolna), wiederholte immer „sehr krank?, schnell Grütze geben, viele kleine Kinder Hunger", (für Kinder haben sie viel Herz) – daß sie mir eine Riesentüte Nudeln und Grütze in die Hand drückten und mich schnell wieder an die frische Luft ließen. Da hatten wir dann ein paar Tage zu essen. Die Grütze wurde mit Vogelmiere und Brennesseln ge-kocht, dazu noch den roh ungenießbaren Speck und wir futterten uns alle randvoll und waren alle zwei Tage satt!

Eine Art Holz zu holen macht eigentlich Spaß. Sophie und ich zogen an dem schönen Frühlingsmorgen, so gegen 5 Uhr, wo die Straßen ganz leer, los in den damals noch „erlaubten" Neuen Garten. Da lagen, dem Ufer ziemlich nah, massenhafte zerschlagene Segel- und Ruderboote, ein Riesenvorrat an schönem Holz. Ich watete dann bis weit über die Knie ins Wasser (mit Holzsandalen, da man sich sonst Scherben und Nägel eintrat), zog die Flanken an Land, die wir dann zersägten und schönes Brennholz schafften. Mich wundert's noch heute, daß man in der Zeit so ohne Angst oft durch den Neuen Garten ging: Einmal ging ich von Esebecks, jenseits des Heiligen Sees,[328] ganz allein in der Nähe von Cecilienhof an den Koppeln vorbei, kein Mensch weit und breit. Allmählich hatte man sich gewöhnt, wieder manierlich angezogen zu gehen – ein schwarzes Kleid mit großem, weißem Kragen, was wohl etwas wie eine geistliche Tracht wirkte.

Den ganzen Arm hatte ich voll Wiesenblumen. - Keine Seele weit und breit? - Dann kam durch die Koppeln schnurstracks ein Russe auf mich zu. Etwas blümerant wurde mir da doch! Aber ich ging ruhig weiter. Er blieb einen Schritt vor mir stehen, macht eine tiefe Verbeugung, als ob er knien wollte, eigentlich wie in der Kirche, zog bis auf die Erde seine Mütze, sah mich mit gutem, andächtigem Gesicht an und wiederholte immer wieder: „Gutt und schön." Um irgendwas zu sagen, zeigte ich auf meinen Arm voll' Blumen: „Blumen gut und schön." Er schüttelte energisch seinen guten Rundschädel: „Njet! Mutter guttes Weib, gutt, schön!" Dann beugte er nochmals seine Knie, zog wieder die Mütze bis zur Erde und ging langsam zum Cecilienhof über die blühende Wiese

---

328   Friedrich Freiherr von Esebeck, Sedanstraße.

zurück und ich hatte nach dem ersten Schrecken das Gefühl, daß mein Schutzengel sich wieder mal sehr lieb meiner angenommen.

Diese Zeit, bis 11. 6., war trotz viel Schwerem und Ängsten doch in mancher Art die leichteste. Das Haus ohne Russen, nur mit freiwillig aufgenommenen, z.T. lieben Menschen bewohnt, der Garten noch schön, in dem wir Kräuter, Spinat etc. ansäten, die „geistige Nahrung" durch Wildes, die Freude am Bübchen, der sich aus dem verängstigten Häuflein Elend zu einem ulkigen, lustigen Kerlchen entwickelte, die Abende auf der Terrasse, bei denen auch öfters „der nette Graf Poninski" erschien, was mir von vornherein so selbstverständlich vorkam.

Allmählich tauchte immer deutlicher das Gerücht auf: „Die Russen beschlagnahmen die Häuser für sich, ihre Familien kommen her." Bis jetzt waren nämlich nur Männer hier gewesen. Man merkte bald, die Gerüchte wurden Wahrheit: Bald hier, bald da wurde ein Haus beschlanahmt, die Deutschen mußten sofort raus und konnten nun sehen, wo sie blieben. Voll Sorge sah man fast täglich immer die Kommission mit Dolmetschern vor den Häusern stehen, sie von außen, dann von innen, zu betrachten. Und eines Tages, am 11. 6., da war es aus mit unserer friedlichen Hausgemeinschaft. Drei Offiziere kamen, sagten kurzerhand: „Heute Abend alle raus, Haus genommen." Ein Posten blieb da. Wir alle packten in rasender Eile, was nur zu packen ging, alle halfen. Wir suchten uns alle irgendein Nachtquartier, eine Bleibe, jeder woanders. Man lief eben umher, bis man was fand. Sophie kam mit meinen Sachen, soweit man sie rausschaffen konnte, Beyerstraße 7 in einer Kammer bei Schmettows unter. Der alte Graf zeigte sehr deutlich, wie unwillkommen ihm diese Einquartierung war! Mich nahmen die rührend lieben Nore Hadeln und Ina Chappuis auf. Da fühlte man wirklich, was Freundschaft heißt! Aber das Gefühl „heimatlos" kam mir erst jetzt so ganz zum Bewußtsein.

Mein Haus wurde abgeschlossen, aber nicht von Russen bewohnt. Nur ein einzelner Wachtposten blieb darin. Der Schlüssel war gegenüber im Haus vom „General" abgegeben. Ob ich das Haus je wieder betreten durfte, wußte ich nicht. Ich habe in all den Jahren, wie auch mein ganzes Leben, täglich Tagebuch geführt. Leider liegen die Bücher – im ganzen 51 Bände – jetzt in Berlin, sollen nach Köln geschickt werden.[329] Momentan kann es also sein, daß einzelne Daten in diesem Buch nicht genau stimmen.

Rührend war, wie mein Mulleputz diesen „Auszug" empfand. Katzen sollen ja mehr am Haus als an Menschen hängen, aber dies treue

---

329 Über den Verbleib der Tagebücher war keine sichere Auskunft zu erhalten.

Tier kam nachts zu Sophie durchs Fenster zu Schmettows, blieb dann zwei Nächte bei mir, verirrte sich auf das Verandaglasdach, wo wir sie nach weiteren zwei Tagen fanden. Es kann gewiß keiner verstehen, was dieses Tier für mich durch 6 Jahre bedeutete: Die Verkörperung alles dessen, was an geliebten Tieren mein Leben so bereichert hatte. Nun konzentrierte sich alles auf dieses Geschöpf!

Acht Tage gingen dahin. Immer noch nur der Posten im Haus. Dann plötzlich die offizielle Nachricht, die mir H. v. Tilly, Bernhards Vetter, brachte: „Sie können wieder ins Haus zurück." Es war wie ein schöner Traum. Wir ließen aber doch zur Sicherheit einen ganzen Teil Sachen bei Schmettows und Hadelns, aber Sophie und ich, samt Mulleputz, zogen wieder ein. Die anderen Hausbewohner blieben alle, wo sie waren und fanden es riskiert, in dem Haus, das natürlich unverschlossen bleiben mußte, ohne Licht zu nächtigen. So blieben wir die nächsten Nächte ganz allein im Haus, natürlich ohne zu Bett zu gehen. Ab und zu kamen nachts im Dunkeln Russen, die aber, ohne Böses zu tun, bald wieder gingen. Aber unheimlich war es und ich wundere mich noch heute, daß alles so gut abging. [...]

Nach zwei Tagen kam eine russische Kommission: Innerhalb zwei Stunden müßte ich das Haus verlassen haben. Sophie und Frau Zim.[330] waren nicht zu Hause, versuchten in der Gegend etwas Gemüse und Obst zu bekommen, was aber fast nie gelang. So packte ich nur ein paar allernötigste Sachen, Kleider, Schuhe, 1 Tüte Grütze, Bettzeug etc. auf den Handwagen und fuhr auf die Straße, ohne zu wissen, wohin. Für Sophie und Zimchen hatte ich einen Zettel hinterlassen, daß „Treffpunkt" der liebe, alte Nachbar Hesse nebenan blieb. – Ich will in diesem Buch nichts über „Gefühle" schreiben, nur die nüchternen Tatsachen müssen sprechen. Aber dieser Moment machte mich doch etwas verzweifelt. Alle Bekannten hatten jeden Raum für Einquartierung abgeben müssen, keiner hätte mich aufnehmen können. Zur gleichen Zeit waren viele Häuser in unserem Viertel – Hessestraße, Kapellenberg, Gr. Weinmeisterstraße – von Russen besetzt, die nun mit ihren Familien einziehen sollten.

Auch alle Häuser in unserer kleinen, schönen Beyerstraße, bis auf Schmettows Haus, das dadurch bewahrt blieb, daß Pastor Wilde (Pope) da wohnte, was an der Haustür durch ein großes, gemaltes, lila Kreuz mit russischer Aufschrift „Pope", d. h. gesprochen „nacmop"[331], gekennzeichnet war. Aber von Deutschen war es auch randvoll. Das

---

330 Zim. bzw. Zimchen, gemeint ist Elisabeth Zinnienski.
331 Pastor, in kyrillischen Buchstaben.

Straßenbild an diesem Tage war jammervoll. Massenhaft Menschen, die plötzlich aus dem Haus mußten, ihre paar Sachen auf Handwagen oder in Rucksäcken, Haus bei Haus – es waren nur wenige den Deutschen geblieben – und nach Obdach suchten. Solche Ansammlung Vertriebener, Heimatloser ist ein jämmerlicher Anblick. Über all den Armen, die verzweifelt wie Ameisen umherliefen, denen man ihren Haufen zertreten hat und die ihre Eier und Puppen und sonstige, nötigste Habe versuchten zu retten, vergaß man beinahe, daß man ja auch eine „solche Ameise" war. – Da plötzlich etwas ganz Unerwartetes: Straße auf, Straße ab klangen Trompetensignale, näher kommend, alle lauschten atemlos: „Kommt wieder eine neue Schrecklichkeit? Baracken? Verschleppung?" Aber, o Wunder: Einige Soldaten kamen und riefen laut nach den Signalen in immer gleichem Tonfall auf Deutsch: „Alle in Häuser zurückgehen. Häuser nicht genommen." Der Eindruck war überwältigend. Manche heulten und schluchzten vor Freude – wohl auch aus Nervenüberreizung.

Man gewöhnt sich nach ausgestandenen Schrecken schnell an das Gute. Es war himmlisch, wieder unter dem eigenen Dach, in all meinen lieben Sachen. – Nach drei Tagen – abermals Kommission, drei Offiziere: „Morgen wird Haus von Russen bezogen. Du kannst Möbel mitnehmen, soviel auf Wagen gehen." Also: ganze Nacht gepackt, vorher zu Charlotte Lyncker gelaufen zur Villa Liegnitz. Ich sollte mit meinen Sachen kommen, könnte dort, wo schon viele untergebracht waren, mit Sophie kleines Zimmer bekommen. Am nächsten Tag bekam ich von den Russen ein Lastauto gestellt (wie ich zu der Ehre kam, die, soviel ich weiß, anderen nicht zuteil wurde), es wurde hoch bepackt mit Stühlen, Tischen, Betten, Chaiselongue, Schreibtisch etc. „Schnell – schnell", das beliebte Russenwort – schon packten sie mich, setzten mich oben auf den Möbelberg, wo ich mich auf einer Kommode balancierend, an dem einen Soldaten, der mitfuhr, festkrallte – und ab sausten wir zur Villa Liegnitz! Wenn ich mir heute in meiner Lahmheit ausmale, wie ich von da oben runter mit ein paar Sätzen wie ein Affe auf die Erde sprang, es kommt mir vor, als ob das „ganz jemand anders" war. Die Möbel kamen beim guten Charlottchen unter und ich sollte morgen in eine reizende, kleine Stube ziehen.

Es kam aber alles anders: Die Villa Liegnitz mußte auch prompt geräumt werden, es war eine unbeschreibliche Arbeit und ein Durcheinander von Auwis und den Möbeln von denen, die da untergebracht waren. Herr und Frau v. D., die ich gut kannte, mußten auch sofort dort raus. Herr v. D. verletzte sich bei dem Möbelschleppen am Bein, am nächsten Tag hatte er Thrombose, das Bein mußte nachts amputiert werden und am nächsten Tag starb er, während seine Frau noch nach einem Quartier suchte. Dies ist nur eins von vielen Schicksalen![332] – Also wieder „ohne Wohnung". Sophie half treu meine Möbel schleppen, die z.T. bei Superintendent [Konrad] Stolte, z.T. auf einem zu der Friedenskirche gehörenden Boden untergebracht wurden. Dazwischen immer im Dauerlauf zu meinem Haus, wo bereits 6 Offiziere und diverse Soldaten und Chauffeure in meinen Zimmern eingezogen waren. Der eine, Oberleutnant Lanin, der die Gewalt über das Haus hatte, war insofern anständig, als er fragte: „Wo bleibt nun Babuschka?"[333] Ich: „Das weiß ich nicht. Ihr habt mir ja alles weggenommen." Darauf er: „Wenn Babuschka und Sophie viel arbeiten, können kleine Kammer behalten." Man war bescheiden geworden und ich habe ihm ehrlich gedankt für das Geschenk, wieder ein Dach überm Kopf zu haben. Diese kleine Kammer war meine viel erwähnte, liebe „Mansarde", an die ich, trotz vieler schwerer Erlebnisse, doch glücklich und dankbar zurückdenke.

Ein erschütterndes Bild der Evakuierung muß ich noch kurz zeichnen: Die letzte Palastdame der verstorbenen Kaiserin Auguste Victoria, Gräfin Mathilde Keller, die zur Kaiserin schon als Hofdame kam, als diese als junge Prinzessin heiratete, war, 93-jährig, aus ihrem reizenden Damenhaus im Neuen Garten vertrieben. Dieses Haus war ein Museum lieber, alter, wertvoller Andenken aus 40 glücklichen Jahren, die sie im Dienst der geliebten Kaiserin gewesen. Oft war ich bei ihr und genoß dankbar jedes Wort, das sie aus verklungenen Zeiten erzählte. Sie war auch die ganzen Jahre, die „Vat" bei S.M.[334] Dienst getan, mit ihm zusammen bei Kaiser und Kaiserin gewesen, hatte auch die Jerusalemreise des Kaisers damals „dienstlich" mit „Vat" mitgemacht, 1898. – Nun war sie, völlig lahm, nach einem Schenkelhalsbruch zu General v. D. in sein schönes Haus, Weinmeisterstraße, gekommen. Auch da mußte sie, kurz nachdem ich in meine kleine Mansarde einquartiert war, im Sommer 1945 schleunigst wieder raus. Hals über Kopf auch in diesem Haus packen, unterbringen. H. v. D. half, die alte Gräfin heruntertragen. Sie war ein erschütterndes Bild aus alter Zeit in ihrem Straußenfederhut, in

---

332 Vgl. Heeringen, Die Russen, S. 41: „Der Prinz [Auwi = August Wilhelm von Preußen] war längst getürmt. Die [sic] arme Fräulein v. Lyncker saß allein vorm Rest. [...] Die Russen waren Nacht für Nacht in der Prinzenvilla und vergewaltigten im Suff dort eine vierundsiebzigjährige Frau. Sie brachen ihr ein Bein, erschlugen ihren alten Mann, der ihr helfen wollte. Die alte Frau starb am nächsten Tag an den Folgen!" Vgl. Schrank, Kriegsende, in: Potsdam 1945, Persönliche Aufzeichnungen, S. 51.

333 Im Text steht häufig Babuka, das Wort ist vom Herausgeber korrigiert in Babuschka = Großmutter.

334 Mit „Vat" ist ihr Mann, Ferdinand von Grumme-Douglas gemeint. S. M. = Seine Majestät der Kaiser.

156

der Hand ein brillantgerahmtes Elfenbeinbild der Kaiserin, das sie bei allen Schmerzen festhielt. Wir setzten sie in einen Rollstuhl und ich fuhr sie zur Markgrafenstraße zu v. Fr., wo sie nun ihr Leben beschloß, körperlich schwer leidend, geistig von einer unwahrscheinlichen Frische. Es war ihre letzte Fahrt – und sie: Die Letzte der ganz alten Zeit!

Nun zurück zu meiner Mansarde! – Zunächst war, außer dem dankbaren Bewußtsein, nicht gerade von „Glück" die Rede. Mit Sophie auf die Dauer, von August bis November, zu hausen, war nicht ganz einfach. Einen Raum, in dem ich mal für mich war oder einen Besuch haben konnte, gab es zunächst nicht. Solange nur Männer im Hause wohnten, ging es und man wurde auch nicht so boshaft gequält, wie nachher z.T. von den ordinären Weibern. Der Tageslauf war meist so: 5 Uhr aufstehen, Kartoffeln schälen, Feuer machen, Kohlen tragen etc., Tee kochen zu Mittag, wo laufend immer andere Soldaten kamen, Labscha, Flimsch oder Borsch kochen, d. h. Nudeln, eine Art Eierkuchen aus Mehlteig oder Kohlsuppe. Meist hatte ich den „Dienst", die diversen Soldaten und Offiziere zu empfangen, Essen in der großen Küche zurechtmachen, Teller hinsetzen und abräumen, Kartoffeln schälen, Wasser holen etc. Elektrisches Licht gab es noch nicht. Sophie und Zimchen, die in ihrer Kellerwohnung geblieben war, heizten, wuschen ab, kochten meist. Ab und zu kriegten wir zu essen, aber wenig, und oft hieß es: „Wenig Arbeit, wenig Essen." Da war es gut, daß ich mir Anfang September viele Eicheln sammelte und zu diversen Gerichten, geröstet und roh, als Suppe, Brei, Kakao-Ersatz dreimal täglich verzehrte. Es schmeckte infernalisch, aber ich habe doch dadurch in kurzer Zeit 9 Pfund zugenommen, von 80 (mit Sachen) auf 89 Pfd. und man fühlte nicht mehr jeden einzelnen Knochen so schmerzhaft.

Nun kurze Charakteristik von den neuen „Gästen": Lanin; ziemlich klein, dünn, etwas jüdisch und entsprechend gewandt, im Ganzen nicht unfreundlich. Über alles, was die „Moral" und „Kultur" der Russen betrifft, schreibe ich noch extra zusammenfassend. – Man kann nachträglich noch übel werden, wenn man an vieles denkt.

Am 24. 12. 45 mußten wir bis zum Abend arbeiten: Kohlen tragen etc. und in dem schönen, großen Herrenzimmer an der Terrasse, das zugleich Bibliothek gewesen, Reinmachen, Aufräumen, Staubwischen, da heute der bisherige Bewohner fortgegangen und ein neuer kommen sollte. Ich stand auf einer kleinen Leiter und staubte die wertvollen Bücher ab. Zwischen den Büchern standen einzelne große kupfer- und bronzegetriebene Vasen. Immer wieder dachte ich: „Was stinkt denn hier so bestialisch?" Schließlich näherte ich mich einer dieser schönen Vasen und fand den Ausgangspunkt dieses Gestankes: Der Herr Major hatte eben dieses Kunstwerk als Klo benutzt und immer wieder fein säuberlich zwischen die Bücher gestellt. Mir wird noch übel, wenn ich daran denke, aber erwähnen muß ich diese Unappetitlichkeit, sonst wird das „Stimmungsbild" der letzten 4^{1}/$_{2}$ Jahre nicht vollständig.

Typisch für das „Zusammenleben" mit den Russen in meinem Haus war auch folgendes: Es war mal wieder irgendein Feiertag oder Geburtstag und die meisten Russen waren blau. Aber fast alle hatten sich in ihre Zimmer, auf ihr Bett oder Sofa zurückgefunden. Nur ein dicker, mittelalterlicher Major lag stocksteif auf den Stufen der Treppe im Treppenhaus, wie ein Brett. Den Kopf, blaurot und gedunsen, oben, die Beine abwärts. Scheußlich klang sein Schnarchen und Rülpsen. So lag er abends stundenlang, und man graulte [sich] vor seinem Erwachen. Und das Erwachen kam. Zuerst schlug er eine Glastür ein, trat eine Türfüllung zu seinem Zimmer, neben der Veranda, ein und wir hofften, er wäre da irgendwo eingeschlafen. Schließlich, so gegen 11 Uhr, ging ich dann auch, halbberuhigt, in meine Mansarde, blieb aber, wie immer an solchen „Feiertagen" angezogen auf dem Bett liegen. Um 2 Uhr polternde Schritte die Bodentreppe rauf. Rütteln an meiner verschlossenen Tür. Mäuschenstill war ich. – Toben, mit Fäusten trommeln, die immer wiederholten Worte: „Poshaluista - Frau, Frau! Komm mit!" Schließlich wütende Fußtritte gegen die Türfüllung. Ich will nicht leugnen, daß der „innere Schweinehund" riesengroß in mir war, nachdem er, ich weiß nicht wie lange, dies Toben fortgesetzt, ich etwas schlotternd, in einer Ecke der kleinen, dunklen Mansarde, die nur diesen einen Eingang hatte, saß, spuckte er mehrere Male gründlich, fluchte abscheulich und torkelte die Treppe runter. – Daß solche Nächte Kräfte kosteten, kann man sich denken. Aber ich kann nicht genug dankbar sein, daß ich, im Gegensatz zu unendlich vielen alten und jungen Frauen, vor Schrecklichem bewahrt blieb.

Nun wieder zu den damaligen Hausbewohnern: Wassili, Oberst, gänzlich ungebildet, unförmig dick. Solange er ohne seine scheußliche Frau und seine noch scheußlicheren Kinder war, war er harmlos und gutmütig. Nadschenko: Major, groß, dünn, mit langen, ins Gesicht hängenden Haaren, eingefallenen Backen. Still kränklich. Über seinen Tod schreibe ich noch.

Biba: Major, im übrigen Tierarzt, ist bis zuletzt freundlich geblieben. Seine Frau und der kleine Allik sind noch mit ihm im Haus und blieben beinahe anhänglich an mich.

Die Chauffeure waren zunächst: George, riesenhafter Ostsibirier, sah aus wie ein weißer Neger. Gutmütig wie ein großer Hund, ahnungslos, warum es eigentlich Krieg gegeben. Er war Lehrer auf dem Lande und wenn ich abends mit den Leuten bis gegen 1 Uhr in der großen Küche saß, brachte ich ihm Deutsch und er mir Russisch bei. Ich habe aber alles vergessen. Pawlik, ein Ukrainer, voll Humor und mit guter Stimme, sang mir oft schöne Lieder, wenn ich mit dem Kopf auf dem Tisch spät abends einschlief und der Lichtstummel allmählich verlosch. Stefan, ein wahrer Dandy, eitel, durch Sauberkeit von den anderen abstechend.

Typisch für die soziale Verbundenheit, „alle Menschen gleich", ist, daß, wenn man spät nachts in der großen Küche saß, Offiziere kamen und schnell zu essen haben wollten. Diese dann am selben Tisch wie die Soldaten saßen, meterweise von den mitgebrachten Würsten abschnitten, aus der Faust ohne Brot, nur mit dick Butter geschmiert, fraßen, man eilends in der Pfanne pro Nase für die vollgefressenen Biester 6 – 8 Eier in schwimmenden Fett machen mußte, und die Soldaten kriegten Borschtsch und trocken Brot. Es war oft scheußlich anzusehen, wie sie alles in ihre dicken Bäuche fraßen. Und dabei hing einem der Magen schief. Es war entwürdigend, aber, wenn sie einem, wenn man gearbeitet hatte, über den Tisch ein dickes Stück Wurst oder immer stinkenden Speck zuwarfen, wie einem Hund, man schämte sich und fraß es dennoch heißhungrig runter.

Zappzarapp. Dieses Wort ist eigentlich unübersetzbar. Es nimmt einen großen Teil des russischen Begriffs – und Sprachschatzes ein. Es bedeutet stehlen, beiseite bringen, wegschleppen, unreell an sich bringen, wird teils mit Selbstverständlichkeit von jedem Menschen angenommen, teils grausam bestraft. Ohne Zappzarapp gab es in dieser ganzen Zeit wohl weder Russen noch Deutsche. Jeder übte es auf seine Weise, aus Not, aus Passion, egal aus welchen Motiven, aber er tat es. Und ich hatte es auch zu einer ganz ansehnlichen Fertigkeit darin gebracht und bereue dies keineswegs. Denn teils fristete man selbst dadurch sein bißchen Leben, teils konnte man anderen dadurch helfen, die noch mehr hungerten. Verhältnismäßig leicht ging das Zappzarapp bei dem gutmütig stupiden Wassili, der im Wandschrank von meinem geliebten „Käfig", in dem er wohnte, ein Faß mit Pökelfleisch stehen hatte. Diese acht Tage lebten wir bon! Sophie, Zimchen und ich machten gemeinsam Zappzarapp. Einer stand Posten, einer klaute und einer schaffte das Geklaute möglichst unauffällig in irgendeinen dunklen Winkel im Keller, wo wir uns die Beute teilten. Manchmal ging es nicht so einfach. So mußte ich einmal fettes Schweinefleisch kochen, dabei hatte ich blöden Hunger. Aber trotzdem die Offiziere oft sagten: „Babuschka sehr dünn, Hunger", gaben sie selten etwas.

Als ich also, nachdem ich überallhin gesichert hatte wie eine alte Ricke, mehrere heiße Stücke schnell verschlungen hatte, fielen mir andere ein, die noch mehr Hunger hatten: Bernhard, Willy Krahmer,

Kamekes[335], der kranke Professor Gurland. Ich nahm also aus der kochenden Brühe mehrere handliche Stücke, ließ sie etwas abkühlen, hörte mit Schrecken Schritte, versteckte die noch heißen Stücke schleunigst in meine zum Glück recht weite Bluse. Es brannte teuflisch auf der Haut und zog Blasen, die langsam heilten. Aber keiner hat es gemerkt und alle freuten sich, als ich mein Zappzarapp-Resultat brachte. Später, als das „Kahlwild" in mein Haus eingewechselt war, hatte Marussia, die in der Nebenmansarde in meinen schönen Boule-Möbeln lebte, einen ganzen Koffer mit Speckseiten stehen. Sie kümmerte sich nicht viel darum, nahm selten etwas – nitschewo: egal, ob es verdarb. Allnächtlich also schlich ich auf leisen Sohlen, vor allem wenn der Mond durch die Bodenluken den Koffer beleuchtete, zu dem Vorrat, schnitt dicke Scheiben ab, brachte sie unter meine Matratze und am nächsten Tage meist zu Bernhard. Der Speck stank, roh konnte man ihn nicht genießen, aber Friedchen Fischer ließ ihn aus und würzte die Wildgemüse von meinem Alten, der noch gar nicht „mein Alter" war. Wildes haben auch beinahe alle Tage von diesem Zappzarapp profitiert.

Das anstrengendste Zappzarapp aber waren im Herbst die Kohlen (Briketts). Sie lagen im Keller und z.T. vor dem Haus. Ich hatte mit der Zeit eine feine Routine darin, in einem dunklen Winkel zwei große Taschen zu verstecken, mit Briketts zu füllen, meist in jede Tasche 20, d. h. im ganzen 40 Pfund und dann im Dunkeln damit zu Bernhard in seine kohlenlose Bude zu laufen oder zu Willy Krahmer in seine Kellerwohnung in der Kapellenbergstraße, wo es eisig im Winter war. Diesen Kohlenklau habe ich Gott sei Dank monatelang im Winter betrieben, bis mich eines Tages die mir noch heute wohlgesinnte Biba abfaßte und sagt: „Babuschka nicht mehr Zappzarapp, sonst aus Haus." Und da mußte ich dann leider aufhören, habe es aber nach einer Weile vorsichtiger, aber unvermindert weiter betrieben. Etwas anstrengend war es, und wenn ich jetzt meine einstmals eleganten, fehlerlosen, ziemlich ramponierten Hinterläufe betrachte, muß ich doch immer an das Kohlen-Zappzarapp denken.

---

335 Gemeint ist die Familie des Senatspräsidenten a. D. am preußischen Oberverwaltungsgericht Karl-Otto von Kameke, er war im Zweiten Weltkrieg Chef der Militärverwaltung beim Militärbefehlshaber Belgien und Nordfrankreich. In der Seestraße geblieben war nach dem Einmarsch der Roten Armee seine Frau Franziska, die sich durch ihr Geigenspiel vor dem Erschießen durch russische Soldaten retten konnte. Auf dieselbe Weise konnte sie ein ihr anvertrautes Mädchen vor Vergewaltigung schützen, vgl. Ernst-Ulrich von Kameke, Lebensreise in Dur und Moll, Egelsbach [u. a.] 2001, S. 273, 277. Siehe auch Michael Wieck, Zeugnis vom Untergang Königsbergs. Ein „Geltungsjude" berichtet, Heidelberg 1988, S. 328. Er hat die Erfahrung gemacht, daß durch sein Geigenspiel die Russen ihr „berechtigtes Mißtrauen" verloren.

Einmal hatten wir eine Weile Fettlebe: Ein paar Russen, die abgegangen waren, hinterließen einen Sack mit mysteriösem Inhalt. Wir öffneten ihn, und heraus kam ein riesiger Schweinekopf mit Glotzaugen. Er war nicht gerade taufrisch, aber man hatte sich es auch in dieser Beziehung abgewöhnt, anspruchsvoll zu sein. Also, wir selbst und die ganze Bekanntschaft von Frau Zim. und mir profitierten von diesem Fund.

Nicht nur wir machten Zappzarapp, sondern auch mein geliebter Mulleputz war ein Meister darin. Gerade, als wir mal gar nichts hatten, kam er angesaust mit einem eben erjagten, jungen Hühnchen. Gern gab er es, unter vielen Miau-Klageliedern, nicht her. Aber schließlich ließ er es uns und wir machten einen delikaten Hühnerbraten, allerdings winzig klein, aber es war der einzige in all den Jahren. Einmal fing ich einen Spatz, auch das gab eine Zutat für Sophie und mich zu der Eichel-Brennesselsuppe. Ja gewiß, der Hunger zu manchen Zeiten war nicht schön, zumal in der ersten Zeit, wenn man auch kein Brot hatte. Solange es warm war und man immerhin Lindenlaub, Brennesseln etc. kochen konnte, da ging es, richtig quälend wurde es erst in der Kälte.

In dieser Zeit, ehe die Familien kamen, erschienen drei dicke Weiber im Haus, die ersten, die wir sahen, die nun kochen sollten: Hanna, Olga, Nina. Die anderen, vor allem Schmutzarbeiten, verblieben uns.

Dadurch, daß wir nicht mehr die Küche besorgten, hatten wir natürlich noch weniger zu essen. Aber die drei dicken Weiber fühlten entschieden einen Zug zu meiner Mansarde. Dann saßen sie dann oft bis nachts 1 Uhr, rauchten wie die Schlote, spuckten auf die Erde und waren in jeder Weise unappetitlich. Aber was half's! Ich konnte sie nicht raussetzen, dachte nur. „Try to make the best of it", und legte ihnen Karten (ich hatte keine Ahnung davon) und sagte ihnen aus den Handlinien, was schon besser ging. Gab mir das Air einer Pythia auf dem Dreifuß und sie glaubten fest an meine Kunst. Dadurch habe ich mir manches Brot, manches Pfund Zucker, öfters sogar Tee und ein warmes Essen verdient.[336] Manchmal war mir es äußerst fatal, daß sie fest glaubten, „Babuschka kann alles machen, weiß viel."

So erschien Hanna eines Tages mit der kategorischen Forderung: „Babuschka muß sofort helfen, ich bekomme Kind, es soll fort. Du das machen." Da blieb mir doch einigermaßen die Spucke weg. Ich versuchte ihr auseinander zu setzen, daß ich davon keine Ahnung hatte und gleich ins Gefängnis käme, wenn ich ihr etwas gäbe. „Du sicher hast

---

336 Ellen hatte bereits als fünfzehnjährige Erfahrung im Spiritismus. Sie konnte durch Handauflegen „damit die schwersten Tische heben, wie noch jetzt den vielzentnerschweren Altmariner Schreibtisch".

Mittel, Du willst nicht und nun Du bekommst nicht mehr Essen." Ihre freundliche Zuneigung verwandelte sich in Haß, sie war boshaft, wo sie konnte. Nach einiger Zeit erreichte sie selbst ihr Ziel, ob mit oder ohne Hilfe anderer, lag zwei Tage heulend im Keller im Bett, man hatte das Gefühl, sie ginge ein. Am dritten Tag kochte sie wieder unter gellendem Gesang, der immer denselben blöden Rhythmus hatte, aber in die Mansarde kam sie nicht mehr und verzieh wohl nicht, daß ich ihre fast kniefälligen Bitten nicht erfüllt hatte.

Lanin fing bald ein Verhältnis mit einer bildhübschen, 18-jährigen Stabsarzttochter, deren Vater seit Stalingrad gefangen, und die gegenüber mit Mutter und Schwester wohnte, an. Zu mir war er im ganzen freundlich. Aber einmal war mir es doch über den Spaß. Er klopfte mir wohlwollend auf die Schulter und sagte: „Babuschka, schnell, schnell! Geh', hole Inge L. von drüben (die Stabsarzttochter), ich sie gleich brauchen." Der Auftrag war unmißverständlich. Ich sagte ihm kühl: „Babuschka ist nicht da für solche Bestellung, geh' selber." Er spukte, wie allgemein üblich, auf den Teppich, sah mich wütend an und holte selber seine Inge L. Von da ab war er von einer distanzierten, kühlen Höflichkeit.

Naum. – So hieß ein mittelalterlicher, etwas jüdischer Major, der Gebildeteste von allen. Er war im Privatleben Professor, Dr. phil., sprach gut deutsch und wir kamen auf eine gute Basis in der Unterhaltung. „Du hast nicht Krieg gemacht, ich nicht Krieg gemacht. Du – ich viel gelitten. Nun sprechen wie zwei Menschen." Man profitierte wirklich von ihm, er las viel und sprach darüber. Einmal hatte er das Buch über meinen Vater gefunden: „Was hat Graf Douglas für die Volkswohlfahrt getan?" Dazu meinte er: „Kennst Du Buch? Wer hat es geschrieben?" Ich: „Graf Douglas war mein Vater." Er: „Serr gutt? Wenn alle wären wie Dein Vater, wäre Welt besser und kein Krieg." Auch den Kaiser ließ er gelten und interessierte sich, was ich über seine sozialen Bestrebungen und Friedenswillen sagen konnte.

Einmal lud er mich in meiner, jetzt seiner Stube zum Tee ein, ganz feierlich zwei Tage vorher. Ich machte mich fein, zog ein langes, schwarzes Kleid an und hatte leidlich frisierte Haare. Als ich pünktlich um 5 Uhr in sein Zimmer kam und einen schön gedeckten Teetisch erwartete, sah ich nur zwei Teegläser, ohne Teller einen Berg der üblichen mehlbestreuten Keks, Marmelade und Schnaps. Er selber lag auf meinem Divan, die maßlos schmutzigen Füße guckten aus noch schmutzigeren Fußlappen, die weißen Wickelgamaschen darüber. Das graue, vielleicht einst weiße Hemd stand weit offen, so daß man bis zur Taille sein Dekolleté sah, buchstäblich zottig wie ein Bär. Er hieß mich freundlich willkommen, reckte sich, gähnte wie ein Löwe, daß man ihm bis in den Magen sehen konnte. „Mein Bruder Kinderarzt, auch hier." Nun erhob sich eine ebenso hergerichtete, ihm täuschend ähnliche Gestalt aus meinem schönen Leder-Klubsessel, drückte mir die Hand. Beide sagten „Babuschka, bitte sitzen." Naum goß mir ein Glaß Tee ein, das halb mit Marmelade gefüllt war, legte die Mehlkekse auf den Tisch: „Viel essen, bitte."

Und ich aß viel, vergaß Unappetitlichkeit und Dreck und wir unterhielten uns prima, medizinisch, politisch, über Natur und Tiere. Rührend, mit welcher Liebe sie das Bild ihrer Mutter, einer uralten Bäuerin in Tracht und ihres winzigen Lehmhäuschens zeigten, vor dem eine große Sonnenblume stand. „Mutter so gutt, Dom (Haus) so schön." Ich zeigte, wie ich es bei vielen Russen tat, diverse Spinnstubenbilder, ich zwischen allen Frauen und auch hier wieder war es, als ginge ein Segen vom Spinnrad aus. Alle, auch diese, fanden es schön, daß ich sagte: „Wir alle gleich, alle sagen Spinnmutter." Mit beiden wirklich gebildeten, wertvollen Menschen war ich noch öfters beisammen. Schade war es, wie Naum ging und Wassili kam.

Nadschenko war, wie gesagt, Major, lang, blaß, heiratete eine erst ganz nette, nachher boshafte Frau, die nach einiger Zeit ein kleines Mädchen bekam. Frau Zim. betreute es, und es ist unbeschreiblich, wie sie diese schikanierte. Das Bemerkenswerte an Nadschenko ist sein früher Tod. Er starb im Krankenhaus an einer Lungensache, wurde in Uniform, im offenen Sarg, in mein Haus gebracht, in meinem großen ehemaligen Eßzimmer aufgebahrt. Ihm zu Häupten ein Kandelaber auf der Bodlesäule, auf der noch bis Frühling 1949 die Kaiserbüste im Treppenhaus stand, und die zur Totenfeier ins Eßzimmer gebracht war. Die Leiche war bis zur Brust mit knallrotem Tuch bedeckt. Zur Leichenfeier waren zirka 30 Offiziere erschienen, entsprechend Frauen, Bernhard und ich sahen uns alles vom einem Treppenfenster aus an: das monotone Sprechen, die Soldaten, die die Leiche, unverhüllt, aus dem Hause trugen, und dazu, grotesk wirkend, in diese Symphonie von knallroten Kränzen, Schleifen, Tüchern, der nicht schlecht von der Militärkapelle geblasene Chopin'sche Trauermarsch, unter dessen Klängen der Zug mit der allen sichtbaren Leiche die Beyerstraße entlang ging. Überhaupt diese Russenbegräbnisse: Der schöne, alte Bassinplatz war zum Russenfriedhof gemacht, alle Gräber gleich, mit knallroten Blumen und Schleifen und Steinen mit dem Sowjetstern darauf. Das liebe, alte Tabakhäuschen von Friedrich Wilhelm I. war abgerissen und an seiner Stelle stand ein Russendenkmal für die gefallenen Russen.

Einmal kam ich gerade vorbei, wie wieder ein höherer Offizier begraben wurde, auch im offenen Sarg. Der wurde dann erst, wenn er ins

Grab gesenkt, mit dem Deckel geschlossen. Also, eine ganze Menge Offiziere standen in Formation, während erst das Grab geschaufelt wurde. Allmählich wurde es ihnen langweilig, sie fingen an zu rauchen und sich Geschichten zu erzählen. Die junge Witwe stand am Grabe, anscheinend auch von [sic] der Umwelt interessiert. Bei den drei Salven schrie sie auf und zwei Soldaten hielten sie, als sie anscheinend einer Ohnmacht nahe war, von beiden Seiten. Sie tat mir recht leid. Aber dies Mitleid entschwand, als ihr gegenüber am Grab drei Filmphotographen antraten und sie auf ein gegebenes Zeichen versuchte, mühsam von den Soldaten gehalten, sich schreiend über das Grab zu stürzen. Anscheinend mißlang zweimal die Aufnahme, sie mußte dies gewiß recht anstrengende Manöver noch dreimal und jedes Mal wilder und hysterischer exerzieren, bis endlich anscheinend die „Filmer" mit der Aufnahme zufrieden waren. – Merkwürdiges Volk! – Als Nadschenko eine Weile tot war, behauptete die dicke Wassilja, die inzwischen zu ihrem fetten Mann, mit ihren zwei abscheulichen Kindern, Wallia und Viktor, in meinen Käfig eingezogen war, Nadschenko wäre ihr erschienen und hätte gesagt, er fände keine Ruhe. Aufregung im ganzen Haus. Und nun kam das psychologisch Interessante: Die boshafte, völlig atheistische Witwe Nadschenko ging zu seinem Grab, holte etwas Erde, brachte sie in die Russische Kapelle, wo sie ein Brot auf den Altar legte, und trug die „geweihte Erde" zu seinem Grab zurück. Widersprüche überall!

Lonjo und Schorki. – Das waren zwei Soldaten, die wochen-, Lonjo monatelang, in meinem Haus wohnten. Ich nenne sie zusammen, denn sie waren innerlich und äußerlich die Typen des „Untermenschentums", wie diese Sorte im Dritten Reich dargestellt wurde. Vertierte Scheusäler, meist total besoffen, die Haare – Lonjo blond, Schorki schwarz – bis tief in die höchstens zwei Finger hohe Stirn gewachsen. Unter Stirnwulsten, wie beim Neandertaler, boshafte Säuferaugen. Man hätte jedes Verbrecheralbum mit diesen Porträts zieren können. Schorki klaute, wo er konnte. Auch einen schönen, mir anvertrauten Lackkoffer von Kamekes, für den er als Tausch Produkte versprochen. Ich erinnerte ihn, da packte er mich wüst am Handgelenk: „Wenn Du sprechen, totschießen."

Lonjo war mir an sich nicht feindlich gesonnen, aber einmal kam es so, daß er mich beinahe ins Jenseits beförderte. Ich trug, ohne zu wissen, wie dumm das war, meinen Mansardenschlüssel an der Gardinenschnur unter der Bluse um den Hals. Eines Tages kam ich nichtsahnend die Kellertreppe runter, aus irgendeiner Wut packte mich Lonjo vorn an der Bluse, sah zum Unglück den Schlüssel: „Babuschka Schlüssel von meine Produkte, Zappzarapp." Damit packte er die Schnur, wollte den

Schlüssel abreißen. Zum Glück ging der Knoten der Schnur auf, er griff den Schlüssel und rannte davon. Ich flog einige Schritte die Treppe runter, ziemlich betäubt und schwindlig. Das Gefühl, gewürgt zu werden, muß man erlebt haben, um es zu verstehen. Um meinen Hals lief ein dicker, blauroter, blutunterlaufener Streifen, der lange Zeit brauchte, bis er nicht mehr weh tat. Alle meine Bekannten, die es sahen, waren wütend und erschüttert. Wenn die beiden im Haus waren und man nachts auf der Bodentreppe Schritte hörte, kriegte man immer etwas Gänsehaut und hatte das Gefühl, daß Raubmörder, die sie zweifellos waren, unterm selben Dach lebten.

Merkwürdigerweise ist es mir gelungen, durch all diese schrecklichen Zeiten, meinen Schmuck – Perlenkette, Kette mit Rubinen und Perlen, Armbänder mit Bildern von den Eltern und ihren Trauringen, meine Ringe, in meinem Strumpfgürtel geschickt eingenäht, zu retten. Allerdings konnte ich diesen die ganze Zeit nicht ablegen. Außerdem waren darin noch zwei kleine Röhrchen Gift eingenäht, die mir Erich B. für den Notfall gegeben. Es war beruhigend, sie zu besitzen und es gab doch im Anfang mehrere Momente, wo man in Versuchung kam. Daß ich es nicht nahm, danke ich wohl Inga und Bübchen, die mich brauchten.

Auf merkwürdige Art besserte sich Lonjo. Und zwar durch Arischa. Als die Frauen und Kinder zu ihren Männern eingezogen waren, hörte ich am ersten Tage im Treppenhaus einen wunder- wunderschönen Gesang einer Altstimme, die wie eine große Glocke klang. Diese Stimme gehörte Arischa. Sie zog als Kindermädchen des kleinen, damals 4 Monate alten Allik Baba ein. Sie war ein grobknochiges, großes Ukrainer-Mädchen, mit breiten Backenknochen, aufgestülpter Nase, einfältigen, aber herzensguten Augen. Von allen männlichen und weiblichen Russen ist mir keiner so sympathisch gewesen, wie sie. Unsere Bekanntschaft war, daß sie in meine Mansarde kam und freundlich guten Tag sagte. Da sah sie, daß ich an einer kleinen Kette ein kleines Kruzifix trug, das mir Vendla beim Abschied geschenkt hatte. Da nahm sie aus ihrer Jacke ein kleines Kreuz, das sie dort verborgen trug, legte es auf mein Kruzifix, küßte beide, küßte mich andächtig auf beide Backen und von Stund' an waren wir gute Freunde. Sie kam jeden Tag mehrmals zu mir, sang Lieder, die mir gefielen, machte täglich kleine Freuden, ihr Schönstes war es, meine Knipsalben anzusehen. Sie bestaunte alles, Häuser, Menschen, Tiere und ihr „gutt und schön" nahm kein Ende.

Allmählich konnten wir uns ganz gut verständigen, teils durch Zeichensprache, Russisch und Deutsch. Da klang immer mehr Heimweh aus ihrer guten Seele und die brennende Sehnsucht nach „Kirche, Kapelle". Also, ich versprach ihr: „Ich Dir helfe zu Pope in Kapelle."

Und an einem der nächsten Sonntage, als sie sich in ihre wirklich schöne Ukrainer-Tracht gehüllt hatte, großer, weiter Rock, gestickte Jacke, riesiges weißes Tuch, da ging ich mit ihr zur Russischen Kapelle, 10 Minuten von meinem Haus, am Kapellenberg, brachte sie zu dem bildschönen russischen Popen, der in gold- und silberstrotzendem Ornat, mit seinem schwarzen Vollbart fabelhaft aussah. Ich kannte ihn von Wanda Krieger, bei der er eine Zeit gewohnt und bei der ich manchmal mit ihm Tee getrunken hatte.

Er nahm Arischa sehr liebevoll auf, sie kniete glückselig vor dem Altar, ich blieb bei dem Gottesdienst in der Kirche und freute mich, wie wundervoll Arischas Stimme im Chor klang. (Sie wurde dann auch Vorsängerin, wie sie es in der Ukraine gewesen.) Als wir von der Kapelle nach Hause gingen, war sie so dankbar und glücklich, daß sie mich dauernd küßte. [...] Und nun geschah das Merkwürdige: Lonjo und Arischa faßten eine, teil animalische, teils ideale Liebe zueinander. Sie gewöhnte ihm das Saufen ab, sorgte wie eine gute Frau für ihn, er war sauber, manierlich angezogen. Das Merkwürdigste war, daß er für mich, als ich ihre Hand geheilt hatte, eine Art Heiligenverehrung hatte, klein und devot war, wo er mich sah. [...]

Wally. – Zimchen verkündete blaß vor Schreck: „Jetzt zieht das schlimmste Flintenweib zu uns, sie hat viele umgebracht, auch hier in Potsdam." Na, man war Kummer gewöhnt und es konnte mich nicht mehr erschüttern, als eine über die Maßen verbissen und grausam aussehende kleine Person, natürlich in Uniform, erschien und im Keller Quartier bezog. Sie sprach fast fließend deutsch, ihre Mutter war Deutsche gewesen und sie das Produkt von einem russischen Offizier. Sie verkündete sofort: „Hier noch gibt Graf und Gräfin, ich Gräfin Schlieffen, Kapellenbergstraße, gesehen. Warum noch leben? In Rußland alles was Graf, tot. Ich gern dazu helfen." Sie war über die Maßen boshaft, erzählte mit Wonne: „Wie schön ist, Grafen tot gemacht haben."

Eines Abends erschien sie in der Mansarde: „Babuschka sofort aus mein Hand mein Leben sagen. Ich weiß, Du kannst auch Krankheit heilen." Also ich nahm ihre, wohl von viel Blut befleckten Hände in meine und aus meinen früheren Kenntnissen, die ich zum großen Teil vergessen, las ich daraus zu meinem Erstaunen, daß sie eine gute Herzenslinie hatte, nur in der Jugend die Lebens- und Schicksalslinie zerrissen und zerquält war. Sie merkte mein ehrliches Verwundern, wie ich ihr sagte: „Du bist gar nicht schlecht, Du bist ja herzensgut und bloß durch andere schlecht geworden, kannst aber wieder gut und glücklich werden." „Ich schlecht!" (Dazu Aufstampfen mit dem dicken Reitstiefel). „Nein, Du gut!" Dazu leises Streicheln über ihre Hand. Nachdem diese Zwiesprache eine Weile gedauert hatte, ihr „ich schlecht" allmählich etwas schluchzend und mein „Du gut" wohl immer überzeugender klang, fiel sie mir wie ein armes Kind um den Hals und heulte: „Du erster Mensch der spricht, Wally gut. Mutter, alle nur gesagt: schlecht! Dann schlecht, o so böse schlecht geworden. Nun zu spät." Sie tat mir in der Seele leid. Ich ließ sie eine Weile heulen und habe sie gestreichelt. Dann plötzlich sagte sie: „Du helfen, daß Wally gut wird. Sagen, wen soll ich heiraten. Ich bringe Dir morgen beide, die mich heiraten wollen, ein alt, ein jung." Also richtig, am nächsten Tag erschien sie mit zwei Soldaten. „Babuschka sagen, welchen ich nehmen soll." Der ältere sah gutmütig, Typ pommerscher Bauer aus, der Junge, schwarz, lebhaft, „eleganter", aber flackerige, böse Augen. Ich nahm ihre Hand und legte sie auf die von dem Älteren und sagte: „Du diesen nehmen", worauf sie ihn küßte und den anderen stehen ließ. Es ging mir eine Weile richtig gut mit ihr. Sie war nicht mehr boshaft, tat ihren militärischen Dienst.

Eines Tages kam sie aufgeregt in die Mansarde: „Babuschka, komm schnell – schnell! Viel Offiziere sitzen unten, sprechen Schreckliches von Babuschka. Babuschka wäre Gräfin. Du sollst antworten." Sie hätte wohl die Verdächtigung, daß ich einen Raubmord begangen hätte, nicht so schlimm gefunden, wie diese. Ich ging also mit ihr in meinen lieben, alten Käfig, wo unter dem Bild von Ralswiek und meinem Vater 8 Offiziere saßen, darunter der mir freundlich gesonnene Major, den wir seines Gebisses wegen „Silberzahn" nannten, Lanin, Burgalow und noch 5 Fremde. Vaters Buch „Lebensbetrachtungen Graf Douglas" mit seinem Bild lag auf dem Tisch. Der anscheinend älteste Offizier fragte: „Dies Dein Vater?" „Ja." „Graf Douglas?" „Ja." „Du auch Gräfin?" „Ja." (Schon aus Opposition sagte ich das). Auf das Gemälde von Ralswiek zeigend: „Großes Schloß am Meer, Dein (Dom) Haus?" „Ja." – Pause. Betretenes Schweigen. Wally sah mich entsetzt an: „Baaabuschka!!!!" Darauf ich: „Ich weiß, ihr sprecht: Alle Graf und Gräfin totschießen. Seht auch dieses Bild (ich zeigte ihnen das Spinnstubenbild, ich in der Mitte), alle sprechen: Mutter. Nicht nur ich so, andere Gräfinnen auch. Wo jemand krank, Mutter hilft, von Geburt bis tot. Ihr sprecht auch immer: Alle Menschen gleich. Aber – wenn ihr mich totschießen wollt, weil mein Vater Graf, bitte, hier mein Genick! Aber das will ich nicht: nicht lange quälen. Sofort, schnell und gut treffen." Ganz ruhig habe ich ihnen gesagt. Sie, samt Wally, waren erst still, dann redeten sie ernst, was ich nicht verstand und ich stand eisern dabei. Schließlich standen Lanin und Silberzahn auf und sagten nur: „Babuschka nicht totschießen. Komm. Tee trinken." Und schon saß ich mit Wally an ihrem Tisch, kriegte den üblichen Tee mit Marmelade und trockenen Mehlkekse, sie waren ausgesucht höflich und ich tat höchst selbstverständlich. Aber es wäre naßforsch, wenn ich nicht zugäbe, daß solche Situationen Nerven kosteten.

Mit das Nervenzerreißendste war das Wohnen, Schlafen, Essen, durch 9 lange Wochen mit Sophie in der Mansarde. Ich will ihr gerecht werden und das viele Gute anerkennen. Aber ihre Hysterie, Verfolgungswahn, ab und an nachts Dasitzen mit glasigen Augen, ein leeres Glasröhrchen in der Hand: „Ich habe Gift genommen." Und dann hatte sie tatsächlich 1 – 2 Veronal genommen und war halb bewußtlos. Es war scheußlich. Drei Wochen hatte sie Nieren- und Blasenkatarrh mit Fieber, konnte „lüften" nicht vertragen, es stank wie im Raubtierkäfig, ich pflegte sie, und da Frau Zim. mit Grippe lag, mußte ich die Zentralheizung machen, Badeofen für die Russen, die manchmal noch nachts „schnell-schnell Bad" befahlen, heizen, für uns kochen. Schließlich hielt ich die Miefbude nicht mehr aus, packte mir ein paar Kissen in der kleinen Küche auf die Erde und schlief dort, natürlich angezogen, ein paar Stunden. Nie vergesse ich das entsetzte Gesicht vom alten Esebeck, als er eines Tages diese Lagerstätte in der Küche sah. Später blieb ich dann allein in der Mansarde und die kleine Küche wurde zugleich mit bequemer Chaise, Schlaf- und Wohnraum für Sophie. Da war's oft sehr gemütlich in der Mansarde, jede freie Stunde hatte ich netten Besuch: Nore Hadeln, Ina Chappuis, Wildes, Pastor Heydt,[337] Kamekes. Manchmal wurde die kleine Bude nicht leer und nach und nach kamen auch manche treue Rehdorfer, jeder, der irgend konnte, brachte mir was mit. Immer häufiger kam nun auch Bernhard Poninski – es wurde schließlich selbstverständlich, daß es uns komisch vorkam, wenn man sich drei Tage nicht sah.

Merkwürdige Situationen gab es oft. Zum Beispiel war es immer schwierig, wenn mich die Russen zum Tee oder Wurst und Schnaps einluden. Ich hatte es prachtvoll raus, den Schnaps scheinbar zu trinken, aber immer in ein längliches Schraubglas zu tun. Wenn das voll war, ging ich unter irgendeinem Vorwand raus, schüttete das Schraubglas in eine große Flasche und exerzierte den feinen Trick weiter. Auf diese Art habe ich an manchen Abenden über eine halbe Flasche Schnaps erbeutet. Allmählich wurden bei solchen Gelegenheiten die Gastgeber mißtrauisch, legten nur Schnapsgläser, denen sie den Fuß abgehauen hatten, auf den Tisch, so daß man schnell austrinken mußte. Da ich überhaupt keinen Schnaps mit ihnen trank, markierte ich nun Kopfweh und Übelkeit, und aus war es mit der schönen Schnapsquelle, von der andere, vor allem Bernhard, so schön profitierten.

---

337 Friedrich von der Heydt, geb. 1896, war seit 1937 Pfarrer an der Pfingstkirche.

Einmal hatten sich alle mit „mitgebrachtem Schnaps und Essen" in der kleinen Küche niedergelassen. Sie fanden es herrlich und kamen in Stimmung, und dann ist auch der sonst ruhigste Russe unberechenbar. Der grauhaarige Silberzahn sang die schönsten Lieder, deren Text ich nicht verstand. Plötzlich setzte er sich mit auf meinen Stuhl und legte den Arm um mich. Krach machen oder wütend fortgehen ist in solcher Situation das Dümmste, was man machen kann. Folglich saß ich, innerlich bibbernd, äußerlich ruhig, auf dem „halben Stuhl", nahm still mein Kruzifix aus der Bluse und ließ es an der kleinen Kette heraushängen. Sagte kein Wort. Silberzahn, der im Grunde ein gebildeter, anständiger Mensch war, sah es, bekreuzigte sich und setzte sich auf seinen Stuhl zurück.

Die Sylvesterfeier, zu der sie Sophie, Zimchen und mich geholt hatten, war auch sehr apart. Es gab Berge von Kuchen, meterweise Wurst, Schnaps aus Wassergläsern, aber es gelang mir, nicht einen Tropfen zu trinken. Der nette, kleine Oberleutnant Burgalow, dessen Großvater deutscher Oberst gewesen und der wie ein kleiner Japaner aussah, tanzte wie ein Gummiball mit dem begeisterten $3/4$-jährigen, kleinen Zim.-Enkel auf dem Arm. Alle sangen z.T. recht sentimentale Lieder. Um 12 Uhr stießen sie mit uns an, wünschten uns ein gutes Neues Jahr und schrieben in mein Fremdenbuch: „Auch in Rußland Babuschka nicht vergessen."

Eine Type war auch „Major Peter". Ein immer lächelndes, nicht bösartiges, auch nicht häßliches Gesicht. Sobald er blau war, bedauerte er sich selbst: „Arme, arme Peter". Er führte sich dadurch ein, daß er Herbst 1945, in der Mansarde erschien, mich höflich begrüßte, aber sagte: „Bitte Babuschka rausgehen – ich brauche Sophie allein." Sophie ist ihm aber glücklich entgangen, so oft er, mehr oder weniger energisch, dies „Alleinsein" wünschte.

Ein Ekel war Paulchen. Pickliger, unappetitlicher, verseuchter Major, der im kleinen Salon unten wohnte. Er hat mir von meinen Sachen geklaut, was er nur konnte: Wäsche, gelbseidene Daunendecken, das bißchen Silber, das ich noch hatte, Bilder, Möbel, einen großen ledergepunzten Wandschirm von meinen Großeltern, Teppiche, alles klaute der Kerl. Seine Hochzeit mit einer „Frau mit Dokumente" war eine bis in den Morgen dauernde Fresserei und Sauferei, zirka 30 Personen. Sie haben dabei richtig von Tellern mit Messer und Gabel gegessen, während in der ersten Zeit, meist allerdings die Mannschaften, wie Hunde mit dem „Mund" aus dem Teller fraßen.

Ekelhaft war es immer, wenn in einem Zimmer Wanzen auftraten (zum Glück blieb die Mansarde verschont). Dann mußte man „schnellschnell" zum Kammerjäger, es wurde desinfiziert, ausgeräuchert und stank tagelang noch doller wie schon so. Wie sich nicht nur bei den Russen, sondern auch bei Sophie die Begriffe verschoben, zeigt folgendes: Während ich eines Tages mal aus war und erst, was selten vorkam, abends wiederkam, sagte Sophie höchst wichtig: „In Peters Stube waren Wanzen und da bis morgen desinfiziert wird, habe ich ihn natürlich in Ihrem Zimmer untergebracht." Also Peter schlief sanft und selig in meinem Bett in meiner Mansarde, wo auch alle meine paar noch wertvollen Sachen waren. Ich durfte nicht mal zu Sophie schimpfen, hätte es jemand gehört oder sie gepetzt, war ich erledigt. Am nächsten Tag sagte Peter mit einem stereotypen Lächeln: „Babuschkas Bett gutt, nun meine Wanzen fort!"

Eigenartig war auch das Baden. D. h. in meiner schönen weißen Kachelwanne wälzte die dicke Wassilja ihren 2 1/2-Zentner-Leib, sie war einen Kopf kleiner als ich und das andere Bad hatten die anderen Russen alle. Blieb also die verbeulte Blechwanne in der Waschküche im Keller. Dieser Raum war nun auch zugleich Ziegen-, Schweine- und Hühnerstall, der nie reingemacht wurde. Man war aber so verdreckt, daß mich diese Tiergesellschaft viel weniger störte wie die menschliche, und ich nur das brennende Bedürfnis nach all den Monaten nach einem Bad hatte.

Die Tür in der Waschküche hatte kein Schloß mehr, und man konnte nur von innen einen Besenstiel quer vorstecken, damit kein Russe reinkonnte. Eiskalt war es in dem Raum. Aber auch darauf pfiff man. Die Ziege, die tragend sein sollte und nicht war – Milch geben sollte und keine gab (sonst hätte ich mir schnell ein Töpfchen voll gemolken), mekkerte mich neugierig an, als ich auf Holzkorkeln durch den Mist auf ein Brett vor der Wanne schritt, grinste mich neugierig an, wie ich im Wasser saß. Das 1 1/2-Zentner-Schwein stellte sich, seine Notdurft verrichtend, mit der Kehrseite scheu in eine Ecke und grunzte vor sich hin, was wahrscheinlich heißen sollte: „Ich freue mich schon darauf, wenn ich wieder bei der Wassilja auf Deinem schönen Diwan liegen kann." (Wenn es nämlich nicht in der Waschküche war, war es bei der Wassilja im Käfig und wenn sie beide auf dem Diwan lagen, konnte man sie schwer unterscheiden). Die Hühner gackerten dumm, legten leider kein Ei, ich schrubbte mich ab und kam mir wie eine römische Kaiserin vor, die einem raffinierten Marmorbad entsteigt und fühlte mich wie neugeboren.

So manches Sympathische, Gute, das ich gerechterweise von den Russen schrieb, könnte vielleicht von ihnen und von der ganzen Zeit, die wir durchmachten, ein zu rosiges Bild geben. Darum muß ich einmal ganz ehrlich sagen: Zieht man die Bilanz dieser 4 1/2 Jahre, so war es im großen und ganzen eine Tortur. Nicht nur äußerlich, sondern auch innerlich und das Quälende, Zermürbende, jeden Tag zu denken, man wird verschleppt, abgeholt oder auf die Straße gesetzt, kostet Kräfte. Dazu der Ekel vor dem nicht wiederzugebenden Mangel an Kultur, die unverblümt schweinischen Reden, mit denen sie dauernd ihre Wünsche und Empfindungen wiedergaben – es war zum Übelwerden. Wenn man auch lernte, sich an jeder kleinen Blume, jedem Schmetterling zu freuen, vor allem an dem Zusammenschluß mit Menschen, die ein ähnliches Los hatten – und, ab April 1946 der gemeinsame Weg mit Bernhard - man wäre doch manchmal verzagt.

Endlich, endlich, Oktober 1945 kam Nachricht, daß Annabel, die Kinder und Vendla lebten. Da wurde vieles leichter tragbar. Briefe gab es vom 14. 4. bis Mitte September fast nicht. Aber dann kam Anfrage von den Schweden durchs Rote Kreuz, ob ich noch lebte. Gott sei Dank wieder eine Brücke zu ihnen! Wenn es von Iphigenie heißt: „Das Land der Griechen mit der Seele suchend", so habe ich ebenso doll oder noch viel doller „das Land der Schweden" mit der Seele gesucht. Und nach und nach kamen Briefe, von Veroni, Carl E., von Annabel, im Oktober von Vendla – man bekam wieder Fühlung mit der Außenwelt, mit den Menschen, um die man sich die ganze Zeit so gesorgt. Damals wagte ich noch nicht zu hoffen, daß man einmal wieder nach Schweden käme.

Bernhard. – Jetzt ist es wohl höchste Zeit, daß ich nicht nur von „mir" und „meinem" Erleben rede, denn aus dem „ich" und „mein" wurde ab Herbst 1945 langsam ein „wir" und „unser". Die Menschen, die mir in Potsdam am nächsten gestanden, waren nach und nach alle fort (August Winnig, Prinz Oskar, Wildes[338]). Wie schwer es ohne „mein Annchen" war, von Januar 1945 bis zum endlichen Wiedersehen August 1946, davon ganz zu schweigen. Aber, das allmähliche so selbstverständliche „wir" – Bernhard und ich – das machte eben die schwerste Lebenszeit wieder erträglich. Was er durchgemacht und wie er es ertrug, das bewirkte, daß ich mehr und mehr die eigene Not vergaß. 1942 war seine Frau gestorben, 1944 seine jüngste, reizende Tochter Freda, von allen, die sie kannten, geliebt, nach qualvoller Krankheit, in seiner Wohnung von ihm gepflegt. Nun hatte er niemand weiter als seine älteste Tochter Sonja, die in Berlin als Sekretärin arbeitete.

Seit 14. 4. 1945 waren wir in Potsdam völlig von Berlin abgeschnitten, so hörte er auch nichts von Sonja – bis im Juni ein Sanitäter zu Fuß von Berlin kam und sagte: „Ich bringe Nachricht von Ihrer Tochter." Bern-

---

338 August Winnig (1878–1956), Politiker und Schriftsteller. - Gemeint ist der Tod von Lotte Wilde, sie wurde von einem russischen Militärauto überfahren. Jochen Wilde war in ein anderes Haus gezogen.

hard: „Und – sie lebt? Ihr geht es gut?" Und dann kam das Furchtbare: Der Sanitäter überreichte ihm eine Blechdose: „Hier bringe ich Ihnen ihre Asche. Sie ist am 24. April durch Granatsplitter und Kugeln, Querschläger, die ihren Oberschenkel zerschmetterten, schwer verwundet, von Bunker zu Bunker mit den Soldaten weitergeschleppt worden, während des Beschusses und Russeneinmarsches. Sie erlebte die Greueltaten, die die Russen neben ihrem Lager an den pflegenden Schwestern verübten und ist nach drei Wochen gestorben." Der Sanitäter hatte dafür gesorgt, daß sie nicht in ein Massengrab kam, sondern eingeäschert wurde. So begrub Bernhard nun, ganz einsam geblieben, Sonjas Urne neben der von Freda, am Grabe seiner Frau. – Der 14. 4. hatte sein Haus viel schlimmer getroffen als meines. Er hat die Vorgänge von April 1945 hier selbst aufgeschrieben:

„Als ich [am] 14. 4. 1945 in den Luftschutzraum meines Hauses Burggrafenstraße 25, jetzt umgetauft [in] Gutenbergstraße 58, gehen wollte, ging die erste Bombe nieder. Ihr Luftdruck warf mich gegen die Wand des Korridors. Besonderen Schaden erlitt ich aber nicht. Das vierstöckige Haus hatte, wie auch die umliegenden Häuser, wegen des hohen Grundwasserstandes keinen Keller. Als Luftschutzräume dienten die im Erdgeschoß liegenden Wohnungen der Mieter. [. . .] Der Gefechtslärm kam immer näher und am 27. 4. drangen die Russen in Potsdam ein. Wir waren wieder im Luftschutzraum versammelt, als ein Trupp von etwa 10 Mann, die Türe des Luftschutzraumes übersehend, den Hof des Hauses betrat. Ich öffnete die Türe und rief die Russen an, worauf sie sich sofort, ziemlich überrascht, uns zuwandten. Ein Russe hielt mir seine Maschinenpistole senkrecht, mit der Mündung nach oben, dicht vor mein Kinn und gab mehrere Schüsse ab. Ich empfand ohrenzerreißende Schmerzen und brüllte ihn an: ‚Laß das!' Darauf trat ein Kommissar vor, verbot ihm das Schießen, fragte mich, ob deutsche Soldaten im Hause wären, und durchsuchte dann die Wohnung der Frau Pf. Nach einiger Zeit kam ein russischer Soldat zum Kommissar und hielt in seinen Händen eine deutsche Armee-Pistole mit Futteral und Patronenbeutel, die ich zu meinem nicht geringen Schrecken als die meinige erkannte. Nach der Meldung des Soldaten, wo er die Pistole gefunden habe, fragte mich der Kommissar: ‚Wer wohnt in der obersten (4.) Etage?' Mir fiel ein Stein vom Herzen, denn ich wohnte in der ersten. Ehe ich antworten konnte, sagte Frau Pf., der Mieter der obersten Etage habe seine Wohnung bereits vor 4 Wochen verlassen, sei seitdem nicht zurückgekehrt, und andere Mieter hätten zu der Wohnung keinen Zutritt gehabt. Als sich der Kommissar meine Pistole näher besah, sagte ich ihm: ‚Freuen Sie sich doch, daß Sie eine so schöne Pistole erbeutet haben.' Damit war dieser Vorfall erledigt, die Russen zogen ab, und ich hatte allen Grund, nun wirklich ‚getrost und freudig' zu sein!

Bald kamen wieder deutsche Soldaten, die nach Russen fragten und sich dann in den gegenüberliegenden Gärten einnisteten. Darauf zeigten sich wieder Russen, die meine Wohnung plünderten, Schränke, Schreibtisch und eine eiserne Truhe aufbrachen und u. a. auch meine Orden klauten, während 2 russische Geschütze Ecke Roon-, Burggrafenstraße, also neben meinem Haus, in Stellung gingen. Am nächsten Tag rückten die russischen Geschütze wieder ab und man konnte es wieder wagen, die Burggrafenstraße zu betreten, auf der zwei tote Pferde, ein zerschossener Wagen und eine tote Frau lagen. In den gegenüberliegenden Gärten lagen auch einige tote deutsche Soldaten. Erst nach mehreren Tagen wurden diese Zeugen des letzten Kampfes um Potsdam begraben. [...] Bei dem Einmarsch der Russen wurden alle Banken beschlagnahmt, so daß alle meine Depots einschließlich der in den Tresors befindlichen Werte (Schmuck, Silber usw.) verloren gingen." [...]

Wie oft bin ich den Winter früh um 6 Uhr zu ihm gegangen, dann mit ihm zu Fuß zur Glienicker Brücke – eine Stunde von der Beyerstraße aus – von dort oft bei Eiseskälte in winzigen Dampfern bis Wannsee. Als die Dampfer ganz eingefroren und wir aus geschäftlichen Gründen doch jede Woche 1 bis 3 Mal zu Rechtsanwalt Serre mußten, konnte man mit viel Unterbrechungen bis Kohlhasenbrück fahren. Die Eisenbahnbrücke war noch zerstört, man mußte viele vereiste Stufen im Morgengrauen herunter und herauf gehen, dann in unbeschreiblichem Gedränge über eine Notbrücke. Einmal hatte ich einen großen Schreck, als Bernhard auf dem Glatteis ausrutschte, auf dem Hinterkopf mehrere Stufen herunterfiel. Von Kohlhasenbrück ging es dann langsam in fensterlosen Wagen bis Berlin. Eine Fahrt hin und zurück von Haus aus dauerte mit einer Stunde Aufenthalt in Berlin meist 8 Stunden.

Wir waren beide so einsam geblieben und die Kameradschaft und gegenseitige Hilfe tat so gut! Nie vergesse ich das Weihnachten 45. – Wir hatten uns beide davor gefürchtet, nach all dem, was wir im letzten Jahr und vorher verloren hatten - und es wurde doch so schön. Erst der gemeinsame Gang in die verschneite kleine Pfingstkirche, und dann – den Moment vergesse ich nie – brachte mich Bernhard in seine „Weihnachtsstube". Er hatte mit so viel Mühen einen kleinen Weihnachtsbaum besorgt und seine Lichter, die er noch hatte, darauf gesteckt, die Krippe stand darunter, und das Bäumchen hatte er so schön geputzt. Kein Prunksaal mit noch so viel Pracht und Lichtern hätte mich annähernd so freuen können, wie die Überraschung, daß wir zusammen an einem richtigen Lichterbäumchen sitzen konnten!

Meine Arbeit für die Russen wurde in dem Winter etwas leichter. Ich verwendete nun meine Kräfte mehr auf die anstrengenden Fahrten nach Berlin, um für andere was „ranzuschaffen". Da ich einige Sachen verkauft hatte, war auch der Hunger nicht so groß wie vor einem halben Jahr. Ich hatte auch noch einen guten Vorrat Eicheln, der Winter war nicht allzu hart, und man fand immer Vogelmiere und Brennesseln. Gottlob kamen von allen Lieben Briefe, das half weiter, und die Verbindung mit Schweden war wiederhergestellt. Das war ein Glück! Zwar kamen die vielen schönen annoncierten Pakete nur bis Lübeck und zunächst war die „Vorfreude" umsonst, aber man war schon glücklich, daß man nicht mehr so verlassen war.

Was aber, das muß ich hier extra noch einmal schreiben, der ganzen Zeit von 45 – 49 das Gepräge gab, war das Gefühl, Sklave zu sein, sich nicht mucken dürfen gegen die Sieger, immer darauf gefaßt, daß man eingesperrt, verschleppt oder aus dem Haus gesetzt wurde. Vor allem für alte Offiziere war es unerträglich, die sich allmonatlich auf der Kommandantur melden mußten, die albernsten Fragen und Schikanen ertragen mußten, und wenn sie schon über 80 waren. Man wußte auch nie, kommen sie von solchem Gang zurück, oder werden sie bei der absoluten Rechtlosigkeit da behalten? Das kam nämlich öfters vor, für kürzere oder längere Zeit. Und die Stunden des Wartens und der Angst waren für die Frauen etc. qualvoller als für die Eingesperrten.

Der Winter 45/46 verging so mit Arbeit, Sorge für das tägliche Leben, gottlob guter Gesundheit, einem immer häufigeren Zusammensein mit Bernhard. Und dann kam am 14. 4. 46, auf den Tag 1 Jahr nach dem grauenvollen Untergang des alten Potsdam, für uns die große Schicksalswende: Frau F., eine rührend nette, mir wohlgesinnte Dolmetscherin, die mich immer mit bestem Wissen über allerlei wichtige Dinge auf dem Laufenden hielt, erschien abends in meiner Mansarde, in der ich gerade mit Bernhard ein gemütliches Lindenblüten-Stündchen gehabt hatte, und sagte: „Jetzt kommen schwere Tage für die unverheirateten alten Offiziere und Beamten. Sie sollen spätestens in 14 Tagen alle aus Potsdam raus sein und in Baracken in der Gegend von Angermünde, Eberswalde etc. untergebracht werden. Die Verheirateten dürfen bleiben."

Na, da gab's natürlich nur einen Gedanken: Was wird aus Bernhard? Daß solch' Barackenleben für ihn ein langsames Sterben bedeuten würde, war mir ganz klar. Ich erkundigte mich abends noch bei Gutorientierten: Wahrhaftig, das scheußliche Gerücht stimmte! Also mein Plan stand fest. Ich sagte nun nicht mehr: „Ausgeschlossen!", wie ich noch vor kurzer Zeit auf einem Rückweg von Charlotte unterm Sternenhimmel gesagt, wie Bernhard so beiläufig meinte, ob ich wohl mal wieder heiraten würde? Sondern am nächsten Morgen um 7 Uhr, als ich mit den üblichen geklauten Kohlen bei ihm erschien – wir mußten um $^1/_2$8 Uhr zu Rechtsanwalt Serre nach Berlin – erzählte ich ihm von Frau F.'s Orientierung und sagte ihm: „In die Baracken lasse ich Dich auf keinen Fall und unverheiratet kann ich nicht mit. Da gibt's nur eins, daß wir sofort heiraten." Das leuchtete ihm merkwürdig schnell ein, wir fuhren pflichtgemäß die 4 Stunden Reise zu Serre und haben uns sozusagen in seinem Wartezimmer verlobt, erzählten ihm als erstes, daß wir heiraten würden, was ihn sichtlich erfreute, fuhren, so eilig es ging – unter vier Stunden schafft man es nicht – nach Potsdam, vom Bahnhof zum Standesamt, am nächsten Tag mit allen Papieren wieder hin, und dann wurde ein beschleunigtes Aufgebot gemacht und nach 10 Tagen, am 25. 4. hatten wir alle Formalitäten geschafft. Es war der Hochzeitstag meiner Eltern und ich las in meines Vaters Tagebuch, daß er nach vielen Jahren am 25. 4. schrieb: „Dieser ewig gesegnete Tag" – und nun, nach fast vier Jahren, sagen wir beiden Alten das auch von diesem Datum.

Eine Welle von Angst und Qual ging in dieser Woche über Potsdam für die einsamen Alten. Schließlich wurde die Panik, in die Baracken zu kommen, Gott weiß wohin, so groß, daß die Selbstmorde in einer Woche über 80 waren und der Befehl, die unverheirateten Alten aus Potsdam herauszubringen, zurückgenommen wurde. Was aber diese immer wiederkehrenden Schreckschüsse bedeuteten, kann nur der ermessen, der sie erlebte.

Die Russenfamilien in meinem Haus hatten sich in vielen Beziehungen nett zu mir gestellt. Irgendwie hatten sie Respekt, weil sie wußten, ich hatte von Anfang an keine Angst vor ihnen gehabt, die Frauen hatten die fast abergläubische Überzeugung, ich könnte heilen und schon durch Berührung gesund machen, und wenn sie Kopfweh, Gallenkoliken oder sonstige Schmerzen hatten, erschienen sie zu allen Tages- und Nachtzeiten: „Poshaluista – bitte! Babuschka kommen gesund machen." Auch glaubten sie, da manches eingetroffen, vor allem seit Wallys Wandlung, felsenfest, daß ich Charakter und Zukunft aus der Hand sagen könnte, fragen auch wegen Heilkräutern, Spitzwegerich etc. um Rat, na kurzum, es war „alles da", was man von einer kompletten Hexe, die im Mittelalter verbrannt worden wäre, erwarten konnte. Selbst den „gräflichen Vater" und das „große Schloß am Meer" trugen sie mir nicht mehr nach. Bernhard hatten sie öfter gesehen und sein Kommen in die Mansarde wurde ihnen selbstverständlich. Als nun unsere Hochzeit näher rückte, habe ich mir übersetzen lassen. „Alle im Haus sind freundlich zu mir gewesen. Darum teile ich Ihnen mit, daß ich am 25. 4. einen alten Jugendfreund, Graf Bernhard Poninski, heiraten werde. Ich bleibe hier im Haus die alte Babuschka." Das gab ein Theater! Primitiv und kindlich wie sie oft sind, hatten sie an dieser Nachricht eine unsinnige Freude und daß es nun ein Graf - das verpönteste Wort - war, fanden sie ganz selbstverständlich. „Wir schon immer sprechen: Babuschka stara, serdze molodoje, (Großmutter ist alt, aber das Herz ist jung)", sagte die nette, junge Frau Biba, die noch in meinem Haus sitzt. Und das wurde nun geflügeltes Wort bei allen im Haus.

Unser Hochzeitstag war so schön, als ob man für alle ausgestandenen Qualen der letzten Jahre entschädigt werden sollte. Flieder, Tulpenbäume, Kastanien, Apfelbäume, alles blühte auf einmal – hellster Sonnenschein, Nachtigallengesang – viele liebe Menschen mit verstehenden Herzen, die wirklich wetteiferten, den Tag schön zu machen. Der Gang durch die alte Lindenallee zum Standesamt mit den alten Freunden Wilhelm Krahmer und [Arthur] Graf Bernstorff als Trauzeugen, das unendlich liebevoll hergerichtete Frühstück bei Lotte Wilde, die schon früh um 8 Uhr an meiner Tür mit zwei Bekannten so wunderschön gesungen, ihr Spiel und Gesang, der Gang zur kleinen Pfingstkirche, die randvoll war - dann die wundervolle Predigt von Pfarrer v. d. Heydt, der uns in aller Trauer der letzten vier Jahre treulich zur Seite gestanden: „Seid fröhlich in Hoffnung, geduldig in Trübsal, haltet an im Gebet." Überirdisch schön klang die Stimme unserer Elisabeth Ohloff, die uns mit der unbeschreiblich schönen Orgelbegleitung von Dr. Hoppe sang: „Sei stille dem Herrn."

Ja, an diesen Tag zu denken, bleibt eine Kraftquelle von großem Glück! Etwas wohl einzig Dastehendes war auch an unserem Hochzeitstag: Alle „meine" Russen waren vollständig in der Kirche erschienen. Die Biba mit dem 1-jährigen Allick, die dicke Wassilja mit ihren ebenso dicken Kindern Viktor und Wallia, meine gute Arischa, Marussia, und alle brachten sie Blumen, so viele, daß wir sie kaum nach Haus tragen konnten auf dem langen Weg zur Gutenbergstraße. Alles in allem war es wie ein warmer Strom von Liebe und Freundlichkeit, der an dem Tage alles heil und schön machte. Und etwas ganz Apartes war auch noch an dem Tag: Acht Tage vor unserer Hochzeit war Bernhards Enkel Ottheinrich [Abbes] gekommen. 1 1/2 Jahre wußte man nichts von ihm, dreimal war sein Schiff mit der ganzen Mannschaft gesunken, er wie durch ein Wunder gerettet, gefangen, entkommen, dreimal stundenlang in der See geschwommen. Und nun kam er, das Einzige, was Bernhard von seiner Familie geblieben, als „Hochzeitsgeschenk". Er fand sich schnell in die etwas aparte Rolle und es schien uns beiden sehr selbstverständlich, daß er mich als „Oma" und ich ihn als „Enkel" bekam. Ein ganz reizender Kerl! Abends hielt er eine famose Hochzeitsrede in Versen. [...] Im September versagte mein Herz etwas und wir gingen eine Weile in die wohltuende Ruhe von der Dahlemer Klinik. Ein Glück, daß ich im Winter 1946/47 dann ziemlich leistungsfähig war und wir, trotz allem Schweren, allem innerlich und äußerlich Belastenden, unser „Mansardenleben" führen konnten. [...]

Aber ich will erst mal chronologisch erzählen: Der Winter 1946/47 war dadurch tragbar, daß wir noch sehr „beweglich" waren und mir das endlose Treppenlaufen in der Mansarde und das Hin- und Herpendeln zwischen den beiden Wohnungen nicht viel ausmachte. Nur: Glatteis! Das war, ist und bleibt mein Schreckgespenst. In der Gutenbergstraße war der Winter nicht gerade märchenhaft, für 4 Monate war die Wasserleitung zerfroren, Wasser zum Kochen etc. mußte bei Eiseskälte aus einem anderen Haus geholt werden. Fataler noch war es, daß man statt Klo nun auch in dem eisigen Badezimmer – über 5° minus kamen dieses und die anderen Zimmer, außer Herrenzimmer, nicht – einen Eimer benutzen mußte, den man dann, wie es alle Bewohner in dem großen Haus machten, auf dem Hinterhof in einer Ecke entleerte. Der Zugang ins Haus war, da der Gulli verstopft war, breit aufgerissen, man balancierte auf einem Brett über diesen ekligen Menschendung und konnte sich, da es glatt und schmal auf dem Brett war, nicht mal die Nase zuhalten.

Das ganze Haus stank monatelang fürchterlich, die Menschen, auch sonst ganz freundliche, wurden von Tag zu Tag bösartiger, kaum ein Tag verging, wo nicht einer dieser humorlosen „Zille-Milljöhs" den anderen verdächtigte: „Er hätte seinen Eimer aus dem Fenster entleert, die unteren Fenster bespritzt, widerrechtlich das Klo benutzt etc." Selbst ganz friedliche Mitbewohner wandten sich an die Polizei: „Ob so was erlaubt wäre?" Appetitlich ist dieses Kapitel nicht, aber das Gesamtbild unseres Lebens würde unvollständig, wenn ich es ausließe. Kälte ist beinahe noch schlimmer als Hunger. Frau Fischer erfror sich in dem Winter drei, ich zwei Finger und einen Zeh im Zimmer, wo man ja schließlich mal etwas suchen oder sonst arbeiten mußte. Wir waren glücklich und dankbar für unsere winzige Mansarde, die fast immer warm war. Wenn dann Mulleputz zärtlich neben uns schnurrte, der Duft von einer schönen Schwedenspende aus dem kleinen Kochtopf auf dem elektrischen Kocher aufstieg oder gar Kaffee getrunken wurde, wir vorlasen, sangen, erzählten, oder auf die verschneiten Bäume in des lieben, alten Nachbars Garten rübersahen, das war eben doch schön. Unser Weihnachten und Sylvester mit winzigen Bäumchen, davor ein kleines Krippentransparent, – die Weihnachtsglocken, die letzten zwei, die verblieben waren, läuteten und man vergaß oft die ganze Misere.

Hierbei muß ich sagen, daß wir absolut keine „Einzelerscheinung" dieser Einstellung zum Leben waren. Eigentlich hat nicht einer unserer alten Bekannten schlapp gemacht oder versagt. Verwöhnt waren sie, auf ihre Art, alle von früher. Aber gestöhnt hat kaum einer – ob sie im Keller, kalten Altersheim oder sonst armseligster Behausung – hungerten und froren. Es war alles wie eine treue Gemeinschaft. Wer gerade „was" hatte, ob von den Russen durch Arbeit oder Zappzarapp erworben oder irgendwo geschenkt gekriegt: Jeder gab ab, und wenn man in den kümmerlichsten Behausungen zusammenkam, war es eben doch schön, daß fast alle in der Not „sie selbst" geblieben waren. Manche Alten kamen mir dann vor wie entnadelte Weihnachtsbäume, wie man sie im Spätwinter auf den Höfen liegen sieht. Aber – ein Lamettafädchen, ein Lichtrestchen, zeigt doch noch an, was sie waren und daß sie mal im hellen Kerzenglanz erstrahlten. Niemals möchte ich all diese Erinnerungen aus meinem Leben streichen – sie sind vielleicht wertvoller als die an Glück und Glanz!

Ja, die Mansarde war für uns Lebensbedingung und darum war es auch immer wieder der größte Schreckschuß, wenn Sophie oder Zimchen verkündeten, mit schreckensbleichen Mienen: „Die Wassilja wird uns jetzt alle auf die Straße setzen." Dieses fette Weibsstück maßte sich an, „Gewalt" über das Haus zu haben und ihr dicker Mann, der gutmütige Oberst, war zu schlapp, um ihr die Gewalt zu entziehen, wenn er sie auch manchmal versohlte, daß ihr Wehgeschrei ertönte. Wenn sie obenauf oder er in Rußland war, kannte ihre Frechheit keine Grenzen. Dann erschien sie in der Mansarde mit glutrotem Gesicht, das eigentlich gar nicht wie ein Gesicht aussah, mit einem in Fett versunkenen winzigen Mund und Nase, boshaften, kleinen Augen. Wütend polterte sie halb russisch, halb deutsch, los: „Alle hier nicht genug arbeiten, Elisabeth (Zimchen), Sofia, Babuschka. Wenn nicht mehr arbeiten: rrraus!" Und dazu schlenkerte sie das eine kurze, fette Bein, so hoch sie konnte, als ob sie jemand einen Tritt versetzen wollte und pfiff wie ein Teufel. Angst zu zeigen, war sinnlos. Es half am meisten, wenn ich in Ruhe sagte: „Gut! Also raus. Aber alle, die Babuschka kennen, werden sagen: Wassilja schlecht, schlecht! Und eines Tages Wassilja stara und bolna (alt und krank) und dann Du auf Straße." Dann glotzte sie meist dumm, aber es konnte passieren, daß sie gleich hinterher mit einer Tüte Süßigkeiten erschien und mich umarmte und beschwor: „Wassilja guuut, o so guuut." Aber zu trauen war dem Aas nicht und noch immer wälzt sie sich in meinen schönen Möbeln.

Schlimm war, daß meine Gesundheit immer mehr einen Knacks kriegte. Manchmal konnte ich auf der Straße auch nicht einen Schritt mehr weiter, mußte oft tagelang liegen, die Schmerzen waren oft unerträglich. Im Sommer ging es, da waren wir in Bernhards schönem Zimmer und alle die guten, treuen Menschen kamen helfen, vor allem unsere Nachbarn Krahmers. Einst hatten sie 10.000 Morgen – jetzt zieht er, beliebt bei den Kindern als „Weihnachtsmann", einen Handwagen, fährt Kohlen, Holz Gepäck, macht Umzüge, malt Bilderbücher, dichtet und wirkt wie ein Evangelimann.[339] Immer voll strahlendem Gottvertrauen, nie verzagt. Seine Frau, die einstige Herrin von Hohen Wartenberg, schön, lieb und zart, plättet seit 3^1/2 Jahren täglich 9 Stunden im Stehen in einem russischen Lazarett, für 120 Ostmark = 25 Kronen im Monat, ohne Essen und muß immer den halbstündigen, gefahrvollen Weg im Dunkeln gehen.

Eine große Hilfe waren uns, menschlich und ärztlich, unsere lieben Wischeropps, die dann nach Sao Paulo gingen. Die treuen, guten Nore von Hadeln und Ina von Chappuis, die seit frühester Jugend meine Freunde waren, halfen noch jetzt alles zu ordnen für uns. Zwei Grafen sind außer uns noch in Potsdam geblieben, die ich erwähnen muß, weil aus ihrer Existenz wieder ein Stück Potsdamer Leben erhellt: Ein alter Jugendbekannter von uns, Graf Posadowsky (76 Jahre), Sohn des bekannten Ministers.[340] Er hatte ein schönes Haus und Garten in Potsdam, das wurde dann von den Russen besetzt. Er wurde „Heizer" für drei Russenhäuser, für einen Hungerlohn. Wohnt in einer nicht wiederzugebenden Armut in einem unheizbaren Zimmer in einem Hinterhaus. Sechsmal war er schon eingesperrt. So erst noch vor einem halben Jahr. Wir trafen ihn auf der Straße, er hatte gerade ein kleines Bild gefunden, das Harmloseste, was man sich denken kann: Ein alter Großvater auf dem Sofa, um den seine Enkel spielen. Er zeigte uns das Bild und schon nach einer Minute hatte ihn ein russischer Posten festgehalten: „Woher Du Bild?" Nahm ihn mit, sperrte ihn für zwei Tage ohne Licht, ohne Liegestatt (außer einem Brett), in einem winzigen Raum im Gefängnis. Nach zwei Tagen kam wieder ein Russe: „Nun Du raus!" Damit war er entlassen und kam schwach vor Hunger in seine armselige Kammer zurück. So und ähnlich war es ihm schon mehrmals ergangen.

Ein anderer „Graf" ist ein alter Graf Rittberg. Wir kennen ihn nicht persönlich, aber er ist ein typisches Bild, wenn er von Müllkasten zu Müllkasten radelt. An seinem Rad hat er vier kleine Körbe befestigt: in

---

339 Österreichische Volksgestalt, die den Leuten gegen Almosen Abschnitte aus dem Evangelium vorlas.

340 Arthur Graf von Posadowsky-Wehner (1845–1932), 1897–1907 Staatssekretär des Reichsamts des Innern, Vizekanzler und preußischer Staatsminister.

den einen kommen Kartoffelschalen und Gemüsereste, in den anderen Kohlen und Holz, in den dritten weggeworfenes Fleisch, Brot und Fett und in den letzten allerlei Sonstiges, was sich so in den Kästen findet: Tee, Gewürze, Kakao etc. Es ist überhaupt ein typischer Anblick: Alle diese hungernden Gestalten, die Tag für Tag die zerbrochenen, verbeulten, stinkenden Müllkästen, die vor den Häusern stehen, absuchen, wie herrenlose, verhungernde Hunde und Katzen. Wie haben wir es doch gut gehabt, daß wir uns nie so unser täglich Brot suchen brauchten!

Das Buch würde nie ein Ende nehmen, wenn ich mich nicht selbst etwas „bremste" im Erzählen von Einzelheiten. Es ist auch gar nicht richtig in Kapitel eingeteilt, und viel verbessern werde ich auch nicht daran. Ihr sollt, wenn Ihr es lest, das Gefühl haben, daß ich es Euch aus einem Herzen voll Dank alles erzähle!

Ein besonderes „Russenerlebnis" hatten wir in den Jahren 1947/48 nicht. Man gewöhnte sich daran, daß es immer wieder hieß: „Die Russen ziehen ab und nehmen alles mit." Oder: „Es kommen noch mehr Familien und weitere Häuserblocks werden beschlagnahmt" – man wurde gleichgültiger und apathischer. Eure und Annabels Sendungen klappten und wir hatten es sehr viel besser als die Allermeisten. Dazwischen lagen zwei Klinikzeiten, die Bernhard, trotzdem er mit Knöchelbruch 8 Wochen liegen mußte, schon aufpulverten. – Mit mir war mit der Zeit immer weniger los gesundheitlich und der Winter 1948/49, so milde er war, hat viele Kräfte gekostet. Die Treppen von der Mansarde zum Keller mehrmals am Tag gingen nicht mehr in Eiltempo und eigentlich kein Schritt ohne Schmerzen. Friedlich und schön war es in der Mansarde, wieder mit Mulleputz. Im Tagebuch steht mehrfach verzeichnet: Täglicher Tageslauf im Winter: $1/2$ 6 Uhr aufstehen, Suppe und Frühstück kochen, stopfen, nähen, abwaschen, Kräuter holen, Mittag kochen oder aus dem Gutenberg holen, viele Besucher, vor allem von all denen, die mühselig und beladen waren, so daß nachmittags manchmal die Mansarde nicht leer wurde, Vesper, Abendbrot machen, abwaschen, vorlesen.

Oft war dann, wenn man todmüde im Einschlafen war gegen 9 – $1/2$ 10 Uhr, eine Russensensation, die sich meist durch Türenknallen und Schreien ankündigte. Man mußte dann oft noch mal auf, nach dem Ofen oder, was oft vorkam, durchgebrannten Sicherungen sehen, die das Haus oft stundenlang dunkel ließen. Fatal bei den dummen Herzanfällen war, daß eine Möglichkeit, nach Dunkelheit einen Arzt zu bekommen, überhaupt nicht bestand. Man konnte niemand zu ihm schicken und ohne Polizeibegleitung wäre auch kein Arzt gekommen, da manche, die es ohne das gewagt, auf Socken in Unterhosen, völlig

ausgeraubt nach Hause kamen. Also mußte mein Alter alle Schreckschüsse, wenn meine dummen Herzkrämpfe oder sonstige, mich lahm
legende Schmerzen kamen, allein ausbaden. Da tat er mir oft furchtbar
leid! Aber wir haben es immer geschafft! Von September 1948 – 27. 3.
1949 war es, wie schon gesagt, insofern schwer und immer schwerer
werdend, als [man] mir aus noch heute unerklärlichen Gründen, die
von Annabel eingehenden Zahlungen an mich nicht rausrückte. Im
Tagebuch steht diese fast größte Notzeit genau verzeichnet.[341] Scheußlich war, daß ich in diesen 5 Monaten besonders viel krank war, auch
einmal mit ähnlichen Schmerzen, wie jetzt, fest liegen mußte. [...]

Nun keimte allmählich die Hoffnung, nach Schweden zu kommen,
immer mehr in uns, die lieben Briefe von dort, die Sehnsucht nach Euch
allen, allen – die ließ einen nicht mehr los, und wenn ich Bernhard von
diesem gelobten Land und seinen Bewohnern erzählte, dann lauschte er
andächtig wie ein Kind auf Märchen. Am 13. 4 kam ein Telegramm von
Annabel, um die wir uns in letzter Zeit so gesorgt hatten: „Einreise
genehmigt. Drahtet Reisetag, sobald bekannt, wegen Schlafwagen-
karte.“ Von da ab beherrschte der Gedanke an die Reise uns fast unab-
lässig. [...]

Scheußlich waren in der Zeit die ganzen Schießereien und Unruhen
in Berlin, das habt Ihr ja gewiß durch Radio und Zeitungen gehört.[342] Es
war absoluter Kriegszustand. Fuhr man im Auto, mußte man damit
rechnen, daß drauf geschossen wurde. Täglich gab es massenhaft Tote
in den Bahnhöfen, wilde Kämpfe zwischen Ost- und Westpolizei, überall Sabotage, Überfälle, Schießereien, brennende Züge, Sprengkörper
auf den Geleisen. Man rechnete absolut mit Bürgerkrieg und desto
intensiver versuchten wir, aus diesem Hexenkessel herauszukommen.
Ehrlich gesagt, mir rutschte manchmal das Herz dahin, wo es nicht hin-
rutschen soll.[343]

Ich beneidete Bernhard um seinen Optimismus, auch in punkto
Schweden. Die Lage spitzte sich von Tag zu Tag zu, überall die Mark-

---

341 Bernhard Graf Poninskis Pension betrug 90,00 RM.
342 Nach der Einführung der DM-West in den Westsektoren Berlins am 25. 6. 1948 verhäng-
te die Sowjetunion eine Großblockade zu Lande und zu Wasser über Westberlin, die am
12. 5. 1949 aufgehoben wurde.
343 Die Autorin dramatisiert die politischen Zustände. Es gab im August und September vor
dem Neuen Stadthaus in Berlin-Mitte Tumulte und im September 1948 Krawalle Unter
den Linden zwischen Demonstranten und der Ostberliner Polizei. Ab Dezember amtier-
te je ein Oberbürgermeister im Ost- und Westteil der Stadt. Vgl. Schollwer, Potsdamer
Tagebuch, 26. 6. 1948, S. 61: „Bei uns herrscht zur Zeit Weltuntergangsstimmung. Die
Menschen sind deprimiert und verzweifelt. Währungsreform, eine neue schwere Ver-
sorgungskrise und nun auch noch die unerträglichen Spannungen um Berlin ? das alles
lastet schwer auf der Bevölkerung.“

grafpolizei[344], eine Ansammlung übler Kommunisten in Polizeiuniform. Diese ganze Zeit habe ich täglich genau im Tagebuch beschrieben. Endlich, am 13. 6. wurden wir aufs Polizei-Präsidium bestellt, „wegen Erörterung unserer Reisepläne". Fiebernd vor Erwartung am nächsten Tag dort: Alles geändert, alle Hoffnungen vorläufig umsonst, geht alles durch russische Kommandantur Karlshorst und man meinte, daß wohl ganz aussichtslos. [...]

Am 29. 7. mußten wir wieder früh um $^1/_2$3 Uhr mit dem Auto nach Karlshorst zum Konsulat. Um $^1/_2$4 Uhr waren wir da, aber 56 waren schon vor uns vorgemerkt, um $^1/_2$10 konnte man wenigstens in das überfüllte Zimmer, ungelüftet, stinkend, wo man eingepreßt zu zirka 140 Personen schweigend wartete, ohne sich einmal hinzusetzen. Um 5 Uhr nachmittags kamen endlich wir unserer Nummer nach ins Konsulzimmer, die rote Pracht. Zunächst eisiges Schweigen: „Bitte sprechen." Wir wiesen auf unsere übersetzten Gesuche und Fragebogen. „Njet! sprechen! Warum zu Kinder?" Da platzte mir etwas der Papierkragen und ich sagte ihm: „Sie haben doch auch Mama und Babuschka, die sie sehen wollen. Warum nicht verstehen?" Er: „Ja! – Warum nicht immer dableiben?" Das sollte wohl eine Falle sein. Ich merkte es und sagte ihm ruhig: „Weil wir es hier so gut bei Ihnen haben." Er wurde sichtlich freundlicher, gab mir die Hand über den Tisch, fragte nach Paßbildern, die aufgeklebt werden müßten und bestellte uns zum 15. 9. Damit waren wir entlassen und mußten wieder Absagetelegramme nach Köln und Schweden schicken. [...]

Endlich kam der ersehnte 15. 9. Wir fuhren mit einer netten Dolmetscherin nach Karlshorst, voller Hoffnung. Bescheid in dem Konsulat: „Bis 1. 10. geschlossen." Wieder Absagetelegramm nach Schweden. - Man wurde etwas apathisch. – Am 3. 10. ebenso wieder, mit Frl. Schultze nach Karlshorst. Wieder viele, viele Stunden anstehen – 187 Personen in einem Zimmer. Dummerweise war mir dauernd, nach all den Krankheiten zum Ohnmächtigwerden. Aber mit allerlei Mitteln hielt ich durch. Von dem Gestank, der Bösartigkeit untereinander, dem qualvollen Eingepreßtsein macht man sich keinen Begriff. Endlich im Sprechzimmer! Diesmal war der „Machthaber" ein kleiner, dicker Mann mit senkrechtem Bürstenhaar. Frl. Schultze übersetzte sehr ordentlich. Er wühlte etwas in unseren Papieren: „Warum Graf! Graf nicht gut! Pol-

---

344 Paul Markgraf (1910–1993) Bäcker, Berufssoldat und Ritterkreuzträger, in sowjetischer Kriegsgefangenschaft Antifa-Schüler, 1945–1948 Polizeipräsident von Berlin, ab Juli 1948–1949 nur noch für Berlin (Ost), danach zur weiteren Ausbildung auf Militärakademien in der Sowjetunion, zuletzt Oberst der NVA.

nisch, nicht gut! – Gräfin - auch nicht gut!" Bedenkliches Kopfschütteln, ablehnende Miene. Ich sagte: „Sie doch immer sprechen: Alle Menschen gleich! Warum Graf, Gräfin schlecht? Ich immer für alle Mutter und Babuschka gewesen – will nun endlich Kinder sehen." Darauf wurde er freundlich und sagte: „Nun, morgen 2 Uhr abholen, Zimmer 9." Nahm alle Papiere, auch unsere Pässe und als wir ihm sagten: „Ohne Pässe können wir nicht auf die Straße", meinte er lächelnd: „Nun, was da machen! 24 Stunden Gefängnis, dann wieder raus." –

Wir konnten noch gar nicht an unser Glück glauben, kamen uns vor, als sollten wir Todesurteil oder Begnadigung hören. Am 4. 10. waren wir vormittags im Schwedischen Konsulat und um 2 Uhr konnten wir wirklich, wirklich unseren Paß mit eingestempelter Ausreiseerlaubnis bis 30. 12. abholen. Den Moment kann man nicht beschreiben! [. . .]

Ganz wollte es mir nicht in den Sinn, daß das ein Abschied für immer von Potsdam sein sollte, man war allzu fest verbunden, gerade durch die Notjahre. [. . .]

Und dann der 13. 10., Abschied von Deutschland, Fischers und Annchen auf dem Stettiner Bahnhof – im Zuge – „auf schwedischem Gebiet". Man kann sich noch nicht wieder so ganz benehmen in all dem Komfort nach fast 5 Jahren. Die Fahrt durch Pommern, Rügen, Bergen, Ralswiek, das alles schien unwirklich, wie ein ferner Traum. Und dann die Fahrt durch Schweden, die Ankunft in Stockholm und der Moment, wo ich Euch alle, alle ans Herz drücken und meinen Bernhard präsentieren konnte, der sich hier auch als ganz „dazugehörig" fühlt.

In Worten all den Dank zu sagen, das gebe ich auf, Ihr wißt es, wenn Ihr das alles gelesen, vielleicht noch viel deutlicher als bisher, wie tief dieser Dank im Herzen wohnt! [345]

---

345 Das Ehepaar Poninski übersiedelte 1950 nach Köln-Mülheim, wo Bernhard 1955 und Ellen 1974 starben. Der Johanniter Graf Poninski wurde in Anwesenheit von Oskar Prinz von Preußen, Herrenmeister des Johanniterordens, beigesetzt.

Katharina Wille

Biographische Einführung[346]

Katharina Wille wurde als Tochter von Friedrich Lippert (1854–1937) und seiner Frau Adolphine, geb. Roß (1865–1938), am 18. Dezember 1889 in Brandenburg a. H. geboren. Der Vater war in beamteter Stellung beim preußischen Militär Zahlmeister. Ihr Bruder Friedel (1887–1961) war zweimal verheiratet, zunächst mit Hetty, dann mit Lore.

Katharina entschied sich nach dem Abitur für eine Ausbildung als Lehrerin. Sie nahm eine Stelle als Erzieherin in Fürstenwalde bei einem Ziegeleibesitzer an, übte aber nach ihrer Heirat am 16. April 1911 ihren Beruf nicht mehr aus. Ihr 21 Jahre älterer Mann Friedrich (Fritz) Wille (1868–1953) war Witwer, er diente in der Armee als Offizier. Aus seiner ersten Ehe stammen drei Kinder, Heinz (1898–1917), Käthe (1900–1994), verheiratet mit Herbert Schönfelder, und Lotte (1908–1945, vermißt). Katharina mußte somit ohne entsprechende Vorbereitung gleich nach der Hochzeit einem großen Haushalt vorstehen. Der Hausstand umfaßte acht Personen, einschließlich Köchin, Kindermädchen und Burschen. Sie führte von 1912, anläßlich der „Feier unseres ersten Hochzeittages", bis 22. August 1966 ein Tagebuch, das erst nach 1998 von den Enkelkindern gefunden wurde.

Das Ehepaar wohnte anfangs in Berlin. Friedrich, genannt Tuttu, wurde am 1. Juni 1912 geboren. Es folgten Richard 1915 und Diether 1917. Fritz wurde 1913 nach Schweidnitz versetzt und im August 1914 eingezogen. Als die Eltern sich 1916 in Berlin wiedersahen, notierte Katharina: „Endlich, endlich einmal wieder zusammen sein können! Nur Liebe, Verehrung und süßes Geborgensein!" In der Folge bleibt das Bild des Ehemanns blaß. Nach Kriegsende wurde Fritz Direktor der Artillerie-Werkstatt in Spandau, als Oberst entlassen ging er 1921 in die Privatwirtschaft.

Die Novemberrevolution 1918 empfand Katharina als Schmach: „Mir steigt der Ekel heiß empor!" und „Viel tiefer kann der Abgrund nicht

---

346 Den Hinweis auf das Tagebuch von Katharina Wille (1889–1968) habe ich von ihrer Enkelin Barbara Kabel erhalten. Ihr und ihrem Mann Rudolf Kabel verdanke ich wertvolle Auskünfte zur Familiengeschichte. Beide sind, wie der Herausgeber, Mitglieder des Potsdam Clubs Bonn e.V. Eckard Wille, ein Enkel Katharinas, hat die in Sütterlinschrift abgefaßten Tagebücher „mit enormem Recherchenaufwand und in mühevoller Kleinarbeit entziffert" und eine maschinenschriftliche Fassung hergestellt. Diese Vorlage konnte ich mit der Originalfassung vergleichen, die er mir freundlicherweise zugeschickt hat. Die Überprüfung der handschriftlichen Überlieferung ist mir dadurch erleichtert worden, wofür ich ihm Dank schulde.

Katharina Wille 1910   Katharina Wille 1953

mehr werden, in den wir gestürzt sind." Fritz übernahm von 1921 an eine Stelle im Verband der Textilgroßhändler, aber schon 1923 wechselte er als Geschäftsführer in den „Deutschen Schwachstromkabel-Verband", bei dem er bis zum Ruhestand im Jahr 1934 tätig war.

Die folgenden Jahre sind im Tagebuch ausgefüllt mit Beschreibungen gemeinsamer Reisen in die Schweiz, nach Österreich und Italien. 1932 findet man wieder eine Notiz, die sich mit Politik beschäftigt: „Am 31. 7. ist Wahltag, ich wähle, nach langen Kämpfen, zum ersten Mal nationalsozialistisch. [. . .] Ob 1933 ein Zusammengehen der nationalen Kräfte bringen wird, wie alle deutschen Herzen es so heiß erhoffen?" Ihre politischen Ansichten sind nur marginal zu erkennen, sie basieren letztendlich auf Wilhelminischem Gedankengut: Deutschland habe einen Anspruch auf einen Platz an der Sonne. Der Versailler Vertrag habe in unerträglicher Weise Deutschland gedemütigt. Diese Gedanken verführten sie zur Wahl der NSDAP 1933. Bis 1939 werden die politischen Verhältnisse nicht mehr erwähnt, so fehlt ein Eintrag über die „Machtergreifung" Hitlers 1933 ebenso wie über die Judenverfolgungen. Die Reisen stehen wieder im Vordergrund. In München wird 1937 die Ausstellung über „Entartete Kunst" besucht, Katharinas Kommentar lautet: „fürchterliche Machwerke". Der Umzug nach Potsdam, Albrechtstraße 33, in ein eigenes Haus, fand 1935 statt.

Nach Kriegsbeginn 1939 werden die „wunderbaren Erfolge" gefeiert, aber: „das Herz ist einem schwer", ihre drei Söhne sind Wehrmachtsangehörige. Nach dem Waffenstillstand mit Frankreich „strömten Tränen des tiefsten Glücks, daß die Schmach von damals (1918) getilgt war". Man darf annehmen, daß die Mehrzahl der Deutschen ebenso dachte.

In den folgenden Jahren wird von Reisen und Familienereignissen berichtet, die Stationierungsorte und Kampfeinsätze der Söhne werden notiert. Fest verwurzelt in bürgerlichen Auffassungen, läßt sie einen ausgeprägten Sinn für Familienehre erkennen, sie bemühte sich um bestmöglichen Zusammenhalt ihrer Angehörigen. Selbst bezeichnete sie sich als „Dame" und ist stolz, eine Offiziersfrau zu sein. Schwere körperliche Arbeiten sind ihr bis 1945 fremd geblieben.

Als Mutter glaubte sie, daß über dem Leben von Friedrich von Anfang an ein Glücksstern gestanden habe. Er hatte Betriebswirtschaft studiert und wurde 1937 promoviert. Im selben Jahr verlobte er sich mit Brigitte Margull.[347] Katharina notierte zur Verlobung: „Ich hätte ihm gern eine Frau aus bester Familie in gesicherten Verhältnissen gewünscht, damit der Lebenskampf ihn bei Eingehung einer Ehe nicht gleich so scharf gepackt hätte." Friedrich heiratete 1938, von 1940 bis 1951 wurden fünf Kinder geboren. Er war im Zweiten Weltkrieg Luftwaffensoldat, zuletzt als Hauptmann. Am 1. April 1945 sorgte er für die Flucht seiner Familie aus Potsdam zu Verwandten nach Feuerschützenbostel.[348] Er geriet in englische Kriegsgefangenschaft, wurde aber bereits im Juli 1945 entlassen. Im August 1946 fand er eine Arbeitsstelle in Berlin-Rahnsdorf. Seine Mutter war nicht einverstanden, „daß er für die Russen arbeiten wird". Da er nach seiner Rückkehr in die Britische Zone bis März 1947 von den Engländern inhaftiert wurde, trat er die Stelle in Berlin nicht an. Er hatte im Krieg in Peenemünde an der Entwicklung von Flugabwehrprojekten mitgearbeitet. Waren den Engländern seine Kontakte mit den Russen aufgefallen? Nach 1948 war er in Westdeutschland in verschiedenen Firmen tätig.

Richard wird nach einer Verwundung in Rußland Anfang 1942 zur Division Großdeutschland kommandiert. Dieser Verband war eine Eliteeinheit der Wehrmacht und wurde von diesem Zeitpunkt an nur noch

---

347 Brigittes Vater ist 1918 gefallen, ihre Mutter Vilma (1884–1962) hatte vier Kinder zu versorgen, sie gab im Internat Hermannswerder Nachhilfestunden.

348 Rittergut Feuerschützenbostel, nördlich von Celle. Dort lebte Brigittes (Gitti) Schwester Christel, verheiratet mit Hans-Jürgen von Harling. Auch Vilma Margull wohnte nach Kriegsende dort.

an der Ostfront eingesetzt. Katharina war stolz auf die militärische Karriere ihres Sohnes, für sie war er Vertreter der soldatischen Familientradition. Sie sah ihn „mit inniger Freude und großem Stolz in Uniform". Am 1. August 1943 fiel er als Hauptmann bei den Kämpfen am Fluß Mius. Durch häufiges gemeinsames Musizieren, er spielte Querflöte, war er der Mutter besonders ans Herz gewachsen. Man hat den Eindruck, daß sie in Zwiesprache mit ihm dem Tagebuch ihre Gedanken von nun an viel ausführlicher anvertraute. Ihre emotionalen Einträge zum Verlust des Sohnes kommen uns heute fremd vor, sie könnten aber die Empfindungen vieler Mütter in einer derartigen Situation wiedergeben. Bisher fehlen aussagekräftige Untersuchungen, wie Familien im Zweiten Weltkrieg den Soldatentod eines Angehörigen verarbeitet haben.

Diether bestand 1937 die Reifeprüfung am Realgymnasium Potsdam. Als Feldwebel bei der Luftwaffe heiratete er am 15. Mai 1944 Hilde, eine Nachrichtenhelferin, von Beruf Friseurin, die er in Mons kennengelernt hatte. Katharina notierte: „Das war ein harter Schlag für mich", nach einer zeitweisen Entfremdung fand sie sich schließlich damit ab. Sie hatte sich für ihren Sohn eine Frau aus gehobenen bürgerlichen Verhältnissen gewünscht. Nach seiner Entlassung aus englischer Kriegsgefangenschaft im August 1945 nahm er an einem Lehrerausbildungskurs teil und unterrichtete an Volks- und Realschulen.

Über den Kriegsverlauf nach der Kapitulation von Stalingrad hatte sie „keine Illusionen" mehr, gab aber die Hoffnung auf einen guten Ausgang nicht auf: „Aushalten müssen wir, wir haben keine Wahl, aber welches Wunder wird uns retten?" Häufig erwähnt werden die Bombenangriffe auf Berlin.

Nach der Kapitulation NS-Deutschlands 1945 verfolgt Katharina die politischen Entwicklungen intensiv. Im April 1945 geht sie rückblickend auf die Zeit des „Dritten Reichs" ein: Die Lösung der Judenfrage [sic] und die Zerstörung der Synagogen wird mit Bedauern erwähnt. Im August schreibt sie: „Das war es ja, was mich, trotz allem Abstoßenden, zum Nationalsozialismus zog, die Hoffnung auf ein geeintes, größeres Deutschland mit Entwicklungsraum für alle seine Kinder." Von den Untaten der Nationalsozialisten hatte sie spätestens nach Kriegsende erfahren, etwa durch die Nürnberger Prozesse.[349] Vergebens sucht man ein Wort zum Massenmord an den Juden und zu den deutschen Kriegsverbrechen. Auch hierin unterscheidet sie sich wohl nicht wesentlich

---

349 Nürnberger Prozeß gegen die Hauptkriegsverbrecher, 20. 11. 1945 – 1. 10. 1946.

von der Haltung der Mehrheit der deutschen Bevölkerung zur damaligen Zeit. Durch genaue Angaben über die Ernährungssituation, die Schwarzmarktpreise, die Verkehrsverhältnisse und das Wetter gibt ihr Tagebuch Auskunft über die chaotischen Zustände nach dem verlorenen Krieg.

Da Willes Grundstück direkt am Neuen Garten und damit in unmittelbarer Nähe zum Schloß Cecilienhof[350] liegt, waren das sowjetische Militär und deren Angehörige von Anfang an im Haus und in großer Zahl in der Nachbarschaft. Katharina arrangierte sich in bewundernswürdiger Weise, notgedrungen, mit den ungewohnten, schwer zu ertragenden Verhältnissen, wie Hunger, Kälte, Wohnungsnot. Die Besatzungssoldaten werden von ihr überwiegend als widerliche Typen beschrieben, die nur Frauen und Schnaps im Sinn haben. Von ihnen fühlt sie sich gedemütigt und erniedrigt. Mit gewissem Hochmut schaut sie auf die sowjetischen Truppen herab, deren Angehörige sie häufig mit dem Wort „Biester" kennzeichnet. Über deren Anspruch als Kulturträger kann sie nur „mit Ingrimm" lachen. Sie berichtet aber auch von positiven Erlebnissen mit russischen Hausbewohnern, einige werden als höfliche, freundliche, anständige und ordentliche Leute charakterisiert. Das änderte nichts an ihrer Überzeugung: „Solange ich lebe, werde ich dieses Volk hassen." Regelmäßige Kirchgänge werden erwähnt, deprimiert von den Lebensumständen – „für uns unter russischen Besetzung hat der Krieg erst angefangen, als er zu Ende war" – fand sie 1946 jedoch in der Botschaft von der Geburt Jesu keinen wirklichen Trost mehr.

Einzigartig sind ihre Beobachtungen vom Treiben der Besatzungssoldaten im Umfeld der „Potsdamer Konferenz". In der Stadt waren viele Straßen zeitweise gesperrt, russische Doppelposten standen dort Spalier. Der Bevölkerung war in ihrem Stadtbezirk kein Schritt ohne Bewachung möglich. Im September 1947 wurde das Ehepaar Wille durch die sowjetische Besatzungsmacht aus seinem Haus vertrieben. Die Einweisung in ein zugiges, ofenloses Zimmer bedeutete den Beginn eines fortwährenden Provisoriums, das die Sicherstellung der einfachsten Lebensbedürfnisse fast unmöglich machte. Katharina bezeichnete ihre neue Unterkunft als „Rattenloch".

Als Leidtragende der Besatzungswillkür hoffte sie auf eine Änderung der Verhältnisse durch die Amerikaner. Wie viele damals lebende

---

350 Schloß Cecilienhof im Neuen Garten, erbaut 1912 auf Anweisung von Kaiser Wilhelm II. für seinen Sohn, Kronprinz Wilhelm, Ort der „Potsdamer Konferenz" vom 17. 7. bis 2. 8. 1945.

Deutsche gab sie sich 1948 einem Wunschdenken hin: Wenn die Entscheidung für die Amerikaner ausfällt, „würden wir den deutschen Osten wiederbekommen, ohne den wir nicht leben können, und die endlosen Reparationen würden einmal ein Ende nehmen". Es verwundert nicht, daß sie die Kommunisten ablehnt, deren System sie als „unmenschlich" empfindet. Sie ist überzeugt, daß diese Partei „nur von Lüge und Heuchelei lebt".

Im Januar 1952 vermerkte Katharina Wille, sie habe „seit langem keine Lust zum Schreiben", gibt aber doch einen Überblick über das vergangene Jahr. Im August 1951 war sie in Westdeutschland bei ihren Söhnen und Enkelkindern. Im Oktober mußte ihr Mann für einige Wochen ins Krankenhaus. Im Juli 1952 bringen zwei Russen Fritz untergehakt nach Hause. Er hatte bei der Rückkehr aus der Stadt einen Schwächeanfall erlitten. Am 26. Januar 1953 stirbt er im Potsdamer St. Josefs-Krankenhaus.

Nun war der Weg frei für die Übersiedlung Katharinas in die Bundesrepublik, wo sie sich mit 63 Jahren eine neue, bescheidene Existenz aufbaut. Sie fliegt am 19. März 1953 unter Zurücklassung ihres Hausstandes nach Hannover: „So verlasse ich am 4. 3. das Haus – ich blicke nicht mehr zurück – zu schwer waren die Jahre dort – ich will jetzt vorwärts sehen! Doch wenn all der Kummer und das Unglück mich etwas weiser und selbstloser gemacht haben und verständnisvoller für anderes Leid und andere Schwächen, will ich doch einverstanden damit sein. [...] Aber vergessen werde ich all die Aufregung nie. Ich [...] bin völlig erschlagen – aber ich bin über den Berg! (Ich ging gerade, als Stalin starb)."[351]

Das Tagebuch berichtet nun erneut fast ausschließlich von Familienereignissen und Reisen. Am 2. Oktober 1968 stirbt Katharina in Bad Nauheim im Alter von 79 Jahren. Das Potsdamer Haus wurde 1995 von den Söhnen verkauft.

350a Auch in den westdeutschen Besatzungszonen der Amerikaner, Engländer und Franzosen wurden Deutsche durch das alliierte Militär aus ihren Wohnungen vertrieben. In Bremen mußten im Februar 1946 die Bewohner des Altenheims Landhaus Horn kurzfristig ihre Wohnungen für die Amerikaner räumen. Eine Lehrerin erinnert sich: „Wir sollten alles da lassen! Wir sollten nur das Notwendigste mitnehmen. [...] Jeder versuchte, so viel wie möglich doch noch fortzuschaffen. Tag und Nacht versuchte man, die Posten zu betrügen, zu täuschen, zu bestechen. Wir handelten nur nach dem einen Gesetz, das jedem Lebewesen eigen ist, nach dem Erhaltungstrieb. [...] Denn die Angst, die Aufregung, den verzweifelten Kampf muß man sich in jeder der vielen kleinen Wohnungen vorstellen!" Elisabeth Segelken, Wolken, die vorüber zogen, Bremen 1965, S. 41f.

351 Der sowjetische Diktator Jossif Stalin starb am 5. 3. 1953.

Tagebuchaufzeichnungen 1944–1950

1944

1. August. Heute jährt sich der Tag, an dem Du, mein geliebter Richard Dein junges hoffnungsvolles Leben dem Vaterland zum Opfer brachtest. Nach allem, was seitdem über uns gekommen ist, muß man sagen: Es war der letzte glückliche Tag, an dem Du im Hochgefühl des siegreichen Angriffs gefallen bist. Seitdem ist es im Osten unaufhörlich zurückgegangen, und heute sind wir so weit, daß wir um unser eigenes Land zittern müssen, da die Sowjets die Grenzen Ostpreußens fast erreicht haben. Mit Stalingrad (Februar 1943) fing das Unglück an, dann kam der Verrat Italiens,[352] der unaufhörliche Bombenregen auf die deutschen Städte, das Versagen des U-Boot-Krieges, auf den wir zeitweilig so große Hoffnung gesetzt hatten, und damit der volle Einsatz der ungeheuren Überlegenheit an Masse und Material der USA. Die seit langem erwartete „Invasion" hat am 6. 6. begonnen – gegen solchen Einsatz konnte der Atlantikwall nicht standhalten, und wenn unsere Truppen sich auch in größter Aufopferung immer wieder entgegenwerfen, der so riesig überlegene Gegner gewinnt doch Schritt um Schritt an Boden. Unter anderen Begleitumständen hätte man hoffen können, daß unsere am 16. 6. begonnene Vergeltung (V1)[353] auf London und Südengland zumindest die Briten weich machen würde – aber da sie an allen Fronten den Sieg so noch vor sich glauben – wie sollten sie da nicht noch durchhalten? Das ist das Bitterste für uns, daß wir nicht mehr wissen, wie es noch gut ausgehen soll. Fast vier Weltteile gegen uns, wie sollen wir es schaffen!? Auf immer kleinerem Raum in der „Festung Europa" zusammengedrängt können wir wie die letzten Goten am Vesuv fechtend fallen, aber damit wäre Deutschlands Ende besiegelt und alle Opfer edelsten Blutes umsonst geflossen.

Aber die in den Trümmern der zerstörten Städte und auf dem Lande Überlebenden würden sich keinem anständigen Gegner gegenübersehen, sondern wären dann noch schrecklicheren Leiden ausgesetzt. Aushalten müssen wir – wir haben keine Wahl –, aber welches Wunder wird uns retten? Daran wagt man nicht mehr zu glauben. Das mißglückte Attentat auf den Führer (20. 7.)[354] hat ihn ja wirklich wie durch

---

352 Am 3. 9. 1943 schloß die italienische Regierung unter Marschall Pietro Badoglio (1871–1956) einen Waffenstillstandsvertrag mit den Alliierten.
353 Gemeint sind Raketen-Großgeschosse.
354 Die von Oberst Claus Graf Schenk von Stauffenberg im Führerhauptquartier in Ostpreußen zur Explosion gebrachte Bombe verletzte Hitler nur leicht.

ein Wunder bewahrt, als ob die Vorsehung ihn aufgespart hätte, um sein Werk zu vollenden. Seitdem ergeht ein neuer Aufruf zur Anspannung der alleräußersten Kräfte an alle – aber kann unser ausgepumptes Volks wirklich noch so viel mehr aus sich herausholen? Die Tüchtigen und Willigen arbeiten schon seit langem über ihre Kräfte, und die anderen werden auch jetzt wieder ein Loch finden, durch das sie sich entziehen. Ach, mein Richard, wie viel ist Dir erspart geblieben!

Am 25. 7. morgens (gegen 2 Uhr) gingen unsere Scheiben zum dritten Mal entzwei, diesmal am schlimmsten. Eine Sprengbombe ging in der Großen Weinmeisterstraße in den Park, und der Luftdruck beschädigte ringsum alle Häuser. Große Löcher im Dach (besonders Westseite), fast alle Scheiben (26), Eßzimmertür und die Türen oben beschädigt, oben auch viel Bewurf von den Wänden. Irmgard[355] und ich waren im Keller, ich duckte mich und zog die Wolldecke über den Kopf und wunderte mich, als es still wurde, daß die Kellerdecke noch über mir war. Fritz und die Einquartierung standen in der Haustür, Friedel hatte sich im Herrenzimmer hingeworfen, als ihm die Splitter um die Ohren flogen. In der Nacht schüttelten wir die Scherben von den Betten, um uns wieder hinlegen zu können, den ganzen Umfang der Zerstörung sahen wir erst am nächsten Morgen. Wir wateten buchstäblich in Scherben, alle Tische und Stühle übersät davon, in meinem Zimmer waren sie mit Wucht bis in die gegenüberliegende Wand geschleudert worden, aus der Wintergartentür sogar die eisernen Teile herausgerissen. Die Waschküchentür lag, in alle einzelnen Bretter zerlegt, teils drinnen, teils draußen. Mit den Fenstern konnten wir uns einigermaßen helfen, da wir schon lange alle Doppelscheiben herausgenommen hatten und diese nun einhängten. Das Dach bekamen wir am vierten Tage, gerade kurz vor einem Gewitterguß, in Ordnung durch die Hilfe von drei Soldaten, die General v. Wilmowsky[356] schickte und die sehr eifrig arbeiteten. Mit allen anderen Schäden wird es noch wochenlang dauern, aber die Häuser in der Großen Weinmeisterstraße und Langhansstraße sind noch erheblich mehr beschädigt. Gott sei Dank ist niemand ums Leben gekommen oder verletzt. [...]

1945

31. 1. Obgleich man seit zwei Jahren (seit Stalingrad) denkt, schlimmer kann es nicht mehr kommen, sind immer neue, noch schrecklichere Prüfungen über uns hereingebrochen. Am 12. 1. hat die Winteroffensive

---

355 Imgard H., Hausmädchen von 1937 bis 1947, gelernte Friseurin.
356 Generalleutnant Friedrich von Wilmowsky, Langhansstraße.

der Sowjets begonnen und sie gleich im ersten Ansturm von vor War-
schau durch Polen bis nach Oberschlesien, Breslau, Posen und Bromberg geführt. Ostpreußen ist zu einer Insel geworden, von drei Seiten
von der sowjetischen Springflut umbrandet. Und unser guter Diether
darin! Am 16. 1. schrieb er aus Gegend Insterburg: „In den nächsten fünf
Tagen werdet Ihr keine Post bekommen. Ich werde auf Achse sein.
Grund zu Sorgen ist nicht vorhanden." Seitdem sind wir ohne Nachricht, und was mag inzwischen alles geschehen sein! Mit der täglichen
Arbeit tastet man sich wie ein Blinder am Stock durch den Tag, daß das
Herz es überhaupt noch aushält. Glücklich die alten Griechen, die mit
schnell wirkendem Gift ein Ende machen konnten, wenn es über ihre
Kräfte ging. Und Du, mein Richard, bist auch glücklich zu preisen, daß
Du all diesem Furchtbaren entrückt bist und noch auf der Höhe gefallen
bist. Täglich kommen die Flüchtlingszüge, ich habe Tuttus Zimmer
bereit gemacht und die Stabshelferin Heike in Diethers umquartiert,
nachdem ich seine persönlichen Sachen ausgeräumt.

13. 2. Gestern war ein Monat seit Beginn der russischen Offensive
vergangen. Inzwischen sind sie bis an die Oder gekommen und ein paar
Tage sah es so aus, als ob sie ohne Halt gleich bis Berlin weiterrasen
würden mit ihren Panzern. Aber bei Frankfurt und Küstrin wurden sie
dann doch zum Stehen gebracht. Aber in Pommern sind sie weit eingedrungen, ebenso in Schlesien über Liegnitz hinaus, das vorgestern verloren ging, bis nach Sagan. Breslau, Bromberg, Posen halten sich noch,
desgleichen die Insel Ostpreußen. Nur ein Wunder kann uns noch retten! In die Tage der größten Bedrohung Berlins fiel dann noch ein
furchtbarer Luftangriff (1.500 Bomber) der Anglo-Amerikaner auf die
Reichshauptstadt am Tage, sie flogen in dicken Wellen eineinhalb Stunden lang über uns weg, ein grausiger Anblick. Man dachte, keine Maus
kann in Berlin mehr leben, aber Friedel hat es glücklich überstanden,
desgleichen Schönfelders. Nur von Tante Hanni[357] keine Nachricht.

Potsdam ist in Verteidigungszustand gesetzt worden, Schützengrä-
ben und Bunker überall am Wasser, auf den Brücken Panzersperren und
vorbereitet zur Sprengung. Die elektrische Bahn fährt nicht mehr, und
Sperrstunden sorgen für weitere Stromersparnis. Aber solange man
überhaupt noch kochen kann! Allmählich ist der Strom der Flüchtlinge
abgeebbt, der Potsdam von morgens bis abends durchzog. Einmal wurden mir drei Personen angesagt, sind aber dann nicht gekommen.
Obgleich man das größte Mitleid mit diesen armen Menschen hat, deren
Schicksal einen selber jeden Tag treffen kann, es würde doch sehr

---

357 Hanni Hansen.

schwer sein, mit ganz fremden Menschen so eng zusammenleben zu müssen.

In diese furchtbaren Tage fiel Sabinchens dritter Geburtstag, die Mäuse sind das einzige, was einen für kurze Zeit ablenkt. Was mit der jungen Familie werden soll, ist eine ganz schwere Sorge, ob sie bleiben sollen oder nach Bostel[358] gehen. Gitti weinte bitterlich, daß sie bei diesen Zeiten das vierte Kind erwartet – auch das noch, die Ärmste! Ich weiß nicht, was ich täte, wenn es mir so ginge, ich fand es schon furchtbar genug, daß Kristina kam, obgleich sie, Gott sei Dank, trotz allem gesund ist und gut gedeiht.

Tuttu kam gestern endlich aus Pommern zurück, sie hatten in Leba geräumt und alles nach Karlshagen in Westpommern gebracht, wir waren schon ziemlich in Sorge, als er nochmals nach Leba zurück mußte und die Sowjets schon in Arnswalde waren.

17. 2. Gestern war ein ganzer Monat vergangen, seitdem Diether an uns geschrieben hatte - heute kam zu unserer unbeschreiblichen Freude endlich wieder eine Nachricht von ihm – aus Königsberg. Zwar ist sie auch schon drei Wochen alt, am 27. Januar geschrieben – aber doch ein Lebenszeichen. Nachdem er sich in Tapiau Brandwunden an der rechten Hand zugezogen hatte (wobei wissen wir nicht), hat er noch an sechs verschiedenen Orten im Einsatz gestanden, bis er sich dann seine Finger in Königsberg kurieren lassen konnte. Manchmal kommt einem der Krieg wie ein ganz entsetzlicher, irrsinniger Traum vor – aber leider bestätigt die Wirklichkeit das nur zu schnell. Ein Glück für uns ist das schon seit drei Wochen anhaltende Tauwetter in vieler Beziehung, auch für den geringen Kohlenverbrauch. Licht und Kochstrom werden jetzt abwechselnd je einen Tag von 14^{15}–18^{15} und 20^{15}–22^{15} und am anderen von 7^{15}–11^{15} und von 18^{15}–20^{15} gesperrt.

26. 3. Tuttu ist über See glücklich aus Gotenhafen zurückgekommen, wohin er ausgewiesen war, als er, nochmals in Leba, nach Westen nicht mehr durch konnte und die Sowjets schon überall bis zur pommerschen Küste. Eine Woche lang waren wir in großer Sorge und Gitti schon ganz aufgelöst. Ich fuhr jeden Tag zu ihr, um ihr die Kinder abzunehmen, da Hannchen in diesen schweren Tagen ausgerechnet auch noch auf Urlaub ist.

Am Sonnabend abend, 17. 3., ging eine Bombe an der Meierei ins Wasser, deckte unser Haus z.T. ab, diesmal an der Nord- und Ostseite und zerschlug Scheiben in der Küche, unserem Badezimmer, Wintergarten und meinem Zimmer. Seit sechs Wochen geht das jeden Abend

---

358   Feuerschützenbostel.

zwischen 8 und 10 auf Berlin, dazwischen noch einige Großangriffe am Tage. Manchmal kommt es einem wie ein entsetzlicher, irrsinniger Traum vor, aus dem man einmal erwachen müßte. Man wundert sich, daß man noch nicht verrückt geworden ist. Tuttu sagt: „Es ist Wolfszeit." Auch frühere Geschlechter haben viel leiden müssen – aber wenn auch der Krieg über sie hingen, der Himmel war ihnen noch gnädig, während jetzt zu allem anderen das schrecklichste Unglück und Verderben aus der Luft auch noch auf uns herniedersaust.

28. 3. Mehr als zehn Wochen (seit 12. 1.) dauert unsere „dunkelste Stunde" schon, und die Finsternis wird immer noch größer trotz des herrlichen Frühlingswetters, das ein milder Februar und März uns schon frühzeitig bescherte. Jetzt sind die Amerikaner im Westen schon an den verschiedensten Stellen über den Rhein und die Panzerspitzen mainaufwärts schon über Aschaffenburg hinaus - wenn wir überhaupt noch etwas unternehmen können, worauf wir doch immer noch hoffen, dann bleibt uns wirklich nicht mehr viel Zeit. Der unablässige Bombenterror (heute morgen wieder Großangriff auf Berlin) richtet uns doch allmählich auch in den bisher vom direkten Krieg verschonten Gebieten völlig zugrunde. Dazu kommen nun noch einschneidende Kürzungen der Lebensmittelrationen - lange geht es so nicht mehr weiter.

Von Diether in den letzten Tagen zwei Briefe vom 23. 2. und vom 8. 3. aus Gegend Pillau. In der Gartenstadt Metgethen[359] haben sie sich wohnlich eingerichtet, nachdem sie die von den Sowjets angerichtete unbeschreibliche Unordnung einigermaßen beseitigt hatten. Er schreibt so frisch und lebhaft, wie gut es ihm geht, der prächtige Junge, obgleich er doch sicher viele schwere Tage durchgemacht hat.

1. April. Zweiter Osterfeiertag, der traurigste unseres Lebens, da das Ende Deutschlands unaufhaltsam näher rückt. Die Amerikaner sind schon bis Kassel vorgedrungen. Da die junge Familie heute Nacht im Lastwagen nach Bostel abfahren will und zwischen lauter gepackten Kisten und Koffern in ihrer Wohnung sitzt, war an Ostern nicht zu denken. Das letzte bißchen Ablenkung und Trost durch die Kinder schwindet damit auch noch für mich dahin – aber ihre Sicherheit und Rettung vor der Hungersnot in den Städten ist wichtiger.

Wenn es kein Wunder für uns gibt und keine Rettung mehr ist - obgleich ich im tiefsten Herzen hoffe, daß wir doch noch etwas unter-

---

359 Die Rote Armee hatte am 1. 2. 1945 Metgethen, einen Vorort von Königsberg, eingenommen. Als am 19. 2. deutsche Truppen den Ort zurückeroberten, fanden sie eine große Zahl getöteter Zivilisten. Die deutsche Propaganda sprach vom „Massaker von Metgethen", sowjetische Soldaten sollen die Zivilbevölkerung ermordet und geschändet haben.

nehmen werden – so sind wir den Sowjets und den Amerikanern unbarmherzig ausgeliefert. Aber obgleich wir manche Schuld auf uns geladen haben (Lösung der Judenfrage, Zertrümmerung der Synagogen, die alle Einsichtigen von Anfang an verdammten), bin ich überzeugt, daß die Ordnung, die Deutschland Europa gegeben hätte, sinnvoller und besser gewesen wäre als das Regiment, das die Amerikaner und die Sowjets aufrichten werden. England rechnet ja nicht mehr mit und darf neben den beiden raubgierigen Wölfen nur noch als kläffendes Hündlein einherspringen. Wir wollten ja nicht die Welt unterjochen, sondern nur Brot und Raum genug für unser Volk, was die beiden anderen ohnehin im Überfluß haben, wenn sie nur für ihre eigenen Völker sorgen wollten. Und ganz unbegreiflich ist mir, daß die Weltgeschichte sich so irren soll, denn wir waren ja doch, eben erst endlich wieder geeint, ein Volk im Aufstieg und hatten der Welt noch unendlich viel zu geben.

15. 4. Sonntag. Am 13. 4. ist Roosevelt gestorben (plötzlich an Gehirnblutung). Ob dies noch das Wunder werden kann, das uns in wirklich der allerletzten Minute rettet vor der Sklaverei? Die Amerikaner sind an der Elbe angelangt. Unsere beiden Wehrmachtshelferinnen haben uns gestern verlassen, anscheinend will der Führer sich, ehe Nord- und Süddeutschland voneinander abgeschnitten sind, nach Bayern und immer weiter in die Berge zurückziehen.

Gestern abend, Sonnabend, 14. 4., ging die Vernichtung über Potsdam herunter; ich stand noch vor der Tür, als Leuchtkugeln plötzlich die ganze Gegend (südlich über die Garage hinweg) taghell erleuchteten. Kaum im Keller, ging der Orkan los, 40 Minuten lang das Rauschen der Bomben und ihre Einschläge, die sogar den Boden des Kellers schwanken ließen. Wir blieben bewahrt, nur eine Kellerfensterscheibe ging entzwei. Als wir dem Orkus noch lebend entstiegen, stand im Süden ein riesengroßer Feuerschein, und die Detonationen von Munition knatterten noch die ganze Nacht hindurch. Wir dachten, eine Fabrik bei Rehbrücke sei getroffen (es war aber ein Munitionszug auf dem Bahnhof), aber daß die Stadt Potsdam so schwer heimgesucht worden sei, vermuteten wir zuerst nicht. Erst als am Morgen Leute mit kleinen Wagen und Karren mit ihrer letzten geretteten Habe vorbeikamen, hörten wir davon. Schwere Personenverluste – und die Garnisonkirche zerstört!

Aber man hat keine Tränen mehr, in diesem letzten Stadium muß man zum Stoiker werden, um es überhaupt noch ertragen zu können. Solange man noch da ist, tut man seine Pflicht in Haus und Garten (und die Gartenarbeit ist das, was einem am meisten Ruhe gibt: Die Natur bringt zu ihrer Zeit, unbeirrt um alle Hölle ringsum, neues Leben in Fülle hervor, das tröstet) und bemüht sich, nicht weiter zu denken. Da man nur Opfer ist und doch nichts ändern kann, ist das das Beste. Wie oft, wenn ich nur ein zitterndes Nervenbündel war, habe ich um Gelassenheit gerungen, manchmal fiel sie wie ein wohltätiger, beruhigender Schleier über mich. Dem jetzigen Übermaß an Leid, Sorge und Aufregung kann der Mensch wohl nur noch mit Ruhe begegnen und sein Schicksal entgegennehmen, wie es ihm bestimmt wird. Er muß stehen und sich behaupten, solange es ihm beschieden ist. Mit Tränen begrüßte ich in den vergangenen Jahren den Frühling – jetzt freue ich mich tiefer als je über jede Blüte, weil es vielleicht zum letzten Male ist. Es ist wohl so wie bei den Frontsoldaten: Dicht am Tode hat man die tiefste Freude am Leben.

18. 4. Am 16. 4., unserem Hochzeitstag (aber daran kann man jetzt überhaupt nicht denken, der Kontrast ist zu groß), sollte die Beerdigung meiner Schwägerin Lies Wille sein, die während eines Alarms von ihren Leiden endlich erlöst wurde (10. 4.). Ich mußte, um zum Neuen Friedhof zu gelangen, durch die ganze Stadt – einfach grauenhaft. Durch Trümmer aus Schutt und an noch schwelenden Bränden vorbei bahnte ich mir einen Weg, immer wieder zu Fuß. Was hat eine einzige Nacht aus unserem schönen, geliebten Potsdam gemacht – es ist unbeschreiblich! Wie soll das überhaupt wieder je in Ordnung kommen und noch dazu nach einem verlorenen Kriege. Die Sowjets haben ihre neue Großoffensive auf Berlin vorgestern begonnen, man wagt nicht zu hoffen, daß wir sie zurückschlagen können. Weder von Diether noch von Tuttu Nachricht, und von Gitti und den Kindern kann auch nichts mehr kommen, da die Amerikaner schon dort sein müssen.

23. April. Die Ereignisse überstürzen sich, und ich habe weder Zeit noch Konzentration, um alles in der Ordnung zu schildern. Daher ab jetzt bruchstückweise und im Telegrammstil.

Nach Angriff auf Potsdam und nach all den Erzählungen über Verschüttete, Erdloch begonnen für mich und Irmgard auf Rasenplatz. Fritz schachtet aus, wir machen fertig. Mittwoch abend drin gesessen, noch offen, zu unheimlich und laut. Mit Tischeinlegeplatten überdeckt, mit Erde und Rasen überdeckt, Donnerstag abend fertig. In der warmen mütterlichen Erde fühlt man sich beruhigt und wird schläfrig. Ich auf kleiner Holzkiste, Irmgard auf Fußbank, so daß Kopf noch ein Stück unter Erdoberfläche. Freitag auch bei Tagesangriff, Richtung Döberitz und etwas später Richtung Werder drin. Nacht von Sonnabend zu Sonntag nochmals Alarm, ehe wir im Loch, heißt es: „Nach Westen abgeflogen". Aber Ruhe hat man auch dann nicht, da unsere Flieger dauernd ganz niedrig über das Haus rasen.

In der Nacht zum Montag zum ersten Mal ohne Alarm seit Januar!

Dafür ist nun der ferne Kanonendonner von Berlin dauernd zu hören. Im Norden sind die Sowjets schon in Frohnau. Sonnabend hier wilde Gerüchte: Schon in Beelitz und Michendorf! Die Spandauerstraße herunter nach Richtung Nedlitz (das einzige offene Loch, das uns noch bleibt) jagen die Autos unaufhörlich und ziehen Flüchtlinge. Sonnabend abends Gerücht: Potsdam doch offene Stadt, Lazarettstadt! Vor acht Tagen sollen die Amerikaner angefragt haben und Gauleiter Stürtz[360] verneint, darauf erfolgte prompt der schrecklichste Terrorangriff, der so viele Verluste an Menschen und den schönsten Bauten kostete. Garnisonkirche: barocker Turm mit Glockenspiel vernichtet, nur Steinquader ragen noch empor. Nikolaikirche: Kuppel beschädigt, Fassade schwer getroffen, Stadtschloß: nur noch Mauern. Wilhelmplatz fast lauter Ruinen, Bahnhof ein Trümmerhaufen, Palasthotel: öde Fensterhöhlen.

Das herrliche Frühlingswetter mit den warmen Nächten, in denen man gut im Loch sitzen konnte, ist Regen und Kälte mit Graupelschauern – richtigem Aprilwetter – gewichen. Die Bäume blühen wunderschön, aber in welcher furchtbaren Welt!

In der Stadt seit Angriff kein Wasser, kein Licht! Wir haben seitdem keine Sperrstunden mehr hier draußen und, da das Wasserwerk in der Nähe, kam das Wasser zwar oft spärlich, aber es ist doch da, da hier draußen noch keine Leitung getroffen.

23. 4. Montagnacht, kaum im Bett (immer frühzeitig gegen 9) plötzlich sehr starkes Geschützfeuer, dann lange anhaltendes Maschinengewehrfeuer Richtung Döberitz. Panzerangriff der Sowjets? Man weiß nichts. Ganz hell im Norden. Weile im Erdloch, dann zu Bett, wirklich geschlafen.

Dienstag, 24. 4. Irmgard vier Stunden nach Zucker (neun Pfund) angestanden, es wird allerlei verteilt, wenn einer nur sich überall anstellen kann. Aber kein Vergnügen, da sowjetische Flieger dauernd über der Stadt kreisen, mit Maschinengewehren und Bordkanonen schießen und auch Bomben abwerfen. An der 1.000-jährigen Eibe gingen welche herunter und zerstörten Strom- und Wasserleitungen, so daß wir vom Nachmittag an ohne. Mittwoch mittag, nachdem wir in der Waschküche gekocht (den ersten Spargel!) und morgens ein Restchen alten Kaffee im Heizungsofen angewärmt, ist beides wieder da.

Dienstagmittag soll die Lange Brücke gesprengt worden sein – also nichts mit offener Stadt! Nachmittags zum Grünen Haus[361] wegen even-

---

360 Emil Stürtz, geb. 1892, 1936–1945 Gauleiter der Kurmark/Mark Brandenburg und Oberpräsident.

361 Das Grüne Haus im Neuen Garten ist ein Wohnhaus.

tuellen Aufenthalts im Keller (ist aber nichts) sieht man den Turm der Heiligengeistkirche brennen (Flieger!). Gegen Abend Rauchwolken Richtung Nedlitzer Kaserne. Man kann kaum ein paar Schritte aus dem Garten wegen der Flieger.

Nacht zum Mittwoch unerwartet ruhig, ich habe mich zum ersten Mal nur halb ausgezogen, bei den früheren Alarmen hatte man immer Zeit genug. Aber jetzt gibt es keinen mehr, hätte ja auch keinen Zweck bei der Nähe. Aber morgens geht es dann los, um 6 Uhr plötzlich wildes Schießen, Flieger – so schnell bin ich noch nie aus dem Bett und in die Sachen gekommen. Im Erdloch ist es ungemütlich feucht und kalt, als nur noch Geschütz- und Maschinengewehrfeuer, kriechen wir heraus. Das begleitet uns nun den Tag über dauernd. Trotzdem säe ich noch das letzte Beet Mohrrüben und Erbsen, muß aber immer wieder wegen der Flieger hineinrennen.

Übrigens haben wir seit dem großen Angriff kein Telefon mehr, da Hauptpost zerstört, Zeitung und Post kommt auch nicht – man lebt wie auf dem Mond, da gestern durch die Stromunterbrechung auch noch das Radio ausfiel. Seit heute Mittag ist das nun wieder da. Von 4 bis gegen 6 1/2 raste eine ganze Schar von Tieffliegern mit Höllenfeuer über das Haus. Irmgard und ich sausten in den Keller und ließen es dort über uns ergehen. Fritz war zum Schlächter wegen der Fleischkonserven, Irmgard sollte zum Bäcker, war aber schleunigst umgekehrt. Fritz war schon auf dem Rückweg in der Albrechtstraße, die Mauer hat ihn gedeckt, Gott sei Dank, daß er glücklich wieder da war. Man kann nicht mehr bis in die Spandauerstraße kommen – wie lange werden wir das alles noch ertragen müssen! Wenn unsere unmenschlichen Leiden wenigstens noch zu irgendetwas führen könnten, aber das ist ja alles zu spät. Heute ist die Konferenz in San Francisco,[362] aber selbst wenn sich die beiden anderen mit Stalin verkrachten, an unserem Schicksal wird das nichts mehr ändern. Hier gingen auch Gerüchte über Verhandlungen mit den Amerikanern und daß unsere Truppen, vom Westen abgezogen, hier zu Hilfe kämen – leider nur ein Wunschtraum!

In der Nacht zu Donnerstag im Vorraum zur Küche im Liegestuhl geschlafen, Lärm dort am geringsten. Immer mal während Feuerpausen eingedusselt. (Fortsetzung ursprünglich auf Zettel geschrieben, wenn es gerade möglich, geschrieben in dem Gefühl, verrückt werden zu müssen, wenn man sich nicht wenigstens auf diese Weise davon befreien konnte.) Am Vormittag entfernt sich der Feuerlärm etwas, Tiefflieger machen sich nur wenig bemerkbar.

---

362 Delegierte aus 50 Staaten unterzeichneten am 26. 4. die Charta der Vereinten Nationen.

Irmgard wagt, das letzte fällige Brot zu holen, auch Mehl und Kunsthonig werden ausgegeben. Ich sogar im Garten Mohrrüben geputzt und im Liegestuhl, unter Tannen gedeckt, gelegen. Nachts zum ersten Mal im Keller geschlafen, nachdem noch abgedichtet mit Decken und Kissen zum Lärmschutz. In Feuerpausen geschlafen. Zwei Zehlendorferinnen, Frau Schmidt und Frau Henschel, die vor dem Grauen dort geflüchtet, aufgenommen. Von ihnen erhalten wir die ersten Erlebnisberichte, wir waren bis dahin zu harmlos. Was in den Zeitungen stand, hielt Fritz für Propagandalügen. Da er selbst sich im Ersten Weltkrieg so anständig und menschenfreundlich benommen, wollte er nichts von all den Greueln glauben.

Freitag, 27. 4. Kaum mit Kaffee fertig, Feuerhagel, in Keller gestürzt. Später, in Pause: Alle noch übrigen Fensterscheiben von Granatsplittern durchsiebt oder ganz in Scherben (außer Süden). Eingangstür und Läden durchschlagen, beide Kannen auf Anrichte (und Zuckerdose durchlöchert) zerschlagen. Gerade dort hatte ich eine halbe Minute vorher gestanden und war dann in den kleinen Gang zur Küche. Löcher in meinem Kopfkissen, kleine Granatsplitter in Bettrückwand, Anrichte im Eßzimmer. Feuerorkan nähert sich immer mehr. Eine Weile im Erdloch gesessen (oder darauf wegen Erwärmung), immer schnell wieder hinunter. Trotz allem schließlich doch noch Kartoffelklöße fertig bekommen, dann aus mit Strom und Wasser, wahrscheinlich wieder Leitung getroffen. Gegen Mittag am Ende der Straße (Pilz) die ersten Russen zu sehen. Durch die Gärten peitschen Schüsse.

Nach dem Essen, Lärm hat sich etwas entfernt, setze ich mich in Fritz' Zimmer in großen Stuhl (natürlich alle Läden zu), lege meine Handtasche auf Schreibtisch. Als Orkan wieder losgeht, schnell in Keller. Nach einer Weile geht Fritz nach oben, trifft in seinem Zimmer zwei Russen, die gerade sein Schreibtischfach aufgerissen haben. Durch offenen Wintergarten hereingekommen, verlangen sie „Uhr", Fritz gibt ihnen die dafür schon bereitgehaltene (leider Vaters, aber immerhin nicht seine goldene). Holländischer Schrank auch aufgerissen, was fehlt? (Später festgestellt: Filigran-Etui für Besuchskarten oder eventuell auch Zigaretten.) Kurz darauf vermisse ich meine Handtasche, sie haben sie im Wintergarten durchsucht, aber liegen gelassen. Lebensmittelkarten, Ausweise, Geld interessierten sie nicht. Den hier behaltenen Schmuck habe ich teils im Luftschutzkofferchen im Keller, teils im Brustbeutel.

Den ganzen Nachmittag im Keller sitzend oder liegend mit den beiden Flüchtlingen im Halbdunkel verbracht, in Feuerpausen noch Lebensmittel (Weckgläser, Dosen) versteckt.

Es kommen immer mehr Russen vorbei, verschiedene machen sich an der Garage zu schaffen, hauen ein Loch in die Tür. In Cecilienhof haben sie anscheinend schon ein größeres Quartier aufgeschlagen. Abends Gewitter, so daß Himmel- und Geschützdonner sich mischen. Schaurig.

Grauenvollste Nacht meines Lebens von Freitag zu Sonnabend. Wegen Beschuß wir vier Frauen im Keller, ich schon auf Liegestuhl, da ohne Licht nichts zu beginnen. Da donnert es schon gegen die Tür, Fritz öffnet, drückt die Kerle aber wieder heraus. Da reißen sie im Herrenzimmer den Laden auf und klettern durch die ohnehin zerfetzten Fenster. Toben durch die Wohnung und in den Keller, ein großer im Ledermantel, ein Biest mit verbundenem Kopf, ein anderer, klein, krumm, in der einen Hand das Seitengewehr, in der anderen brennendes Papier zur Beleuchtung, mit dem er uns fast anbrennt. Tobt zum Weinschrank, reißt ihn fast um (leider noch verschlossen): „Schnaps!" Der andere winkt der kräftigen jungen Frau (ich suche immer möglichst Irmgard zu decken): „Komm!" Sie muß mit in den Vorkeller. Ich will nach oben, um Fritz zu holen, der im Ledermantel stellt sich in die Tür und läßt mich nicht durch. Ich versuche noch, zu bitten, das kleine krumme Biest flucht irgendetwas, woraus ich verstehen kann: „njemetz satans". Nach einer Weile ist das Scheusal nebenan fertig, sie ziehen ab. Das war unsere erste schreckliche Erfahrung mit den Russen.

Kurz darauf schon wieder andere: ein Biest mit stieren Augen, anscheinend besoffen vom Wintergarten her mit der Taschenlampe uns ins Gesicht leuchtend, drei andere an der Tür. Diese erträglich, wollen vor allem Wein, lassen sich im Eßzimmer häuslich nieder. Ein Blonder, ziemlich gutmütig (scheint Unteroffizier), schiebt mir sogar sein Rumglas zur Stärkung hin, als er sieht, daß ich so furchtbar in Aufregung. Der Blonde sagte: „Hitler kaputt – wir gehen nach Hause!" Die beiden anderen mit Fritz im Keller, um Wein zu holen. Alle Flaschen aufgezogen und angetrunken, Rhein und Mosel. Wein schmeckt ihnen nicht, nur ganz scharfe Sachen. Der letzte Rest Cognac geht drauf. Während sie noch sitzen, laufe ich zu Quades, noch dämmrig, um zu sehen, wie es ihnen geht. Kaum zu Ende mit berichten, kommen die letzten drei bei ihnen an. Der einzelne Kerl war inzwischen nach oben gegangen und die arme Irmgard, die sich immer rein und anständig gehalten hat, wird von einem solchen Schwein mißbraucht. Es ist grauenhaft!!! Wir flüchten beide in unser Erdloch, verbringen in Feuchtigkeit (Regen draußen) und unbequemen Sitzen die halbe Nacht. Fritz muß noch drei Mal z.T. betrunkene Kerls durch das Haus ziehen lassen. Er ist auch ganz erledigt und kommt immer mal wieder berichten. Als es gegen Morgen ruhig wird (wahrscheinlich sind die Biester alle schwer besoffen) und ich gar nicht mehr sitzen kann, steigen wir aus dem Loch. Der Geschützdonner ist natürlich die ganze Nacht über uns hinweg gerauscht, am schlimmsten ein Geschütz mit einem ganz scharfen, bellenden Knall und ziemlich nah. Ich lege mich noch etwas aufs Bett. Am Morgen sehen wir alle ganz verfallen aus.

28. 4. Sonnabend. Zu Quades, die beiden dortigen Zehlendorfer Frauen wollen versuchen, sich weiter durchzuschlagen und Elfriede geht mit. Irmgard weint, bleibt aber. Ich zu Arnhöwels, will hören, ob auf Cecilienhof vielleicht Offiziere, die uns beschützen könnten. Herr Arnhöwel ist aber nicht drüben gewesen. Unterwegs auf der Straße zwei anständige, gut aussehende Offiziere, die freundlich, denen wir aber nicht begreiflich machen können, was wir wollen. Ich noch zu Hüttners,[363] um wegen Gift für den äußersten Fall, wenn man es nicht mehr ertragen kann, zu fragen. Sie haben aber auch nur genug für sich. Überall dieselben entsetzlichen Erlebnisse und Zustände! Kein Kaffee, mit Mühe Essen in der Waschküche, Irmgard immer wieder versteckt, wenn wieder welche kommen. Unsere stille Straße voll wilden wüsten Lebens, Cecilienhof ist anscheinend Stabsquartier. Gott sei Dank lassen sie uns wenigstens die Lebensmittel, suchen immer Büffet, Schreibtisch usw. durch, lassen aber auch Wäsche und Silber liegen, sind immer auf Wein und Weiber [aus].

Die beiden jungen Frauen haben sich inzwischen nach Cecilienhof begeben und sich dort einem Oberleutnant (Ingenieur Viktor) angebändigt, der mitkommt und in meinem Zimmer mit ihnen sitzt. Frau Schmidt, die Hübschere, will sich lieber diesem opfern, als eine dauernde Beute der verschiedensten Marodeure zu werden. Es ist das kleinere Übel, und eine andere Möglichkeit gibt es nicht.

Wir sitzen den ganzen Tag bei geschlossenen Läden und kaputten Fenstern – überall Zug, kalt und ein Dreck in allen Zimmern! Die Biester werfen jedes Streichholz brennend auf den Teppich – dauernd am paffen - gießen Wein aus, überall die Glassplitter von den Scheiben, Granatsplitter, Zigarrenasche. Eine unbeschreibliche Schweinerei! Von Wölks[364] kommen vier Verwandte, die bei uns auf der Erde schlafen wollen, da dort die Russen Quartier belegt haben, einer kann russisch, das ist uns lieb. Aber nach ein paar Stunden ziehen sie doch wieder rüber, da wieder frei. Frau Büskow, die Tuttus Zimmer vor ein paar

---

363 Dr. med. W. Hüttner, Langhansstraße 14.
364 Hermann Wölk, Albrechtstraße 32a, Kammerdiener des ehemaligen Kronprinzen Wilhelm.

Tagen bezogen hatte, da ihre Wohnung Spandauerstraße vom Terrorangriff kaputt, läßt sich auch mal wieder sehen – ein Durcheinander
von Menschen! Dazu dauernd der Kanonendonner, Maschinengewehrfeuer, Pistolen- und Gewehrschüsse ringsum, es ist unbeschreiblich!
Fritz setzt sich schließlich in die Küche, ich lege mich eine halbe Stunde
aufs Bett, fliege am ganzen Körper. Nachmittags läßt der Schlachten-
lärm etwas nach, unsere Truppen sollen in Wannsee stehen, aber der
Kommandeur von Potsdam[365] will sich nicht ergeben, obgleich es ja
doch Wahnsinn ist, jetzt noch. Bei altem Sanitätssoldaten muß Frau
Henschel wieder dran glauben, sitzt in meinem Zimmer und will nicht
wieder gehen, bis Oberleutnant Viktor vom Essen zurückkommt.

Inzwischen die Garage ausgeräumt (auf Quades Rat offen gelassen),
alles wüst, Koffer aufgebrochen, Friedels Weinkiste leer, einige Flaschen
zerschlagen und alle Wäsche aus Koffer naß, schmutzig, getrampelt oder
mit Fruchtgelee (von Hetty) beschmiert. Besonders schlimm, daß auch
die letzten Reservescheiben kaputt. Bei Winnigs[366] noch viel schlimmer,
da keiner dort. Auf Cecilienhof Plünderung, Major von Müllner und Frau
haben sich erschossen. Sieht unbeschreiblich aus dort.

Gegen Abend macht russische Artillerie Stellungswechsel in den
Neuen Garten, ein neuer Stab kommt, die Schweinerei mit den neuen
Kerls geht wieder los. Ein furchtbares Biest (wie ein Kirgise, mit
Pelzmütze) kriegt Irmgard wieder vor. Sie war schon auf dem obersten
Hausboden gewesen, wo sie sich ein Nachtlager zurechtgemacht hatte,
aber da die Frauen auch eventuell noch rauf, Leiter noch nicht fortgezo-
gen. Dauernde Hausdurchsuchung nach „germanski soldat". Einer gibt
auf dem Boden ein paar Schüsse ab, Irmgard schreit, muß nun natürlich
runter. Wir stehen nun alle vor der Haustür, draußen noch am sichersten,
ein ganz junger Kerl will auch mit mir noch anfangen; ich habe unglück-
licherweise die blaue Wollmütze auf, weil ich so fror. Als ich sie abreiße
und er die grauen Haare sieht, gibt er Ruhe. Die drei Weibsen verschwinden im Erdloch, ehe wieder neue kommen. Höhepunkt der Verzweiflung: Gott, mein Gott, was für eine Nacht wird uns wieder bevorstehen?!
Da kommt „Viktor" mit seinem Motorfahrer, freundlicher Junge, Leutnant, große Erleichterung für uns. „Viktor" sympathisch, versteht uns
gut, spricht auch leidlich Deutsch, wird uns „beschützen" die Nacht, verspricht immer zu öffnen, wenn es klopft. „Sie Tür zuschließen von Schlafzimmer und ruhig schlafen, Viktor wird schützen." Da die beiden Frauen
die beiden „Beschützer" auf sich nehmen, ist Irmgard für diese Nacht

---

365 Wahrscheinlich Oberst Lux.
366 August Winnig, Albrechtstraße 31.

gerettet. Trotz dauernden Geschützfeuers, das gegen Morgen auch nach-läßt, schlafen wir wirklich ein paar Stunden ohne diese dauernde Spannung. Viktor geht drei oder vier Mal öffnen und weist die Kerls ab.

Sonntag, 29. 4. Grießsuppe auf Waschküchenherd, seit Tagen schon nichts Warmes mehr morgens. Zwei ältere Wachposten finden sich ein und stehen herum. Höherer russischer Offizier kommt kontrollieren. Die beiden Frauen gehen in die Stadt, kommen schwer beladen wieder; regelrechte Plünderung dort durch unsere Leute unter russischer Duldung. Bei Mainka[367] gibt es alles, was wir seit Jahren nicht mehr gesehen haben: Die besten Herrenstoffe, Strümpfe in Bergen, Kleider, Schuhe, Hosenträger usw. Jeder nimmt, ohne zu bezahlen. Das mußte auch noch kommen! Konnte es denn nicht vorher verteilt werden? Aus dem Klosterkeller[368] bringen sie Weckgläser mit Obst mit.

Mittagessen richtig fertig bekommen, Nudeln, Schmorbraten (von voriger Woche sauer eingelegt), Champignonsauce (vom Kompost). Ruhiger Nachmittag, sogar an Südseite draußen Kaffee getrunken. Ab und zu laufen Russen durch die Gärten, schwer bewaffnet, auf der Suche nach Deutschen, lassen uns aber in Ruhe. Die Frauen und Irmgard holen Kohlen von einem Kahn am Wasser und Wasser aus der Havel. Fahrer eines Pferdewagens kommt in den Garten und holt Spaten, gibt ihn aber wieder zurück. Einen sind wir schon losgeworden.

Abends wird das Schießen wieder viel lebhafter und kommt immer näher, wenn doch bloß erst ein Ende wäre! Dann kommt der kleine Leutnant: Viktor und er wollen um 8 Uhr hier sein, leider aber wird daraus nichts, wir warten vergeblich. Schießen immer toller, ich mache Kellerlager wieder für alle Fälle zurecht. Als es zu dunkel wird, Lichte müssen wir aufs äußerste sparen, legen wir uns voll Sorge aufs Bett. Tag noch eher zu ertragen. An das dauernde Schießen hat man sich gewöhnt, das Wumm-Wumm in regelmäßigen Abständen stört schon kaum noch – es gibt jetzt wahrhaftig schlimmere Dinge – nur wenn ein ganz großes Kaliber plötzlich losdonnert oder ein ganz scharfes Knallen losgellt, fährt man hoch. Man weiß nichts, wo eigentlich noch gekämpft wird, manchmal klingt es von allen Seiten, man erfährt nichts – keine Post, kein Radio, kein Telefon, keine Zeitung, kein Licht, kein Wasser – man sieht und spricht nur die nächsten Nachbarn um den Garten herum, denen es ebenso entsetzlich geht.

Wir liegen mit angespannten Sinnen wach – man ist ja nur noch Freiwild – vae victis! –, mehrmals draußen Stimmen vor der Haustür,

---

367 Kaufhaus Hirsch in der Brandenburger Str. 30/31, als jüdischer Besitz 1938 enteignet.
368 Restaurant in der Nauener Straße.

leider nicht Viktor. Fritz steht zwei Mal auf, dann ruft ihn Irmgard wieder, da sind die beiden alten Wachkerls vom Vormittag, die gegen Abend nochmals da waren und von denen der eine anscheinend ein Auge auf Frau Schmidt geworfen hat, schon in der Diele. Sind durchs Eßzimmer eingestiegen. Kommen auf Suche ins Schlafzimmer. Irmgard kriecht mit unter meine Steppdecke – Gott sei Dank nicht unters Bett, denn dort leuchten sie ab. Ich lege mich so, daß die Erhöhung möglichst wenig auffällt. Die Kerls sind nicht wieder wegzubringen, einer setzt sich zu Fritz aufs Bett, sie fangen an zu rauchen, spucken in die Stube. Nach endloser Zeit für uns und immer wiederholten Bitten: „Müde, schlafen", bringt Fritz sie endlich raus; sie finden nach oben und dann wird Ruhe, bis sie am Morgen das Haus verlassen. Irmgard ist wenigstens gerettet. Gegen Morgen läßt der Feuerlärm nach, man könnte schlafen, wenn einem nicht alle Glieder fürchterlich zitterten. Irmgard verbringt den Rest der Nacht auf meinem Diwan bei uns.

Montag, 30. 4. Das Schießen hat sehr nachgelassen, die Truppen von Cecilienhof ziehen gerade ab, als wir auf Wassersuche hinüber gehen. Am Himmel rauschen Fliegergeschwader – möchten doch die Amerikaner uns von dieser Pest erlösen! Hydrant vor dem Schloß von Panzern kaputt gefahren, nur eine Drecklache, der andere unbrauchbar. Eine unbeschreibliche Unordnung überall: Geschirr, Betten, Radioapparate, noch weiß überzogene Kopfkissen, unendliche Mengen leerer Weinflaschen, Konservendosen, dazwischen Munition, Fahrräder, alles auf dem Rasen verstreut. Wir finden eine volle Dose mit sehr schönem fettem Streichkäse.

Mehrere Fahrräder, die herrenlos in den Vorgärten herumlagen, hat Irmgard schon an sich genommen, um später unsere schlechten Reifen und Pedale zu ergänzen. Während ich einen Augenblick zu Quades herübergehe, werden mir aus dem Schrank im Schlafzimmer einige Kleider (hauptsächlich die Abendkleider) gestohlen und vier Paar Schuhe. Ein Offizier im Auto ist vorgefahren, schleunigst durchs Haus, Sachen herausgerissen, schon davon. Etwas schlechtes Gewissen scheint das Biest doch gehabt zu haben, es stehen ja strenge Strafen darauf. Aber Wäsche habe ich noch behalten. Die alten Kerle von heute Nacht hatten die drei Eier vom Brett gestohlen und die allerletzte Flasche Wein hatte gestern auch noch einer entdeckt. Als kleine Entschädigung für all dies hat ein Fahrer gestern Nachmittag den jungen Frauen sechs Dosen Konserven (Mohrrüben mit Schweinefleisch) aus seinem Wagen geschenkt: Deutsche Frau nemmen, gutt! Und „Viktor" hatte sehr gute Schokolade verteilt, die wir ja kaum noch kennen.

Die Zehlendorferinnen verlassen uns – Gott sei Dank, ich hatte die Schweinerei mehr als satt. Nach kurzer Zeit kommen sie zurück – Glienicker Brücke immer noch Kampf. Fritz wimmelt sie ab. Nachmittags zu Hüttners wegen Irmgard verstecken für die Nacht. Schläft dann auf äußerem Dachboden. Nacht ohne Biester. Zum ersten Mal wieder Vogelgesang (Nachtigall, Kuckuck) mit Bewußtsein gehört. Schießen schwächer, todmüde – fest geschlafen.

Dienstag, 1. Mai. Morgens sogenannte „Militärpatrouille", ich noch im Bett. Nimmt letzten guten Wecker auch noch mit. Zwei russische Fernsprecher von nebenan waschen sich bei uns. Irmgard und ich nochmals nach Cecilienhof, finden auf Rasen seitlich eine Dose dänisches Milchpulver und ein großes [?] Johannisbeergelee (mit deutscher Aufschrift natürlich). Gehen bis zur Meierei.[369] Am Wege im Gras zwei tote deutsche Soldaten – ach Gott! Später höre ich, daß der eine mit Maschinengewehr die Meierei nach dem Wasser verteidigt hat und dabei durch die Augen geschossen worden ist, ein Herr v. Borris aus Potsdam.

Nach dem Essen (Kohlrabi, Fleischrest mit einem Ei aufgebraten) in der Waschküche, wo es durch Herdfeuer am wärmsten (Zimmer alle dunkel, kalt, zugig) holen Irmgard und ich Kohlen von dem Kahn an der Brücke. Man muß ja doch kochen. Die Meierei hat im oberen Stockwerk einige ordentliche Treffer. Der russische Fahrer, dem wir am Sonntag die Hand verbunden (Kaukasier, ordentlich, „Krieg nicht gutt!"), kommt auf dem Rad vorbei, ich winke ihm, meine beiden schweren Kohleneimer anzuhängen. Inzwischen ist bei Stülpnagels,[370] wo der Kommandant[371] wohnt, die erste russische Bekanntmachung angeschlagen: Von 10 abends bis 8 morgens in den Häusern bleiben, kein Licht, keine Taschenlampe, gut verdunkeln. Alle Waffen, Radios, Fotoapparate abgeben binnen 72 Stunden. Fritz sucht Richards Säbel heraus, alle anderen hatten wir zu der letzten „Volksopfer"- Sammlung gegeben. Er ruft den russischen Fahrer, er möchte ihn bei der Kommandantur abgeben. Als ich vom Kohlen holen wiederum zurückkomme, fährt er, stolz den Säbel vorn am Rad, vorbei. Mein Richard, wenn Du es wüßtest! Ich Weinkrampf.

369   Die Meierei, im Parkbezirk des Neuen Gartens am Jungfernsee, ursprünglich ein ländlicher Wirtschaftshof, der zu einer burgartigen Anlage im normannischen Stil umgebaut wurde.

370   Albrechtstraße 25. Ferdinand Wolf von Stülpnagel, Kammerherr des ehemaligen Kronprinzen Wilhelm.

371   Stadtkommandant Oberst A. Werin. Er beauftragte am 31. 4. 1945 Friedrich Bestehorn (1888–1946) das Amt des Oberbürgermeisters weiter auszuüben, das er nach der Flucht des Oberbürgermeisters Hans Friedrichs ab 25. 4. übernommen hatte. Aber bereits am 13. 5. wurde er suspendiert. Zu Friedrichs siehe Thimme, „Hans Friedrichs, Oberbürgermeister und Kreisleiter der NSDAP", in: Rote Fahnen, S. 29–42.

Ganze Entsetzlichkeit unserer Lage kommt scharf zum Bewußtsein. Die furchtbaren Nöte der letzten Tage haben einen so bis aufs äußerste angespannt, daß man fast stumpf für alles andere wurde. Welch gnädiges Schicksal hat Dir, mein geliebter Richard, erspart, das zu erleben. Für Dich als Offizier wäre es wohl untragbar geworden, was in Zukunft noch alles mit uns geschehen wird. Tuttu wird um seiner Familie Willen durchzustehen versuchen, aber wie hättest Du all diese Schmach überleben sollen.

Nachmittags gehen Irmgard und ich zu Gallas,[372] vielleicht Milch oder Spargel? Aber alles leer. Hund und Pferd liegen erschossen im Hof, die Kühe leben, das Russenmädchen soll für sie sorgen, Gallas sind geflüchtet.

Da den ganzen Tag über die Leute hochbepackt und mit Wagen und Karren voll Gemüsekonserven vorbeigekommen sind, entschließen Irmgard und ich uns auch noch, zu der abgebrannten Marmeladenfabrik Zinnert, Holzmarktstraße (Berliner Tor) zu gehen (mit Roller). Auf den Straßen schon lebhafter Personenverkehr, man wagt sich endlich wieder frei hinaus mit weißer Armbinde. Albrechtstraße 12: SS-Uniform und zwei Panzerfäuste, kaputte Autos und Fahrräder überall, Uniform- und Waffenteile, Birkenwäldchen[373] sieht wüst aus, russisches Soldatengrab neben Denkmal. In eine Hausecke ist ein riesiger Panzer hineingefahren, auf der Neuen Königstraße liegt noch ein totes Pferd auf dem Bürgersteig – überall die Spuren des Krieges, den wir seit 30 Jahren kaum am eigenen Leibe erlebt hatten. In der Marmeladenfabrik wühlen hunderte von Menschen in Schutt und warmer Asche (es schwelt noch) nach Konserven. Wir haben eine Hacke mitgenommen, ein Mann hackt auf und teilt mit uns, wenn es nicht schon zehn andere weggerissen haben. Zehn Gläser grüne Bohnen, eines davon tausche ich noch gegen ein [*Wort unleserlich*] Sellerie. Abends nochmals alter Wachmann, Fritz schnauzt ihn an. In der Stadt hat es das erste Mal wieder Brot gegeben – aber die Anstellung! Nacht wiederum ruhig für uns, geschossen wird immer noch, meist schon fern, manchmal tackt aber auch in der Nähe noch wieder Maschinengewehr los.

Mittwoch, 2. Mai. Sanfter Regen zu unserem Glück. So bekommen wir wenigstens unverseuchtes Wasser, und für den Garten ist auch gesorgt. Da bei solchem Wetter aber Aufenthalt draußen unmöglich und Waschküche halbdunkel (Fenster kaputt, Pappe), beschließe ich, das

---

372 Der Hof des Milchbauern Gallas lag am Rand des Schrebergartengeländes am Pfingstberg, Richtung Nedlitz.
373 Kleiner Platz vor dem Eingang zum Neuen Garten.

Eßzimmer einigermaßen in Ordnung zu bringen. Fritz ist mit dem Magen nicht in Ordnung, ganz schlapp – war ihm auch zu viel –, soll ein warmes Zimmer haben. Wir hängen die noch geretteten Doppelfenster ein (hoffentlich bleiben die uns nun), kehren den Dreck von all den Stiefeln, die Splitter usw. und heizen den Anthrazitofen. Nun können wir auch wieder im Eßzimmer essen. Man wagt ja auch wieder, den Laden offen zu lassen.

Irmgard nach Brot – vergeblich –, zu große Anstellung schon um 10 für die Ausgabe nachmittags um 2 Uhr. Wir holen nach dem Essen noch eine tüchtige Ladung Kohlen vom Kahn, zuerst mit Eimern, dann mit Karre. So vergeht der Nachmittag. Frau Quade, Frau v. Bercherer und einige andere sind dabei, die beiden toten deutschen Soldaten im Park zu beerdigen. Der eine soll ein Maschinengewehr an der Meierei bedient haben. Nacht wiederum ruhig für uns, verschiedene andere werden belästigt. Auszuziehen wagt man sich noch nicht.

Donnerstag, 3. Mai. 8 Uhr ab mit Frau v. Bercherer und Quades Wagen, um Fotoapparate und Radios abzugeben. Entsetzliches Gedränge auf der Treppe vom Werner-Alfred-Bad, gute zwei Stunden angestanden bis abgefertigt. Dann noch Diethers Dolch in der Karlstraße auf den Waffenhaufen geworfen, vae victis! Um 11 endlich zu Hause, Irmgard auch schon da mit einem russischen Kommißbrot, das sie von den Friseursleuten, bei denen sie immer arbeiten mußte, bekommen hat. Für Haareschneiden lassen sie sich Lebensmittel von den russischen Offizieren geben. Fritz hat inzwischen den Gartenweg und Eingang sauber gemacht, war ganz bedeckt mit abgefetzten Ästen vom Beschuß, und Terrasse (Glassplitter) abgefegt. Wir hängen die beiden restlichen Schlafzimmerfenster ein (vom Schrank), so daß es dort auch nicht mehr so zieht. Essen vor Waschküche in der Sonne, grüne Bohnen. Bald darauf Graupel- und Regenschauer, letzterer Glück für Garten und uns! Nachmittags Wintergartenmittelfenster mit großem alten Sack verhängt, die Schufte hatten das Linoleum zerfetzt, um herein zu kommen. Ganz allmählich tauchen wir aus den tiefsten Abgründen des „Inferno" wieder auf. Zu Gallas wegen Spargel, sind wieder da, zwei Pfund bekommen.

Übrigens: Die russische Sprache in ihrer rauhen, tierhaften Wildheit ohne Wohlklang und Harmonie scheint genau dem Kulturzustand zu entsprechen. Man zitterte schon immer, wenn sie draußen erklang. Jetzt ist es viel stiller geworden hier. Aber geschossen wird immer noch in der Ferne. Nachzutragen: in den Kampftagen kamen mehrmals Infanteristen in den Wintergarten, teils um Schutz vor dem Regen, teils um zu essen. Sie waren glänzend versehen: sehr gutes Kommißbrot, auf das sie fingerdicke Streifen Butter und ebenso Wurst legten, Anschovis, Gurken – das schmatzten sie alles hintereinander herunter und tranken dazwischen. Aber sie stahlen nichts, blieben im Wintergarten und gingen wieder.

Freitag, 4. Mai. Nachts 12¾ nochmals herausgeklopft worden, Fritz öffnet aber nicht, sondern schnauzt mit einigen russischen Worten (Befehl des Kommandanten: Betreten der Häuser verboten) von drinnen, als das noch nicht genug wirkt, ruft er mit anderer Stimme: „Telefon paruski" (= russisches Telefonquartier, das im Nebenhaus war). Darauf ziehen sie ab. Morgens Sonne, Irmgard umsonst nach Brot, bekommt aber Schein für Montagmittag. Im Garten Spargel geschält und Rhabarber geputzt, mittags, der Kaukasier besucht uns, anscheinend um Lebewohl zu sagen, aber wir verstanden ihn nicht. Nachmittags zogen die Russen ab – Gott sei gedankt! Sollen alle nach Berlin sein – was wird uns jetzt blühen?!? Aufräumungsarbeiten. Der ferne Kanonendonner hat am Nachmittag endlich aufgehört. Abends noch mal Umgegend von Cecilienhof „durchforstet", noch Käsedose, eine Rindfleisch mit Makkaroni und Tomaten, 1 Zucker, 1 Ölsardinen und einige Brühwürfel gefunden. Nacht ruhig.

Sonnabend, 5. Mai. Zur Schule (Alexandrinenstraße), gut eine halbe Stunde gestanden, um neue Lebensmittelkarten zu holen. Ob wir etwas darauf bekommen werden?! Irmgard vergebens nach Brot, zu große Anstellung. Regen, kalt, Straßen schon gut aufgeräumt, wir tun es auch vor unserer Tür. Es heißt, die interalliierte Kommission soll heute eintreffen. Nachmittags noch Koks vom Kahn geholt, vergebens nach Spargel. Wasser kommt!! Hoffentlich folgt der elektrische Strom auch bald nach.

Sonntag, 6. Mai. Zum ersten Mal ausgezogen geschlafen. Gründlich gewaschen und neue Wäsche - man wird allmählich wieder Mensch. Das von Frau Quade geschenkte Huhn (bis auf die beiden Klucken haben sie ihr alle lahm geschossen oder weggenommen) verhilft uns zum Sonntagsessen. Leider noch wieder ferner Kanonendonner (diesmal Westen, Brandenburg) zu hören.

Nachmittags mache ich mich zur Waldemarstraße auf, Haus dort unbeschädigt.[374] 14 Personen in der Wohnung, Schreibtischfach von den Russen aufgebrochen, sonst nicht viel. Aber wenn man nicht durch die Stadt muß, bleibt man lieber hier draußen, die Zerstörungen vom letzten sinnlosen Bombenangriff sind zu traurig. Dazu dann noch die vom Artilleriebeschuß. Im Mirbachwäldchen[375] sind schon über 30 Tote beer-

---

374 In der Waldemarstraße wohnte Friedrich Wille und seine Familie.
375 Das Grundstück der Freiherr von Mirbachschen Erben lag in der Albrechtstraße 15.

digt – kein Mensch kann seine Toten zum Friedhof schaffen. Das Marmorpalais[376] hat vom Beschuß auch noch ziemlich viel abbekommen, und die Häuser drüben am Heiligen See sehen z.T. sehr schlimm aus, wir machten zusammen am Vormittag den ersten kleinen Spaziergang dorthin.

Montag, 7. Mai. Estorff[377] hat mit mehreren anderen eine Gemeinschaftshilfe für uns hier draußen aufgezogen, die in Wagen Brot holt, so daß wir endlich zu Brot kommen ohne stundenlanges und einzelnes Anstehen. Nachmittags kann ich unsere drei Brote für die Woche in der Langhansstraße abholen – welche Freude! Jetzt weiß man erst, wie wertvoll das liebe Brot ist! Weiter gibt es aber auch nichts an Zuteilung in dieser Woche.

Drei Nächte hatten wir Ruhe - dann ging die Hölle noch mal wieder los. Gegen Mitternacht wurde ich munter, weil es an der Tür polterte, und flüsterte es Fritz zu, der aber erst abwarten wollte. Als die Geräusche nicht aufhörten, stand er auf, da waren drei Kerls schon im Herrenzimmer, wieder Fensterladen geöffnet und durch die kaputten Fenster eingestiegen. Gaben sich als „Patrouille" aus, die deutsche Soldaten suchten. Fritz gab auf Befragen leider an, daß oben zwei Frauen (eine alte von nebenan nächtigte noch außer Irmgard oben), hätten wir geahnt, daß Irmgard schnell auf den obersten Boden war und die Leiter abgezogen hatte, hätten wir nichts von ihr gesagt, aber durch die vorher ruhigen Nächte war nichts verabredet. Und die alte Frau sagte auch sofort, als die Kerls nach oben kamen, es wäre noch ein Fräulein da und lief zu uns ins Schlafzimmer. Nun suchten sie überall und tobten umher, und Fritz rief nach Irmgard, die herunter mußte vom Boden. Zwei blieben oben, der ältere mit Maschinenpistole setzte sich zu uns ins Schlafzimmer, fing an zu rauchen und brüllte Fritz an: „Geh schlafen!" So mußten wir ohnmächtig mit anhören, wie Irmgard oben schrie und jammerte, es war ganz entsetzlich! Mir flogen alle Glieder, Fritz stöhnte ganz furchtbar, worauf der Kerl ihn anbrüllte: „Du still sein – mir deutsche Frau kaputt, Mutter kaputt, alles kaputt!" Ob es wahr ist? Vorher hatte er ihm aber eine Zigarette angeboten, unbegreifliches Volk! Schließlich zogen sie dann ab – Irmgard kam weinend heruntergestürzt – wir alle taten kein Auge mehr zu vor Entsetzen und Grauen.

Am Morgen ging Fritz nach Cecilienhof, dort war ein Oberleutnant und Professor der orientalischen Sprachen, wohlwollend, spricht gut

---

376 Schloß im Neuen Garten.
377 Otto von Estorff, Architekt, wohnte in der Albrechtstraße 26. Seinem Sohn Helmuth von Estorff danke ich für zahlreiche Hinweise.

Deutsch, ist aber nicht zuständig für Beschwerde und Schutz. Schreibt Zettel aus, daß man bei Major Scheikin[378] vorgelassen wird. Ich auf nach Kommandatur, Karlstraße, obgleich ganz elend. Ergebnislos – Major Scheikin nicht da, Achselzucken, wann zurück. Selbsthilfe: Auf Rückweg Bitte, Irmgard im Augusta-Stift[379] schlafen zu lassen. Da sie darum fleht, gehe ich auch mit. Schlafen im Zeichensaal sehr ruhig zu dreien (ausgebombte Frau).

Nächste Nacht soll Irmgard wieder hin, ich will zu Neubelts,[380] da Zeichensaal aufgelöst wird und wir in den Keller im Stift auf Pritschen müßten. Bei Neubelts nichts Schlimmes passiert, da russische Gräfin dort wohnt. Als ich von Besprechung zurückkomme, hat sich alles geändert: Herr Schäfer von nebenan ist auf Cecilienhof als Dolmetscher angestellt worden und hat gebeten, ein Zimmer bei uns zu bekommen. Daraufhin bleiben wir bei uns, Irmgard auf dem Boden. Die Russen feiern ihren Sieg – der Friede ist geschlossen –, man hört dauernd „Viktoria"-Schießen von Berlin her, und gegen Morgen fangen sie hier damit an, aber sonst bleibt die Nacht ruhig.

10. 5. Donnerstag. Heute ist Himmelfahrtstag, wunderschönes Wetter, der Flieder blüht in wahren Wogen – nur wir so tief in Unglück und Leid und das arme, arme Vaterland! Was wird über uns verhängt werden?! Daß es eine Zeit gab, in der wir glücklich und fröhlich mit den drei Jungen an diesem Tage hinauszogen und uns des Frühlings von ganzem Herzen freuten, daran darf man kaum denken. Der Unterschied ist zu entsetzlich, und man muß es ja doch auszuhalten versuchen, weil ich doch immer im tiefsten Herzen hoffe, Diether wiederzusehen und ihm, der nichts gelernt hat, noch eine Hilfe sein zu können.

16. 5. Jetzt sind wir unter kommunistische Regierung geraten - das war vorauszusehen![381] Gestern Abend ging es von Mund zu Mund, daß alle Männer und Frauen zwischen 16 und 60 für einen Tag zur Arbeit kommen müßten zum Aufräumen. Da Irmgard als „in festem Arbeitsverhältnis bei uns" nicht in Frage kam, stellte ich mich allein mit Harke bewaffnet um $8^{1}/_{2}$ bei der Regierung ein. Endloses Herumstehen, schließlich allmähliche Verteilung auf verschiedene Arbeitsplätze durch ganz junge Leute. Ich werde gleich zurückgestellt, meine weißen Haare leuchteten ja auch sehr in der Sonne. Als dann die Albrechtstraße aufge-

---

378 Scheikin war Oberstleutnant.
379 (Kaiserin-)Augusta-Stift, Mädchen-Pensionat und -Schule, Albrechtstraße 19/24.
380 Neubelt, Langhansstraße.
381 Friedrich Bestehorn wurde vom Amt suspendiert. Bis Juli war Heinz Zahn Oberbürgermeister.

rufen wurde, sagte ich das dem Anderen, worauf ich gehen konnte, da genug junge da wären. Fritz weinte, als ich wiederkam – hatte sich so aufgeregt, daß ich geschunden werden würde. Man ist so klapperig, daß man schon mit äußerster Mühe nur die unbedingt notwendige Gartenarbeit schafft. Wenn es weiterhin kein Fett gibt, werden wir ja doch allmählich alle eingehen. Brot haben wir bis jetzt noch bekommen, aber das halbe Pfund Pferdefleisch auch nach stundenlangem Anstehen noch nicht. Sonst hat es noch ein Pfund fürchterliche Kartoffelflocken mit Schalen (Schweinefutter – aber so werden wir ja jetzt auch eingeschätzt) gegeben – das ist vorläufig alles. Das Leben ist so hoffungs- und trostlos geworden in jeder Beziehung, man kann es kaum noch ertragen. Dabei ist das wunderschönste Maiwetter, Hochsommerhitze – aber es müßte so dringend regnen. Die Mißernte ist das einzige, was uns zum vollkommenen Unglück noch fehlt.

Gestern brachte unser alter Briefträger Post – welch ein Wunder –, natürlich alte, die sie noch ausgegraben hatten, darunter ein Brief von Diether vom 3. 4., worin er schreibt, die Zeit verginge ihm wie im Fluge, außer mit Schanzarbeiten mit den Vorbereitungen für einen expeditionsartigen Rückzug in die Heimat. Danach könnte man hoffen, daß er doch von Pillau nach dem Westen zurück gekommen und in amerikanischer Gefangenschaft. Ich kann es nicht glauben, daß er tot ist, aber wann wird man sich wiedersehen – und wie?!?

20. 5. Pfingsten, herrliches Wetter, aber Regen wäre viel notwendiger. Einmal gab es nachts Gewitter, aber das reichte längst nicht aus. Irmgard hat sich am Pfingstsonnabend schon um 6 Uhr beim Schlächter angestellt (um 8 wird aufgemacht) und ein Stück richtigen fetten Schweineschinken bekommen (150 Gramm je Kopf statt 250 Gramm Pferdefleisch). Von Vowinckels Martha bekomme ich Spargel, als Nachtisch gibt es unsere grünen frischen Stachelbeeren. Sogar zu einem Kuchen (Mohn) haben wir es gebracht, den Irmgard zum Bäcker mitgenommen hat, da wir ja im Waschküchenherd nicht backen können. Allmählich wird es mit der Versorgung etwas besser: Gemüse, Spargel, Kartoffelflocken (feine), etwas Heringe, 2.500 Gramm Brot sind aufgerufen. Nur kein Fett.

Als ersten Anfang der Ordnung hat ein alter netter Tischlermeister, der in Cecilienhof für die Russen arbeiten muß und den Dolmetscher Schäfer uns besorgte, in seinen Überstunden unsere Türen ganz gemacht, die vom vorigen Juli (Bombe) noch nicht wieder verschließbar. Vielleicht kommen wir auf diese Art auch zu einigen Fensterscheiben. Auch die neue Stadtverwaltung bemüht sich um Ordnung, ein ziviler Ordnungsdienst ist eingesetzt, die städtischen Behörden haben wieder angefangen zu arbeiten, auch die Schulen beginnen wieder. Die Ausgehzeit ist von 5 bis 23 Uhr verlängert, während wir vorher nicht vor 8 Uhr aus dem Hause durften, und die Verdunklung aufgehoben. Aber Licht haben wir ja ohnehin nicht, nur in einigen Teilen der Stadt mit wichtigen Betrieben.

Zwei Männer vom Wohnungsamt gehen umher wegen Unterbringung der Ausgebombten. Zwei haben wir ja schon, Dolmetscher Schäfer und Frau Büskow, jetzt soll noch ein Ehepaar in Tuttus Zimmer. Aber man muß dankbar sein, wenn einem die unteren Räume allein bleiben, um der Söhne willen, die doch hoffentlich eines Tages zurückkehren, ließ man sie uns.

Das Schlimmste ist die immer noch herrschende Unsicherheit im Großen und Kleinen: Was wird aus unserem armen Vaterland? In wie viel Stücke zerrissen? Und wird die Mitte einen Schein von Selbständigkeit behalten und die Russen bis zur Oder zurückgehen? Tausend Gerüchte durchschwirren jeden Tag die Stadt. Wenn man sich gerade ein wenig beruhigt hat, geht es von neuem los: „Die Russen holen die Möbel aus den Häusern in der Albrechtstraße." Da und dort ist wieder geplündert worden, die und die Häuser mußten Knall und Fall von den Bewohnern für einziehende Polen geräumt werden usw. Dann kommen sie nach Schäfer gerannt, weil Russen nebenan usw. In Cecilienhof sitzen die Kommissare, haben alle Angestellten herausgesetzt, niemand darf herein. Aber wenn man sich dort beschwert, schicken sie einen Offizier zur Hilfe.

Nachts geht der Autolärm bis zum Morgengrauen – aber lieber will ich davon gestört werden als von herumziehenden Biestern. All die Nächte konnte ich immer erst richtig einschlafen, wenn es dämmrig wurde, lauschte vorher immer nur auf jedes Geräusch draußen. Jetzt haben wir die Gartentüren zugeschlossen, viel Schutz ist es nicht bei dem niedrigen Zaun, aber doch ein Zeichen, daß wir nicht jeden hereinlassen wollen. Auch am Tage lassen wir die Eingangspforte zu und gehen durch die an der Garage.

Am Pfingstmorgen gehen wir zur Glienicker Brücke, ein trauriger Weg durch all die Zerstörung. Die Hasengrabenbrücke gesprengt, ein Notübergang etwas weiter, Häuser von Bomben oder Beschuß zerstört, Gräber am Wege, an der Glienicker stehen noch Flakgeschütze, Panzerwagen, Autos. Die Brücke hängt auf unserer Seite steil nach unten, ein großer Panzerwagen über ihren Rand gekippt, die Mitte liegt auf dem Wasser auf, drüben stehen noch zwei Bogen über dem Wasser.

Zweiter Pfingsttag. Immerfort wandern die Gedanken zu den geliebten Menschen an sogenannten Festtagen, die für uns keine sein können, noch mehr als gewöhnlich. Wie mag es Gitti und den Mäusen ergangen sein? Man sehnt sich so nach ein wenig Zärtlichkeit und harmloser Kinderfreude, hoffentlich haben sie es besser gehabt als wir hier. Von Schönfelders brachten Bekannte, die in Berlin gewesen waren, einen Brief – das erste Lebenszeichen von Verwandten. Danach ist es ihnen nicht so schlimm ergangen, nur daß es mit Schönfelders Gesundheit immer schlechter geht. Berlin soll auch ganz einigermaßen versorgt werden, sogar Kaffee und Tee für Pfingsten! Die Radioapparate kann man jetzt zurückholen, da wir keinen Strom haben, könnten wir es aber doch nicht anstellen. Schön wäre es, wieder gute deutsche Musik endlich zu hören! Am Pfingstsonnabend habe ich den beiden deutschen Soldatengräbern im Park Blumen gebracht – Dir, mein Richard, kann ich es nicht. Nur Dein Bild kann ich schmücken. Da mein Zimmer durch die Pappen vor den Fenstern ziemlich dunkel ist, steht Dein Bild jetzt nicht mehr auf dem Flügel, sondern im Schlafzimmer auf meiner Kommode. Ich könnte es auch nicht ertragen, es von Fremden, gegen die Du gekämpft hast, entweiht zu sehen.

Die Knallerei nimmt kein Ende; immer wieder hört man Schüsse, neulich Abend wollten Russen in das graue Haus (gegenüber Estorffs), als nicht geöffnet wurde, schossen sie durch die Fenster. Auch Geschützfeuer [?] ist immer wieder zu hören, selbst am Sonntag.

Begreifen kann ich es nicht, daß das Schicksal uns so entsetzlich geschlagen hat, nachdem wir jahrelang solche Leiden ertragen haben und so viel Opfer gebracht - waren wir dann nicht wert, als Volk zu leben? Sicher hat die Partei viel Schuld auf sich geladen, besonders in der Behandlung der anderen Völker, aber haben z. B. die Engländer besser gegen die Buren gehandelt?[382] Und ihnen ist es doch immer geglückt. Man zergrübelt sich den Kopf: Warum, warum?!? und bekommt keine Antwort.

28. Mai. Die vier ersten Wochen seit der russischen Besatzung sind vorüber – wie eine Ewigkeit kommen sie einem vor, da jeder Tag so randvoll war mit schrecklichen Erlebnissen, Erzählungen, Gerüchten, dauernder Sorge um die nötigsten Lebensmittel und Arbeit. Allmählich ist es immer ruhiger geworden – vor ein paar Tagen waren noch einmal drei Russen vormittags im Garten (zwei Soldaten, ein übler Zivilist, der Irmgard durchaus ins Haus drängeln wollte. Sie flüchtete aber zu Museholds[383] über den Kompost). Aber heute sind nun die Kommissare aus Cecilienhof abgezogen, und die Angestellten können wieder hinein.

---

382 Krieg zwischen England und den südafrikanischen Burenstaaten, 1899–1902.
383 Musehold, Langhansstraße 17, an Willes Grundstück rückseitig angrenzend.

Wir wunderten uns schon ob der ruhigen Nacht: kein Autofahren, Kreischen der Bremsen, Türen schlagen usw. (wir nahmen immer an, daß die zum nächtlichen Verhör von der GPU[384] Geholten vor der Einfahrt immer aussteigen mußten). Hoffentlich kommt kein neuer Schrecken mehr.

Zwei Mal während eines Menschenlebens in den Abgrund geschleudert zu werden und diesmal noch viel tiefer als 1918 – das ist wirklich sehr hart.

Am gestrigen Sonntag gingen wir durch die arme zerstörte Stadt und drangen bis zur Langen Brücke vor, die zuletzt noch von den Unseren gesprengt wurde. Daß all das noch geschehen mußte, als es schon gänzlich sinnlos war, ist zu fürchterlich. Wir müssen es noch auf lange hinaus büßen, daß alles zerstört, daß durch die gesprengte Eisenbahnbrücke keine Bahn fahren kann usw. An der Langen Brücke waren die Russen eifrig tätig, große Stämme einzurammen, damit sie bald wieder brauchbar wird. Der Verkehr läuft jetzt auf einer hölzernen Behelfsbrücke von der Freundschaftsinsel (die schon ganz zerfahren ist) nach der Bahnhofsseite. Daneben läuft eine ganz flache, wahrscheinlich vorher geschlagen, und ein Fußgängersteg, wohl die erste.

1. Juni. Dein Geburtstag, mein geliebter Ältester! Wo magst Du ihn erleben und wie mag es Dir gehen? Nie waren wir an diesem Tage so voneinander getrennt! Am Sonnabend, den 7. April kamst Du damals nochmals und konntest berichten, daß die Deinen glücklich nach Bostel gelangt waren. Wie elend und zersorgt sahst Du damals schon aus - Du machtest Dir längst keine Hoffnung mehr. Du übernachtetest hier (mit dem Fahrer Deines Wagens), und wie glücklich wäre ich gewesen, Dich wieder einmal als geliebten Sohn im Hause zu haben, wenn nicht alle anderen Umstände schon so trostlos waren. In Nordhausen, wohin Deine Dienststelle von Westpommern (nach der Flucht aus Leba) abermals verlegt worden war, war alles ausgebombt, gerade in jener Osternacht, als ihr in der Nähe auf dem Dorf übernachtetet. Der Rest, der nach Bayern abtransportiert werden sollte, wurde auf dem Bahnhof in Halle durch Bomben zerstört. Nun solltest Du nach Bayern, aber Du wußtest genau, daß ein Aufbau schon völlig sinnlos und wolltest nicht von dort zu Fuß zurück in die Heide zu Gitti. Wie und was Du unternommen hast, weiß ich nicht, aber ich bin überzeugt, daß Du lebst, Du bist klug und geschickt und hast es hoffentlich geschafft, in die Nähe Deiner Familie zu kommen.

---

384 Gemeint ist NKWD, Volkskommissariat für Inneres, hier: die Politische Polizei der Sowjetunion.

Als Du mir geschenkt wurdest in den schönen Junitagen damals, war ich davon durchdrungen, daß über Deinem Leben ein besonderer Glücksstern stehen würde, und das schien sich auch später zu bewahrheiten, als Dir eigentlich alles immer gut und glatt ausging, wenn auch Deine eigene Tüchtigkeit und gute Begabung Hauptursache dafür waren. Aber die schweren Schicksale, die jetzt unser ganzes armes Volk treffen, schlagen Dich und Deine Familie und Eure Zukunft zwangsläufig auch. Wenn nur erst einer der Söhne hier wäre oder wir Nachricht bekämen! Es ist zu hart!!!

5. Juni. Seit kurzem hat sich in der Garage von Großmann[385] ein Kaufmann aufgetan, der auch Brot hat, der erste Lichtpunkt seit langem, da es die dauernde Rennerei in die Stadt (um fast nichts) erspart. Wir nicht „Berufstätigen" bekommen auf die neuen Karten weder Fleisch noch Fett und nur ein Brot je Kopf und Woche. Wenn wir nicht immer noch Kartoffeln hätten, wäre es überhaupt nicht auszuhalten.

Das Birkenwäldchen ist ziemlich aufgeräumt von unseren Leuten, die Splittergräben waren überall schon voll Müll, da nichts abgeholt werden kann, es sah toll aus, jetzt sind sie eingeebnet. In der Stadt liegt auch neben allem Schutt und Trümmerhaufen der Müll, das schöne saubere Potsdam stinkt sehr.

Am Sonntag, 3. 6., ging ich nachmittags zur Nedlitzer Brücke, um zu sehen, wie es dort aussieht. Fritz hat leider Durchfall und muß sich schonen. Auf der Chaussee, sonst so belebt von all unseren Soldaten, nur ab und zu ein paar Frauen und Kinder. Die Kasernen bis auf ein kleineres Haus alle in Ordnung, in jedem schwarz-weiß-roten Schilderhaus lümmelt sich eine russische Wache, man muß die Zähne zusammen beißen. Am Ende der Straße steht ein zerschossener Riesenpanzer, vor der Brücke noch einer und ein dritter am linken Waldrand. Die Brücke ist restlos zerstört, liegt ganz im Wasser und sperrt dadurch auch noch jede Schiffahrt, es ist furchtbar! Eine primitive Fähre ist ein paar hundert Meter nach Nedlitz zu eingerichtet, dort ist lebhafter Betrieb. Unsere jungen Leute ziehen sie am Draht hinüber, ein Russe steht dabei und tut, als ob er auch einen Finger bewegt. Drüben eine ganze Menge Russen, man hört die tierischen Laute weithin. Ein junger Deutscher mit Rucksack kommt gerade herüber (von Stralsund gewandert), sagt, als er mein Gesicht sieht: „Wenn wir sie doch bloß erst los wären!" Er erinnert mich ein wenig an Diether – ach, mein Junge, wann wirst Du wiederkehren?!?

---

385 Großmann, Große Weinmeisterstraße 28.

Am Wege die Gräber von zwei Hitlerjungen aus Wilmersdorf, die mich sehr ergreifen. Auch diese armen Jungen noch umsonst geopfert. Zurück auf dem Fußweg am Ufer, allerdings immer etwas in Angst wegen Russen, aber ohne Begegnung, auch vor dem Offizierskasino, das jetzt russisches Lazarett, stehen keine. Das Reserve-Lazarett, in dem Du, mein Richard, damals warst in jenem für uns noch so glücklichen gemeinsamen Winter 1941/42, ist jetzt Städtische Kinderklinik.[386]

7. Juni. Cecilienhof wird jetzt zum zweiten Mal von unseren Handwerkern und Frauen hergerichtet, nachdem die Russen es wiederum versaut hatten, neu eingesetzte Fenster und Türen wieder restlos zerschlagen usw. In das Augusta-Stift, aus dem alle von uns heraus mußten, sind die Kommissare eingezogen, das Mendelssohnsche große Landhaus[387] mußte auch geräumt werden, und gestern Abend hieß es plötzlich, auch alle Häuser im Neuen Garten bis heute Nachmittag 4 Uhr. Die arme Frau Jäger hatte gestern, als ich sie traf, schon davor gezittert, sie sind mit allem Kram in Hilperts Häuschen gezogen. Man ist nie sicher, ob es einem nicht auch noch plötzlich so geht; nachdem man all die furchtbaren Leiden hier auf sich genommen hat, um das Haus für die Jungen zu erhalten, wäre es sehr bitter. Ich habe für alle Fälle alle Wäschekörbe leer gemacht, damit man schnell recht viel zum Hineinwerfen hat. So kommt immer wieder ein neuer Schrecken, wenn der alte kaum vorüber. Aber Fritz geht es, Gott sei gedankt, besser, der Durchfall ist behoben, jetzt allein zurück zu bleiben, wäre zu furchtbar für mich.

Die Forsythie vorn und der Jasmin in der äußersten Westecke des Gartens, die von Granatsplittern ganz zerfetzt waren und die ich ganz herunter geschnitten hatte, treiben wieder – oh Wunder! Man möchte es so gern als ein Hoffnungszeichen nehmen.

10. 6. Unsere stille Straße ist Hauptverkehrsader geworden, Tag und Nacht rasen fast unaufhörlich die Wagen entlang, hauptsächlich nach Cecilienhof ein und aus. Man kann kaum ein paar Stunden nachts schlafen. Einige Nächte vorher ging auch wieder das „Hilfe"-Geschrei von allen möglichen Seiten los. Davor wird uns ja vielleicht jetzt der alle zwei Stunden aufziehende Posten vor der Parkeinfahrt schützen. Aber sonst sitzt man dauernd auf dem Pulverfaß, ob wir nicht auch noch das Haus räumen müssen, gestern mußte das Wölksche Haus in ein paar

386 Gemeint ist die Villa Gutmann, siehe Roland Mascherek, Die Gutmann-Villa Bertinistraße 16/16a, in: Mitteilungen der Studiengemeinschaft Sanssouci e.V., Potsdam 2000, 5.Jahrgang, Heft 2, S. 28–66.

387 Bertinistraße 3–5.

Stunden frei gemacht werden. Eine Gnade des Schicksals ist es, daß ich schon 55 Jahre bin und infolgedessen nicht unter Aufsicht von russischen Soldaten (ganz jungen Bengels) die Straße mit Laubzweigen zu kehren brauche usw. Ich könnte es auch körperlich nicht durchhalten von morgens 8 bis abends 8 – aber wer würde danach fragen? Seit den entsetzlichen Ereignissen habe ich sehr oft krampfartige Magenschmerzen. Und die Ernährung bringt einen immer mehr herunter. Ich versuche immer wieder, mich aufzurappeln, um der Jungen willen durchzuhalten, aber der Lebensmut sinkt bei diesem Dasein immer mehr. Wir müssen jetzt flaggen, die der vier Siegerstaaten, Sklaven dürfen nicht mucksen, sondern nur die Befehle ihrer Herren ausführen. Die Hakenkreuzfahne, die uns so unsägliches Leid gebracht hat, haben wir verbrannt, dann hingen wir den roten Lappen heraus, um Ruhe zu haben – und jetzt vier – wir haben es weit gebracht!

15. Juni. Heute jährt sich Dein Hochzeitstag, mein Diether – ach, was hast Du von Deiner jungen Ehe gehabt? Zwei Mal ein paar kurze Tage des Beisammenseins, und jetzt seit Monaten sicher auch ohne jede Nachricht, es ist zu hart! Daß ein einzelner Mann wie Hitler nicht nur ein ganzes großes Volk in das furchtbarste, je erlebte Unglück stürzt und damit zugleich Glück und Bestand unzähliger deutscher Familien zugrunde richten [kann]! Alle, die damals wie an einen Gott an ihn geglaubt haben, fluchen ihn jetzt voller Haß. Maßlosigkeit und Größenwahnsinn haben Emporkömmlinge immer ins Verderben geführt und mit ihm die, die ihm vertrauten, das Schicksal Napoleons hätte ihm eine Warnung sein sollen.

Das Wölksche Haus mußte vor ein paar Tagen plötzlich geräumt werden (vier Stunden), weil russische Fernsprecher (ganz junge Bengels) hinein sollten; seitdem wohnt Frl. Wölk auch bei uns. Vorgestern kam Bärbel Klau,[388] der ich zwei Mal geschrieben hatte, den ersten Brief hatte sie aber nicht erhalten. Sie hat auch aus ihrem Haus heraus gemußt, ist dort in der Nähe untergekommen, in Babelsberg waren schon gleich neue Unterkünfte und Hilfe beim Räumen durch die Polizei vorgesehen, während sich hier kein Mensch um die armen Leute kümmert. Dort ist allerdings auch nur wenig zerstört. Bärbel hat auch viel durchgemacht, ist aber wenigstens persönlich verschont geblieben, aber die sonst so Harte, Unerschütterliche war jetzt auch am Ende mit ihren Nerven und weinte. Das Verlassen des Hauses hat ihr den Rest gegeben.

Die Verbindung nach Berlin wird jetzt schon als „gut" bezeichnet, nämlich: Zu Fuß oder Rad bis Wannsee (Fähre an der Glienicker Brücke),

---

388   Bärbel Klau, geb. Wille, eine Nichte Katharinas.

ab Wannsee alle Stunde Bus bis Zehlendorf, von dort anderer bis Potsdamer Platz. Die Lange Brücke ist seit ein paar Tagen wieder passierbar, die Russen haben viel von uns gelernt.

Am 5. 6. pflückte ich die ersten beiden Erdbeeren, es ist alles sehr früh in diesem Jahr bei dem günstigen Wachswetter, der einzige Trost, den das Schicksal für uns hat. Wir ernten jetzt auch die ersten Kohlrabi, Salat, Mangold, Wirsingkohl und Schoten; da die Gemüsezuteilung 500 Gramm pro Kopf und Woche beträgt, eine große Hilfe. Wie die Leute, die keine Kartoffeln mehr haben, überhaupt leben können, ist mir rätselhaft. Sie sind der Hauptbestandteil jeder Mahlzeit, da das Brot für „Nichtbeschäftigte" doch auch ganz knapp (ein Brot zu 1.500 Gramm je Kopf und Woche).

Sonntag, 24. Juni. Am vorigen Sonntagvormittag erschienen plötzlich Schönfelders hier, zu Fuß ab Wannsee, rührend, diese Strapaze auf sich zu nehmen. Brachten etwas Kaffee, Tee, Brot und Schrotmehl mit und nahmen dafür Gemüse und Gries. Die „Nichtbeschäftigten" (in Berlin heißen sie „Sonstige") werden dort nicht ganz so schlecht behandelt, bekommen ein wenig Fett und Fleisch. Sie aßen mit uns und gingen dann bald wieder. Viel zu erzählen.

In der Zeitung erschien ein Aufruf der Kommunistischen Partei, der mit den alten Fehlern beginnt: der uferlosen Hetze gegen das Gewesene.[389] Da sie sich wohl wegen der Westmächte nicht trauen, rein kommunistisch aufzutreten, wollen sie eine sogenannte demokratische Regierung bilden mit Zentrum und Sozialdemokraten. Die Freundschaft zwischen den Alliierten scheint immer mehr in die Brüche zu gehen, sie sind zu der Konferenz, zu der wir flaggen mußten, nicht gekommen, und wir können endlich die Dinger wieder abnehmen. Die Polen sollen sich in Rebellion gegen die Sowjets befinden, uns könnte es sehr recht sein, wenn es nur nicht auf unserem Boden ausgetragen würde, man hört dauernd von gegenseitigen Verschanzungen an der Elbe. Schlimm, daß wir hier den Sowjets preisgegeben sind, die im Westen haben es doch besser, ach, wäre man dort! Die Amerikaner sollen auch unsere Kriegsgefangenen freigeben, ich denke dauernd an Diether – aber was nützt es, wenn er nicht hierher durchkommt. Wenn doch nur die Westmächte doch noch kämen – nie und nimmer möchte ich eine sowjetische Ameise werden. Zur Ruhe kommt man ohnehin nie mit denen, immer wieder werden Häuser geräumt, das Plündern hört

---

389 Aufruf der KPD am 11. 6. 1945. Das Aktionsprogramm empfiehlt die Bildung eines antifaschistischen Blocks demokratischer Parteien. Die KPD blieb aber bei ihrem Bekenntnis zur Sowjetunion Stalins und zum Marxismus-Leninismus.

nicht auf. Neulich gingen „Minensucher" die Straßen entlang, auch durch die Gärten, zwei benutzten das, um zurückzukommen, wollten sicher plündern, aber auf der Terrasse saß Fritz, ich stand zufällig am Schlafzimmerfenster, und dann prallten sie vor dem Posten am Parkeingang zurück. Vor dem haben sie alle Angst, das ist für uns eine Beruhigung.

An der Alleestraße usw. stehen jetzt russische Verkehrsordner auf Podesten, als neulich die Straße gerade leer war, sang der Soldat schallend – unmöglich bei uns. Jetzt versehen Mädchen diesen Dienst, sie haben mehr Haltung, sehen aber großenteils unmöglich aus.

Durch Herrn Schäfer haben wir einen Tausch bewerkstelligt mit einem russischen Soldaten: Ich habe mein blau-weiß gestreiftes Sommerkleid gegen sechs Pfund Rindfleisch gegeben, Fett war leider nicht zu bekommen. Der Kerl hatte ein deutsches Koppelschloß um mit dem alten „Gott sei mit uns" – ach, Gott war nicht mit uns. Mir kam die ganze Sache hart an – aber die schlechte Ernährung bringt einen zu sehr herunter.

Die Himbeerernte hat jetzt angefangen, heute hatten wir auch den ersten eigenen Blumenkohl und Mohrrüben, aber so schön es ist, das fehlende Fett wird dadurch nicht ersetzt. Zu allem großen Kummer kam noch ein besonderer im Garten: am 20. 6. brach plötzlich der Hauptast des großen Apfelbaums am Rondell herunter. Er war unsere Haupthoffnung für diesen Winter, da er sehr gut besetzt war, aber das Gewicht der schwerer werdenden Früchte hat der alte Stamm nicht mehr ausgehalten.

2. 7. Gestohlen worden ist uns – zu unserem Glück – bisher nichts an Obst und Gemüse, nur das Stachelbeerbäumchen war neulich morgens halb abgefressen – dabei sind sie noch gar nicht reif. Aber in den Gärten, die nicht so unter Aufsicht liegen, ist es ganz schlimm. Und auf Zuteilung gibt es fast nichts, die Russen verbrauchen alles. Auch die Plünderung hat durchaus nicht etwa aufgehört, neulich war die Langhansstraße dran – man darf eben nicht aufmachen, die Türen einzuhauen scheuen sie sich doch schon! Bei uns sind sie jetzt alle Augenblicke, wollen immer Autos in unsere Garage stellen – zum Glück ist sie immer zu klein für die großen Wagen, was sie natürlich schon selber hätten sehen müssen. So stellen sie die Wagen auf dem „städtischen Grünstreifen" ab und fahren dabei die letzten Büsche entzwei. Fahren können sie ja überhaupt nicht, nur wie die armen Irren mißtönend losrasen, ganz gleich, ob Wagen, Zäune usw. dabei in Klump gehen. Bei ihnen spielt das wahrscheinlich keine Rolle im Land der ungeheuren Weite und der riesigen Rohstoffmengen – aber wir sind anderes

gewöhnt. Als wir gestern nachmittag (Sonntag) zur neuen Nedlitzer Brücke gingen (die aus Holz gut und fest geworden ist), standen zwei Wagen mit Schafen an der Straße. Denen warfen sie frisch geschnittenen grünen Hafer vor – und so geht der Raubbau bei allem, was man sieht, auf Kosten des ohnehin so armen Vaterlandes.

Richards Flöte habe ich zu meiner Freude wiedergefunden; nachdem die Biester sie damals aufgebrochen (nicht mal solch einfaches Schnappschloß konnten sie aufmachen) hatten, wußte ich nicht, wo sie geblieben war, ob sie nicht doch eine spätere Horde mitgenommen – aber ich hatte sie in meiner Kommode unter Flicken versteckt. Man vergaß ja alles in den Tagen.

Eine Erleichterung ist uns beschieden: Seit dem 26. 6. haben wir wieder Strom und können drinnen kochen statt in der Waschküche, was auf die Dauer und besonders bei schlechtem Wetter sehr unbequem war. Zwei Monate haben wir uns so durchhelfen müssen, immer wieder Holz herangeschleppt und zum Glück reichten auch die Streichhölzer noch. Die von Russen belegten Häuser hatten natürlich schon lange Strom, und wir sahen immer mit Ingrimm, daß im Augusta-Stift z.B. am hellen Tage alle Kronleuchter brannten oder das Dielenlicht bei Wölks. Dann hörten wir, daß die Langhansstraße Strom bekommen hätte, daraufhin ging Fritz gleich zum E-Werk, stellte vor, daß wir 100 %ig elektrisch usw., daraufhin wurde uns Kocherlaubnis erteilt und Radio für Nachrichten, aber keine Lichtbenutzung. Na, wir gehen ohnehin zu Bett, wenn die Sonne noch scheint, da wir ja nach Moskauer Zeit leben. Man ist auch abends immer vollkommen fertig. Aber wenn man dann nur auch schlafen könnte, doch sobald man anfängt zu denken – ach! nichts als Kummer, Hoffnungslosigkeit und Jammer!

Die Parteiverfolgung geht jetzt – nachdem erst mal alle Größen abgeholt worden waren – systematisch weiter, das ganze Volk wird „durchgekämmt". Jeden Tag kommt wieder ein anderer von der Polizei, um danach zu fragen oder diesbezüglich Listen zu machen.[390] General Quade[391] wurde neulich geholt, ist aber nach langem Ausfragen liebenswürdig behandelt worden.

8. 7. Das war mal wieder ein Sonntag! Kurz nach 6 Uhr ging der übliche Krach am Eingang von Cecilienhof los (Handwerker und Frauen zur Arbeit), um den wir uns erst nicht kümmerten, bis an die Haustür

---

390 Befehl des Volkskommissars für Inneres der UdSSR vom 18. 4. 1945. Verhaftet werden sollten: aktive Mitglieder der NSDAP, Mitarbeiter der Gestapo, des Sicherheitsdienstes, des Volkssturms, der SA und der SS.

391 Quade, Albrechtstraße 34.

und die Läden gehauen wurde: „Aufmachen!" Als wir nicht gleich wollten, rief eine Dolmetscherin und unsere Polizei, wir müßten öffnen. Also Fritz im Nachthemd und Bademantel raus, Russen herein, durchsuchten das ganze Haus, ob irgendjemand nicht gemeldet darin wäre. Als Fritz sich beschwerte, sagte die impertinente Dolmetscherin, in zwei Stunden würde er abgeholt werden. Als sie fort waren, wurde uns erst allmählich klar, daß die Durchsuchung eine Sicherheitsmaßnahme wegen der bevorstehenden Konferenz, die in Potsdam tagen soll, war. General Quade, Estorff, Pfister[392] usw. hatten ihre Ausweisung schon am Tage vorher erhalten (bis Sonntag, 2 Uhr). Obgleich Frau Quade sagte, Fritz hätte nicht auf der Liste gestanden, ich glaubte auch nicht recht, daß sie auch die über 70-jährigen ausweisen würden, waren wir doch durch die Reden ziemlich beunruhigt und Fritz packte den Rucksack. Daß Pfarrer Koschwald[393] auch keine Ausweisung erhalten hatte, tröstete uns etwas, es sind aber auch die beiden einzigen Männer, die noch hier sind.

Wir machten uns noch auf Verschiedenes gefaßt (Fenstervernagelung usw.). Richtig, am Nachmittag kam wieder einer, der in die Garage wollte, wir dachten, wieder wegen Autoeinstellung. Er kam nach einer Weile mit einer anständigen älteren Dolmetscherin wieder, die sagte, die Russen wollten etwas hineinstellen, wir sollten alles, was wir brauchten, herausnehmen, das andere (leere Kisten usw.) halfen Soldaten nach hinten rücken. Nachts lagen wir recht unruhig, was dort werden würde, es kam aber nichts. Ich glaube jetzt, daß sie die Garage nur sichern wollten, daß von dort aus nichts geschähe, denn es lag dem Leutnant vor allem an dem Schlüssel. Ein junger Mensch und schon so ein zerquältes Gesicht, sicher war er von der GPU. Wie wenige offene, harmlose oder gar fröhliche Gesichter sieht man bei den Russen, obgleich sie die „Sieger" sind, fast alle finster, mißtrauisch. Welch ein Unterschied gegen den Amerikaner, der neulich vor der Einfahrt hielt und mir, als ich aus der Gartentür trat, richtig wohlwollend freundlich entgegensah. Ich konnte mich nicht enthalten, zu sagen: „I am glad to see you", woraufhin er über das ganze Gesicht lachte.

Daß wir hier so mit den Russen gestraft werden, ist das reine Verhängnis. Wie lange und wie oft hoffte man schon, erlöst zu werden, denn Unsicherheit und Aufregung werden nie aufhören, solange sie hier sind, und verhungern werden wir allmählich auch. In die Berliner Sektoren sind die Engländer und Amerikaner schon eingerückt, wir

392 Pfister, Albrechtstraße 39.
393 Wilhelm Koschwald, Albrechtstraße 29.

müssen weiter „Schweinefutter" fressen. Das Einzige, was es in der Stadt frei an Lebensmitteln gibt, sind rote Rüben – sonst gähnende Leere überall. Und bei den Amerikanern soll es gut sein, ein halbes Pfund Butter und ein halbes Pfund Fleisch die Woche, während wir nie etwas davon bekommen. Ein Glas Butterschmalz, das ich im vorigen Jahr noch eingeweckt hatte, ist jetzt alle – nun ist es endgültig aus mit jedem Fett. Die Russen fressen uns alles, was im Lande ist, auf und denken nicht daran, etwas heranzuschaffen. Wie lange wir es aushalten werden?!? Ach, wenn man doch im Westen wäre!

Dabei geht es uns persönlich noch nicht so schlecht durch den Garten, und dann haben wir ja auch nichts zu fürchten. Aber wie die Leute, die in der Partei waren und nun in ewiger Angst sind und nun geschunden werden, auch das noch ertragen! Die Unruhe hört ja doch nie auf, solange sie hier bleiben, und die Hoffnung, daß wir sie jemals loswerden, wird immer geringer.

Am Montag nachmittag zogen sie ein Kabel oben durch unseren vorderen Apfelbaum und fraßen dabei vom Stachelbeerbäumchen. Dabei müssen sie in die Waschküche gesehen haben, denn am nächsten Morgen war eines der beiden dort stehenden Räder (zum Glück das schlechtere) fort, die Gardinen vom Fenster gerissen und die Pappen. Unser Radio habe ich wiederum versteckt, nachdem wir neulich wieder eine große Auseinandersetzung mit einem russischen Kerl hatten, der Irmgards kleinen Apparat, den sie gerade am Abend vorher von Doils[394] bekommen hatte, im Vorbeigehen am Haus gesehen hatte und durchaus haben wollte. Der andere Soldat, der dabei war, war weniger gemein und zog schließlich mit ihm ab, als wir mit ihnen auf die Wache wollten. Meine Nähmaschine habe ich auch versteckt, sie haben sie in der Langhansstraße überall herausgeholt zum Nähen für die Russen, aber ob die Eigentümer sie je zurück erhalten?

16. 7. Am 12. 7. kam ein Major mit Dolmetscherin, er wollte Quartier für eine Dolmetscherin und für mehrere Offiziere. Nach langem Palaver zogen sie ab, wir würden noch Nachricht bekommen. Nachmittags kam er mit jungem Mädchen (riesig lang, aber nicht unsympathisch) wieder, Irmgards Zimmer müßte frei gemacht werden, damit die Dolmetscherin jederzeit unten schnell zu erreichen wäre. Na, das half also nicht, wir waren noch erleichtert, daß sie nur allein hier einquartiert wurde. Da sie nicht deutsch und wir nicht russisch können, verkehren wir über englisch bzw. französisch (Fritz) miteinander. Sie ist ja als „interpreter" für die Engländer und Amerikaner hier. Unsere Hoffnung, wenigstens

---

394   Karl Doil, Frisör, Benkertstraße.

nicht mehr ganz aus dem Hause geworfen zu werden, ist dadurch gestiegen.

Aber am Sonnabend ging es wieder los, der Major, der vorher schon ziemlich freundlich gewesen war, kam sehr dienstlich und „Toni", the interpreter, ganz blaß und ernst hinter ihm her: Es sollten noch zehn Offiziere ins Haus für zehn Tage. Nach langem Hin und Her – ich sagte, oben wäre alles besetzt (Schäfer, Wölk, Irmgard), und wenn sie das Herrenzimmer und meines nähmen und uns das Eßzimmer ließen, so wäre dort keine Tür, nur der Vorhang. Und so viel Mann wären in die beiden Zimmer auch nicht hineingegangen. Vielleicht wollte er uns auch noch aus dem Schlafzimmer werfen, aber ich hatte mir vorgenommen, dagegen zu protestieren, komme, was wolle. Aber er machte plötzlich kehrt und ging. Nach ungefähr 1½ Stunden kam Toni freudestrahlend, wir würden wahrscheinlich keine Einquartierung bekommen. Das war nett von ihr, mit uns zu fühlen. Ich bekam das Weinen und konnte stundenlang nicht wieder aufhören, die Nerven sind zu sehr herunter. Abends sahen wir dann, daß ein Lastwagen mit Betten und Matratzen bei Quades vorfuhr – also mußten sie dran glauben!

Der gestrige Sonntag (15. 7.) verlief ziemlich ruhig, die fürchterliche Arbeitstreiberei morgens um 7 Uhr hat aufgehört. Ein englischer Posten steht unter all den Russen am Tor, die Konferenz, die über unser Schicksal entscheidet, wird endlich beginnen.[395] Heute früh wurde im englischen Sender gesagt, Churchill und Truman hätten schon angefangen (sie sollen in Gatow und Babelsberg sein), Stalin käme noch. Wir armen Sklaven erfahren natürlich nichts, was über uns verhängt werden wird, werden nur später, gebeugten Hauptes, hinnehmen müssen, was aus uns werden soll. Es ist ja auch keine Regierung da. Ich glaube wohl, daß Amerika dafür sein wird, Deutschland nicht ganz von der Landkarte auszulöschen aus verschiedenen Gründen und ein Rumpf-Deutschland pro forma bestehen bleiben wird. Aber wenn die „Okkupation" der Russen noch lange dauert, werden wir alle hier den Winter sowieso nicht überstehen bei der Ernährung.

Heute morgen war hier ein Kanadier als Wache, der erst mit Toni und Irmgard am Zaun stand und auch mich gleich freundlich grüßte, während die Russen einen immer bloß blöde oder finster anstarren. Als ich vom Kaufmann ohne etwas zurückkam, benutzte ich die Gelegenheit, mit ihm zu sprechen, ihm in aller Eile zu erzählen, wie es uns ginge mit

---

395 „Potsdamer Konferenz" der „Großen Drei" vom 17. 7. bis 2. 8. 1945: Harry S. Truman (1884–1972), Präsident der USA 1945–1953, Stalin und Churchill, ab 28. 7. Clement R. Attlee (1883–1967), britischer Premierminister 1945–1951.

der Ernährung. Er war richtig betrübt, sie hätten es nicht glauben wollen, aber er könnte leider nicht helfen, wäre nur während der Konferenz als Wache hier. Da wir es nicht in die Welt hinausschreien können, daß die Russen uns alles auffressen, stehlen und rauben, muß man wenigstens jede andere Gelegenheit benutzen. Ein Glück, daß ich so viel englisch kann!

In der amerikanischen Zone gibt es ein halbes Pfund Butter und ein halbes Pfund Fleisch die Woche, jetzt sind die Russen noch weit über die Elbe nach den Abmachungen vorgerückt und die Amerikaner zurückgegangen – die Leute in Thüringen, Mecklenburg usw. werden das Grausen bekommen, wie es ihnen jetzt mit den Russen gehen wird – zehn Wochen, nachdem der Krieg zu Ende ist und sie es unter den Amerikanern schon gut, ruhig und freundlich hatten.[396] Gott sei Dank, bis zu Gitti und den Mäusen kommen sie nicht, unter den Engländern werden sie nicht verhungern. Es ist zu schrecklich, daß man hier sein muß.

Sonntag, 20. 7. Die Konferenz hat am 17. 7. angefangen, infolgedessen werden die Albrechtstraße und auch in der Stadt verschiedene oft gesperrt. Dann steht ungefähr alle 20 Schritt ein Doppelposten auf der Straße entlang. Stalin soll im Cecilienhof sein und die Verhandlungen im Marmorpalais vor sich gehen. Nachts hören wir immer den Schritt der Menschen auf der Straße auf und ab vor dem Hause, aber die russischen Soldaten hält das nicht ab, sich durch die Gärten zu schleichen und alles Obst abzufressen, ob reif oder nicht. Leider sind ihnen die 40 noch nicht gepflückten Pfirsiche zum Opfer gefallen, heute Nacht Äpfel vom Rondell, daraufhin haben wir alles Erreichbare unreif abgenommen, auch die Aprikosen. Abends spielen die Russen manchmal auf der Ziehharmonika in den Gärten (bei Quades und Wölks), manchmal singt auch einer nicht schlecht – uns armen Geschlagenen tut die Musik nur weh.

29. 7. Am 21. 7. habe ich zum ersten Mal versucht, eine Nachricht an Gitti zu schicken durch die holländische Betreuungsstelle hier am Birkenwäldchen. Man darf nur eine Seite schreiben, und es geht erst über die russische Kommandantur zur Durchsicht (offen gelassen), aber wenn es sie überhaupt nur erreicht, ist es doch schon eine Hoffnung. Dabei fällt mir ein, daß ich neulich träumte, die holländische Betreuungsstelle hätte den Russen frei gegeben, Fritz zwei Stunden lang zu

---

396 Thüringen, Teile von Mecklenburg, Sachsen-Anhalt und Sachsen waren von amerikanischen Truppen erobert worden. Gemäß den alliierten Kriegsvereinbarungen wurden diese Gebiete im Juli 1945 der sowjetischen Verwaltung übergeben.

vergewaltigen – mit ähnlichen Albdrücken wache ich manchmal voll Entsetzen auf – ein Zeichen, wie unauslöschlich sich all die schauerlichen Erlebnisse ins Gehirn eingegraben haben.

Die erste Post, die wir vor ein paar Tagen erhielten, war von Forstmeister Hansmann[397] aus Zechlin und freute uns als erstes Zeichen von auswärts sehr. Ihnen ist es dort „unverdient" gegangen und sie brauchen dort auch sicher nicht zu hungern wie wir hier. Bei mir nimmt der Fett- und Fleischmangel allmählich groteske Formen an; bei dem Sturm heute Nacht mußte ich an Leba denken und wie schöne Tage wir im vorigen Sommer dort verlebten, aber dann sah ich schließlich nur noch fettriefende Räucherflundern vor mir.

Neulich morgens ging das Getrampel der russischen Soldaten wieder durch die Gärten, sie stocherten in die Hortensien usw. mit ihren Bajonetten nach Waffen, und am Freitag früh, bald nach 6 Uhr am 27. 7., ging die Hausdurchsuchung wieder los, worauf meine Magenschmerzen wieder mit besonders heftigen Krämpfen reagierten. Die Konferenz war unterbrochen worden, da Churchill in England das Wahlergebnis hatte entgegennehmen wollen (Gott sei Dank nur zwei Kommunisten!), bevor sie weiter ging, mußten wir also wieder alles von neuem über uns ergehen lassen. Selbst das Zimmer der russischen Dolmetscherin wurde durchsucht, die es sich auch gefallen ließ. Nachdem ich einen Handkoffer gegen Brot, Ölsardinen und etwas Käse und die Bernsteinkette von Mutti gegen Brot mit ihr bzw. ihrer Genossin getauscht habe, versorgt sie uns manchmal mit etwas Brot, das sie in die Küche legt. Sie ist gutmütig und verständnisvoll für unsere Lage.

Heute, Sonntag früh, 29. 7., ist Irmgard nicht da. Sie war gestern Abend spät von der Arbeit beim Friseur zurückgekommen und wollte sich danach mit ihm hier draußen treffen, da er hoffte, neue Karten zu bekommen und ihr abgeben wollte. Es war 10^{15} Uhr, als die Wache sie festgenommen hatte, zuerst Bertinistraße, dann in die Große Weinmeisterstraße gebracht hatte, wo sie die Nacht im Keller zugebracht hatten. In der Nacht ist bis 11 Uhr Polizeistunde, keine Bekanntmachung hat uns je gesagt, daß es hier anders ist und man sich nach 9 Uhr nicht mehr draußen sehen lassen darf. Die reine Schikane! Am späten Vormittag war sie endlich verhört worden, nachdem sie morgens wenigstens Brot und Kaffee bekommen hatte. Als ich das Essen fertig hatte, war sie wieder da. Die Dolmetscherin selber hatte gefragt, weshalb man sie denn eigentlich mitgenommen hätte. Toni kam kurz vorher, und als ich zu ihr von unseren Sorgen sprach und was Irmgard nur passiert sein

---

397 Georg Hansmann, Schwager von Vilma Margull.

könnte, sagte sie, der Major hätte ihr gesagt, sie wäre auf der Kommandantur, weshalb wüßte sie nicht, aber sie würde bald kommen.

1. August. Heute sind es zwei Jahre seit Deinem Opfertode für Deutschland, mein geliebter Richard! Umsonst – umsonst, daß Du Dein Leben hingabst – das ist das Furchtbarste von allem. Ich kann keinen Schmerz mehr fühlen, daß ich Dich nie wiedersehen werde, denn was Du in den vergangenen zwei Jahren als Offizier hättest durchmachen müssen und was für ein hoffnungsloses Leben jetzt vor Dir läge – ein Mutterherz muß dem Schicksal dankbar sein, das Dir dies alles erspart hat. Vor Dein lächelndes Bild habe ich die schönsten Gladiolen aus dem Garten gestellt – hättest Du jemals wieder lachen können?!? Tuttu wird in der unbekümmerten Fröhlichkeit seiner Kinder manchmal einen Ausgleich finden, wenn er es nicht mehr tragen zu können glaubt, und Diether wird, von seiner Frau gestützt, sich vielleicht noch mehr als früher in seine Gedanken- und Künstlerwelt zurückziehen und neu anfangen, so schwer es auch für ihn werden wird. Wenn man es nur aushielte, bis einer von der Familie zurückkommt!

Sonntag, 5. 8. In der Nacht vom 1. zum 2. 8. ist die „Konferenz" beendet worden. Daß sie tatsächlich in Cecilienhof abgehalten wurde, haben wir aus dem Londoner Radio zuerst erfahren. Seit dem 2. 8. früh wird hier „abgebaut" von den Russen, die Doppelposten längs der Mauer,[398] die einem nicht einen Schritt ohne Bewachung ermöglichten, sind verschwunden, überall hört man den Gesang abziehender Kolonnen. Ach, wenn wir sie doch nur ganz los würden! Ich war schon einige Tage vorher in Diethers Zimmer nach oben gezogen, nachdem Schäfer es endgültig verlassen hatte und es gründlich gesäubert worden war – der Lärm von der Straße und den Wachen ließ einen nie richtig schlafen und die rauhen, unharmonischen Stimmen schreckten immer wieder auf. Oben schlafe ich ruhig, die Gartenseite ist viel stiller.

Das „Communiqué" gibt die Abtrennung des ganzen deutschen Landes östlich der Oder und Neiße und Auslieferung an die Polen bekannt, nur Königsberg an die Russen.[399] Armes, armes Vaterland! Wenn es vorher schon zu eng war, alle zu ernähren, wie soll es denn in Zukunft möglich sein nach Verlust der besten Ackerbaugebiete?!

Das war es ja, was mich, trotz allem Abstoßendem, zum Nationalsozialismus zog, die Hoffnung auf ein geeintes, größeres Deutschland

---

398 Gemeint ist die Mauer vom Neuen Garten.
399 Fritz Faust, Das Potsdamer Abkommen und seine völkerrechtliche Bedeutung, Frankfurt a. M., Berlin 1959. Beschlossen wurden u. a. die politische und geografische Neuordnung Deutschlands, die Demilitarisierung, die zu leistenden Reparationen und der Umgang mit deutschen Kriegsverbrechern.

mit Entwicklungsraum für alle seine Kinder. Jetzt hat uns die Maßlosigkeit alle ins furchtbarste Verderben gestürzt und zu einem Zusammenbruch geführt, wie er noch nie da war. Über all die brennenden Fragen, die Kriegsgefangenenentlassung, die Regelung des Geldes, ohne die eine Ankurbelung der Wirtschaft überhaupt unmöglich usw., auf deren Beantwortung man so sehr gewartet hatte, sagt das Communiqué nichts. Es ist ja auch noch kein Friede, der soll erst geschlossen werden, wenn einmal eine neue verhandlungsfähige Regierung da ist. Es ist alles tausendmal schwerer als 1918.

Gestern Abend ging ich mit Irmgard zum „Schwarzen Markt" Bassinplatz, hätte einen guten Wollstoff weggegeben, wenn ich entsprechende Lebensmittel dafür bekommen hätte. Viele russische Soldaten wollten ihn gerne haben, hatten aber alle nur Geld oder Zigaretten. Zuletzt kam ein wahrscheinlich polnischer Jude, der ganz gut deutsch konnte, zog ein Pfund grünen Speck aus der schmierigen Hosentasche, bot dann nochmals ein anderes Stück (650 Gramm), aber das wäre wirklich eine Verschleuderung gewesen, auch wenn wir weiter hungern müssen! Im übrigen: dichtes Gewimmel auf dem Platz, wer Geld braucht, kann es dort bekommen für Ware aller Art, besonders Kleidungsstücke. Fester Preis für ein Paar neue Strümpfe: 100 Mark Alliiertengeld. Obgleich wir im März die letzte Pension bekommen haben, sind wir mit dem Geld noch nicht am Ende, da wir uns für alle Fälle gut damit versorgt hatten. Man wußte ja nie, ob man nicht noch fort müßte und einige Zeit davon leben – aber daß es so lange dauern würde, hat wohl niemand gedacht. Manche Leute haben ja gar nichts mehr.

Neulich las ich in einer Ansprache, man dürfe nicht zurückschauen, um nicht, wie Lots Weib, vor Entsetzen zu versteinern. Wohl wahr – aber ist der Ausblick in die Zukunft denn weniger furchtbar? Bei einer Ernährung, die man keinem Zuchthäusler geben würde, sehen wir einem Winter ohne Kohlen für die notwendigste Erwärmung und ohne Fensterscheiben entgegen! Aber man darf nicht daran denken, muß nur versuchen, mit den Nöten des heutigen Tages fertig zu werden – sonst ist es überhaupt nicht zu ertragen. Ändern können wir doch nichts, ich ringe jeden Tag aufs neue darum, dem Schicksal mit Ergebung entgegen zu sehen, statt den schwachen Rest an Kraft noch für nutzlose Auflehnung zu gebrauchen.

Die Predigt in der Kirche, die mir wohltat, bestärkte mich darin: „Die Frucht des Geistes ist die Sanftmut." Ich ging hin, da Richards Bild zur Erinnerung heute dort ausgestellt war (neben zwei anderen).

Die russische Dolmetscherin hat uns am 4. 8. abends Knall und Fall verlassen. Die Nacht vorher hatte die andere, Blonde, auch hier geschlafen, da sie aus Cecilienhof fort gemußt hatte. Als ich vom Schwarzmarkt zurückkam, war schon ziemlicher Tumult in Tonis Zimmer, ihr „Mann" und ein anderer Offizier und eine uniformierte Russin drin. Bald darauf trugen sie Sachen heraus auf ein draußen haltendes Lastauto. Der Mann und der andere verschwanden wie üblich über den Kompost nach hinten. Dann kam die Blonde heraus, sagte „good bye" und ab, danach Toni, die ich gerade auf der Diele traf, sonst hätte sie sich wahrscheinlich überhaupt nicht verabschiedet. Kein Wort des Dankes oder irgend etwas dergleichen. Als ich sie nach ihrer Adresse in Moskau fragte, sagte sie, sie käme erst noch woanders hin, ihr Mann wäre wütend - und gab sie mir nicht. Nachher, bei der Besichtigung des Zimmers, merkte ich, daß sie wohl Grund hatte, sie nicht zu geben, denn sie hatte die vier englischen, ihr geborgten Bücher mitgenommen, eine Glasschüssel, in der ich ihr Pflaumen hingestellt hatte und den Kopfkissenbezug, von dem sie beteuert hatte, ihn zurück zu geben. Dafür hatte sie einen Herrenregenschirm, eine andere Glasschüssel und etwas Brot dagelassen. Aber anderes als „klauen" können sie alle nicht!

An Diethers Frau habe ich neulich auch über die holländische Betreuungsstelle zu schreiben versucht. In Berlin wird jetzt der Postverkehr mit offenen Briefen zugelassen.

Am 1. 8. Salz, zum ersten Mal seit drei Monaten.

Sonntag, 12. 8. Voriges Jahr um diese Zeit verlebte ich mit den Mäusen und Tuttu noch so schöne Wochen in Leba – und jetzt – was für ein hoffnungsloses Dasein! Kaum ist die Konferenz zu Ende, geht die Biesterei wieder los, sie springen wieder über den Zaun, halten Fritz, der sie hinauswirft, die Maschinenpistole vor, oder sie stehen draußen, lachen und schnattern wie die kompletten Affen, wenn wir nicht aufmachen – aber [suchen] bei uns wenigstens nur nach Obst, das ist noch das am Leichtesten zu Tragende. Nach Ende der Konferenz kommen die ausgewiesenen Männer zurück, nur General Quade nicht. Die Russen haben ihn in Nikolassee aus dem Amerik. [Sektor] herausgeholt und verschleppt. Wir machen uns (zum ? Male) eine Hoffnung, daß die Russen Potsdam verlassen könnten – aber nein, wir bleiben russisch, hoffnungslos!

In der Stadt wird jetzt angefangen zu räumen, für die russische Besatzung mit Familien. Am 13. 8. fahre ich zum ersten Mal mit Bus nach Charlottenhof (wegen Leiter, Kohlen usw.). Bei Rückkehr deutsche Polizei in der Albrechtstraße: Räumen!! Vorläufig bis Cecilienstraße, zu uns sollen 8 Deutsche ins Haus. Für alle Fälle: packen! Am 14. 8. mittags kommt russischer Zivilist, angeblich GPU, wir sollen bis 5 Uhr räumen. Nach langem Verhandeln sollen wir oben bleiben dürfen, alle großen

Möbel (Büffet, großes Sofa, Flügel usw.) sollen herausgeholt werden und 6 Personen unten hinein. Vorratskeller soll leer gemacht werden für GPU-Gefängnis. Das kommt uns seltsam vor, ausgerechnet in diesem kleinen Haus!? Mit Richards schönem Radio, das wir gerade vom obersten Boden geholt hatten und verpacken wollten – ein Verhängnis – zieht er ab. Wir schuften wie besessen, um in 5 Stunden möglichst viele gute Sachen nach oben zu retten. Keiner kommt. Völlig erschöpft, keiner schläft.

Am nächsten Tag (15. 8.) will russischer Offizier einziehen. Der Schein von der GPU hilft, er sagt aber: Sind schon weg! Was stimmt? Alles Bluff? Wir bringen Sachen zu Gieses, die uns im schlimmsten Fall auch aufnehmen wollen und in die Moltkestraße (Wohnung von Hansmanns). Alles durcheinander, ich kann nichts mehr finden. Eine Freude in allem Graus: Der erste Brief von Tante Hanni und aus Belzig! Wenn ich mich doch nur mal aufrappeln könnte, aber kaum wagt man einen leisen Plan zu machen, geht wieder ein neuer Schrecken los.

16. 8. Mittags Versuch, Scherengitter aufzubrechen, große Gartenschere und andere abgebrochen, aber nicht geglückt. Ob man es ertragen wird, wenn nur Russen rundum? Alles zieht und räumt hin und her, es ist furchtbar! Höre von einem Deutschen, der aus Braunschweig kommt, 450 Gramm Fleisch, Würste im Laden, Kartoffeln ohne Karte. Und wir hier? Noch immer ohne ein Gramm Fleisch oder Fett, dem Verhungern geweiht. Abends bekomme ich Fieber, Durchfall, nachts auf 40 Grad, sehr oft raus. Fritz holt am 17. 8. Arzt: „Potsdamer Krankheit", nur Tee, liege nun in Diethers Bett, da meines in Tuttus Zimmer geschaffenes zu düster steht. Abends Fieber herunter.

18. 8. Russischer Offizier bei Wieczoreks[400] eingezogen, sie dürfen oben wohnen, kommen also zurück. Was wird mit uns?! Unsicherheit bleibt. Nacht für mich ohne Aufstehen, kein Fieber, doch noch im Bett.

Sonntag, 19.8. Aufgestanden. Morgens Bürgermeister Neumann,[401] will die unteren Räume für sich beschlagnahmen, geht aber noch wieder. Nachmittags zwei russische Offiziere, höflich, freundlich, lächeln über GPU-Zivilisten, Quartier für einen Major und einen Hauptmann, möchten guten Wirt, haben Krieg bis obenhin, soll unser Schade nicht sein usw. Wollen 22.00 kommen – natürlich nicht – comme toujours.

20. 8. Wieder dauernd bange Erwartung, wann ziehen sie ein und was werden sie verlangen? Was für Menschen? Ich auf – noch sehr schlapp.

---

400 Paul Wieczorek, Albrechtstraße 32b, Kammerdiener des ehemaligen Kronprinzen Wilhelm.
401 Gemeint ist wohl der SPD-Stadtbaurat Arno Neumann.

21. 8. Einzug der beiden mit Kisten, Koffern, Teppichen. Der Major, dick, gutmütig, nimmt unser Schlafzimmer und das Herrenzimmer, der Hauptmann, gewöhnlich, ungeistig, läßt sich ein Bett ins Eßzimmer stellen. Von nun an sind wir nur noch „geduldet". Die nächsten Tage vergehen mit dauerndem Kramen und Einrichten oben, auf dem Boden ist zuerst nicht durchzukommen, alles erst dort abgestellt – allmählich lichtet sich das Chaos.

Ich muß immer wieder Pausen beim Räumen einlegen, zu schlapp, und Fritz geht es wegen Herzschwäche ebenso. Ob man es wirklich noch durchhält, bis mal einer wiederkommt? Man wird immer schwächer. Im Schweizer Sender ist schon gesagt worden, daß Potsdam allmählich verhungere – wenn es nur überall bekannt würde, ehe es ganz zu spät ist.

Die armen Estorffs mußten drei Mal umziehen, zuerst zu seiner Mutter in die Höhenstraße,[402] dann zurück in ihr Haus, da der stellvertretende Kommandant es erlaubt hatte, der richtige aber will das Haus gerade für sich haben, also wieder raus und zu Vowinckels. Dort muß aber nach ein paar Tagen auch alles raus, endgültig zurück zur Höhenstraße. So geht es vielen, Ruhe wird nie, Frau Quade hat recht: „Das einzig Dauernde ist der Wechsel", und wir hier alle schon so fertig!

Am ersten Sonntag (26. 8.) sollen wir mit den Russen in unserem Eßzimmer feiern. Nachmittags, wenn Kulturmenschen Tee oder Kaffee trinken, saufen sie Wodka und essen dazu Brot, Rettig, Gurken, Tomaten. Der Hauptmann hat ein russisches Weibsbild mitgebracht, das die Nacht schon in seinem Bett geschlafen, ein unsympathisches, spitznasiges, gemein aussehendes Wesen. Obgleich ich noch sehr elend bin, zwinge ich mich aus Klugheit, mitzumachen. Als sie sehen, daß ich Wodka nicht mag, bieten sie mir Kirschlikör an. Ein fremder Major ist besonders liebenswürdig zu Fritz und mir. Er geht später mit zwei Töpfen „Abendbrot" holen und bringt noch eine Deutsche, die gut russisch kann und auf der Kommandantur arbeitet, mit. Ich kann der fetten Tomatensuppe und dem mit Schweinefleisch gekochten Weißkohl nicht widerstehen, aber es war zu viel für den noch schwachen Magen, nachts bekomme ich den schlimmsten je erlebten Durchfall und bin für Tage darauf völlig elend. Nach dem Essen bringt der fremde Major noch eine Napoleonschnitte für mich, Bonbons und Kekse – alles das gibt es, und für uns ist nicht das Allernotwendigste zum Leben da an Fett, während

---

402 Hertha von Estorff bezog mit zwei Söhnen das Eßzimmer im Haus Höhenstraße, der Vater Otto von Estorff wohnte mit weiteren zwei Söhnen in der Albrechtstraße 36a. Im Sommer 1947 übersiedelte die Familie nach Westdeutschland.

die Blätterteiggebäck haben. Der Major will mit mir tanzen – ach Gott! Aber zu weigern wagt man sich nicht bei ihrer Unberechenbarkeit, er meint es ja auch wirklich gut, und als wir uns zurückziehen, bringt er Fritz noch die Treppe herauf und küßt ihn immer wieder ab um das ganze Gesicht herum und mir immer wieder die Hand. So können sie also auch sein! Fritz wäscht sich gleich tüchtig ab.

Dienstag nachmittag stehe ich wieder etwas auf, sehr klapprig. Da ich schon zwei Wochen nicht fortgekommen bin, merke ich dann erst allmählich, daß wir immer mehr wie Zuchthäusler eingegittert werden, d.h. die Russen wollen sich absolut sichern. Ihr schlechtes Gewissen gegen uns nach allem, was sie uns angetan haben und noch antun, läßt sie anscheinend dauernd Rache fürchten, und dabei sind wir doch ganz macht- und rechtlos. Die Albrechtstraße ist an beiden Enden durch Schlagbäume gesperrt, die Große Weinmeisterstraße z.T. Wenn man in die Stadt will, muß man mit großem Umweg durchs Mirbachwäldchen, Persiusstraße, Hessestraße, Kleine Weinmeisterstraße wieder ans Birkenwäldchen gelangen. Und das bei immer schwächer werdenden Kräften.

Mit Major und Hauptmann leben wir uns allmählich ein, der erstere ist ruhig, stört uns kaum, immer freundlich. Der Hauptmann stellt nachts, wenn sie kommen (3 Uhr) sein Radio auf volle Lautstärke, aber man gewöhnt sich und schreckt nicht mehr so sehr auf. Dafür schlafen sie dann bis nach 9 und gehen gegen 10 fort, dann sehen wir sie meist bis 5 Uhr nicht. Vor dem nächsten Sonntag grauten wir uns sehr, waren entschlossen, nicht wieder mitzumachen, aber, Gott sei Dank, es wurde auch nicht verlangt. Das Weibsbild kreischte unten herum, pflückte unseren unreifen Wein und Tomaten, sie aßen und tranken und gingen dann und ließen uns das Geschirr zum Abwaschen zurück. Nachts ging der Krach dann nochmals los, da fingen sie an zu tanzen. In der Garage steht jetzt ihr Auto, natürlich deutsches Fabrikat, der Major hat in seinem Zimmer mindestens drei Uhren und zwei Radios – alles geklaut! Na, wir müssen froh sein, wenn sie von uns nichts nehmen, Major fragt immer um Geschirr usw., der Andere nicht.

Ich gehe am 2. 9. nachmittags in die Kirche, tut mir gut, aber das erste, worauf mein Blick fällt, ist ein Russe, der am Eingang anscheinend zur Kontrolle sitzt. Nicht einmal hier an diesem Ort hat man Ruhe vor ihnen. In der Stadt geradezu trostlos: auf einen Deutschen ungefähr sechs Russen.[403]

---

403 Das Hauptquartier der sowjetischen Truppen befand sich zunächst in Potsdam. Etwa 8.000 Soldaten waren in der Stadt.

Handschriftliche Tagebuchseite von Katharina Wille
(Text auf voriger Seite)

Abends, wenn ich in meines guten Diethers Bett liege und noch etwas lese, bin ich manchmal nicht ganz so unglücklich wie tagsüber. Alle lieben Gesichter sehen mich tröstlich an – aber freilich – anfangen zu denken, wo sie sein mögen und ob und wann man sie wiedersehen wird, darf man nicht, dann schlägt die Verzweiflung wieder über einem zusammen.

Tagebuch Fortsetzung. Sonntag, 23. 9. Mit welch wundervollen Nachrichten kann ich dieses Heft beginnen: 1. Tuttu ist aus englischer Gefangenschaft zu seiner Familie nach Bostel entlassen. 2. Er erhielt am 13. 8. einen Sohn Burkhard. Mutter und Kind wohlauf. 3. Diether ist in Schleswig-Holstein in Gefangenschaft.

Eine Postkarte eines Dipl.-Ingenieur Briske vermittelte uns dies aus einem Brief, den er von Gerda Wachsmann mitgebracht hat, die Nachricht von Tuttu hatte. Als Fritz Sonnabend früh mit dieser Karte in die Küche kam, löste sich in einem Weinkrampf die ungeheure Sorge und Spannung, in denen ich mich seit fünf Monaten befand. Ich weinte - und weinte – und konnte überhaupt nicht wieder aufhören. Auf den Knien vor meinem Bett liegend dankte ich später Gott immer wieder von neuem – fast zu viel des Glücks auf einmal. Tuttu bei den Seinen und der so ersehnte Stammhalter geboren (nach Richards Tod doppelt ersehnt), und dazu noch Nachricht von Diether, es ist ganz unbeschreiblich schön! Um ihn war ich immer am meisten in Sorge gewesen und flehte immer wieder, der „expeditionsartige" Rückmarsch in die Heimat (der nur noch über See möglich war) möchte damals noch geglückt sein, so daß er nicht in russische Gefangenschaft käme. Und nun ist er also in englischer und wird es dort sicher nicht schlecht haben und die Entlassung wird doch auch absehbar sein. Ach, ich bin so unsagbar glücklich über alles.

Immer, wenn ich abends mit Diethers Bild beim Schlafengehen sprach, fühlte ich: „Er lebt!" Und jetzt habe ich die Gewißheit! Das Ausharren hier, so schrecklich und schwer es ist, hat wieder Sinn bekommen, wenn man auch nicht wünschen kann, daß unter den hiesigen Umständen bald jemand kommt. Aber wenn nur erst die absolute Hoffnungslosigkeit gewichen ist, trägt sich alles schon leichter.

Am 13. 9. war ich zum ersten Male nach Berlin, hatte Glück, da seit einigen Tagen ein Dampfer von der Glienicker Brücke nach Wannsee ging, so daß ich nicht zu laufen brauchte. Mit Rucksack (Proviant für einen Tag, Waschzeug und Gemüse für Tante Hanni und Schönfelders) zog ich auf großem Umweg (Absperrung der Russen) zur Glienicker Brücke. Fritz brachte mich mit dem Roller bis zum Birkenwäldchen. 11.45 ab (natürlich mit Verspätung), schöne halbe Stunde Fahrt ohne

Stopp, 1 Uhr ab Wannsee, S-Bahn fährt regelmäßig, bei Schönfelders gegessen, dann weiter dreiviertel Stunde Fußmarsch (Notbrücke über Teltow-Kanal zum Glück schon vorhanden) zur Tante, 5 Uhr an. Große gegenseitige Freude, es ist mir wie ein Symbol, sich endlich nach so vielen Monaten wiederzusehen, daß damit ein Anfang gemacht sei – und mein Herz hat sich damit auch nicht getäuscht! Ich übernachte bei ihr, muß durchaus in ihrem Bett schlafen, sie auf dem Sofa, hat nur noch das Vorderzimmer behalten. Natürlich schlafe ich kaum, aber das schadet nicht.

Nach gemeinsamem Kaffee um 10 Uhr zurück über Schönfelders, die mir ein Stückchen Rindfleisch, etwas Öl und Essig mitgeben (für Zigaretten), 1 Uhr ab Wannsee, schöne Rückfahrt. Die Wälder trösten: Wir bleiben und stehen unzerstört – das ganze Gewimmel des Ameisenpacks, Haß und Irrsinn gehen vorüber, nur Geduld! Der Kaiser-Wilhelm-Turm grüßt, all die schönen Erinnerungen gemeinsamen Erlebens mit den drei geliebten Söhnen ziehen durch die Erinnerung: Das Ostereier-Verstecken dort, das Lagern auf den Havelbergen, wie fröhlich und glücklich wir waren – all das kann einem niemand rauben. Und auch die geistige Freiheit nicht.

Auf dem Rückweg gehe ich in der Neuen Königstraße zum Roten Kreuz, um wegen Diether Nachforschungen in Gang zu setzen. Zu Hause finde ich alles in Ordnung, Gott sei Dank, man zittert schon immer, was inzwischen etwa los war. Berlin war, trotz Ruinen, eine richtige Erholung, hier bekommt man zwischen all dem russischen Gesindel eine richtige Psychose. Die Amerikaner machen sich auf den Straßen gar nicht bemerkbar, fahren überall zahlreich durch die Straßen in ihren Wagen - aber lümmeln nicht herum wie hier in Massen.

Der Schweizer Sender soll gesagt haben, die Russen sollten bis zur Oder zurück, da sie durch Japans Kapitulation[404] jetzt die Mandschurei bekämen – man macht sich wieder einmal Hoffnungen, weil man es so sehr wünscht – ob wieder vergeblich? Solange sie hier bleiben, ist ja alles hoffnungslos, völlig zwecklos und ewig unsicher. Und so sehr ich mich nach Tuttu, Diether und den Mäusen sehne – was sollten sie hier? Nur mit uns hungern und ewig in Unsicherheit, ob sie wieder aus ihrem Zimmer oder ihrer Wohnung müßten? Wenn man sie liebt, darf man nicht wünschen, daß sie kommen, solange es so bleibt. Ein Symbol für die Russen ist mir die gräßliche Raupenplage in diesem Jahr auf dem Winterkohl wie noch nie: Man sammelt sie jeden Tag ab und vernichtet sie, aber es werden nicht weniger – und sie fressen alles ratzekahl ab.

---

404   Kaiserlicher Erlaß über das Kriegsende vom 14. 8. 1918.

Die Reinetten haben wir alle abgenommen, wenn auch zu früh – aber wir hätten doch keinen behalten. Die Soldaten oder die Weibsbilder vom Hauptmann hätten doch alle abgeschlagen. Irmgard hat auf ihre „Schwerarbeiter-Karte" zum ersten Mal seit fünf Monaten 100 Gramm Butter bekommen, wir natürlich nichts – die Berliner nennen unsere Karte bezeichnend die „Leichenkarte". Sie haben es mal wieder erfaßt, obgleich sie dort noch 7 Gramm Fett und 20 Gramm Fleisch pro Tag darauf bekommen und wir – überhaupt nichts.

Nachdem der Ausflug nach Berlin so gut geglückt war, wollte ich am 21. 9. nach Belzig, um mich wegen meines Koffers mit Wäsche umzutun. Base Anna wollte die Verantwortung gern los sein. Fuhr wieder mit Dampfer nach Wannsee, wartete dort auf Zug. Bild schon ganz russisch: Frauen fast nur mit Kopftüchern, bis obenhin beladen, kleine Karren, Kinderwagen usw., alles wandert über die Schienen. Alles sitzt, wie es gerade geht, auf dem Bahnsteig, Bordschwelle, Trümmerhaufen, weil Bänke für die Menschenmengen nicht reichen. Wo ist das elegante Bild gepflegter, gut angezogener Menschen, das sonst gerade Wannsee auszeichnete, geblieben? Dahin, dahin! Armes, elendes Volk! Es gelingt mir tatsächlich, in einen Zug hineinzukommen, bekomme auch Sitzplatz angeboten. Nach kurzem fährt er tatsächlich aus dem Bahnhof - ich atme auf. Aber nur, um außerhalb stehen zu bleiben; nachdem über eine Stunde vergangen ist – am Tage vorher soll er statt $4^1/2$ um $8^1/2$ abgefahren sein –, steige ich kurz entschlossen aus, laufe über die Schienen zum Bahnhof zurück. Soll ich in dunkler Nacht in Belzig ankommen, wo ich gar nicht mehr Bescheid weiß? Zurück zum Dampfer – Gott sei Dank geht noch einer. Auf der Anlegebrücke von meinem Proviant verzehrt, in der Sonne sitzend. Um $7^3/4$ an Glienicker Brücke, dann in schnellem Marsch zurück, da schon dämmerig und ich mich graule, durch das Mirbachwäldchen und all die Russen zu müssen. Gegen 9 Uhr, gerade noch bei ausreichender Helligkeit, daheim.

Unsere Kartoffelernte ist beendet (fünfeinhalb Zentner) – sie wenigstens sind uns nicht „geklaut" worden und werden eine höchst wertvolle Unterstützung sein. Ohne Garten wären wir schon längst verloren. Die Reinetten, die noch geblieben, haben wir verfrüht abgenommen, um sie, wenn auch noch nicht ausgereift, überhaupt zu retten, aber sie faulen sehr. Auf dem Schwarzen Markt habe ich den schwarzen, sehr guten Anzugstoff verkauft, vier Kilogramm Büchsen deutsche Leberwurst (natürlich noch von unserer Wehrmacht), zwei kleine Dosen wundervolle gezuckerte Vollmilch und ein Pfund Stückenzucker bekommen. Man verschleudert ja die Sachen, aber ich hielt es einfach mit der Ernährung nicht mehr aus. Für ein Hemd von Richard habe ich ein halbes Pfund Speck bekommen, traurig, die Sachen so weggeben zu müssen.

Neulich besuchte uns der sehr fröhliche, anständige junge Offizier, der damals bei der Quartiersuche Dolmetscher war (Chevalow, wohnt bei Winnigs). Wir hatten von französischen Gedichten, die er gerne ins Russische übersetzen wollte, gesprochen und ich ihm einen Band herausgesucht. Er fragte Fritz gleich: „Lieber Freund, brauchen Sie Geld?", wir wollten nichts nehmen, aber er zog aus einem dick vollgestopften Portemonnaie Geld heraus, ich müßte es nehmen – es waren 150 Mark, als ich es bei Lichte besah. „Dreck", meinte er. Da suchte ich ihm am nächsten Tag auch noch den „Parzival" Wolframs heraus, da er sich jetzt mit Althochdeutsch beschäftigte – wirklich ein weißer Rabe zwischen all dem ungebildeten, ungeistigen Pack.

Am 27. 9. fahre ich nach Berlin, um den Brief von Gerda Wachsmann abzuholen, da Herr Briske uns nur eine Karte schreiben durfte. Wieder mit Dampfer nach Wannsee (mit Rucksack), mit S-Bahn nach Schöneberg, dort und in Papestraße umsteigen bis Tempelhof. Strömender Regen, ich springe gerade noch in die anfahrende 99, fahre bis Attilaplatz und im Regen die Attilastraße entlang bis 158. Briske öffnet mir und erzählt, wie er dazu gekommen. Ich übergebe ihm die von uns an Tuttu und Gerda geschriebenen Briefe, er will bald wieder zurück über die „grüne Grenze", auch an Hilde haben wir geschrieben, aber ob er in die amerikanische Zone etwas weitergeben kann, weiß er noch nicht. Ich danke Herrn Briske von ganzem Herzen, es ist zu schön, endlich, endlich etwas von den geliebten Menschen zu hören!

Zum Glück hat der Regen beim Herauskommen aufgehört, da ich die ganze lange Attilastraße hinunter muß bis zum Bahnhof Mariendorf, um zu Tante Hanni zu kommen. Esse unterwegs ein paar Brote statt Mittag. Meine Karte ist noch nicht angekommen (Post von der russischen in die anderen Zonen mal wieder gesperrt), so erfährt Tante Hanni erst alles durch meine Erzählung und freut sich mit mir. Zur Feier gibt es Bohnenkaffee (in Berlin gibt es manchmal ein wenig Kaffee oder Tee), schmeckt herrlich, ich übernachte wieder dort. Am nächsten Morgen wieder über Schönfelders zurück (Tante Hanni opfert mir ihre Butterportion).

Es ist uns gelungen, Küchendielen, Keller- und Waschküchenfenster gemacht zu bekommen, etwas Bilderglas konnten wir zugeben. In den oberen Zimmern sind die Scheiben in die äußeren Rahmen gesetzt, in unserem (früheren) Schlafzimmer hat der Major das Fenster gemacht bekommen. Es fehlen nur die Scheiben zu meinem Zimmer, vom Wintergarten und von Irmgards früherem Zimmer. Dieses und den Wintergarten hat Fritz mit Hilfe von Wieczorek herrlich abgedichtet durch dicke Pappen, die wir mit vielen Schwierigkeiten gegen einen Wintermantel eintauschten. Zu Kohlen werden wir durch die russische Einquartierung wohl auch kommen, da sie ja bestimmt nicht frieren wollen. Vorläufig ruinieren sie uns mit ihren elektrischen Öfen die Sicherungen (Überlastung).

Friedels Geburtstag ist (21. 9.) zum ersten Male vorübergegangen, ohne daß ich ihm Glück wünschen konnte, wie mag es ihm und Hetty gehen? Seit Anfang April nichts von ihm gehört. Noch viel mehr denke ich natürlich an meinen guten Diether an seinem Geburtstag (4. 10.), welch ein Trost, zu wissen, daß es ihm gut geht. Vielleicht ist er überhaupt schon nach Rohrbach entlassen?

22. 9. Zum ersten Male seit April Essig, ein viertel Liter pro Kopf.

28. 9. Zum ersten Male Fleisch für uns „Nichtbeschäftigte", 100 Gramm!

Am 10. 10. kam ein langer ausführlicher Brief von Tuttu mit Schilderung aller Erlebnisse, darin schreibt er auch, daß Diether hoffte, im September entlassen zu werden. Tuttu lädt uns in seiner Sorge um unser Ergehen dringend ein, dorthin zu kommen, obgleich er noch keine Nachricht von uns hatte (11. 9. geschrieben) und nicht weiß, wie schlecht es uns hier geht. Wie gern würde ich hier weggehen, aber man müßte schon, wie Frau Schinckel, die zu ihrem Sohn Christoph nach Husum fuhr (und der ich einen Brief für Tuttu mitgab) besondere Möglichkeit durch die Engländer haben. Die gewöhnliche Fahrt in den Zügen soll entsetzlich sein, mitnehmen könnte man fast nichts (Koffer werden einem von plündernden Polen oder Russen in den Zügen abgenommen, also bliebe nur ein Rucksack voll). Und soll man jetzt, nachdem man so entsetzliche Zeiten hier überstanden hat, alles im Stich lassen? Man muß weiter aushalten, es hilft nichts. Wie oft zermartere ich mir abends das Gehirn, ob es keinen Ausweg gibt, klammere mich daran, daß vielleicht doch Tuttu oder Diether nach uns sehen werden, aber wirklich ändern könnte unsere Lage nur eines: Der Abzug der Russen! Und danach sieht es leider nicht aus – im Gegenteil, wenn ich aus der Stadt komme, bin ich immer ganz verzweifelt, daß es noch mehr geworden sind!

19. 10. Ach, mein Richard, heute wärst Du 30 Jahre geworden. Immer klingt mir in den Ohren, was Tuttu damals sagte, als er nach Deinem Tode zu unserem Trost aus Paris kam (ich brachte ihn zur „3" und wir gingen die Albrechtstraße hinunter): „Wenn wir nicht siegen, wird Richard der einzige Glückliche von uns sein!" [. . .]

28. 10. Von Frau Quade drei achtel Liter Öl für 150 Mark Alliiertengeld erworben, und die gute Gisela schickte mit jemand ein Büchschen

Butterschmalz mit – das hilft für eine Weile! Irmgard hat jetzt auch 200 Gramm Butter bekommen. Ab 1. November sollen wir die Berliner Rationen bekommen, hoffentlich nicht nur auf dem Papier. Mit dem Hauptmann haben wir ein Paar gute rote Lederhandschuhe und ein Halstuch von Fritz gegen eine Büchse Leberwurst, eineinviertel Pfund Zucker und Brot getauscht.

Am Sonntag hatten die Russen noch sechs andere Offiziere hier, Riesenkrach, sangen wie die wilden Esel, schrien und lärmten, kein Wunder bei fünf Flaschen Wodka auf sechs Mann. Ihre geistige Bedürfnislosigkeit ist unbeschreiblich, zwei Stunden lang klimperte unentwegt dasselbe Lied und sie sangen dazu.

Ich rette mich gegen Abend in ein Konzert, zum ersten Male wieder! In der Aula von Diethers früherer Schule im einfachsten Rahmen, aber die Musik (Schubert, Schumann, Brahms) tut mir so wohl, jetzt bin ich doch schon wieder so weit, daß ich sie ertragen kann, ohne gleich zu weinen. Auf dem Rückweg zum ersten Mal durch von Lampen wieder erhellte Straßen, auch aus den Häusern (besonders den von Russen belegten) strahlt überall Licht - wie hatte man das herbeigesehnt, jetzt empfindet man kaum Freude, alles andere ist zu bitter und traurig.

Am 29. 10. kam der erste Brief von Diether, geschrieben am 17. 8., von einer Berliner Firma zur Post gegeben – also über zwei Monate unterwegs! Er ist schon am 5. 8. aus der Gefangenschaft entlassen worden und seitdem in Rohrbach. Da am 1. November endlich, endlich! Postverkehr nach den anderen Zonen offiziell möglich wird, schreiben wir ihm gleich zurück, da er auf unsere Nachricht wartet zum Herkommen. Hoffentlich wird es dann bald etwas, noch vor dem eigentlichen Winter, meine Sehnsucht und Ungeduld sind riesengroß!

Die Straßenbahnen fahren seit einiger Zeit wieder, zuerst die 1, da außen nicht so viel zerstört, jetzt auch die 3, von Alleestraße bis Wilhelmplatz.

Am 5. 11. kommt die erste Karte von Tuttu mit der Post, seit 1. 11. kann man endlich!!! in alle Zonen schreiben. Der Gute hatte natürlich schon am 28. 10. geschrieben wie wir auch. Hoffentlich kommt von Diether auch bald „offizielle" Nachricht.

Vom 7. – 9. 11. feierten die Russen ihre November-Revolution. Als wir am 7. mittags gerade mit unserem Essen nach oben zogen, kam der Hauptmann an, warf ein großes Stück Rinderfilet auf den Küchentisch, holte einen Sack mit Kartoffeln, eine große Tüte mit Nudeln usw. Ich sollte ihm das Fleisch auf der Pfanne braten. Ich fragte bis wann und wie viel Personen. Bis 2 Uhr, acht Personen. Unser Essen wurde kalt, wir arbeiteten wie die Wilden, Fritz schälte Kartoffeln, ich bereitete das

Fleisch vor usw. und um Punkt 2 Uhr war alles fertig. Aber kein Gast kam, bis 5 Uhr wurde immer von neuem alles aufgewärmt – ein Jammer! Der Eßzimmertisch brach inzwischen beinahe von all den anderen guten Sachen: Wurst in großen Mengen, geräucherten Aal, Heringe, Käse, Butter, Äpfel, Brot. Wenigstens hatten wir nach all der Arbeit und dem Ärger einigen Vorteil davon und lebten auch ein paar Tage besser. Nach dem Essen kam der Hauptmann mit zwei Gläsern Wodka zu uns (so wie wir es früher mit unserer Kochfrau machten – na ja!), wir sollten sie durchaus in einem Zug herunterstürzen. Aber wir wollten beide nicht, noch dazu das scharfe Zeug. Gegen Abend stieg der Lärm immer mehr – saufen und Radau, das heißt „feiern" bei ihnen. Wir dankten Gott, als sie um 8 Uhr endlich abgezogen und nur ein Glas entzwei war. Aber wie sah der Eßtisch aus! Schweine könnten nicht unappetitlicher darauf herum wüsten. Das ganze Tischtuch übersät mit Kirschen und -steinen, Rotweinflecken, Brotstücken usw. Auf jedem Teller noch große Stücke Wurst, Braten, Käse, alles untermischt mit Zigarettenstummeln, -asche und Streichhölzern. Alles das ebenso auf dem Teppich verstreut. Das sind die Sieger, die uns die „Kultur" bringen.

Am 8. 11. morgens, nachdem die Räusche ausgeschlafen (gegen 11 Uhr), schon wieder Wurst braten in rauhen Mengen. Aber dann ziehen sie anders wohin. Es ist richtiges Novemberwetter, unfreundlich, der Regen prasselt, feuchtkalt. Obgleich ich sonst nicht gerne schadenfreudig bin, freut mich das wegen der Russen, daß sie zu ihrem Freß- und Sauffest nicht auch noch schönes Wetter haben. Was sie auf den Tellern unbrauchbar zurücklassen, bekommen wir nicht in einem halben Jahr an Zuteilung.

Inzwischen hat Frau Musehold den Verkauf eines Anzugstoffes vermittelt (brauner Sportstoff von Richard damals in Frankreich gekauft). Ich habe die Stoffe bisher wie einen Schatz gehütet, immer wieder versteckt, um sie nun für Diether und Tuttu zu retten, aber da gerade danach so große Nachfrage ist, habe ich mich schweren Herzens entschlossen, einen davon abzugeben, um unsere Ernährung zu verbessern. Wir bekommen: 1 kg Schweinelinsen (etwas alt), 1 kg Zucker (braun), 2 Brote (je 2 kg) und später noch eines (statt Mehl), 600 Mark. Und für das Futter: 4 Salzheringe, $^1/_2$ kg deutschen Käse, 2 Pfund Erdbeermarmelade, $^1/_2$ Pfund Wurst.

Am 10. 11. ist der Major nach Moskau abgereist. Er hat nichts von unseren Sachen mitgenommen, sondern noch Bonbons und Kekse hiergelassen. Er hat uns nichts Unbilliges zugemutet, und wir sind ziemlich im Druck, ob sein Nachfolger nicht schlimmer sein wird, bis wir merken, daß der Kapitan sich allein einrichtet. Welche Erleichterung für uns.

Der 10. 11. ist zugleich ein großer Freudentag, es kommen: ein Päckchen von Tuttu mit langem Brief, 300 Gramm Butter! und Tee (eingeschrieben), ein älterer Brief von Tuttu und ein Brief von Diether und Hilde, die endlich auch von hier Post erhalten haben und erschüttert sind von den Zuständen. Wir sollen auch dorthin kommen. Außerdem kommt noch eine Botin von Gisela mit einem Päckchen (Mehl, Grieß, Zucker). Das arme Kind ist auf der Reise nach Mühlhausen wiederum ausgeplündert worden und hat alles, was sie sich inzwischen im Erzgebirge so mühsam erarbeitet hatte, verloren. Ich gebe gleich allerlei an Wäsche usw. für sie mit.

3. 12. Zu Muttis Geburtstag bin ich bei Tante Hanni gewesen, damit wir wenigstens beisammen waren, wenn schon alle anderen Glieder der Familie, die sich in früheren glücklichen Zeiten in Tempelhof zusammenfanden, fern von uns sein müssen. Die übliche Wanderung zur Glienicker Brücke (diesmal auch noch über den Pfingstberg, da jetzt auch noch die Große Weinmeisterstraße gesperrt worden ist) und Dampferfahrt. Dampfer schon mit Brettern in den kleinen Fensterchen verschalt. Über Schönfelders (Teller Suppe von rohen ungeschälten Kartoffeln) zur Tante, die im ungeheizten Zimmer sitzt, die Arme. Die paar Briketts, die sie noch hat, braucht sie zum Kochen. Dort übernachten werde ich den Winter über auf keinen Fall nochmals, in Kälte und großer Enge. Und Tante tritt mir dann ihr Bett ab und schläft auf dem Sofa – das kann ich nicht verantworten. Am nächsten Morgen strömender Regen, grauer November innen und außen. Als ich von Schönfelders aufbreche, für die ich Lackschuhe zum Russenverkauf im Rucksack mitnehme, hat es zum Glück aufgehört. Es ist auch so noch kalt und ungemütlich genug beim Anstellen auf der Dampferbrücke in Wannsee. Ziemlich müde erreiche ich nachmittags die heimischen Penaten wieder, nichts vorgefallen!

An den drei folgenden Sonntagen werden Irmgard und ich jedesmal gegen Typhus geimpft, leiden aber nicht viel an den Folgen.

Die Absperrung ist Dauerzustand geworden, das unzerstörte Augusta-Stift ist unser Unglück, zuerst als GPU-Haus, jetzt als Russengefängnis. Es heißt, es wäre einer ausgebrochen, deshalb die Absperrung, und abends ist der ganze Gebäudekomplex taghell erleuchtet. Da nun alles über den Pfingstberg muß, was in die Stadt will, sammeln sich dort russische Marodeure, nehmen die Räder fort, entreißen den Frauen Hand- und Markttaschen und keiner traut sich mehr bei Dunkelheit. Irmgard kommt daher früher nach Hause.

Ich wäre gerne zur Gedenkfeier von Totensonntag in die Kirche gegangen, aber da sie erst um 6 Uhr beginnt, ist es ganz ausgeschlossen, allein zurückzukommen, da man auch in die Kirche nur über den Berg kann. Auch ein Beethovenkonzert muß ich deswegen aufgeben – wir leben nun mal im Zuchthaus. Aber damit sollen sie uns nicht unterkriegen – ich spiele wieder selber abends, wenn der Kapitan fort ist. In der Stadt kann man nichts in Ordnung gebracht bekommen, jeder Handwerker hat nur für die Russen zu arbeiten.

13. 12. Anfang des Monats haben wir einige kümmerliche Weihnachtspäckchen (bis 500 Gramm darf man ohnehin nur) eingeschrieben abgeschickt an Tuttu und Familie und Diether und Hilde. Die Puppen, die ich im vorigen Januar durch Friedels Vermittlung bekam, habe ich angezogen, kann sie aber nicht abschicken.

Die erste Kältewelle kam gleich mit -17° in einer Nacht, ausgerechnet, als wir die Heizung wegen Kohlenmangels stillegen mußten. Große Überschwemmung beim Wasser ablassen, wir haben das alles ja nie gemacht.

Seit 14 Tagen mindestens hatte Fritz dauernd gesagt und Zettel an den Mantel geheftet: Ugol, Ugol! (Kohle) – vergeblich. Wir froren oben Stein und Bein, man konnte sich nur im Bett schnell anziehen und dann nur das Gesicht waschen. Einzigste Wärmequelle die zwei elektrischen Öfchen. Unser Mieter hat zwei große im Schlafzimmer, da hält er es aus. Ich war schließlich so verzweifelt, daß ich die ganze Nacht grübelte, was tun. Einziger Ausweg: Kleines eisernes Öfchen an den Kamin anschließen im kleinen Gang vor der Küche. Also dort Steckdose machen lassen, um lesen zu können; nach Rücksprache mit Estorff, der die Oberhoheit im Quadehaus hat (da Frau Quade zu ihrer Tochter), Öfchen von dort geholt, Töpfer schließt ihn an – Gott sei gelobt! Wir sitzen also im „Mauseloch", aber ganz gleich wie, nur mal warm werden. Am Tage darauf kommen Briketts, Fritz und ich fahren sie von der Straße ein. Aber ehe wir wieder anheizen, soll erst der Wintergarten abgetrennt werden, was wir im Sommer schon vergeblich versucht hatten. Diesmal macht es der Meister, hat Mitleid mit unserer Lage. Ja, für gut 14 Tage reichen die Kohlen, dann wird das Theater von neuem losgehen. Wasserspülung und Waschbecken sind schon eingefroren jeden Abend. Haupthahn abstellen.

Endlich kam eine Nachricht von Friedel aus Brannenburg, ich hatte sehr lange darauf gewartet. Über sein Ergehen schreibt er nichts Näheres, nur daß er im Arbeitseinsatz in der Gemeinde tätig ist; hoffentlich nicht zu schwere körperliche Arbeit als ehemaliger P.G.

Der „weiße Rabe" Chewalow besuchte uns neulich, sagte gesprächsweise: „Ich weiß wohl, daß Sie von Schweinefutter leben müssen." Als das Wort „klauen" fiel: „Ich müßte kein Russe sein, wenn ich das nicht kennte." Ein anständiger Kerl, ich mußte Brot von ihm holen („seien Sie nicht so mimosenhaft"), er schmuggelte sogar ein wenig Butter hinein.

Wir haben wirklich Schweinefutter erhalten: Melasse, ich hielt es erst für Sirup und machte mir schon Hoffnung auf ein paar Pfefferküchlein zu backen – aber solche Freuden sind nicht für uns. Doch schickte der gute Tuttu ein halbes Pfund Margarine. Frau von Maltzahn hatte mir zwei Pfund dicken Speck für die lila Steppdecke gegeben, die ich ihr aus Mitleid und weil sie damals Diether gut aufgenommen hatten, geschenkt hatte. Ihr Gut enteignet, Mann im Lager, sie wollte nach Holstein, nur raus aus der russischen Zone.

14.12. Die Telefonisten bei Wölks sind fort – wie sieht das einst so gepflegte Haus aus! Ganz unbeschreiblich -- Saustall ist überhaupt noch kein Ausdruck. Alle Zimmer knöchelhoch voll Schmutz, Lumpen, Papier, aus den wenigen noch vorhandenen Schränken Bretter heraus, Badewanne, Waschbecken usw. starren vor Schmutz. Alles, was an Geschirr usw. vorhanden, haben sie mitgenommen, nur ein paar große Möbel stehen noch herum.

Frau W. ist gestern Abend bei Rückkehr über den Pfingstberg überfallen, ausgeplündert und vergewaltigt worden von einem russischen Soldaten. Nein, so lange sie hier bleiben, wird es weder Sicherheit noch Ruhe geben für uns Deutsche. Das „Portierdasein" ist hart für uns, wir haben das alles nie nötig gehabt, verstehen vieles nicht richtig, weil wir uns nie darum gekümmert haben. z. B. Ablassen der Heizung – man ist manchmal am Ende der Kräfte und der Verzweiflung nahe, das alles unter den jetzigen, hundertfach erschwerten Umständen leisten zu müssen –, liegt dann im Bett mit starkem Herzklopfen vor Überanstrengung – und dazu die Ernährung. Wenn wir nur erst sechs oder acht Wochen weiter wären und der Winter nicht mehr unabsehbar.

In der Nacht vom 22. zum 23. ging mal wieder ein Höllenspektakel unten los, daß wir dachten, unten alle Möbel kaputt (von 1 bis 6 Uhr). Mittags lag Kisil (wir sagen: Stiesel) immer noch betrunken im Bett, die grelle Nachttischlampe gerade ins Gesicht scheinend. Als ich mit der Küche fertig, kommt er blaß, verkatert, zerknirscht, schlägt die Hände selber über dem Kopf zusammen über die Schweinerei im Schlafzimmer. Ich möchte sie beseitigen – was hilft's? Wenigstens bringt er gleich eine Büchse gute Marmelade dafür, und auf dem Tisch ist ja auch noch etwas Butter, Brot, Schweinefleisch und Wodka übrig. Alle Gläser kaputt, Flaschen überall, dazu die übliche Sauerei auf Tisch und Teppich. So sieht mal wieder mein Sonntag aus. Einige Tage logiert hier noch ein anderer Kapitan: Ruhig, ordentlich (der erste, der einen Lichtschalter ausdreht).

Endlich habe ich Fritz dazu bewegen können, auf den Schwarzen Markt zu gehen, ich kann doch so schlecht lange fort. Aber wir brauchen so nötig Fett, nachdem wir endlich nur 50 Gramm Butter erhalten haben und später noch 50 Gramm Margarine. Für die wunderschöne neue Aktenmappe, die allen gleich in die Augen sticht (von Richard in Frankreich gekauft), bekommt er zwei Pfund Butterschmalz und ein halbes Pfund Butter und drei Pfund Gerste. Da kommt er befriedigt wieder. Für Weihnachtsschmuck, Spielsachen, Besteck usw., die ich einer Ausgebombten aus Mitleid gebe, bringt sie mir ein Glas Rübensaft (und einen Wirsingkohl), so daß ich ein paar Pfeffernüsse backen kann. Außerdem einen Mohn- und einen Obstkuchen.

Vor Richards Büchergestell auf der Treppe habe ich einen Weihnachtsläufer gehängt, darüber Tannenstrauß mit Silberkugeln, Glöckchen und zwei Lichtstümpfchen. Auf die Truhe, die so oft in glücklichen Zeiten die Bescherung der „beiden Kleinen" getragen, die Pfefferkuchentellerchen, Kissen und Bluse für Irmgard, Zigarettendreher und -papier für Fritz und den Inhalt des Päckchens, das von Tuttu am Heiligabend ankam: Grieß, Ölsardinen, Kaffee-Ersatz, etwas Speck mit liebem Brief von ihm und Gitti. Dazu ein Brief von Diether. Das ist unsere Bescherung, das erbärmlichste je erlebte Weihnachten. Aber Vergleiche sind absolut sinnlos und erschweren nur das Leben. Wir wollen froh sein, daß wir in diesen Tagen weder zu hungern noch zu frieren brauchen – mehr kann man nicht erwarten.

Das Wetter ist erstaunlich warm, fast wie Vorfrühling. Der zweite Feiertag neblig, trübe, so daß es dadurch draußen nicht nach Weihnachten aussieht – desto besser. Und wir sind so dankbar für jeden warmen Tag, damit die Kohlen länger heizen. Heiligabend und am ersten Feiertag spiele ich unten, wenn „die Luft rein" ist, die lieben alten Weihnachtslieder, höre im Geiste immer Richards Flöte und Diethers Geige daneben – ach!

31. 12. So ist schließlich auch der letzte Tag dieses entsetzlichen, schrecklichsten Jahres herangekommen, niemals ist mir ein Dezember so endlos lang geworden. Aber jetzt steigt das Licht wieder und lehrt einen, die Hoffnung nicht aufzugeben. Wenn wir diesen Winter hinter uns haben, wird wohl das Schlimmste überstanden sein. Wir haben als Weihnachtszuteilung jeder ein Pfund Mehl und ein halbes Pfund Zucker bekommen. Zum ersten Male gab es auch eine Schachtel Streichhölzer.

1946

Neujahrstag 1946. Mein erster Gedanke gilt unserem armen, gequälten, zertretenen Vaterland – wie wird der „Frieden" im neuen Jahr für uns aussehen? Für uns unter der russischen Besetzung hat der Krieg erst angefangen, als er zu Ende war. Und wie lange werden wir es noch unter diesen Demütigungen und Erniedrigungen aushalten müssen? Manchmal hat man es mehr als bis obenhin, solange ich lebe, werde ich dieses Volk hassen. Ob den Römern so zumute war, als die Germanen in ihr Land eingefallen waren, auf die sie von der Höhe ihrer Kultur mit Verachtung herabblickten, die aber doch die „Sieger" waren?

Der erste Tag des neuen Jahres war gleich sehr bitter. Vom Morgen an schuften für die Russen ohne Dank. Gestern kam der weiße Rabe, um das heutige „Fest" mit uns zu besprechen: Elf Personen sollen bewirtet werden, Stiesel war schon ganz aufgeregt, hob mich hoch und wirbelte mich herum. Ein ganz blödsinniges Menu sollte nacheinander abrollen. Irmgard und ich putzten also vom frühen Morgen an Heringe, Zwiebeln, Kartoffeln usw. Es gab: Kaviar, Schinken, geräucherten Aal, zwei große Schüsseln mit Wurst, Brot, Kekse. Rumpsteak mit Bratkartoffeln schmurgelten (und Makkaroni) wiederum vier bis fünf Stunden vergeblich, bis steinhart. Um 2 Uhr sollte alles fertig sein, um 7 wurde das Fleisch verlangt. So geht es doch immer. Wie diese Leute siegen konnten!! Aber wir hatten eben die ganze Welt gegen uns, das war das Furchtbare.

Als alles so weit fertig, ging ich in das Konzert in der Friedenskirche, auf das ich mich so gefreut hatte. Stille, Frieden, schöne alte Musik, die Nerven beruhigen sich etwas. Aber zu Hause kommt man gleich wieder in den Höllenspektakel hinein, betrunken sind sie auch schon wieder, kein Wunder, bei acht Flaschen Wodka, zwei Flaschen Burgunder und zwei Flaschen Schampus. Ein kleines Mädchen ist mit ihren Eltern dabei – das arme Kind!

Und wie lange werden wir dieses Sklavenleben ertragen müssen! „Herr, erlöse uns von dem Übel." Ein Jahr lang halte ich das auf keinen Fall noch aus. Von den elf Weingläsern waren zehn entzwei, und einiges Geschirr.

Heute sind es drei Jahre, daß wir Dich, mein Richard, geliebter Sohn, zum letzten Mal sahen und von Dir Abschied nahmen. Ach, damals hatte mich das Schicksal noch wenig geschlagen, ich sah noch voll Hoffnung in die Zukunft, und was ist seitdem über uns hingegangen. Lohnt dieses Leben sich denn überhaupt noch? Nur, weil man die Söhne und Familie so gern noch einmal sehen möchte. Aber wann? Wie lange wird man noch vergeblich hoffen müssen?

Gestern hatte die arme Lotte Geburtstag, wie und wo mag sie ihn verbracht haben? Seit Mai ist sie verschwunden (vielleicht in Dresden), wer weiß, wie die Russen sie behandeln mögen und ob das arme Wurm es übersteht. Ach, hätte man gewußt, was für ein Schicksal ihr beschieden ist, man wäre früher oft liebevoller gewesen, damit sie recht viel voraus hatte – aber nachholen kann man nichts. „Ihr stoßt ins Leben ihn hinein, Ihr laßt den Armen schuldig werden, dann überlaßt Ihr ihn der Pein, denn alle Schuld rächt sich auf Erden."

18. Januar – 1871 war es der stolze Tag des endlich wieder geeinten Deutschlands und jetzt, 75 Jahre später: Alles zerschlagen, in lauter einzelne Teile zerrissen, ganz Deutschland ein Trümmerhaufen – nach den Jahren des Aufstiegs zum zweiten Male in eine noch viel schaurigere Tiefe geschleudert – armes, armes Vaterland, was soll aus Dir und uns allen werden?

Mit Schrecken sah ich unsere Kartoffeln zu Ende gehen, die bis Mai reichen sollen, konnte schon keine Nacht mehr schlafen deswegen. Aber es ist uns gelungen, gegen Hergabe noch eines Anzugstoffes vier Zentner zu erhalten, eine Weile reicht das wieder. Für Schuhe bekamen wir von Russen: 250 Mark, ein halbes Pfund Margarine, ein Brot, vier Pfund Kunsthonig und drei Kilogramm Bonbons. Und für drei Teegläser: ein Brot, 20 Pfund Kartoffeln und Bonbons. So geht es immer etwas weiter, Tuttu schickte auch mal wieder Butter und ein Stück Leberwurst. Da wir auch Geld brauchen, verkaufte ich die restliche grüne Seide von den Herrenzimmer-Übergardinen für 400 Mark und ein Brot.

27. 1. In der Nacht vom 24. zum 25. war Haussuchung, nach langer Zeit wieder einmal. Ein deutscher Polizist, ein russischer Offizier und ein halbes Dutzend schwerbewaffnete Soldaten. Als sie fort waren, fehlten Fritzens einzige warme Handschuhe, die auf der Glasplatte gelegen hatten. Er rief sie zurück, aber wiederbekommen hat er sie natürlich nicht. Ergebnis: tüchtiger Schnupfen, den ich mir dabei geholt habe, kaum angezogen herumzustehen. Fritz ist beim Holzhacken ein Scheit gegen seine alte Hufschlagstelle am Bein geschlagen, es will nicht heilen, und die übliche Venenentzündung stellte sich auch ein, ich hatte große Sorge, daß die Nacht ihm noch mehr schaden würde (mit bloßen Füßen in der Diele bei offener Tür), aber es scheint, Gott sei Dank, so vorüberzugehen. Ich habe nun noch viel mehr zu rennen, während mir Fritz sonst doch manches abnimmt. Den Nachbarn fehlten Füllfederhalter, Rasiermesser usw. – diese „Klaubrüder" nennt man Polizei. Wenn es wenigstens ein Zeichen wäre, daß sie abziehen wollen!

3. 2. Aber der 2. Februar, bis zu dem mein „Russenkalender" ging, ist vorüber und noch sind sie hier. Unser „Stiesel" erklärte zwar gestern

quietschvergnügt und mit viel Stimmaufwand wie immer (er denkt wohl, daß wir russisch mit Gebrüll besser verstehen!), daß er nach Moskau zu Frau und Kindern ginge, aber nicht wann. Pfisters wurden von ihrem Einwohner, halb betrunken, wie meist, nachts aus den Betten geholt, um „Abschied" zu feiern (unser „Stiesel" war heute auch wieder ganz blau). Werden wir wirklich endlich erlöst werden?!?

Zum Glück sind noch einmal Kohlen gekommen, man muß anerkennen, daß sie uns damit durch den Winter geholfen haben. Bis Ende Februar werden wir hoffentlich damit reichen, augenblicklich ist es ganz milde, + 7°, Regen. Im März kann es nicht mehr so schlimm werden, vor allem nicht mehr lange.

Eine Woche lang lag hier noch ein Kapitan krank (Grippe). Nachdem in einer Nacht hier fünf oder sechs genächtigt hatten, auf dem Sofa in Reitstiefeln, im Eßzimmer auf Stühlen, blieb er im zweiten Bett bei Stiesel zurück. Da das Essen für ihn von den Burschen gebracht wurde, gab es laufend mehr Abwasch für mich. Aber er schickte immer etwas Brot mit heraus, auch Kartoffelmus oder ein wenig Kunsthonig. Ist überhaupt höflich, ordentlich und kann etwas Deutsch, den hätten wir lieber gehabt statt des „primitiven" Stiesels (wie der weiße Rabe sagte).

Endlich kam von Tuttu wieder Post, nachdem wir schon sehr beunruhigt, da seit dem 15. 1. nichts gekommen war. Ein Brief, eine Karte und drei Päckchen (Margarine, Grütze und Ackerbohnen) auf einmal. Große Freude!

Von Frau Musehold, die bei Russen als „Hausgehilfin" arbeitet, wurde ich wegen eines Herrenschlafanzuges gefragt. Mit schwerem Herzen gab ich einen sehr guten von Dir, mein Richard, den ich damals mit so viel Freude für Dich ausgesucht hatte, hin. Es ist sehr bitter, diesen Biestern etwas von Dir überlassen zu müssen, aber da das Schicksal uns übrig gelassen hat, müssen wir auch leben. Aber billig wollte ich ihn nicht verkaufen und bekam ein Brot, zwei Pfund Kunsthonig und 200 Mark. Mein guter Junge, wie ich Dich kenne, wirst Du mir nicht zürnen.

Bei „Schlafanzug" fällt mir ein, wie unser Stiesel im Sommer nachmittags mit Vorliebe darin umherlief, war anscheinend riesig stolz darauf, man merkte ordentlich, daß er vorher so etwas nie gekannt hatte und sich nun wie ein Pfau aufplusterte. Er empfing sogar Damenbesuch darin.

18. 2. Mit Fritzens Bein geht es endlich besser, wenn auch noch immer nicht völlig zugeheilt. Aber darüber wird überall geklagt, daß nichts heilt, weil keine Abwehrkräfte vorhanden sind. Gestern ist er zum ersten Male ein Stückchen draußen gelaufen.

Seit Mitte Februar fährt endlich! die S-Bahn wieder von Potsdam, mit Unterbrechung und Fußmarsch am Teltowkanal. Will sie nächstens ausprobieren.

Vom 20.–25. 2. war „Sudetenkind" Gisela bei uns, kam mit einem sehr schweren Rucksack aus Mühlhausen in Thüringen, wo sie mit ihrer Tante untergekommen ist. Ganz rührend, was sie sich alles abgespart und erarbeitet hatten, um uns zu helfen, von allem etwas: Schmalz, Butter, Speck, Wurst, Fleisch, Grieß, Mehl, Grütze, Sago, Haferflocken, Zucker, Kandis, Kunsthonig, Bonbons, Puddingpulver, Süßstoff, zwei Brote usw. Abgesehen von der materiellen Hilfe war es aber auch ein richtiger Trost, mit jemand, der all die lieben Menschen kennt und Richard verehrte, von ihnen sprechen zu können und all die gegenseitigen, schrecklichen Erlebnisse vom Herzen zu reden. Und wie tüchtig faßte Gisela überall zu – auch das eine große Erleichterung für mich.

Unser „Stiesel" rüstete zur Abreise (sechs Wochen Urlaub) und wurde zum Schluß noch von feinem „Benimm" ergriffen, nannte mich „Madame" statt „Frau, Frrrau" zu brüllen und küßte mir sogar die Hand zur Entschuldigung, als er an der Kellertür auf mich stieß. Ob er Tanzstunde gehabt hat?! Da Gisela schon recht gut russisch kann, lud er sie und Irmgard auf sein Schlafzimmer, sie wollten aber nicht. Dafür erschien er am nächsten Abend im Schlafanzug und bloßen Füßen in der Küche und aß mit ihnen. Spendierte Wodka und Konfekt, und Gisela jagte ihm noch eine halbe Flasche mit Butterschmalz ab und brachte uns von dem anderen auch gleich immer etwas.

Wir trennten uns am 25. 2. früh richtig schweren Herzens von Gisela, die, trotzdem sie so viel Schweres durchgemacht hat, lebhaft und frohen Mutes geblieben ist. Stiesel verabschiedete sich dann nachmittags sehr freundlich von uns – und nun begann eine neue schwere Prüfungszeit.

Am 26. 2. kam der neue Major, der während seiner Abwesenheit die Räume haben sollte mit Frau und vierjährigem Mädchen sowie noch ein weiterer Major, besah alles und besprach es mit uns (Dolmetscherin). Sie wollten auch kochen, was mir schwer aufs Herz fiel, so daß ich nicht schlafen konnte. Am nächsten Mittag wollten sie einziehen - wir hatten schon eine stille Hoffnung, daß sie es sich anders überlegt hätten, plötzlich neue Dolmetscherin: Befehl vom Kommandanten, wir ganz raus bis zum nächsten Abend! Wir ganz erstarrt, Fritz verzweifelt, ich rase zu Irmgard, sie zur Hilfe zu holen. Und wohin nur? Überall sitzen die Deutschen schon im Keller und kleinsten Dachkämmerchen zusammengepfercht. Erst mal zu Quades, wo das große eisige, ganz verwahrloste Durchgangszimmer noch frei ist (Frau Quade seit Dezember bei ihrer Tochter). Wieder einmal packen und schuften wir wie die armen

Irren. Abends kommt Major mit Koffern, wir fragen gleich, er bedeutet uns: Nicht raus, oben bleiben! Gehe nach oben zu „Vatter", um es ihm zu sagen, Fritz bricht in Tränen aus. Wieder nicht geschlafen trotz Erleichterung. Das war der Anfang des Frühlingsmonats, auf den wir so viele Hoffnungen gesetzt hatten.

13. 3. Seitdem haben wir uns mit der russischen Familie – wohl oder übel – einrichten müssen. Die Frau ist nicht unangenehm, jung und weiß wenigstens schon mit dem elektrischen Herd Bescheid, auf dem den größten Teil des Tages fettriefende Fleischgerichte brodeln. Ich wage mich kaum in die Küche, bis ich die Zeiten heraushabe, an denen sie weg ist oder schläft, der Abwaschtisch steht dauernd voll Geschirr, die Abfallschüssel mehrmals am Tage voller Brot- und Wurstreste, die ich für den Blindenhund aufhebe. Meine Speisekammer ist ganz mit Fleisch, einem Schock Eier!!, Fett, vielen Wurstringen, Speck usw. angefüllt, alle Schüsseln und Töpfe damit voll, so daß ich mir mit Mühe erst ein paar Kochtöpfe rette und in die Kammer stelle. Manchmal fällt für uns etwas Suppe oder ähnliches ab, ich mache mir aber auch kein Gewissen daraus, aus den Fetttöpfen ein wenig zu nehmen.

Das Kind „Ala" ist ein kleines Biest mit angeborener russischer Zerstörungswut. Meine Kinderliebe läßt mich ihr gegenüber im Stich, ich bringe mit Mühe höfliche Freundlichkeit auf. Die ersten Schneeglöckchen vor dem Haus hat sie sofort alle abgerissen mit den Hyazinthenblättern dazu, in der Küche schmiert sie alle Wände voll, brüllt und tobt dauernd durchs Haus, beschmiert den Flügel usw. Eine harte Prüfung! Dagegen war Stiesels zeitweilige Besoffenheit noch ein Vergnügen, denn wir hatten doch sonst unsere Ruhe. Der mitgekommene, gutmütige, aber dreckige kleine Major, der in Fritzens Zimmer auf dem guten Sofa schläft, ist auch nicht anders.

Sonntagabend klingelte es Sturm, ich dachte schon, wieder mal Kontrolle und stellte die Bilder der Jungens schnell weg, womit ich sie bis jetzt vor jeder Beschimpfung bewahrt habe. Irmgard öffnet, da schubsen ein paar Frauen den kleinen „Major" völlig betrunken herein. Er torkelte auf der Diele umher und sank schließlich vor der Tür zu meinem Zimmer in die Knie. Darauf kam der andere Major aus dem Schlafzimmer, zog ihm mit Mühe den Mantel aus und bugsierte ihn hinein. Unser schönes sauberes, anständiges Haus! Wenn die guten Geister nicht schon längst geflohen sind, haben sie sich zum mindesten längst verkrochen bei diesen Zuständen.

Am 20. 3. fuhr ich zu Tante Hanni zum Geburtstag, nahm Kartoffeln, Grütze und verschiedene andere Kleinigkeiten mit. Ein herrlicher, sonniger warmer Tag (der erste Sommertag!), zum ersten Mal seit fast einem Jahr wieder auf dem Rad, mit Irmgard zusammen ab, dort untergestellt, mit „3" weiter, dann S-Bahn. Von Steglitz wieder über Schönfelders, die vier großen Briketts für Tante ließ ich dort, wurde mir doch zu sauer. Tante Hanni ist sehr gealtert und verschrumpelt nach diesem furchtbaren Winter, aber geistig munter.

24. März. Ich sollte der Russin ein Kleid ändern, zwei neue für „Ala" zu nähen lehnte ich ab. Sie war ganz begeistert von meiner Arbeit (kürzer machen, zwei Taschen aufsetzen, Gürtel), legte 50 Mark hin. Erst wollte ich sie nicht nehmen, aber sie bestand darauf, schließlich sagte ich mir, daß ich sie ehrlich verdient hatte und wir sonst doch kein Geld bekommen. Sie reichten gerade, ein Pfund kanadisches Weizenmehl zu bezahlen, das Schönfelders mitbrachten. Am Tag darauf kam die Russin mit einer anderen (sehr primitiv aussehend, hätte sie wahrscheinlich früher nicht als Mädchen genommen), die von mir einen Mantel und ein Kleid gearbeitet haben wollte. Mit Mühe machte ich ihr klar, ich wäre keine Schneiderin (hätte es auch dann nicht getan!), schrieb nachher nach dem Lexikon russisch auf: „Lehrer, nicht Schneider", damit sie mich in Zukunft in Ruhe läßt. Diese armen kümmerlichen Schweine haben natürlich nicht den leisesten Schimmer einer Ahnung, was eine deutsche Offiziersfrau früher einmal war. Daß man „Dame" war und einem großen gepflegten Haushalt vorstand und dabei nicht noch auf „robbot" ging, können sie sich wahrscheinlich überhaupt nicht vorstellen. Dabei spielen sie sich aber als „Kulturträger" auf. Wer diese Schweine nur einmal hat essen sehen (und wir erleben diese Sauerei täglich), kann nur darüber lachen, wenn auch mit Ingrimm.

Neulich nachts wurden wir aus den Betten geholt, weil vier Offiziere noch zusätzlich hier schlafen sollten. Es entwickelte sich im Musikzimmer ein riesiges Nachtlager (mit allen Matratzen aus der Kammer), und der Abwasch war morgens dann dementsprechend. Am Tage klimperte einer mehrmals auf dem Flügel herum, mehr als eine primitive Melodie zusammenstümpern (Nationalhymne?) und hundert Mal, wie die ganz kleinen Kinder es machen, wiederholen, konnte noch keiner. Die ganze Primitivität enthüllt sich auch dabei.

14. 4. (Palmsonntag). Heute ist es ein Jahr her, seitdem wir in die unterste Hölle gestürzt wurden. Wenn wir aus ihr auch allmählich aufgetaucht sind, aus dem Fegefeuer sind wir noch lange nicht erlöst.

Zum ersten Mal seit über einem Jahr hat es für jeden ein Ei auf Zuteilung (statt Fleisch!) gegeben. Die Russin holt alle paar Tage für sich einen Riesenkorb voll. Vor einigen Tagen kam unser Stiesel zurück, die Hoffnung auf Abzug der anderen erfüllte sich nicht, wie sollte sie auch, es werden ja immer noch wieder Häuser geräumt, wie jetzt bei Frau v.

Stülpnagel. Nur das kleine Dreckschwein von Major ist aus dem Herrenzimmer fort und Stiesel schläft dort auf dem guten Sofa. Wir hatten aber noch einen ziemlich unangenehmen Sonntag mit dem Kleinen, da er hinter Irmgard her war und immer hinter uns herkam, sogar oben beim Abendbrot bei uns saß. Als wir dann noch Mohrrüben putzten, stand er dauernd in der Küche und brabbelte, klopfte Irmgard immer mal wieder hinten drauf, schmiß eine Handvoll Salzheringe (von der Russin aus der Speisekammer) auf die Mohrrüben, bot dauernd Bier und Zigaretten an. Aber es nutzte ihm alles nicht – schließlich sagte Fritz ihm, Irmgard wäre „newjesta" = Braut, dann gab es endlich Ruhe, Irmgard mußte rauflaufen und sich einschließen.

Die Gartenarbeit beansprucht viele Kräfte, man arbeitet sich tot, um zu leben, so ist es. Dann kamen auch noch mal Kohlen, die wir einfahren mußten, Fritz war so froh gewesen, nicht mehr heizen zu brauchen. Am nächsten Tag konnte er überhaupt nicht laufen, diesmal das linke Bein am Oberschenkel dick. Ein Nerv oder ein Muskel gerissen? Wie das nun weitergehen soll, wenn alles auf mir allein liegt, ist mir völlig rätselhaft, ich bin so schon dauernd überanstrengt, Schmerzen überall die ganze rechte Seite herunter (Arm, Hüfte, Fuß) – ein fürchterliches Leben! 55 Jahre meines Daseins habe ich nie schwere körperliche Arbeit zu leisten brauchen, habe auch gar nicht die Knochen danach, und jetzt, wo ich alt, kaputt und ohnehin elend genug bin, kommt immer noch mehr über mich.

Dabei hatte ich die Absicht, mit Frau Zimmermann, die aus Bostel kam und dahin zurück ging, auf Tuttus liebevolle Einladung mitzufahren – was wäre dann geworden hier?! Aber es gelang mir nicht, in der kurzen Zeit die „Reisegenehmigung" zu bekommen (ob es mir überhaupt geglückt wäre, auch fraglich). Fürchterliche Schlange am Polizeipräsidium, kein Gedanke, daß es vorwärts geht. Ich zu Bärbel Klau, die erzählt hatte, in Babelsberg wäre es ganz leer gewesen. Frau Klau meint, das Rathaus sei zuständig. Dorthin, nicht sehr voll, aber ich höre, daß man die „Bescheinigung" erst am nächsten Tag abholen kann, da sie ins Russische übersetzt. Also zwecklos, da Frau Zimmermann am nächsten Morgen fahren will. Ich bin am anderen Tage um 7½ am Bahnhof, um noch mit ihr zu sprechen, Brief und Kleinigkeiten zu Ostern mitzugeben. Wieder um eine Hoffnung ärmer! Aber ob ich die Reisestrapazen, vor allem die Nervenaufregung beim Marsch über die „grüne Grenze" ausgehalten hätte? Ach, wie werden wir gequält, und schon ein Jahr von den liebsten Menschen getrennt. Im Mittelalter folterte man die Leute körperlich, die seelische Folter, unter der wir leiden, ist auch furchtbar genug. Aber die Zonenabsperrung zeigt doch auch deutlich, wie groß

250

das Mißtrauen und die Feindseligkeit der sogenannten Alliierten gegeneinander ist.

Ostern (21. 4.) waren Jürgen und Bärbel Klau und Schwiegermutter hier, das erste Mal seit über einem Jahr, das ich wieder jemand einlud und den Teetisch ein wenig festlich (natürlich oben!) zu decken versuchte. So waren wir nicht ganz einsam und konnten wenigstens von den liebsten Menschen sprechen. Ich hatte von dem letzten, lange aufgesparten Mohn einen Kuchen gebacken, jeder bekam zwei Stücke zugeteilt. Natürlich hatten wir kein Fleisch bekommen, es gibt in diesem Monat überhaupt nur auf eine Dekade, für die beiden anderen Magermilch, die man nicht bekommen kann, und Fisch; wenn es den wirklich gibt, komme ich natürlich immer zu spät, denn ehe ich es erfahre hier draußen, ist er längst alle, und ich kann bei all der dringenden Arbeit hier doch nur selten in die Stadt rennen.

10. 5. Am 1. Mai war in der Stadt „großer Klamauk", Reden usw. Es wurde erwartet, daß die Schulen sich geschlossen „freiwillig" beteiligten, wer nicht, „würde schon sehen, was ihm passierte". Überschrift: Demokratische Freiheit![405] Abends Feuerwerk in Sanssouci, das „Rummelplatz" für die Russen sein soll. Finis Germaniae!

Von der „Siegesfeier" am 9. 5. (welch ein Jahr liegt hinter uns!) haben wir, außer verstärktem Radiogetöse ringsum, hier nicht viel gemerkt, betrunkene Soldaten wie in der Stadt sah ich nicht, ging auch mit Absicht kaum aus dem Hause. Neun Tage genossen wir wohltuende Stille im Hause, da die Russin und Ala, das Teufelskind, verreist. Da Fritz sich an dem bis dahin gesunden Bein eine Muskelzerrung zugezogen hatte und sich nicht rühren konnte, verzweifelte ich schon fast vor aller Arbeit, die vor allem im Garten so dringlich. Aber wenigstens fiel der große Abwasch in den neun Tagen aus.

Unser „Stiesel" hat uns endgültig verlassen, verabschiedete sich äußerst freundlich und sogar mit „spassibo" (Danke). Ein großes Lastauto verlud all seine vielen Koffer, Teppiche usw. Am Nachmittag kam der Major mit Dolmetscher, der fragte, ob Stiesel etwas von uns mitgenommen. Ich verneinte, worauf er mich fragte, ob wir mit dem Major zufrieden seien. Na, was soll man sagen, nützen würde es einem doch nichts, wenn man sich beschwerte, daß der Krach oft unerträglich, besonders nachts usw. – man fliegt höchstens selber raus. Er bat, das Schlafzimmer noch herzurichten, da Stiesel alles sehr unordentlich

---

405 Siehe hierzu: Roland Thimme, Vom Nationalsozialismus zum Sozialismus: eine Schule im Umbruch. Die Sexta des Potsdamer Viktoria-Gymnasiums 1941, in: Mitteilungen der Studiengemeinschaft Sanssouci e.V., 5. Jahrgang, Potsdam 2000, S. 18ff.

zurückgelassen hatte und seine Frau nicht da. Als Irmgard kam, machten wir uns abends noch daran, dabei fand sich der eine der von mir gesuchten zwei silbernen Teelöffel, die versehentlich einmal in der Küche geblieben waren und die sie wahrscheinlich gleich „zurückgelegt" hatten. Eine Schöpfkelle und ein elektrischer Kochtopf, die ich jetzt so nötig brauche, fehlen auch. Als ich sie bei Rückkehr danach fragte (Bilder angefertigt), behauptete sie, der Kapitan hätte alles mitgenommen. Nachdem ich das mit dem Löffel erlebt habe, glaube ich es aber nicht.

Von den beiden Brüdern kam die Nachricht, daß sie in Bostel Wiedersehen gefeiert hätten – wie schön! Diether war mit seiner Frau hingefahren, um mit Tuttu über dessen Fahrt hierher zu sprechen. Sie waren aber zu dem Ergebnis gekommen, daß er es noch nicht wagen könnte, besonders da Gitti sich schon schrecklich aufgeregt und uns einen entsprechenden Brief geschrieben hatte. Aber ich hatte es nicht angerührt, Tuttu hatte von sich aus geschrieben, wenn ich mit Frau Zimmermann nicht mitkönnte, würde er versuchen herzukommen.

Fritzens Bein wird, Gott sei Dank, jeden Tag besser, so daß er sich schon wieder an der Gartenarbeit beteiligen kann. Das Wetter ist ganz herrlich, schon seit Anfang April wie im Mai – aber zu trocken, immer Sonne und kein Regen, also viel gießen und sprengen. Wie mag es auf den Feldern aussehen?

Am 27. Mai fuhr ich endlich nach Belzig, um mir meinen seit zwei Jahren dort stehenden Koffer mit Wäsche zu holen. Seit ein paar Tagen geht ein Autobus vom Nauener Tor nach dort, also sehr bequem. Zu meiner Freude kam ich auch gut mit (einige Tage vorher überfüllt), fuhr 16 Uhr, zwei Stunden Fahrt. Welche Erholung für mich, wieder einmal durch Frühlingslandschaft zu reisen, ich fühlte mich richtig als Mensch wie früher. Und kein Russe im Wagen. Die Kiefern haben helle junge Triebe, und der frische Fahrtwind bringt ganze Wellen von süßem Robinienduft herein, die überall blühen. Michendorf, Seddin, wehmütige Erinnerungen an all die schönen Ausflüge früher mit den Jungens. Beelitz, Treuenbrietzen, Niemegk, schließlich schon bei Gewitterregen Belzig. Base Anna kommt mit Schirm, aber – wieder Glück – Haltestelle auch in der Niemegkerstraße, 50 Schritt von ihrem Haus. Anna, voller Falten und schrumplig, aber munter. Koffer vom Boden, Fahrer hat versprochen, ihn mitzunehmen, wodurch alle Schwierigkeiten und Ängste beseitigt. Zum Abendbrot: Spargel mit holländischer Sauce (helles Mehl und mit Ei!), Salat, Pellkartoffeln. Brote hatte ich natürlich mit. Da Wolkenbruch, nicht mehr fort.

Auf unebenem Diwan im Eß- und Wohnzimmer der vier Basen geschlafen. Früh auf, kleiner Gang durch die Stadt, unzerstört, welche

Wohltat! Nach Kaffee mit Base Anna Koffer zum Bus gefahren, eingeladen, keine Angst mehr, daß die Russen ihn unterwegs „klauen". Rückfahrt: Sehr voll, eng, stickig, dadurch nicht so schön. Straßengräben aufgebuddelt – die Russen nehmen die Kabel heraus! Alles steigt mit schweren Rücksäcken voll Kartoffeln usw. ein, ich habe leider keine, aber eineinhalb Pfund Spargel mitbekommen. 10^{15} an Potsdam, Rad von Irmgard geholt und rechtzeitig daheim, um das vorbereitete Essen fertig zu machen. Bin ganz erfrischt von der schönen Abwechslung. Fahrten nach Berlin doch immer nur Strapaze, Kummer (alles krank) und deprimierend (Trümmer).

Barock-Fischbestecke an unsere Russen verkauft: 300 Mark und zwei Pfund Butterschmalz, eine Tüte Bonbons. Ein Pfund Hammeltalg wurde uns von anderer Seite angeboten, aber 450 Mark! Für Tante Hanni besorgte ich Butter, aber auch ein halbes Pfund 250 Mark. Die sechs schönen alten Weingläser hat Fritz neulich in meiner Abwesenheit leider für ein Brot und ein kleines Glas Malz (Zucker) weggegeben. Zu Pfingsten verkauften wir noch einen Anzugstoff, leider, aber sehr günstig: 1.500 Mark, ein kg Linsen, eine Zungenwurst, zwei kg Mehl, ein kg Zucker, ein kg Nudeln.

So hatten wir Pfingsten (9. 6.) Fleisch. Im Garten sind seit Anfang Juni die ersten Kohlrabi, Erdbeeren, Salat; Himmelfahrt (30. 5.) fing es damit an. [Zu] Tuttus Geburtstag (1. 6.) war mir wieder sehr traurig zumute, immer noch getrennt! Aber er lebt, ist gesund, und wir konnten ihm Päckchen (Wäsche von Richard) schicken. Wieder gegen Typhus geimpft.

Frl. Heckes Boot wurde eines Nachts im April gestohlen, jetzt der Gartenschlauch; der russische Offizier im Hause geniert die Diebe gar nicht. Das blaue Auto, das monatelang auf unseren Johannis- und Monatserdbeeren vorn stand, ist endlich abgeschleppt worden.

Unsere Einwohner fressen den ganzen Tag Heringe und Zwiebeln, die Küche liegt meist voll der Abfälle. Irmgard meint: Tiere fressen anständiger, schlabbern nur aus ihrem Napf, während die alles versauen. Am Sonntag war nicht nur der ganze Teppich voll Makkaroni geschmiert (sah aus wie beschneit), sondern auch die Fenster. Sie haben eine Begabung, alles zu versauen, was für einen Kulturmenschen unbeschreiblich; jeden Löffel, Messer und was sie auch in die Hände kriegen, alles verliert Glanz und Schönheit unter ihren Händen. Sonntagsbelustigung: Vögel totzuschießen, die schönen Spechte usw. Im Garten liegen überall leere Wodkaflaschen, die das Kind umherschleppt. Sie wäscht die Puppenwäsche im Nachttopf! Nach dem Sonntagsbesuch fehlen mal wieder zwei Messer!

Königsberg soll jetzt „Kaliningrad" heißen, sie machen alles genau so falsch und schlecht wie wir vorher – nur Machtpolitik – kein Weiser! 3. 7. Am 28. 6. ist Tuttu plötzlich da, als wir schon beim Zubettgehen. Welche überwältigende Freude! Kein Ende des Erzählens. Gealtert, viele Falten, der Arme! Er wird am nächsten Tag vom Major (mit Dolmetscher) verhört, aber er hat ja nichts zu verheimlichen. Hat viel Laufereien, nach seiner Wohnung, Wohnungsamt usw. Sonntag sitzen wir zusammen im Garten, Gott sei Dank, daß wir wenigstens Obst und Gemüse für ihn haben und die letzten Kartoffeln.

Am Montag fahren wir beide zu Tante Hannis Einäscherung nach Baumschulenweg. Meine gute Tante ist am 26. 6. sanft eingeschlafen, nachdem ich einige Tage vorher, als sie noch bei Bewußtsein, von ihr Abschied genommen. Sie hatte zwei Schlaganfälle, ich kam zufällig, um ein paar Erdbeeren zu bringen, das Telegramm hatte mich nicht erreicht (falsche Adresse). Sie war die Verkörperung glücklicher Jugendtage für mich. Der letzte Winter mit Hungern und Frieren war zu viel.

Nach der Einäscherung fuhr Tuttu weiter nach Rahnsdorf und kam am nächsten Tage mit der Nachricht zurück, daß er im dortigen Werk eine sehr günstige Stellung angenommen hätte, am 1. 8. antreten und, sobald Wohnung, die Familie nachkommen soll. Der einzige bittere Tropfen in diesem Freudenkelch auf baldiges Beisammensein mit all den Lieben ist, daß er für die Russen arbeiten wird.

Tuttu fährt nach Spaatz zu Wolfgang Funke, der seit einiger Zeit zurück in seinem Pfarrhaus, bringt Kartoffeln mit, die anderen hat der gute Wolfgang schon als Frachtgut nach Wildpark geschickt und Irmgard holt sie. So werden wir hoffentlich durchkommen, bis wir unsere ersten neuen aus dem Garten nehmen können.

Am 4. 7. verläßt uns Tuttu morgens, aber der Abschied wird nicht schwer, da ja nicht mehr hoffnungslos. Mit Hoffnung erträgt sich alles leichter. Das ist auch sehr nötig für uns, da wieder viel Schlimmes kommt: in der Großen Weinmeisterstraße wird schon wieder „geräumt", vor unserem Hause wird ein deutsches Kind von russischem Auto totgefahren und in der Nacht von Sonntag zu Montag wird Fritz von einem russischen Soldaten, der plündern will, beinahe umgebracht. Der Kerl ist, nachdem unsere Einwohner noch weggegangen, durch ein Herrenzimmerfenster, das er einschlägt, herein, kommt dann nach oben. Als es immer wieder klopft, mache ich auf, da steht das Biest vor mir. Ich schreie auf und werfe die Tür wieder zu. Bei Fritz ist leider offen, als er ihn anbrüllt, stürzt der Kerl sich auf ihn und boxt ihn ins Gesicht. Fritz schreit furchtbar um Hilfe, ich zittere nebenan und denke immer: solange er schreit, lebt er noch!

Als der Kerl alle Sachen aus den Wandschränken herausgerissen hat und sich aufpackt, benutzt Fritz den Augenblick, die Treppe herunter zu laufen, barfuß im Nachthemd, durch den Garten in die Langhansstraße. Dort kommt ihm schon ein russischer Offizier mit Zivilist entgegen. Dann kommen auch unser Major und andere Offiziere. Das Biest hat sich die Treppe nicht mehr heruntergetraut, ist aus dem Südfenster oben aufs Dach, Ziegel heruntergerissen, herunter, leider ohne Genick zu brechen. Er soll unten festgenommen worden sein und soll schon erschossen sein. Der arme Fritz ist ganz entstellt, die linke Seite ganz blau und geschwollen, aber wenigstens das Auge nicht beschädigt und der linke, verrenkte Arm auch nicht weiter. Daß einen nicht mal das Bewohnen des Hauses durch einen russischen Offizier vor so etwas schützt!

Daß Fritz in seinem Alter das so überstanden hat, ist bewundernswürdig! Zuerst liefen die Offiziere dann immer noch durchs Haus, sahen sich oben die Verwüstung an usw. Dann sagte unser Major: „Schlafen", da war es 2 Uhr, an Einschlafen natürlich nicht zu denken. Schließlich von 5 bis 7 geschlafen, dann nach Berlin, um Tantes Nachlaß aufzuräumen. Völlig kaputt. Abends wieder daheim, aber alles geschafft.

In der Folgezeit habe ich dann immer noch wieder Ärger und Scherereien mit den Sachen, jeder will erben, aber wenn ich wieder hinkomme, ist, trotz aller Versprechungen, nichts geschehen. Schließlich lasse ich die Sachen für Diether von einer großen Speditionsfirma, Kopania, Steglitz, abholen und auf Speicher stellen.

20. 8. Seit Ende Juli warteten wir auf Tuttus Rückkehr, mit jedem Tag steigerte sich die Besorgnis immer mehr, bis nach über 14 Tagen (12. 8.) endlich ein Telegramm von Gitti uns von der größten Sorge erlöste: „Abreise muß verschoben werden, Brief unterwegs." Am 16. 8. kam dann endlich die genauere Nachricht, Tuttu war am Abend seiner Rückkehr aus Westdeutschland (hatte auch Diether besucht, worüber wir uns so gefreut hatten) von den Engländern abgeholt worden. Ich kann nur annehmen, daß ein Deutscher sich wieder mal gemein benommen hat. Gitti hatte Nachricht, daß es ihm gut ginge, er erstklassiges Essen erhielte, daß er auf einer Veranda tagsüber säße, mit Lesen beschäftigt. Armer Tuttu, ein harter Schlag für ihn, er hatte sich so gefreut, seine Familie noch vor dem Winter in eine bessere Wohnung, wie er hoffte, bringen zu können. Und für uns nicht minder schlimm, denn jetzt ist doch kein Gedanke mehr an ihre Übersiedlung hierher. Alles wieder vergebens – alles wieder grau und öde – kein Glück mehr für uns zu erwarten. Also werden wir auch diesen Winter wieder so dahinvegetieren – weiter nichts! Wann soll das nur ein Ende nehmen? Die

Spannung zwischen West und Ost wächst immer mehr – das Leid davon kommt über uns. Solange die Zonensperre nicht aufhört, ist jeder Zukunftsplan zwecklos. Jeder trampelt auf dem toten Löwen herum und schneidet sich ein Stück Fell ab, der Friedensvertrag wird immer hinausgeschoben, weil die Sowjets jeden Vorschlag sabotieren – so geht es endlos! Ala, der Satansbraten, ist seit einigen Tagen fort, so haben das Gekreisch und Gebrülle wenigstens mal aufgehört.

Die Russin bot mir Butter usw. an: 1 kg Butter, 300,– Mark; 1 kg Speck, 300,– Mark; 1 kg Grieß, 80,– Mark; 1 kg Sago, 50,– Mark; 1 kg weißes Mehl, 90,– Mark.

Ist es nicht aufs äußerste erbitternd: Wir bekommen nicht mal die lumpigen 7 Gramm Fett pro Tag, die uns zustehen, hinken seit Anfang Juli [mit der Zuteilung] wieder [hinterher] und, um leben zu können, müssen wir zu Schwarzmarktpreisen von den Russen zurückkaufen, was sie uns wegnehmen. Tolle Zustände! Da ich von Tantes Sachen manches verkauft habe, hatte ich wenigstens Geld.

Ein ganzes Jahr ist vergangen, seit wir nach oben ziehen mußten und nur „geduldet" sind im eigenen Hause – endlos für alle, die täglich leiden. Wieviele Jahre soll das so bleiben, lieber Herrgott, wann wird es wieder eine Möglichkeit für einen Zukunftsplan geben statt warten und dulden!? Und von den liebsten Menschen getrennt sein! [...]

1. September. Seit Gittis Brief am 16. 8. sind wir ohne jede weitere Nachricht über Tuttu – jeder Tag ist nur ein vergebliches Warten auf Post – weiter nichts.

Am 2. 9. ist die Familie Worotilow ausgezogen, ganz plötzlich, wie alles bei den Russen vor sich geht. Ala, der Satansbraten, erfüllt das Haus nicht mehr mit unaufhörlichem Geschrei, und die allgemeine Schweinerei hat auch ein Ende. Wir atmen auf. Eingezogen sind ein Oberleutnant mit Frau, Peter Sobolew, und einer ohne, Wladimir? Beide gut deutsch sprechend, die Frau etwas, das allein ist schon große Erleichterung. Da sie eine deutsche Flüchtlingsfrau (sehr ordentlich) als Hausgehilfin haben, hat auch die Sklavenarbeit für uns aufgehört, die so deprimierend war. Der Major hat uns noch – sozusagen zwangsweise – die drei Brücken, die ich ihnen dummerweise nach Stiesels Abzug auf Bitten ins Schlafzimmer gelegt hatte, abgekauft, für 600 Mark, ein Pfund Talg, dunkles Mehl und Nudeln. Ich hätte sie gern für Diether behalten.

Dafür haben sie dann Bratpfanne, Gläser, Milchtöpfe, großen Gurkentopf usw. ohne Bezahlung mitgenommen. Die Bratpfanne hat mir die neue Frau Tonia, die darüber sehr den Kopf schüttelt, wieder besorgt, ob das andere auch noch? Gardinen aus Herrenzimmer, Bild aus

Schlafzimmer, Dorn[?]auszieher, Kissen. Leider mußte ich das Mädchenzimmer, das als photographische Dunkelkammer eingerichtet wurde, und einige Fächer der Speisekammer auch noch wieder räumen. Aber allmählich lichtet sich das dadurch auf dem Boden entstandene Chaos und es muß eben gehen. Dafür haben die Neuen aber gleich das von dem Plünderer eingeschlagene Fenster und die anderen Doppelfenster unten machen lassen, desgleichen das Dach. Es waren schon ganz große nasse Stellen an der Decke, aber obgleich wir hundert Mal erinnerten, war in all den Wochen nichts geschehen. Jetzt in zwei Tagen. Die Neuen haben Manieren, sind höflich und freundlich, sagen „bitte" – wir kommen uns wieder wie „Menschen" vor. Als ich mit Fritz die große Leiter vom Fliederbeerenpflücken bei Pfisters zurückschleppte, sprang Tonia zu und nahm sie uns ab, sie ist groß und kräftig. Gott gebe, daß damit die Zeit der schlimmsten Prüfungen und Demütigungen hinter uns liegt. Ich habe meine beiden großen Kristallvasen (Hochzeitsgeschenk von Oeser) verkauft, je 180 Mark.

9.9. Gitti hat geschrieben, ist aber weiterhin ohne Nachricht von Tuttu. Da wir nach englischen Zeitungsberichten annehmen, daß er sich in einer Art „Schutzhaft" befindet, haben wir uns etwas beruhigt.

22.9. Noch immer keine neue Nachricht von Gitti über Tuttu, also hat sich nichts verändert. Inzwischen war ich vom 16.–18. 9. in Spaatz, wollte mit Tuttus Freund Wolfgang Funke, der in seine Pfarre dort seit dem Frühling zurückgekehrt ist, gern über alles Tuttu Betreffende sprechen. Hinfahrt über Brandenburg (5 $^1/_4$ auf, 6 $^1/_4$ Abmarsch, Fritz bringt mich bis auf den Pfingstberg, erste Morgendämmerung), 7^{33} Abfahrt des Zuges, Sitzplatz. Mit Verspätung an Brandenburg. Da viel Zeit, langsam zu Fuß durch die Stadt (mit Rucksack und Tasche) zum Städtebahnhof, ganz am anderen Ende. Zerstörungen längst nicht so umfangreich wie in Potsdam. Zweieinhalb Stunden warten, gefrühstückt auf Bank in der Sonne, schönes Wetter. 12 $^1/_2$ ab nach Rathenow, wenig Leute auf den Feldern. Dort wieder zwei Stunden warten, 5 Uhr an Spaatz. Reihendorf, Kirche mit Friedhof darum, dahinter das Pfarrhaus. Wolfgang und Frau sind im Vordergarten beim Nüsse pflücken, überrascht und erfreut. Ich schlafe, da kein anderer Raum verfügbar, auf einem Diwan im „Gemeindesaal", dem größten Zimmer des Hauses. Waschgelegenheit höchst primitiv, nur „Häuschen" im Garten, aber mal geht alles. Schlafe sogar gut, da sehr müde vom frühen Aufstehen.

Herrliches Wetter am nächsten Morgen. Nach dem gemeinsamen Frühstück helfe ich erst (Äpfel schälen), dann nehme ich die kleine Tochter mit durchs Dorf und auf die nächsten Koppeln. Nach dem Essen im Liegestuhl im Garten (wundervoll: ohne russische Laute ringsum!), dann gehen die alte Frau Funke und ich in den nahe gelegenen Wald zum Pilze suchen. Spaatz liegt landschaftlich hübsch, Felder, Weiden, Wald. Sehr warmer Abend, dann Gewitter.

Am nächsten Morgen von Wolfgang in „sein" Kirchlein geführt, aus Feldsteinen wie die Tempelhofer [Kirche], sehr alt, wohl noch etwas kleiner. Hölzerner Barockaltar mit Abendmahlbild, sehr selten in der Mark. Um 10 1/2 Abfahrt von Rathenow nach Spandau. Auf dem im Wald gelegenen Bahnhof springen die Leute im letzten Augenblick auf der abgekehrten Seite aus dem Gebüsch, um der Lebensmittelkontrolle zu entgehen. Alles schleppt mit Säcken usw. In Spandau-West Rucksack und Tasche auf Gepäckwagen, der durch die Stadt nach dem Hauptbahnhof herunter gekarrt wird. Leider habe ich in Spaatz nichts kaufen oder tauschen können, nur die gesuchten Pilze, etwas Birnen und Nüsse von Funkes eigener Ernte bringe ich mit. In die S-Bahn, Westkreuz umsteigen, bald nach 16 Uhr wieder daheim, voll Freude von dem vereinsamten Fritz empfangen.

Am 30. 9. erlebten wir die große Freude, daß unser guter Diether plötzlich morgens vor uns stand, endlich, endlich nach zwei Jahren. Die Herbstferien hatte er benutzt, um sich aufzumachen und kam auf demselben Weg wie Tuttu ungehindert (bei Walkenried) über die Grenze. Eine ganze Woche hatten wir ihn, der größte Teil verging mit Kramen und Packen all seiner Sachen und der, die er für seinen Hausstand in Wallbach (Odenwald) gebrauchen kann. Er kam sich beim Anblick all des für ihn Bestimmten wie ein „reicher Mann" vor. Dazwischen wurde erzählt – erzählt – wo anfangen, wo aufhören? Sein linker Oberarm sieht toll aus, ein tiefes Loch, da das Fleisch nicht wieder gewachsen. Doch zum Glück ist der Knochen nicht beschädigt. Sonst war er wenig verändert, nicht stark gealtert wie der arme Tuttu, und ganz der gute, hilfreiche und so bescheidene Junge wie immer. Er holte uns die Kartoffeln über den Berg, grub eine große Grube für die Asche und verfertigte ein Wägelchen für Lasten, trotz all seiner eigenen Arbeit. Einmal fuhren wir beide zusammen nach Berlin zum Spediteur, packten und räumten auch dort, liefen dann von Tempelhof bei schönem Herbstwetter nach Steglitz, da hatten wir wirklich einmal richtig Zeit, uns in Ruhe über alles auszusprechen.

Seine Sachen schon auf den Schub zu bringen, glückte leider nicht bei all den Schwierigkeiten und Formalitäten, aber wenigstens stand alles gepackt, als er uns am Montag, 7. 10. abends wieder verlassen mußte. Irmgard und ich brachten ihn noch bis an den Schwarzen Weg, da ich wenigstens beruhigt sein wollte, daß er hier gut weggekommen war, mich aber allein im Dunkeln nicht zurück traute. Es passiert ja doch immer noch wieder etwas am Pfingstberg abends. Bettwäsche, die sie noch am nötigsten brauchen, nahm Diether im Rucksack mit. Oben drauf die Puppe für Bärbel (postfertig), die ich wegen des Gewichts (nur 500 Gramm in die anderen Zonen erlaubt, oh Irrsinn!) nie schicken konnte. Glücklich drüben, hat er sie gleich aufgegeben und sie kam gut an. Dazu ein Telegramm, das seinen glücklichen Übergang meldete. Wie froh waren wir darüber.

Nachzutragen: Diethers Ernährung während der acht Tage hier war zuerst eine große Sorge, da er nur etwas Brot mitbrachte. Und ich wollte ihn doch nicht hungern lassen! Aber durch Wieczoreks konnte ich von Russen ein Pfund Butter (300 Mark), ein Pfund Speck (dünnen, 200 Mark), zwei Pfund Weizenmehl (70 Mark) und ein Brot (40 Mark) kaufen, da konnte ich ihm zum Geburtstag, an dem er gerade bei uns war (4. 10.), einen schönen Apfelkuchen backen. Und mittags gab es Erbsensuppe, Kartoffelpuffer und Apfel- und Quittenmus. Ach, es war schön, daß wir ihn einmal hier hatten, den Winter über werden wir ja nun wieder ganz einsam hier sitzen.

19. Oktober. Mein geliebter Richard, heute wärst Du 31 Jahre geworden! Dein Bild ist mit rotem Herbstlaub und einem grünen Eichenzweig geschmückt und ringsherum die schönsten bunten Sträuße. Wie glücklich war ich, als Du mir geschenkt wurdest und wieviele schöne Jahre haben wir in innigster Harmonie miteinander verlebt - was aber hättest Du jetzt noch zu erwarten?

Am 13. 12., gerade als ich (Fritz hilft mir tragen) zum letzten Mal zum Speicher fahre, um Steppdecken usw. für Diether noch zuzupacken, beginnt die erste große Kältewelle. Scharfer Ostwind und kein Schnee - schlimm! Oben wird es hundekalt, wir sitzen bei +2 bis 4° mit Pelzmantel und Decken, die unzureichende Menge Briketts (statt Koks) kann das Haus nicht erwärmen. Nachdem Wladimir und sein Kamerad (das Ehepaar ist seit Anfang Dezember auf Urlaub in Moskau) uns zu unseren Geburtstagen mit Fondants, Keksen, Zigaretten und Zucker beschenkt haben, am 23. abends großer Schreck! Sie ziehen um, weil es ihnen zu kalt. Ich bin gerade dabei, ein paar Tannenzweige aus dem Garten – trotz allem – weihnachtlich für uns zu schmücken, aber das fährt mir so in die Glieder, daß ich alle Lust verliere. Auf Wladimirs Zusage, Neujahr neue Kohlen heranzuschaffen, hatte Fritz geheizt, was er nur konnte. Jetzt sitzen wir im eiskalten Haus mit einem kleinen Rest Kohlen!

Heiligabend sind wir so deprimiert, daß wir nach Anzünden drei kleiner roter Lichtlein und Bescherung für Irmgard schleunigst in der Küche (dort noch am erträglichsten) essen und um 7$^1/_2$ im Bett liegen.

Ich stelle das Radio an und höre die alten lieben Weihnachtslieder, nachdem ich im Bett warm geworden war, aber einen wirklichen Trost gibt einem die Botschaft von Jesu Geburt ja nicht mehr, wie es bei unseren Vorfahren in ihren Nöten war. Das trostloseste Weihnachtsfest, noch schlimmer als voriges Jahr! Hätte nicht Gisela mit einem schönen Lebensmittelpaket für unser leibliches Wohl gesorgt, wäre zum Frieren auch noch das Hungern gekommen. Nach einer endlosen zerquälten Nacht wird es am Morgen Tauwetter, das Schicksal ist gnädig!

Wir behelfen uns tagsüber mit den elektrischen Öfchen und setzen die Heizung erst nachmittags in Betrieb, unten alles abgestellt. Allmählich tauen die oben eingefrorenen Leitungen wieder auf – eine Sorge weniger. So hoffen wir, mit den wenigen Kohlen durchzukommen, bis das Ehepaar wiederkommt und neue beschafft. Daß man das einmal nötig haben würde, die Einquartierung zurückzusehnen!

28. 12. Tuttu wird noch immer von den Engländern gefangen gehalten, einige Male hat Gitti ihn in Hannover sehen und sprechen können, aber dann hat auch das wieder aufgehört, weil er an anderer Stelle. Ob dieses „christliche" Volk ihn nicht einmal zu Weihnachten zu den Seinen gelassen hat? Für uns wird Weihnachten dadurch noch trüber als im vorigen Jahr. Mich quälen außerdem Ischiasschmerzen, die ich mir zugezogen habe, als ich nachts von unserem Russen herausgetrommelt wurde, um noch ein Kopfkissen für einen Gast herauszugeben, was ich vom Boden holen mußte. [...]

1947

1. Januar. Ob das neue Jahr ein wenig besser werden wird? Die hiesigen kommunistischen Zeitungen sind voll der Fortschritte des vergangenen – wir haben nichts davon gemerkt, abgesehen davon, daß einige Brücken, Straßen und Wohnungen wiederhergestellt wurden. Aber die Russen fressen uns weiterhin alles auf, die Friedenskonferenz ist auf März vertagt und vor allem: Deutschland ist noch immer in vier Teile zerrissen, und die Zonengrenzen nicht gefallen! Solange das bleibt, kann im Großen nichts besser werden.

Silvester verbrachten wir nicht ganz so trostlos wie Weihnachten, da noch die Temperatur um Null geblieben. Wenn wir am Tage das elektrische Öfchen brennen und nachmittags die Heizung anfeuern (nur hier oben angestellt), ist es abends ganz erträglich. Dazu kam ein rührendes Päckchen von Diether und Hilde (das Weihnachtspäckchen), und mein Ischias ist nach zwei Spritzen viel besser geworden. Natürlich gehen wir wieder früh zu Bett. Ich mußte viel an Lotte (39. Geburtstag) denken, ob das arme, arme Kind überhaupt noch lebt? Ist es nicht eine unmenschliche Grausamkeit, daß diese armen, unschuldig Verschleppten überhaupt keine Nachricht geben dürfen? Wirklich bestialisch!

Heute sind es vier Jahre, daß ich unseren Richard zum letzten Mal sah und umarmte. Ich zündete die Lichtstümpfchen im Tannenkränzlein über seinem Bilde gestern Abend an und Fritz sagte immer wieder: „Glücklicher Richard." Ja, was ist in diesen vier Jahren über uns dahingegangen – und wann wird es auch nur ein wenig besser werden? Die Lebensmittelzuteilung ist immer dieselbe kümmerlichste. Nur Salz ist von jetzt an frei – sonst gibt es nichts. In den Läden lauter Schund, aber nichts, was man wirklich braucht: kein Essig, kein Waschpulver, kein Briefpapier, Nähgarn oder ähnliches, von allen besseren Dingen ganz zu schweigen. Nur für die Russen ist alles da.

Seit Oktober bekommt Fritz jetzt aber tatsächlich 90 Mark Pension, wohl weil er Steuern bezahlen soll. Für mich gibt es nichts, da ich noch nicht sechzig und nicht arbeitsunfähig.

Neulich sah ich mich in unserem Badezimmer unten um: Die Gardine halb abgerissen, die Glasstange vom Handtuchhalter kaputt (wie überhaupt möglich?), den Stiefelanzieher zerbrochen, den schönen weißen Klosettsitz ganz schwarz vom Stiefeldraufstellen – das sind die sogenannten „kultivierten" Russen! Frau Frida, die deutsche Aufwartung, sagt, das war schon alles, als sie einzogen, ich traue es den Vorherigen auch mehr zu, vor allem Ala, dem Satansbesen.

Der gute Jürgen kümmert sich auch um uns: An Fritzens Geburtstag kam er mit einem Käschen, zu Weihnachten mit einem Büchschen mit Ananas-Reispudding – wunderbar! Sie bekommen solche herrlichen Dinge durch die Amerikanerin, die nach dem Ersten Weltkrieg nach der Ruhrbesetzung bei ihnen wohnte (in Essen) und jetzt von drüben für sie sorgt.

Die erste Freude im neuen Jahr: Der Pensionsfonds des DSV[406] schüttet 1.000 Mark aus, immerhin etwas. Da es sehr gefroren und glatt und Fritz schon zwei Mal hingefallen, hole ich das Geld aus Steglitz.

Am 3. 1. kamen, mit neuer Kältewelle, Kohlen. Aber dieser waren die Briketts nicht gewachsen (nachts $-21°$), infolgedessen fror oben alles ein, schließlich auch die Heizung. Da wir noch allein sind, lasse ich das von Irmgard im Sommer gefundene Öfchen wieder im Vorraum der Küche anschließen und wir halten uns dort auf, bis unsere Einquartierung am 8. 1. abends mit großem Getöse zurückkehrt. Sie bringen noch drei zum Übernachten (und für ein paar Tage) mit, aber bei dem Betrieb unten müssen wir uns nach oben zurückziehen. Inzwischen wird es all-

---

406   DSV = Deutscher Schwachstromkabel-Verband.

mählich wärmer, am 11. 1. der ersehnte Wettersturz. Wasserleitungen oben tauen zum Glück ohne Rohrbruch auf, nur mit der Heizung will es nicht so recht: Luftrohr auf dem Boden gerissen. Die Temperatur bleibt nun bis zum 25. 1. um 0 bis −5°, wir zittern schon vor neuem strengen Frost. Noch nie ist mir ein Januar so entsetzlich lang geworden.

Frau Toni hat mir, wie versprochen, ein Pfund Speck mitgebracht (Butter leider nicht), schenkt ihn mir, als ich am nächsten Tage bei Überreichung dummerweise nach dem Preis frage, sagt sie: 40 Mark, die wir bei der nächsten elektrischen Rechnung anrechnen sollen.

Als jetzt wieder etwas Kohlen kommen, schippt Frida sie ein. Während wir allein waren, hatten wir es gemacht, und ich mußte staunen, nie hätte ich früher für möglich gehalten, so viel schippen zu können. Dabei muß ich bemerken, daß die jetzigen Russen uns auch in dieser Hinsicht anständig behandeln. Als ich zuerst einmal helfen wollte, kam Wladimir und sagte: „Sie brauchen das doch nicht zu machen", und machte sich selber mit Frida daran, während die vom vorigen Jahr hohnlächelnd ins Haus gingen, wenn sie uns schuften sahen.

Von Diether kam Nachricht, daß seine Möbel auch am 2. 1. in Brensbach angekommen (also 13 Tage) und dann gleich nach Wallbach abgefahren worden seien. Große Freude, endlich, endlich! Jetzt können sie es sich hübsch und gemütlich machen mit all den Sachen! Zum Dank kommt immer mal ein Päckchen mit etwas, was sie sich abgespart, Käschen, Margarine, getrocknete Aprikosen, Mehl und ähnliches. Wenn auch nur kleinste Mengen, die Abwechslung allein tut schon so wohl (einmal sogar etwas Kakao von einer Sonderzuteilung) statt des ewigen „Schweinefraßes" hier.

Ich denke so viel an unseren guten armen Tuttu, von dem Gitti seit Anfang Dezember nichts weiß, wie mag er es nur aushalten, diese lange Trennung und Freiheitsberaubung? Ob sie ihn jetzt mit anderen Ingenieuren nach England gebracht haben (nach Zeitungsnachrichten)? Wie lange soll das alles weiter über deutsche Menschen verhängt werden, daß jeder in seiner Zone fortschleppt, wen er will? Manchmal bin ich so verzweifelt – wie lange soll man das alles noch aushalten? Jeder will nur von Deutschland möglichst viel herausholen und abschneiden, auch all die kleinen Länder melden jetzt ihre Ansprüche an. Im Westen wollen alle, daß es in lauter einzelne Länder „zerfällt", damit es ganz ohnmächtig bleibt für immer, im Osten wollen sie (d. h. Russen und unsere Kommunisten) ein einheitliches Deutschland, worüber man hocherfreut sein könnte, wenn der „Pferdefuß" nicht zu deutlich wäre: als sowjetische Provinz ganz Deutschland. So zieht und zerrt jeder mit anderen Wünschen und Plänen, und die Ausplünderung geht inzwischen weiter. Jetzt hat sich sogar der australische Ministerpräsident[407] dahingehend geäußert, daß Deutschland nicht fähig sei, sich selbst zu regieren und noch lange keine eigene Regierung bekommen sollte. Und was kann man für sein eigenes Schicksal unternehmen? Nichts - nur warten und warten! Und meine ganze Hoffnung geht doch dahin, in die Nähe der Enkelkinder zu kommen. Es ist alles trost- und hoffnungslos.

23. Februar. Seit Wochen hält die strenge Kälte bei scharfem Nordostwind an. Infolgedessen war es trotz aller Mühe vergeblich mit der Heizung oben: erst fror sie im Badezimmer, dann bei Fritz und schließlich auch bei Irmgard und mir ein. Unsere einzige Wärmequelle sind jetzt das elektrische Öfchen und die Heizsonne, der größere elektrische Ofen ist kaputt. Da Fritzens Zimmer überhaupt nicht zu erwärmen ist, ($1/2$ bis 2°), habe ich das Öfchen, da wir uns in meinem Zimmer aufhalten und essen müssen. Bei mir werden immer 7 bis 8°, wenn es draußen nicht zu kalt. Nachts immer zwischen -10 und -20°, und trotz der Kälte ist es am Tage meist grau und trübe. Wenn einmal die Sonne scheint, freut man sich trotz schärferen Windes. Ein grausiger Winter für alle in den Großstädten, die wochenlange Kälte war das einzige, was uns in unserem Unglück noch fehlte. Wir haben es immer noch nicht schlecht, da wir unbeschränkt Licht, Strom und heiß Wasser und uns unten (in der Küche, wenn die Mieter fort, zeitweilig auch im Eßzimmer) erwärmen können. Aber Tag für Tag und Woche für Woche – wenn auch immer vergebens – hofft man auf eine Ende des Winters. Da wir jeden Abend alles Wasser auslassen, ist oben wenigstens nur der Abfluß vom Waschbecken (einmal am Tage) eingefroren. Welche Erleichterung, daß wir uns oben doch noch waschen können und die Toilette benutzen. Fritz schläft unter Daunendecke, drei Wolldecken und einem Fußdeckbett, und unter dem Laken Richards große rote Wolldecke; ich packe ihn abends ein, im Bett friert er nicht.

Ab 1. März soll die „Leichenkarte" (6) ein Ende nehmen und wir auch die Angestelltenkarte (4) bekommen (5 ist Kinderkarte). Wie sie das machen werden, da wir schon bisher nie bekommen, was darauf steht, sondern allerlei Ersatzzeug? Aber immerhin sind es 50 Gramm Brot, 3 Gramm Fett, 5 Gramm Nährmittel, 5 Gramm Zucker, 10 Gramm Fleisch (wenn auch mit zwei Ersatz-Dekaden) mehr.

16. 3. Am 3. 3. die erste Frühlingsahnung in der Luft und am blauen! Himmel. Nachts noch -10°, aber mittags in der Sonne $+14^o$.

Ende Februar habe ich zum ersten Mal Miete vom Finanzamt geholt, rückläufig ab September 1946. Uns bleiben nach Abzug der Steuern

---

407 Joseph Benedict Chifley (1885–1951), Premierminister 1945–1949.

(weswegen die Stadt ein Interesse an der Regelung hatte) 190 Mark monatlich, immerhin etwas für die nötigsten Ausgaben.

Toni ist acht Tage verreist, ganz wunderbar! Da Peter gar nicht stört, können wir das Eßzimmer fast den ganzen Tag benutzen, für den armen Fritz, der bei der immer von neuem einsetzenden Kälte nicht weiß, wo bleiben, besonders wertvoll. Als sie mit großem Getöse zurückkommt, ist es wieder aus. Bringt noch einen russischen Bengel (zehn Jahre) mit, der drei Wochen hier bleiben soll. Absolut unerzogen wie alle. Schläft in dem Musikzimmer auf dem guten Sofa. Das Zimmer sieht aus! Frau Frida darf nicht mehr hier arbeiten, da die Russenweiber neuerdings selber etwas tun sollen, da Toni das aber gar nicht einfällt, verkommt wieder alles. Jetzt soll Irmgard ihr helfen, wenn sie abends müde nach Hause kommt, den Abwasch besorgen und sonntags die Zimmer. Sie will es tun in der Hoffnung, daß Toni ihr zu Kleid und Schuhen verhilft. Na, hoffentlich.

Nach einem kleinen Anlauf zum Tauwetter wieder Frost und sehr viel Schnee und immer wieder Eisblumen am Fenster. In meinem engen Stübchen stoßen wir uns dauernd gegenseitig, und die Gereiztheit wird immer größer, wie im Unterseeboot. Am 13. 3. fahre ich endlich mal wieder nach Berlin (seit 23. 12. nicht mehr) zu Schönfelders. Es war so viel zu besprechen. Mittags kommt die Sonne und es taut. Am 14. will ich abends in ein Konzert, aber es hat angefangen zu regnen, der sofort auf dem hart gefrorenen Boden zum tollsten Glatteis wird. Ich rutsche und schliddere den Pfingstberg herunter, als ich mir aber vorstelle, daß ich so bei völliger Dunkelheit auch zurück muß, gebe ich es auf. Die nächsten Tage ist das Glatteis so, daß man kaum zum Kaufmann kommt. Nachts friert das am Tage Getaute immer wieder hart und glatt. Mit diesem hartnäckigen Winter muß der Frühling schwer kämpfen, bis er endlich siegen wird.

17. 3. Heute früh kam ein Telegramm aus Bostel: „Endlich zurück, herzliche Grüße = Friedrich Wille." Welche unsagbare Freude, daß er – nach acht Monaten - wieder bei den Seinen ist. Ich lief bei dem tollsten Sturm – „der Frühling naht mit Brausen", +6° – gleich zur Post, um ein Freudentelegramm aufzugeben. Frühlingssturm draußen und drinnen – „nun, armes Herz, vergiß der Qual, nun muß sich alles, alles wenden!"

23. 3. Mit dem kalendermäßigen Frühlingsanfang sind wirklich die ersten schönen milden Tage gekommen. Welche Erlösung! Das Eis hat der Regen endlich im Garten fortgewaschen, der Weg über den Pfingstberg ist wieder erträglich. Drossel und Finken machen ihre ersten zaghaften Singversuche. Und ich kann mich morgens im Badezimmer wie-

der gründlich waschen. Fritz hatte es heroisch durchgehalten, ich mich aber im Bett halb angezogen und dann nur Gesicht und Hals schnell gewaschen drüben.

30. 3. Die ersten Schneeglöckchen wagen sich endlich zaghaft hervor an der Hauswand. Die eingemieteten Kartoffeln sind z.T. erfroren, aber wir hatten sie ja schon ganz verloren gegeben. Man weiß jetzt wieder kaum, was man kochen soll, wenigstens hat mir Gisela Zwiebeln geschickt. Weißkohl, Gurken, rote Rüben, Eier sehen wir immer nur bei den Russen, für uns gibt es höchstens Kohlrüben und Mohrrüben. Das gute Fleisch, das sie bekommen, zermurksen sie immer nur zu ihren ewigen Klopsen, machen nie einen Braten, kein Kotelett, kein Rumpsteak, höchstens mal Gulasch.

Vor ein paar Tagen kam eine Vorladung von der Polizei nach dem Revier in der Zeppelinstraße. Wir zerbrachen uns den Kopf, weshalb? Da für Fritz der Weg zu weit (3 fährt nicht), fahre ich mit dem Rad hin. Russin sitzt dort und sagt: Sie wollte meinen Mann sprechen. Dann warten wir beide. Endlich russischer Offizier, auf den sie großen Wortschwall losläßt. Er telefoniert. Die Sache wird unheimlich, aber da mein Gewissen ganz unbelastet, bleibe ich ruhig. Beide aus der Wachstube. Endlich Polizist, er soll mit mir nach Hause, um Fritz zu vernehmen. Da er laufen muß, fahre ich langsam neben ihm her. Unterwegs erfahre ich endlich, daß es sich um Tuttu handelt, daß die Russen alles über ihn wissen wollen. Das hätten sie durch Peter Sobolew doch ganz einfach haben können. Warum das entlegene Polizeirevier? Und warum überhaupt durch deutsche Polizei? Sind sie durch das Telegramm aufmerksam geworden? Lauter Rätsel. Wir erzählen alles wahrheitsgemäß, haben ja auch nichts zu verheimlichen, und die Engländer haben sich wirklich nicht so benommen, daß man sie schonen sollte.

Der Oderdeich bei Küstrin ist gebrochen und ein großer Teil des Oderbruchs überschwemmt. Zu allen anderen Katastrophen auch noch die des Hochwassers, alles erdenkbare Unglück kommt über Deutschland.

8. April. Ostern (6. und 7. 4.) war nicht so traurig für uns wie Weihnachten: Tuttu wieder da und Frühlingsbeginn beleben die Hoffnung. Karfreitag fahre ich mit einem Kätzchensträußen zum Friedhof nach Mariendorf. Zuerst Regen, dann kommt die Sonne, als ich an den Gräbern stehe. Ich frühstücke auf einer Bank und laufe dann zu Schönfelders. Ostern verläuft ganz still, kein Besuch, Aprilwetter.

Von Tuttu die ersten Briefe (der erste durch die englische Zensur geöffnet), leider alles viel weniger schön als wir angenommen. Er ist ganz abgemagert (40 Pfund abgenommen) und mit Nierenreizung zurückgekommen, der Arme. Seitdem er Ende November in ein Lager bei Hannover gebracht wurde, ging es ihm so. Dort den Winter über gehungert, gefroren und nichts getan. Ein Glück, daß ich es nicht wußte, das hätte ich nicht ausgehalten. Am 1. 4. hier neue Nachfragen durch einen Kriminalbeamten. Ich bin in großer Sorge, daß wir unserem geliebten Jungen irgendwelche neuen Unannehmlichkeiten zuziehen durch einen Brief des einen Ingenieurs der Köpenicker Fabrik an Tuttu, den wir damals nicht mehr nachschickten. Aber wenn dieser Polizist nun von den Engländern geschickt war, wie es uns nachträglich vorkommt? Man tappt im Dunkeln, was soll man sagen, was nicht? Und das alles nur, weil die „Bundesgenossen" sich wie Hund und Katze stehen und wir für die Gegensätze büßen müssen. Ob die Moskauer Konferenz[408] jetzt wirklich zu einem dauerhaften Ergebnis führen wird? Daß wir endlich eine Regierung bekommen und Deutschland wenigstens notdürftig wieder zu einer Einheit werden darf? So wie jetzt, kann es ja niemals besser werden.

28.4. Heute sind zwei Jahre vergangen, seitdem wir die ersten Russen hier erblickten – was ist seitdem über uns dahingegangen! Wenn wenigstens schon ein Hoffnungsschimmer wäre, daß es noch jemals wieder anders würde, aber die Moskauer Konferenz ist ein großer Fehlschlag und hat in allen wichtigen Punkten immer nur Uneinigkeit ergeben. Also weiterhin: Deutschland auseinandergerissen und Zonengrenzen unabsehbar. Nachts packt mich oft die Verzweiflung und Fritz geht es genauso.

Gisela besucht uns heute zum zweiten Male in drei Wochen, da sie Gelegenheit hat, mit einem Lastwagen von Mühlhausen mitzufahren. Bringt Kartoffeln, Gemüse, Brote, Rübensaft und viele andere gute Sachen mit, heute auch Saatkartoffeln, die so nötig sind, da es keine gibt. Im Garten jetzt viel Arbeit, der April hat viel schöne Tage gebracht, so daß wir auch schon oft draußen sitzen konnten. Aber nach dem langen Winter geht es Hals über Kopf mit allem, daß man kaum weiß, was zuerst. Und ich muß mir die Zeit dazu neben aller anderen Arbeit abstehlen. Besonders erbitternd, wenn man sich mit Kohl pflanzen abgequält hat und am nächsten Morgen alles von Kaninchen abgefressen. Dann kann man die Lust verlieren.

19. 5. Am 8. 5. hat das Ehepaar Sobolew uns verlassen, erst hieß es, nur auf Urlaub, dann packten sie aber alles ein. Jetzt geht die Unruhe wieder los mit Besichtigung der Wohnung und Ungewißheit. Toni umarmte und küßte mich zum Abschied, wir hatten uns ja auch gut vertra-

---

408 Die fünfte Außenministerkonferenz in Moskau vom 10. 3. bis 24. 4. 1947 brachte keine Einigung über die deutschen Reparationsleistungen.

gen, wenngleich ein Rest von Unaufrichtigkeit immer bei ihr blieb. Jetzt sollen zwei Familien ins Haus, es wird immer schlimmer statt besser! Die erste, ein ukrainisches Ehepaar (Kapitan Paul Borissow mit Frau Olga und zehn Monate altem Söhnchen Sascha) zogen schon am nächsten Tage ein, kaum daß wir den von Toni zurückgelassenen Saustall einigermaßen „ausgemistet" hatten. Da sie trotz aller Ermahnung die Zimmerschlüssel vom Schlafzimmer mitgenommen hatte, mußte die Tür aufgebrochen werden. Sie hatte alle Schlüssel bei der Abreise in der Hand und wollte sie auf der Kommandantur abgeben.

Nach dem ersten, wenig erfreulichen Eindruck (einfache Leute, er rauhe Sprache, sie nicht hübsch) erweisen sich die neuen Mieter als durchaus angenehm: Ruhig (zum ersten Mal seit zwei Jahren erleben wir es, daß die Türen nicht mit Donnergepolter zugeworfen werden, so daß das ganze Haus zittert, Toni war ja ein furchtbarer „Krachteufel"), ordentlich und rücksichtsvoll. Am ersten Tage stellte die Frau eine ganze Menge Weißbrot und alte Kuchenbrötchen ein, ich sah das als Aufforderung an, ihren Abwasch zu machen, und um Fritzens Willen, für den das Brot nie reicht, hätte ich es wieder getan – aber so war es nicht gemeint, sie fing sofort an, selber abzuwaschen. Am Tage darauf legte sie uns ein ganzes Pfund Butter hin und in den folgenden immer mal wieder Brot, auch ein Schüsselchen Zucker. Das Kind, ein dicker Bengel, stört uns gar nicht. Es hätte also ein angenehmer Zustand werden können, wenn nicht die zweite Familie (mit zwei Kindern) im Hintergrund drohte, über die sie selber auch wenig erbaut sind. Da für die zweite Partei Musikzimmer, Eßzimmer und Mädchenzimmer vorgesehen, werden im Wintergarten Scheiben eingesetzt, an sich erfreulich, nur nicht bei dieser Aussicht! Das Schlimmste ist ja die Kocherei in der kleinen Küche. Es soll noch ein zweiter Herd hinein gesetzt werden – also noch enger! Der unangenehm aussehende Kerl kriecht überall umher, stürzt sich im Keller gleich auf den Eisschrank, die Ukrainer sind überhaupt nicht im Keller gewesen. Wir kramen und räumen (zu aller Gartenarbeit auch das noch!), um alle bis dahin uns noch verbliebenen Schübe auch noch leer zu machen (Eßzimmer, Schrank im Mädchenzimmer), vor allem den Wintergarten, in dem wir alle Gartensachen untergebracht hatten. Also wieder in die jetzt ziemlich leere Garage (Motorrad, Tisch, Stühle von Borrisow), bis wir auch dort wieder „rausgeschmissen" werden.

Was nützt einem das herrliche Maiwetter und die wunderschöne, sehr üppige Blütenpracht bei all dem! Man denkt nur, daß man sie jetzt zum dritten Mal mit kummervollstem Herzen erlebt – und wie lange noch? Seit Anfang Mai bis Himmelfahrt (15. 5.) war schon Hochsommerhitze und sehr trocken, man kann oben schon wieder nicht schlafen.

Die Eisheiligen machen sich garnicht bemerkbar, nur daß es nach Gewitter am 15. abkühlt und bewölkter wird. Tuttu und Diether schreiben fröhlich vom Familientag in Wallbach, dann treffen Tuttu und Gitti in Stuttgart mit Hetty zusammen – nur wir immer von allen abgeschnitten und allein. Wie lange soll man es denn noch aushalten? 11. Juli. Am 27. Mai machte ich mich endlich allein auf nach Bostel, nachdem ich mich tagelang vorher schon überall nach allen Möglichkeiten erkundigt und nachts schon kaum vor Aufregung geschlafen hatte. Aber Tuttus Telegramm, doch zu seinem Geburtstag zu kommen, gab den Ausschlag. Am Dienstag nach Pfingsten fuhr ich also um 17 Uhr mit dem Magdeburger Omnibus (der mich morgens um 10 Uhr bei Ankunft vorgemerkt hatte) ab, ein schöner bequemer Anfang. 20 Uhr an nach angenehmer Fahrt (mit kleiner Rast auf der Autobahn). Erster Schreck: Fahrkarte nach Eilsleben nur mit Reisegenehmigung. Ich versuche es mit Tuttus Telegramm und bekomme glücklich eine. Zug schon stoppevoll, ich quetsche mich auf einer Bank noch zwischen. Eine Stunde Fahrt, gegen Mitternacht an Eilsleben. Mir war geraten, im Warteraum den Frühzug nach Völpke abzuwarten, aber ich prallte beim Eintritt förmlich zurück. Eine entsetzliche Menschenmenge stand, saß und lag bei fürchterlicher Luft schon dort – unmöglich, die Nacht so zu verbringen. Draußen herrliche Sommernacht, gute Luft, Mondschein. Ich sehe Handwagen und Radfahrer, die Gepäck aufladen, unzählige Menschen wandern schon los. Ich lege meinen Rucksack und die große Schultertasche (mein einziges Gepäck) auch mit auf einen Wagen (für 20 Mark) und los geht es. Die Nachtwanderung beginnt. Chaussee fast so belebt wie der Kurfürstendamm früher. Zu unserem Wagen gehören ein Ehepaar mit älterer Frau, eine junge Frau mit dreijährigem Mädelchen (wird auf Fahrrad gefahren). Wir ziehen durch die schlafenden Dörfer bis Badeleben, dem vorletzten Dorf vor der Grenze. Dort wird abgeladen, wir machen Pause im Straßengraben, die junge Frau mit Kind legt sich in Decken gewickelt hin. Ich will eigentlich mit ihr zusammenbleiben, da aber ein Gewitter heraufkommt und der Mond sich hinter Wolken verkriecht, will ich nicht liegen bleiben, gehe mit den anderen drei weiter ins Dorf Badeleben, das dann in Völpke übergeht.

Dort am Bahnhof eine Baracke mit Schlafpritschen. Wegen des drohenden Gewitters kämpfe ich mit mir, dort zu übernachten, es ist aber alles besetzt. So wandere ich mit den anderen weiter, habe ja auch den Regenmantel über dem Rucksack und die Kapuze. Am Dorfausgang kleiner Regenschauer vom Ausläufer der Gewitterwolken, das ist Gott sei Dank alles. Weiter – wir nähern uns der Grenze, dicht vor uns Brücke über ein Flüßchen, das die russische Zone begrenzt. Plötzlich hinter uns Auto, das uns mit Scheinwerfern abblendet. Fährt bis zur Brücke, dann alles still und dunkel. [Ein] Herr sagt: Russen, die uns dort abfangen und ausplündern wollen, also einen Hang hinauf und querfeldein. Landen auf einem Feldweg, der sich an dem Flüßchen, über das wir hinüber müssen, entlang zieht. Hindurchwaten? Nicht angenehm, steile Böschung, ziemlich dunkel. Schleichen uns weiter zur Brücke vor, alles still und dunkel. Schließlich wagt der Herr nachzusehen, kommt zurück, alles frei. Schnell über die Brücke und weiter auf ein tröstliches Blinklicht zu, das den Eisenbahnübergang beleuchtet. In der Ferne strahlen wie eine Festbeleuchtung die Lichter von Offleben (Förderanlagen usw.), es kommt uns symbolisch vor gegen das russische Dunkel. Dann über eine große Brücke und damit in der englischen Zone. Erleichtertes Aufatmen! Kleine Rast nach der Spannung. Die Morgendämmerung kommt, Himmel wieder klar, mit Entzücken höre ich die erste Lerche. Wer hätte gedacht, daß ich, die in der Jugend nie im Freien übernachtete, jetzt mit bald 60 Jahren noch solch eine „Jugendwanderung" machen würde?

Beim Anfang von Offleben deutsche Polizei, nur auf großes Gepäck. Aufregung über ein Auto mit Scheinwerfern hinten an der Eisenbahnbrücke. Wieder die frechen Russen? Dann hätten wir Glück gehabt. Der Weg durch den Ort zieht sich lang hin, um 5 am Bahnhof. Zu meiner Freude geht um 5.23 der erste Zug nach Braunschweig über Wolfenbüttel. Ich bekomme sogar noch einen Sitzplatz, bin so erleichtert, daß das Schlimmste hinter mir. In Braunschweig umsteigen in den Zug nach Hannover, sehr voll, da von Helmstedt kommend. Ich komme aber noch herein und brauche bis Lehrte ja nicht lange zu stehen. 9$\frac{1}{4}$ dort längere Rast, da der Zug nach Celle erst mittags. Waschen, frühstücken, ausruhen (Kopf auf Rucksack auf Tisch). Warteraum nicht so überfüllt. Zwei Tassen Brühe und ein Glas Bier getrunken, nachdem seit vorigem Nachmittag nichts mehr zu mir genommen.

Zug nach Hamburg völlig überfüllt, ich warte eine Stunde länger auf einen, der nur nach Celle geht. Sehr schön leer. In Celle Zeit, bis am Abend die Kleinbahn nach Eversen fährt. Also Frau Theuner besuchen. Netter Empfang im schönen alten Landhaus der Familie v. Adelebsen, eine Ruhestunde auf der Couch im Wohnzimmer, tatsächlich geschlafen! Dann Tee mit Mieze, die mich darauf zur Kleinbahn bringt. Telegramm an Fritz. Ab 19 Uhr. Nach dreiviertel Stunde an Dorf Eversen, nun noch drei Kilometer Fußmarsch durch Felder, Waldstücke, Wiesen, auf denen der Hahnenfuß herrlich blüht in der Abendsonne.

Ein paar Bauernhäuser, dann das vom Foto bekannte Herrenhaus. Nach oben – große Überraschung, da einen Tag zu früh. Kinder kommen aus den Bettchen gesprungen, zuerst Bärbel, stutzt einen Augenblick an der Tür, dann mit ausgebreiteten Armen: „Omi, Omi!" Ach, wie hat mein Herz diesen Augenblick ersehnt. Binchen, sehr hübsch geworden, Rümmi, die kleine Dickmadam und Burkhard, der auch gleich ganz zutraulich. Am nächsten Morgen schreit er schon: „Omi, komm!", läßt sich mittags gleich von mir füttern und schmust mit mir. Ähnlichkeit mit Richard kann ich nicht finden, aber man muß sich auch davor hüten, einen geliebten Menschen durch einen anderen ersetzen zu wollen. Was Richard mir war, ist so tief in mein Herz geschrieben - mit dem kleinen Burkhard kann wohl eine neue Liebe anfangen, aber niemals die alte übertragen werden. Aber es war doch, als ob er die Verwandtschaft des Blutes fühlte. Tuttu ist leider von seiner Reise noch nicht zurück. Gitti sieht man die schlimmen Jahre nicht an, sie hat sich kaum verändert.

Herrliche Hochsommertage verlebe ich mit den Kindlein; morgens geht es zum Sandkasten dicht am Hause, nachmittags zur Oertze zum Planschen und Spielen auf der Wiese mit dem sehr netten Kinderfräulein. Zu Tuttus Geburtstag steigt ein Fest mit Besuchern aus Göttingen (allein wäre mir lieber gewesen). Seitdem schläft Bärbel mit bei mir im Fremdenzimmer, und wir erzählen uns abends noch viel und morgens kommt sie wie früher zu mir ins Bett. Ich genieße es so sehr und bin so glücklich, hier war einem das Herz ja schon fast vertrocknet, wenn es mich auch manchmal ziemlich anstrengt, da ich an den dauernden Krach nicht mehr gewöhnt bin. Am meisten geht mir Rümmi mit ihrem dauernden „ich auch" auf die Nerven und dem vielen Heulen. Binchen stört am wenigsten, geht still abseits „Blümchen pflücken", und mit Bärbel kann man sich schon ernsthaft unterhalten. Schlimm wird es immer erst, wenn Ilses[409] Sohn Jobst, ein richtiger kleiner Teufel, dazu kommt.

Nachdem der Besuch endlich am Dienstag fort, findet Tuttu auch Zeit, mir seine Schicksale zu erzählen. Ja, gemein sind die Engländer auch und doch hasse ich sie nicht. Da Tuttu leider wieder verreisen muß wegen seiner Zukunft, entschließe ich mich, 14 Tage dort zu bleiben, bis er zurückkommt, obgleich ich nur ein Brot, Zucker und Fett für höchstens eine Woche mit hatte. Es kommen kühlere Tage mit Regenschauern. Als Tuttu zurück ist, rüste ich mich schweren Herzens zur Abreise, er will mich noch bringen, ich graule mich ziemlich vor dem Rückweg. Gitti kommt mit Binchen noch bis Eversen, der Abschied vom „süßen Brüderchen" ist mir schon so schwer geworden. Bärbel kommt im

---

409 Ilse von Dobschütz, geb. Margull, Schwester von Christel von Harling und Brigitte Wille.

Galopp aus der Schule gesprungen, ich wollte sie so gern noch sehen – ach, es wird mir zu schwer! Und wie lange nun wieder?

Ich winke aus dem Zug, bis eine Biegung die geliebten Gestalten entschwinden läßt. Aber Tuttu ist ja noch bei mir, und wir benutzen den Nachmittag in Celle, um recht in Ruhe über alles zu sprechen. Da ich mit dem frühesten Zug am nächsten Morgen anfangen will, wollen wir dort übernachten. In einem netten Siedlungshäuschen seiner früheren Reinmachefrau schlafen wir in deren Ehebetten, oder auch nicht, da die Nähe des Bahnhofs sehr stört.

Celle gefällt mir gut, vor allem ist es nicht zerstört – welch wohltuender Anblick! Die schönen alten Fachwerkhäuser der Altstadt und die vielen Anlagen ringsherum, dazu die Sauberkeit und Ordnung, keine Einfahrt zerstört, wie hier fast alle, und die wohler aussehenden und besser angezogenen Menschen, all das berührt einen recht erfreulich. Als wir beim Notar waren, hatte Tuttu mir schon einmal die Stadt gezeigt. Die Engländer laufen nicht in solchen Massen herum wie die Russen hier und bieten natürlich einen ganz anderen Anblick. Wir trinken zuerst zusammen Kaffee, natürlich dieselbe Ersatzbrühe überall, Tuttu hat auf seine Marken sogar „Kuchen" gekauft, wechseln dann in ein Abendbrotlokal, sehr kümmerlich, so daß wir noch in ein zweites gehen, ist aber auch nicht besser.

Am nächsten Morgen schon um 4 Uhr auf, von Celle bequem nach Plockhorst, von dort ebenso nach Vorsfelde gefahren. Vor dem Bahnhof stehen zwei Bauernwagen, Tuttu sagt in schneller Erfassung: „Die Gäste werden schon erwartet" und freut sich sehr für mich. Ich klettere nach vorn zum Kutscher, hinten ist schon alles besetzt. Tuttu läuft nebenher. Eine herrliche Fahrt durch den taufrischen Morgen, durch Wald, Wiesen und Felder, mit meinem guten Jungen noch beisammen. Im vorletzten Dorf wie üblich Halt. Tuttu will mich noch bis zum Schlagbaum bringen, ich rede ihm zu, gleich mit zurückzufahren, damit er abends wieder bei den Seinen ist. So trennen wir uns – nun muß ich allein weiter.

Gehe mit einer jungen Frau mit achtjährigem Jungen, denke, so harmlose Leute werden sie durchlassen. Aber nein – am Ende des nächsten Dorfes läßt uns der Russe nicht durch. Am englischen Schlagbaum natürlich kein Mensch. Wir versuchen es mit Zureden und Zigaretten – umsonst. Schließlich wird es mir zu dumm, er läßt uns wenigstens zurückgehen. Wir erkundigen uns jetzt bei jedem, den wir treffen; es hilft nicht, wir müssen nach dem nächsten, fünf Kilometer entfernten Dorf und dort, wo Wald, versuchen durchzukommen. Also Fußmarsch. Aus mit der schönen Hoffnung, mittags schon von Oebisfelde, das schon so nahe war (zwei Kilometer), abfahren zu können. Die Chaussee scheint endlos – endlich kurz vor dem Dorf treffen wir auf zwei Wegarbeiter, klagen ihnen unser Leid. Der Ältere, sehr vertrauenswürdig aussehend, will uns helfen, hat schon viele rübergebracht. Wir sollen uns im Gasthaus ausruhen und stärken, in seiner Mittagspause will er dann an den Dorfausgang kommen und uns durch den Wald bringen. Im Dorfgasthaus bekommen wir Bier, sonst nichts, ich esse von dem von Gitti mitgegebenen Kartoffelsalat, ein Ei, Brote und Erdbeeren aus ihrem „Garten" und versuche, mich etwas zu entspannen. Schon acht Stunden unterwegs! Um $1\frac{1}{2}$ sind wir am Ausgang, warten ungeduldig, bis unser Führer kommt. Sein Kamerad kommt auch noch mit Rad nach. Durch den Wald, bis wir auf die Chaussee müssen. Er fährt voraus, kommt wieder: Der deutsche Polizist, sein Freund, will uns durchlassen, da er gesagt hat, wir wären seine Verwandten. Er übergibt uns dem jungen Mann, wir verabschieden uns aufs Dankbarste, er bekommt seine Zigaretten, der Jüngere von mir Geld, da ich leider keine habe.

Als wir auf die Chaussee wollen, kommt ein Bauernwagen. Zurück ins Unterholz, da der Polizist sagt, leider   Deutsche oft die Verräter. Dann eine Radfahrerin, mit der er sich endlos unterhält. Qualvolle Minuten im zum Glück dichten Unterholz, von Mücken zerstochen. Endlich! Der Polizist holt uns, sagt: Russenliebchen, hätte uns gleich angezeigt. Und ich war schon gegen ihn mißtrauisch geworden! Nochmals Verabschiedung mit tausend Dank! Auf Chaussee zum Dorf. Vor lauter Aufregung habe ich die Beschreibung des Weges nicht genau behalten, als mich eine Frau anruft. Ich kann sie erst nicht verstehen, begreife aber dann, daß wir schnell hinter einem Wäldchen verschwinden sollen, da zwei Polizisten auf der Brücke mitten im Dorf stehen. Also schleunigst und hinten herum durch die Gärten über einen kleinen Brückensteg und endlich wieder aus dem Dorf heraus. Noch durch eine Ackerfurche, dann stehen wir auf der Chaussee nach Oebisfelde, auf der wir fünf Kilometer zurück müssen. Ich habe große Eile, da ich gehört habe, daß um 5 Uhr noch ein Zug geht. Da meine Uhr in Bostel beim Spielen auf der Wiese kaputt gegangen ist, weiß ich nicht genau, wie spät es ist. Unterwegs immer noch in Unsicherheit, Russen zu treffen. Ich lege ein ziemliches Tempo vor, so daß die junge Frau erklärt, nicht mitzukönnen, [sie] hat allerdings auch ein Köfferchen zu tragen, während ich nur Rucksack und Schultertasche. Ist mir auch lieb, daß wir einzeln gehen, da der Posten ja eine Beschreibung von uns dreien gegeben haben konnte. Zum Glück treffen wir niemand außer Deutschen. Der Weg durch Oebisfelde zieht sich auch noch endlos bis zum Bahnhof. Erst 4 Uhr! Zug nach Stendal geht um 5. Etwas waschen, essen auf dem Bahnsteig. Zug nach Stendal (Güterzug mit angehängtem

Personenwagen) fährt sieben Stunden (also Mitternacht dort). Tuttus Erkundung, daß Brücke dort schon in Ordnung und der Verkehr nach Berlin glatt weitergeht, war leider nicht richtig. Also dann erst am nächsten Morgen eine Möglichkeit, von Schönhausen weiter zu kommen, nach Fußmarsch von Tangermünde.

Nachdem ich das alles erfragt, entschließe ich mich, in den Zug nach Magdeburg zu steigen, der eine viertel Stunde später abfährt, das hätte ich einfacher haben können! Magdeburg an 20 Uhr. Versuch eines Nachtquartiers im „Neustädter Hof" vergeblich, aber andere Unterkunft empfohlen bekommen. Mit Linie 1 und 4 durch die ganze Stadt (sehr zerstört), am Bahnhof vorbei nach Fremdenheim Gottwald, Matthissonstraße 4. Sehr einfach, aber ich kann in einem [Zimmer] mit vier Betten, von denen schon zwei vergeben, unterkommen. Gott sei Dank, vor dem unterirdischen Warteraum am Bahnhof, wo sie wie gepökelt liegen, graute mir zu sehr. Abendbrot im Gastzimmer von meinem Proviant, ich bekomme aber eine Tasse Kaffee (Ersatz) dazu. Dann zu Bett, nachdem Wecken für 5 Uhr bestellt. Um 23 Uhr kommen die beiden jungen Frauen. Da ich mich in eines der beiden nebeneinander stehenden guten (Ehe-) Betten gelegt habe, beziehen sie die beiden Notbetten seitlich, und wir stören uns nicht.

Um $^{1}/_{2}$6 aus dem Haus, Elektrische kommt gleich, zum Bahnhof, durch stehende und liegende Menschenmassen im Tunnel, Treppe hinauf zum Bahnsteig. Zug hat gerade eingesetzt, eine Stunde vor der Abfahrt ist fürchterliches Gewimmel, ich setze mich in full speed ganz nach hinten, und es gelingt mir, noch einen Sitzplatz zu erwischen. Das war meine Hauptsorge, stehen zu müssen. Laufen kann ich, nur nicht stundenlang stehen. Bald ist das Abteil so besetzt, daß man kaum einen Fuß bewegen kann. Endlich Abfahrt, mit bummeln und vielem Halt. In Brandenburg eine halbe Stunde Pause, Kaffee-Ersatz wird ausgeschenkt.

13. 6. Um 12 Uhr endlich in Potsdam, so daß ich um 1 Uhr zu Hause bin, voll Freude von Fritz begrüßt, der schon in Sorge war, da ich telegraphiert hatte, daß ich voraussichtlich am Abend vorher kommen würde. Finde viel Arbeit vor, besonders im Garten, der arme Fritz konnte ja nicht alles schaffen, besonders bei der Hitze und dem vielen Sprengen müssen. Irmgard hat ihn bekocht (abends fertig gemacht), sonst hätte ich überhaupt nicht fort gekonnt. Im Haus ist inzwischen die zweite Russenfamilie eingezogen, Klara mit vierzehnjährigem Igor und achtjähriger Lora. Es wird immer schwerer, zu dreien in der Küche ist wirklich kein Vergnügen. Zuerst machen sie sich wenigstens noch beliebt, indem sie uns ihre Abfälle überlassen, aber bald hört das völlig auf und sie werfen alles auf den Kompost. [. . .]

Am 16. 7. haben wir den holländischen Barockschrank mit den beiden Stühlen für 5.000 Mark verkauft, es betrübt mich sehr, aber wir müssen ja leben!

Nachdem Tuttu einige Tage fort ist, geht die Räumerei in Potsdam wieder mal los. Es heißt, die Russen sollen alle aus der inneren Stadt fort in ein Außenviertel zusammen und ausgerechnet in die Nauener Vorstadt. Trotz allem, was unser Leben hier beschwert, jetzt noch heraus zu müssen und so ziemlich alles im Stich zu lassen, wäre doch das Schlimmste. Aber Unsicherheit und Unruhe werden für uns hier wohl nie aufhören. So sitzen wir seit Wochen wieder mal auf dem Pulverfaß, wenn man sich einen Tag etwas beruhigt, kommt wieder ein neues beunruhigendes Gerücht.

1. August. Vier Jahre sind es jetzt schon her, daß Du, mein geliebter Richard, Dein junges, so hoffnungsvolles Leben hingabst – und alles umsonst! Und was ist seitdem alles über uns gekommen! Was soll überhaupt noch aus Deutschland werden bei Fortdauer dieser Zustände? Was für ein Dasein!

Am Donnerstag, 7. 8., kam plötzlich unser guter Diether auf Besuch, leider nur bis Sonntag, da seine Schule am Dienstag wieder anfängt. Aber es war doch sehr schön, ihn wiederzusehen, wohl und braungebrannt. Er wohnte aber auch bei Schönfelders (nicht einmal seine Söhne kann man mehr hier haben) und kam nur am Tage. Am Freitag fuhr ich nach Berlin, und wir gingen zusammen ins Kino, um doch einmal etwas Nettes zusammen zu unternehmen. Saßen erst am Kurfürstendamm im Café. Am Sonnabend war er dann den Tag über hier und nahm uns die Äpfel am Rondell ab, große Hilfe. Er fand auch noch wieder allerlei, was er gebrauchen konnte. Da wir schon seit Wochen wegen eventueller Räumung auf dem Pulverfaß sitzen, war ich besonders froh, daß er sich das alles noch mitnahm. Sonntagmittag mußte er wieder fahren.

27. Dezember. Zuerst will ich nachholen: Am 19. August. Wohnungamt, russischer Soldat, Dolmetscherin: „Raus!" – 21. Beamter will wiederkommen mit Räumungsbefehl und Einweisung, kommt aber nicht.

22. Soldat wieder: „Packen, packen, Montag russische Maschine" (wahrscheinlich Privat-Schikane). Prof. Kempffs[410] Sachen, der zum ersten Mal zu Konzerten hier, nicht herausgelassen, Schlagbaum mit Posten am Ende der Straße, wir kommen kaum wieder herein, Spediteur unmöglich, wir müssen mit den russischen Soldaten ziehen. Schön-

---

410 Wilhelm Kempff (1895–1991), Pianist, Organist und Komponist, wohnte in der Albrechtstraße 38. Siehe Günter Wirth, Der andere Geist von Potsdam. Zur Kulturgeschichte einer Stadt 1918–1989, Frankfurt a.M. 2000, S. 54ff.

felders kommen rührend zum Packen helfen. Dann auch Tuttu als großer Trost. Nachdem alles gepackt, sitzen wir und warten – vier Wochen lang. Nachdem Silber, Radio usw. gleich zu Anfang durch Doil schon fortgeschafft, als die Straße noch frei, bringen wir am Sonntag zwei Chaiselongues, Kisten mit Glas und Porzellan und den großen Herrenzimmerteppich hinten durch die Gärten fort. Armer Tuttu, quält sich mit Herrn Doil, einen großen Handwagen zum Speicher zu schieben. Leider muß er am 3. 9. wieder fort, wir sitzen weiter auf gepackten Sachen und warten.

9. 9. Drei Wochen in diesem Zustand.

15. 9. „Raus". Morgen Bescheid, wohin.

17. 9. Umzug. Eingewiesen nach Kapellenbergstraße 17, alte Villa am Judenfriedhof. Immer, wenn ich vorbeigegangen war, hatte ich gedacht: „Gott sei Dank, daß wir ein so schönes neues Häuschen haben und nicht in solch altem Eulennest zu wohnen brauchen." Nun hat es uns ereilt. Als ich hinkomme, ist das ganze Zimmer noch voller Sachen, es ist der Speisesaal der Villa. Trotzdem sind unsere Sachen abends alle drinnen, Betten stehen. Fritz ist mit dem ersten Russenauto gefahren, die Männer im Hause haben geholfen, nachdem die Soldaten alle Möbel einfach in den Garten heruntergeschmissen hatten. Sehr ruiniert, alle Scheiben schon beim Auszug kaputt gemacht usw. Irmgard schläft bei uns, ist in dasselbe Zimmer eingewiesen.

18. Mit Herrn Doils Hilfe werden die Schränke aufgestellt und ein Raum für Irmgard dadurch abgeteilt. Das ganze Elend kommt jetzt über einen, zuerst nur Erleichterung, daß endlich Entscheidung und wir aus dem Gefängnis heraus. Zimmer: riesengroß und ebenso hoch. Erker, drei Fenster, noch drei riesenhohe und Tür zum Wintergarten, in der zurechtgemachten „Waschnische" nochmals drei. Heizung kaputt, kein Ofen. Jeder, der eintritt: unmöglich für den Winter, langsamer Tod. Kein Wasser. Toilette schmutzig, verfaulte Dielen, alles Wasser von dort aus einem kleinen Hahn über kleinem Waschbecken zu holen. Wintergarten soll als Küche dienen, nichts dafür vorhanden, nur Zugwind durch alle Ritzen der Schiebefenster. Noch ist Sommerhitze – aber dann? Wir kämpfen, etwas anderes zu bekommen, obgleich Fritz sehr kaputt ist und nicht noch einmal ziehen will. Wohnungsdezernent[411] kommt mit Oberbürgermeister:[412] Zimmer soll geteilt werden (Holzwand), Wintergarten teilweise verschalt. Aber ohne Öfen trotzdem hoffnungslos. Schlaflose Nächte mit Verzweiflung.

---

411 Hufeland.
412 Walter Paul, Juli 1945–1950 Oberbürgermeister.

Kriechen durch ein Loch im Zaun von hinten in unseren Garten, da Posten keinen durchläßt, um Gemüse zu holen. Unsere Russen anständig, Olga und der kleine Sascha freuen sich, uns zu sehen, Olga schenkt ein Brot. Wir sollen noch den Rest Briketts uns holen, da sie neue bekommen. Gärtner von nebenan schafft sie auf sein Grundstück, auch das Holz von unserer gefällten Trauerweide holen wir so heraus.

28. 9. Bärbels Geburtstag – ach, und wieder nicht beisammen! Vilma war hier wegen ihrer Möbel, es gelingt ihr aber nicht, sie nach dem Westen zu bekommen.

19. 10. Ach, mein Richard, seit Deinem Tod hat unser Unglück angefangen und jetzt sind wir ganz im Elend. Ich muß im Keller kochen, wo die freundliche Schwester Martha für den gräflichen Schliebenschen Haushalt und alle, die dazu gehören, sorgt. Bin immer nur geduldet, auch mal eine Gasflamme zu benutzen, andere kochen dort auch ein, im Keller wohnen allerlei Flüchtlinge. Wendeltreppe unbequem, Haus- und Kellertür immer offen, es zieht fürchterlich, wenn man heiß aus der Küche kommt. Irmgard hat uns nach ein paar Tagen verlassen und ist zu Doil gezogen, nun bin ich unter diesen schrecklichen Umständen auch noch ohne jede Hilfe. Habe gar keine Lust, weiter auszupacken, doch alles zwecklos.

Nachdem der September noch sehr warm gewesen war, kommt die erste Kälte im Oktober, am 24.10. legt sich Fritz mit Husten und Fieber: Bronchitis. Am 26. stellt Dr. [Theodor] Kathen Lungenentzündung fest, ich dringe auf Krankenhaus, um ihn aus dem eiskalten Zimmer heraus zu bringen. Während ich zu Dr. Kathen eile, der wegen des Krankenhauses telefonieren will, und dort Bescheid bekomme, daß Fritz nach Babelsberg kann, hat der Krankenwagen ihn schon abgeholt. Das leere Bett trifft mich wie ein Schlag. Schnell mir notdürftig Essen gemacht, dann zu Fritz. Gut untergebracht, allein in Südzimmer.

28. 10. Mit Chefarzt Dr. [Bruno] Süring gesprochen: Schleichende Lungenentzündung, alles kommt darauf an, ob das Herz durchhält. Fritz sagt immer: Ich mag nicht mehr und kann nicht mehr, wenn es doch bloß zu Ende wär. Sieht ganz verändert aus.

Im großen kalten Zimmer sehr einsam, tagsüber immer unterwegs, aber abends schlimm. Doch Hoffnung: Tuttu kommt, Dienstag, 4. 11. Welche Freude, aber: Freitag, 30. 10. schon da, kurz nachdem ich abends aus dem Krankenhaus zurück. Ich hatte ihm telegraphiert, Diether etwas später.

Sonnabend abend mit Tuttu (nach dem Krankenhaus) zu Schönfelders zum Übernachten und gemeinsamen Sonntags-Mittagessen im „Elefanten". Dann zu Fritz. Als wir eintreten, Diether dort. Der Gute hat sich auch gleich aufgemacht. Fritz geht es besser, Fieber herunter. Diether schläft hier, Tuttu zu Schönfelders. Dienstag abend kommt auch Gitti wegen ihrer Möbel. Da Fritz weiterhin besser, mit Diether am 5. 11. nachmittags am Kurfürstendamm ins Kino: „Paganini", welch seltener Genuß für mich.

Leider Diether Donnerstag schon wieder fort, um die Schule nicht zu lange ausfallen zu lassen, war ja nett genug vom Schulrat (und umgehend Interzonenpaß bekommen!). Mit Tuttu und Gitti in „Fidelio" im Theater des Westens (nicht zerstört) und am Bußtag in Mozarts „Requiem" hier in der Friedenskirche.

Welch ein Trost, hier im kalten „Reitstall" nicht mehr allein, sondern munteres Leben. Die Wärmflasche wird reihum geborgt, morgens wärmen wir uns die Hände über der inzwischen besorgten Kochplatte, in Mäntel und Decken gehüllt, am Kaffeetisch sitzend.

Donnerstag, 20. 11. mit Gitti nach Nikolassee, drei Pakete aufgegeben, Tuttu im Zug nach Berlin getroffen. Bummel am Zoo, Gitti begeistert, was es schon alles zu kaufen gibt, wenn auch zu phantastischen Preisen. Essen in Konditorei Schilling, ganz ordentlich. Bei Schönfelders schnell nochmals von Tuttu Abschied genommen, dann zurück in meine einsame eiskalte Bude - ach!

21. 11. Tauwetter, draußen +15°, drinnen +7°, Fenster von innen beschlagen! Fritz steht zum ersten Male auf, er ist über den Berg! Leider auch im Krankenhaus nur ganz selten mal geheizt für ein paar Stunden, wir haben aber unser elektrisches Öfchen hingebracht. Tuttu hat versucht, beim Wohnungsamt noch etwas Besseres für uns zu bekommen, das Angebotene war aber auch unmöglich.

Ich zergrübele mir nachts den Kopf, was werden soll. In dieses Zimmer bringe ich Fritz niemals zurück, das nebenan liegende, etwas kleinere mit nur zwei Fenstern von der Gräfin Schlieben sollte schon am 1. 11. frei werden. Sie schafft es aber nicht so schnell mit der Neueinrichtung im Babelsberger Park. Wie eine Erleuchtung kommt es mir: Man müßte erst ins Haus Thümen (Nr. 12)[413] gehen, in dem ich die Eltern damals untergebracht hatte. Ich frage: Ja, es wird ein Zimmer frei, das mir sehr gefällt. Mit Tuttus Hilfe wird der Ofen dorthin geschafft, aber die Mieter wollen dann, statt zum 20. 11. erst zum 1. 12. raus. Jeden Tag frage ich nach, ob das Blech schon da, um das Ofenrohr durch das Fenster zu leiten – immer vergebens. Tuttu wollte so gern vor seiner Abreise uns noch „geborgen" sehen. Gegen Ende des Monats ist er plötzlich wieder da, der Treue, es hat ihm keine Ruhe gelassen.

---

413 Kapellenbergstraße 12.

Endlich, am 1. 12. vormittags wird der Ofen aufgestellt, nachdem wir schon am Sonntag eine Fuhre nach der anderen im Waschkorb auf der kleinen Karrette heruntergefahren haben. Mittags zündet Tuttu das erste Feuer an – welche Erleichterung! Endlich eine Erwärmungsmöglichkeit. Das hübsche, nicht zu hohe und große Zimmer im 1. Stock wird sich gut heizen. Tuttu fährt beruhigt ab, nachdem er sogar noch das Radio von Irmgard geholt und angeschlossen hat. Ich bin ihm so dankbar für alle Hilfe.

Am 3. 12. hole ich Fritz aus dem Krankenhaus, wurde auch schon ungeduldig. Von Tag zu Tag erholt er sich hier mehr, und es gefällt ihm auch gut.

Natürlich kostet das alles viel Geld: die hohe Pension (7 Mark pro Person und Tag +10 %), die Miete in [Kapellenbergstraße] 17, dazu Fett, Zucker usw., was man genau wie vorher zukaufen muß zu Schwarzmarktpreisen, da das Essen in keiner Weise ausreicht. Ich muß mir dauernd den Kopf zerbrechen, was ich noch an Silber abgeben kann. Die Einrichtung aus Richards Zimmer bekommt Irmgard allerdings geschenkt für alle treue Hilfe. Sie wohnt jetzt bei ihrem Chef Doil, der nur auf seine Scheidung wartet, um sie zu heiraten.

An Fritzens Geburtstag helfen sie mir, die Möbel vom großen Zimmer in das Schliebensche zu räumen, aber Lust habe ich gar nicht, in das alte „Rattenloch" zurückzukehren, wird aber wohl nicht helfen. Ich karre dauernd Holz und Kohlen hierher, muß hier waschen, da weder Bettwäsche noch Handtücher geliefert werden und muß immer Essen dazu kochen. Dazu viele Rennerei, um alles zu erledigen. Habe erreicht, daß wir von unseren Einwohnern monatlich zwei Brote als Leihgebühr für unsere Möbel bekommen, Olga gibt es sofort, Klara natürlich nicht.

Am 16. 12. ist die Londoner Konferenz zu Ende – wiederum ohne Ergebnis. Die Russen widersprechen grundsätzlich bei jedem Punkt.[414] Also weiter gewurstelt und kein Gedanke an Aufhebung der Zonengrenze.

Weihnachten wird feierlich begangen: Prof. Chemin-Petit musiziert mit seiner Frau und den beiden Töchtern[415] (Blockflöten), singen dreistimmig, Frl. [Oda] v. Thümen verliest die Weihnachtsgeschichte vor dem hohen brennenden Baum (vorher war ich in der Kirche). Ringsum im Saal Gabentische, wir bekommen auch jeder ein Tellerchen mit zwei

---

414 Londoner Außenministerkonferenz vom 25. 11. bis 15. 12. 1947. Streitfragen waren die Schaffung einer deutschen Zentralregierung, die Höhe der Reparationen und die Anerkennung der deutschen Ostgrenze.

415 Hans und Lena Chemin-Petit mit den Töchtern Alma-Jeannette und Andrea. – Siehe Kapitel IV, „Hans Chemin-Petit", S. 293ff.

Äpfeln, Nüssen und ein paar Pfefferküchlein (etwas habe ich selber bei Irmgard gebacken und einen Mohnkuchen zum Bäcker gebracht). Danach gemeinsames Abendessen, das sich bis 11 Uhr hinzieht, zu meiner Freude gefällt es Fritz so gut, daß er auch aushält. Auf unserem Zimmer habe ich ein paar Zweige geschmückt, zu schenken haben wir ohnehin nichts. Von den Bostelern kam das Päckchen schon zum Geburtstag mit rührenden Handarbeiten von Bärbel und Binchen. Besondere Freude bereitet uns eine Sendung mit Schokoladen- und Milchpulver von Frau Borel, langentbehrte Genüsse, die uns die Festtage verschönern. Am ersten Feiertag gehe ich in ein schönes Konzert (mit Harfe), Karte hatte mir Bärbel Klau geschenkt.

Nach ein paar Frost- und Schneetagen wird es wieder sehr milde, fast frühlingshaft – uns ist es recht. Silvester spätes gemeinsames Essen, dann Pause, um 11 1/2 wiedertreffen unten, Musik, besinnliche Rezitationen, allgemeine Beglückwünschung, ein Glas Punsch für jeden und eine Art Pfannkuchen-Ersatz. Da Fritz nicht noch mal runterkommt, sondern ins Bett geht, nehme ich ihm seins mit nach oben.

1948

Was wird uns das neue Jahr bringen? Wenn es doch endlich zu einer Entscheidung käme. Die Russen machen sich immer verhaßter mit ihren verfetteten aufgeputzten Weibern und Kindern. Ich empfinde den Kommunismus als eine Lebensform, die überhaupt nicht lohnt, zu leben, kann also nur von ganzem Herzen wünschen, daß die Entscheidung für die Amerikaner ausfällt. Außerdem würden wir dann den deutschen Osten wiederbekommen, ohne den wir nicht leben können, und die endlosen Reparationen würden einmal ein Ende nehmen.

Das Leben in Potsdam wird mir täglich verhaßter unter diesem Volk hier. Und wieder alle Festtage ohne die Kindlein, die schönsten Jahre gehen dahin, und man erlebt sie nicht mit. Und zum ersten Mal seit Kindheitstagen ein Fest ohne eigene Musik, weil die Bande in unserem Hause sitzt und auf meinem Flügel herumstümpert. Es ist so bitter, das alles. Am ersten Feiertag borgte ich mir Noten von Frau Chemin, um wenigstens ein Mal selbst zu spielen. Am 1. Januar sind es schon fünf Jahre, daß ich meinen geliebten Richard zum letzten Male umarmte. Seitdem immer tiefer und tiefer ins Unglück.

Der Winter blieb sehr milde. Am 24. 1. kam Tuttu wieder nach Berlin, schlief immer bei Schönfelders, besuchte uns zwei Mal. Einen sehr netten Vormittag verbrachten wir beide zusammen mit Besorgungen (für Gitti) am Kurfürstendamm und gemeinsamem Essen dort. Zu seiner Abreise wollte ich noch einmal nach Berlin fahren, mußte aber stattdessen leider im Bett liegen und konnte ihn nicht mehr sehen. Ich hatte mir zur „Aufmöbelung" von Dr. Kathen Kalkspritzen machen lassen. Bei der siebten brach die Nadel ab, er mußte eine neue nehmen. Es muß eine Infektion hineingekommen sein, in der Nacht bekam ich Schüttelfrost und hohes Fieber bei heftigen Schmerzen, schleppte mich am Morgen mit Mühe zu Dr. Kathen, der mir aber nicht helfen konnte, sondern nur eine Operation in Aussicht stellte. Hier traf ich Frau Frank, die sehr nette Krankenschwester, die mir sofort „Eleudron", das Wundermittel, gab, und nach drei Tagen waren wirklich das Fieber herunter und die Schmerzen besser. Am fünften Tag schleppte ich aber ein paar schwere Taschen nach und von Nr. 17, das war wohl noch zu viel, bekam wieder Fieber – nochmals dasselbe. Aber dann sah ich mich nach dem Aufstehen vor, bestrahlte die Stelle noch lange mit Blaulicht, sie blieb aber immer noch empfindlich und beim Tragen von schweren Sachen schmerzhaft.

Im Februar holt der Winter die Kälte noch nach, aber in unserem Zimmer ist es warm und gemütlich. Im März fange ich an, in Nr. 17 allmählich aufzuräumen, muß auch die Sachen vom Speicher holen lassen, da der Raum anderweitig gebraucht wird. Zuerst wollen wir am 20. 3. umziehen, verschieben es aber dann doch auf den 1. 4., so daß wir Ostern (28. und 29. 3.) noch hier sein werden. Ich habe gar keine Lust, in das „alte Rattenloch" und die gräßlichen Verhältnisse dort zurückzukehren, aber es kostet ja hier zu viel, und in der bevorstehenden warmen Jahreszeit muß es gehen. Wenigstens scheint die Sonne sehr schön von Osten und Süden ins Zimmer.

Dieser Winter war wirklich zum Erholen, und man kam endlich etwas zur Ruhe. Ich konnte auch oft gute Konzerte besuchen, da man sich hier abends zurück zu kommen getraute, und da die Arbeit mich hier nicht den ganzen Vormittag in Anspruch nahm, konnte ich meist meine Besorgungen am Vormittag erledigen, so daß ich auch viel an die Luft kam. Nur der Nachtschlaf kommt oft zu kurz, da Fritz immer sehr unruhig ist und mich viel stört. Das eigene kleine Zimmerchen, in das ich mich abends zurückziehen konnte, fehlt mir sehr.

1. Mai. Kurz vor Ostern bekam Fritz wiederum Bronchialkatarrh mit Fieber, sorgenvolle Tage und schlaflose Nächte, aber die Lungenentzündung wurde wenigstens durch „Eleudron" vermieden. Karfreitag steht er wieder etwas auf und kann am ersten Ostertag (28. 3.) bei herrlich warmem Wetter auf einen Augenblick heraus. In der Pension ist gar nichts los, Frl. v. Thümen verreist, kein gemeinsames Essen zum Fest, nichts. Trotzdem wird es mir schwer, zu scheiden, denn in 17 habe ich keinen Menschen, mit dem ich mal sprechen kann. Durch Fritzens

Krankheit verschiebt sich der Umzug bis zum 5. 4., dann kommen Schönfelders zum Helfen und am Nachmittag sind wir, bis auf Kleinigkeiten, in Ordnung. Der Ofen, die Hauptsorge, brennt sehr schön.

In dem Zimmer, mit Morgensonne beim Frühstück und voller Südseite, leben wir uns ganz gut ein, sonst bleibt genug zu wünschen (schreckliche Toilette, dauerndes Wasserholen, den ganzen Tag Radio von nebenan usw.). Natürlich habe ich auch erheblich mehr zu tun, versuche auch, in unserem Garten etwas zu säen, aber nach drei Nachmittagen, die mich sehr anstrengen, gebe ich es auf. Das Kartoffelfeld ist mutwillig zerstört und Olga und Klara erzählen, daß ein Offizier dagewesen wäre: Deutsche sollten nicht im Garten arbeiten, und wie durch den Posten gekommen? Da unsere Einwohner erklärt haben, von nichts zu wissen (dieses System erzeugt ja nur Furcht und Schrecken), mich also nicht decken würden, obgleich sie es mir gern gestattet hatten, will ich mich weiterem nicht aussetzen. Wovon wir leben werden? Der Garten war unser ganzer Rückhalt.

Zum 1. Mai große Aufregung überall in Potsdam: dauernde Kontrollen am Bahnhof, alle Zirkusbesucher stundenlang festgehalten bzw. zur Kommandantur, auch in den Straßen sieht man kleine Trupps Deutscher mit einem russischen Soldaten dorthin wandern – sie sind mal wieder völlig verrückt geworden. Pension Thümen nachts um $2\frac{1}{2}$ Uhr durchsucht, mit Kolbenstößen gegen die Tür – wir leben in herrlichen Zuständen. Am 1. Mai überschlägt sich die Stadt mal wieder mit Spruchbändern, Girlanden usw.

Der April war sehr schön, teilweise sommerlich warm, wir konnten bald aufhören zu heizen. Nur zu trocken. Die Baumblüte ringsum ist wunderschön, nur der Gedanke, daß wir in diesem Jahr nichts ernten werden, sehr traurig. [...]

Da die schon lange spukende Währungsreform jetzt im Westen durchgeführt wird,[416] sehen sich die Russen veranlaßt, hier auch schnell einen neuen Aderlaß für uns zu verschreiben, das Geld wird 10 : 1 abgewertet, 70 Mark pro Kopf bekommt man umgetauscht.[417] Die so lange fällige DSV-Pension aus dem Westen hatten sie schnell noch vorher geschickt, desgleichen die Miete – die Reingefallenen sind wir natürlich. In Berlin chaotische Zustände und Hetze gegeneinander. Infolge-

---

416 Währungsreform in den drei Westzonen am 20./21. Juni. Die Deutsche Mark tritt an die Stelle der Reichsmark. Die Planwirtschaft mit Bezugscheinen, Preis- und Lohnstopps endet.

417 Für die Zeit vom 23. bis 28. 6. ordnete die sowjetische Militärverwaltung für ihre Besatzungszone und für Berlin die Währungsreform an. Lebensmittelrationierungen bleiben bestehen.

dessen erhalten wir wieder mal weder Pakete noch Päckchen aus dem Westen – sehr traurig für mich, da ich Mehl und Butter so dringend brauchte und nun wohl nie mehr sehen werde. Auf unsere alten Geldscheine ist eine kleine Marke aufgepappt worden, das ist alles. Die Ernährungslage ist schlimmer als je, kein Gemüse, kein Obst. Hinten herum kann man nichts mehr kaufen, weder Fett noch Zucker usw. Schließlich halte ich es nicht mehr aus, den ganzen Sommer überhaupt kein Obst zu haben (Erdbeeren sind schon vorüber). Irmgard mit Familie und ich fahren mit dem Dampfer nach Baumgartenbrück und gehen zu einem Obstgarten, den sie schon kennen. Die Kirschbäume dort sind richtig überwältigend. Wir essen uns erst mal satt, dann packt Irmgard ihren Kinderwagen voll, ich verstaue auch überall etwas. Die Polizeikontrolle an der Brücke nimmt uns zum Glück nichts fort. Nach acht Tagen wieder, aber zu Fuß, da Dampfer wegen Währungsreform seltener geht. Bei Gewitter mit letztem Dampfer (6 Uhr) in „drangvoll fürchterlicher Enge" zurück. Aber Kirschen wieder durchgebracht.

Die Potsdamer Musiktage bringen schöne Konzerte, man vergißt dann mal auf Stunden die Misere.

Seit Ende Juli wird Berlin „blockiert"; die Russen lassen keine Verbindung nach dem Westen mehr offen.[418] Infolgedessen wird auf der „Luftbrücke" alles Lebensnotwendige für die Berliner herangeschafft, eine enorme Leistung. Tag und Nacht brummen die Flugzeuge fast unaufhörlich über uns. [...]

Wir treffen uns jetzt jeden Freitag mit Schönfelders in Wannsee. Der ewigen Kontrollen wegen (am Bahnhof geht es schon los) auf Ausweise, auf D-Mark (verboten) mögen sie nicht herkommen. Diese Nachmittage sind sozusagen die „Sonntage", wir sitzen meist am Wasser zusammen und besprechen alles. Das Mehl von Tuttu ist nach Berlin noch angekommen. Sie verkaufen ein goldenes Berloque für uns und können für den Erlös in D-Mark Fett besorgen. Die abendliche Rückfahrt mit dem ziemlich leeren Dampfer ist erholsam und friedlich. Und keine Russen! Deshalb sitzt es sich auch in Wannsee so schön.

1. August. Heute sind es fünf Jahre, daß Du, mein geliebter Richard, Dein Leben zum Opfer brachtest. Wohl Dir, daß Du in Frieden schläfst. Wenn ich denke, Du wärest jetzt vielleicht noch in russischer Gefangenschaft, schlecht behandelt usw., denn Kommunist wärest Du nie geworden, zur Massennummer warst Du viel zu aristokratisch, dann kann ich

---

418 Ab 23./24. 6. 1948 hatte die Sowjetunion eine Großblockade zu Lande und zu Wasser über West-Berlin verhängt und die Viermächteverwaltung praktisch beendet. Am 26. 6. begann die englisch-amerikanische Luftbrücke, die Westberlin mit Lebensmitteln versorgte.

nicht mit dem Schicksal hadern, weil es Dir so unendliche Leiden erspart hat. [...]

Seit der Währungsreform ist Schönfelder ganz ohne Stellung, wir müssen sie mit erhalten und können es zum Glück auch. Außer der Russenmiete und der monatlichen Pension von 90 Mark wird endlich auch die Pension vom Verband wieder gezahlt, zwar auf 300 Mark gekürzt, aber da das Westmark sind, die den vierfachen Wert der Ostmark haben, bedeutet das eine große Hilfe für uns. Da hier Westmark streng verboten, verwaltet sie Schönfelder, bekommt davon jeden Monat 50 Mark (also 200 Mark Ost, womit er Miete, Post, Licht, Gas, Fahrten usw. bezahlen kann).

Nur Schwarzmarktware muß man in Westgeld bezahlen und manches in den Geschäften, doch sonst dort meist $^1/_2$ West, $^1/_2$ Ost. Ich bin froh, daß ich mir endlich in Berlin einen Eimer, einen Durchschlag und einen Wasserkrug kaufen kann und für Diether zum Geburtstag einen Schlips. Wie schön, daß man endlich wieder jemand eine Freude machen kann! Wenn ich dorthin komme, staune ich, was es in den Westsektoren alles frei zu kaufen gibt, hier gibt es nach wie vor nichts, obgleich wie wild produziert wird. Aber das wird alles von den Russen weggeschleppt. Die Zustände in Berlin werden immer chaotischer und die Gegensätze immer schroffer. Jetzt ist die Berlinfrage vor den Weltsicherheitsrat gebracht worden, aber was wird dabei herauskommen?! Und die Frechheit der Sowjets wird jeden Tag größer. Ach, wenn man doch nur im Westen sein könnte und die Bande nicht mehr zu sehen brauchte! Aber jetzt ist das alles zu spät, und wir müssen den bitteren Kelch hier bis zur Neige leeren. Niemals will ich Kommunistin werden und mich mit einem so unmenschlichen System einverstanden erklären, das dazu nur von Lüge und Heuchelei lebt.

Ich wäre zu gerne im Sommer wieder nach „drüben" gegangen, um die geliebten Kindlein wenigstens ein paar Tage zu sehen, aber bei der ewigen Unsicherheit (alles viel schwieriger als voriges Jahr) an der „Grenze" habe ich es doch gelassen. Dazu kommt, daß ich Fritz hier allein lassen muß und ganz genau weiß, wie unbehilflich er ist. Aber zu Thümens will er nicht, bei Irmgard essen auch nicht – dann hätte ich doch keine ruhige Minute gehabt. Wenn ich dann von all den Bekannten höre, die „drüben" waren, bin ich immer sehr traurig. Aber jetzt ist es ohnehin schon zu spät im Jahr. Tuttu dachte, ich könnte vielleicht einen Interzonenpaß bekommen für die Eisenbahn oder das Flugzeug, aber dazu müßte ich hier abgemeldet und in Berlin polizeilich gemeldet sein, das ist ja alles unmöglich. Man kann eben nur „schwarz" gehen. [...]

1949

[...] Werden wir auch im nächsten Jahr noch ohne Kinder und Enkel in der Verbannung sitzen? Nach vier Jahren vergeblichen Hoffens macht man sich keine mehr. Und doch kann dieser Zustand nicht ewig so weitergehen, die beiden Weltanschauungen sind nicht vereinbar, und eine Auseinandersetzung muß kommen. Vor der Geschichte wird die Zeit dazu kurz erscheinen – uns, die jeden Tag unter Trennung, Einsamkeit und Trauer leiden, dünkt sie viel zu lang.

Mit dem Wetter war uns Gott bisher gnädig, noch keine starke Kältewelle, gar kein Schnee, nur geringer Nachtfrost. Auch heute +5°, föhnartiger Wind. Wenn es stark friert, werden wir das Zimmer auch nicht warm bekommen; es zieht überall durch (vier Türen), einfache Fenster. Und doch noch zu hoch und zu groß. Aber die armen Berliner sind ohne Licht und Heizung noch viel schlechter dran.

Die Russin Olga suchte mich auf, wohnt nicht mehr in Nr. 33, möchte aber meine Matratzen haben. Jetzt konnte sie mich plötzlich finden. Die Dolmetscherin Maria versuchte, mich mit Schwindeleien gefügig zu machen (ohne geht es nicht bei ihnen): die Matratzen wären nicht mit verzeichnet, und wenn die Familien noch mehrmals wechselten und sie mitnähmen, bekäme ich gar nichts. Obgleich unersetzlich (reines Roßhaar und 1a Drell), habe ich schließlich zugestimmt und mir Produkte dafür geben lassen. Ich würde mich doch immer ekeln, mich wieder darauf zu legen und Tuttu meinte, er brauche unsere jetzigen Betten nicht für die Kindlein.

20. 2. Seit November gibt es sogenannte „freie Läden", in denen man zu Schwarzmarktpreisen Stoffe, Strümpfe (30 Mark), Kunstseide, Wäsche, vor allem aber Lebensmittel kaufen kann.[419] Zuerst gab es 1.000 Gramm-Weißbrote für 12 Mark, aber das hat wieder aufgehört. Aber Buttercremetorte (ein Stück 5 Mark), Schweineohren je 3 Mark, Kuchenbrötchen je 1,50 Mark, Milchbrötchen je 0,80 Mark, Fondants, Bonbons, Kartoffelmehl, Kunsthonig gibt es laufend, und es ist immer ein fürchterliches Gedränge. Auch freie Kohle, je Zentner 16 Mark, gab es zeitweilig. Endlich haben wir auch eine Punktkarte bekommen, und ich habe mir gleich ein Paar Strümpfe gekauft für billigen Preis.

Ende Januar mußte Fritz sich mit starker Erkältung und Fieber für einige Tage ins Bett legen, aber wenigstens ging es nicht auf die Lunge. Als er das erste Mal wieder auf war, bekam er eine Blutstauung, antwortete nicht auf Rufen und Rütteln, hatte ganz blaue Lippen, der

---

419 Bereits im Oktober 1948 war zur Verbesserung der Versorgungslage die Staatliche Handelsorganisation (HO) gegründet worden. Dort wurden zu erhöhten Preisen, ohne Bezugsschein oder Lebensmittelkarten, Waren und Produkte angeboten.

Schleim lief aus Nase und Mund und die Gebisse hingen heraus - ich bekam ein großes Entsetzen, mir wurde ganz übel, ich dachte: ein Schlaganfall! Aber es ging dann doch so vorüber. Aber er erholt sich sehr langsam, und die Altersschwäche wird ja nicht mehr besser werden. Es ist sehr hart für mich, mit all diesen Ängsten und Nöten hier ganz allein zu sitzen – nie im Leben bin ich ohne Hilfe oder Verwandtschaft gewesen und jetzt, ausgerechnet in diesen schrecklichen Zeiten, habe ich niemand. Ich bete nur immer, daß meine Kräfte aushalten und ich nicht krank werde – es wäre eine Katastrophe.

Januar und Februar waren ganz ungewöhnlich milde wie November und Dezember auch schon, eine Gnade des Schicksals für uns, besonders für die armen Berliner. Aber wir würden dieses Zimmer bei starkem Frost auch nicht warm bekommen, da Fritz ohne die geringste Bewegung immer friert, verbrauchen wir so schon viele Kohlen. Heute, als es wie ein schöner Märztag war (20. 2.), war Fritz zum ersten Mal wieder draußen, bis zur Kapelle und zurück. Eigentlich soll er seines Beins wegen noch nicht, damit es endlich zuheilt, nachdem es schon ein paar Mal fast so weit war, aber das Wetter war zu verlockend und hat ihm auch gut getan.

Tuttu hat am 1. 2. eine gute Stellung bei Voigtländer in Braunschweig angetreten, ja, wenn wir nicht in dieser verfluchten Zone säßen, könnte das auch für uns eine Hoffnung sein, aber so!

3. April. Mit dem 1. März fing ausgerechnet der Winter an, mit dickem Schnee und –6 bis –7° nachts. Am Tage allerdings stieg es schnell in der schönen Sonne, und unser großes Südfenster freute uns sehr. Aber, wie gehofft, dauerte das „Regiment des Winters" nicht mehr lange, am 10. 3. wurde es schon milder und am Frühlingsanfang begannen schöne warme Tage. Am 27. 3. haben wir zum ersten Male nicht mehr geheizt.

Der April war sehr schön und meist schon sommerlich warm, der Mai kühler und feuchter. Die Baumblüte in üppigster Pracht und Fülle, als die gestrengen Herren noch etwas Nachtfrost bringen, ist sie schon in der Hauptsache vorüber. Frau Martens und ich wollen die Blütenpracht nach so vielen Jahren endlich wieder vom Krähenberg bei Caputh genießen, aber die Aussicht ist verbaut, und wir müssen uns mit Teilblicken begnügen. Laufen nach Ferch, all die blühenden gelben Sumpfdotterblumen im Wasser und der Chor der Frösche, die ganze Frühlingsstimmung sind doch trotz des kalten Windes eine Freude. Im „Haus am See" einen Teller Erbsensuppe gegessen, dann mit Dampfer zurück, wie gekommen.

Am 12. Mai wird die Berliner Blockade von den Russen aufgehoben, und sie erklären sich gleichzeitig zu neuen Deutschlandverhandlungen bereit. Da die Blockade durch die Luftbrücke ein Schlag ins Wasser für sie war und ihnen viele dringend notwendige Dinge aus dem Westen fehlten, haben sie es vorgezogen, endlich klein beizugeben. Seitdem strömen nun die Waren nach Berlin. Es war ja vorher schon eine Freude, die schönen Sachen in den Läden zu besehen und vor allem nach so vielen Jahren wieder mal in einer Konditorei Bohnenkaffee zu trinken und friedensmäßigen Kuchen oder Torte ohne Marken (wenn auch zu hohem Preise) zu essen. Ich habe es mehrmals genossen, bei Schilling (in alter Anhänglichkeit am Kurfürstendamm), bei Möhring (Uhlandstraße) und in Steglitz. Nach all den Jahren des Entbehrens konnte ich nicht widerstehen. Neulich kaufte ich die ersten Zitronen, die von 1,40 DM (West) jetzt schnell auf 0,30 DM heruntergegangen waren. In den Läden liegen die verlockendsten Dinge: Konserven in Mengen, ganze Enten in Cellophan – man staunt! Schönfelder besorgte uns Bücklinge, auch zum ersten Mal seit vielen Jahren wieder. Wurst, Fett, Käse, Kaffee, Tee, Kakao, Heringe und ähnliches hat er schon eine ganze Zeit besorgt.

Heute, 23. Mai, ist das „Bonner Grundgesetz" endgültig von den westdeutschen Ländern angenommen worden, eine Stunde vor Beginn der Pariser Konferenz der vier Außenminister.[420] Damit beginnt Westdeutschland wenigstens wieder ein Staat zu werden, Berlin gehört mit dazu – wann wird für uns die Stunde der Vereinigung und Befreiung schlagen? [...]

Frau Wille gelingt es, im Juni in einem englischen Flugzeug von Gatow nach Lübeck zu fliegen, sie besucht ihren Sohn und seine Familie in Feuerschützenbostel, die Rückfahrt erfolgt mit der Eisenbahn über Marienborn.

7. 9. In Bonn ist nach langen Vorbereitungen wieder ein Deutscher Staat entstanden als Bundesrepublik – aber ohne die russisch besetzten Gebiete. Mit heißem Herzen haben wir wenigstens im Radio daran teilgenommen. Deutschland, das Herz Europas, von dessen Notwendigkeit allmählich alle überzeugt sind, beginnt wieder zu schlagen – aber wir sind ausgeschlossen.

Zwei Jahre sind wir am 17. 9. schon aus unserem Häuschen geworfen und im Exil – auch das unabsehbar. Das wunderschöne milde Wetter hilft einem über den Kummer etwas hinweg, ich benutze es zu einigen Dampferfahrten nach Ferch und nach Glindow und genieße sie sehr. Bringe jedes Mal etwas Obst mit, genug gibt es hier auch, aber teurer. Da die hiesige „Regierung" immer mit allem hinter dem Westen hertrottelt,

---

420 Konferenz vom 23. 5. bis 20. 6. 1949, die Außenminister konnten sich in der Behandlung der Deutschlandfrage nicht einigen.

hat sie jetzt also auch einen „Oststaat" gebildet, natürlich ohne daß irgendeiner von uns gewählt hätte oder sonst irgendwie befragt worden wäre.[421] Mit unverfrorener Lügenhaftigkeit wie immer nennen sie das „demokratisch", das Wort haben sie auch schon zu Tode gehetzt.

Seit dem 1. Dezember ist die Lebensmittelkarte 4 endlich! fortgefallen, es war wirklich eine Freude, im Westen gab es das nie, diese schlechteste Karte für „Nichtbeschäftigte" (wir Hausfrauen!). Diese soziale Ungerechtigkeit blieb der kommunistischen Ostzone vorbehalten. Da Fritz auch lange nicht mehr so viel Brot ißt (Gott sei Dank bekommt er Diätbrot wegen seines Alters, so daß wir das andere, dunkle, nur wenig zu essen brauchen), reichen wir gut. Vorher besorgten Schönfelders immer in Berlin Weißbrot.

Unsere Geburtstage mußten wir traurig allein verleben – kein Tuttu kam zu meinem 60.! Schönfelders waren am 17. 12. bei uns trotz des fürchterlichen Matschwetters. Der ganze Dezember war sehr milde, fast immer über 0°, der erste richtige Schnee fiel erst Neujahr.

Zu Weihnachten ging es uns materiell sehr gut: Von allen Seiten kamen Pakete, zum ersten Mal wieder von der Post ausgetragen. Gitti schickte Pfefferküchlein (schon zu den Geburtstagen), von den Kindlein, besonders Burkhard, mit buntem Zucker bestreut, Hilde und Diether desgleichen in erheblicher Menge, dazu Nüsse, Äpfel, Backobst. Friedels junge Frau Lore schoß aber den Vogel ab mit drei Riesenpaketen mit allen Zutaten zum Backen und noch vielem anderen. So konnten wir am ersten Feiertag Gänsebraten aus der Dose essen, der uns herrlich schmeckte. Dann kamen noch eine Flasche Frankenwein und eine Flasche Rotwein auf Friedels Veranlassung – das erste Glas Wein nach fast fünf Jahren – köstlich! Auch eine große Menge Plätzchen kam noch nach Weihnachten. Pfeffernüsse, Sirupplätzchen und Zimtsterne hatte ich bei Irmgard abgebacken, dazu dann noch die erste friedensmäßige Stolle wieder seit 1945, sie schmeckte auch wunderbar.

Ich ging Heiligabend und Silvester zur Kirche, dann zündete ich unsere Tannenzweiglein an auf dem kleinen Gabentisch und dann - saßen wir wie immer still und allein. Ich las aus meinen Tagebüchern von früheren Weihnachten, besonders von dem, als Richardli zum letzten Mal bei uns war und trotz des Krieges doch in unserem Hause alles noch so schön und festlich. Diesmal weinten Fritz und ich wenigstens zusammen, weil ihm durch das Lesen auch die Erinnerung kam an die schöne Vergangenheit. Im vorigen Jahr konnte ich noch im Haus Thü-

---

421 Am 7. 10. 1949 setzte die Provisorische Volkskammer die Verfassung der Deutschen Demokratischen Republik in Kraft.

men Weihnachtsmusik machen, und es war dort festlich und herzerwär-
mend, auch dieser letzte Hafen mit netten Menschen ist nicht mehr, das
Haus verkauft, die Bekannten „vom Winde verweht". Nur Frau Frank
ist mit ihrer alten Mutter in der Nähe geblieben, dort verlebte ich ein
paar nette Stunden am ersten Feiertag.

1950
[...] Am 16. 4. waren wir 39 Jahre verheiratet. Wenn uns jemand zu
Beginn unserer Ehe dieses Schicksal für die „alten Tage" prophezeit
hätte – wir hätten es nicht geglaubt. Fritz erklärt von selber, daß ich an
diesem Tage (ein Sonntag) einmal keine Küchenarbeit machen solle. Wir
gehen deshalb in die HO-Gaststätte „Börse", zum ersten Male. Ich wäre
viel lieber nach Berlin, hier ist mir doch alles zuwider.

Aber Fritz ist das zu viel. Die Auswahl der Sachen ist natürlich nicht
mit Berlin zu vergleichen, die Bedienung wenig höflich, wahrscheinlich,
weil auf der Karte steht, man solle kein Trinkgeld geben, sie würden
auskömmlich bezahlt. Es gibt keine Papiermundtücher, die in Berlin
schon längst wieder selbstverständlich sind. Na ja! Das Schönste war
wirklich, daß zu Hause keine Arbeit entstand.

Nachdem es drei Monate lang hieß, die Albrechtstraße würde frei
und ich oft darum gefragt wurde, ging jetzt die Räumerei von neuem
los: Persiusstraße, Hessestraße – nach fünf Jahren noch immer dasselbe: Deutsche raus! Wird es niemals mehr anders werden für uns?
Manchmal kann ich diese Zustände kaum noch ertragen.

Der jungen Familie hat dafür drüben das Glück gelacht: Tuttu hat eine
Werkswohnung mieten können, zehn Minuten von Voigtländer, also
auch noch „draußen", allerdings sehr klein und eng, aber modern. So hat
er sie genommen, dann läßt sich eher mal tauschen, und sie sind beisammen, sogar mit Möbeln. Nach fünf Jahren Bostel endlich wieder so weit.
Am 15. 4. sind sie eingezogen. Möchten sie recht glücklich dort sein!

Juli. Der erste Blitz, der fern am Horizont unsere Dunkelheit durch-
bricht: Amerika und die UN (Vereinten Nationen) sind dem Angriff
nordkoreanischer kommunistischer Truppen auf Südkorea[422] sofort
energisch entgegengetreten und kämpfen für die Freiheit. Die Lage dort
ist fast genauso wie hier, Zweiteilung in russisch verwaltetes Nord- und
amerikanisch verwaltetes Südkorea. Als die Amerikaner vor einem Jahr
übers Meer abzogen, blieben die Russen daneben. Es scheint mir ein
Versuch von den Sowjets zu sein, auszuprobieren, wie weit sie gehen

---

422 Der Koreakrieg begann am 25. 6. 1950 mit dem Angriff nordkoreanischer Truppen und
endete am 27. 7. 1953.

können und was die Amerikaner an neuen Waffen einsetzen werden. Ehe sie in Deutschland anfangen, wollen sie sich auf einem fernen Kriegsschauplatz Gewißheit verschaffen. Endlich sind die Amerikaner so weit, daß sie sich nicht mehr alles gefallen lassen, lange genug hat es gedauert.

Am 3. Juli hat Friedels junge Frau Lore einen Sohn geboren – mancher fängt spät an, Bruder Friedel wird jetzt 63 Jahre! Aber wenn er jetzt endlich ein treuer Ehemann wird und sich zu einem guten Vater entwickelt (kinderlieb war er immer), will ich dessen froh sein.

Aus „Invasion 1944" von Speidel, das ich mit Erschütterung las: „So erfüllte sich schicksalhaft die Tragödie des deutschen Heeres. Die deutschen Divisionen haben in ihrer Leistung und Haltung der Seeckt'schen Forderung entsprochen, ‚einen eiskalten Mut zum Ausharren im Unglück zu haben'. Daß ein solcher Mut bis zur Opferung für ein Phantom mißbraucht wurde, ist die Tragik jedes deutschen anständigen Soldaten und der deutschen Geschichte, die furchtbares Schicksal geworden ist." Wenn aber wahrer Friede werden soll, muß allen Menschen, auch den besiegten Soldaten und den Millionen Gefallener Gerechtigkeit werden. „Das Bewußtsein soldatischer Ehre bleibt unbetroffen von allen Schulderörterungen. Wer in Kameradschaftlichkeit treu, in Gefahr unbeirrbar, durch Mut und Sachlichkeit sich bewährt hat, der darf etwas Unantastbares in seinem Selbstbewußtsein bewahren. Dies rein Soldatische und zugleich Menschliche ist allen Völkern gemeinsam. Hier ist Bewährung ein Fundament des Lebenssinnes" (Karl Jaspers).[423]

Diese Worte sind auch für Dich geschrieben, mein Richard, und es war mir ein Trost, sie zu lesen. Keiner weiß so gut wie ich, wie rein Dein Wollen und wie hingebungsvoll Dein Fühlen für Dein Vaterland. Du verbotest Dir, zu zweifeln, weil Du es mit Deiner Pflicht, als Offizier Vorbild zu sein, nicht für vereinbar hieltest. Auch Feldmarschall Rommel[424] hatte empfunden, „daß zu einer solchen Tat (gegen Hitler) und zur metaphysischen Verantwortung nur der oberste militärische Führer befähigt, berechtigt und verpflichtet sein konnte -- nicht der einzelne Soldat und Offizier, der solch' hohe Einsicht nicht besitzen konnte."[425]

Daß Du das bitterste Ende nicht mehr erlebtest und alles was danach über uns gekommen ist, halte ich für eine Gnade des Schicksals. In die-

---

423   Hans Speidel, Invasion 1944, Tübingen 1949, S. 202f.
424   Erwin Rommel (1891–1944) hatte Verbindungen zum Kreis der in die Verschwörung eingeweihten Offiziere, die das Attentat auf Hitler am 20. 7. 1944 durchführten. Er wurde zum Selbstmord genötigt.
425   Speidel, Invasion, S. 89.

ser Zone darf niemand die gefallenen deutschen Soldaten ehren – aber aus unseren Herzen wird nichts sie reißen können. [...]

Katharina Wille reist von Mitte August bis Anfang Oktober mit einem Interzonenpaß zu ihren Söhnen Diether und Tuttu nach Westdeutschland.

Freitag, 6. 10. „Scheiden tut weh" – wieder einmal! Meinen Koffer hat Tuttu mitgenommen, er will mich zum Bahnhof bringen, ich steige in dieselbe Elektrische ein, mit der er von Voigtländer kommt. Gitti und die Kindlein kommen mit bis zur Haltestelle. Der Abschied geht schnell, die Bahn wartet nicht – besser so, sonst ist es noch schwerer. Auf dem Bahnhof ist noch Zeit genug, mit Tuttu über manches zu sprechen. Zug recht voll, Tuttu sucht mir doch noch Sitzplatz. Und wie wird es im nächsten Jahr sein, mein geliebter Ältester? Seit elf Jahren geht es so, meist getrennt, ab und zu ein paar glückliche Tage, dann immer wieder: Abschied! Werden wieder alle Hoffnungen auf ein geeintes Vaterland vergebens sein, wird die Trennung nie ein Ende nehmen?

Mit schwerem Herzen nach so schönen drei Wochen fahre ich wieder gen Osten. In Marienborn brauche ich, da über 60 Jahre, nicht aus dem Zug, alle anderen müssen mit Gepäck zur Baracke. Immer wieder „Pässe", wohl sechs Mal, dann Geldkontrolle, das Gepäck wird nicht durchsucht. Endlich weiter, das Abteil ist leerer geworden, ein junges Mädchen ist wegen nicht genügender Papiere zurückbehalten worden, ein betrunkener Jüngling, der erst mächtig im Abteil angab, verzieht sich ganz in den Speisewagen zum Weitertrinken. So bekomme ich einen Eckplatz an der Tür und kann es mir bequemer machen. Aber der Genuß der Fahrt ist gering, gleich geht es wieder los mit der Propaganda in Wort und Bild – widerlich!

Der Zug hält schon in Charlottenburg, so kann ich gleich vom anderen Bahnsteig nach Potsdam zurückfahren. Als ich dort den Bahnsteig (wegen des Koffers) langsam entlang gehe, steht Fritz plötzlich dort, ein Veilchensträußchen in der Hand. Das rührt mich tief! Wir nehmen eine Taxe, das erste Mal wieder hier seit sechs Jahren, und fahren nach Hause. Über der Tür hängt eine große Blumengirlande mit „Herzlich willkommen", und im Zimmer überall Blumen, diesmal hat er es so gut gemeint und alles aufs Schönste vorbereitet zu meinem Empfang. Käthe hatte ihm erzählt, wie enttäuscht ich im vorigen Jahr war. Ich freue mich, daß er so wohl aussieht und der Arm wirklich ganz in Ordnung ist.

Im Hause hier ist ein neuer „Hauptmieter" eingezogen und in der Toilette sind wenigstens die faulen Dielenbretter ersetzt worden. Aber Licht brennt immer nur alle paar Wochen mal dort (Wackelkontakt angeblich), und das Klosett geht immer mehr zu Bruch, obgleich wir

neue Scharniere besorgt hatten. Eine herrliche „Behausung". Der Wahl-
klamauk läuft auf vollen Touren, es bleibt nichts übrig als hinzugehen
und den vorgedruckten Zettel abzugeben, die Wahlzelle steht einsam
und verlassen, da es weder freie noch geheime Wahl gibt.[426] Umso
erfreulicher die Industrieausstellung in West-Berlin auf dem alten Mes-
segelände; nur ist es so voll, daß man nur geschoben wird. Sogar Fritz
ist mit Schönfelders dort gewesen, bevor ich zurückkam, zuerst war es
noch nicht so voll.

Am 27. Oktober fällt der erste Schnee, wir bekommen einen großen
Schreck – so früh schon! Aber es bleibt dann doch den ganzen November über milde, nur meist sehr trübe. Unseren 40-jährigen Verlobungs-
tag (14. 11., Muttis Geburtstag) „feiern" wir in Berlin, fahren bis Feuer-
bachstraße und wandern die Schloßstraße herunter bis zum Rathaus
Steglitz. Fritz freut sich über all die schönen Auslagen und bleibt immer
wieder stehen, ich bin mehr daran gewöhnt. Nach einigen Besorgungen
essen wir im Berliner Kindl, Fritz gefällt es gut dort, und spendieren uns
zum Anstoßen ein Glas Wermut. Nach einer kleinen Husche kommt die
Sonne heraus, so daß wir auch mit dem Wetter zufrieden sein können.

Anfang Dezember, gerade als ich alle Pakete abgeschickt habe, muß
ich mich ein paar Tage mit Grippe legen, schlimm für Fritz. Schönfelders
ist es ebenso ergangen, aber zu Fritzens Geburtstag sind sie auch wieder
so weit, so daß wir einen netten Nachmittag hier verleben. Der Dezember
bleibt milde, die Kältewelle kommt erst nach Weihnachten bis Anfang
Januar, in diesem Zimmer wirklich eine Prüfung. Vier bis fünf Mal am
Tage stopft Fritz den Ofen bis obenhin voll, trotzdem wird es kaum über
8° und morgens nur 4°. Und der Kohlenverbrauch beängstigend.

Von Diether und Hilde kommt gerade an meinem Geburtstag ein
schönes Paket mit viel Selbstgebackenem und Handarbeiten von Hilde.
Danach kommen von Friedels Frau wieder zwei ganz schwere Pakete
mit allen erdenklichen guten Sachen, so sind wir mit allem versorgt.
Nach Briefen und Bildchen aus Braunschweig zu den Geburtstagen ver-
spätet sich das Weihnachtspaket um mehrere Tage. Die arme Gitti
erwartet wieder ein Kind, es ist wirklich kaum zum Freuen, da sie es mit
den Vieren schon kaum schafft. Tuttu wird am 1. 1. 1951 bei Hanomag in

---

426 Wahlen vom Oktober 1950 zur 1. Volkskammer, zu den Landtagen, Kreistagen und Ge-
meindevertretungen nach Einheitslisten der Nationalen Front. Die Abkehr vom demokratischen Parteienstaat war damit endgültig vollzogen. Das von der Verfassung vorgeschriebene allgemeine, gleiche, unmittelbare und geheime Verhältniswahlrecht fand
keine Anwendung. Vielerorts wurde offen gewählt, ohne Benutzung der Wahlkabinen.
Angehörige der SED und der Massenorganisationen stellten in der Volkskammer die
absolute Mehrheit der Mandatsträger.

Hannover eintreten mit erheblicher Gehaltsverbesserung, aber wenn wieder lauter neue Ausgaben dazu kommen, können sie doch auf keinen grünen Zweig gelangen. Ich mache mir viel Sorgen um sie.

Fritz hat sich jetzt angewöhnt, kein Abendbrot zu essen, sondern gegen 8 ins Bett zu gehen. So sitze ich denn auch Heiligabend nachher allein, nach Kirchgang und kleiner Bescherung. Silvester ebenso. Was bleibt, als auch früh ins Bett zu kriechen und zu lesen? Nebenan toben sie, so daß an schlafen nicht zu denken ist. Zu lustigem Unsinn ist ja wirklich kein Grund im Gedenken an das neue Jahr, aber Jugend kann sich doch mal darüber hinwegsetzen.

1957 wird das Haus in der Albrechtstraße freigegeben, Katharina kommentiert diese Nachricht kurz:
Was nützt es mir, solange es nicht anders wird?[427]

427 Erst 1994 wurden in einer gemeinsamen deutsch-russischen Veranstaltung in Berlin die letzten russischen Soldaten mit militärischen Ehren verabschiedet. Siehe Satjukow, Besatzer, S. 14ff. Ab 1953 lebte Katharina in der Bundesrepublik.

Kapitel IV

Hans Chemin-Petit
Ein integerer Musiker im politischen Spannungsfeld

Biographische Einführung[428]

Hans Chemin-Petit, geb. 1902, wuchs in einem Potsdamer Musiker-Elternhaus auf. Sein Vater Hans (1864–1917) war Kapellmeister, Komponist und Lehrer am Viktoria-Gymnasium in Potsdam, seine Mutter Selma (1867–1931) Konzert-Sängerin. In einer „Lebensskizze" schrieb Chemin-Petit 1944 über seine Jugendzeit:[429] „Wenn ich auf die 42 Jahre meines Lebens zurückschaue und mich nach den wesentlichen Geschehnissen umsehe, die mit meiner Entwicklung zum Musiker zusammenhängen, so kann zunächst festgestellt werden, daß die Begabung verhältnismäßig spät entscheidend zu Tage trat. Wohl erhielt ich von Mutter und Vater Unterricht in Klavier und Violoncello, aber diese Bemühungen der Eltern scheiterten an meiner völligen Uninteressiertheit." Erst der Dresdner Kammervirtuose Rudolf Kratina weckte in ihm eine „so große Liebe für das Violoncellospiel", dadurch gerieten „nicht selten" die Pflichten des Schülers in den Hintergrund. Durch Vermittlung von Wilhelm Kempff[430] erhielt er als Privatschüler Unterricht bei Hugo Becker.[431]

Nach dem Abitur am Viktoria-Gymnasium 1920 studierte er bis 1927 an der Berliner Musikhochschule Violoncello und Komposition. Durch privaten Gesangsunterricht konnte die Mutter das Geld für das Studi-

---

428 Andrea Witte, Tochter Chemin-Petits, Inhaberin der urheberrechtlichen Nutzungsrechte am Nachlaß ihres Vaters, hat mir die hier verwendeten Unterlagen freundlicherweise zur Verfügung gestellt. Für ihre vorbehaltlose Hilfe und mannigfachen Auskünfte bin ich ihr zu großem Dank verpflichtet. Der Originalnachlaß Hans Chemin-Petits befindet sich im Archiv der Akademie der Künste zu Berlin. Er konnte nicht eingesehen werden, weil das Archiv 2009 neu eingerichtet wird. Zum Nachlaß siehe Andrea Witte, Helene Chemin-Petit (Hrsg.), Hans Chemin-Petit. Werkverzeichnis, Berlin 1987 und Andrea Witte, Hans Chemin-Petit: www.cheminpetit.de

429 Chemin-Petit, Lebensskizze, August 1944.

430 Wilhelm Kempff, Abiturient des Viktoria-Gymnasiums, stand auf der „Gottbegnadetenliste" (Führerliste) der wichtigsten Pianisten des NS-Staates, die vor dem Kriegsdienst schützte. Diese Liste umfaßte die bedeutendsten Künstler des „Dritten Reichs". Sie wurde 1944 vom Reichsministerium für Volksaufklärung und Propaganda zusammengestellt. Zu den Angaben aus dieser Liste siehe Ernst Klee, Das Kulturlexikon zum Dritten Reich. Wer war was vor und nach 1945, Frankfurt a. M. 2007.

431 Hugo Becker (1863–1941), Cellolehrer und Komponist, Professor an der Hochschule für Musik.

um ihres Sohnes nicht ausreichend aufbringen. Der Student trug dazu bei durch allabendliche Bühnenmusik in der Berliner Volksbühne und durch musikalische Untermalung von Stummfilmen. Schon während seines Studiums komponierte und dirigierte er gelegentlich, war Mitbegründer des Ensembles „Tournee Berliner Kammeroper", das auch auswärts Gastspiele veranstaltete. Er war Mitglied des Bruinier-Quartetts 1924–1927 und spielte selbst das Soloinstrument bei der Uraufführung seines Konzertes für Violoncello und Orchester (1931). 1928 heiratete er seine ehemalige Mitstudentin Lena von Hippel, als Violoncellistin war sie Mitglied des Bentz-Quartetts, das im In- und Ausland konzertierte.[432] 1929 hatte er seinen ersten Kompositionserfolg auf der Opernfestwoche Duisburg mit „Der gefangene Vogel", einer Opernkomposition von 1927, die vielfache Aufführungen erfuhr. Bis 1933 hat Chemin-Petit durch Leo Kestenberg, jüdischer Abstammung, „Förderung genossen".[433] Kestenberg hatte das preußische Musikerziehungswesen der Weimarer Republik umfassend reformiert.[434] Er glaubte an die Idee der Erziehung zur Menschlichkeit mit und durch Musik.

Chemin-Petits beruflichem Werdegang kam ein Zufall zu Hilfe. Der Direktor der Staatlichen Akademie für Kirchen- und Schulmusik,[435] Hans Joachim Moser,[436] bat ihn 1929, die Lehrstunden für den erkrankten Professor Waldemar von Baußnern[437] zu übernehmen. Karl Rehberg[438] schreibt:[439] „Die Berufung Hans Chemin-Petits in das Dozenten-

---

432 Lena Chemin-Petit, geb. von Hippel (1902–1994).

433 Hans Chemin-Petit, Lebenslauf 1945.

434 Leo Kestenberg (1882–1962), SPD-Kulturpolitiker und Pianist, ab 1918 Referent für musikalische Angelegenheiten im Preußischen Ministerium für Wissenschaft, Kunst und Volksbildung, 1929–1932 Ministerialrat, 1933 Emigration.

435 Die Akademie befand sich im Charlottenburger Schloß, 1933–34 wurde sie vorübergehend der Hochschule für Musik unterstellt. 1935 erfolgte die Umbenennung in Staatliche Hochschule für Musikerziehung, 1945 die Vereinigung mit der Hochschule für Musik. Siehe auch: Dietmar Schenk, Die Hochschule für Musik zu Berlin. Preußens Konservatorium zwischen romantischem Klassizismus und Neuer Musik, 1869–1932/33, Stuttgart 2004.

436 Hans Joachim Moser (1889–1967), 1927–1933 Direktor der Staatlichen Akademie für Kirchen- und Schulmusik, 1936 Mitglied der NSDAP, 1940–1945 im Reichsministerium für Volksaufklärung und Propaganda tätig, 1947 Professor in Jena, 1950–60 Direktor des Berliner Konservatoriums.

437 Waldemar von Baußnern (1866–1931), Komponist und Musikpädagoge, ab 1923 Professor an der Berliner Akademie für Kirchen- und Schulmusik.

438 Karl Rehberg (1908–1981) lehrte ab 1938 an der Hochschule Musikgeschichte und Musikästhetik, 1945 zum Volkssturm eingezogen, war er nach dem Krieg Lehrer an der Hochschule für Musik, 1957 Verbeamtung.

439 Karl Rehberg, Bildung und Ausbildung der Schulmusiker an der Staatlichen Akademie für Kirchen- und Schulmusik, in: Marianne Buder, Dorette Gonschorek (Hrsg.), Hans Chemin-Petit, Betrachtung einer Lebensleistung, Berlin 1977, S. 77–88.

kollegium der Akademie (1929)[440] war keine geringe Auszeichnung. Seine Kompositionen hatten in der Musikwelt starke Beachtung gefunden, aber auch wegen der Breite seiner Musikalität, aus der sein erfolgreiches Wirken als Orchester- und Chordirigent resultiert, besaß er eine besondere Eignung für die Unterweisung der Schulmusikstudenten." Als angestellter Dozent unterrichtete Chemin-Petit Kompositionslehre und gab Cellostunden, ca.18 Wochenstunden, mit einer Vergütung von je 30.– RM. 1932 schrieb er an Moser, er habe durch Erteilung von Privatstunden einen Nebenverdienst von 50.– bis 150.– RM. In den folgenden Jahren erzielte er ein durchschnittliches Monatseinkommen von etwa 500.– RM. Seit 1934 wohnte Chemin-Petit im Kleinen Schloß im Park Babelsberg.

Chemin-Petit war in verschiedenen Potsdamer Hausmusikkreisen ein gern gesehener Gast. Ernst-Ulrich von Kameke, Schüler des Viktoria-Gymnasiums, berichtet, daß auf der Terrasse seines Elternhauses in der Seestraße 35–37 gelegentlich Kammerkonzerte stattgefunden haben, die Chemin-Petit leitete.[441] Von ihm wurde er zu einem Seminar eingeladen, das der Komponist im Kleinen Schloß Babelsberg für seine Studenten angeboten hatte. v. Kameke schreibt: „Chemin-Petit war ein großer, sehr vielseitiger Musiker mit ebenso hervorragender pädagogischer Begabung. Mir schien, daß seine Studenten für ihn durchs Feuer gingen."[442]

Moser bescheinigte ihm „ein ganz ausgesprochenes Dirigiertalent", auch habe er sich als „ein Komponist von großer Kultur vielfach bewährt". Seine menschlichen Qualitäten seien „vortrefflich". 1933 dirigierte Chemin-Petit seine Sinfonietta als erstes Konzert mit den Berliner Philharmonikern[443] in Vertretung von Eugen Jochum,[444] der abgesagt hatte. Er schrieb darüber: „Es war eine nerven- und herzbewegende Sa-

---

440 Chemin-Petit telegraphierte am 24.5.1930 an die Akademie für Kirchenmusik: „Annehme Vertretung. Erbitte brieflich Stundenplan und Pensum." Nach einer Vereinbarung vom 17.9.1930, unterschrieben von Moser und Chemin-Petit, übernahm er den Unterricht am 1. Oktober. Er hatte bereits 1929 vertretungsweise unterrichtet.

441 v. Kameke, Lebensreise, S.160. Der Autor, geb. 1926, Kirchenmusiker, Organist und Komponist, war bereits mit 13 Jahren Hilfsorganist an der Potsdamer Garnisonkirche, er gründete einen Jugendchor.

442 v. Kameke, Lebensreise, S.197. Siehe auch Wirth, Der andere Geist von Potsdam, S.56f.

443 Wilhelm Furtwängler (1886–1954), ab 1922 Chefdirigent der Berliner Philharmoniker, bescheinigte Chemin-Petit 1942 ebenfalls „ausgezeichnete Dirigiereigenschaften, wie es in ganz Deutschland nur wenige gibt", siehe Vera Grützner, Hans Chemin-Petit 1902–1981, Dokumente und Werk, Berlin 1994, S.11. Furtwängler stand auf der „Gottbegnadetenliste" (Führerliste) der wichtigsten Musiker des NS-Staates. Er hat Chemin-Petit nach dessen erstem Konzert mit seinem Orchester gefördert.

444 Eugen Jochum (1902–1987) stand auf der „Gottbegnadetenliste" (Führerliste) der wichtigsten Dirigenten des NS-Staates.

Hans Chemin-Petit 1954

che."[445] Im zweiten Konzert mit diesem Orchester war Wilhelm Kempff Solist.

Im nationalsozialistischen Staat mußte sich die Musikerziehung „politisch konzipierten Bildungsprinzipien und Schulungsnormen anpassen". Die „Freiheit des Geistes, der Toleranz, der Liberalität und Weltoffenheit" ging verloren.[446] Im März 1933 hatte sich Moser in ei-

445 Hans Chemin-Petit, Lebensskizze, S. 5.
446 Siegfried Borris, Hochschule für Musik, Berlin 1964, S. 33.

nem Schreiben an Reichskommissar Bernhard Rust[447] gewandt, um die „Reinhaltung der Lehrerschaft" durchzusetzen. Er schlug vor, sechs sozialistischen bzw. jüdischen Dozenten die Lehrerlaubnis zu entziehen.[448]

Sein Nachfolger wurde 1934 Eugen Bieder, ab 1933 Mitglied der NSDAP.[449] In seiner dreibändigen Chronik in Form eines Tagebuchs ist der Alltag der Hochschule bis 1945 festgehalten, sie stellt aus nationalsozialistischer Sicht ein ungeschminktes Selbstzeugnis dar.[450] Ausführlich wird über die ritualisierten nationalsozialistischen Feiertage der Hochschule berichtet, wie zu Beginn und Abschluß eines Semesters und über Feiern zum Jahrestag der Machtübernahme. Im Oktober 1939 appellierte Bieder an alle Musikerzieher: „Wir wissen aber auch, daß die Musik innig mit dem Soldatentum verbunden ist und ein wesentliches Mittel darstellt, soldatische Gesinnung wachzuhalten und zu stärken."[451] 1944 nahm er zum Attentat auf Hitler Stellung: „Ausgelöst durch die Hand eines gemeinen Verbrechers, der im Auftrag einer ehrgeizigen, gewissenlosen kleinen Clique die Hand erhoben hatte, um dem uns allen teuersten Leben, das wir auf Erden kennen, ein Ende zu setzen. Eine fast religiöse, andächtige Dankbarkeit erfüllt die Herzen des deutschen Volkes. [...] Und so geloben wir, dem Führer noch treuer zur Seite zu stehen [...]."[452] Nach Ansicht seines Assistenten Karl Rehberg war aber die Hochschule unter seiner Leitung „kein Brennpunkt nationalsozialistischer Musikerziehung".[453]

Ab 1938 hatte Chemin-Petit Kontakte zur damals noch litauischen Stadt Memel, er leitete Gastkonzerte, ab 1943 übernahm er die ständige Leitung der Städtischen Symphoniekonzerte und der dortigen Musik-

---

447 Bernhard Rust (1883–1945 Selbstmord), Lehrer, 1925–1940 Gauleiter von Hannover, ab Februar 1933 Kommissar für das Preußische Kultusministerium, ab 30. 4. 1934 Reichsminister für Wissenschaft, Erziehung und Volksbildung.

448 Fischer-Defoy, Kunst, Macht, Politik, S. 70, 125.

449 Eugen Bieder (1903–1952), 1934 Professor, Direktor der Hochschule für Kirchen- und Schulmusik, 1935 Mitglied des Senats der Preußischen Akademie der Künste, 1941 Kriegsverwaltungsrat in besetzten Frankreich, ab 1943 wieder im Amt der Hochschule. Nach dem Krieg Professor in Hamburg. Zu Bieder siehe Fischer-Defoy, Kunst, Macht, Politik, S. 72, 282. Siehe auch: Rehberg, Bildung und Ausbildung der Schulmusiker, S. 86: Bieder habe es bei „einer relativ geringen politischen Einfärbung" belassen.

450 Teilabdruck der Chronik bei Fischer-Defoy, Kunst, Macht, Politik, S. 213–222. Die Autorin bemerkt zutreffend, daß die Chronik kein „objektives" Dokument ist. Zitate hieraus unter „Chronik".

451 Fischer-Defoy, Kunst, Macht, Politik, S. 332f.

452 Fischer-Defoy, Kunst, Macht, Politik, „Chronik", S. 222, 337.

453 Karl Rehberg, Erinnerungen an die Hochschule für Musikerziehung und Kirchenmusik, Berlin 1936–1945, in: Zeitschrift für Musikpädagogik 7, H. 18, 1982, S. 3–21. Auszüge bei Fischer-Defoy, Kunst, Macht, Politik, S. 223–231.

tage. Die festliche Einstudierung der „Fledermaus" von Johann Strauß[454] durch Chemin-Petit zum Jahreswechsel 1943/44 war ein Höhepunkt seiner Arbeit in Memel.

Wieder ein Zufall führte ihn zur Chorarbeit. Sein Studienfreund Bernhard Henking,[455] Leiter des Domchors und des Reblingschen Gesangvereins in Magdeburg, mußte 1939 in seine Schweizer Heimat zurückkehren. Chemin-Petit übernahm beide Chöre, gab aber den Domchor nach drei Jahren wegen Arbeitsüberlastung wieder ab. Mit dem Reblingschen Chor arbeitete er zwanzig Jahre zusammen. Vera Grützner schreibt hierzu:[456] „Die kontinuierliche Arbeit mit einem Chor von Laiensängern stellte an ihn gänzlich neue Anforderungen. [...] Schon früh zeigte sich, daß er den Chor für große Kunstleistungen aufzuschließen verstand und Identität der Sänger mit dem Musikwerk zu erreichen vermochte. Soziale Bindungen, menschlicher Zusammenhalt und musikalisch-technische Souveränität waren notwendige Voraussetzungen für eine überzeugende, werkgerechte Interpretation."

Seine finanzielle Situation blieb trotz aller Nebentätigkeiten unsicher. Deshalb stellte er in einem Schreiben an Reichsminister Rust im Mai 1940 seine Lage „grundsätzlich" dar. Er verwies darauf, daß er Aufforderungen, „mich um andere, wirtschaftlich besser gestellte Ämter zu bewerben, nicht befolgt habe. Selbstverständlich habe ich die Hoffnung damit verknüpft, daß sich die Stellung an der Hochschule wirtschaftlich weiter entwickeln läßt, daß sich also aus dem Angestelltenverhältnis die Beamtenschaft ergeben würde, durch die ich die Zukunft meiner Familie sichergestellt wüßte. Die vorläufige Unsicherheit, das kaum erreichte Existenzminimum, hat mich gezwungen, durch Tätigkeiten außerhalb der Hochschule Nebenverdienste zu schaffen. Der Nachteil wiederum besteht in einer zu starken Inanspruchnahme und einer sich daraus ergebenden Vernachlässigung meiner Kompositionstätigkeit, die ich als wesentliche Aufgabe meines Lebens betrachte. Ich darf in aller Bescheidenheit darauf hinweisen, daß es mir in den letzten Jahren immerhin gelungen ist, in der Musikwelt als Dirigent und Komponist mir eine Stellung zu erringen, die weitergehende Beachtung gefunden hat. [...] Ich möchte der Hoffnung Ausdruck geben, daß sich die Möglichkeit zu einer Besserung meiner Lage finden läßt." Die Eingabe hatte keine

---

454 Die Fledermaus, Operette von Johann Strauß (1825–1899), österreichischer Komponist und Dirigent.

455 Bernhard Henking (1897–1988), Schweizer Bürger, Leiter des Reblingschen Gesangvereins und des Domchors in Magdeburg 1925–1939, dann Kantor in Winterthur, ab 1951 Leiter des Zürcher Bach-Chors.

456 Grützner, Hans Chemin-Petit, S. 11f.

Besserstellung zur Folge, er blieb im Angestelltenverhältnis. Als Familienvater hatte er für seine Frau und zwei Töchter[457] zu sorgen.

Wie alle Dozenten der Hochschule war auch Chemin-Petit Angehöriger der Reichsmusikkammer,[458] Präsident war Richard Strauss.[459] Im Fragebogen vom 21. September 1938 hat Chemin-Petit sich als Mitglied der NSV[460], des Luftschutzes und der NSBO[461] eingetragen. Am 12. November vermerkte er auf einem Personalfragebogen, daß er seit 1933 dem NSBO und NS-Altherrenbund angehöre. Von diesen beiden NS-Organisationen existierte die erste 1938 nicht mehr. Überprüft wurde deshalb die Zugehörigkeit zum NS-Altherrenbund,[462] sie wurde mit einem handschriftlichen Fragezeichen und dem Vermerk versehen: „Nicht bei NS-Altherrenbund." 1931 gegründet, umfaßte der Bund nationalsozialistische Akademiker der Hochschulen und Universitäten. Er wurde 1937 durch Verordnung des Hitler-Stellvertreters Rudolf Heß[463] zum „einzigen von der NSDAP anerkannten Zusammenschluss von Alten Herren der deutschen Hoch- und Fachschulen" erklärt. Diese Organisation wurde 1938 umbenannt in NS-Altherrenbund und der Reichsstudentenführung unterstellt. Offensichtlich hatte die bewußt mißverständliche Eintragung Chemin-Petits den gewünschten Erfolg, er wurde danach nicht mehr ernsthaft bedrängt, einer NS-Gliederung beizutreten. Am 2. April 1937 mußte Chemin-Petit das vorgeschriebene

---

457 Alma-Jeannette (1932–1987), verh. mit Detlev Cramer, lebte 1945–1949 im Augusta-Stift, Abitur 1951 an der Potsdamer Humboldt-Oberschule, Studium an der Hochschule für Musik, Berlin, 1966–1976 Lehrauftrag für Blockflöte an der Pädagogischen Hochschule Berlin, 1975 Professorin an der Hochschule für Musik. Andrea (geb.1935), verh. mit Gerd Witte, lebte ebenfalls von 1945 bis 1949 im Augusta-Stift, 1954 Abitur an der Annette-von- Droste-Hülshoff-Schule, Berlin-Zehlendorf, neue 1954 in dieser auf.

458 Die Reichsmusikkammer war eine Sparte der Reichskulturkammer. Die Kulturschaffenden waren   zur Mitgliedschaft verpflichtet. Zur Reichsmusikkammer siehe: Handbuch für das Deutsche Reich, Berlin 1936, S. 387: „Ihre Aufgabe ist, einer deutschen Musik die Wege zu bahnen, die mit starken Wurzeln im Volkstum verankert ist und deren höchste Leistungen völkische Ausdrucksformen zur Schau tragen werden."

459 Richard Strauss (1864–1949), Dirigent und Komponist, 1933–1935 Präsident der Reichsmusikkammer. Er stand auf der „Gottbegnadetenliste" (Führerliste) der wichtigsten Musiker des NS-Staates.

460 NSV = NS-Volkswohlfahrt, 1943 mit 17 Millionen Mitgliedern nach der „Deutschen Arbeitsfront" die größte NS-Massenorganisation.

461 NSBO = Nationalsozialistische Betriebszellenorganisation, gegründet 1928. Nach dem Verbot der Gewerkschaften im Mai 1933 war sie kurzzeitig die einzige Arbeiterorganisation in Deutschland, sie blieb unbedeutend gegenüber der 1933 gegründeten Deutschen Arbeitsfront (DAF) und ging 1935 in dieser auf.

462 Richtig: Nationalsozialistischer Altherrenbund der Deutschen Studenten.

463 Rudolf Heß (1894–1987 Selbstmord), ab 1933 Stellvertreter Hitlers als Parteiführer, Reichsminister, 1941 Flug nach England, Absprung mit dem Fallschirm, in Nürnberg 1946 zu lebenslanger Haft verurteilt.

Gelöbnis auf Hitler, in Anwesenheit Bieders, in der Hochschule ablegen.[464]

Ab 1935 hatten alle deutschen Staatsbürger den Nachweis der „arischen" oder artverwandten Abstammung beizubringen. 1937/38 wurde Chemin-Petit aufgefordert, Urkunden vorzulegen, um seine Abstammung zu dokumentieren. Der Präsident der Reichsmusikkammer Peter Raabe[465] fragte bei der Hochschule 1939 an, welche Urkunde für den Großvater mütterlicherseits vorgelegen habe. Auch der Nachweis für die Ehefrau sei noch zu erbringen. Die vorgelegten Unterlagen wurden zurückgereicht, weil sie nicht genügend beglaubigt waren. Im selben Jahr wurde dann diese Angelegenheit zufriedenstellend abgeschlossen. Bis 1939 gab die Reichsmusikkammer 341 Ausgliederungen nichtarischer Mitglieder bekannt.[466]

In diesem Zusammenhang ist es überraschend und kaum verständlich, daß der in Potsdam-Geltow wohnende Komponist Reinhard Schwarz-Schilling[467] 1938 als Lehrer an die Musikhochschule berufen wurde, obwohl seine Frau Dusza polnisch-jüdischer Herkunft war und als Konzertpianistin Auftrittsverbot hatte. Er erfuhr „täglichen Druck auf der Hochschule, in die NSDAP einzutreten",[468] was er unter keinen Umständen tun wollte. Seine Familie wurde von der Gestapo überwacht. Nach Konrad Hemmerle[469] wurde Schwarz-Schilling 1944 „zur Wehrmacht einberufen und zum Stabsmusikkorps nach Potsdam abkommandiert. Hier spielte er Trommel, Fagott und Trompete! [...] Nach einer Absatzbewegung des Musikkorps nach dem Westen – offiziell mußten die Musikinstrumente ‚in Sicherheit gebracht werden' – geriet

---

464 Der Text lautet: „Ich gelobe: Ich werde dem Führer des Deutschen Reichs und Volkes Adolf Hitler treu und gehorsam sein und meine Dienstobliegenheiten gewissenhaft und uneigennützig erfüllen."

465 Peter Raabe (1872–1945), Dirigent und Musikhistoriker, ab 1935 Präsident der Reichsmusikkammer. Er erteilte mehr als 3000 Musikern Berufsverbot.

466 Fred Prieberg, Musik im NS-Staat, Köln 2000, S. 180.

467 Reinhard Schwarz-Schilling (1904–1985), Vater von Christian Schwarz-Schilling.

468 Pruys (Hrsg.), Bequem war er nie, darin: Christian Schwarz-Schilling im Gespräch mit dem Autor, S. 98.

469 Bernhard Hemmerle, Reinhard Schwarz-Schilling, in: Biographisch-Bibliographisches Kirchenlexikon, Bd.XIII, Spalten 1337–1342, Nordhausen 2004: „Schwarz-Schillings kompositorisches Schaffen steht in der überlieferten abendländischen Musiktradition, wie sie sich in der klassischen Vokalpolyphonie über die Linie Bach-Bruckner bis zu seinem Lehrer Kaminski widerspiegelt. Sein Bekenntnis zur geistigen Aussage der Musik und seine Überzeugung von der Naturgesetzlichkeit der Tonalität führte zu einer eigenen Tonsprache, die sich von den Strömungen der Zeit nicht beirren ließ. Insbesondere in seinem überwiegend vokalen Schaffen fühlte er sich der Tradition J. S. Bachs und A. Bruckners verpflichtet." 1955 erhielt er eine ordentliche Professur an der Musikhochschule.

Schwarz-Schilling für einige Wochen in amerikanische und englische Kriegsgefangenschaft." Aus dieser entlassen, kam er im Herbst nach Potsdam zurück, übersiedelte aber bereits 1946 nach Westberlin und nahm seine Lehrtätigkeit wieder auf. 1961 vertraute er seine Laetare-Kantate (1958) seinem Kollegen Chemin-Petit zur Aufführung an, der aber der Meinung war, „für dieses Werk nicht der richtige Interpret zu sein".

Im Januar 1940 erhielt Chemin-Petit vom Propagandaministerium die Nachricht, daß das Wehrmeldeamt Potsdam ihn auf Antrag des Ministeriums zunächst bis 31. März als unabkömmlich zurückgestellt habe.[470] Darauf schrieb im Auftrag der Hochschule Professor Heinrich Martens[471] an den Universitätskurator in Berlin u. a.: „Chemin-Petit gehört der Landwehr II an und ist bisher nicht Soldat gewesen. Die von Chemin-Petit an der Hochschule betreuten Fächer ‚Musiklehre' und ‚Komposition' können von keiner anderen Lehrkraft vertreten werden. Die einzige hierfür noch in Frage kommende Kraft ist bereits zum Heeresdienst eingezogen. Es ist auch nicht möglich, einen Ersatz zu beschaffen. Chemin-Petit ist in seiner künstlerischen Art unersetzbar. Er war bis Ende März durch das Reichsministerium für Propaganda unabkömmlich gestellt worden. Ich bitte, Chemin-Petit bis Ende März 1941 vom Militärdienst zurückzustellen." Der Universitätskurator antwortete im Juli: „Das Wehrbezirks-Kommando Potsdam I hat den Professor Chemin-Petit bis zum 31. 8. 1940 für die Hochschule unabkömmlich gestellt." Ein erneuter Antrag der Hochschule im Oktober betr. Zurückstellung Chemin-Petits wurde vom Wehrbezirkskommando Potsdam positiv beantwortet, die Zurückstellung erfolgte nun „bis auf weiteres". Im Mai 1941 hob das Wehrbezirkskommando Potsdam die Uk-Stellung Chemin-Petits auf: „Die Einberufung des Genannten erfolgt innerhalb vier Wochen." Für die Monate Juni bis Anfang August bescheinigte Dr. med. Friedrich Noack,[472] Hausarzt der Familie, daß Chemin-Petit an einer „rezidivierenden Bronchitis leidet".

---

470 Nach Beginn des Zweiten Weltkriegs war die NSDAP zuständig bei Empfehlungen für die Stellung als „unabkömmlich" = „Uk", d. h. vom Kriegsdienst befreit.

471 Heinrich Martens (1876–1964), ab 1924 Professor an der Hochschule, 1933–1945 stellvertretender Direktor, nach 1945 Leiter der Schulmusikabteilung der Hochschule für Musik.

472 Friedrich Noack war ein guter Amateurgeiger. Er veranstaltete in seinem Haus in der Neuen Königstraße Konzerte, u. a. mit Wilhelm Kempff. In seinem Gartenhäuschen an der Havel entstanden einige der Kompositionen Chemin-Petits. Noack war auch Hausarzt der Familie von Kameke, siehe von Kameke, Lebensreise, S. 131ff. Durch ein „Mißverständnis" kam es 1944/45 zur Trennung der befreundeten Familien Chemin-Petit und Noack. Diesen Vorgang bezeichnete Chemin-Petit als „einen der schwersten Schläge in meinem Leben". Noack starb 1957 in Falkenstein i.Ts.

In den folgenden Monaten dirigierte Chemin-Petit zahlreiche Konzerte, so am 7. Oktober im Potsdamer Reichsbahnausbesserungswerk mit den Berliner Philharmonikern und Georg Kulenkampff.[473] Vom 13. bis 23. Januar 1942 war er in Memel tätig, am 3. April dirigierte er in Magdeburg die Große Messe f-moll von Bruckner[474] und Mitte Juni ein Orchesterkonzert im Potsdamer Konzerthaus. 1943 wurde er als Nachfolger des Thomaskantors Günther Ramin[475] zum Leiter des Berliner Philharmonischen Chors gewählt,[476] bereits 1940 hatte er den Kammerchor der Hochschule übernommen. 1944 wurde sein Lehrauftrag ausgeweitet auf Musiklehre, Komposition und Chorleitung.

Im März 1943 schrieb die NS-Studentenführerin der Hochschule an das Reichserziehungsministerium, es sei ein Gerücht im Umlauf, daß Professor Chemin-Petit abberufen werden solle. Die Studentenschaft habe den Wunsch, gerade ihn zu behalten: „Wir haben einen großen Hochschulchor und einen Kammerchor mit ca. 40 Mitgliedern. In beiden Chören werden sowohl von uns Studierenden Chöre aus der ‚Geselligen Zeit' z. B. eingeübt, die uns als praktische Dirigierübungen dienen, als auch mit Herrn Prof. Chemin-Petit persönlich größere Chorwerke erarbeitet. [...] Für uns Studierende ist es wesentlich, daß wir in der Persönlichkeit des Herrn Prof. Chemin-Petit nicht nur einen ausgezeichneten Lehrer für Komposition haben, sondern einen Künstler, der uns als Chor- und Orchesterdirigent Vorbild für unsere musische Erziehungsarbeit ist." Der Hochschulchor erarbeitete damals die Aufführung von Bachs Johannes-Passion.[477] Das Ministerium teilte darauf

---

473 Georg Kulenkampff (1898–1948) stand auf der „Gottbegnadetenliste" (Führerliste) der wichtigsten Geiger des NS-Staates.

474 Anton Bruckner (1824–1896), österreichischer Komponist.

475 Günther Ramin (1898–1956), Organist, Chorleiter, Komponist, stand auf der „Gottbegnadetenliste" von Goebbels, ab 1939 Thomaskantor in Leipzig.

476 Der Philharmonische Chor war 1882 von Siegfried Ochs (1858–1929), jüdischer Herkunft, gegründet worden. Chemin-Petit spielte bei mehreren seiner Aufführungen als Cellist mit. Ochs' Frau und eine Tochter wurden von den Nationalsozialisten in Konzentrationslagern ermordet. Nach Ochs' Tod leitete den Chor Otto Klemperer (1885–1973), er erhielt Aufführungsverbot, Flucht in die USA. Von seinem Nachfolger Carl Schuricht (1880–1967), er stand auf der „Gottbegnadetenliste", übernahm ab 1935 Günther Ramin den Chor, der zum großen Teil aus jüdischen Mitgliedern bestand.
Hermann Göring, Preußischer Ministerpräsident, forderte 1936 den Ausschluß der jüdischen Chormitglieder. Auch das Philharmonische Orchester erklärte, es könne nicht mit einem Chor musizieren, der jüdische Mitglieder enthalte. Das führte zum Verlust von annähernd 200 aktiven Chormitgliedern.

477 Johann Sebastian Bach (1685–1750), deutscher Komponist. Helmuth Sommerfeld, Jüdisches Wesen in musikalischer Darstellung, in: Musik in Jugend und Volk, 1943, S. 63-64, glaubt feststellen zu können, daß Bach in der Johannes-Passion durch „eine besondere erregte Rhythmik und durch Häufung von Synkopen jüdisches Wesen hat ausdrücken wollen."

mit, daß eine Abberufung des Professors von seinem Posten „zu anderweitiger Verwendung nicht geplant ist".

Mitte 1944 war Chemin-Petit mit dem Kammerchor der Hochschule im Auftrag der Organisation „Kraft durch Freude" auf sog. Wehrmachtseinsätzen, gesungen wurde auf Truppenübungsplätzen, in Lazaretten etc.[478] Das Programm des Kammerchors vom Juli 1944 gibt einen Eindruck von der Vortragsfolge. Es begann mit der Motette von Heinrich Schütz „Die Himmel erzählen die Ehre Gottes" und ging über in „Weisen und Sätze alter Meister". Ein „Hausmusik"-Programm im Reservelazarett Jablunkau in Oberschlesien weist Chemin-Petit als Cellospieler aus, Mitwirkende waren Friedrich Noack, Violine, und Jutta Barchewitz,[479] Klavier. Durch die fortgesetzten Luftangriffe der Alliierten waren die Unterrichtsräume der Hochschule nach Bombenschäden so schwer zerstört, daß die Dozenten angehalten wurden, den Unterricht in ihren Wohnungen abzuhalten.

Im Januar 1945 bescheinigte Martens dem Arbeitsamt Potsdam-Babelsberg, daß Chemin-Petit „einstweilen für die Betreuung der kriegsbeschädigten Studierenden unentbehrlich" ist. Das Musikinstitut der Universität Berlin attestierte ihm im März 1945, daß er als „Lehrer am Musikinstitut [...] zur Wiederherstellung seiner Gesundheit und Arbeitsfähigkeit bis 16. April beurlaubt ist".

Der Einberufung zum Volkssturm konnte Chemin-Petit im Frühjahr 1945 nicht entgehen. Mit „bitterem Widerstand" fügte er sich dem Unabwendbaren, er leistete den Volkssturmeid auf Hitler. Er fand aber einen Ausweg: „Freunde in den obersten Kreisen der Wehrmacht verhinderten meine Einziehung", das bedeutete, er konnte die bereits angelegte Uniform ablegen. Über seine Erlebnisse und die seiner Familie nach dem Einmarsch der Roten Armee in Potsdam gibt seine nachfolgende Aufzeichnung „Erlebtes 1945–1946" Aufschluß.[480]

Chemin-Petit mußte sich nach Kriegsende, wie alle anderen in der Öffentlichkeit stehenden Personen, fragen lassen, wie er sich im „Dritten Reich" verhalten habe. Im Lebenslauf vom 16. September 1945 heißt es hierzu: „Den mir nahegelegten Entschluß, der Partei oder der Partei angeschlossenen Organisationen (Dozentenbund) beizutreten, konnte ich aus Gründen meiner gesamten Geisteshaltung und eines mangeln-

478 Fischer-Defoy, Kunst, Macht, Politik, „Chronik", S. 221. Im Juni 1944 wurden die Musikstudenten vor die Alternative gestellt, entweder in der Munitionsfabrik zu arbeiten oder an Konzerttourneen teilzunehmen, die von der NS-Organisation „Kraft durch Freude" organisiert wurden.

479 Jutta Barchewitz, Studentin der Musikhochschule, Schülerin von Chemin-Petit.

480 Nach einigen provisorischen Unterkünften fand die Familie Chemin-Petit 1948 eine Wohnung in der Weinbergstraße 38.

den Vertrauens gegenüber der Nationalsozialistischen Führung nicht aufbringen. [...] 1941/42 wurde mir vom Kultusministerium die Leitung des musischen Gymnasiums in Leipzig einerseits, die Leitung der Landesmusikschule in Hannover andererseits angeboten, die ich beide aus weltanschaulichen und politischen Gründen ablehnte." Die Staatliche Hochschule für Musik bescheinigte Chemin-Petit, „daß er, soweit aus seinen Personalakten ersichtlich ist, nicht der NSDAP angehört hat". Auch die Alliierten interessierten sich für ihn. Nachforschungen der Licensing Control Section, Berlin, führten am 19. Dezember 1947 zum Ergebnis: „There is no need for Ch.-P. to go befor a denazification panel. He has been checked against US Document Centre with negative result, and nothing detrimental has been found in his Kammerarchive file and Fragebogen."

Im August 1945 schrieb Walther Harth an Chemin-Petit, „daß Sie mir persönlich in meiner Lage als Mischling in der vornehmsten Weise begegnet sind". Es könne niemand geben, der an „Ihrer stets und ständig bewiesenen antifaschistischen Einstellung" zweifelt. Am 2. April 1946 erhielt er ein Schreiben von Luise Jonas, einer ehemaligen Studentin. Im Namen von sieben anderen Studenten, die eigenhändig unterschrieben, erklärte sie: „Wie Sie hörten, sind Sie beschuldigt worden, im Laufe der letzten Jahre die Studentenschaft der ehemaligen Staatlichen Hochschule für Musikerziehung im nationalsozialistischen Sinne beeinflußt zu haben. Diejenigen, die von der damaligen Studentenschaft heute noch in Berlin leben, sind bereit, eidesstattlich zu versichern, daß das nicht der Fall gewesen ist. Die Arbeit bei Ihnen war zweifelsohne von ganz anderen Grundsätzen als nationalsozialistischen geleitet." Auf einen ehemaligen Oberinspektor der Hochschule und SA-Mitglied gingen diese Anschuldigungen zurück. Die Studentin erinnerte sich, daß dieser mit auffälligem Eifer „Ihren Einsatz beim Volkssturm kontrollierte". Nicht ersichtlich ist, warum im Juni 1948 nochmals Studenten für ihren Lehrer eintraten. So schrieb Marli Hahn an die Hochschule für Musik: „Aus meiner persönlichen Bekanntschaft mit Herrn Prof. Chemin-Petit als seiner Schülerin kann ich bestätigen, daß er sich nicht gescheut hat, sein Mißfallen am nationalsozialistischen System durch scharfe Kritik offen zu äußern."

In einigen kulturwissenschaftlichen Veröffentlichungen wird dem Leser durch Assoziationen nahegelegt, Chemin-Petit könne zu den Profiteuren der NS-Zeit gerechnet werden. Auf eine Erklärung der jeweiligen Ereignisse wird verzichtet. Ernst Klee[481] verbindet den Ver-

---

481 Klee, Das Kulturlexikon, S. 97.

merk über die Aufführung der Kantate von Chemin-Petit „An die Liebe" im Mai 1938 während des ersten Reichsmusiktags in Düsseldorf[482] mit einem Hinweis auf die „Schandschau Entartete Musik".[483] Weiter stuft er Chemin-Petits Ernennung zum Professor 1936 als „NS-Ehrung" ein. Ihm war wohl nicht bewußt, daß Chemin-Petit als angestellte Lehrkraft nur die Erlaubnis erhalten hatte, während der Dauer seiner Tätigkeit an der Hochschule die Dienstbezeichnung Professor zu führen. Fred Prieberg[484] konstatiert, daß das Propaganda-Ministerium 1942 Komponisten „zu Regungen der Dankbarkeit" bewegen wollte, indem es Geld durch Ausschüsse verteilen ließ. Einige Komponisten erhielten 6000 RM, Chemin-Petit und drei andere die geringste Summe von 1000 RM.

Nach Kriegsende sollen die sowjetischen Besatzungsorgane offiziell anerkannte Kulturschaffende relativ großzügig finanziell, materiell und ideell gefördert haben, aber auch Vertreter der politisch belasteten Künstlerprominenz seien „schnell wieder integriert" worden.[485] Eine direkte Unterstützung Chemin-Petits durch die Russen gab es nicht. Er durfte aber in einem „Intelligenz"-laden Lebensmittel einkaufen.[486] 1945 hat sich Chemin-Petit unverzüglich für die Wiederingangsetzung des Kulturlebens engagiert und ist der Aufforderung des Magistrats nachgekommen, den verwaisten Städtischen Chor zu übernehmen. Bereits am 23. Mai konnte er die erste Chorprobe in der Aula des Viktoria-Gymnasiums abhalten.[487] Es folgte am 29. Juli die Aufführung des Requiems von Mozart mit dem Orchester des Deutschen Opernhauses

---

482 Reichsmusiktage in Düsseldorf 22.–29. 5. 1938 unter der Schirmherrschaft von Goebbels. Strauss dirigierte in Düsseldorf sein Festliches Präludium und die Oper Arabella. 1939 erteilte Bieder Chemin-Petit die Genehmigung, an den Reichsmusiktagen 16./17. Mai in Düsseldorf teilzunehmen.

483 Die Ausstellung „Entartete Musik" fand als Nebenveranstaltung im Kunstpalast am Ehrenhof statt. Organisator war Reichskulturwart Hans Severus Ziegler (1883–1978). Siehe auch: Joseph Wulf, Kultur im Dritten Reich, Musik, Frankfurt a. M., Berlin 1989, S. 462ff, Rede Goebbels bei den Düsseldorfer Musiktagen: „Die Macht des Judentums ist jetzt auch auf dem Gebiete der deutschen Musik gebrochen, das deutsche musikalische Leben ist von den letzten Spuren jüdischer Anmaßung und Vorherrschaft gesäubert. Unsere klassischen Meister erscheinen vor der Öffentlichkeit wieder in reiner und unverfälschter Form."

484 Prieberg, Musik im NS-Staat, S. 267.

485 Christa Schneider, Kultureller Neubeginn in Potsdam? Aspekte Potsdamer Kulturlebens in den ersten Nachkriegsmonaten, in: Stang (Hrsg.): Brandenburg im Jahr 1945, S. 358. Siehe auch S. 359–363: Theater- und Konzertveranstaltungen in der Stadt Potsdam von Mai bis November 1945.

486 Siehe hierzu Satjukow, Besatzer, S. 51f.

487 Chemin-Petits erste Potsdamer Nachkriegskonzerte fanden mit der „Kammermusikvereinigung der Residenzstadt Potsdam" am 9./10. 6. 1945 im Konzerthaus statt, er spielte Cello.

Berlin in der St. Peter und Paul Kirche. Im Konzerthaus dirigierte er am 20. August das erste Nachkriegsorchesterkonzert in Potsdam mit der Berliner Staatskapelle. Am 21. Oktober führte er in der Friedenskirche die Bruckner-Messe f-moll und im Dezember das Weihnachtsoratorium auf.

Im Januar 1946 empfahl der Potsdamer Kulturdezernent Ludwig Müller seiner vorgesetzten Dienststelle, mit Chemin-Petit „einen festen Vertrag abzuschließen". Er habe bisher „nur Abschlagszahlungen in Höhe von RM 200,00 monatlich bekommen". Nach Abschluß eines Vertrages mit festgelegten Pflichten sollte er ein Dirigentenhonorar und ein Monatsgehalt „nach Gruppe VIII" bekommen.[488] Als am 10. Juli 1945 die Brandenburger Landesgruppe des Kulturbundes zur Demokratischen Erneuerung Deutschlands[489] in der Wohnung des Malers Otto Nagel in Potsdam-Rehbrücke gegründet wurde, war Chemin-Petit auch dabei. Im selben Jahr übernahm er die Leitung einer neuen Musikervereinigung, des Collegium musicum.[490]

Am 20. September 1945 hatte Chemin-Petit ein Schreiben der Hochschule für Musik erhalten, er werde bei Wiedereröffnung als Lehrkraft eingesetzt. Nach dem Untergang des „Dritten Reichs" war er einer der wenigen Dozenten, die unbelastet ihren Beruf wiederaufnehmen konnten. Im Oktober wurde die Hochschule in der Berliner Staatsoper feierlich eröffnet.[491] Die ehemalige Hochschule für Musikerziehung und Kirchenmusik war in die Hochschule für Musik integriert worden. Der Unterricht konnte wegen der zerstörten Hochschulgebäude nur in Privaträumen abgehalten werden. Parallel zur Hochschule entstand 1945 in Zehlendorf ein Internationales Musikinstitut, das Josef Rufer[492] und der

---

488 Chemin-Petit besaß einen Ausweis vom 12. 7. 1945 betr. Anstellung bei der Potsdamer Stadtverwaltung als Dirigent.

489 Johannes R. Becher (1891–1958), 1945 erster Präsident des Kulturbundes, ab 1946 Mitglied des Parteivorstandes bzw. des Zentralkomitees der SED, 1954–1958 Minister für Kultur. Er protestierte 1946 in scharfer Form bei Oberst Tjulpanow gegen die Umwandlung des Kulturbundes in ein kulturpolitisches Instrument der SED, siehe Jan Foitzik, Einleitung, in: Die Politik der Sowjetischen Militäradministration in Deutschland (SMAD): Kultur, Wissenschaft, Bildung 1945–1949, hrsg. von Horst Möller, München 2005, S. 56. Siehe hierzu: Thimme, Aspekte antifaschistischer Kultur- und sozialistischer Kirchenpolitik, in: Rote Fahnen, S. 258ff.

490 Das Collegium musicum bestand aus ca. 20 Mitgliedern, vornehmlich keine Berufsmusiker. Mitte 1946 gab Chemin-Petit die Leitung an Kurt Wolf ab, Musiklehrer am Viktoria-Gymnasium.

491 Erster geschäftsführender Direktor der Hochschule wurde Bernhard Bennedik, geb. 1895, Mitbegründer des Kulturbundes zur Demokratischen Erneuerung 1945 in Berlin-Dahlem. Im März 1948 mußte er aus politischen Gründen als Direktor zurücktreten, er arbeitete dann in Ostberlin.

492 Josef Rufer (1893–1985), Musikwissenschaftler und Publizist, ab 1956 Dozent an der Hochschule für Musik, Berlin.

Komponist Paul Höffer[493] übernahmen.[494] Im Juni 1948 wurde Höffer Direktor der Hochschule, der Dualismus der beiden Ausbildungsstätten fand damit ein Ende. Für Chemin-Petit lag seine Hauptwirkungsstätte wieder in Berlin, als Hochschullehrer und ständiger Dirigent des Berliner Städtischen Symphonieorchesters.[495] Zudem bemühte er sich um den Wiederaufbau des Philharmonischen Chors.[496] Dessen erste Aufführung fand im November 1946 in der Marienkirche statt. Chemin-Petit war bemüht, mit diesem Chor auch „das zeitgenössische chorische Schaffen zur Aufführung zu bringen".[497] Fast jede Saison stand eine Ur- oder Erstaufführung auf dem Programm.

Am 21. Mai 1947 schrieb ihm der Potsdamer Bürgermeister Erwin Köhler:[498] „Die Aufführung des ‚Messias'[499] am Himmelfahrtstage gibt uns Veranlassung, Ihnen den besonderen Dank und die Anerkennung für Ihre Arbeit im Musikleben der Stadt Potsdam auszusprechen. Sie haben es durch Ihr unermüdliches und hingebendes Wirken verstanden, den Städtischen Chor in den zwei Jahren des Wiederaufbaues zu einem maßgeblichen Faktor im Kulturleben unserer Stadt zu machen. [...] Ihr großes Können und Ihr rückhaltloser Einsatz für die höchsten Werte deutscher Kultur spiegeln sich wieder in der freudigen Hingabe, mit welcher der Chor Ihrer Stabführung folgt." Die außergewöhnlichen Schwierigkeiten, die Chemin-Petit für seine Tätigkeiten zu überwinden hatte, hinterließen bei ihm ihre Spuren.

Ende 1947 teilte er seinem Freund Arnold Bork[500] mit: „Es ist so, daß mich mein Beruf buchstäblich ‚auffrißt'. Alle Freunde sind enttäuscht

---

493 Paul Höffer (1895–1949) stand auf der „Gottbegnadetenliste" (Führerliste) der wichtigsten Komponisten des NS-Staates, ab 1923 Lehrer an der Hochschule für Musik.

494 Fischer-Defoy, Kunst, Macht, Politik, meint auf S. 283 irrtümlich, daß Chemin-Petit „1945 zunächst Lehrer am Internationalen Musikinstitut Berlin" gewesen sei.

495 Im Februar 1946 wurde das Orchester aufgelöst. Es bestand überwiegend aus ehemaligen NSDAP-Mitgliedern, was Chemin-Petit nicht bekannt war. Die Neugründung erhielt den Namen „Symphonie-Orchester Berlin".

496 Die Zulassung des Chors erfolgte durch den Berliner Magistrat im Oktober 1946. Die amerikanische Militärbehörde verlangte eine neue Lizenz und forderte, daß jedes Chormitglied 131 Fragen beantworten solle. Der Chor erhielt die Lizenz zur Neugründung im Mai 1947. Durch den Mauerbau 1961 verlor der Chor ca. 30 % seiner Mitglieder.

497 Grützner, Hans Chemin-Petit, S. 114, Brief Chemin-Petits vom 8. 1. 1972 an den Senator für Wissenschaft und Kunst, Werner Stein.

498 Erwin Köhler (1901–1951), 1945–1949 Vorsitzender der CDU-Kreisleitung Potsdam, 1946-1950 Bürgermeister in Potsdam, 1950 vom sowjetischen Geheimdienst inhaftiert, 1951 in Moskau erschossen.

499 Oratorium von Georg Friedrich Händel (1685–1759).

500 Arnold Bork (1888–1963), Lehrer am Viktoria-Gymnasium und danach in Berlin, Seminarleiter für Griechisch, Buchautor. Chemin-Petit schrieb ihm 1942, er empfinde immer stärker, welchen Einfluß er [Bork] auf seinen Werdegang gehabt habe, daß er deshalb „zu Dank verpflichtet" sei.

und verärgert, alle menschlichen Beziehungen sind vernachlässigt, ohne daß ich eine Möglichkeit gesehen habe, die Dinge zu ändern. Dazu kam, daß die schwierigsten Verwicklungen entstanden waren im Beruf, die sich nach fast nicht zu bewältigenden Anstrengungen erst nach und nach zu entwirren scheinen. Mehr als einmal dachte ich, es wäre nun nicht mehr zu schaffen, ein Zustand, den ich selten kennen gelernt habe."

Im Januar 1948 erreichte Chemin-Petit die Nachricht, daß das Niedersächsische Sinfonie-Orchester-Hannover in geheimer Abstimmung fast einstimmig den Wunsch geäußert habe, ihn als musikalischen Oberleiter zu gewinnen. Er erwiderte, daß die Wahl ihn „aufs höchste beglückt hat", er hoffe, daß es in absehbarer Zeit zu einer Zusammenarbeit kommen werde. Am 9. April dirigierte er mit dem Orchester in Hannover die deutsche Erstaufführung der 9. Symphonie von Dmitri Schostakowitsch,[501] eine dauerhafte Verbindung kam nicht zustande.

Am 30. Januar 1948 wandte sich Chemin-Petit schriftlich an den Rat der Stadt Potsdam, z. H. Dr. Pockrandt, Volksbildungsamt: „Nach langem Zögern und Überlegen habe ich zu meinem größten Bedauern zu dem Entschluß kommen müssen, Sie zu bitten, mich von dem Amt des Städtischen Chorleiters zu entbinden. Dieser Schritt fällt mir umso schwerer, als ich gerade im letzten Halbjahr in der Öffentlichkeit viel Anerkennung und bei Ihnen weitgehende Unterstützung meiner Bestrebungen gefunden habe." Chemin-Petit begründete seine Absage mehrfach: Rücksichtnahme auf seine Gesundheit, Wunsch, sich in stärkerem Maß seiner kompositorischen Arbeit zuzuwenden, wachsenden Berliner Verpflichtungen als Leiter des Philharmonischen Chors und als Dozent an der Musikhochschule. Hinzu komme, daß der Städtische Chor infolge seiner starken Verjüngung eine größere Pflege brauche. Er schrieb weiter: „Daß ich gerade auf die Arbeit mit dem Städtischen Chor dabei verzichten muß, weil diese Arbeit das zuletzt Hinzugekommene ist, ist mir selbst ein Schmerz, denn ich hänge an meiner Vaterstadt mit Leib und Seele, und der persönliche Kontakt mit allen Sängern des Chors ist von mir aus sehr herzlich zu nennen. [...] Um aber den Kontakt mit dem Potsdamer Musikleben nicht ganz zu verlieren, habe ich den Wunsch und die Hoffnung, weiterhin als Gastdirigent in meiner Vaterstadt, die auch mein Wohnsitz nach Möglichkeit bleiben soll, wirken zu dürfen." Pockrandt antwortete am 1. März, er hoffe, Chemin-Petit noch umstimmen zu können: „Es ist nicht nur beabsichtigt, Sie

---

501 Dmitri Schostakowitsch (1906–1975), sowjetrussischer Komponist.

dem Chor zu erhalten, sondern es soll auch versucht werden, Sie noch mehr als es gerade in der letzten Zeit geschehen ist, für das Musikleben zu gewinnen." Zuständige Stellen der Landesregierung seien damit einverstanden, „daß Sie als Dirigent bei Aufführungen des Kammerorchesters des Landes tätig sind". Die Entwicklung der Angelegenheit verlief anders.

Im Nachlaß befindet sich Chemin-Petits handschriftlicher Entwurf des Entlassungsgesuchs, Empfänger sollte der Oberbürgermeister[502] sein. Einige Passagen dieses Schriftstücks finden sich im Schreiben an Pockrandt wieder, somit ist davon auszugehen, daß dieser Entwurf nicht abgesandt worden ist. Er verrät einiges mehr über seine Gründe, die ihn zu diesem Schritt bewogen haben: Die Übernahme des verwaisten Potsdamer Chores sei 1945 auf Wunsch des Magistrats und „einiger Chormitglieder" erfolgt. In den zwei Jahren habe er die „Rekordziffer von 13 großen öffentlichen Aufführungen aufzuweisen". Er fährt fort: „Die beruhigende Mitteilung, daß Karl Landgrebe,[503] der frühere Leiter des Chores, seiner politischen Entlastung entgegensieht, läßt mich hoffen, daß durch mein Ausscheiden der Chor in seiner Tätigkeit in keinerlei Verlegenheit kommt. Ich würde also zugleich die kollegiale Freude haben, Herrn Landgrebe sein früheres Amt wieder an die Hand zu geben und damit den böswilligen Behauptungen, es hätte mir daran gelegen, Herrn Landgrebe aus seinem Amt zu drängen, endlich durch die Tat begegnen zu können." Chemin-Petit fragte an, „ob die Möglichkeit besteht, mir [...] für den Verlust des städtischen Gehaltes einen Ausgleich zu bieten, der mich in die Lage versetzt, dieser [kompositorischen] Arbeit ohne ernste wirtschaftliche Sorgen nachgehen zu können".

Karl Landgrebe war ab 1921 Lehrer am Realgymnasium in Potsdam. Er gründete 1922 den Potsdamer Madrigalchor, war ab 1925 Leiter des Potsdamer Männergesangvereins, ab 1937 des Städtischen Chors und Organist an der Friedenskirche. Auf ihn geht die Einrichtung der „Potsdamer Musiktage" zurück, die 1937 erstmals veranstaltet wurden. Da er während des „Dritten Reichs" ein bekannter Anhänger der NSDAP war, mußte er sich vor der Landes-Entnazifizierungskommission verantworten, bevor er wieder tätig sein konnte. Diese Kommission hatte ihn am

---

502 Walter Paul, geb. 1901, Mitglied der KPD/SED, März 1951 Flucht in die Bundesrepublik.
503 Karl Landgrebe (1889–1974), ab 1937 Dirigent des Städtischen Chors Potsdam, Leiter des Seminars für Privatmusikerzieher der Staatlichen Hochschule für Musikerziehung. Siehe Vera Grützner, Potsdamer Musikgeschichte, Berlin 1993, S. 128ff. Sie bescheinigt Landgrebe, „daß er von höchsten Anforderungen an musikalische Qualität nie abgewichen ist".

14. November 1947 mit folgenden Zwangsmaßnahmen belegt: „Der Angeschuldigte ist zur Bekleidung der von der Entnazifizierungskommission als wichtig bezeichneten Posten in Behörden, Organisationen und Betrieben nicht zugelassen. Die Berufsausübung als Kunstschaffender ist ihm für alle Zeit untersagt." Begründet wurde der Beschluß mit „seiner Mitgliedschaft in der ehemaligen NSDAP 1933–1945, seiner Zugehörigkeit zur SS von 1934 bis 1945, Oberscharführer, seiner Mitgliedschaft zum NS-Lehrerbund von 1933–1945 mit der Funktion eines Fachberaters, seiner offiziellen Mitwirkung an größeren politischen Veranstaltungen in Potsdam in seiner Eigenschaft als Leiter und Dirigent, wo er auch in SS-Uniform in Erscheinung getreten ist, seiner wesentlichen moralischen Unterstützung, die er durch seine Zugehörigkeit zu SS und Partei als Künstler dem damaligen faschistischen Regime zuteil werden ließ". Landgrebe war außerdem noch Landesleiter der Reichsmusikkammer, Gau Mark Brandenburg, Musikbeauftragter der Stadt Potsdam, Mitherausgeber der NS-Zeitschrift „Völkische Erziehung".[504]

Um das Urteil der Entnazifizierungskommission zu seinen Gunsten zu korrigieren, entwickelte Landgrebe Aktivitäten, die von einigen Chormitgliedern als „Intrigen" bezeichnet wurden.[505] Ende 1948 konnte er eine Revision des Urteils der Entnazifizierungskommission durchsetzen. Ein Grund hierfür könnte mit dem Befund von Olaf Kappelt übereinstimmen: „In der Frage der NS-Vergangenheit ließ sich die DDR vom reinen Opportunismus leiten. [...] Wer bereit war, sich dem sozialistischen Aufbau zur Verfügung zu stellen, dem wurde seine NS-Vergangenheit verziehen."[506]

Ein Chormitglied beschrieb im April 1948 den zerrissenen Zustand, in dem sich der Chor zwischen Chemin-Petit und Landgrebe befand. Es war von „Unruhen" und „chaotischen Zuständen" die Rede. Im selben

---

504 Thomas Phleps, Was bedeutet: Aufarbeitung der „Musikerziehung" in NS-Deutschland, in: Kultureller Wandel und Musikpädagogik, hrsg. von Niels Knolle (Musikpädagogische Forschung 21), Essen 2000, S. 235–276, hier: S. 261. Rehberg, Erinnerungen an die Hochschule. S. 9f., meint: Landgrebe habe die Mentalität eines „in sich versponnenen Volksschullehrers", ohne eine eigene Meinung, „er hielt es für opportun, jedem Gesprächspartner nach Möglichkeit zuzustimmen".

505 Chemin-Petit erhielt 1960 ein Gedicht von drei ehemaligen Potsdamer Chormitgliedern, das auf die Übernahme des Chors durch Karl Landgrebe Bezug nahm. Eine Strophe lautet: „So gingen allmählich 3 Jahre ins Land. Den Chef und den Chor umschloß ein festes Band! Der stand auf ,Vordermann', da meint Karlchen: Jetzt komm' ich wieder dran! Der Wunsch war verständlich, das sah jeder ein, doch seine Methoden waren wirklich nicht fein! Wer ihn nicht stützte, den hat er zu Hause besucht und wundert sich noch, daß man seine Intrigen verflucht!"

506 Olaf Kappelt, Braunbuch DDR. Nazis in der DDR, Berlin 1981, S. 15. Landgrebe leitete den Chor bis 1957, dann übersiedelte er in die Bundesrepublik.

Monat schrieb Landgrebe an Chemin-Petit, daß er den Städtischen Chor gerne wieder übernehmen werde: „Sie haben mir Ihre Unterstützung zugesagt. [...] Mein Herz hängt naturgemäß an dieser meiner Gründung und ich habe den sehnlichen Wunsch, wieder zu meinem Chor zurückzukehren."[507] Bei einer Abstimmung der Chormitglieder über die zukünftige Leitung des Chors setzte er sich gegen Chemin-Petit durch. Ablehnende Stimmen kamen vor allem von jüngeren Mitgliedern des Chors, die sich zudem von Landgrebe durch seine Hausbesuche unter Druck gesetzt fühlten. Chemin-Petit verabschiedete sich im September von den Chormitgliedern mit einer Ansprache. Ab 1949 war Landgrebe wieder Chorleiter in Potsdam.

Thomas Phleps gibt gerade in Hinblick auf Landgrebe „überspitzt" zu bedenken, ob nicht von den NS-Musikerziehern mit der Blockflöte und dem Volkslied den inhumanen, rassistischen und kriegerischen Untaten der Weg geebnet wurde. Nach Kriegsende hätten sich die einstigen NS-Musikerzieher durchgängig und hartnäckig geweigert, das eigene Verhalten kritisch zu reflektieren.[508]

Chemin-Petit beobachtete schon 1946:[509] „Wenn dann noch ehemalige ‚Größen' es verstehen, ihre politische Vergangenheit zu tarnen und sich bei den Russen als ‚Künstler größten Formats' zu legitimieren, was sie in Wirklichkeit keineswegs sind, dann ahnt man, welchen Weg die Musikkultur in Potsdam in nicht zu ferner Zukunft gehen wird." Diese Befürchtung wurde im August 1950 für Maximilian Körtling,[510] Inhaber der Konzertdirektion Pro Arte, zur Gewißheit. Er verabschiedete sich von Potsdam mit der Bemerkung, er könne nicht länger zusehen, „wie

---

507 Karl Wey, ab 1929 Studienrat am Viktoria-Gymnasium, war Vorsitzender des Chorvorstandes bis 1948. Als NS-Parteimitglied durfte er nach Kriegsende für einige Monate nicht unterrichten, wurde aber wieder als Lehrer eingestellt. Zu Wey siehe Thimme, Vom Nationalsozialismus zum Sozialismus: eine Schule im Umbruch.

508 Phleps, Was bedeutet: Aufarbeitung, S. 240.

509 Hans Chemin-Petit „Musikleben Potsdams 1945/46", handschriftliche Aufzeichnung, Thiessow 1946. Darin kritisiert er die Kulturpolitik der Verantwortlichen Potsdams: Es seien keine „Unternehmer von kulturellem Instinkt", sondern „Geschäftsleute, die wissen, daß man kein Risiko eingeht, wenn man hochqualifizierte, gefragte Ware bietet". Die Konzertpraxis „auf der Basis des Starsystems und der Standardprogramme" verhindere den „Ausgleich zwischen Anerkanntem, Beliebtem und der Förderung des noch Unbekannten". Er zieht für sich den Schluß: „Mithin kann man nur danach streben, den Absprung zur rechten Zeit zu finden und das Jahr Potsdamer Arbeit als besonders gearteten Wiederbeginn der künstlerischen Tätigkeit nach der großen europäischen Katastrophe dankbar zu empfinden."

510 Maximilian Körtling, in den Revolutionswirren 1918 hatte er in Rußland beide Beine verloren. Er war 12 Jahre Solobratschist im Berliner Rundfunkorchester, dann Sekretär Furtwänglers und übernahm 1961 das Göppinger Kammerorchester als Dirigent.

Dilettanten und Nichtskönner die Oberhand gewinnen".[511] Grützner resümiert, die Höhe der Musikkultur sei in den folgenden Jahrzehnten „kaum wieder erreicht worden", das habe vor allem am zunehmend staatlich bzw. bezirklich gelenkten Veranstaltungswesen „mit ansteigenden Ideologisierungstendenzen" gelegen.[512]

Chemin-Petit hatte 1950 die musikalische Gesamtplanung des Bach-Jahres in Potsdam übernommen. Am 9. Juli fand in der Bildergalerie die Uraufführung seiner 2. Symphonie statt, er dirigierte die Berliner Staatskapelle. Das Werk ist in Potsdam unter schwierigen Bedingungen entstanden. Grundgedanke ist eine Textunterlegung nach Rainer Maria Rilke:[513] „Gott, du bist groß". Der Komponist Gerhard Rosenfeld[514] schrieb an die Redaktion der Potsdamer Tagespost: „Der Gedankenreichtum der Symphonie ist so umfangreich und konzentriert, daß ein mehrmaliges Hören den vollen Gehalt erschließt." Die Tägliche Rundschau schrieb 1950: „Es ist nicht immer ganz leicht, dem hohen Gedankenflug des Komponisten zu folgen." In einem Brief an Bork vom 31. Juli 1951[515] äußerte sich Chemin-Petit enttäuscht über die Aufnahme seiner Symphonie in der Westpresse, „deren Kurs nun auf die Namen Hindemith,[516] Strawinsky[517] und Schönberg[518] und damit auf eine bestimmte ,Modernität' festgelegt" sei. Dazu komme „auch immer wieder eine gewisse ,Außenseiter'-Stellung", die er mitsamt seinem Chor einnehme. „Die Ostpresse war recht gut, woraus man sieht, daß auch sicher ,politische' Gesichtspunkte mitgesprochen haben."

Chemin-Petit wollte und konnte die „Techniken der Avantgarde" nicht übernehmen, dazu zählte auch die Zwölftontechnik Schönbergs.

511 Grützner, Potsdamer Musikgeschichte, S. 143.
512 Grützner, Potsdamer Musikgeschichte, S. 148f.
513 Rainer Maria Rilke (1875–1926), Schriftsteller, Lyriker.
514 Gerhard Rosenfeld (1931–2003), Komponist, er wohnte in Bergholz-Rehbrücke.
515 Siehe Grützner, Hans Chemin-Petit, S. 108f. Aufführung seiner 2. Symphonie in der Deutschen Staatsoper Berlin am 13. 7. 1951.
516 Paul Hindemith (1895–1963), Komponist, 1927 Professor an der Musikhochschule Berlin, 1938 Rückzug in die Türkei, dann in die USA. Chemin-Petit hat 1964, anläßlich des Todes von Hindemith, reservierte Worte des Gedenkens in der Akademie der Künste gesprochen. Darin heißt es, daß die musikgeschichtliche Betrachtung ihm zuerkennt, „zu den wenigen zu gehören, die die Musik aus einer vermeintlichen Stagnation entscheidend in neue Bewegung und Gegenwart gesetzt" haben. Siehe Grützner, Hans Chemin-Petit, S. 97ff.
517 Igor Strawinsky (1882–1971), Komponist und Dirigent.
518 Arnold Schönberg,(1874–1951), 1926 Kompositionslehrer an der Preußischen Akademie der Künste, 1933 Flucht in die USA. Über ihn schrieb Hans Severus Ziegler 1938: „Da die Atonalität zudem ihre Grundlage in der Harmonielehre des Juden Arnold Schönberg hat, erkläre ich sie für das Produkt jüdischen Geistes. Wer von ihm ißt, stirbt daran." Zitat aus Wulf, Kultur im Dritten Reich, Musik, S. 466ff.

Er schrieb bereits 1944:[519] „Ich erinnere mich, daß mir manches mal nahegelegt wurde, dem Zeitstil näherzukommen. Alle Versuche jedoch, deren manche in meinem Notenschrank für alle Zeiten ruhen werden, blieben letztendlich ohne nennenswerten Erfolg durch den Mangel an innerer Disposition. Konzessionen in dieser Richtung hätten den Weg zum äußeren Erfolg erleichtert in diesen Jahren, die stärker wie manche andere Zeit einen Aufbruch in stilistisches Neuland bedeuteten." Er fährt fort: „So bildet die Verbindung alter Satztechnik mit moderner Orchesterbehandlung ein wesentliches Charakteristikum meiner letzten Partituren." Grützner versucht eine Erklärung zu finden: „Eine systematische Einordnung des Personalstils Chemin-Petits in den Stilpluralismus des 20. Jahrhunderts bereitet Schwierigkeiten, da der Komponist in der Tat einen eigenen Weg beschritten hat."[520]

Sein Werkverzeichnis in fast allen musikalischen Gattungen ist umfangreich: Bühnen-, Orchester-, Chor- und Gesangswerke sowie Kammermusik sind vertreten. Psalmen-Vertonungen geben Aufschluß über die Gedankenwelt des Komponisten, die immer wieder um religiöse Themen kreiste, aber auch modernere Texte verarbeitete, die einen Traditionsbezug aufweisen, wie Matthias Claudius, Joseph von Eichendorff, Martin Luther, Eduard Mörike, Martin Opitz, Joachim Ringelnatz, Angelus Silesius, Frank Wedekind.

In einer Übersicht über Chemin-Petits künstlerische Tätigkeit von 1945 bis 1952 in der SBZ/DDR fallen die Jahre 1946/47 durch eine Häufung von Veranstaltungen auf, die er übernommen hatte. Dazu gehören Symphoniekonzerte in Berlin, Görlitz, Leipzig, Salzwedel, Potsdam und Oratorienaufführungen in Berlin, Magdeburg, Potsdam mit drei verschiedenen Chören. Seine Aktivität in der DDR wurde von der für ihn zuständigen Hochschulbehörde in Westberlin mit Mißfallen beobachtet. Ein Magistratsdirektor hatte im Auftrag des Stadtrats May[521] Chemin-Petit am 17. Mai 1950 erklärt, seine Mitwirkung im Rahmen der Potsdamer Bachtage würde die Suspendierung von seinem Hochschulamt zur Folge haben. Werner Egk,[522] Direktor der Hochschule für Musik, schrieb darauf

---

519 Hans Chemin-Petit, Lebensskizze, S. 5.
520 Grützner, Hans Chemin-Petit, S. 19.
521 Walter Hermann May (1900–1953), Schul- und Volksbildungs-Stadtrat, Westberlin.
522 Werner Egk (1901–1983) stand auf der „Gottbegnadetenliste" (Führerliste) der wichtigsten Komponisten des NS-Staates. 1938 war er in Düsseldorf beim Abschlußkonzert der Reichsmusiktage mit seiner Kantate „Natur–Liebe–Tod" vertreten. Goebbels war von seiner Oper „Peer Gynt" 1939 „ganz begeistert". Von ihm erhielt er 10.000 RM als Kompositionsauftrag. 1941 Leiter der Fachschaft Komponisten der Reichsmusikkammer, 1950-1953 Direktor der Hochschule für Musik.

am 7. Juni an den Westberliner Magistrat u. a., daß eine Suspendierung von Chemin-Petit nach Meinung der Mitglieder des Senats der Hochschule Auswirkungen haben könnte, die für den „Westen nur schädlich" wären: „Wir begrüßen es, wenn die Menschen im Osten immer wieder aufgefordert werden auszuhalten, könnten aber nicht verstehen, wenn der Westen gleichzeitig den Menschen im Osten gegenüber eine Politik der kulturellen Aushungerung betreiben würde." Egks Intervention befreite seinen Kollegen zunächst aus der bedrohlichen Zwangslage.

Das Hochschulamt ließ aber nicht locker. Am 28. November 1951 stellte es Chemin-Petit vor die Alternative, entweder bis zum 31. Januar 1953 nach Westberlin zu ziehen oder seine Anstellung an der Hochschule zu verlieren. Ein Schreiben des Senators für Volksbildung vom Januar 1952 enthielt den Satz: „Im übrigen hat das Hochschulamt zur Kenntnis genommen, daß Sie weitere Konzert-Verpflichtungen in der Ostzone nicht mehr haben. Ihre Ablehnung der Angebote für Potsdam ist vollkommen im Sinne des Hochschulamts erfolgt." Chemin-Petit hat 1951 in Potsdam nur noch zwei Symphoniekonzerte dirigiert, ein Kompositionsabend am 2. Juli 1952 war sein letzter öffentlicher Auftritt in der Stadt. In Magdeburg konnte er noch unter Schwierigkeiten bis 1961 seine erfolgreiche Tätigkeit als Chorleiter fortsetzen.[523] 1956 erhielt er ein Schreiben des Ministeriums für Kultur der DDR, Hauptabteilung Musik, in dem ihm Glückwünsche des Stellvertreters des Ministers übermittelt wurden „zu der so überaus erfolgreichen Uraufführung Ihres ‚150. Psalms'[524] in Magdeburg. Ihre freundschaftliche Zusammenarbeit mit Chören aus der Deutschen Demokratischen Republik fand in dieser Aufführung ein erfolgreiches Ergebnis."

Den Antrag auf Umzugsgenehmigung an den Rat der Stadt Potsdam stellte Chemin-Petit erst am 29. Oktober 1952. Darauf teilte ihm die Stadt im Dezember mit, daß „z. Zt. keine Genehmigungen für Umzugsgüter-Transporte nach Westdeutschland und den Westsektoren erteilt werden". Am 28. Januar 1953 verließ die Familie Potsdam illegal, unter Zurücklassung der Möbel und Musikinstrumente.

Am Tag seines Fortgangs schrieb Chemin-Petit an Otto Nagel: „Seit über einem Jahr war mir die Übersiedlung nahegelegt worden, und ich habe bis zum heutigen Tage damit gezögert in der Erwartung irgendeines Angebots oder einer Anfrage. Ich weiß, daß Professor Abendroth[525] schon

---

523 Das Ministerium für Kultur in Ostberlin unterstützte Chemin-Petits Arbeit in Magdeburg durch einen Passierschein-Dauerausweis, ab 1958 erteilte ihm der Rat des Bezirks die Einreise nur noch sporadisch.

524 Uraufführung mit dem Dom- und Reblingchor am 16. 5. 1956 im Dom zu Magdeburg.

525 Hermann Abendroth (1883–1956), 1937 Eintritt in die NSDAP, stand auf der „Gottbegna-

vor langer Zeit auf mich hingewiesen hat, es ist mir auch bekannt, daß Direktor [Otto] Lang, Weimar, sich noch im September dieses Jahres für mich verwandt hat, so daß es mir fast unbegreiflich erscheint, daß alle Hinweise, sogar ein letzter, sehr dringlicher von Seiten Dr. Steinhoffs,[526] ohne Echo geblieben sind." Ihm hatte Chemin-Petit am 30. Januar 1953 seine Sicht der Angelegenheit mitgeteilt: Die Hoffnung auf eine befriedigende Entscheidung sei nun leider nicht erfüllt worden. Er habe trotz seiner Verdienste auf Grund seiner Tätigkeit ab 1945 keine „Anfrage oder Aufforderung zu einer Besprechung wegen meiner künstlerischen Betätigung in der DDR" erhalten. Er fuhr fort: „Daß bei der Einrichtung wesentlichster Kunstinstitute in der DDR meine Person nicht berücksichtigt worden ist, weder vor noch nach Kenntnis meiner Lage, bleibt mir unverständlich, da ich mich bis zum Auftrittsverbot ohne Einschränkung dem Kunstleben der DDR trotz mancher Anfeindung zur Verfügung gestellt habe. [...] Sie werden es verstehen, wenn ich es fast unbegreiflich finde, daß alle Hinweise – nicht zuletzt der Ihre sehr dringliche – ohne Erfolg geblieben sind, und ich aus Existenzgründen zum Fortgang gezwungen bin. Welche Rechtfertigung kann es dafür geben?"

An den Oberbürgermeister der Stadt Potsdam Kurt Promnitz[527] schrieb er im April 1953 u. a.: „Der Schritt, gerade jetzt meine Heimat zu verlassen, bedeutete für mich einen der schwersten Schicksalsschläge meines Lebens. [...] Mein Weggang war für mich nicht eine freiwillige Entscheidung, sondern eine nicht mehr zu umgehende Notwendigkeit, da ich ohne Übersiedlung zum 1. 2. 53 meine Berliner Stellung verloren hätte, ohne die geringste Aussicht auf eine entsprechende Tätigkeit in der DDR. Was blieb mir übrig, als der Auflage meiner vorgesetzten Dienstbehörde schließlich – nachdem ich $^5/_4$ Jahre auf eine Stellung in der DDR gewartet hatte – Folge zu leisten, um nicht die Existenz meiner 4-köpfigen Familie ernsthaft zu gefährden?"[528]

Überliefert sind einige Kontakte Chemin-Petits mit den „volksdemokratischen" Machthabern. 1946 hatte ihn eine Anfrage vom SED-Pro-

---

detenliste" (Führerliste) der wichtigsten Dirigenten des NS-Staates. 1945 Dirigent in Weimar, dann Chefdirigent in Leipzig und Berlin, 1949 Nationalpreisträger der DDR. Chemin-Petit hatte mit Abendroth mehrmals über seine schwierige Situation gesprochen und ihm am 2. 1. 1953 in einem Schreiben für sein Interesse und Verständnis gedankt.

526 Karl Steinhoff (1892–1981), 1945 Präsident der Provinzialverwaltung Brandenburg (SPD), 1946–1949 Brandenburger Ministerpräsident (SED), 1949–1954 Mitglied des Zentralkomitees der SED, 1949-1952 Minister des Innern der DDR.

527 Kurt Promnitz (1911–1984), Oberbürgermeister 1951–1957.

528 Die Familie zog nach Zehlendorf, Ahrenshooper Zeile 66. In einem Brief, Januar 1953, kommentierte Chemin-Petit den Vorgang des Umzugs: „Es ist alles so schief gegangen, wie es nur gehen konnte."

vinzialvorstand Mark Brandenburg, ob er nicht zur Landtagswahl kandidieren wolle, erreicht. Er antwortete u. a.: „Wie gesagt, ich rechne es mir als Ehre an, eine solche Wertschätzung zu genießen, muß aber bedauern, Ihre Anfrage negativ beantworten zu müssen, weil sich ein solcher Entschluß mit meinem derzeitigen Pflichtenkreis nicht vereinbaren läßt." Im Januar 1951 hatte der Potsdamer Stadtrat Knobloch, Amt für Kunst und Literatur, ihn um eine Stellungnahme gebeten, wie er zur Forderung Grotewohls stehe, der von Adenauer[529] eine gemeinsame Konferenz zur Erlangung der deutschen Einheit verlangt habe. Eine Antwort Chemin-Petits ist nicht überliefert. Nachteilig für ihn könnte es sich ausgewirkt haben, daß er die Politik der DDR nicht öffentlich unterstützt hat und daß er in Westberlin einen Beruf ausübte.

Mit seinem Hilfeersuchen an bekannte Persönlichkeiten hatte Chemin-Petit versucht, eine adäquate Stellung und Tätigkeit in der DDR zu finden. Im Vertrauen auf sein künstlerisches Ansehen hatte er bis zum allerletzten Termin auf ein Angebot gehofft, um im Osten Deutschlands tätig bleiben zu können. Überlegungen künstlerischer Art, aber auch seine Liebe zur Vaterstadt, haben vermutlich für seinen Wunsch den Ausschlag gegeben. Hier stand die klassische deutsche Musik im Vordergrund, der Musikbetrieb bewegte sich in vertrauten Bahnen, er war als Komponist anerkannt. Dagegen hatte der Westen eine Richtung eingeschlagen, die mit seinen tonalen Werken in konservativer Satztechnik nicht allzu viel anfangen konnte.[530] Eine Verstimmung über die kompromißlose Forderung des Westberliner Senats, die einen Eingriff in seine Lebensgestaltung bedeutete, könnte auch für seinen Wunsch, in der DDR zu bleiben, Bedeutung gehabt haben. Vermutlich hätte er als Dirigent einen größeren Wirkungskreis finden können, als das räumlich enge Westberlin es ihm bieten konnte. Vielleicht glaubte er, als bekannter Dirigent in beiden Teilen Deutschlands auftreten zu können. Er mußte wissen, daß er bei einem positiven Bescheid der DDR die Hochschule für Musik hätte verlassen müssen. Man darf davon ausgehen, daß er die Realität der Machtsicherungsmethoden der SED nicht in ihrer ganzen Schärfe erkannt hat. Beim „Aufbau des Sozialismus" hatten die verantwortlichen Funktionäre Praktiken zur Festigung ihrer Herrschaft übernommen, die im diktatorischen System des Stalinismus angewandt

---

529   Konrad Adenauer (1876–1967), 1949–1963 Bundeskanzler der Bundesrepublik Deutschland.

530   Karl Hofer ist nach Kriegsende gleichfalls auf Unverständnis gestoßen, weil er an der Tradition der figurativen Malerei festgehalten hat. Die abstrakte Malerei hatte die Vorherrschaft übernommen.

wurden. Das führte am 17. Juni 1953 zu einem Aufstand der Bevölkerung, die bessere Lebensbedingungen durchsetzen wollte und zugleich gegen die politische Repression demonstrierte.[531]

Auf Chemin-Petits dringende Anträge, die Möbel und Instrumente freizugeben, erwiderte die Stadt Potsdam, da er keine polizeiliche Abmeldung vorlegen könne, werde er als „Republik-Flüchtling" behandelt. Das bedeute, es müsse die Versteigerung seines Inventars angeordnet werden. Nach einem Appell Chemin-Petits an Ministerpräsident Otto Grotewohl[532] vom 30. März 1953 mit der Bitte um eine baldige Sonderregelung seines Falles, wurden die Ausreise nachträglich legalisiert, die Musikinstrumente zurückgegeben und für die verkauften Möbel eine Geldsumme zur Verfügung gestellt, die in Ostberlin ausgegeben werden mußte.[533]

Mit seinem Umzug verlor Potsdam einen profilierten Dirigenten, dessen Leben in seiner Heimatstadt tief verwurzelt war. Er hat das Musikleben der Stadt viele Jahre hindurch mit zahlreichen Konzerten bereichert und es nach dem Untergang des „Dritten Reichs" in erstaunlich kurzer Zeit und unter schwierigen Verhältnissen wieder zur Blüte gebracht. Eine seinen außerordentlichen Leistungen entsprechende Würdigung durch die Stadt Potsdam steht noch aus.[534]

Die Hochschulverwaltung honorierte Chemin-Petits Umzug nach Westberlin 1953 mit seiner Verbeamtung, die nach 24 Jahren erfolgreicher Lehrtätigkeit erstaunlich spät erfolgte. Im selben Jahr fand im Titania-Palast die Uraufführung seiner Vertonung des 90. Psalms statt, mit dem Philharmonischen Chor und -Orchester, sowie Dietrich Fischer-Dieskau[535] als Solisten.[536] 1957 schrieb er an Helga Stecher: „Berlin

---

531 Torsten Diedrich, Waffen gegen das Volk. Der 17. Juni 1953 in der DDR, München 2003.
532 Otto Grotewohl (1894–1964), SPD/SED-Funktionär, 1946–1954 gemeinsam mit Wilhelm Pieck (1876–1960) Vorsitzender der SED, Ministerpräsident 1949–1964. Das Schreiben sandte Lena Chemin-Petit, in der Hoffnung auf Unterstützung, auch an den Präsidenten der Deutschen Akademie der Künste, Arnold Zweig (1887–1968). Nach Übersiedlung der Familie Chemin-Petit vertrat Konrad Stolte, Superintendent in Potsdam, ihre Interessen in Potsdam.
533 Während die Regierung der DDR Verständnis für die Situation Chemin-Petits erkennen ließ, verhielten sich die Verantwortlichen der Stadt Potsdam äußerst ablehnend. Die Abmeldebescheinigung wurde im Dezember 1953 ausgestellt, im Februar 1954 wurden die Musikinstrumente (2 Flügel und ein Kleinklavier) freigegeben, im Juni eine Geldsumme zur Verfügung gestellt.
534 Chemin-Petit hatte in der SBZ/DDR bis 1952 die Leitung von ca. 106 Konzerten und Veranstaltungen übernommen, überwiegend in Berlin, Potsdam und Magdeburg.
535 Dietrich Fischer-Dieskau, Lied- und Opernsänger (Bariton), Dirigent.
536 Hermann Abendroth schrieb an Chemin-Petit aus Weimar am 11.12.1953: „Daß die ganze – weißgott schwierige – Berliner Presse dem Werk ihre volle Zustimmung gab, will viel heißen."

Hans Chemin-Petit 1960

ist sicher kein leichter Boden [...], aber ich habe mir die Position mühsam erkämpft, und sie ist, wie es jetzt aussieht, nicht schlecht, sowohl künstlerisch wie wirtschaftlich. Sie scheint nun auch endgültig und kann nur durch kompositorische Arbeiten in der Basis verbreitert werden. Vielleicht gelingt so etwas schon mit ‚Nicolo',[537] der nun Ostern in der Klavierfassung fertig werden soll."

1963 wurde Chemin-Petit als Mitglied in die Akademie der Künste in Westberlin aufgenommen. Ab 1965 übte er an der Seite von Boris Blacher[538] bis zu seiner Pensionierung 1969 das Amt des Stellvertretenden Direktors der Hochschule für Musik aus. Von 1968 bis 1981 war er Direktor der Abteilung Musik in der Berliner Akademie der Künste. Mit wachsender Ausstrahlung als Dirigent und Komponist fielen ihm zahlreiche Ehrenämter zu, meist in leitender Funktion. So konnte er Einfluß

---

537 König Nicolo, Oper in 7 Bildern nach „König Nicolo oder So ist das Leben" von Frank Wedekind (1864–1918). Uraufführung am 6. 5. 1962 im Stadttheater Aachen. Siehe hierzu Grützner, Hans Chemin-Petit, S. 28f., 49ff.

538 Boris Blacher (1903–1975), Komponist, nach 1945 zunächst Lehrer am Internationalen Musikinstitut in Berlin, 1950 Berufung an die Hochschule für Musik, 1953–1970 Präsident der Hochschule, 1968–1971 Präsident der Akademie der Künste.

auf das öffentliche Musikleben nehmen. Nach Aussage seiner Tochter Andrea Witte besaß er die Fähigkeit, Verhandlungen mit dem Blick aufs Ganze, mit Überlegenheit und menschlicher Güte, aber auch mit Bestimmtheit und Festigkeit zu führen. Grützner attestiert ihm „Sachkompetenz und Souveränität, die immer aber verbunden waren mit beständiger, disziplinierter Arbeit und Konzilianz im Wesen".[539]

1980 vollendete er, kurz vor seinem Tod,[540] den für ihn bedeutungsvollen Kassandra-Stoff, er gedachte der Toten der Kriege und bat: „Erhalt uns, Herr, bei deinem Wort",[541] aber auch eine Heitere Suite entstand in diesem Jahr. Er strebte, wie Kestenberg, danach, „in der Musik ein Mittel zu finden, welches Menschen in seinem ganzen Wesen so unmittelbar beeinflussen kann, daß er zu einer höheren Einsicht seiner selbst gelangt".[542] In diesem Sinn schrieb er 1953 an Hans Schmidt-Isserstedt:[543] „In unserer Lage – es ist damit die deutsche gemeint – sollte alles geschehen, neben der Erhaltung der traditionellen Kultur, neben der Pflege des Experimentellen, das unserem Raum gemäße geistige Streben in jeder Form zu stützen und zu fördern, um nicht auch hier noch über das notwendige Maß hinaus die Führung abzugeben."

In seinem Nachruf zum Tod von Chemin-Petit führte Werner Düttmann[544] u. a. aus: „Seine Liberalität war wohl sein hugenottisches Erbe, verpflichtete ihn einem Staatswesen und dessen Institutionen, in denen er diese Liberalität wiedererkannte, für die er einstand. Er war nicht herrisch, er diente. Aber er war immer ein Herr, er diente und weil das so war, wog seine Stimme, wenn er sie einmal erhob. Er tat dies selten, aber er tat es immer, wenn er es für notwendig hielt, mit freundlicher Direktheit." So sah ihn auch Walter Jens,[545] Präsident der Akademie der Künste:[546] „Hans Chemin-Petit, der langjährige Direktor unserer Abtei-

---

539 Grützner, Hans Chemin-Petit, S. 36.
540 Hans Chemin-Petit starb am 12. 4. 1981 in Berlin.
541 Musikdrama „Kassandra", Elegie für Streichorchester: „Dem Gedenken an die Toten der Kriege"; Introitus und Choral für Orgel und Chor: „Erhalt uns, Herr, bei deinem Wort" und: Heitere Suite für Orchester.
542 Leo Kestenberg, Bewegte Zeiten: Musisch-musikantische Lebenserinnerungen, Wolfenbüttel, Zürich 1961, S. 48.
543 Brief vom 29. 5. 1953 an Hans Schmidt-Isserstedt (1900–1973). Er stand auf der „Gottbegnadetenliste" (Führerliste) der wichtigsten Dirigenten des NS-Staates. 1945–1971 Chefdirigent des Norddeutschen Rundfunks.
544 Werner Düttmann (1921–1983), Architekt und Stadtplaner, 1966–1970 Professor an der Technischen Universität Berlin, ab 1971 Präsident der Akademie der Künste. Ansprache am 27. 4. 1981.
545 Walter Jens, geb. 1923, Professor, Literaturhistoriker, Schriftsteller, 1976–1982 Präsident des PEN-Zentrums der Bundesrepublik Deutschland, 1989–1997 Präsident der Akademie der Künste zu Berlin.
546 Walter Jens, Zum Geleit, in: Grützner, Hans Chemin-Petit, S. 7.

lung Musik, war ein Herr, der das Versöhnlich-Pragmatische liebte und Ideologien mißtraute, und er war zu gleicher Zeit ein Zauberkünstler sui generis: Das große Halleluja des Psalmisten verstand sich vortrefflich mit Ringelnatzens[547] Gedicht über das Ameisenpärchen – eine Symbiose, die nur dem Künstler von Rang gelingt, einem Mann wie Hans Chemin-Petit."

Chemin-Petit erlebte als 16jähriger den Untergang des Kaiserreichs. Humanistische Ideale vermittelte ihm sein Griechisch- und Lateinlehrer Arnold Bork, der begabten Schülern in privatem Rahmen die antike und klassische Literatur nahebrachte. In der Weimarer Republik, mit ihren liberalen Facetten, hat Chemin-Petit seine politische Prägung erhalten. Genaue Äußerungen von ihm über die untergehende Weimarer Demokratie oder die Diktaturen des „Dritten Reichs" und der DDR sind nicht greifbar. In seinen Briefen äußerte er sich selten zu „Fragen der Weltlage".[548] Seine Niederschrift „Erlebtes 1944–1945" und Notizen, etwa zum Mauerbau 1961 und zu den Demonstrationen 1968, lassen erkennen, daß ihn das politische Geschehen nicht unberührt ließ. Wenn auch zuweilen seine Einstellung nach außen nicht klar erkennbar ist, sollte doch kein Abschnitt seines Lebens als „apolitisch"[549] gedeutet werden. Sicher ist, daß er, ungewöhnlich erfolgreich, jede Annäherung an politische Ideologien vermied.

Rückblickend auf sein Leben notierte er:[550]

„Wenn es Abend wird, ist die Zeit gekommen, die Rückschau für den verstrichenen Tag zu halten. Man tut es umso lieber, wenn man das Gefühl haben darf, es war ein Tag, angefüllt mit ertragreicher Arbeit, trotz aller Mühe voller Freude, trotz aller Bangnis von steigender Zuversicht, trotz manchem Unbehagen von der Erkenntnis gesegnet, daß alles nach einer höheren Ordnung sinnvoll vor sich gegangen ist. Danach darf die Hoffnung aufblühen, daß der Abend in eine Nacht voll harmonischem Frieden übergehen möge! Dies zu beschreiben, muß jedem Menschen entzogen bleiben. Wie fing der Tag an?"

Bei einem Leben in vier politischen Systemen, darunter zwei Diktaturen, sind seine Ansichten und Entscheidungen oftmals nur aus Lebenssituationen erklärbar, die nicht vollkommen erschlossen werden können. Das gilt auch für einige seiner historisch-politischen Gedanken nach der „großen europäischen Katastrophe" in der folgenden Niederschrift.

---

547 Joachim Ringelnatz (1883–1934), Schriftsteller, Kabarettist, Maler.
548 Grützner, Hans Chemin-Petit, S. 115, Brief Chemin-Petits vom 9. 12. 1979 an Henking.
549 Grützner, Hans Chemin-Petit, S. 21, 36.
550 Undatierte Notiz.

Erlebtes 1944–1945[551]

Die Niederlage von Stalingrad wurde allgemein als der Wendepunkt des Krieges angesehen. [...] Und doch der Krieg war viel früher verloren, wenn man nicht sagen will, daß er von Anfang an als aussichtslos gelten konnte. Ich erinnere mich, daß ich unter dem Eindruck der Rede Hitlers am 1. 9. 1939[552] geäußert habe: „Dieser Krieg wird ein teures Begräbnis." Vorübergehend konnten die ungeheuren Waffenleistungen der Wehrmacht über diese Grundeinstellung täuschen, vor allem bis zur Niederwerfung Frankreichs. Als die Luftwaffenoffensive gegen die englische Insel als Vorbereitung für eine Invasion sich als nicht erfolgreich erwies und damit die Besetzung Englands unmöglich wurde, wäre an sich der Zeitpunkt zum Friedensschluß so oder so da gewesen. Was folgte, war sinnloses Hinziehen des Kriegszustandes durch immer weitere Verlegenheitsaktionen. Eine Niederwerfung Rußlands konnte einzig durch den Sturz des Regimes erhofft werden. Man sagt, daß der Krieg gegen Rußland von Hitler in diesem Sinn als „politischer Feldzug" geplant war, aber die überraschende Eroberung Moskaus bis September [November 1941] gelang nicht, und somit war der negative Ausgang Gewißheit geworden. Es bleibt die Frage offen, ob die psychologische Wirkung, die die Einnahme Moskaus bedeutet hätte, wirklich den Sturz Stalins hätte zur Folge haben können, im besonderen nachdem England [gemeint ist Deutschland] durch den „eingeschobenen" Feldzug gegen Jugoslawien einen großen diplomatischen Sieg errungen hatte[553], und schließlich die Haltung Amerikas schon klar im Hintergrunde lag. Niemand, der nicht unmittelbar in diesem Erleben stand, kann ermessen, was es bedeutet hat, sehenden Auges dem Abgrund entgegengehen zu müssen.

Durch einen glücklichen Zufall blieb es mir erspart, in den letzten Augusttagen [1939] im Zuge der geheimen Mobilmachung Soldat zu werden. Als ich wenige Tage später aus meinem Urlaub zurückkehrte, war die erste Einziehungswelle vorüber. In den ersten Septembertagen durchlebte ich mit meinem Freunde Henking die Konflikte, die ihm die

---

551 Auf der zweiten Seite seiner Aufzeichnung hat Chemin-Petit eingetragen: „Eigenes Erleben während der Endphase des Existenzkampfes Deutschlands 1944–45. Niederschrift begonnen am 26. 8. 1946, beendet am 1. 9. 1946 (Thiessow auf Rügen)."

552 Max Domarus, Hitler. Reden und Proklamationen 1932–1945, Bd.II, Würzburg 1963, S. 1312ff., Rede im Reichstag.

553 Der deutsche Angriff auf Jugoslawien erfolgte ohne Kriegserklärung am 6. 4. 1941. Der Balkanfeldzug verzögerte den Beginn des Kriegs gegen die Sowjetunion um 6 Wochen. Die Okkupation Jugoslawiens hatte ursprünglich nicht zu Hitlers Kriegszielen gehört. Nach der Besetzung des Landes formierten sich Widerstandsbewegungen.

Einberufung zur schweizerischen Wehrmacht brachte. Wir trennten uns erst am Zuge, und er bat mich, seine Vertretung in Magdeburg zu übernehmen.[554] Damit begann meine Laufbahn als Dirigent von Oratorien. Neben dem regelmäßigen Singen des Domchors allsonntäglich war meine erste Einstudierung das „Deutsche Requiem" von Brahms, dessen Aufführung von der Presse als sensationell hingestellt wurde. Zunächst verlief das Leben in der Heimat ohne wesentliche Beschränkung. So gelang es, die mir anvertrauten Chöre weiterzuführen und was den Oratorienverein betraf, seine Leistungen auf dem alten Niveau zu halten, wenn nicht sogar zu steigern. Beim Domchor traten die Einflüsse des Krieges früher zutage, und 1943 konnte ich die wachsenden Schwierigkeiten von Potsdam-Berlin aus nicht mehr meistern und entschloß mich, diesen Chor in andere Hände zu geben. Den Rebling führte ich noch weiter, hatte die letzte Aufführung („Schöpfung"[555]) im Mai 1944 und die letzte Probe am 12. Januar 1945: Am 16. wurde Magdeburg durch einen konzentrierten Luftangriff so stark zerstört und die Verkehrswege so schwer getroffen, daß mir ein Besuch dieser Stadt bis auf weiteres nicht mehr möglich war. In dieser Zeit nahm der Luftkrieg Formen an, daß fast eine Verbindung zwischen Potsdam und Berlin in Frage gestellt schien.

In dieser Situation, in der Erkenntnis der Möglichkeit des völligen Abgeschnittenseins nahm L[ena] die Kinder aus Göttingen[556] zurück und kam mit ihnen am 14. 1., also zwei Tage vor der Zerstörung der Magdeburger Strecke, in Potsdam an.

Die Familie war zusammen, aber die Besorgnisse um das gemeinsame Durchkommen durch die bestehenden und vor allem bevorstehenden Gefahren eher größer als geringer. Denn es war offensichtlich, daß Hitler seit dem mißglückten Attentat vom 20. Juli 44 einer weiteren Fanatisierung seiner Ideen verfallen war, daß er den Kampf bis ans letzte Ende fortführen würde, daß schließlich Berlin Kriegsschauplatz werden würde. [...]

Seit der Verkündigung des Erlasses über die Errichtung des Volkssturms hatte wohl jeder Vernünftigdenkende den Eindruck gewonnen, es geht um die Verlängerung der Lebensfrist der führenden Schicht. Die Maßnahmen wurden immer mehr und immer stärker zur völligen Knebelung jedes einzelnen und des gesamten Volkes. Nachträglich gesehen erscheint die Formulierung: „Hitler habe sein eigenes Schicksal

---

554 Chemin-Petit sollte die Leitung des Rebling-Chors (Oratorienverein) und des Domchors übernehmen.
555 „Die Schöpfung", Oratorium von Joseph Haydn.
556 Die Mutter von Lena Chemin-Petit, Gertrud von Hippel, wohnte in Göttingen.

mit dem Deutschlands identifiziert" als der Schlüssel zum Verstehen seines Verhaltens in den letzten Jahren. Wer war dieser Mann, in dessen Händen das Schicksal Deutschlands und Europas lag? Aus welchen Motiven handelte er, wieso hatte er zu solcher verhängnisvollen Macht kommen können? Kann man in Abrede stellen, daß Hitler anderthalb Jahrzehnte nicht nur Deutschland sondern eine Welt in Atem gehalten hat, daß sich die 3 mächtigsten Länder der Welt zusammentun mußten, um diesen einen Mann zu stürzen? Viele wollen ihn als unbedeutend hinstellen und behaupten, dies immer getan zu haben.

Es wird sich nicht wegdiskutieren lassen, daß sich in Hitler eine außergewöhnliche Dynamik auswirkte, ferner, daß sich in den Jahren seines Aufstiegs eine visionäre Anlage für Situationen und deren Auswertung in ungewöhnlichen Ausmaßen feststellen ließ, ferner, daß er einen besonderen Instinkt für Massenpsychologie besaß. War er ein Verbrecher – nein![557] Aber er verteidigte, oder besser, ließ seine Ideologie und seine Person in wachsender Not und Verzweiflung aus Fanatismus heraus mit verbrecherischen Methoden verteidigen. Ein Nichtfachmann, der den Einspruch und Widerspruch von Fachleuten nicht dulden konnte, weil seine Sicherheit und damit seine Aktivität und Dynamik aus Minderwertigkeitsgefühlen lahmgelegt und untergraben würde. Irrte er, versagte seine Kombinationsgabe, so gab es, je länger er am Ruder war, desto weniger ein Regulativ.

Himmler,[558] sein ebenso willfähriger wie skrupelloser Diener, beseitigte alle Widersacher und erhielt mehr und mehr Macht zu diesem Zwecke. Man sagt, daß zur Überwindung einer akuten Depression bei ihm der Reichstag einberufen wurde, um ein erneutes Treuebekenntnis abzugeben. Das ist durchaus wahrscheinlich – wie man durch theatralische Maßnahmen die Massen suggerierte, so mag bei ihm der Rausch – veranlaßt durch derartige Demonstrationen, mögen sie auch kommandiert worden sein – über die wahre Situation hinweggetäuscht haben. Die Grenzen zur Geisteskrankheit sind somit überschritten, und die hysterische Übersteigerung von all und jedem schuf einerseits technische Höchstleistungen (Technik und Organisation), führte aber andererseits zu jener Hybris, die den Boden der Realität, die Grenzen der Möglichkeiten nicht mehr anerkennen konnte und wollte. Daß Hitler 1933 als „Idealist" die Führung übernahm, braucht nicht bestritten zu

---

557 Was Chemin-Petit zu dieser eigenwilligen Fehleinschätzung Hitlers bewogen hat, bleibt ungewiß. Eindeutig ist, daß er die „verbrecherischen Methoden" des „Dritten Reiches" Hitler zuordnete, den er für psychisch krank hielt.

558 Heinrich Himmler (1900–1945 Selbstmord), 1929 Reichsführer SS, 1936 auch Chef der Polizei, Herr über den gesamten NS-Unterdrückungs- und Terrorapparat.

werden. Aber gerade die Verquickung von Ideologie und Politik wurde für ihn und Europa zum Verhängnis.

Kehren wir zu den zeitlichen Geschehnissen zurück. Die Errichtung des Volkssturmes, der praktisch bedeutungslos bleiben mußte, da keine Armierung mehr möglich war, war wie vieles andere eine lächerliche, tragikomische Geste, deren ernste Seite nur darin bestand, etwaige widerstrebende Kräfte im Volke gegebenenfalls drosseln zu können. Ich erinnere mich sehr wohl, mit welchem bitteren Widerstande ich, nachdem ich dieser Situation ein erstes Mal aus dem Wege gegangen war, schließlich den Volkssturmeid ableistete, der bezeichnender Weise in erster Linie den Gehorsam gegen Hitler beschwören ließ und dies „bei Gott". Es gab innerlich nur eine Einstellung dazu, diesen Eid als auf psychopathischer Basis gefordert, als nicht verpflichtend anzusehen und die Erhaltung der Familie als oberste Pflicht zu bejahen. Freunde in den obersten Kreisen der Wehrmacht verhüteten meine Einziehung.

Alles das blieb ein Spiel mit dem Feuer, denn eine einzige übelmeinende Äußerung von irgendjemandem konnte bereits zu Komplikationen führen, umso mehr, als eines Tages ein Polizeibeamter meine Personalien aufzunehmen hatte. Meine Frau wiederum lebte nicht in bestem Einvernehmen mit einer Mitbewohnerin des Hauses, die sich stets als Parteigängerin [auf]führte. Die Faktoren der Unsicherheit und Gefahren steigerten sich mehr und mehr.

Glücklicherweise hatte mein nachdrückliches Fordern den Bau eines Luftschutzbunkers in unmittelbarer Nähe des Hauses veranlaßt. Hatte man auch vorerst die Hoffnung, daß Potsdam selbst nicht mehr angegriffen würde, so waren doch manche Bomben schon in Babelsberg gefallen und schließlich der Bunker bei jedem Alarm eine Beruhigung. Die Alarme kamen nun immer häufiger – fast jede Nacht, gelegentlich auch tagsüber, und, je näher die Westfront heranrückte, mit immer kürzeren Anlaufszeiten.

Ende Januar traf mein Freund Arnold Bork ein, nach abenteuerlicher Flucht aus Schlesien, wo er sich seinerseits erfolgreich dem Volkssturm entzogen hatte. Im März erkrankte erst ich an schwerer Erkältung, dann er an Lungenentzündung. Beides eine arge Mehrbelastung für Lena. Die oft stundenlangen Nachtalarme eine Qual für die Patienten. Die Kinder bei steigender Übermüdung gleichbleibend zuverlässig im treppauf, treppab der sicherzustellenden Koffer.

Die Fronten standen nun bereits an Oder und Elbe und die Frage, wie geht's weiter, wurde für jede Stadt brennend. Über Potsdam schwebten die widersprechendsten Gerüchte. Wurde es zur „Festung" erklärt oder gelang es den 3 verantwortlichen, einsichtigen Männern,[559] den Gauleiter [Stürtz] von dem Unsinn einer solchen Maßnahme zu überzeugen. Ja – es gelang – Potsdam sollte internationale Lazarettstadt werden. Endlich irgendwo eine Hoffnung, endlich ein Sieg der Vernunft. Aber am 14. 4. scheiterte die letzte Verhandlung an dem Gegenbefehl Himmlers, dies alles gerüchtweise! Tatsache wurde, daß am Abend des gleichen Tages Potsdam durch einen englischen Luftangriff schwerstens getroffen wurde. Auch der Park Babelsberg blieb als Grenze des Operationsfeldes nicht verschont. In der Nähe fielen mehrere Bomben und machten das Kleine Schloß zu einem großen Teil unbewohnbar. Der Bunker bewahrte alle, und es blieb bei einer halben Stunde höchster Lebensangst bei manchen, im besonderen, als vom Luftdruck die eisernen Türen aufsprangen. Haltung der Kinder im Ganzen bewunderungswürdig. Die Nacht, zum Glück nicht allzu kalt, wurde auf notdürftigen Quartieren verbracht. Potsdam brannte 2 volle Tage.

Als wir am Morgen des 15. durch das Kleine Schloß gingen, war es klar, daß der schönste Teil der Wohnung bis auf weiteres nicht mehr herzustellen war. Alle Türen und Fenster waren zertrümmert, der Kalk von Decken und Wänden gerissen, die Möbel dagegen nur geringfügig beschädigt. Trotzdem alle Hände zupackten, brauchten wir tagelang, bis der Schutt beseitigt war und einige Räume bewohnbar wurden. Die Nacht vom 15. zum 16. verbrachte Lena mit den Kindern bei Dr. Fehr in Schlachtensee, denn einmal stand zu befürchten, daß Potsdam ein zweites Mal angegriffen würde, aber vor allem war die Quartierbereitung kaum möglich. Mit Mühe konnten wir das Gastzimmer, das am wenigsten Schaden gelitten hatte, für den kranken Arnold Bork und mich gegen Zugluft abdichten und sonst herrichten. Die fehlenden Türen wurden durch vorgehängte Teppiche ersetzt. Die Lichtlosigkeit und das Versagen des Telefons waren weitere Erschwerung, auch setzte die Wasserversorgung aus. Freunde und Bekannte kamen, um sich nach unserem Schicksal zu erkundigen und halfen, wo sie nur konnten. Ebenso die Studenten, die einen kleinen Hilfstrupp organisierten. Lena arbeitete mit den Kindern unermüdlich im Innern der Wohnung, während ich mich vor allem an das Decken des Daches mit einem guten Nachbarn heranmachte. Helga Stecher und Käte Walter[560] kamen regelmäßig, und

---

559 Welche Personen gemeint sein könnten, läßt sich nicht feststellen. Zur Haltung des Potsdamer Oberbürgermeisters Hans Friedrichs 1945, der die Stadt bis zum Letzten verteidigen wollte, selbst aber flüchtete, siehe Thimme, Rote Fahnen, S. 39ff.

560 Helga Stecher und Käte Walter, Schülerinnen von Chemin-Petit und Erzieherinnen im Augusta-Stift. Helga Stecher wurde Lehrerin in Hannover, Käte Walter arbeitete später als Korrepetitorin und Cembalistin des Philharmonischen Chors, sie erhielt eine Professur an der Hochschule für Musik.

nur der kranke A. B. fiel für Hilfeleistung aus. Er mußte im Gegenteil pflegerisch betreut werden. Was Lena gerade in diesen Wochen (rein physisch) geleistet hat, ist fast unfaßbar und mehr als bewundernswert. Dazu kam die seelische Belastung. Göttingen war - so hieß es, nach harten Kämpfen in amerikanischer Hand, und [sie] rückten schnellstens weiter vor, und die Russen hatten die Oder überschritten und hatten nördlich Berlin einen weitgreifenden Keil mit Panzertruppen vorgetrieben, so daß die Einschließung der Mark und der Angriff auf Berlin bevorstand. [...] Am Abend dieses Tages – es war wohl der 27. 4. – fiel nun der erste Schuß auf Potsdam. Wir glaubten aus der Richtung Wannsee. Es blieb bei wenigen Schüssen, die an der Glienicker Brücke einschlugen und Feuer verursachten, aber die Nähe war angsterregend.

Mit wenigen Koffern, einigen Matratzen und Decken auf Rädern und Bollerwagen trotteten wir – eine Freundin Lenas aus Berlin hatte sich dazu gefunden – durch den Park – schon nicht mehr ohne Gefahr – zu Hupfers Villa.[561] Die Freunde aus Potsdam hatten sich verabschiedet, die Brücken waren mit Sprengladung versehen, die Ausfallstraßen der Stadt mit Panzersperren versehen – alles Maßnahmen, deren Sinnlosigkeit evident war. Es bedurfte aller Selbstbeherrschung, nicht offen dagegen Stellung zu nehmen. Helga St. und Käte W. hatten kleines Notgepäck im Bunker des Kleinen Schlosses deponiert und die Absicht geäußert, gegebenenfalls herüberzuschwimmen. Alle Möglichkeiten wurden ins Auge gefaßt! Wir richteten uns so gut es ging ein, die Kinder gleich im Keller als Vorsichtsmaßnahme gegen möglichen Artilleriebeschuß. Bei schönstem Frühlingswetter genossen wir die erste Baumblüte im Garten des Hauses, während über uns Granate auf Granate auf Potsdam zielte. Einmal noch wanderte ich zum Kleinen Schloß zurück und sah den Turm der Heiligengeistkirche niederbrennen. Inzwischen hatten die Frauen des Hauses festgestellt, daß die russischen Panzer im Stadtteil Babelsberg eingedrungen waren. Lena und Ursel fuhren auf Rädern ein letztes Mal in den Park, kamen aber auf dem Rückweg ins Gewehrfeuer eines russischen Vortrupps. Wir Männer kamen nur noch für die kurzen Wege des Wasserholens in Frage, da Volkssturm und Werwolf[562] drohte. Einige Mühe hatte ich übrigens darauf verwenden müssen, Hupfer von der Notwendigkeit zu überzeugen, seine Waffensammlung einerseits und seine Wein- und Spirituosenvorräte andererseits zu vergraben. Eine nicht unerhebliche Arbeit. Arnold Bork schloß damals sich völlig in sich ab, wandelte im Garten auf und ab und schrieb Aphorismen nieder.

561 Das Haus lag in der Wilhelm-Filchner-Straße, Potsdam-Babelsberg.
562 Himmler hatte den Aufbau einer Organisation von Zivilisten befohlen, die hinter den gegnerischen Linien Sabotageakte verüben sollte.

Die ersten Panzer kamen nun auch ins Villenviertel – nicht dankbar genug kann man sein, daß wohl alle Häuser die weiße Fahne gezeigt hatten – und man bekam von der Truppe nur wenig zu spüren. Doch warnten diese Männer vor der Fußtruppe, die nachfolgte. Mit einem großen russischen Panzer vorm Haus schläft sich's schlecht – die Abschüsse erschütterten das Haus in den Grundfesten. Für die Kinder eine Nervenbelastung ohnegleichen, dazu die fortdauernde Lichtlosigkeit. Am 28. nachmittags hörten wir zum ersten Mal Trommelfeuer in weiterer Ferne, aber die Wirkung war atemberaubend. Wochen darauf erfuhren wir, daß die Freundin I[lse] R[üstow] in Kleinwannsee diesem Wüten zum Opfer gefallen war. Ein sonderbares Schicksal, daß sie diesen Krieg und Hitlers Ende nicht überlebte. Ein Granatsplitter traf sie bei häuslicher Arbeit. Ihr Grab ist unbekannt.

Was es heißt, „besiegt zu sein", haben wir in den nächsten Tagen und Wochen erfahren müssen. Die Häuser blieben nun zweckmäßig gleich offen, denn ein Trupp nach dem anderen kam und ging im Haus umher, wie es paßte. Die jungen Frauen wurden nach Möglichkeit vorbei geschleust. Tagsüber ging es, die Nächte waren gefahrvoll. Isolde D. kam ins Haus und erzählte, daß sie dem üblichen Frauenschicksal nicht entgangen war und suchte Zuflucht. Eine junge Frau aus dem Chauffeurhause hatte sich mit Russen eingelassen und blieb zwei Tage fort, ohne daß jemand wußte, wo sie verblieben war. Nun wurde es Ernst, eines Abends erschien ein Trupp Soldateska, versammelte alle Bewohner im Herrenzimmer – Untersuchung nach Waffen – einer blieb zur Bewachung zurück, – die anderen durchstöberten das Haus unter dem Vorwand, nach deutschen Soldaten zu suchen. Sie kamen zurück – gegenseitiges Schweigen – Abwarten – ein unglücklicher Zufall wollte es, daß eine Anfrage Isolde D.s, ob wir nun schlafen gehen könnten mißdeutet wurde – jedenfalls wurden 5 Frauen ausgesucht, sie mußten mitgehen. Der Posten, ein kaltblütiger Mongole, blieb weiter zur Bewachung.

Isolde kam als erste zurück, und wieder ein unglücklicher Zufall wollte es, daß unsere Tochter A. J. durch die Rückkehr aufgeschreckt, von dem Mongolen entdeckt und begehrt wurde. Er gab nicht nach und drohte zu schießen. Blitzschnell kombinierte ich – hier muß ein Opfer so oder so gebracht werden. Entweder gibt es Tote oder später die Seele eines Kindes zu heilen. Das Kind wandte sich in seiner Angst an mich. Da es unklar war, wen die Kugel getroffen hätte und ob es schließlich dabei geblieben wäre, entschloß ich mich kurzerhand, dem Schicksal zu vertrauen. Ich rief A. J. mehrmals heftig an, „Steh auf!" wonach sie seltsam gefaßt war, und so übergab ich das Kind dem Russen. Ein letzter Versuch, das Schlimme zu verhüten, Lena wollte statt des Kindes gehen, mißlang. Andreas Verzweiflung war zur Unerträglichkeit gestiegen – wie lange es gedauert hat, ist nicht abschätzbar, obwohl meine Erregung durch nüchterne Überlegung und Entschluß scheinbar niedergeschlagen war. Andrea wiederholte unter Schluchzen ununterbrochen die Worte: „Lieber Gott, komm zu uns" – bis A. J. zurückkam. Es war ihr nichts geschehen, der Russe hatte sie gehen lassen.

Erst später erfuhren wir, daß U. R. ihren Offizier gebeten hatte, sich des Kindes anzunehmen, wofür sie selbst bitter leiden mußte. Der Dank ist ihr immer gewiß – ich fand sie völlig verstört. Vielleicht vermochte ich im ersten Augenblick einiges Tröstende zu sagen, jedenfalls hat mich ihr erstes Wort: „Wie geht es A. J." aufs tiefste berührt. Nach und nach gewann sie Fassung und die Frauen blieben unter sich. Hupfer zeigte sich von bester Seite, gefaßt, ohne Sentiment. Das Haus war von oben bis unten durchwühlt, und nach und nach stellte sich heraus, was bei jedem fehlte. Vom Rest der Nacht weiß ich kaum noch etwas. Das Gedächtnis hat nicht mehr registriert. A. J. war leicht zu beruhigen, da sie nicht erfaßt hatte, in welcher Art Gefahr sie geschwebt hat. Doch ich bin der Meinung, daß für Andrea die Tatsache der gewaltsamen Trennung von der Schwester ein Erleben von gravierendem Ernst bedeutet hat, das nicht ohne Schaden geblieben ist.

Das Geschehen dieser Nacht hatte jedem klargemacht, daß kein Bleiben in diesem Hause war. Insbesondere erstrebte Lena die sofortige Rückkehr ins Kleine Schloß. Sie und der fast wiederhergestellte A. Bork unternahmen den Weg zum Park und stellten fest, daß die Unternehmung möglich sei. Ursel wollte mit zu uns, was ich aber abschlagen mußte, da die Russen einigen Frauen mit Hartnäckigkeit nachstellten, so lag die Möglichkeit nicht fern, durch Ursels Mitgehen die Russen ins Kleine Schloß zu ziehen. So schwer es mir fiel abzuschlagen, so froh war ich zu wissen, daß sie ein anderes Quartier gefunden hatte. Unser Rückweg ging nicht glatt – die Hauptstraße, die wir überqueren mußten, lag unter Maschinengewehrfeuer. Eine weitläufige Umgehung über den Stadtteil Babelsberg und im Park unter Vermeidung des Uferweges gelang. Wir hörten, daß inzwischen auf der kleinen Anhöhe über unserem Hause neben dem Marstall drei russische Panzer aufgefahren waren, um zwei Tage lang Potsdam zu beschießen. Die Frauen waren auch hier nicht verschont geblieben. Die Panzer waren fort. Bald erfuhren wir von der Kapitulation Berlins, vom Selbstmord Hitlers und von der Gesamtkapitulation Deutschlands [8. Mai].

Jede russische Streife war nun eine erneute Erregung. Lena selbst und A. J. schminkten sich zu häßlichen, elenden Weibsbildern und versuchten, den Soldaten auszuweichen. Das Leben im Bunker hörte nun auf.

Bald versuchte man, die Verbindung mit den Freunden und Bekannten wieder aufzunehmen. Die „Stifter" erschienen schon bald – ich selbst machte am 7. 5. den ersten Gang nach Potsdam und suchte u. a. Noack auf – der Versuch einer Annäherung nach unserem Zerwürfnis, der aber von seiner Seite ohne Erwiderung blieb – Elsa Mengden war nach Berlin durchgekommen, noch im April.

Ich war vom Ausmaß der Zerstörung aufs tiefste beeindruckt. Es erschien mir unmöglich, daß bis auf weiteres auf irgendeine musische Erweckung zu rechnen war. So war es mir lieb, daß die Instandsetzung der Wohnung alle meine Kräfte weiter in Anspruch nahm. Aber ich hatte mich getäuscht, denn der Magistrat Potsdam meldete sich durch Wilksch[563] wegen Übernahme des Chors und gleichzeitig einige Damen des Chors in privater Aktion. Mit Landgrebes Rückkehr rechnete man nicht, nachdem er als SS-Mann und „führende Größe" an sich schon belastet, sich außerdem noch den Kämpfen um Potsdam entzogen hatte. So fand schon Ende Mai (23.) die erste Probe unter meiner Leitung im Viktoria-Gymnasium statt. Nach dem Erlebten war der Eindruck dieses ersten Musizierens ein ganz starker und wird unvergeßlich bleiben. Für mich kam hinzu, daß diese erste dirigentische Betätigung in meiner Vaterstadt und meiner Schule stattfand. Käte Walter zog es nach Berlin, um zu sehen, was aus ihren Eltern geworden war. Irgendeine Fahrverbindung gab es nicht, man mußte zu Fuß gehen. Für mich wurde es Anlaß, um in Wannsee nach Ilse R. zu forschen. Obwohl allenthalben Bergungskommandos eingesetzt waren, sahen wir auf dem Wege durch die Wälder bis Wannsee manchen toten Soldaten und Pferdekadaver. [...]

Die Lebensmittelversorgung kam nur schwer in Ordnung. Viele Lager waren geplündert worden von der deutschen Bevölkerung. Es gab kaum mehr als das notwendige Brot. Ohne Vorräte, die Lena mühevoll erspart hatte, wäre ein Durchkommen kaum denkbar gewesen. [...] Für uns war die Ernährungssorge und die fortlaufende Bedrohung A. J.'s durch die Russenbesuche Anlaß, das Kind in das Augusta-Stift nach Potsdam zu geben, wo es seitdem vortrefflich untergebracht ist.[564] So blieben schließlich wir drei übrig, nur Sonntag kam der Besuch aus dem Stift.

---

563 Friedhelm Wilksch, Cellist und Gambist, 1945 Leiter der Musikabteilung im Kulturamt der Stadt Potsdam, dann einer Kammermusikvereinigung.

564 Die Schule und die Heimbewohner mußten das Haupthaus 1945 für die Rote Armee räumen. Das Gebäude wurde Zentrale des sowjetischen Geheimdienstes in Deutschland. Die Schule setzte bis zu ihrer Auflösung den Unterricht zunächst in einem Nebenhaus fort, dann in anderen städtischen Schulen. Die Internatszöglinge wurden im Emmaus-Haus untergebracht. Das Stift wurde 1958 aufgegeben. 1994 wurden die Gebäude an das Kurtorium der Kaiserin Augusta Stiftung zurückgegeben, die es 2004 verkaufte.

Vorübergehend tauchte der Plan auf, ein Berufsorchester in Potsdam zu gründen – ein Mitglied der Berliner Philharmoniker und einige Herren aus dem Deutschen Opernhaus interessierten sich sogar dafür. Ein Zeichen dafür, wie sehr man am Zusammenschluß von Städten wie Berlin-Potsdam zweifelte. Auf die umständlichste Weise gelangte man noch im August und September nach Berlin. Als die Zeit etwa auf 4 Stunden geschrumpft war, empfand man es als einen wesentlichen Fortschritt. Der Fußweg nach Wannsee blieb die längste Zeit noch zu bewältigen, das Essen mußte jeweils im Rucksack mitgenommen werden.

Ich wurde von Frau Plagge[565] gebeten, die Leitung des Collegium musicum Potsdam, wie ich es benannte, zu übernehmen. Ähnlich wie im Städtischen Chor, war auch hier die Tatsache des Musizierens als solchem nach der Katastrophe beglückend. In einem stark zerstörten Hause, der Wohnung des ehemaligen Bürgermeisters Beyrichen,[566] der Potsdam verlassen hatte, fanden die Übungsstunden statt. Die Leistungen besserten sich insgesamt so, daß ein kleines Konzert in Caputh und Werder in Aussicht genommen werden konnte.[567]

Lena bekam nun eine harte Zeit: Andrea erkrankte an Keuchhusten und eine entsetzliche Regenperiode zeigte, daß das Dach des Hauses weitgehend undicht war. Nur ein Zimmer blieb trocken. Wir hatten das Wasser eimerweise zu beseitigen und konnten trotzdem nicht verhindern, daß es bis zum Parterre weiter durchlief, was zu Ärgernissen führte. Wir mußten einsehen, daß wir für den Herbst und Winter dort nicht bleiben konnten. Ein früher schon angewiesenes Arbeitszimmer in der Birkenstraße in Potsdam war Ausgangspunkt zu Verhandlungen über weitere Überlassung von Räumen der Wohnung von Furtwänglers Sekretärin Rechenberg. Wir atmeten auf über das Zustandekommen. Der Umzug sollte Anfang Juli vonstatten gehen, kam aber nur zu einem Teil zustande. Die Einrichtung meines Arbeitszimmers mit Flügel und Kleinklavier, Noten, Bettgestell und Hausgerät, wie es für die Birkenstraße gebraucht wurde, landete gut und glücklich dort. Der Transport der anderen Möbel, die bei den befreundeten Dobroschkes[568] untergestellt werden sollten, wurde aus verschiedenen Gründen vereitelt. Am

---

565 Hilde Plagge, Geigenlehrerin, verh. mit Günter Plagge, Pianist, Professor an der Hochschule für Musik, Berlin.

566 Friedrich Beyrichen, geb. 1900, Stadtkämmerer in Potsdam 1936–1939.

567 Die Konzerte fanden am 11./12. 8. 1945 statt.

568 Die Familie Dobroschke hatte einen naturheilkundlichen Betrieb zur Herstellung von Hustensaft Pertussin in der Behlertstraße 29. Im „Salon" fanden auch Vorträge statt, siehe Wirth, Der andere Geist von Potsdam, S. 188. Auch Musikschüler haben dort vorgespielt.

festgesetzten Tage war heftigster Regen, dann erhielt die Speditionsfirma Russenaufträge.

In diese Zeit fiel die Vorbereitung der „Potsdamer Konferenz" der „Großen Drei",[569] die eine Atmosphäre außerordentlicher Nervosität verbreitete und eine schwere Prüfung für die Bevölkerung bedeutete. Die Verantwortung der Russen für den unbedenklichen Ablauf war eine ungeheure, das muß zugegeben werden, und ihre scharfen Maßnahmen gerade im Hinblick auf den „Geist von Potsdam" zu verstehen. Massenverhaftungen ehemaliger Militärs oder Ausweisung aus dem Potsdamer Gebiet (auf km festgelegt), Sperrung oder Räumung ganzer Stadtgebiete etc. brachte vorübergehend große Unruhe und Verwirrung in die Stadt. Wir wurden doppelt betroffen, einmal durch die Anordnung, daß alle Parks geräumt werden mußten, war der Abtransport der Möbel nicht mehr möglich, zu zweit erhielten wir keine Wohnerlaubnis in der Birkenstraße (Nähe des Neuen Gartens, in dem die Konferenzen stattfanden).

Fräulein Dalski[570] nahm uns drei auf. Dort feierten wir Lenas Geburtstag. An einem besonders heißen Tage unternahm Lena mit Andrea nochmals den Versuch, bis zum Kleinen Schloß vorzustoßen – der Weg war eine Anstrengung, denn es gab keine Fahrgelegenheiten – sie hatte aber Schwierigkeiten mit dem Posten. Die körperlichen Entbehrungen mit den erhöhten Anforderungen seit langer Zeit brachten für Lena eine Erkrankung an Paratyphus, der in Potsdam epidemisch auftrat und viele Opfer forderte. Lena überstand die Krankheit relativ gut und glatt, doch wäre eine größere Rücksicht auf den Schwächezustand in der Rekonvaleszenz zu wünschen gewesen. In dieser Zeit kam auch für mich die letzte Vorbereitung auf die erste Aufführung des Städtischen Chors. Eine befriedigende Arbeitsmöglichkeit bei Dalskis gab es nicht, so suchte ich anderswo und fand für die Korrepetition mit Käte Walter bei Höpfners[571] Aufnahme. Mein Ziel war, das Requiem auswendig zu dirigieren.

Acht Tage vor der Aufführung erklärte Wilksch, die Philharmoniker könnten nicht, das Konzert müßte ausfallen. Ich beschloß, das äußerste zu tun, um das zu verhüten. Mit Hartung[572] fuhr ich im Auto nach

---

569 Gemeint sind: Harry S. Truman, Präsident der USA, Stalin und Churchill (ab 28. 7. Clement R. Attlee), Großbritannien.
570 Irmgard Dalski, Kronprinzenstraße, gab Gesang- und Klavierunterricht, sie war Vorstandsmitglied des Städtischen Chors.
571 Herbert Höpfner, Lehrer am Viktoria-Gymnasium, ein guter Cellospieler.
572 Otto Hartung, 1937 verhaftet, ab Mai 1945 Kulturdezernent von Potsdam, übernahm dann die Leitung der Volkshochschule.

Berlin und bekam das Orchester des Deutschen Opernhauses, mit dem ich schon vorher wegen eines Gastkonzertes in Verbindung gekommen war.

Die Aufführung am 29. 7.,[573] Lenas erster Ausgang nach ihrer Krankheit, gelang sehr gut und war ein großer Erfolg. Um dieses Ereignis gruppierte sich manches Erfreuliche wie Traurige. Durch Kätes [Walter] Initiative war es gelungen, die Wohnerlaubnis für die Birkenstraße zu bekommen. Gleich nach dem Konzert also hielten wir Einzug. Dann die erste künstlerische Begegnung mit Gerda Lammers,[574] die zu voller gegenseitiger Freude ausfiel. [...] In den folgenden Tagen genossen wir von Herzen das neue Heim. Die Mitbewohner – Frau von Hoffmann und Frau Dr. Tiburtius – waren nach den Babelsberger Hausgenossen ebenso wohltuend wie die kultivierte Einrichtung der Wohnung. Ich freute mich auf die Arbeit, im Besonderen auf das bevorstehende Berliner Konzert am 15. 8.[575]

Während Hunderte von Menschen in einer Woche an Unterernährung starben, tagte die Konferenz. Es gab nur eine Sorge – möge nichts passieren, was man der Bevölkerung zur Last legen könne. Die Sicherungsmaßnahmen waren gottlob durchgreifend genug. Manchesmal kam es, daß wir durch Absperrungen irgendwo festsaßen und die Familie halbtagsweise nichts voneinander wußte, oder daß Proben unvermutet ausfallen mußten etc. Kolonnen der prächtigsten Wagen fuhren die Mitglieder des Komitees zu Banketts – wie man hörte.

Auf dem Rückmarsch von einer Berliner Unternehmung traf ich am 7. 8. überraschend Jutta Barchewitz auf der Wannsee-Straße. Die Plötzlichkeit und das Unvorhergesehene der Situation waren überwältigend. Wir verabredeten für die folgenden Tage ihren Besuch in Potsdam. Sie erlebte mit, wie wir unser kürzlich bezogenes Domizil räumen mußten. Die Nachricht von dem Befehl verursachte bei Lena einen Anfall von Verzweiflung. Es war klar, daß wir Möbel und Instrumente in der angesetzten Zeit nicht herausschaffen konnten und somit das letzte Eigentum verloren. Die Frage, war es richtig in Potsdam zu bleiben? überwältigte sie umso mehr, als die Hoffnung, durch das Hiersein den Besitz zu erhalten, nun dahingeschwunden schien. Koffer mit Kleidung und Lebensmitteln, wenigen Noten, Bettzeug, war das einzige, das am Konzerttag (15.) zu unserem neuen Quartier (2 Zimmer bei

---

573 Aufführung des Städtischen Chors Potsdam: Mozart Requiem.
574 Gerda Lammers (1915–1993), Sopranistin.
575 Symphoniekonzert mit dem Orchester des Deutschen Opernhauses, Dirigent: Hans Chemin-Petit, Solist: Gerhard Puchelt, Klavier.

Elters)[576] in der Spandauerstr. 2a gebracht werden konnten. Alle Kunst-
werte waren dort oder schon in Babelsberg verblieben. Wie bunt war
das Leben in seinen Kontrasten. Daneben stand das Erleben der neuer-
stehenden Berliner Musikwelt. [. . .] Mit einigem Umstellen der Möbel
gelang es, aus den Räumen bei Elters eine recht gemütliche Behausung
zu arrangieren.

Am 20. war ein Sinfoniekonzert der Staatskapelle unter meiner Leitung angesetzt. Auf der Fahrt [von Berlin] ereignete sich in den Straßen
Potsdams ein schwerer Unfall. Ein zu tief hängendes starkes Telefon-
kabel riß das Verdeck des zweistöckigen Wagens nieder und verwundete eine Anzahl der Obensitzenden. Ich selbst trug auch eine kleine Ver-
letzung davon. Der Chock aber war das unangenehmste, denn ich
konnte mich nur mit Mühe auf das eine halbe Stunde später beginnende
Konzert einstellen. Auch dieser Zwischenfall, der ein Todesopfer forderte, eine Begleiterscheinung des ausgehenden Krieges!

In der nachfolgenden Zeit sah ich mit Bekümmern einen immer stärker wahrnehmbaren Kräfteverfall bei Lena. Alles in allem waren die
Schwierigkeiten, die es täglich zu bewältigen gab, besonders nach der
erst unlängst überstandenen Krankheit, eine Belastung seelischer und
körperlicher Natur, der der Organismus auf Dauer nicht gewachsen
sein konnte. Seit Januar – seit der Rückkehr der Kinder, hatte sie die
eigenen Ansprüche gegenüber denen der Kinder und des Mannes zurückgestellt, eine Reihe von Krankenpflegen durchgeführt und dies
neben den schwersten seelischen Erschütterungen, die einer Frau und
Mutter begegnen können. Nun war die Seele und der Körper erschöpft
und doch noch voller Willen durchzuhalten, – aber die Physis entschied
mit „Nein". Als schließlich das Treppensteigen schon zu einer Bedenk-
lichkeit wurde, entschied ich gegen den Willen unserer Leidenden für
Aufnahme ins Krankenhaus bei Dr. Redslob.[577] Diagnose: Anämie. Wochenlange Behandlung mit Leberpräparaten und Päppelkur. Lena war
bestens aufgehoben, und die Erholung machte langsame Fortschritte.
Berlin meldete sich stärker, und da die Verkehrsverhältnisse noch
immer nicht wesentlich gebessert waren, beschloß ich, in regelmäßigen
Abständen mehrere Tage in Berlin-Nikolassee bei Edith Petz zu bleiben.
[. . .]

---

576   Heinrich Elter, 1929 Abitur am Viktoria-Gymnasium, Pianist und Organist (Nikolai-
       kirche), Professor an der Musikhochschule Berlin.
577   Ottilie Redslob, Ärztin am St. Josefs-Krankenhaus, Tochter von Edwin Redslob (1884–
       1973), 1920–1933 Reichskunstwart, Mitbegründer der Freien Universität Berlin, 1949–
       1950 Rektor.

Stappenbeck[578] und Harth drängten auf Wiederherstellung des Philharmonischen Chors, was wegen der Auflösungsbestimmungen von Vereinen aber seine Schwierigkeiten hatte. Die Versuche, Übungen abzuhalten, blieben wegen der Verkehrsverhältnisse durchaus unbefriedigend. Die Hochschule rechnete auf dringendsten Wunsch von Professor Martens und der Studenten auf meine weitere Mitarbeit. Wiedereröffnung war für den 1. November angesetzt. Alles das zusammen ergab eine Fülle von Besprechungen, ebenso die für Oktober geplante Aufführung der f-moll-Messe von Bruckner mit dem Städtischen Chor Potsdam, deren Organisation durch Wilksch's Krankheit ganz in meinen Händen lag. Der Oktober war schon recht kühl, und ich fror bei Elters aus Leibeskräften. Dabei blieb die Ernährung bei einiger Aufbesserung immer noch jämmerlich. [...] Die Bruckner-Aufführung[579] – zweimal am gleichen Tag – wurde allgemein als Erlebnis empfunden. Wiederum war dies wieder Lenas erster Ausgang aus dem Krankenhaus. [...] Ich dirigierte auswendig, was ich hoffte, von nun an immer durchführen zu können, da ich es als eine Vertiefung der Konzentration auf den geistigen Ablauf empfand. Lenas Entlassung aus der Klinik stand bevor, aber es war mir klar, daß eine endgültige Überwindung eine längere Rekonvaleszenz erforderte, die vor allem in Schonung und Ruhe bestand. [...] In Doktorin Redslob fand ich einen Bundesgenossen, und eine 14tägige Schonzeit in der Pension Thümen,[580] die ich Anfang August durch einen Zufall kennen gelernt hatte, wurde von Lena akzeptiert. [...] So blieb Lena vorerst, und ich blieb gelegentlich zur Gemütlichkeit oder auch zum Aufwärmen. Zwar entstanden einige Sätzchen zu Weihnachtsliedern mit Pelzjacke und Handschuhen angetan im Bett liegend, aber das war kein Zustand. Als Arbeitsraum fiel das Zimmer aus – mit Käte Walter zog ich zu Maria Rassow,[581] sofern der Raum frei war. So wuchs der Beschluß, Lena den Winter über bei Thümens zu lassen – eine Tatsache, die sich wohltätig auf die weitere Besserung und Kräftigung auswirkte.

Die Arbeitsmöglichkeiten und -bedingungen blieben völlig unzureichend. Ich bekam Heizmaterial, z.T. Spenden aus dem Collegium musicum, aber das Zimmer, in dem der Flügel stand, blieb unbenutzbar. Einzig das Rassow-Zimmer war ein Ausweg, ein Notbehelf. Unter die-

---

578 Martin Stappenbeck, 1. Vorsitzender des Philharmonischen Chors Berlin.
579 Anton Bruckner, Große Messe in f-moll, Aufführung mit dem Städtischen Chor Potsdam und dem Berliner Symphonie-Orchester am 21. 10. 1945, 11.30 und 15 Uhr, in der Friedenskirche.
580 Pension Thümen, Kapellenbergstraße 12.
581 Maria Rassow, Alleestraße 7, Klavierlehrerin.

sen Voraussetzungen bereitete ich einerseits ein Gastkonzert in der Staatsoper, andererseits die Aufführung des Bach'schen Weihnachtsoratoriums vor. Im November war die Hochschule eröffnet, der Betrieb litt aber unter Lichtlosigkeit und Unheizbarkeit, und der Start erwies sich als verfrüht. Mit Mühe führte ich einige Theoriestunden in der Wohnung der Studentin [Brigitte-Rosemarie] Wallenhauer durch, wo ich auch logieren konnte in einem geheizten Zimmer, doch blieb die Chorarbeit und die des Collegium musicum liegen.

Anfang Dezember, direkt vor dem Konzert in der Staatsoper,[582] erhielten Elters russische Einquartierung, und wir mußten räumen. Wieder eine besondere Unruhe! Lena fand glücklicherweise im gleichen Hause ein schönes großes, gut heizbares Zimmer für mich.[583] Elters stellten den Flügel zur Verfügung, so war ich die Treppe herauf gefallen, die Russen stellten Heizmaterial zur Verfügung, so daß ich vorübergehend glücklich sein konnte. Das Staatsopernkonzert verlief nicht so glücklich wie erhofft – ich litt unter Nervosität bedingt durch die unzureichende Vorbereitung. Besser später das Weihnachtsoratorium, doch auch nicht ohne Einschränkung. Einen Beethoven-Abend des Symphonie-Orchesters mußte ich absagen, aus denselben Gründen.

Weihnachten 1945, eingeleitet durch die Bach-Aufführung am 4. Advent,[584] war das erste Fest der wiedervereinten Familie und stand ganz unter dem Zeichen gemeinsamen Musizierens. Christvesper in der Friedenskirche, bei der die Kinder blockflöteten, private Feier mit der „Leihtochter" Agneta Wecke mit der Weihnachtsgeschichte und Musik der Kinder und schließlich die allgemeine Feier bei Thümens im Saal mit Weihnachtssätzen aller Art. So ging das schicksalsschwere Jahr 1945 harmonisch zu Ende. Annäherung an die Damen des Hauses Thümen machte sich für Lena wohltuend bemerkbar.[585]

Die Niederschrift – seit langem als eine Notwendigkeit für mich erkannt – erfolgte nun als erste Beschäftigung in den ersten Ferientagen der ersten Erholungsreise nach Rügen nach 3-jähriger angestrengtester Arbeit. Sie macht, da sie ohne irgendwelche schriftliche Anhalte frei aus dem Gedächtnis verfaßt ist, keinen Anspruch auf die Zuverlässigkeit eines Tagebuches, sie ist teils mit Zeitraffer, teils mit Zeitlupe geschrieben, ebenso wie die seelischen Eindrücke dem Gedächtnis sich verschieden einprägten. Mag sein, daß einzelne Begebenheiten sich im Nach-

---

582   Symphoniekonzert der Staatskapelle Berlin, 7. 12. 1945.
583   Wohnung der Fotografin Else Boroffka-Niemeyer.
584   Aufführung des Weihnachtsoratoriums am 23. 12. 1945 in der Friedenskirche.
585   Im Hause Thümen fanden 1946 wieder Hauskonzerte statt.

einander verschoben haben, doch will das im Ablauf des ganzen Geschehens nur wenig Bedeutung gewinnen. Für den, der es selbst miterlebte, mag es ein interessanter Spiegel der seelischen Wertstufung sein, festzustellen, wo und warum vom Tatsächlichen abgewichen wurde, für alle anderen bleibt es gleichgültig. Abgesehen vom Zwang, das Geschehen dieser einzigartigen Monate noch einmal an sich vorüberziehen zu lassen, sei es für alle Freunde mitgeteilt. Für viele von ihnen mag das eine oder andere fremd an ihrem Freunde erscheinen, es sei ihnen gesagt: aus solchem Strome des Geschehens steigt keiner unverändert ans Ufer. Da mögen diese Zeilen vielleicht ein Schlüssel zum Verständnis abgeben.

Würde sie aber jetzt nicht niedergeschrieben worden sein, so würde vielleicht das Gedächtnis mehr und mehr nur das Allerwesentlichste behalten haben, und das eine und andere Bindeglied wäre verloren. Die Autofahrt jetzt in den letzten Augusttagen 1946 gab der Erinnerung Anlaß, einen kühnen Sprung in das Jahr des Kriegsausbruchs 1939 zurück zu tun, in dem wir anfangs August ein letztes Mal das Glück einer Reise im eigenen Wagen nach Arkona genossen. Alles war gegenwärtig wie am Vortage, nur waren die Städte in ihrem Aussehen grauenhaft entstellt, aber Rügen als Landschaft unverändert.

Zuletzt die Frage: war es richtig, das Ende des Krieges in Potsdam zu erleben? Eine Antwort darauf kann es nicht geben, da das Gegenteilige nicht abschätzbar ist. Es bleibt also reine Spekulation. Folgendes bleibt aber sicher, hätten wir die Monate in Göttingen verbracht, so wäre manches erspart geblieben, ob das aber ein Gewinn war, ist wiederum nicht abschätzbar. Daß ich hüben wie drüben in den Beruf gekommen wäre, sei angenommen, denn es kommt immer darauf an, was man aus der gegebenen Situation macht – hier halfen alte Beziehungen, dort wäre der Neubeginn reizvoll gewesen. Einerlei: hier sehnte man sich der Kinder willen nach drüben, drüben hätte man sich bald nach dem Zusammenbruch nach hier gesehnt, denn eines steht fest, was neulich auch ein Ausländer sagte: Berlin ist zur Zeit die interessanteste Stadt Europas. Seien wir zufrieden, dabei zu sein.

Anhang

Werner Schrank

Die Russen in Potsdam[586]

Das Ende des „Dritten Reichs" war für uns der Anfang der sowjetischen Militärherrschaft. Meine Familie war, nachdem unsere Wohnung in einem Nebengebäude des St. Josefs-Krankenhauses durch den Luftangriff vom 14. April 1945 unbewohnbar geworden war, in der nahe gelegenen Villa Liegnitz im Park von Sanssouci untergekommen. Prinz August Wilhelm, genannt „Auwi", der der Eigentümer der Villa war, hatte bereits Potsdam gen Westen verlassen, um nicht in die Hände der Russen zu fallen. Dazu hatte er schon deshalb allen Grund, da er nicht nur einer der Söhne des letzten Kaisers, sondern auch ein hochrangiger SA-Führer war. Als er von der erheblichen Zerstörung des Krankenhauses erfuhr, bot er sein Haus als Unterkunft für Pflegepersonal und Patienten an, wohl auch, um es vor anderweitiger Verwendung durch die Besatzer zu bewahren.

Mein Vater, seit 1943 chirurgischer Chefarzt des Krankenhauses, durfte mit Familie die Privaträume des Prinzen beziehen. Der hatte schon einmal die ärztliche Hilfe meines Vaters in Anspruch genommen und danach meine Eltern zu einem Abendessen eingeladen, man kannte sich also. Von der Nazirolle, die der „Auwi" früher gespielt hatte, war derzeit wohl nichts mehr zu spüren, wohl aber von der des Kaisersohns. Nach dem Einzug in die weitgehend holzgetäfelten Räume dieser noblen Herberge sahen wir uns allerdings genötigt, etliche Fotos von den Wänden zu entfernen, auf denen der Prinz in SA-Uniform zu sehen war, außerdem eine Göringbüste und eine Pistole. Letztere Gegenstände versenkten wir heimlich im nahe gelegenen Friedensteich.

Den letzten Tag bevor die Russen an die Tür klopften, verbrachten wir wegen des immer lauter werdenden Geschützdonners im Luftschutzkeller. Gegen Abend wurden wir von einem Nachbarn, der aus der gegenüberliegenden Villa Illaire einen Feuerschein aus dem Wintergarten „unserer" Villa gesehen und sich trotz der herumfliegenden Gewehrkugeln zu uns herüber gewagt hatte, vor dem Brand gewarnt, der wahrscheinlich das ganze Haus erfaßt hätte.

---

586 Die Aufzeichnung ist 2009 verfaßt worden. Zu Werner Schrank und seinem Vater Hans Schrank siehe S. 96f.

Mit der berühmten Eimerkette und der überall bereitliegenden „Luftschutzspritze" konnten wir den Brand schnell löschen und uns wieder in den doch einigen Schutz bietenden Keller zurückziehen. Die Haushälterin, Baroneß Lyncker, belohnte uns Retter mit kostbaren Fläschchen aus dem Weinkeller des Prinzen. Trotz meines jugendlichen Alters erhielt auch ich ein solches, wohl 1/3 Liter fassendes Fläschchen. Nach dem Genuß dieses vielleicht köstlichsten Weins meines Lebens schlief ich gut und tief auf meiner Matratze, bis wir am frühen Morgen durch sehr fremdartige Laute geweckt wurden. Es waren halbuniformierte Russen mit roten Armbinden und mit mehreren Pistolen bewaffnet, die uns mit der Aufforderung „Uhri, Uhri" die Armbanduhren abnahmen. Das rote Karo auf weißem Grund, das Zeichen für zivile Krankenhäuser, das wir über dem Eingang der Villa angebracht hatten, hatte sie keineswegs abgehalten, zwecks Plünderung ins Haus einzudringen. Als diese wenig Vertrauen erregenden Leute zunächst wieder abgezogen waren, wohl um ihre Beute auf ihren Panjewagen zu verstauen, standen wir rasch von unseren Matratzenlagern auf und harrten der Dinge, die auf uns zukommen würden.

Es dauerte nicht lange, bis heftiges Klopfen an der Haupteingangstür ertönte. Ich begleitete meinen Vater an die Tür. Als wir öffneten, standen uns zwei junge russische Soldaten gegenüber, wohl kaum älter als ich. Sie trugen saubere Uniformen und dufteten nach stark parfümierter Seife. Ich kann mich nicht erinnern, ob sie Waffen in der Hand hatten. Ich war in so guter Stimmung, dass nun mit dem Eintreffen der Russen der verdammte Krieg ein Ende haben würde, daß ich bei dieser Begegnung an keinerlei Gefahr dachte. Dann fragte mich einer von den beiden: „Du Faschist, du Kapitalist?" Ich mußte spontan lachen und schüttelte den Kopf. Erst hinterher wurde mir klar, warum der junge Russe nicht zuerst meinem Vater, sondern mir seine Aufmerksamkeit zugewandt hatte. Ich trug die gleiche Hose wie die Hitlerjungen, die mit Gewehren und Panzerfäusten gegen sie kämpften. Meine naive freundliche Reaktion schien ihn aber zu beruhigen. Sein größeres Interesse fand dann auch das im Eingangsraum abgestellte, durch modernste Technik besonders wertvolle Fahrrad des Prinzen. Mit diesem kostbaren Beutestück verließen die beiden jungen Russen dann sehr schnell das Haus.

Nicht viel später erschienen erneut die Leute der „ersten Welle" im Hause. Wir hielten sie für ehemalige Partisanen, die mit ihren Panjewagen im Troß der kämpfenden Truppe hinterher gezogen waren. Als mein Vater merkte, daß diese recht verwahrlost aussehenden Kerle sich mit der berüchtigten Aufforderung „Frau komm" junge Frauen aus einem Nachbarkeller herausholen wollten, stellte er sich ihnen entgegen und versuchte, sie mit einigen in Rußland erworbenen Worten davon abzubringen. Es handelte sich um Flüchtlingsfrauen, die in den letzten Kriegswochen in der Villa untergekommen waren. Ein Russe zwang darauf meinen Vater mit vorgehaltener Pistole, sich auf einen Stuhl zu setzen und schien bereit, ihn zu erschießen. Nachdem der Russe ihn schließlich wieder freigelassen hatte, kam mein Vater völlig verstört zu uns zurück. Es war ihm klar geworden, daß er auch die Frauen in unserem separaten Keller, Frau und Tochter und die junge Sekretärin, nicht vor Vergewaltigung schützen konnte, und er dachte daran, sich mit uns zusammen das Leben zu nehmen. Wir kamen dann aber überein, einen Fluchtversuch durch die Gärten neben der Sanssouciallee zu wagen. In den Tagen vorher hatten wir einen solchen Fluchtweg schon vorbereitet und hatten Schlupflöcher in mehrere Zäune geschnitten. Wir ließen alles, auch unsere Luftschutzrucksäcke mit Geld und Wertsachen in dem Keller zurück und entkamen tatsächlich unbemerkt.

Am selben Tag erschien im Krankenhaus eine Gruppe von Offizieren, darunter auch Sanitätsoffiziere, von denen auch jemand deutsch sprach. Sie suchten ein Quartier für die Nacht und nach einem Gespräch mit meinem Vater, in dem er sich als erfahrener Kriegschirurg auswies, baten sie ihn, russische Verwundete aufzunehmen und zu behandeln. Sofort wurden Notbetten schon in der Eingangshalle des Krankenhauses aufgestellt und von da an schützten uns die russischen Patienten vor dem ungebetenen Besuch von Kameraden, die nichts Gutes im Sinne gehabt hätten. Die kultivierten Offiziere, die Nachtquartier im Haus gesucht hatten, erschienen am Abend nicht. Als Grund hörten wir, daß ein Gegenstoß von SS-Truppen befürchtet wurde. Die Kämpfe waren an diesem 24. April ja noch nicht beendet.

Am folgenden Tag bat die Haushälterin der Villa Liegnitz, Frau von Lyncker, um Unterkunft im Krankenhaus. Sie hatte sich die Nacht über in einem abgelegenen Zimmer eingeschlossen. Am Morgen erfuhr sie, wie die russischen Eindringlinge in der Villa gehaust hatten. Sogar eine gelähmte alte Frau hatte man aus dem Rollstuhl gezerrt. Sie war am Morgen tot.

In den folgenden Tagen flüchteten sich immer mehr Menschen ins Krankenhaus, da sie in ihren Wohnungen nicht mehr sicher waren. Einer der jungen ehemaligen Sanitätsoffiziere, die als Assistenten meines Vaters die Lücken der Geflüchteten ausfüllten, erlitt eine schwere Beinverletzung, als ein Russe durch die verschlossene Wohnungstür schoß. Die Flüchtlinge wurden in mehreren Zimmern der oberen Stockwerke des Hauptgebäudes untergebracht, wo man die zerstörten Fenster provisorisch mit abgewaschenen und zusammengenähten Röntgenfilmen geschlossen hatte.

Sehr bald konnten die beiden Operationssäle wieder in Betrieb genommen werden, obwohl die Nebenräume des OP-Trakts durch den Luftangriff zerstört worden waren. Es gab sofort einen großen Andrang von ambulanten Patienten, die nach Verletzungen wegen schwer heilender infizierter Wunden längere Zeit behandelt werden mußten. Antibiotika standen ja noch nicht zur Verfügung.

In der Folgezeit erhielten wir immer wieder Besuch von einzelnen russischen Soldaten, aus ganz verschiedenen Gründen. Einige brachten in Kissenbezügen Mehl oder andere „Produkti" in beträchtlichen Mengen, die vielleicht in erster Linie den russischen Patienten zugutekommen sollten. Andere waren auf Beute aus und spionierten im Hof und um die Nebengebäude. Von dem Auto meines Vaters fehlten bald alle Räder und später das ganze Auto. Ein anderer hatte wohl einen Tipp bekommen und fand in einem Keller die Koffer der Insassen des zu St. Josef gehörenden Altersheims. Während der Russe schon in den Koffern wühlte, wurde unser Beschützer, ein Kapitan, dem mein Vater einen Arm gerettet hatte, zu Hilfe gerufen. Er schickte einen Untergebenen, der dem Plünderer etwas ins Ohr flüsterte. Der zog sich sofort zurück, allerdings unter Mitnahme eines Fotoapparates, der ohnehin der Abgabepflicht unterlag. Ich denke noch an einen besonders großen stattlichen Soldaten, der die zu ebener Erde gelegene Küche inspiziert hatte. Als er mit verdrossener Miene herauskam, sagte er nur: „Kloster nix gut." Er hatte offenbar die immer noch kugelige Küchenschwester in ihrem Ornat der Boromäerinnen zu Gesicht bekommen.

Zu den begehrtesten Beutestücken der Plünderer gehörten Fahrräder. Während wir bereits als Kinder gelernt hatten, mit dem Zweirad umzugehen, hatten offensichtlich viele Russen dazu nie Gelegenheit gehabt. So bot sich unseren heimlichen Blicken auf dem an das Krankenhausgelände angrenzenden Zimmerplatz ein groteskes Bild. Etliche Russen bemühten sich, mehr oder weniger erfolgreich, die nötige Balance auf dem erbeuteten neuen Fahrzeug zu erlernen. Einige hatten neben Autos, ein ihnen vertrautes Mittel der Fortbewegung, Pferde, für sich requirieren können. Immer wieder hörte man das Geräusch galoppierender Pferde, deren Reitern wohl gepflasterte Straßen ganz unbekannt waren. Ich sah, wie eines der älteren Pferde unseres Stalles, die Fuchsstute Loni, so malträtiert wurde. Ich hatte als Mitglied der HJ[587]-Reiterschar nicht nur dort Reiten gelernt, sondern war auch an der Pferdepflege beteiligt.

---

587 HJ=Hitlerjugend.

Die Begehrlichkeit der Russen nach Fahrrädern führte zwangsläufig bald zu einem erheblichen Mangel an diesem so wichtig gewordenen Verkehrsmittel. Ich kam nach Verlust meines nach den langen Kriegsjahren auch nicht mehr ganze heilen Rades irgendwie an eines, das nur noch mit dem Allernötigsten ausgestattet war, das aber noch fuhr. Das Fehlen von Schutzblechen, geschweige denn eines Gepäckständers, erwies sich eines Tages im Spätsommer 45 als ungeahnter Vorteil. Ich passierte auf der Heimfahrt von einem Besuch bei unseren früheren Nachbarn in Tempelhof mit meinem eigentlich recht unansehnlichen Fahrrad die sowjetische Kommandantur in der Berliner Straße, als ein russischer Offizier aus dem Gebäude gesprungen kam. Mir war sofort klar, daß der es auf mein Fahrrad abgesehen haben mußte, und ich trat mit aller Kraft in die Pedale. Der Russe hätte in das unbedeckte Hinterrad greifen müssen, um mich festzuhalten. Ich weiß nicht, ob er das versucht und sich dabei möglicherweise verletzt hat. Daß es sich bei diesem Straßenräuber um einen Offizier, mindestens im Leutnantsrang handelte, war deutlich an den breiten gelbroten Schulterstücken zu erkennen.

Eines Tages, noch im Sommer 1945, wurde ein wohl durch einen Verkehrsunfall verletzter Russe ins Krankenhaus eingeliefert. In seiner Begleitung ein anderer russischer Soldat, der nicht davon abzubringen war, mit in den Operationssaal gelassen zu werden. Als man den Verletzten auf den OP-Tisch legte, fing der Kamerad an, Arzt und Schwester zu behindern und regelrecht zu toben. Er war stark betrunken und glaubte wohl, man wolle den Freund massakrieren. Mit Hilfe einiger Patienten, halbgenesener deutscher Verwundeter, gelang es, den Mann in einen Nebenraum einzusperren. Inzwischen lief jemand mit mir zusammen auf die Straße, wo russische Offiziere mit ihren Frauen zu einem sonntäglichen Parkspaziergang unterwegs waren. Es gelang uns, zwei Offiziere zu Hilfe zu holen. Die Tür zur Vorratskammer wurde geöffnet und der Soldat harsch aufgefordert, das Haus mit ihnen zu verlassen. Als der offenbar nichts verstand und keine Anstalten machte, dem Befehl zu gehorchen, wurde er mit Fäusten und schließlich mit wenig zarten Fußtritten über Gänge und Treppen aus dem Haus befördert. Ich konnte noch beobachten, wie er die Straße Richtung Innenstadt entlang torkelte, und staunte, daß er sich nach einer derartigen Malträtierung überhaupt noch auf den Beinen halten konnte.

Bald verlor mein Vater wieder einen Assistenten. Es war die Zeit der „Potsdamer Konferenz". Die Russen versuchten, die Zufahrtsstraßen zum Neuen Garten und Schloß Cecilienhof für die „Großen Drei" dadurch sicherer zu machen, daß sie die Männer aus den angrenzenden

Häusern verhafteten und in Lager transportierten, soviel ich weiß bis nach Russland. Unser Dr. Kurt Pochhammer[588] erkrankte im Lager an Gelbsucht und wurde deshalb nach nicht allzu langer Haft entlassen.

Die Dankbarkeit der russischen Patienten äußerte sich mehrfach noch nach ihrer Entlassung. Ein Offizier brachte meinem Vater eines Tages ein ordentliches Stück von einem Wildschwein, das er geschossen hatte. Er sagte dazu: „Es ist ein Cherr", das Wort Eber war ihm wohl nicht geläufig. Ein Oberst kam mehrmals, wenn er getrunken hatte, um sich an der Brust meines Vaters auszuweinen. Er zog dann ein zerknittertes Foto von seiner Familie aus der Tasche und zeigte es mit den Worten: „So eine liebe Frau und so liebe Kinder und ich so ein Schwein."

Nachdem der Krieg für uns zu Ende war, stellten wir Schüler, für die es zunächst noch keinen Unterricht gab, uns gerne zur Verfügung, um überall zu helfen, wo wir uns nützlichen machen konnten. Es ging um Aufräumarbeiten, Reparaturen und bald schon um den Wiederaufbau zerstörter Gebäudeteile. Meine 14-jährige Schwester Elisabeth betätigte sich als Hilfe auf der Kinderstation. Leider war nicht rechtzeitig erkannt worden, daß eines der Kinder, die sie betreute, an Diphtherie erkrankt war, sie steckte sich an. Da kein Serum (Antitoxin) und natürlich auch noch kein Penicillin zu beschaffen war, reichten alle pflegerischen Maßnahmen nicht aus. Sie starb am 7. Juni 1945. Ihr Verlust war für uns, die Familie, ein schwerer Schlag. Sie war ein kluges, für ihr Alter reifes und wegen ihres freundlichen Charakters allseits beliebtes Mädchen. Ihr Tod löste eine entsprechend große Anteilnahme nicht nur bei den Freunden, sondern auch bei den Schwestern und Angestellten des Krankenhauses aus, mit denen wir ja in diesen Notzeiten eng zusammenlebten.

Das Familiengrab der mütterlichen Familie befand sich in Wannsee. Bis zum Tode meiner Schwester hatte es seit Kriegsende noch keine Verbindung zu meiner in Wannsee lebenden Großmutter Josephine Brasch gegeben. Die Glienicker Brücke war nach Sprengung unpassierbar, und es dauerte noch einige Zeit, bis russische Pioniere eine Behelfsbrücke errichtet hatten. Als ich mich zusammen mit meinem Freund Reimar Baur[589] zu Fuß nach Wannsee auf den Weg machte, um zu erkunden, ob eine Bestattung dort derzeit überhaupt möglich wäre, war diese Brücke bereits in Funktion. Ich suchte zuerst meine Großmutter auf, die das Kriegsende gesund überstanden hatte. Es war

---

588 Kurt Pochhammer (1920–2004), Chirurg, DSV (= Deutscher Segler Verband)-Präsident, Vorsitzender des Vereins Seglerhaus am Wannsee.
589 Reimar Johannes Baur, Abiturient des Viktoria-Gymnasiums 1948, Film- und Theaterschauspieler.

schwer, ihr den Tod ihrer Enkelin mitzuteilen. Dann benötigten wir ihre Hilfe, um jemanden von der Friedhofsverwaltung zu erreichen. Es gelang tatsächlich, den Totengräber zu finden und irgendwie die Nachricht zu befördern, dass die Bestattung noch am selben Tag stattfinden konnte. Am Nachmittag traf die Trauergesellschaft auf dem offenen Militärlastwagen ein, den unser Schutzengel, der russische Kapitan, zur Verfügung gestellt hatte. Außer meinen Eltern und meinem Bruder Helmut waren der Stadtpfarrer Dr. Allendorf und zwei Ordensschwestern gekommen. Alle hatten auf der offenen Ladefläche um den Sarg herum Platz gefunden. Die Schwestern hatten die Ministrantengewänder für meinen Freund und mich mitgebracht und wir ministrierten bei der Begräbniszeremonie.

Noch im Mai 1945 wurde der Unterricht an unserem Gymnasium wieder aufgenommen. Einige Lehrer fehlten. Sie waren als NS-Parteigenossen bereits von den Russen abgeholt worden.[590] Einer hatte sich zusammen mit seiner Frau das Leben genommen.[591] Der Direktor[592] konnte im Amt bleiben. Er hatte nicht der Partei oder einer anderen NS-Organisation angehört, vielleicht ein einmaliger Fall. Eines Tages wurde uns mitgeteilt, daß wir älteren Schüler am nächsten Morgen von den Russen zu einem Ernteeinsatz abgeholt würden. Tatsächlich wurden wir an diesem Tage in einem entführten zweistöckigen Autobus der Berliner BVG[593] zu dem ehemals königlichen Gut Uetz gebracht, wo wir Erbsen ernten mußten. Es herrschte schönes Wetter und unsere Stimmung war recht fröhlich, zumal wir die Gelegenheit sahen, unsere Ernährungslage aufzubessern, indem wir nicht nur die Behältnisse des russischen Kommandanten, sondern auch unsere Taschen mit Erbsen füllten. Die Enttäuschung war natürlich groß, als wir vor dem Rücktransport unsere Taschen umdrehen und die kostbare Beute wieder hergeben mußten. Die begleitende Strafpredigt des Kommandanten klang

---

590 Lothar Blankenburg und Karl Catholy, zwei ausgezeichnete Lehrer, starben in sowjetischer Haft. Karl Deinert und Otto Rusch wurden zeitweilig inhaftiert und durften nicht mehr unterrichten.

591 Zu Walter Erich Boschann siehe Thimme, Vom Nationalsozialismus zum Sozialismus, S. 3f. und Schwarz-Schilling, Die echte Befreiung, S. 309: „Der Schullehrer war ausgezeichnet [...]. Wir erfuhren von der Idee der Freiheit, des Bewußtseins, der menschlichen Person und des Gewissens. Ja, sogar über die Demokratie wurde hier gesprochen [...]. Hier konnten wir reden und denken [...]".

592 Hermann Diehl (1884–1946), Direktor des Viktoria-Gymnasiums ab 1930. Er war ein charakterlich vorbildlicher Direktor mit demokratischen Überzeugungen, der der Bekennenden Kirche angehörte. Siehe Maximilian C. Böse, Im Zeichen der Eule. Geschichte und Geschichten vom Helmholtz-Gymnasium Potsdam, Wilhelmshorst 2001, S.69f.

593 Berliner Verkehrsb[g]etriebe.

nicht freundlich, blieb aber kurz, zumal er kein Deutsch und wir kein Russisch verstanden.

Bei einem zweiten solchen Arbeitseinsatz, der wohl hauptsächlich als Erziehungsmaßnahme gedacht war, mußten wir auf dem Güterbahnhof Potsdam Briketts aus einem Güterzug in Lastwagen umladen. Nach der Arbeit müßen wir ausgesehen haben wie Grubenarbeiter nach der Schicht. Leider fehlten uns die Duschen.

Erstaunlicherweise entwickelte sich bereits im Frühsommer ein kulturelles Leben in Potsdam. Im Konzerthaus, das später von den Russen beschlagnahmt und zum Haus der Offiziere gemacht wurde, gab es wieder Konzerte und andere Veranstaltungen. Gegen Ende des Krieges waren viele Künstler aus Berlin in das bis zum 14. April fast unzerstörte Potsdam ausgewichen. Ich erinnere mich an eine Wilhelm-Busch-Lesung, die der bekannte Schauspieler Paul Henckels[594] zusammen mit seiner jüdischen Frau[595] veranstaltete. Sie hatte an seiner Seite das „Dritte Reich" überlebt. Künstler der leichten Muse brachten einen Bunten Abend mit Operettengesang und Artistik zustande. Da zunächst die direkten Verkehrsverbindungen nach Berlin unterbrochen waren, wurden die Konzerte in dieser Zeit von Solisten oder kleinen Ensembles bestritten, die derzeit in Potsdam lebten. Diese Konzerte verliefen nicht ganz ungestört. Mehrmals erlebte ich, daß russische Offiziere mitten in einer Aufführung den Saal betraten und mit schweren Schritten die Andacht der Zuhörer störten. Die aufgeführte Musik schien sie nicht zu interessieren, denn sie verließen das Haus gleich wieder, nachdem sie den Gang zwischen den Sitzreihen bis zum Podium und zurück gegangen waren.

Sehr bald wurde in Potsdam eine Konzertdirektion gegründet. Einer der beiden Gründer[596] stammte aus St. Petersburg, hatte aber schon nach seiner Emigration aus Rußland lange in Deutschland gelebt. Er war selbst Geiger und seine russische Muttersprache verhalf ihm offenbar zu großzügiger Förderung durch die Russen. Die Direktion „Pro Arte" sorgte für ein reges Konzertleben in Potsdam und nach der bald wiederhergestellten S-Bahnverbindung nach Berlin kamen auch Berliner Künstler wieder zu uns. Schließlich auch die Berliner Philharmoniker mit dem jungen Dirigenten Celibidache[597] zu einem ersten Konzert in die Friedenskirche.

---

594 Paul Henckels (1885–1967), Schauspieler, Regisseur und Theaterdirektor.
595 Thea Grodtzinsky (1893–1978), Schauspielerin.
596 Gemeint ist Maximilian Körtling, siehe S. 311 ff.
597 Sergiu Celibidache (1912–1996), deutscher Dirigent rumänischer Herkunft, leitete 1945–1952 das Berliner Philharmonische Orchester.

Sofort nach der Wiederaufnahme des Schulbetriebes wurde der russische Sprachunterricht in den Lehrplan aufgenommen. Als Lehrerin eingesetzt wurde eine junge Frau[598] aus einer baltischen Emigrantenfamilie, die sich als pädagogisches Naturtalent erwies. Wir gaben uns schon deshalb alle Mühe, diesen Unterricht zu nutzen, weil wir oft mit russischen Soldaten in Berührung kamen und schon ein paar russische Worte diese Begegnungen freundlicher verlaufen ließen.

Ein russischer Patient, Offizier mit der berüchtigten blau umrandeten Mütze, hatte meinen Vater nach seiner Familie befragt und so erfahren, daß der ältere Sohn auf dem Gymnasium nun auch Russisch lernen würde. Ich erhielt die Einladung, mit meinen Hausaufgaben am Bett des kranken NKWD-Mannes zu erscheinen und seine Hilfe in Anspruch zu nehmen. Einige solcher zusätzlichen Unterrichtsstunden fanden statt und waren mir durchaus förderlich. Eine kleine Episode, die sich während meines Extraunterrichts ereignete, möchte ich gerne erwähnen. Es öffnete sich die Tür des Krankenzimmers und auf dem Rundgang durch das Haus erschien der Hausgeistliche, Pater Friedrich. Er hatte wohl vergessen, welchen für eine geistliche Betreuung ungeeigneten Patienten er hier antreffen würde und zog sich mit einer gemurmelten Entschuldigung schnell wieder zurück. Mein Offizier fand sich durch den kurzen Auftritt des Geistlichen zu einer kleinen Abschweifung in die atheistische Philosophie veranlaßt. Er sagte, unsere Flugzeuge fliegen immer höher, schon über 10.000 Meter, und noch kein Pilot hat je den lieben Gott gesehen.

Eine weitere Neuerung im Lehrplan der Schule war die Einführung des Gegenwartsunterrichts. Der frisch ins Amt gekommene Schuldezernent[599] übernahm selbst den Unterricht in Gegenwartskunde für die beiden letzten Klassen, die übrigens zunächst wegen Lehrermangels zusammen unterrichtet wurden. Man konnte vermuten, daß der neue Mann für das Unterrichtswesen den intellektuellen Kommunisten der 20er Jahre angehört hatte. In dieser ersten Nachkriegszeit beschäftigte ihn vor allem, was in der UNO[600] vor sich ging, und er hob sich vorteilhaft von späteren Propagandisten und Dozenten der Politökonomie ab, die brav und wörtlich die unter Stalin geforderte Sprachregelung wie-

---

598 Karin Girgensohn.
599 Hans Riebau (1899–1999), Mitglied der SED, Potsdamer Stadtschulrat, siehe Böse, Im Zeichen der Eule, S.182ff., und Thimme Rote Fahnen, S. 260. 1946 verbot er die freie Wahl der Vertrauensschüler und trat für die Erzwingung des „unbedingten Herrschaftsanspruchs der Gesellschaft über den Einzelnen" ein.
600 UNO = United Nations Organization, ein zwischenstaatlicher Zusammenschluß von 192 Staaten als globale Internationale Organisation.

derkäuten.[601] Einmal stelle uns Herr Riebau einen jüngeren Journalisten aus der Verlegerfamilie Scherl vor, der uns über die Erfordernisse der nun begonnenen neuen Zeit belehren wollte. Der Sohn unseres Direktors,[602] Schüler der Abiturklasse, hatte wohl Wind davon bekommen, wer uns da zur Belehrung vorgesetzt wurde. Er stand, kaum daß Herr Scherl seinen Vortrag begonnen hatte, auf, ging zum Katheder und legte ihm eine Broschüre auf den Tisch mit der Frage, ob er das geschrieben habe. Es handelte sich um eine Kriegspropagandaschrift, die die Soldaten zum Weiterkämpfen motivieren sollte. Unserem Dezernenten war die Sache peinlich, er entschuldigte sich für seine Unkenntnis. Herr Scherl hatte bereits mit rotem Kopf den Raum verlassen. Wir nutzten die Gelegenheit, an einen unserer altphilologischen Lehrer[603] zu erinnern, der wegen seiner Parteizugehörigkeit Unterrichtsverbot hatte, den aber niemand für einen überzeugten Nazi gehalten hatte. Wir baten zu prüfen, ob der Lehrer wieder seinen Griechisch- oder Lateinunterricht halten könnte. Der Vorstoß hatte Erfolg.

Nach dem baldigen Tod unseres Direktors wurde einem alten, ebenfalls politisch unbescholtenen Lehrer[604] zunächst das Amt vertretungsweise anvertraut. Vor dem 1. Mai 1946 teilte uns dieser Lehrer mit, sämtliche Potsdamer Schüler seien aufgerufen, an dem Maiumzug teilzunehmen, der zum Friedhof der gefallenen russischen Soldaten auf dem Bassinplatz führen sollte. Als ein Mitschüler und ich erklärten, daß wir uns weigern würden, an einer solchen befohlenen Demonstration teilzunehmen, schien er sehr besorgt. Die Russen hatten ihn wohl dafür verantwortlich gemacht, daß alle Schüler diesem Aufruf folgten. Wir argumentierten recht naiv, dass wir nicht den Fehler machen wollten, einer neuen Diktatur keinen Widerstand entgegen zu setzen. Ich weiß nicht, wie viele unserer Mitschüler an dem Umzug schließlich teilgenommen haben. Wie riskant aber unsere Weigerung gewesen sein mußte, konnten wir bald daraus ersehen, wie rigoros die Russen reagierten, als eine andere Potsdamer Schule auf besondere Art ihre Protesthaltung gezeigt hatte. Schüler der Einsteinschule hatten sich statt

---

601 Für die NS-Zeit hat die Forschung eine auffällige Abneigung der Oberschullehrer gegen den Parteieintritt festgestellt. Die Lehrer, ausgebildet in der Weimarer Republik, verhielten sich gegenüber der HJ-Arbeit, die außerhalb der Schule stattfand, reserviert. In der DDR gehörten schließlich ca. Zweidrittel der Lehrkräfte der SED an, darunter Mitarbeiter der Staatssicherheit. Die Mitgliedschaft der Schüler in der Freien Deutschen Jugend (FDJ) war mitentscheidend für einen erfolgreichen Schulabschluß.

602 Ernst Diehl, geb. 1928, 1946 Eintritt in die SED, 1963–1989 Mitglied des Zentralkomitees der SED, Vorsitzender des Rats für Geschichtswissenschaft der DDR.

603 Karl Wey, siehe S. 311, Anm. 507.

604 Oskar Wylach unterrichtete 1920–1948 am Viktoria-Gymnasium.

der am Kampftag der Arbeiter üblichen roten Nelken weiße künstliche Nelken angesteckt, die zufällig im ehemaligen Kaufhaus Karstadt zu haben waren.[605]

In der Eingangshalle unserer Schule befanden sich Gedenktafeln mit den Namen ehemaliger Schüler des Viktoriagymnasiums, die im Ersten Weltkrieg gefallen waren. Als wir eines Morgens die Schule betraten, fanden wir nur noch die Trümmer dieser Tafeln vor, die in einer Nacht- und Nebelaktion, zumindest außerhalb der Schulzeit, zerstört worden waren.[606] Der neue Direktor[607] schwieg dazu, als wir unseren Protest anmeldeten. Wir wußten aber auch, daß diese Aktion auf höhere Weisung erfolgte. Obwohl wir in unserer Auffassung von Krieg und Heldenverehrung sicher nicht mit jener der Erbauer solcher Ruhmeshallen übereinstimmten, empfanden wir ihre heimliche Zerstörung doch als demütigend.

Unsere Schule, ein humanistisches Gymnasium, trug seit ihrer Gründung den Namen ihrer Schutzpatronin, der Gattin des späteren Kaisers Friedrich,[608] Viktoria.[609] Eines Tages erhielten wir Schüler die Möglichkeit, einen von zwei Namen für die Umbenennung der Schule zu wählen. Der eine Name, ich habe ihn vergessen, hatte wohl mehr Bezug zur vorgegebenen politischen Richtung als zur Geschichte unserer Schule. Wir wählten Helmholtz,[610] den bedeutenden Physiker und Physiologen, der Schüler des Gymnasiums gewesen war.

---

605 Fünf Schüler der Einsteinschule wurden 1946 wegen der Demonstration am 1. Mai der Schule verwiesen und verhaftet. Zwei von ihnen sind erst 1948 bzw. 1950 aus dem Lager Sachsenhausen entlassen worden. Zumindest ein Schüler der Helmholtzschule wurde ebenfalls der Schule verwiesen, siehe Thimme, Vom Nationalsozialismus zum Sozialismus, S. 18.

606 Siehe hierzu Hans Kania, Geschichte des Viktoria-Gymnasiums zu Potsdam, Potsdam 1939, S. 156ff. und die Abbildung auf S. 144: „Ehrenmal für die im Weltkriege 1914–1918 Gefallenen". Zerstört wurden auch die Gedenktafeln für die Gefallenen in den Deutschen Einheitskriegen 1864–71 und im Kolonialkrieg 1904/05, siehe Böse, Im Zeichen der Eule, S. 61.

607 Ernst Edelmann, geb. 1890 in Darmstadt, leitete die Schule 1946–1951, siehe Böse, Im Zeichen der Eule, S. 111 und Thimme, Vom Nationalsozialismus zum Sozialismus, S. 13.

608 Friedrich III. (1831–1888), deutscher Kaiser und König von Preußen.

609 Victoria, geboren 1840 als Prinzessin von Großbritannien und Irland, starb 1901.

610 Hermann von Helmholtz (1821–1894), deutscher Physiker und Universalgelehrter. In der Selbstdarstellung der Schule, unter „www. Helmholtzschule.de", Schule, Geschichte, wird im Kapitel: „Aus der Schulchronik" die nationalsozialistische Periode irreführend dargestellt. Die professionell distanzierte Haltung des Direktors Hermann Diehl und der Mehrheit seiner Lehrer gegen die Politisierung der Schule wird nicht gewürdigt. Im folgenden Absatz: „Die Helmholtzschule in der DDR von 1945 bis 1989" wird dagegen die Auflehnung gegen die Schulpolitik der DDR in den „frühen 80er Jahren" herausgehoben. Widerstand gab es bereits seit 1946. Anfechtbar ist es, den Abiturjahrgang 1953 als Beweis für erfolgreiche DDR-Schulpädagogik anzuführen, die damaligen Lehrer gehörten überwiegend einer älteren Generation an. Hartmut Boockmann, einer der

Die von der sowjetischen Führung lancierte Vereinigung der kommunistischen mit der sozialdemokratischen Partei mit dem Ziel, trotz Wahlniederlage die Führung durch die Kommunisten durchzusetzen, sorgte für erhebliche Irritation.[611] Einer unserer Lehrer trat aus der neugegründeten SED aus, vorgeblich aus Gesundheitsgründen.[612]

Mein Vater wird eines Tages zu einem ominösen Krankenbesuch gerufen. Der Patient ist der Brandenburgische Ministerpräsident Karl Steinhoff,[613] der sich, umgeben von sowjetischen Offizieren, offenbar in einer bedrängten Lage befindet. Ich weiß nicht, welche dramatischen Krankheitssymptome dazu Anlaß gegeben hatten, einen Chirurgen herbei zu rufen. Mein Vater erkannte nur eine depressive Reaktion des Patienten, die er mit der Anwesenheit der Offiziere in Zusammenhang sah.

Vor dem Hintergrund des Kalten Krieges zeichneten sich in der „Ostzone" bald Entwicklungen ab, die immer mehr Menschen veranlaßte, das Land zu verlassen. Der Fluchtweg über West-Berlin war ja noch lange offen. Bauern, die ihr Land in die LPGs[614] einbringen und damit ihre Selbständigkeit aufgeben mußten, flohen vielfach. Handwerksbetriebe wurden durch hohe Steuern bei nachträglich geltend gemachten Steuergesetzen zur Aufgabe gezwungen, ihre Inhaber steckte man ins Gefängnis. Die höhere Schule mit Abitur sollte vor allem Arbeiterkindern vorbehalten bleiben. Kinder von Akademikern und aus anderen bürgerlichen Kreisen wurde der Zugang zum Studium verwehrt oder zumindest sehr erschwert.

Viele Ärzte verließen das Land, da ihren Kindern die gewünschten Ausbildungs- und Berufschancen genommen wurden, so daß ein gra-

---

Abiturienten dieses Jahrgangs, schreibt u. a. in seinen unveröffentlichten Erinnerungen: „Im allgemeinen aber herrschte Einverständnis zwischen Schülern und Lehrern. Man war sich darin einig, daß Barbaren das Regiment führten." Vergebens sucht man in der Schulchronik einen Hinweis auf die informative Geschichte der Anstalt von Maximilian Böse „Im Zeichen der Eule", einem ehemaligen Lehrer der Schule. Auch das Buch von Hans Kania, ein Lehrer der Schule (1918–1935), über die Geschichte des Viktoria-Gymnasiums wird nicht erwähnt.

611 Zur Bildung der SED in Potsdam und zu den Wahlen im September 1946 siehe Thimme, Rote Fahnen, S. 247ff.
612 Gemeint ist Wolf Stechele, Lehrer am Viktoria-Gymnasium 1917-1946. Siehe Böse, Im Zeichen der Eule, S. 85: „Er war ein außerordentlich aufrechter Mann von überdurchschnittlicher Zivilcourage, der mit seiner Meinung nicht hinter dem Berg hielt. [...] Er streckte nie die Hand zum Deutschen Gruß aus, wenn er in die Klasse kam [...]. Wie viele Demokraten trat auch er damals in die SPD ein und wurde so SED-Mitglied. Weil er seine Meinung kundtat, erfolgte bald die Strafversetzung [...]". Nach einem Selbstmordversuch wurde er im St. Josefs-Krankenhaus behandelt. Im Gespräch mit Werner Schrank erfuhr dieser, daß Stechele von sich aus die SED verlassen wollte, anders als Böse den Vorgang dargestellt hat („Parteiausschlußverfahren").
613 Zu Karl Steinhoff siehe S. 315, Anm. 526.
614 LPG=Landwirtschaftliche Produktionsgenossenschaft.

vierender Ärztemangel entstand. Mancher durfte wohl auch wegen der Beeinträchtigung der geistigen Freiheit, unerträglicher Indoktrination mit der allein gültigen kommunistischen Lehre, sowie der Bespitzelung, mit der Abweichung von der gültigen Meinung bekämpft wurde, zur Flucht bewegt worden sein. Eine kurze Zeit lang konnten wir auf Grund alliierter Vereinbarungen noch westliche Zeitungen in Potsdam kaufen, bis das auch unterbunden wurde. Allerdings hatten wir die Möglichkeit, die Westberliner Radiosender zu hören und so von der östlichen Zensur unabhängige Informationen zu bekommen.

Der RIAS, Rundfunk im amerikanischen Sektor, war in seiner Berichterstattung um die Information der Ostzonen- bzw. der späteren DDR-Bevölkerung bemüht. Zeitweilig gab es eine spezielle Sendung, in der nach einem Käuzchenruf Personen benannt wurden, die dem russischen Sicherheitsdienst Auskünfte über oppositionelle oder spionageverdächtige Mitbürger lieferten.[615] Das politische Kabarett „Die Insulaner" wurde fleißig gehört. Darin wurde die zumeist wenig überzeugende SED-Propaganda sowie die politischen Erziehungsversuche durch kleine, mühsam angelernte Funktionäre der Lächerlichkeit preisgegeben. In der Straßenbahn, die morgens zu bestimmten Zeiten von Studenten auf der Fahrt zum Bahnhof benutzt wurde, konnte man am anderen Tag schon mal ein besonders wirkungsvolles Zitat aus der letzten Sendung laut gesprochen hören und der ganze Wagen lachte.

Dem auch nicht gerade besonders überzeugenden Dozenten der Politökonomie an der Humboldt-Universität, dessen Vorlesung zu Anfang der 50er Jahre alle Fakultäten in einem riesigen Hörsaal hören mußten, entschlüpfte gelegentlich mal eine Bemerkung zu einem aktuellen Thema, wie z. B. „ein anständiger Mensch fährt nicht nach Westberlin". Der Protest, den eine solche Äußerung auslöste, wurde dadurch kundgetan, daß viele der bekannten sechseckigen Bleistifte mit den Füßen auf dem Holzboden hin- und hergerollt wurden, was ein recht heftiges Geräusch erzeugte. Für den Dozenten war so nicht zu erkennen, wer an dieser Protestkundgebung beteiligt war. Übrigens hatten wir damals auch noch Westberliner Kommilitonen, oder wie der Sprachgebrauch verlangte, Kollegen, unter uns.

Die Regierung unter dem Sachsen Walter Ulbricht[616] ging nicht gerade zimperlich mit dem preußischen Kulturerbe um. Ihr Ziel war es, den

---

615 Genannt wurden auch Lehrer der Helmholtzschule.
616 Walter Ulbricht (1893–1973), 1919 Mitbegründer der Kommunistischen Partei, ab 1928 Mitglied des Reichstags, 1933 Emigration ins Ausland, 1945 Rückkehr aus Moskau, 1946 Mitglied des Parteivorstands der SED, 1953–1971 Erster Sekretär des Zentralkomitees der SED, Vorsitzender des Staatsrats der DDR.

„Geist von Potsdam" und die Erinnerung an Preußen auszulöschen. In diesem Bestreben wurde, entgegen Bedenken und Protesten, insbesondere von Kunsthistorikern und Architekten, die Ruine des Potsdamer Stadtschlosses abgetragen.[617] Aus den Steinen errichtete man ein Sportstadion. Das Berliner Schloß, von dem noch Teile soweit erhalten waren, daß die von den Russen zurückgegebenen Gemälde der Dresdener Galerie dort ausgestellt werden konnten, ist gesprengt worden. Das Schloß von Paretz, das vor allem an die vom Volk verehrte Königin Luise[618] erinnerte, wurde durch Umbauten bis zur Unkenntlichkeit verändert und als Fachschule für Viehzucht verwendet. Die Sprengung der Potsdamer Garnisonkirche, deren Außenmauern erhalten waren, ist von Ulbricht angeordnet worden.[619] Der „Tag von Potsdam" und die Machtübergabe an Hitler war der Vorwand für die endgültige Zerstörung.[620] Unberücksichtigt blieben die übrige Geschichte und der Kunstwert des Bauwerks, das wesentlicher Bestandteil des Stadtbildes von Potsdam war.

Unvergeßlich ist mir der Tag, an dem der Tod Stalins bekannt wurde. Der Pathologie-Professor, dessen Vorlesung für uns die erste an diesem Morgen war, bat uns und auch diejenigen, die die historische Bedeutung Stalins noch nicht erkannt hätten, für eine Gedenkminute aufzustehen. Auch ohne diese sehr diplomatische Formulierung hätte wohl keiner gewagt, sitzen zu bleiben. Sicher wurde es aber vielen leichter gemacht, der Aufforderung des Professors zu folgen.

Die Maßnahmen der neuen sowjetischen Regierung[621] sind sehr gespannt und erwartungsvoll beobachtet worden. Ulbricht wurde gezwungen, einen liberaleren Kurs zu steuern, der unter anderem weitgehende Reise- und Umsiedlungsfreiheit gewährte. Ich stellte sofort einen Ausreiseantrag, wozu ich allerdings einige Papiere vorlegen mußte, unter anderem eine Zuzugsgenehmigung aus Tübingen.

Am 17. Juni 1953 befand ich mich in Potsdams Städtischem Krankenhaus, wo ich während der Semesterferien famulierte. Wie ein Lauffeuer verbreitete sich im Haus die Nachricht, daß in Berlin ein Aufstand im Gange sei, vor dem die Regierung sich ohnmächtig habe zurückziehen müssen. Ich erinnere mich, daß sowohl die Überbringen dieser Nach-

---

617 Die ausgebrannte Ruine wurde 1959/60 gesprengt.
618 Luise, Prinzessin von Mecklenburg (1776–1810) war als Gemahlin Friedrich Wilhelms III. Königin von Preußen.
619 1968 wurde die Ruine auf Beschluß der SED-Führung unter Walter Ulbricht gesprengt und abgetragen.
620 Siehe hierzu: „Der ‚Tag von Potsdam' 1933" in: Thimme, Rote Fahnen, S. 22ff.
621 Nikita Sergejewitsch Chrustschow (1894–1971), Parteichef der KPdSU 1953–1964.

richt als auch ihre Empfänger mit freudigem Erstaunen reagierten. Die Potsdamer gingen in Massen auf die Straßen und konnten feststellen, daß kein Polizist, auch kein Mensch mit Parteiabzeichen mehr zu sehen war. Auch der „Bonzenwagen", der große EMW[632], war von den Straßen verschwunden. Ich ging auf die Brandenburger Straße, die damals schon Fußgängerzone war, und sah, wie die Menschen sich mit einer Art triumphalen Lächeln anschauten, ähnlich wie erst wieder nach dem Mauerfall.

Am nächsten Tag war, wie in Berlin so auch in Potsdam, eine neue Situation entstanden. Die Russen fuhren auch hier Panzer auf und Volkspolizisten, jeweils zusammen mit einem russischen Soldaten als Doppelposten, patrouillierten auf den Straßen. Abends gab es eine Sperrstunde. Man erfuhr, daß der Zugang nach Westberlin rundum gesperrt war.

Für mich erhob sich nun die bange Frage, ob nach diesen Ereignissen meine Ausreise noch genehmigt würde. An der Universität hatte ich niemandem von meinem, wenn auch ganz legalem Auswanderungsvorhaben etwas gesagt, da ich gute Gründe hatte, zu befürchten, daß die SED-Hochschulgruppe es verhindern könnte.

Nur kurze Zeit nach dem niedergeschlagenen Aufstand wurde in Potsdam auf dem Luisenplatz, der damals in Brandenburger Platz umbenannt war, eine Kundgebung veranstaltet, auf der sich Ulbricht erstmals wieder in der Öffentlichkeit zeigte. Ich hatte Gelegenheit, aus der Wohnung von Bekannten das Geschehen aus nächster Nähe zu beobachten. Der Platz füllte sich zunächst mit Leuten, die dadurch auffielen, dass sie zwar zivil aber sehr einheitlich gekleidet waren. Die Frauen trugen meist Handtaschen gleicher Form und Farbe. Auf den Dächern waren Polizeiposten aufgestellt. Ulbricht wurde unauffällig auf der Rückseite einer kleinen Tribüne abgesetzt, von der er seine Rede hielt. Sie begann mit dem etwas kleinlauten Bekenntnis, daß man Fehler gemacht habe. Aber wer könnte die Fehler besser wieder gut machen als seine Regierung. Natürlich gab es auch Schuldzuweisungen an den Westen, der Agenten eingeschleust habe, die die Unruhen provoziert hätten, und die Mahnung, nun wieder an die Arbeit zu gehen und für Frieden und Sozialismus zu kämpfen. Das war etwa der Inhalt seiner Rede, die von dem verdächtig braven Publikum mit Jubel aufgenommen wurde. Anschließend wurde sogar auf dem ganzen Platz getanzt.

Auf der Universität erlebte ich noch, wie eine besonders linientreue Kollegin aus der SED-Hochschulgruppe einen Studenten aus meinem

---

622   EMW= Eisenacher Motoren Werke.

Seminar verhörte und wissen wollte, wo er sich in den Tagen des Aufstandes aufgehalten habe und ob er sich in irgendeiner Weise für dessen Bekämpfung eingesetzt habe. Dieser Kommilitone war SED-Mitglied. Er erzählte mir damals, unter welchen Umständen er Mitglied der Partei geworden war. Kurz vor dem Abitur war seine Klasse durch staatsfeindliche Äußerungen aufgefallen. Sie wären vom Abitur ausgeschlossen worden, wenn sie nicht durch heftige Treuebekundungen zum Sozialismus und Beantragung der Aufnahme in die Partei die Verweisung von der Schule hätten verhindern können.

Nach einem schönen und scheinbar ruhigen Sommer geschah das kaum noch Erhoffte. Ich wurde aufgefordert, mir den beantragten Interzonenpaß zur Ausreise auf dem Polizeipräsidium abzuholen. Wenige Tage später konnte ich meinen Personalausweis der DDR in Tübingen gegen den der Bundesrepublik umtauschen, rechtzeitig zum Wintersemester 1953/54.

Literaturverzeichnis

Adler, Gert (Hrsg.), Bekenntnis zu Potsdam, Potsdam 1997

Anonyma, Eine Frau in Berlin. Tagebuchaufzeichnungen vom 20. April bis 22. Juni 1945, Frankfurt a. M. 2003

Arlt, Klaus, Rezension zu „Rote Fahnen über Potsdam 1933–1989", Jahrbuch für Brandenburgische Landesgeschichte, Bd. 59, Berlin 2008, S. 258f.

Arlt, Kurt, Stang, Werner, Kampf um Potsdam Ende April 1945, in: Stang (Hrsg.), Brandenburg im Jahr 1945

Baller, Kurt, 62 Bergholz-Rehbrücker Rätsel-Biographien, Marwitz 2003

Bechdolf, Ute, Grenzerfahrungen von Frauen: Vergewaltigungen beim Einmarsch der französischen Besatzungstruppen in Südwestdeutschland, in: D'une rive á l'autre: rencontres ethnologiques franco-allemandes = Kleiner Grenzverkehr, hrsg. von Jeggle

Beck, Birgit, Wehrmacht und sexuelle Gewalt. Sexualverbrechen vor deutschen Militärgerichten 1939-1945, Paderborn 2004

Beevor, Antony, Berlin 1945. Das Ende, München 2002

Befehle des Obersten Chefs der Sowjetischen Militärverwaltung in Deutschland, Sammelheft Nr. 1, Berlin 1946

Benz, Wolfgang (Hrsg.), Überleben im Dritten Reich. Juden im Untergrund und ihre Helfer, München 2003

Biographisch-Bibliographisches Kirchenlexikon, Reinhard Schwarz-Schillung, Bd.XIII, Spalten 1337–1342, Nordhausen 2004

Bloch, Peter, Zwischen Hoffnung und Resignation. Als CDU-Politiker in Brandenburg 1945–1950, Köln 1986

Bluhm, Hans-Gottfried (Redakteur), Kreis Königsberg/Neumark. Erinnerungen an einen ostbrandenburgischen Landkreis, Bad Münstereifel 1996

Böhmer, Marina, Erfahrungen sexualisierter Gewalt in der Lebensgeschichte alter Frauen. Ansätze für eine frauenorientierte Altenarbeit, Frankfurt a. M. 2001

Böse, Maximilian C., Im Zeichen der Eule. Geschichte und Geschichten vom Helmholtz-Gymnasium Potsdam, Wilhelmshorst 2001

Borris, Siegfried, Hochschule für Musik, Berlin 1964

Boveri, Margret, Tage des Überlebens. Berlin 1945, München 1968

Bracher, Karl-Dietrich, Funke, Manfred, Jacobsen, Hans-Adolf (Hrsg.), Deutschland 1933-1945. Neue Studien zur nationalsozialistischen Herrschaft, Bonn 1992

Breloer, Heinrich (Hrsg.), Mein Tagebuch. Geschichten vom Überleben 1939-1947, Köln 1984

Bremer Pfarrbuch. Die Pastoren der Bremischen Evangelischen Kirche seit der Reformation, Bd. 2, Bremen 1996

Breysig, Gertrud, Kurt Breysig. Ein Leben des Menschen, Heidelberg 1967

Brownmiller, Susan, Gegen unseren Willen. Vergewaltigung und Männerherrschaft, Frankfurt a. M. 1987

Bullock, Alan, Hitler. Der Weg zur Macht, Frankfurt a. M. 1964

Bullock, Alan, Hitler. Der Weg zum Untergang, Frankfurt a. M. 1964

Buder, Marianne, Gonschorek, Dorette (Hrsg.), Hans Chemin-Petit, Betrachtung einer Lebensleistung, Berlin 1977

Classen, Christoph, Vom Anfang im Ende: „Befreiung" im Rundfunk, in: Sabrow (Hrsg.), Geschichte als Herrschaftsdiskurs

Cramer, Detlev, Geschichten einer Gefangenschaft, Münster 2000

Der Spiegel, Nr. 28, 1995, Kinder der Schande

Diedrich, Torsten, Waffen gegen das Volk. Der 17. Juni 1953 in der DDR, München 2003

Domarus, Max, Hitler. Reden und Proklamationen 1932–1945, Bde. I, II, Würzburg 1962f.

Douglas, Hugo Sholto Graf von, Lebensbetrachtungen, Berlin 1910

Ehlert, Hans, Rogg, Matthias (Hrsg.), Militär, Staat und Gesellschaft in der DDR. Forschungsfelder, Ergebnisse, Perspektiven, Berlin 2004

Escher, Felix, Bekenner in der Diktatur. Zum Leben und Sterben von Karl Heinrich Schäfer, in: Adler (Hrsg.), Bekenntnis zu Potsdam

Faust, Fritz, Das Potsdamer Abkommen und seine völkerrechtliche Bedeutung, Frankfurt a. M., Berlin 1959

Filmer, Werner, Schwan, Heribert (Hrsg.), Besiegt, befreit? Zeitzeugen erinnern sich an das Kriegsende 1945, München 1995

Fischer, Erica, Am Anfang war die Wut. Monica Hauser und Medica mondiale. Ein Frauenprojekt im Krieg, Köln 1997

Fischer-Defoy, Christine, Kunst, Macht, Politik. Die Nazifizierung der Kunst- und Musikschulen in Berlin, Berlin 1988

Foitzik, Jan, Die Besetzung Ost- und Mitteldeutschlands durch die Rote Armee 1944/45 im Lichte des Kriegsvölkerrechts, in: Scherstjanoi (Hrsg.), Rotarmisten

Foitzik, Jan, Einleitung, in: Die Politik der Sowjetischen Militäradministration in Deutschland (SMAD): Kultur, Wissenschaft, Bildung 1945–1949, hrsg. von Möller, München 2005

Fröhlich, Elke (Hrsg.), Die Tagebücher von Joseph Goebbels, Bd. 3, München 1987

Gelfand, Wladimir, Deutschland-Tagebuch 1945–1946. Aufzeichnungen eines Rotarmisten. Ausgewählt und kommentiert von Elke Scherstjanoi, Berlin 2005

Genealogisches Handbuch des Adels, Adelige Häuser B, Band XVI, Limburg 1985

Genealogisches Handbuch des Adels, Gräfliche Häuser B, Band I, Glücksburg 1953

Geschichtsverein Altreetz und Umgebung, Beiträge zur Heimatgeschichte Nr. 152, Januar 2000

Grimm, Hans, Volk ohne Raum, München 1926

Grisebach, Hanna, Potsdamer Tagebuch, Heidelberg 1974

Grützner, Vera, Hans Chemin-Petit 1902–1981, Dokumente und Werk, Berlin 1994

Grützner, Vera, Potsdamer Musikgeschichte, Berlin 1993

Gümbel, Annette, „Volk ohne Raum". Der Schriftsteller Hans Grimm zwischen nationalkonservativem Denken und völkischer Ideologie, Marburg 2003

Hammer, Ingrid und Nieden, Susanne zur, Selten habe ich geweint. Briefe und Tagebücher aus dem Zweiten Weltkrieg von Menschen aus Berlin, Zürich 1992

Handbuch für das Deutsche Reich, Berlin 1936

Hartmann, Christian, Verbrecherischer Krieg - verbrecherische Wehrmacht? in: VfZ, 52. Jg., München 2004

Hartmann, Christian, Hürter, Johannes, Jureit, Ulrike (Hrsg.), Verbrechen der Wehrmacht. Bilanz einer Debatte, München 2005

Hassell, Ulrich von, Die Hassell-Tagebücher 1938–1944, hrsg. von Friedrich Freiherr Hiller von Gaertringen, Berlin 1988

Heeringen, Eleonore von, Die Russen in Sanssouci. Das Ende des Zweiten Weltkriegs in Potsdam. Aufzeichnungen aus dem Park von Sanssouci 1945, hrsg. von Gerhard Knoll, Bremen [2004]

Hemmerle, Bernhard, Reinhard Schwarz-Schilling, in: Biographisch-Bibliographisches Kirchenlexikon

Hesse, Hans (Hrsg.), Hoffnung ist ein ewiges Begräbnis. Briefe von Dr. Hannah Vogt aus dem Gerichtsgefängnis Osterode und dem KZ Moringen 1933, Bremen 1998

Hilberg, Raul, Die Vernichtung der europäischen Juden, Frankfurt a. M. 1999

Hirschfeld, Magnus, Sittengeschichte des Zweiten Weltkrieges. Die tausend Jahre von 1933–1945, Hanau 1968

Hofer, Karl, Erinnerungen eines Malers, Berlin 1953

Hofer, Karl, Malerei hat eine Zukunft. Briefe, Aufsätze, Reden, hrsg. von Andreas Hüneke, Weimar 1991

Hornstein, Erika von, Andere müssen bleiben, Köln, Berlin 1953

Horstmann, Lally, Kein Grund für Tränen. Aufzeichnungen aus dem Untergang. Berlin 1943–1946, hrsg. von Ursula Voß, Berlin 1995

Hüneke, Andreas, Leopold Ziegler – Karl Hofer. Briefwechsel 1897–1954, Würzburg 2004

Jacobs, Ingeborg, Freiwild. Das Schicksal deutscher Frauen 1945, Berlin 2008

Jahrbuch für Brandenburgische Landesgeschichte, Bd. 59, Berlin 2008

Jeggle, Utz, Raphael, Freddy (Hrsg.), D'une rive á l'autre: rencontres ethnologiques franco-allemandes = Kleiner Grenzverkehr, Editions de la Maison des Sciences de l'Homme, Paris 1997

Jens, Walter, Zum Geleit, in: Grützner, Hans Chemin-Petit

Johr, Barbara, Die Ereignisse in Zahlen, in: Sander (Hrsg.), BeFreier und Befreite

Kameke, Ernst-Ulrich von, Lebensreise in Dur und Moll, Egelsbach 2001

Kappelt, Olaf, Braunbuch DDR. Nazis in der DDR, Berlin 1981

Kania, Hans, Geschichte des Viktoria-Gymnasiums zu Potsdam, Potsdam 1939

Kasack, Hermann, Die Stadt hinter dem Strom, Berlin 1947

Kasack, Hermann, Dreizehn Wochen. Tage- und Nachtblätter. Aufzeichnungen aus dem Jahre 1945 über das Kriegsende in Potsdam, hrsg. von Wolfgang Kasack, Nachwort von Günter Wirth, Berlin 1996

Kershaw, Ian, Der Hitler-Mythos. Volksmeinung und Propaganda im Dritten Reich, Stuttgart 1980

Kestenberg, Leo, Bewegte Zeiten: Musisch- musikantische Lebenserinnerungen, Wolfenbüttel, Zürich 1961

Klee, Ernst, Das Kulturlexikon zum Dritten Reich. Wer war was vor und nach 1945, Frankfurt a. M. 2007

Klein, Fritz, Drinnen und draußen. Ein Historiker in der DDR. Erinnerungen, Frankfurt a.m. 2000

Klimov, Grigorij P., Berliner Kreml, Köln 1951

Knitter, Hartmut, Zum Bombenangriff der Royal Air Force auf Potsdam 14./15. April 1945, in: Beiträge zur Potsdamer Geschichte, Veröffentlichung des Bezirksheimatmuseums Potsdam, H. 17, 1969

Kohl, Paul, Der Krieg der deutschen Wehrmacht und der Polizei 1941–1944. Sowjetische Überlebende berichten, Frankfurt a. M. 1998

Kopelew, Lew, Aufbewahren für alle Zeit! Mit einem Nachwort Heinrich Bölls, Hamburg 1976

Kosmala, Beate, Zuflucht in Potsdam bei Christen der Bekennenden Kirche, in: Benz (Hrsg.), Überleben im Dritten Reich

Kroener, Bernhard unter Mitarbeit von Ostertag, Heiger (Hrsg.), Potsdam: Staat, Armee, Residenz in der preußisch-deutschen Militärgeschichte, Frankfurt a. M., Berlin 1993

Kuby, Erich, Die Russen in Berlin 1945, Bern, München 1965

Kultureller Wandel und Musikpädagogik, hrsg. von Niels Knolle (Musikpädagogische Forschung 21), Essen 2000

Lemmer, Ernst, Manches war doch anders. Erinnerungen eines deutschen Demokraten, Frankfurt a.M. 1997

Lexow, Detlev, Das Kriegsende, in: Der Nuthe Bote, September 2002

Loebl, Konrad, My Journey through Life, Privatdruck 2006

Longerich, Peter, „Davon haben wir nichts gewußt!" Die Deutschen und die Judenverfolgung 1933–1945, München 2006

Martin, Angela, Schoppmann, Claudia (Hrsg.), Ich fürchte die Menschen mehr als die Bomben. Aus den Tagebüchern von drei Berliner Frauen 1938–1946, Berlin 1996

Mascherek, Roland, Die Gutmann-Villa Bertinistraße 16/16a, in: Mitteilungen der Studiengemeinschaft Sanssouci e.V., Potsdam 2000, 5. Jahrgang, Heft 2, S. 28–66

Mehlhardt, Dieter, Kleinmachnow, Geschichte und Entwicklung des Ortes, hrsg. vom Kulturbund zur Demokratischen Erneuerung Deutschlands, Erfurt 1954

Meinecke, Friedrich, Werke, Bd. II, Politische Schriften und Reden, Darmstadt 1958

Mercalova, Ljudmila A., Mercalov, Andrej N., Rote Armee und deutsche Zivilbevölkerung am Ende des Großen Vaterländischen Krieges – ein vernachlässigtes Thema der sowjetischen und postsowjetischen Geschichtsschreibung, in: Scherstjanoi (Hrsg.), Rotarmisten

Merkenich, Stephanie, Grüne Front gegen Weimar. Reichs-Landbund und agrarischer Lobbyismus 1918-1933, Düsseldorf 1998

Merridale, Catherine, Iwans Krieg. Die Rote Armee 1939 bis 1943, Frankfurt a. M. 2006

Mihan, Hans-Werner, Die Nacht von Potsdam. Der Luftangriff britischer Bomber vom 14. April 1945. Dokumentation und Erlebnisberichte, Berg am Starnberger See 1997

Mitteilungen der Studiengemeinschaft Sanssouci e.V., Potsdam 2000, 2008

Möller, Horst (Hrsg.), Die Politik der Sowjetischen Militäradministration in Deutschland (SMAD): Kultur, Wissenschaft, Bildung 1945–1949, München 2005

Möller, Horst, Tschubarjan Alexandr O. (Hrsg.), Die Politik der Sowjetischen Militäradministration in Deutschland (SMAD): Kultur, Wissenschaft und Bildung, 1945–1949. Ziele, Methoden, Ergebnisse. Dokumente aus russischen Archiven, München 2005

Nagel, Walli, Das darfst Du nicht! Erinnerungen, Halle, Leipzig 1981

Naimark, Norman M., Die Russen in Deutschland. Die sowjetische Besatzungszone 1945 bis 1949, Berlin 1997

Neue Deutsche Biographie, Berlin 1959, Bd. 4

Nieden, Susanne zur, Alltag im Ausnahmezustand. Frauentagebücher im zerstörten Deutschland 1943 bis 1945, Berlin 1993

Nieden, Susanne zur, Chronistinnen des Krieges. Frauentagebücher im Zweiten Weltkrieg in: Volkmann (Hrsg.), Ende des Dritten Reiches

Ostertag, Heiger, Vom strategischen Bomberkrieg zum sozialistischen Bildersturm. Die Zerstörung Potsdams 1945 und das Schicksal seiner historischen Gebäude nach dem Kriege, in: Kroener (Hrsg.), Potsdam: Staat, Armee, Residenz

Panzig, Christel, Panzig, Klaus-Alexander, „Die Russen kommen!" Deutsche Erinnerungen an Begegnungen mit „Russen" bei Kriegsende 1945 in den Dörfern und Kleinstädten Mitteldeutschlands und Mecklenburg-Vorpommerns, in: Scherstjanoi (Hrsg.), Rotarmisten

Phleps, Thomas, Was bedeutet: Aufarbeitung der „Musikerziehung" in NS-Deutschland, in: Kultureller Wandel und Musikpädagogik

Picaper, Jean-Paul, Norz, Ludwig, Die Kinder der Schande. Das tragische Schicksal deutscher Besatzungskinder in Frankreich, München 2005

Pohl, Karl Heinrich (Hrsg.), Historiker in der DDR, Göttingen 1997

Pohl, Karl Heinrich, Geschichtswissenschaft in der DDR, in: Pohl (Hrsg.), Historiker in der DDR

Potsdam 1945. Persönliche Aufzeichnungen und Erinnerungen. Veröffentlichung des Potsdam-Museums 39, Potsdam 2005

Prieberg, Fred, Musik im NS-Staat, Köln 2000

Pruys, Karl Hugo (Hrsg.), Bequem war er nie. Christian Schwarz-Schillings Leben für die Politik, Berlin 2000

Pruys, Karl Hugo, Christian Schwarz-Schilling im Gespräch mit dem Autor, in: Pruys, (Hrsg.), Bequem war er nie

Radecke, Erich, Bernhard Graf von Poninski. Ein Offizier im Dienst von Monarchie und Republik, in: Zeitschrift für Heereskunde, Nr. 384, 1997

Rehberg, Karl, Bildung und Ausbildung der Schulmusiker an der Staatlichen Akademie für Kirchen- und Schulmusik, in: Buder (Hrsg.), Hans Chemin-Petit

Rehberg, Karl, Erinnerungen an die Hochschule für Musikerziehung und Kirchenmusik, Berlin 1936–1945, in: Zeitschrift für Musikpädagogik 7, H.18, 1982

Röhl, John C. G., Kaiser, Hof und Staat. Wilhelm II. und die deutsche Politik, München 1995

Röhl, John C. G., Wilhelm II. Der Aufbau der Persönlichen Monarchie 1888–1900, München 2001

Sabrow, Martin (Hrsg.), Geschichte als Herrschaftsdiskurs. Der Umgang mit der Vergangenheit, Köln, Weimar, Wien 2000

Sander, Helke, Johr, Barbara (Hrsg.), BeFreier und Befreite, Krieg, Vergewaltigungen, Kinder, München 1992

Sander, Helke, Erinnern und Vergessen, in: Sander (Hrsg.), BeFreier und Befreite

Satjukow, Silke, Besatzer. „Die Russen" in Deutschland 1945–1994, Göttingen 2008

Satjukow, Silke, Sowjetische Streitkräfte und DDR-Bevölkerung. Kursorische Phänomenologie einer Beziehungsgeschichte, in: Ehlert (Hrsg.), Militär, Staat und Gesellschaft in der DDR

Schenk, Dietmar, Die Hochschule für Musik zu Berlin. Preußens Konservatorium zwischen romantischem Klassizismus und Neuer Musik, 1869–1932/33, Stuttgart 2004

Scherstjanoi, Elke (Hrsg.), Rotarmisten schreiben aus Deutschland. Briefe von der Front (1945) und historische Analysen, München 2004

Scherstjanoi, Elke, „Wir sind in der Höhle der Bestie." Die Briefkommunikation von Rotarmisten mit der Heimat über ihre Erlebnisse in Deutschland, in: Scherstjanoi (Hrsg.), Rotarmisten

Schmidt-Harzbach, Ingrid, Eine Woche im April Berlin 1945. Vergewaltigungen als Massenschicksal, in: Sander (Hrsg.), BeFreier und Befreite

Schneider, Christa, Kultureller Neubeginn in Potsdam? Aspekte Potsdamer Kulturlebens in den ersten Nachkriegsmonaten, in: Stang (Hrsg.): Brandenburg im Jahr 1945

Schölzel, Christian, Albert Ballin, Berlin 2004

Schollwer, Wolfgang, Potsdamer Tagebuch 1948–1950. Liberale Politik unter sowjetischer Besatzung, München 1988

Schramm, Ruth, Die Bombennacht im Städtischen Krankenhaus Babelsberg, Aufzeichnungen vom 23. April und 11. Mai 1945, in: Potsdam 1945

Schrank, Werner, Erinnerungen aus Kindheit und Jugend, Berlin und Potsdam 1929–1945, unveröffentlichtes Typoskript 2005

Schrank, Werner, Kriegsende in Potsdam, in: Potsdam 1945

Schwarz-Schilling, Christian, Die echte Befreiung kam später, in: Filmer (Hrsg.), Besiegt, befreit?

Segelken, Elisabeth, Wolken, die vorüber zogen, Bremen 1965

Sommerfeld, Helmuth, Jüdisches Wesen in musikalischer Darstellung, in: Musik in Jugend und Volk, 1943

Speidel, Hans, Invasion 1944, Tübingen 1949

Stang, Werner, Arlt, Kurt (Hrsg.), Brandenburg im Jahr 1945, Studien, Potsdam 1995

Steinbach, Peter, Tuchel, Johannes (Hrsg.), Widerstand gegen die nationalsozialistische Diktatur 1933–1945, Bonn 2004

Steinbach, Peter, Tuchel, Johannes, Der Widerstand gegen die nationalsozialistische Diktatur, in: Steinbach (Hrsg.), Widerstand gegen die nationalsozialistische Diktatur

Stern, Fritz, „Fünf Deutschlands sind ein bisschen viel", in: Der Tagesspiegel, 19. 6. 2005

Thimme, Annelise (Hrsg.), Friedrich Thimme 1868-1938. Ein politischer Historiker, Publizist und Schriftsteller in seinen Briefen, Boppard am Rhein 1994

Thimme, Hans (Hrsg.), Deutscher Volksgeist in der Zeit des Idealismus und der Romantik, Stuttgart 1925

Thimme, Hans, Aus der Vergangenheit Hannoverscher Pastorenfamilien, hrsg. von seinen Geschwistern, Witten 1959

Thimme, Hans, Das Kammeramt in Straßburg, Worms und Trier, Berlin und Leipzig 1913

Thimme, Hans, Parlamentarismus und Gegenwart, in: Der Stahlhelm, 8. Jg., Nr. 30, 25. 7. 1926

Thimme, Hans, Weltkrieg ohne Waffen. Die Propaganda der Westmächte gegen Deutschland, ihre Wirkung und Abwehr, Stuttgart und Berlin 1932

Thimme, Roland, Rote Fahnen über Potsdam 1933–1989. Lebenswege und Tagebücher, Berlin/Teetz 2007

Thimme, Roland, Schulfreund, in: Pruys (Hrsg.), Bequem war er nie

Thimme, Roland, Vom Nationalsozialismus zum Sozialismus: Eine Schule im Umbruch. Die Sexta des Potsdamer Viktoria-Gymnasiums 1941, in: Mitteilungen der Studiengemeinschaft Sanssouci e.V., 5. Jg., Potsdam 2000, Heft 2

Thimme, Wilhelm, Die elf Geschwister in kurzen Lebensbildern, Typoskript 1962

Timofejewa, Natalja P., Deutschland zwischen Vergangenheit und Zukunft: Die Politik der SMAD auf dem Gebiet der Kultur, Wissenschaft und Bildung, 1945–1949, Einleitung, in: Möller (Hrsg.), Die Politik der Sowjetischen Militäradminstration in Deutschland

Toland, John, Adolf Hitler, Bergisch-Gladbach 1977

Vogel, Walter, Der Kampf um das geistige Erbe. Zur Geschichte der Reichsarchividee und des Reichsarchivs als „geistiger Tempel deutscher Einheit", Bonn 1984

Volkmann, Hans-Erich (Hrsg.), Ende des Dritten Reichs – Ende des Zweiten Weltkriegs, München 1995

Wieck, Michael, Zeugnis vom Untergang Königsbergs. Ein „Geltungsjude" berichtet, Heidelberg 1988

Wirth, Günter, Der andere Geist von Potsdam. Zur Kulturgeschichte einer Stadt 1918-1989, Frankfurt a.M. 2000
Wirth, Günter, Nach dem 20. Juli 1944. Im Potsdamer Gestapo-Frauengefängnis. Die Erinnerungen von Erika Dieckmann, geb. Mertz von Quirnheim, in: Mitteilungen der Studiengemeinschaft Sanssouci e.V., 13.Jg., Potsdam 2008, Heft 1, S. 12–29
Wirth, Günter, Zum Gästebuch von Karl Heinrich Schäfer, in: Potsdamer Neueste Nachrichten, 15.8.2002
Witte, Andrea, Hans Chemin-Petit, www.cheminpetit.de
Witte, Andrea, Chemin-Petit, Helene (Hrsg.), Hans Chemin-Petit, Werkverzeichnis, Berlin 1987
Wulf, Joseph, Kultur im Dritten Reich, Musik, Frankfurt a.M., Berlin 1989
Zeidler, Manfred, Kriegsende im Osten. Die Rote Armee und die Besetzung Deutschlands östlich der Oder und Neiße 1944/45, München 1996
Ziegler, Leopold, Überlieferung, Leipzig 1936
Zitelmann, Rainer, Hitler-Bild im Wandel, in: Bracher (Hrsg.), Deutschland 1933–1945

Bildnachweis

Berlinische Galerie – Landesmuseum für Moderne Kunst: S. 6
Bundesarchiv Koblenz: S. 80
Peter Breuer: S. 104 (1943)
Karin von Grumme-Douglas: S. 139
Barbara Kabel: S. 185 (1923)
Antja Scheffler-Wulf: S. 296
Roland Thimme: S. 15, 18, 20, 62, 104 (2001)
Jaro v. Tucholka / Erwin Kutzner: S. 318
Eckard Wille: S. 185 (1910)

Danksagung

Die schriftliche Überlieferung der Potsdamer Vergangenheit in Familienbesitz wurde durch die politischen Ereignisse weit vertreut. Mein herzlicher Dank gilt den Erben, die mir Nachlaßteile ihrer Vorfahren zugänglich gemacht haben. Ohne ihre Unterstützung wäre es mir nicht möglich gewesen, diese Studie zu veröffentlichen.

Es sind in aphabetischer Reihenfolge:

Peter Breuer, Bergholz-Rehbrücke, er hat mich auf das Tagebuch seiner Mutter Marianne Vogt hingewiesen, die es mir dann zur Publikation anvertraut hat;

Karin von Grumme-Douglas, München, für die Einwilligung zur Veröffentlichung der Aufzeichnungen ihrer Großmutter Ellen Gräfin Poninski;

Barbara Kabel und ihr Bruder Eckhard Wille, Bonn und Hamburg, für die Übergabe des Tagebuchs ihrer Großmutter Katharina Wille;

Werner Schrank, Werder (Havel), für seine Zustimmung, das Typoskript „Die Russen in Potsdam" zu veröffentlichen;

Andrea Witte, Langen, für Überlassung von Unterlagen aus dem Nachlaß ihres Vaters Hans Chemin-Petit.

Weiter habe ich zu danken Dr. Gerhard Hartmann, Potsdam, Slawist und Anglist, Lektor an der Humboldt-Universität zu Berlin. Er hat die Mühen des Korrekturlesens auf sich genommen. Unsere freundschaftlichen Beziehungen datieren aus gemeinsamer Volksschulzeit, sie haben sich nach der Wende 1989/90 intensiviert.

Mein besonderer Dank gilt Dr. Ursula Hüllbüsch, Großholbach, bekannt als außerordentlich kompetente Historikerin und Editorin im Bundesarchiv. Sie hat mich bei der Überarbeitung des Typoskripts durch wertvolle Hinweise unterstützt.

Nicht zuletzt schulde ich dem Lektor des Verlags Hentrich & Hentrich, Klaus-Peter Gerhardt, Dank für seine Anregungen. Er hat mit stetem Interesse die Fortschritte der Arbeit verfolgt und das Gemälde Karl Hofers als Titelbild vorgeschlagen.

Mein Dank gilt auch den Damen und Herren der Universitäts- und Landesbibliothek Bonn für mannigfache Unterstützung.

Meine Frau Lenny hat den alltäglichen Entstehungsprozeß begleitet und gefördert, ihr sei herzlich gedankt.

Roland Thimme
Rote Fahnen
über Potsdam 1933–1989
Lebenswege und Tagebücher

466 Seiten, 28 Abb., Festeinband
€ 36,80, ISBN 978-3-938485-40-X

PRESSESTIMMEN:

Die quellengesättigte Darstellung von Roland Thimme beeindruckt durch epocheübergreifende Analysen aus lokaler Perspektive. Seine Befunde ragen jedoch über die Grenzen lokalhistorischer Studien hinaus. Sie spiegeln im Kern und beispielhaft zentrale Aspekte deutscher Zeitgeschichte wider. Kontinuität und Wandel der Funktionseliten, Auseinandersetzungen zwischen bekenntnistreuen Kirchen und staatlichen Repressionsorganen, Entrechtung jüdischer Bürger, Überlebensprobleme unter alliierter Besatzung, Entnazifizierung und Aufarbeitung der „faschistischen" Vergangenheit.
Frankfurter Allgemeine Zeitung

Am Beispiel der Schicksale ausgewählter Einwohner der Gemeinde Bergholz-Rehbrücke, die von 1939 bis 1952 zu Potsdam gehörte, zeigt der Autor, wie unterschiedlich Menschen auf einen politischen Systemwechsel reagieren. Blinde Faszination, blanker Opportunismus, offener Widerstand – davon erzählt Thimme in seinem Buch, das bei aller Wissenschaftlichkeit von der ersten bis zur letzten Seite spannend zu lesen ist.
Märkische Allgemeine Zeitung

Seit dem Untergang der DDR ist deutlicher in den Blick gerückt, daß die Deutschen zwischen Elbe und Oder über 56 Jahre hinweg unter zwei aufeinanderfolgenden Diktaturen gelebt haben, zuerst der nationalsozialistischen, dann der realsozialistischen. Über die bisher zu wenig bekannten spezifischen Belastungen und Prägungen der betroffenen Menschen, die Formen der Anpassung, Widerständigkeit und Zustimmung, über Beeinträchtigungen und Brüche der Lebenswege berichtet Roland Thimme am Beispiel der Region Potsdam, die ihm vertraut ist, weil er hier 1931 geboren wurde und bis 1952 seine Jugend verbrachte.
Es handelt sich um ein bemerkenswertes Buch, das der Rothfelsschen Definition der Zeitgeschichte als der „Epoche der Mitlebenden und ihrer wissenschaftlichen Behandlung" eine neue Färbung gibt. Das Buch profitiert nicht nur von den Erfahrungen und Beziehungen der traditionsreichen Familie Thimmes mit der Region Potsdam, sondern auch von der strengen wissenschaftlichen Solidität des Historikers, der über viele Jahre Herausgeber der Aktenedition des Auswärtigen Amts „Akten zur deutschen auswärtigen Politik 1918–1945" war.
Historische Zeitschrift

Die Studie von Roland Thimme ist auf der Grundlage umfassender Quellenstudien sorgfältig recherchiert, treffsicher im Urteil und dabei spannend geschrieben. Sie spiegelt 56 Jahre Zeitgeschichte am Beispiel einer einzelnen Stadt wider und ist doch repräsentativ für zahlreiche Aspekte der deutschen Geschichte insgesamt. Das Buch ist daher über den lokalen Rahmen hinaus einem breiten, historisch interessierten Leserkreis zu empfehlen.
Archiv für Sozialgeschichte